《基督教要义》（*Institutes of the Christian Religion*）
约翰·加尔文（John Calvin）著 钱曜诚等译
© 2007年加尔文出版社
中文简体字版经授权在中国大陆出版发行

基 督 教 经 典 译 丛

何光沪 主编
副主编 章雪富 孙毅 游冠辉

Institutes of the Christian Religion
基督教要义

[法] 约翰·加尔文 著
钱曜诚等 译　孙毅 游冠辉 修订

上　册

Simplified Chinese Copyright © 2010 by SDX Joint Publishing Company All Rights Reserved.
本作品中文简体版权由生活·读书·新知三联书店所有。未经许可，不得翻印。

图书在版编目（CIP）数据

基督教要义 /（法）加尔文著；钱曜诚等译. —北京：生活·读书·新知三联书店，2010.3 （2025.7 重印）
（基督教经典译丛）
ISBN 978-7-108-03370-3

Ⅰ.①基…　Ⅱ.①加…②钱…　Ⅲ.①基督教-教义-研究　Ⅳ.①B972

中国版本图书馆 CIP 数据核字（2009）第 218465 号

基督教经典译丛
总　　序
何光沪

在当今的全球时代,"文明的冲突"会造成文明的毁灭,因为由之引起的无限战争,意味着人类、动物、植物和整个地球的浩劫。而"文明的交流"则带来文明的更新,因为由之导向的文明和谐,意味着各文明自身的新陈代谢、各文明之间的取长补短、全世界文明的和平共处以及全人类文化的繁荣新生。

"文明的交流"最为重要的手段之一,乃是对不同文明或文化的经典之翻译。就中西两大文明而言,从17世纪初以利玛窦(Matteo Ricci)为首的传教士开始把儒家经典译为西文,到19世纪末宗教学创始人、英籍德裔学术大师缪勒(F. M. Müller)编辑出版五十卷《东方圣书集》,包括儒教、道教和佛教等宗教经典在内的中华文明成果,被大量翻译介绍到了西方各国;从徐光启到严复等中国学者、从林乐知(Y. J. Allen)到傅兰雅(John Fryer)等西方学者开始把西方自然科学和社会科学著作译为中文,直到20世纪末叶,商务印书馆、生活·读书·新知三联书店和其他有历史眼光的中国出版社组织翻译西方的哲学、历史、文学和其他学科著作,西方的科学技术和人文社科书籍也被大量翻译介绍到了中国。这些翻译出版活动,不但促进了中学西传和西学东渐的双向"文明交流",而且催化了中华文明的新陈代谢,以及中国社会的现代转型。

清末以来,先进的中国人向西方学习、"取长补短"的历程,经历了两大阶段。第一阶段的主导思想是"师夷长技以制夷",表现为洋务运动之向往"船坚炮利",追求"富国强兵",最多只求学习西方的工业技术和物质文明，结果是以优势的海军败于日本，以军事的失败表现出制度的失败。第二阶段的主导思想是"民主加科学"，表现为五四新文化运动之尊崇"德赛二先生"，中国社会在几乎一个世纪中不断从革命走向革命之后，到现在仍然需要进行民主政治的建设和科学精神的培养。大体说来，这两大阶段显示出国人对西方文明的认识由十分肤浅到较为深入，有了第一次深化，从物质层面深入到制度层面。

正如观察一支球队，不能光看其体力、技术，还要研究其组织、战略，更要探究其精神、品格。同样地，观察西方文明，不能光看其工业、技术，还要研究其社会、政治，更要探究其精神、灵性。因为任何文明都包含物质、制度和精神三个不可分割的层面，舍其一则不能得其究竟。正由于自觉或不自觉地认识到了这一点，到了20世纪末叶，中国终于有了一些有历史眼光的学者、译者和出版者，开始翻译出版西方文明精神层面的核心——基督教方面的著作，从而开启了对西方文明的认识由较为深入到更加深入的第二次深化，从制度层面深入到精神层面。

与此相关，第一阶段的翻译是以自然科学和技术书籍为主，第二阶段的翻译是以社会科学和人文书籍为主，而第三阶段的翻译，虽然开始不久，但已深入到西方文明的核心，有了一些基督教方面的著作。

实际上，基督教对世界历史和人类社会的影响，绝不止于西方文明。无数历史学家、文化学家、社会学家、艺术史家、科学史家、伦理学家、政治学家和哲学家已经证明，基督教两千年来，从东方走向西方再走向南方，已经极大地影响，甚至改变了人类社会从上古时代沿袭下来的对生命的价值、两性和妇女、博爱和慈善、保健和教育、劳动和经济、科学和学术、自由和正义、法律和政治、文学和艺术等等几乎所有生活领域的观念，从而塑造了今日世界的面貌。这个诞生于亚洲或"东方"，传入了欧洲或"西方"，再传入亚、非、拉美或"南方"的世界第一大宗教，现在因为信众大部分在发展中国家，被称为"南方宗教"。但是，它本来就不属于任何一"方"——由于今日世界上已经没有一个国家没有其存在，所以它已经不仅仅在宗教意义上，而且是在现实意义上展现了它"普世宗教"的本质。

因此，对基督教经典的翻译，其意义早已不止于"西学"研究或对西方文明研究的需要，而早已在于对世界历史和人类文明了解的需要了。

这里所谓"基督教经典"，同结集为"大藏经"的佛教经典和结集为"道藏"的道教经典相类似，是指基督教历代的重要著作或大师名作，而不是指基督徒视为唯一神圣的上帝启示"圣经"。但是，由于基督教历代的重要著作或大师名作汗牛充栋、浩如烟海，绝不可能也没有必要像佛藏道藏那样结集为一套"大丛书"，所以，在此所谓"经典译丛"，最多只能奢望成为比佛藏道藏的部头小很多很多的一套丛书。

然而，说它的重要性不会"小很多很多"，却并非奢望。远的不说，只看看我们的近邻，被称为"翻译大国"的日本和韩国——这两个曾经拜中国文化为师的国家，由于体现为"即时而大量翻译西方著作"的谦虚好学精神，一先一后地在文化上加强新陈代谢、大力吐故纳新，从而迈进了亚洲甚至世界上最先进国家的行列。众所周知，日本在"脱亚入欧"的口号下，韩国在其人口中基督徒比例迅猛增长的情况下，反而比我国更多更好地保存了东方传统或儒家文化的精粹，而且不是仅仅保存在书本里，而是保存在生活中。这一事实，加上海内外华人基督徒保留优秀传统道德的大量事实，都表明基督教与儒家的优秀传统可以相辅相成，这实在值得我们深长思之！

基督教在唐朝贞观九年（公元635年）传入中国，唐太宗派宰相房玄龄率官廷卫队到京城西郊欢迎传教士阿罗本主教，接到皇帝的书房让其翻译圣经，又接到皇官内室听其传讲教义，"深知正真，特令传授"。三年之后（公元638年），太宗又发布诏书说："详其教旨，玄妙无为；观其元宗，生成立要。……济物利人，宜行天下。"换言之，唐太宗经过研究，肯定基督教对社会具有有益的作用，对人生具有积极的意义，遂下令让其在全国传播(他甚至命令有关部门在京城建造教堂,设立神职,颁赐肖像给教堂以示支持)。这无疑显示出这位大政治家超常的见识、智慧和胸襟。一千多年之后,在这个问题上,一位对中国文化和社会贡献极大的翻译家严复,也显示了同样的见识、智慧和胸襟。他在主张发展科学教育、清除"宗教流毒"的同时,指出宗教随社会进步程度而有高低之别,认为基督教对中国民众教化大有好处:"教者,随群演之浅深为高下,而常有以扶民性之偏。今假景教大行于此土,其能取吾人之缺点而补苴之,殆无疑义。且吾国小民之众,往往自有生以来,未受一言之德育。一旦有人焉,临以帝天之神,时为耳提而面命,使知人理之要,存于相爱而不欺,此于教化,岂曰小补!"(孟德斯鸠《法意》第十九章十八节译者按语。)另外两位新文化运动的领袖即胡适之和陈独秀,都不是基督徒,而且也批判宗教,但他们又都同时认为,耶稣的人格精神和道德改革对中国社会有益,宜于在中国推广(胡适:《基督教与中国》;陈独秀:《致〈新青年〉读者》)。

当然,我们编辑出版这套译丛,首先是想对我国的"西学"研究、人文学术和宗教学术研究提供资料。鉴于上述理由,我们也希望这项工作对于中西文明的交流有所贡献;还希望通过对西方文明精神认识的深化,对于中国文化的更新和中国社会的进步有所贡献;更希望本着中国传统中谦虚好学、从善如流、生生不已的精神,通过对世界历史和人类文明中基督教精神动力的了解,对于当今道德滑坡严重、精神文化堪忧的现状有所补益。

尽管近年来翻译界出版界已有不少有识之士,在这方面艰辛努力,完成了一些极有意义的工作,泽及后人,令人钦佩。但是,对我们这样一个拥有十几亿人口的千年古国和文化大国来说,已经完成的工作与这么巨大的历史性需要相比,真好比杯水车薪,还是远远不够的。例如,即使以最严格的"经典"标准缩小译介规模,这么一个文化大国,竟然连阿奎那(Thomas Aquinas)举世皆知的千年巨著《神学大全》和加尔文（John Calvin）影响历史的世界经典《基督教要义》，都尚未翻译出版，这无论如何是令人汗颜的。总之，在这方面，国人还有漫长的路要走。

本译丛的翻译出版，就是想以我们这微薄的努力，踏上这漫长的旅程，并与诸多同道一起，参与和推动中华文化更新的大业。

最后，我们应向读者交代一下这套译丛的几点设想。

第一，译丛的选书，兼顾学术性、文化性与可读性。即从神学、哲学、史学、伦理学、宗教学等多学科的学术角度出发，考虑有关经典在社会、历史和文化上的影响，顾及不同职业、不同专业、不同层次的读者需要，选择经典作家的经典作品。

第二，译丛的读者，包括全国从中央到地方的社会科学院和各级各类人文社科研究机构的研究人员，高等学校哲学、宗教、人文、社科院系的学者师生，中央到地方各级统战部门的官员和研究人员，各级党校相关教员和有关课程学员，各级政府宗教事务部门官员和研究人员，以及各宗教的教职人员、一般信众和普通读者。

第三，译丛的内容，涵盖公元1世纪基督教产生至今所有的历史时期。包含古代时期（1—6世纪），中古时期（6—16世纪）和现代时期（16—20世纪）三大部分。三个时期的起讫年代与通常按政治事件划分历史时期的起讫年代略有出入，这是由于思想史自身的某些特征，特别是基督教思想史的发展特征所致。例如，政治史的古代时期与中古时期以西罗马帝国灭亡为界，中古时期与现代时期（或近代时期）以17世纪英国革命为界；但是，基督教教父思想在西罗马帝国灭亡后仍持续了近百年，而英国革命的清教思想渊源则无疑应追溯到16世纪宗教改革。由此而有了本译丛三大部分的时期划分。这种时期划分，也可以从思想史和宗教史的角度，提醒我们注意宗教和思想因素对于世界进程和社会发展的重要作用。

中国人民大学宜园
2008年11月

总 目 录

（上）

缩写与符号 …………………………………………………………… *1*

中译本导言 …………………………………………………………… *5*

导言 …………………………………………………………………… *30*

约翰·加尔文致读者书（1559 年版） ……………………………… *76*

1560 年法文版主旨 …………………………………………………… *79*

致法王法兰西斯一世书 ……………………………………………… *81*

第一卷　认识创造天地万物的神

第一章　认识神与认识自己密切相关；两者如何相互关联 ………… 3

第二章　何谓认识神；认识神的意义何在 …………………………… 7

第三章　人生来对神的认识 …………………………………………… 11

第四章　这种知识因无知和恶毒被压抑或败坏了 …………………… 15

第五章　有关神的知识也彰显在宇宙的创造和护理之中 …………… 20

第六章　认识神是造物主必须经由圣经的引领和教导 ……………… 38

第七章　必须由圣灵印证，圣经的权威才得以确立；若说圣经的可靠性依赖教会的判断，这是邪恶的谎言 ………………………… 43

第八章 理性有充足的证据证明圣经的可靠性 51

第九章 离弃圣经只依靠启示的狂热分子,抛弃了一切敬虔的原则 63

第十章 圣经为避免一切迷信,以独一真神对抗一切异教假神 67

第十一章 圣经不许人勾画神的形像;拜偶像就是背叛真神 71

第十二章 为将一切尊荣归给神,应当清楚地区分神与偶像 90

第十三章 圣经从创世之初就教导我们,神只有一个本质却有三个位格 95

第十四章 圣经在创造宇宙和万物的启示中,已清楚区分真神与诸假神 ... 136

第十五章 受造时的人性、灵魂的机能、神的形象、自由意志及人
堕落前的尊严 159

第十六章 神以大能滋养和管理他所创造的宇宙,并以他的护理
统治全宇宙 173

第十七章 我们如何应用这教义最有益处 187

第十八章 神利用罪人的恶行并扭转他们的心,成就他的旨意,
自己却仍纯洁无瑕 205

第二卷 在基督里认识神是救赎主,这认识首先赐给律法之下的先祖们,然后借着福音赐给我们

第一章 因亚当的堕落和背叛,全人类落在神的咒诅之下,从起初受造的
光景中堕落了;原罪的教义 217

第二章 人已完全丧失自由选择而悲惨地做罪的奴仆 231

第三章 出自人败坏本性的一切都是神所憎恶的 265

第四章 神如何在人心里运行 286

第五章 反驳对自由意志最常见的辩护 294

第六章 堕落之人要寻求在基督里的救赎 319

第七章 神赐以色列人律法并不是要约束他们,而是要在基督降临前

	给他们救恩的盼望 ………………………………………… 327
第八章	道德律的解释（十诫） ……………………………………… 346
第九章	虽然犹太人在律法之下认识基督，但基督在福音中才被清楚地启示 … 402
第十章	旧约与新约的相似之处 ……………………………………… 408
第十一章	新旧约之间的区别 …………………………………………… 429
第十二章	基督为了担任中保的职分必须降世为人 …………………… 444
第十三章	基督取得真实的人性 ………………………………………… 455
第十四章	中保的神性和人性如何成为一个位格 ……………………… 463
第十五章	为了明白父神差遣基督的目的和基督赐予我们的恩惠，最主要的是必须查考基督的三种职分：先知、君王、祭司 ……… 476
第十六章	基督如何担任救赎主的职分并为我们获得救恩。对基督的死、复活和升天的讨论 …………………………………………… 486
第十七章	说基督的功劳使我们获得神的恩典和救恩，是妥当和正确的 …… 512

（中）

第三卷　领受基督之恩的方式：这恩典带来什么益处及果效

第一章	圣经记载关于基督的事是借圣灵隐秘的运行使我们获益 ………… 523
第二章	信心的定义和特点 …………………………………………… 529
第三章	借着信心重生：悔改 ………………………………………… 580
第四章	经院神学家们对悔改的谬论与纯正的福音截然不同；论认罪和补赎 ………………………………………………… 610
第五章	他们在补赎上添加赎罪券和炼狱 …………………………… 658
第六章	基督徒的生活；首先，圣经如何劝我们这样行 …………… 673
第七章	基督徒生活的总结：自我否定 ……………………………… 679

第八章　背十字架，自我否定的一部分 692

第九章　默想永世 703

第十章　信徒应当如何使用今世和其中的福分 711

第十一章　因信称义的定义与内容 718

第十二章　我们必须思想神的审判台，使我们能确信神对我们白白的称义 748

第十三章　关于白白称义有两件值得我们留意的事 757

第十四章　称义的起始和不间断的过程 764

第十五章　以自己的功德自夸，毁坏我们因称义所应归给神的称赞，
　　　　　也破坏我们蒙救恩的确据 784

第十六章　反驳天主教徒对这教义的毁谤 794

第十七章　律法上的应许和福音彼此合一 800

第十八章　人将得奖赏并不能证明人是因行律法称义 820

第十九章　基督徒的自由 834

第二十章　祷告是信心主要的运用，也是我们天天领受神恩赐的方式 851

第二十一章　永恒的拣选：神预定一些人得救，另一些人灭亡 924

第二十二章　圣经对于拣选教义的证明 937

第二十三章　反驳这教义常遭到的错误指控 954

第二十四章　神的呼召证明他的拣选；恶人注定灭亡是罪有应得 972

第二十五章　最后的复活 997

（下）

第四卷　神召我们与基督相交，并保守我们在其中的外在方式或帮助

第一章　我们必须保守与真教会的合一，因为她是所有信徒的母亲 1023

第二章　比较真假教会 1054

第三章　教会教师和牧师的选立及其职分 …………………………… 1067

第四章　古代教会的情形以及教皇制出现之前的教会治理 ………… 1082

第五章　教皇专制完全推翻了古代教会的治理 ………………………… 1098

第六章　罗马教区的首要性 ……………………………………………… 1116

第七章　罗马教皇制的产生和发展，及其对教会自由的压制和
　　　　教会治理的破坏 ………………………………………………… 1134

第八章　教会关于信条的权威；罗马教会肆无忌惮地败坏
　　　　纯洁的教义 ……………………………………………………… 1168

第九章　教会会议及其权威 ……………………………………………… 1186

第十章　教皇及其支持者用颁布法规的权威对人进行野蛮的专政和残害 …… 1201

第十一章　教会司法权的范围以及天主教对此权柄的滥用 …………… 1235

第十二章　教会的纪律：主要的用处在于斥责与革除教籍 …………… 1255

第十三章　许愿；轻率许愿的人如何悲惨地落在陷阱里 ……………… 1281

第十四章　圣礼 …………………………………………………………… 1305

第十五章　洗礼 …………………………………………………………… 1334

第十六章　婴儿洗礼最符合基督所设立的圣礼，以及这记号的性质 …… 1356

第十七章　基督的圣餐及其所带给我们的福分 ………………………… 1394

第十八章　天主教的弥撒，不但亵渎而且毁灭圣餐 …………………… 1469

第十九章　被误称为圣礼的五种仪式；其错谬及真实性质 …………… 1491

第二十章　政府 …………………………………………………………… 1531

参考书目 ………………………………………………………………………… 1568

英汉译名对照表 ………………………………………………………………… 1605

修订后记 ………………………………………………………………………… 1613

宗教改革五百周年修订版后记 ………………………………………………… 1615

目 录

(上)

缩写与符号 ………………………………………………… *1*

中译本导言 ………………………………………………… *5*

导言 ………………………………………………………… *30*

约翰·加尔文致读者书（1559年版）………………………… *76*

1560年法文版主旨 ………………………………………… *79*

致法王法兰西斯一世书 …………………………………… *81*

第一卷　认识创造天地万物的神

第一章　认识神与认识自己密切相关；两者如何相互关联 …………… *3*

第二章　何谓认识神；认识神的意义何在 ………………………… *7*

第三章　人生来对神的认识 ………………………………… *11*

第四章　这种知识因无知和恶毒被压抑或败坏了 ………………… *15*

第五章　有关神的知识也彰显在宇宙的创造和护理之中 …………… *20*

第六章　认识神是造物主必须经由圣经的引领和教导 ……………… *38*

第七章　必须由圣灵印证，圣经的权威才得以确立；若说圣经的
　　　　可靠性依赖教会的判断，这是邪恶的谎言 ………………… *43*

第八章　理性有充足的证据证明圣经的可靠性 ……………………… *51*

第九章　离弃圣经只依靠启示的狂热分子，抛弃了一切敬虔的原则 …… *63*

第十章　圣经为避免一切迷信，以独一真神对抗一切异教假神 67

第十一章　圣经不许人勾画神的形像；拜偶像就是背叛真神 71

第十二章　为将一切尊荣归给神，应当清楚地区分神与偶像 90

第十三章　圣经从创世之初就教导我们，神只有一个本质却有三个位格 95

第十四章　圣经在创造宇宙和万物的启示中，已清楚区分真神与诸假神 136

第十五章　受造时的人性、灵魂的机能、神的形象、自由意志及人
　　　　　堕落前的尊严 159

第十六章　神以大能滋养和管理他所创造的宇宙，并以他的护理
　　　　　统治全宇宙 173

第十七章　我们如何应用这教义最有益处 187

第十八章　神利用罪人的恶行并扭转他们的心，成就他的旨意，
　　　　　自己却仍纯洁无瑕 205

第二卷　在基督里认识神是救赎主，这认识首先赐给律法之下的先祖们，然后借着福音赐给我们

第一章　因亚当的堕落和背叛，全人类落在神的咒诅之下，从起初受造的
　　　　光景中堕落了；原罪的教义 217

第二章　人已完全丧失自由选择而悲惨地做罪的奴仆 231

第三章　出自人败坏本性的一切都是神所憎恶的 265

第四章　神如何在人心里运行 286

第五章　反驳对自由意志最常见的辩护 294

第六章　堕落之人要寻求在基督里的救赎 319

第七章　神赐以色列人律法并不是要约束他们，而是要在基督降临前给
　　　　他们救恩的盼望 327

第八章　道德律的解释（十诫） 346

第九章　虽然犹太人在律法之下认识基督，但基督在福音中才被
　　　　清楚地启示 402

第十章　旧约与新约的相似之处 408

第十一章　新旧约之间的区别 429

第十二章　基督为了担任中保的职分必须降世为人 444

第十三章　基督取得真实的人性 455

第十四章　中保的神性和人性如何成为一个位格 463

第十五章　为了明白父神差遣基督的目的和基督赐予我们的恩惠，最主要
　　　　　的是必须查考基督的三种职分：先知、君王、祭司 476

第十六章　基督如何担任救赎主的职分并为我们获得救恩。对基督的死、
　　　　　复活和升天的讨论 486

第十七章　说基督的功劳使我们获得神的恩典和救恩，是妥当和正确的 512

缩写与符号

缩　　写

ACW —— *Ancient Christian Writers.*

ANF —— *The Ante-Nicene Fathers.*

Aquinas, *Summa Theol.* —— Thomas Aquinas, *Summa Theologica.*

Augustine, *Psalms* —— Augustine, *Enarrationes in Psalmos.*

Augustine, *John's Gospel* —— Augustine, *In Joannis evangelium tractatus.*

Ayer, *Source Book* —— Ayer, J. C., *A Source Book of Ancient Church History.*

Benoit, *Institution* —— Benoit, J.-D., *Jean Calvin: Institution de la Religion Chrestienn*, livres I – III.

Cadier, *Institution* —— Cadier, J. and Marcel, P., *Jean Calvin: Institution de la Religion Chrétienne.*

Calvin, *Letters* —— *Letters of John Calvin*, ed. J. Bonnet.

Calvin, *Tracts* —— *Calvin's Tracts.*

CC —— *Corpus Catholicorum. Werke catholischer Schriftsteller im Zeitalter der Glaubens-spaltung.*

CCL —— *Corpus Christianorum*, *series Latina.*

Comm. —— Commentary，在正文中指的是对应所给译文的圣经经文，在注释中指加尔文圣经注释中的话。

CR —— *Corpus Reformatorum: Johannis Calvini Opera quae supersunt omnia.*

CR Melanchthon —— *Corpus Reformatorum: Philippi Melanchthonis Opera quae supersunt omnia.*

CR Zwingli —— *Corpus Reformatorum: Huldreich Zwinglis sammtliche Werke.*

CSEL —— *Corpus Scriptorum Ecclesiasticorum Latinorum.*

Doumergue, *Calvin* —— Doumergue, É., *Jean Calvin-Les homes et les choses de son temps.*

Du Cange, *Glossarium* —— C. du F. Du Cange, *Glossarium ad scriptores mediae et infimae latinitatis.*

FC —— *Fathers of the Church.*

Friedberg —— Friedberg, E. (ed.), *Corpus iuris canonici.*

HDRE —— Hastings, J. (ed.), *Dictionary of Religion and Ethics.*

Hefele-Leclercq —— Hefele, C. J., ed. Leclercq H., *Histoire des conciles d'après les documents originaux.*

Heppe RD —— Heppe, H., *Reformed Dogmatics.* Tr. G. T. Thomson.

Herminjard, *Correspondance* —— Herminjard, A.-L., *Correspondance des Réformateurs dans les pays de langue francaise.*

GCS —— *Die griechischen Christlichen Schriftsteller der ersten drei Jahrhunderte.*

LCC —— *The Library of Christian Classics.*

LCL —— *The Loeb Classical Library.*

LF —— *A Library of the Fathers of the Holy Catholic Church.*

Lombard, *Sentences* —— Peter Lombard, *Libri quatuor sententiarum.*

Luther, *Werke* WA —— *Martin Luthers Werke.* Kritische Gesammtausgabe. Weimar.

LXX —— The Septuagint (七十士译本), 旧约的希腊文译本。

Mansi ——Mansi, J. D., *Sacrorum conciliorum nova et amplissima collectio.*

MGH ——*Monumenta Germaniae Historica.*

MPG ——Migne, J. P., *Patrologiae cursus completus, series Graeca.*

MPL ——Migne, J. P., *Patrologiae cursus completus, series Latina.*

NPNF ——*A Select Library of the Nicene and Post-Nicene Fathers*，第一系列。

NPNF-2 ser. ——上述著作的第二系列。

OS ——Barth, P. and Niesel, W., *Calvini Opera Selecta.*

P. ——paraphrase（改写），指引用或转述圣经经文，与查明的出处不完全一致，多数为间接引语。

Pannier, *Institution* ——Pannier, J., and others, *Oeuvres completes de Calvin: Institution de la Religion Chrestienne.*

par. ——paragraph（段落）.

Schaff, *Creeds* ——Schaff, P., *The Creeds of Christendom.*

sec. ——section（节），特别是在《基督教要义》各章中标明的节。

Smits ——Smits, L., *Saint Augustine dans l'oeuvre de Jean Calvin.*

Vg. ——Vulgate（武加大圣经译本）.

VG ——*Versio Gallica.*《基督教要义》法文版。

Wendel, *Calvin* ——Wendel, F., *Calvin: Sources et évolution de sa pensée religieuse.*

符　　号

a ——1536 年版本

b ——1539 年版本

c ——1543 年版本

d ——1550 年版本

e ——1559 年版本

e (b)——1559年修订之1539年版

e/b——原版混合

x——带脚注之1545年，1553年，1554年版本

*——带章节标题，表示标题为目前编辑所加。

†——表示标题取自由奥托·韦伯（Otto Weber）所翻译之德文版《基督教要义》，并加以修订。

中译本导言

孙 毅

在中国大陆，人们或许更加熟悉达尔文而不是加尔文这个名字。就是多少了解一点加尔文的读者，多数也是通过大陆流行的一本小书《异端的权利》而知道这个人的。按照这本书的描绘，加尔文是一个在日内瓦残酷对待思想异端的独裁者，用他的冷酷无情统治着这个不幸的城市。这本茨威格的小书似乎给人留下这样的印象：加尔文是这个城市中拥有很大权力的实权派人物，具有某种可以呼风唤雨的政治地位。其实在这本书所描述的那段时期，加尔文不过是这个城市的一个流亡者，一个外来的难民，甚至没有"本地户口"（公民身份），因此不可能担任任何政治职务。当时日内瓦的人口登记分三个等级：公民（citoyen，必须出生于本城内，有投票权与各级议会被选权），居民（bourgeois，有投票权但不能进入小议会），寄居者（habitant，无投票权，无被选权）。加尔文与绝大多数法国难民均属第三等，一直到 1559 年（加尔文去世前五年）才只获得"居民"的资格，但一直到他去世也没有投票权。而他能有机会改变其难民身份，主要得益于 1555 年日内瓦市因经济危机而适量放开对法国移民的居民注册，由此才算给了他一个机会。作为一个被聘的因而可以随时被解除合同的牧师，他的待遇不过是一套住房，勉强维持生计的日常用品。因此现在看茨威格的这本书，从严肃的学术角度看，其对加尔文的描绘多少是出于小说家的想象力。[1]

---

[1] 麦格拉思，《加尔文传：现代西方文化的塑造者》，中国社会科学出版社，序言，2009 年。

对加尔文的不甚了解或者误解其实也常见于西方的某些学者身上。著名哲学家罗素在其广为流传的《西方哲学史》中，认为加尔文在其《〈诗篇〉注释》》中曾愤怒地写出"谁胆敢将哥白尼的权威置于圣经之上"这样的话，从而将加尔文看作是明确反对哥白尼日心说的"冥顽不灵"的教士。② 研究加尔文的学者查遍了加尔文的著作，没有找到这句话。这句话后来被发现是出自数百年后的一个名叫安德鲁·迪克森·怀特 (Andrew Dickson White) 的人所写的《科学与神学论战史》(1896) 中，乃是这个作者对加尔文的观点所做的他自己的概括。对于一本曾在大陆广为流传的哲学史权威著作，也可以如此随意地引用他人的著作而不加检查，确实让人没有想到。不过，背后反映出来的是对加尔文的一种流行的误解或偏见。

加尔文1509年出生于法国的努瓦永，曾受过极好的人文教育，1534年取得法学博士学位。由于卷入巴黎的宗教改革事件遭到当时政府的通缉，于1535年流亡国外并成为一个终生流亡者。1536年由于出版《基督教要义》而成名。1537年第一次受聘日内瓦协助宗教改革，因失败而遭驱逐。1541年第二次受聘日内瓦，成为日内瓦教会的牧师，直到1564年去世。临去世前几年他被日内瓦市议会授予荣誉市民身份。今年（2009年）正好是加尔文诞辰500周年。

加尔文究竟是怎样的一个人？在某些加尔文专家看来，单纯地用"神学家"来描述他是远远不够的。因为今天的神学家既是在教会中被边缘化的人物，也是在学术及社会思想领域中被看作无足轻重的人。加尔文显然不是这种意义上的神学家。作为第二代的宗教改革家，他对基督新教基本教义的理解及系统概括，成为新教中影响最大的一个宗派——改革宗教会——的教义核心，而这个宗派对于西方社会的政治、经济、科学等多个领域产生了重要的影响。因此他的宗教改革思想一方

---

② 罗素，《西方哲学史》下卷，商务印书馆，1976年，47页。

面确实是为教会所思所写，但又并非仅仅属于教会，好像与当时的学术思想领域无关。相反，在许多研究加尔文的专家看来，加尔文宗教改革思想的影响已经超出了教会，影响到当时的思想领域，而且在实践上，直接推动了西方社会进入现代的社会运动，并因此在多个方面塑造了现代西方文明的形态。

虽然加尔文著述繁多，但他的著述基本上可以分为四类：《基督教要义》（以下简称《要义》）、多卷圣经注释、多卷圣经讲章、多卷其他著述。《要义》由于被看作是他神学思想的系统阐述，因而在他的思想体系中占据着重要的地位。

一

加尔文在经历了其灵性的"转向"后，开始倾向于宗教改革。不过，他投身于宗教改革与他后来到巴黎接触并加入到一个人文学者构成的小圈子有着密切的联系。当时意义上的"人文学者"基本上还是忠于其宗教信仰的具有信徒身份的学者。因此这个小圈子中的一个重要成员科普（Nicolas Cop）当时可以被任命为巴黎大学的校牧（也译为校长）。1533年11月1日科普在其就职讲演中，表达了对路德在德国推动宗教改革的认可以及在法国鼓动宗教改革的勇气，这使法国政府对法国境内的宗教改革施行了严厉的限制。科普与加尔文都不得不逃离巴黎，四处躲藏。加尔文乃是由于被认为与科普的讲演稿有关联而被牵涉其中。可能就是在这一段时期，即1534年他还在法国时，加尔文写作了《要义》这本著作的第一版手稿。

1534年10月18日发生的标语事件，即在大街上、公共建筑物甚至皇宫里出现了反对天主教的传单，使法国国王开始对改革派采取更为严厉的措施。不少人被捕并被处以火刑，其中包括加尔文的一些朋友。于是加尔文在1535年1月逃离法国到了巴塞尔，试图在那里找到一个可以安静研究的地方。到达巴塞尔后，加尔文开始把大部分的时间用在这本书的写作上，直到 8 月 23 日完成这部著作。

这期间写作的背景中，有两件事情值得提一下，因为它们在相当程度上影响到加尔文对这本书的写作，帮助我们了解他写作这本书的动机。一个是这年的 2 月加尔文记录下来的一份政府报告，指控被政府所通缉的宗教改革者都是"重洗派以及试图推翻政府的人"。按照他在 22 年后所写的《〈诗篇〉注释》序言中的回忆，他如此地描述了当时的处境："当我隐居于巴塞尔时，只有少数人知道的情况下，有许多忠心与圣洁的人却在法国被烧死。"据说当时法国有一种可以摇摆的火刑架，使死囚缓慢地被烤死。但最让加尔文无法忍受的是心灵而不是身体受苦所遭到的屈辱："一些邪恶与欺骗的传单，声称没有人被处以此极刑，被烧死的都是重洗派与叛乱分子。"作为一位法学家，他怒斥"法庭的措施是何等无耻"，并且立誓说："我当时就看见，除非我尽一切的方法来反抗他们，否则我的沉默将使我无法逃脱懦弱与奸诈的罪名。"就是在这种背景下，1535 年 8 月 23 日，他写出这本书的序言——给法国国王法兰西斯一世的信。那一年他 26 岁。

二是当时法国的红衣主教迪普拉（Duprat）在那年 7 月去世后，法国政府正式邀请了梅兰希顿（Melanchthon）和布塞（Bucer）两位宗教改革家来巴黎做宗教改革的顾问，并重开了两年前开始却一度中断了的与路德宗的会谈。但与宗教改革者的合作与会谈于 1535 年 8 月 28 日宣告终止。而对于法国的宗教改革者来说，他们极度盼望法国政府能够有一个稳定和开放的宗教政策。这个背景使加尔文的这本书同时具有向当权者申明宗教改革之基本信念的含义。

当 1536 年 3 月这本书在巴塞尔出版的时候，就像那个时代所有拉丁文著作一样，它有一个很满的书名页。上面的拉丁文书名可以翻译为：

> 基督教要义，几乎包括所有敬虔之要义以及一切认识救恩所必须明白的教义。一部值得所有热诚追求敬虔之人阅读的新作。附献给

至为基督教化的法国国王的序言。序言中加尔文将本书作为信仰的告白献给国王。努瓦永的加尔文，1536 年于巴塞尔。

从这里看出，1536 年第一版《基督教要义》的写作有两个方面的目的：首先，它是基督教教义的一种概要，基本上按照路德教理问答的结构来设计。从这里可以看到路德改教思想对于年轻加尔文的影响；另一方面，也是为寻求宗教改革的追求者们向迫害他们的君王所提出的信仰告白。这方面可以反映出加尔文对于教会之外的社会问题的关注。

从内容上来看，第一版《基督教要义》由六章构成，前四章主题与新近出版的路德的教理问答很相似：律法、信经、主祷文及两个圣礼。第五章涉及对其他五种圣礼的反驳；第六章论及基督徒的自由以及教会与社会的关系。

1536 年的《要义》在出版一年之后就全部售光。于是他在 1538 年开始修订这本书，那时他正遭到日内瓦政府的驱逐，在斯特拉斯堡有一段安静的日子，使他可以有时间做修订工作，一直到 1539 年 8 月完成。1539 年版的《要义》由原来的六章扩展到十七章的篇幅，增加了学术思想的分量，以及神学的主题，如对神的认识、旧约与新约的相似及差别、预定与护理以及基督徒的生活等。并且，从这一版开始，加尔文谈到他修订这本书的一个重要目的就是：作为"让准神学学生用来预备自己研读圣经"的参考书。

1543 年，《基督教要义》出版了第三版。这次加尔文又增加了四章内容，使这本书变成了二十一章。这个版本于 1550 年及 1553 年再版时只是调整了个别的段落，篇幅和内容并没有增加。不过，加尔文对这本书还一直没有达到满意的程度。在他的后半生中，尽管他由于极度劳累，身体常处在发烧状态，他还在努力地对其进行修订，直到 1559 年出了这本书的最后一版。这一版从二十一章增加到八十章，篇幅上比上一版增加了百分之八十。1559 年拉丁文版的书名上这样写道：

基督教要义，首次排成四卷本，根据明确的标题划分章节，非常便于使用；而且篇幅和内容大大增加，几乎可以视为一部新著。

这个1559年版的《基督教要义》就是我们今天看到的这本书的最后形式。

二

了解加尔文为什么给这本著作起名为 Institutes of Christian Religion（《基督教要义》），可以帮助我们更好地理解这本著作的主旨与结构。

我们今天所译为"要义"的是拉丁词"institutio"，它的字面含义有"教导""指南""指导"之意。在加尔文之前，许多拉丁文作家都喜欢使用这个词作为自己著作的名称。距加尔文年代最近的两个著名思想家，伊拉斯谟（Erasmus）和比代（Guillaume Budé），都对加尔文有着重要的影响。伊拉斯谟的 Institutio principis Christiani（《基督徒君王指南》，1516）一书，在当时是极为流行的一本书，其中的主题就是对基督徒君王的教育或者道德指导。比代的 L'Institution du prince（《君王指导书》，1516）一书其实谈论的也是相似的主题。

所以，可以有较好的理由推测加尔文是在这两位思想家所使用这个词的语境下来使用这个词的。如此，中文译为"要义"的这个词，如果之前我们的误解是"基督教教义的要点"，那么更恰当的理解是"信仰生活的指导书"。这与 Christian Religion（很容易被理解为"基督教"）的理解也能够联系上。在当时的拉丁语境下，religion 既可以理解为我们今天意义上的"宗教"，但在更直接的意义上也可以理解为"敬虔"。加尔文在他的这本书中常把信徒称为"敬虔之人"。因而他这本书的主题，由其名称引来的一个可能理解，就是"基督徒敬虔生活的指导书"。

加尔文在写作这本书时，他的直接动机并不是想写成一本我们今天所理解的"系统神学"的教材，或者有意地构造一种教义体系。在1536

年版的标题中,这本书就被描述为"包括几乎一切敬虔之要义"。其实从内容上来看,它比较接近于一种教理问答手册,试图更为贴近信徒的实际生活。不仅结构上比照了路德的教理问答,形式上也被设计成一种版本较小而可以直接放在口袋中的生活指南。

但到1539年版的时候,他的更基本的目的被表述为:"让准神学生用来预备自己研读圣经"。(作者前言)就是说,如果基督教的敬虔生活是建立在圣经的基础上,那么,加尔文的这本书是关涉到"研读圣经"的一本导论。我们今天区别系统神学与圣经神学,在加尔文的时代,加尔文并没有把自己划在系统神学的行列,他更像是一位圣经神学家。他的主要著作是几十卷的圣经注释。但在他开始这个庞大的终生性的计划之前,他打算用一本导论性的书来专门讨论圣经中与救恩有关的一些重要主题,使得敬虔之人在研读圣经时,不至于为不能够充分了解这些神学的主题所苦恼。同时从方法上,他也可以避开他之前梅兰希顿进行圣经注释时所存在的、在他看来也可以避免的一些问题:即时常会离开正在注释的经文,而就某个主题进行大段的讨论。所以在这个意义上,加尔文的《要义》是一本圣经注释的导论,未来之一系列圣经注释著作的导论,目的是为了让他的读者能够因此更为深入地进入到圣经的主题及其真理之中。

了解到这个背景,我们就可以理解他的这本书,何以会有大量的圣经引文。加尔文不是一个创造体系或系统结构的神学家,他的神学讨论是围绕着圣经的主题、为了更好地理解圣经而发展起来的。当然,这并不意味着《要义》没有任何的结构,不过,这种结构并不是纯粹逻辑地构建起来,而是有着他注释圣经的某种历史的偶然性:《要义》的四卷结构与他首先进行的《〈罗马书〉注释》有着紧密的关系。只有在与《〈罗马书〉注释》相平行的对照中,我们才能够理解加尔文何以会在其第一卷中首先讨论"认识创造天地万物的神"。总之,加尔文的这本书并不是严格地按照某种系统神学的逻辑结构建立起来的。如果说第一版《要义》还有某种教理问答的内在结构,那么在随后的修订中,尽管加尔文可能也想尽量地使其中的各个部分相互关联,但我们要看到,使各部分相互关联起来的主要线索是他对圣经,特别是《罗马书》的注释。

三

加尔文的这部著作出版已经数个世纪,其在历史上曾经影响了无数的人。今天它对我们这个时代的人还会有影响吗?还会在哪些方面对现代的人产生影响?当然,这是个仁者见仁、智者见智的问题。并且《要义》本身讨论到的主题也极为多样,这里只能列举几个方面,以让我们一窥这个思想矿藏的丰富。

加尔文在《要义》第一卷第一章第一节的开篇就说:"我们所拥有的一切智慧,也就是那真实与可靠的智慧,包含了两个部分:认识神和认识自己。"这句话可以用来回应人类思想所追求的最古老的问题:什么是智慧?苏格拉底对于这个问题的回应是,智慧就是对人的认识,而认识人表现为人认识自己。加尔文回应的要点在于:要认识人,不只是人要认识自己,同时人还要认识神。认识神是人认识自己的前提。当然反过来,认识人——更广义地说是认识神所创造的世界——也能够让人在一定程度上认识到神的存在。

在这个方面,加尔文并没有一概地反对所谓"自然神学",而是继承了保罗《罗马书》1:12的思想:"自从造天地以来,神的永能和神性是明明可知的,虽是眼不能见,但借着所造之物就可以晓得,叫人无可推诿。"当然,这里的所造之物,如果从更广泛的意义上讲,不只是包括了今天意义上的自然界,还包括其中的人类,特别包括人内心的良知,以及由被造之人代代更迭所形成的社会历史。虽然神是人眼所不能够见的,但借着他所创造的有形的世界,人还是可以多少认识到他的永能与神性。这表明加尔文充分继承了犹太-基督教思想中将神看作是创造者这个重要的传统。对加尔文来说,神既是创造者,同时也是救赎者,并且他愿意花第一卷整卷的篇幅来探讨这位作为创造者的神。这把他与路德区别开来，因为路德看到的更多是一位作为救赎者的神，那位钉在十字架上的神（即耶稣基督）。认识神是这个世界的创造者，就是把他看作是这个被造世界的主人，对当下我们所生活在其中的这个世界拥有主权。这对于今天理解教会与这个世界的关系显然是十分重要的。从神学思想的角度来，也让人们对于现在的神学家们，如巴特与布龙纳之间所产生的"自然神学"之争，有一个思考的起点。

在这个方面加尔文有一个让人印象深刻的比喻：整个宇宙是彰显神的舞台，而我们这些生活在地上的人，不过是这个宏大剧院中坐着的观众而已。③当然，加尔文随后补充说，由于人的罪性，人在观看这个舞台上的表演时眼前已经显得模糊不清；要想看得更清楚，还需要戴上圣经这个眼镜帮助我们。加尔文非常好地把握住了自然神学的限度：它只是让人们对这位神的存在有某种模糊的认识，人们要想认识神，更需要依靠圣经。为此，他给我们描绘的另一个让人印象深刻的比喻是，理性借着被造之物对神的认识，有时像一道闪电划过我们黑暗的（由于犯罪而已经落入其中的）思想的夜空，但这种闪光也只是一瞬而已，很快就被浓厚的黑暗所吞没。④

尽管在神学思想层面，探讨作为创造者的神有很多可争论的方面，但在加尔文那个时代，这个思想却为近代的科学提供了一个最为基本的动机：研究这个世界以便让自己的眼睛看到最为智慧的神的荣耀。在《要义》中加尔文如此说："为了让人有获取幸福的机会，神不但在人心里撒下我们所说宗教的种子，也在创造宇宙的完美上天天启示他自己。因此，人一旦睁开眼睛就不得不看到他……无论你往何处看，宇宙中神荣耀的点点火花随处可见。你无法一眼看透宇宙这无比宽广和美丽

---

③ 《要义》I.6.2。
④ 《要义》II.4.18。

的体系，故而不得不叹服其明亮的荣光。《希伯来书》的作者绝妙地说：宇宙并不是从显然之物造出来的（来 11：3），他的意思是，宇宙如此井然有序地运行，宛如一面镜子，叫我们思想到那位肉眼看不到的神……无论是在天上或在地上，都有无数证明神奇妙智慧的证据，不只是那些研究天文学、医学或一切自然科学深奥事情的专家，就连那些没有受过教育和最无知的人也睁眼可见这些证据，以至于他们一旦睁眼便不得不为此做见证。"⑤这个具有宗教之神圣超越性的动机构成了近代科学最初出现时所需要的一个基本前提：近代科学的超功利性。最初，科学不是为了功利的目的或者人类征服这个世界的力量而出现的，尽管科学的研究成果后来确实被用在了人类生活的多个方面。牛顿在写给理查德·本特利（Richard Bentley）的信中向他解释《数学原理》的主旨时，曾这样写道："在我撰写那探讨我们的系统的专著时，我曾着眼于一些原理，它们能促使深思熟虑的人相信上帝的存在。当我发现这本专著有这样的效果时，再也没有什么事能令我如此高兴了。"⑥

四

相对作为创造者的神，加尔文确实用了更多的篇幅来讨论作为救赎主的神，而这位神乃是与有罪的人发生关联的神。

在第二卷中，加尔文一开始就特别涉及人的全然败坏。这里他所说的"全然"不是指人性（由于堕落）的全然失去，而是指不仅人身体方面的欲望与感受，就是人灵魂层面的理性和意志等也都败坏了。就对人的认识来看，作为一个以神的启示为神学思考之基础的思想家，在加尔文看来，其与所有后来的人本主义哲学家的根本区别就是：神学家们从来不避讳谈人性中的罪。尽管圣经同时也让我们看到，由于人是神按照

---

⑤ 《要义》I.5.1—2。
⑥ 转引自麦格拉思，《加尔文传》，255 页。

他自己的形象所造,因而每个生命中都有其来自神圣而不可剥夺的价值与权力;但自亚当堕落后,人性深处的罪也是认识人的真实存在所不能够回避的。对于世俗的哲学家们,加尔文的这句话说得十分准确:"几乎在每个时代,当有人以最动听的话语公开地赞美人性时,便会大受欢迎。然而,不论这叫人自我满足的赞美如何堂而皇之,却仍然只是自我陶醉罢了。"⑦

正是由于对人的罪性有深刻的认识,使像奥古斯丁、路德和加尔文这样的思想家对人的认识与像亚里士多德这样的非基督教哲学家有一个重要的区别:在人的生存中,特别是在堕落的状态中,人内在的意志所起的作用超过理智所起的作用。对非基督教的哲学家来说,人是"理性的"动物,理智在人性中居支配地位。这些哲学家总会下意识地以为"应该就意味着能够",从而在理智可以支配意志的前提下强调人意志的自由:意志有能力选择理智认为是正确的决定。但加尔文在这一卷中对人的意志败坏的论述更接近于保罗《罗马书》的思想,即人实际上受到束缚的意志已经先行有了某种选择,理智倒是在为意志的选择寻找理由。

关于自由意志的问题,在今天的语境中如果我们做一个区别,可能会帮助我们更好地理解传统神学家与哲学家在这个方面的争论。谈论意志的自由可以有两个层面上的发问:意志作为一种内心深处的意愿,在其最初"动念"或者"起意"时,是否可能处在理性的掌握下,即理性有能力使之做出符合善的选择?或许除了理性主义的哲学家(其实出于他们的信念),经过复杂的论证后,可以做出肯定的回答外,普通的人恐怕不会轻易地得出这个结论。而传统的神学家都认为,个人里面这种最初的"动念"或者"起意",在人的堕落情况下是不受人自己理智的控制的。即使人为自己的这种"动念"找到了一种理智的甚至是善意的说明,也可能是后发的,并且只反映了某种以个人为中心的"善"。这个意

---

⑦ 《要义》II.1.2。

义上，加尔文与奥古斯丁一样，认为堕落之人的意志不可能选择善，因此意志是不自由的。

但人的意志在第二个层面上是自由的：在动念形成意愿后，个人经过理智的计算与权衡，在两个或数个现实的可能之中做出选择。在这个意义上，传统神学家与哲学家的观点没有区别：人有在不同可能性之间做出选择的自由及能力，人因此要为自己的选择负责。不过，这里已经不再涉及选择善的问题，因为所有的可能意愿都带着个人中心的色彩，这是靠人不能够超越的，除非是人经过基督教所说的死而重生。加尔文并非在这个层面上讲人自由意志的受缚。

加尔文尽管强调人性的全然败坏，但他主要是在属灵的层面上讨论这种败坏带给人的影响，而没有否定按神的形象被造的人在世俗的事务中所具有的优越能力。为此，他区别了两类的事，即地上的事（earthly things）与天上的事（heavenly things）。"我所谓天上的事，指对神纯洁的认识、真实义的途径，以及天国的奥秘。"对于这些属灵的事情，人的堕落产生的结果就是：人的灵魂已经不能对此有清楚的认识。而所谓"地上的事，我指所有与神及他的国、与真正的义及永世的福无关的事，只与今世有关，并限于今世的范围内"。⑧如果把这些地上的事罗列出来的话，它们包括"政治、经济、机械技术、人文研究"等，人的智力在这些方面仍然具有让人惊奇的能力。这里，加尔文使用了一个重要观念："普遍恩典"。正是在神的这种普遍恩典之下，他肯定了人类在科学、艺术、社会管理方面取得的成就。例如在科学方面，他说："主若喜悦我们在物理学、修辞学、数学以及其他学科上，借不敬虔之人的成就和劳力得到帮助，那么我们就当使用这些帮助。我们若忽略神在这些学科上白白赏赐人的才能，我们理当因这种忽略受罚。"⑨

---

⑧ 《要义》II.2.13。
⑨ 《要义》II.2.16。

五.

提到加尔文，我们许多人首先想到的是他的预定论教义。但如果我们要在他的《要义》中去看他是怎么说的，则要等到第三卷结尾时才能看到他对这个问题的讨论。再看一下他讨论这个问题的语境就会发现，在进入到预定论的主题前，他用了五章的篇幅论述了基督教生活的特征：操练舍己、背负十架、默想永世（第三卷第六至第十章）；接着他又讨论了称义与恩典的主题（第三卷第十一至第十八章），然后又讨论了"基督徒的自由"（第三卷第十九章）。在这种语境之下去看该卷第二十一至第二十四章所讨论的预定论主题，我们是否会感到其中有些"逻辑上"的矛盾？如果基督徒每天要如此殷勤地通过操练舍己、背负十架、默想永世来让自己在生命及善行上日日更新，那么这些信徒被神所预定的意义在哪里呢？反之，如果人们真的相信自己是被预定和拣选的，人又是在什么意义上享受到他被给予的自由呢？其实这更像是现代人思考问题的逻辑。

英国学者麦格拉思曾提醒我们，不要把预定论看作是加尔文《要义》的核心或者贯穿的逻辑线索。加尔文在这里只用了四章来讨论这个主题，并且是在讨论完人靠白白的恩典称义以及在基督里得享自由的语境中讨论的。其实与其说预定和拣选的讨论在这里彰显的是神的主权，不如说更彰显的是神的怜悯与恩典。有些人对预定论的初步印象好像是它主要是为了突出神对一些人的遗弃，但加尔文在《要义》中将其放在第三卷关于"称义与恩典"的论述之后，特别是为了表明此教义的要点在于：预定或拣选显明了神的恩典。"除非我们先认识到神永恒的拣选，否则我们无法确信（我们本应当有这样的确信）：我们的救恩是出于神白白的怜悯。神的拣选表现为：神并没有将救恩的盼望赐给所有的人，而是赐给了一些人，同时拒绝了其他的人。而这样做是为了显明他的恩典。"⑩ 突出这一点正是为

---

⑩ 《要义》III.21.1。

了回应宗教改革的一个基本精神：人的得救取决于神无条件的恩典，而与人的任何行为与品质没有关系。路德是以"因信称义"表明人的得救完全是靠恩典，而加尔文则是以预定论来表明这个精神。在加尔文这里，基督徒的自由确实是建立在神的预定的基础上，这也正是他为什么在讨论完"基督徒的自由"这个主题后进入到神的拣选与预定这个主题。其实，他想要表达的是：我们在世上效法基督、过一个日日更新的生活正是出于在自由中对神的渴慕。而人在这种自由中对神白白恩典的回应，正反映了盟约的两方面含义。

加尔文的预定论思想尽管不是其《要义》的核心，但这个思想确实在他那个时代产生了重要的影响。这个教义不仅在教会内使奥古斯丁所强调的恩典的观念重新成为主流传统，也在很大程度上影响了宗教改革后数代人的社会生活。预定论没有给当时的人们，如我们今天所想象的，带来那种消极的宿命论的生活态度，反而在历史上促成了一种积极的行动的动力。这个方面对现代西方社会的影响特别表现在经济领域。马克斯·韦伯在其具有长久影响的《新教伦理与资本主义精神》一书中，有让人印象深刻的探讨。其实所谓的韦伯命题就是要解释：何以17世纪早期欧洲的经济精英们都是加尔文主义者。他的基本结论是，加尔文对教义的阐释以一种信仰的方式为人们提供了一种心理动力，这构成了现代资本主义得以产生的一个基本前提：资本主义精神。按照韦伯的观点，这种信仰阐释包括两个方面：预定论及"呼召"的观念。这两个方面在加尔文的《要义》中都有清楚的阐明。

预定论表现出的基本精神是，信徒不是因其行为得救，但其行为却可以成为他们已经得救的结果或印证，可以用来回答"我是否被神拣选？"这个基本问题。其中所涉及的基本逻辑是：承受了恩典而得救重生的人应当有生命的记号，这记号通过可见的行为表现出来，我表现出了这些记号，因此我是被拣选的。

当然，这种生命的见证不主要在于一个人比他人更能挣钱，而在于他在比他人挣了更多的钱后还能够过一个比他人更为节俭的生活，还能够为了社会的公益事业捐献比他人更多的钱。不是前面而是后面的"更加"更能够反映出一个人生命的记号。而这就与加尔文对呼召观念的阐述联系起来："为了避免因自己的愚昧和轻率使一切变得混乱，神安排每一个人在自己的岗位上有其当尽的本分，也为了避免任何人越过自己所当尽的本分，神称这些不同的生活方式为'呼召'。因此，每一个人都有神所吩咐他的生活方式。这生活方式是某种哨岗，免得人一生盲无目的地度日……总之，你若接受神对你的呼召，你的生命就最有次序。而且，这样也没有人会轻率地越过神对他的呼召。如此，地位低的人会在自己的岗位上毫无怨言，免得离开神所呼召他的岗位。"⑪

这样，加尔文就使世俗的工作，甚至包括为人父母这样的职分，都具有了神圣的或宗教的意义：每个人在自己的生活及工作中所做的工作（或事务），首先是为神而做，而不是为了老板做；他做这个事务的首要意义是因为这是神让他做的事，而不是为了养家糊口或使之成为谋生手段。在宗教改革之前，修士们在修道院中讲"劳动就是祷告"，而现在加尔文则是在世俗的日常生活与工作中突出了"劳动就是祷告"。

六

在第四卷中，加尔文主要讨论了基督徒领受神的恩典的外在方式：神的教会。在这个问题上，加尔文在他那个时代必须面对天主教及重洗派对手的两种不同的教会观。为此加尔文在其《基督教要义》中首先强调了有形教会及无形教会的区别："我们在上面已经教导过，圣经在两种意义上用'教会'这词。有时'教会'指的是在神面前的一群人。并且这群人唯独是指神出于自己拣选的恩典所收养的儿女，

---

⑪ 《要义》III.10.6。

也就是那些借着圣灵成圣的事工成为基督真肢体的人。这不但包括在世上仍活着的圣徒,也包括一切神在创立世界之前所拣选的人。另一方面,'教会'经常所指的是在全世界中那些宣称自己是敬拜独一之神和基督的人。我们借着洗礼被认可拥有对神的信心;借着领圣餐宣告自己与众圣徒在真道上以及在爱上合而为一;我们一同决定遵守神的真道,并一同参与基督所设立的讲道职分。"⑫加尔文通过强调无形教会的观念,与天主教将教会就等同于地上的建制教会的观念相区别;通过强调有形教会的存在,与重洗派那种将地上无建制的教会就看作是天上的教会观相区别。

按照加尔文的观点,地上真教会的基本特征是:"基督的启示帮助我们看见真教会的面貌。我们在哪里看见神的道被纯正地传讲和听从,圣礼根据基督的吩咐被施行,我们就不可怀疑,那正是神的教会(参见弗2:20)。"⑬这里我们不仅注意到加尔文确认了教会的两个重要的特征,而且我们还注意到他对这两个方面之纯正性的强调:"纯正的真道以及纯洁圣礼的施行,足以使我们承认某种组织有资格被称为真教会。根据这一原则,即使这组织在两个特征之外有无数的问题,但只要同时具备这两个特征,我们就不能离开她。"⑭因此,有形教会的基本特征不在于其中是由什么样的人构成,就如重洗派所强调的教会必须由重生悔改之人所组成。在他看来,其中完全可能有一些不属于无形教会中的挂名信徒。从神的道及其权威的圣礼来标识有形教会,更接近一种以神为中心的教会观。在这个方面,加尔文基本上继承了路德教会观的要旨。

针对重洗派的教会观,加尔文特别强调有形教会的组织秩序。对于加尔文来说,只有那些不太明白圣经真理的人才会倾向于否定教会的组织秩序:"许多没有受过神学教育的人,当他们听到信徒的良心若被人的

---

⑫ 《要义》IV.1.7。
⑬ 《要义》IV.1.9。
⑭ 《要义》IV.1.12。

传统所辖制是邪恶的事，且在这情况下人对神的敬拜是枉然的时候，许多人倾向于否定一切有形的教会法规。"⑮其实，一旦谈到教会的组织秩序，加尔文就不能不面对两个基本问题：一是教会的组织秩序是否必要？二是在教会的组织中设立不同职分的分工是否必要？对于这两个问题，加尔文都是十分明确地给予了回答。

首先对于教会组织秩序的必要性问题，加尔文说："首先，我们当考虑这一点：在人的所有社会形态中，显然，为了维持社会治安，保持社会和谐，某种组织是必须的。事实上，在一切人与人之间的交易上，为了公共和平、甚至人道本身，我们都需要某种组织程序。教会也应当特别留意这一点，因为教会若有很好的制度，就能保守合一，而若没有这合一，教会就不是教会了。因此，我们若希望维护教会的安全，必须留意保罗的吩咐，即'凡事都要规规矩矩的按着次序行'（林前 14：40）。"⑯我们注意到，加尔文的这个论证有如下几个方面：第一，教会需要某种组织的目的是为了让教会合一并正常地运行；第二，既然有某种组织形态，就需要一些不可少的规章；第三，在这个论证中，加尔文没有特意地区别教会的组织形态与其他社会的组织形态之间有什么根本的不同。

其次，对于教会内设立不同职分的必要性，加尔文的回应是：不同职分的设立是教会秩序中的一个重要部分，是神的话语得以在教会中掌权的途径："唯有神自己才配得在教会中作王。所有的权柄和权威都在他那里，并且这权柄由他自己的话语所执行。然而，既因神是看不见的（太 26：11），所以他借着人的服侍公开、亲口宣告他自己的旨意。神将这事工交付人但并没有将他自己的权柄和尊荣归在他们身上，神只是喜悦借人的口做他自己的工，就如工人用工具做工一样。"⑰这里我们应当注意到，当加尔文提到神所使用的这些代表（复数）时，是指一群教

---

⑮ 《要义》IV.10.27。
⑯ 同上。
⑰ 《要义》IV.3.1。

会工人或者多个职分而言的。神要借一个团队的教会工人来宣讲他的话语，来服侍他的教会。因此形成了教会中不同的职分。对于使徒和先知来说，加尔文认为那是教会初建时期神兴起的职分。现在常设的职分首先有教师与牧师："这两种职分之间的差别是：教师不负责教会的惩戒、施行圣礼或警告和劝勉，而只负责解经，叫信徒相信全备、纯正的教义；牧师的职分则包括这所有的职责。"⑱除了牧师或教师外，教会中还有长老与执事的职分。

相对于与当时天主教的争论，加尔文更重视与重洗派之教会观的区别。从一个方面看，重洗派类型的教会观似乎是在突出圣灵对教会的引导，但强调的是对个人的引导，在实际中可能转化为强调每个个体当下的感受。而对加尔文来说，教会的基本特征不在其中的某个人如何感受，不在其是否由重生之人构成。教会不是一群得救之人在其得救后的"互助性团体"，而是神在这个世界上显明其救赎应许的管道。在加尔文以神为中心的教会观中，教会的建制性被引出来的出口在于：教会的两个具有客观性的特别特征，纯正地宣讲福音和正确地施行圣礼，是由教会的秩序来保证的，而这种教会秩序又是通过教会的建制体现出来的。这样，教会建制就成了教会教义的一部分。对于加尔文来说，教会建制并非路德所认为的，只具有历史偶然性，而是由圣经所显明的一些明确的原则决定。当教会在这些原则的基础上形成教会建制时，教会因为其秩序的建立才成为救赎应许的管道，教会因此才可以被看作是"纯正地宣讲"了上帝的话语，以及"正确地施行"了圣礼。其实从更宽阔的教会历史的角度看，圣灵的工作远超过人们所限定的对个人的直接带领。圣灵的工作完全可以借着教会的秩序及其传统体现出来，并且特别在教会秩序得到保证时，圣灵的最重要工作，即真理之圣灵的工作，被充分地显明出来。

---

⑱ 《要义》IV.3.4。

因此，如果我们赞成加尔文关于教会建制的观点，即肯定圣灵同样会借着教会秩序来引导教会，那么我们就可以得出这样的结论：使教会群体与世俗组织相区别的不是组织的形式是否不同或相似，而是要看这个组织形式为谁所掌管。使教会从这个世界中分别为圣的不是构成教会的人、不是教会的组织形式，而是教会是否将神的话语及其圣礼突出出来，是否时时尊耶稣基督为主，是否承认那不只在个人感受中掌权、同时也在教会秩序中掌权的圣灵。在这个前提下，教会的组织形式与世俗的组织形式间才有比较性及借鉴性。

七

加尔文的《要义》在整体结构上有一个很有趣的特点：以给法兰西斯国王的信（序言）为其开始，以"论政府"为全书的最后一章结束。这个结构上的特点有时被称为"三明治结构"。这表明在加尔文的神学思想中，基督信仰或教会与世俗社会或国家的关系占据着重要的地位。

加尔文接受了路德的两个国度的理论。在教会的权力与国家的权力有分别上，他与重洗派的看法是相近的。教会所负责的是属灵的国度，直接涉及人的信仰及良知的方面。因此教会当以属灵的教导及劝诫为主；教会没有权柄使用刀剑来施行惩罚或管教，没有强制的权力，没有监禁或其他刑罚，就像政府官员所使用的。那么其所关心的目标就不是强制罪人的意愿加以刑罚，而是通过自愿的惩罚来宣认悔罪。所以两者完全不同，因为教会不能逾越任何属于地方政府官员的事务，政府官员也不能担当任何属于教会的事务。[19]而国家则负责世俗的社会的秩序，以用强迫手段执行法律为主。

但加尔文对政教关系的看法与重洗派的观点又有区别。重洗派侧重在两者之间的分离：教会作为一个神圣或者圣洁的群体，它与世俗世界

---

[19] 参见《要义》IV.11.3。

有着明确的分别，应该与世俗的政府没有任何关系。而加尔文的观点可以概括为"分别但不分离，互补而不对立"。从他对第四卷的总标题的命名中，我们可以看出，他认为政府与教会对于帮助信徒继续存留在基督的恩典中，都发挥着重要的作用。在这个意义上，它们各自的作用既是不能够彼此替代的，也是相互补充的。

由于加尔文把政府的功用与自然法（特别是十诫）联系起来，所以在他的理解中，政府有两个基本的功能。首先，与十诫的第一块法版相关，政府应当"以促进宗教敬虔为首要义务"，而所谓敬虔的政府特别表现在"当神的敬拜被败坏或废弃之后，他们重新恢复了对神的敬拜，或保守了这纯正的信仰，使宗教信仰能够在他们的统治之下兴盛且纯洁无瑕"。[20]简言之，政府不仅有保护教会正当聚会的责任，同时也有维护纯正教义的责任。第二，与第二块法版相关，政府乃有在人类社会中维护公义、和平与秩序的责任。这里，加尔文与重洗派的区别特别表现在政府的第一功用方面。对于重洗派来说，一个有罪的政府只可能有第二方面的责任，而不可能有第一方面的责任。

就政府具有第一个方面的功用来说，它和教会有着某种共同的目标：维持人们的宗教敬虔，保护教义的纯正。这一点具体体现在政府所设立的法律，应当是建立在神的话语的基础上，或者至少与普遍的自然法不相冲突。为了帮助建立合神心意的法律体制，在加尔文看来，教会（特别是牧师群体）有责任向政府官员解释在某种处境下神的话语有何要求，即教会有教导官员甚至协助立法的责任。反之，政府官员则有按照合宜的法律保护教会，甚至协助教会铲除"异端"的责任。

对加尔文来说，教会与政府的区别在于其所属的不同国度，而不是其外在的组织形态。与天主教的主教制组织形态不同，加尔文及其改革宗在教会组织方面所推行的"民主选举"方式不仅改变了教会的组织形

---

[20] 《要义》IV. 20. 9。

态，也影响了近代西方民主体制的建立。

例如，对于《新约·使徒行传》中的一段记载，加尔文如此解释道："路加教导我们保罗和巴拿巴借教会选立长老；他同时也解释选立长老的方式。他说的这方式是由各教会的会友投票——'长老在各教会中以举手选立'（徒14：23）。因此是经由这两位使徒提名，而全教会以举手的方式宣告自己的选择，这是希腊人选举的方式。同样地，罗马的历史学家经常陈述召开大会的主席'选了'新的官署，其实只是因他负责收取并公布会众所投的票。显然保罗没有赋予提摩太和提多比他自己更高的地位。而且保罗自己的方法是借百姓的投票选举新的监督。因此，以上经文的解释必须与各教会会友参与选择一致。"㉑他以此反对天主教传统对这句经文的解释：当时那些教会的长老是两位使徒指定的。他的解释回应了宗教改革的另一个基本精神：信徒皆祭司。

当然，如加尔文所引，古代的希腊人也有这样的选举，因此"民主选举"似乎与宗教改革或者加尔文的教义阐释没有太大的关系。但近代的民主体制与古代希腊城邦的民主选举还是有着重要的区别：近代的民主体制是以宗教改革后形成的天赋人权为其前提，而这个涉及每个人的天赋人权的观念其实与加尔文的教会与社会关系理论有紧密的关联。

加尔文在《要义》的最后一章"论政府"中明确地说明，对于没有尽到其责任的暴君，尽管每个普通的公民还应当顺从，因为他们的存在还是有来自神的许可。但下层地方官员却有着反抗暴君的义务，因为他们作为神所呼召来保护民众权利的官员，有神赋予他们的责任："既然纠正君王毫不节制的专制是在主的手中，那么我们千万不可以为神将这责任交付我们，因他给我们的唯一吩咐是要顺服和忍受。我这里说的是私人。若有百姓挑选为了约束君王之专制的官员……我不但没有禁止他们

㉑ 《要义》IV.3.15。

照自己的职分反抗君王暴力、放荡的行为,我反而说他们对这些残忍压迫穷困百姓的君王睁一只眼、闭一只眼,这种懦弱的行为简直是邪恶的背叛,因他们不忠心地出卖百姓的自由,而且他们知道保护这自由是神所交付他们的职分。"[22]

虽然加尔文把反抗暴君的权利只赋予地方官员,但这毕竟是在神学上阐明了反抗的正义性。在1572年发生了法国当局针对当时胡格诺派的圣巴多罗买大屠杀之后,法国的加尔文的追随者们进一步发展了这种反抗理论:每一个公民都有责任反抗这种屠杀其公民的君王,这被解释为每个人生来就被赋予的基本权利。正是这种在神学上对反抗暴君之正义性的阐述,后来演变为每个人拥有其天赋人权的政治概念。历史上,这个概念来自于对加尔文上述思想的一种去宗教化的表达。

八

加尔文的《要义》在他那个时代产生了重要的、持续不断的影响,不仅与他的这部著作所传递出来的新的改教思想有关,也与他这部著作的论述方式有关。他的表述在他那个时代使每个读到他著作的人,受到一股清新文风的冲击,特别是其《要义》的法文版,能够以清晰的表述让那些即使没有受过太多学术训练(不能读拉丁语)的人也可以清楚地了解。

他的这种清新的论述风格来自于他所在的那个文艺复兴时代兴起的人文主义方法。那个时代可被称之为基督教的人文主义对加尔文宗教改革思想的形成具有非常积极的意义。如果文艺复兴时期的人文主义更多地是指一个"论辩的传统",那么这种论辩(rhetoric,亦可译为修辞、雄辩、教化等)的基本含义是什么?按照研究文艺复兴时期的专家鲍斯玛(Bouwsma)的看法,这里所谓论辩是指一种"感化的艺术"(the art

---

[22] 《要义》IV. 20. 31。

of persuasion），而不是指理性或者逻辑的论证；前者把人看作是一种有情感的、主动的、社群的，而非后者所看为的单纯理智化的存在者。因此语言并非首先被看作是承载有关世界真理的媒介，而是存在于社群中活的生命的基本成分，可以燃起情感，激发意志，从而使人进入到行动之中。"论辩，用科卢乔·萨卢塔蒂（Coluccio Salutati）的话来说，能够'激发灵魂，点燃心灵的火'。"㉓文艺复兴时期的人文主义者首先反对的是经院哲学的方法，这种方法是与繁琐的教义体系联系在一起。因此，从语言的角度来看，文艺复兴时期"回到源头"的口号，具体就体现为从繁琐的教义回到圣经，从亚里士多德的思辨逻辑回到福音书中日常的语言，从单纯的理论思辨进入到一个处境化的对话中。以"对人的关切"取代了中世纪晚期贯穿于整个经院哲学的"对理论（体系）的关切"。对加尔文来说，"对人的关切"才是"真敬虔的知识"。

从基督教的历史上来看加尔文在其时代所面对的两种传统，那么这两种传统表现为柏拉图－奥古斯丁传统与亚里士多德－阿奎那传统的区别。而从方法上来看，似乎集中在柏拉图与亚里士多德所用方法的区别。加尔文不过是回到了前一个传统中，更多地使用了柏拉图的方法而已。这种方法的一个突出特征就是其论辩或者教化（rhetorical）的特征。

这种论辩或教化的方法首先表现出一种处境化的对话的特征。加尔文在写作《要义》的时候，与其说他在构建一个理论体系，不如说他在与他同时代的人对话，并在这种对话中去感化他的对象。如果我们把加尔文的《要义》看作是他神学思想的集中体现的话，那么这本书并不像有些人所认为的今天意义上的系统神学著作，其实它更接近于一本对话或者论辩的书。在《要义》中，加尔文似乎与这两类对象进行对话：那

㉓ Bouwsma, *John Calvin: A Sixteenth Century Portrait*, Oxford University Press, 1988, p. 114.

些哲学家们——既包括当时代经院哲学家也包括古代的哲学家；以及敬虔的人——所有那些想要阅读或研究圣经的教会信众。他的目的不是为了让人们停留在这本书所讨论的一些主题中，而是为了能够进入到圣经的语境之中。㉔

这种论辩方法之所以有着直指人心的力量，还在于其具体表现为因人施教，即为了感化的原因而有意地适应听众。其实，语言上的修辞不只是语言上艺术性的问题，而是承载着教化的功用。因为它的首要目的就是感化（persuasion），或者在直指人心之际，激发起人的热情与意志，从而可以化为行动投入其中。而为了达到这种感化的目的，加尔文认为可以采用两种方式：因人施教（decorum），以及寓意或形象表达（figure），这构成了加尔文的教育理念。"一个有智慧的教师使他自己能够按照那些受教学生的理解力来调适自己。他在教学中首先使用的原则就是，要让理解力弱的或者无知的人能够跟得上。总之，他要使他的教导一点一滴地渗透进去，而不是流溢出来。"㉕例如对于比喻的方法，加尔文认为对于交流来说十分重要。

如果我们从这种"人文关切"与"理论关切"的区别来理解16世纪的人文主义，那么启蒙运动之后的那种以人为终极实体之世界观的人本主义其实并不必然是"人文关切"的，它照样可以是"理论关切"的，即围绕着一种抽象的"主体"或"理性"进行的思想建构。今天以人文学名义进行的研究更多关注的是使用了哪种学术的方法与进路。著述更接近于一种学术的"游戏"，目的只是要得到日益分化缩小的本专业共同体的认可。或许这就是人们所说的思想家与学者的区别。加尔文本意是想成为一个学者，但在那个时代他却成为了一个思想家。这里我们谈到他的人文主义方法，其实不只是涉及他所用的"论辩"方法，从一个更深

㉔ 《要义》，"约翰·加尔文致读者书（1559年版）"。
㉕ 《〈哥林多前书〉注释》，3：2。

的层面上看，涉及他对日常生存中普通民众的基本的"关切"。相对于构建一个理论体系，他更关心怎样能够"激发灵魂，点燃心灵的火"。

九

上述几个方面的介绍，让我们特别看到加尔文在《要义》中所表达的思想，一方面为当时教会的宗教改革建立了神学基础，另一方面对当时的西方社会进入到现代有着重要的影响。他对西方社会进入到现代所产生的影响不次于他对新教教会在神学建构方面的影响。不过，我们可以因此说加尔文就是一个社会改革家吗？当然，这不是加尔文写这本书的主要目的，也不是他在日内瓦身体力行的主要目的。加尔文在日内瓦唯一的身份就是牧师。除了每周多次的讲道之外，他写得最多的就是圣经注释。显然他是一位注重圣经的牧师，追求的是如何照神对他的呼召用神的话语去教导信徒，指导他们的信仰生活。他在日内瓦乃至世界的影响力是通过他在灵性上的影响发挥出来的。在这个意义上，他的宗教改革思想也是通过灵性途径在教会中和教会外的社会文化领域产生巨大影响。因此，在加尔文身上，我们得到这样的现象：神的圣言不只是在教会中更新着人的生命，指导着人的生活，也在人类社会生活的各个领域产生有生命力的影响。在西方这个舞台上所演出的文化连续剧中，加尔文及其在日内瓦的宗教改革是其中重要的一幕。按照牛津大学教授麦格拉思所引用的德国宗教社会学家特洛尔奇的话来说，基督教在西方历史的两个转折点——托马斯·阿奎那的经院哲学在中世纪的支配性地位，以及进入现代的初期加尔文主义的产生——转变或塑造了西方文化。在这些转折的时期，不是基督教被世俗化，而是基督教塑造和形成了社会文化。

（本文作者为中国人民大学副教授）

导　　言

　　摆在读者面前的是《基督教要义》这部巨著的一个新译本。这部著作深刻地影响了历史的进程，塑造了数代人的信念与行为。这样的作品在历史上可谓凤毛麟角。或许没有其他神学著作能像它那样在四个世纪里一直为勤勉好学的基督徒所研读。在更大的范围内，很多人对《基督教要义》的书名耳熟能详，对于书中内容的模糊观念也流传甚广。该书不时引起争议，这方面的著作汗牛充栋。有人说它所阐述的基督教过于严酷无情、毫不宽容，因此是对基督福音的扭曲；有人对它无比崇敬，称它是对圣经真理无与伦比的解释，是福音信仰的堡垒。即便在最不受欢迎的时代，它对活跃之教会的生活和个人的行为仍具有极大的影响。当反对基督教的政府禁止基督徒崇拜时，该书会赐给他们勇气坚持到底。在历史上，当社会出现危机，根基开始动摇，人心感到恐惧时，人们会带着崇敬之心重新研读这部经典。在我们的时代，多数的神学家在神学方法和术语的使用上训练精良，这些方法和术语与加尔文所使用的差别很大，然而，这部巨著依然值得认真研读，它在基督教教义和社会领域不断激发人们去思考。

一

　　《基督教要义》(*Christianae religionis institution*，加尔文最初使用的书名) 出自一位很有天分的年轻人之手，他亲身经历了宗教改革时期圣经信仰的复兴。我们完全有理由相信，加尔文的信念产生于挣扎和痛苦之中，虽然我们无法确定他经历过哪些阶段，也不知道他所谓的"突如其来的归信"发生在什么时候。他的童年是在教区总教堂所在地努瓦永（Noyon）度过的。他很早就上了巴黎大学，之后在奥尔良和布尔日读法律，最后放弃律师职业，转向研究古典文学。在这十年（1523—1533）当中，他一定越来越深刻地意识到那个时代的宗教危机。这危机当时体现在法国的圣经研究、福音热忱、逼迫和殉道上。

加尔文的朋友尼古拉·科普（Nicolas Cop）① 成为巴黎大学的校长时，于 1533 年 11 月 1 日发表了就职演说。加尔文多少被牵扯在其中。这篇演讲太草率地被视为明确的新教宣言。其实，它反映的是昂古莱姆的玛格丽特派圣经人文主义的思想，这个学派受到当时很有影响力而年事已高的学者雅克·勒菲弗（Jacques Lefevre）的启发，勒菲弗是法文圣经译者。这篇演讲显示作者对马丁·路德也有些认识，但没有证据表明讲稿的作者主张宗教改革的教义。然而，这篇演讲所表现出的大胆惊动了当局，加尔文因牵扯在其中而逃离巴黎，之后一年的大部分时间都在躲藏。1534 年春天，他在内拉克（Nerac）拜访了勒菲弗之后，前往努瓦永，做了一个新的决定。1534 年 5 月 4 日，他放弃了从童年开始领的圣俸，从而断绝了与非改教教会和圣职人员的关系。② 也许是与勒菲弗这位风烛残年的非新教圣经运动领袖的交谈触发了加尔文的"归信"。此后，他完全属于新教的队伍。

一个新的阶段开始了。从此以后，加尔文终其一生为福音信仰不知疲倦地劳力。那年晚些时候，他写了两篇热情洋溢的序言，出现在法文版旧

---

① 尼古拉斯·科普的父亲纪尧姆·科普（Guillaume Cop）是巴黎著名的内科医生和学者。由于国王的妹妹昂古莱姆的玛格丽特（Marguerite d'Angoulême）所写的《罪恶灵魂之镜》(*Mirror of a Sinful Soul*) 被索邦神学院定罪。就在尼古拉斯·科普任校长发表就职演说几周前，他曾为此事慷慨陈词。科普的演说（*Concio academica*）被印在加尔文的作品中（CR X. 2. 30-36；OS I. 4-10）。
② 这些事件的讨论和加尔文的归信都记载在下列文献内：P. Imbart de la Tour, *Les Origines de la Réforme* I. 478-568；J. Viénot, *Histoire de la Réforme française des origines a l'Édit de Nantes*, Pt. ii. ch. 1；F. Wendel, *Calvin: sources et évolution de sa pensée religieuse*, pp. 20-26；J. T. McNeill, *The History and Charater of Calvinism*, ch. 7。

约和新约圣经的前面。这个版本的圣经是他表哥皮埃尔·罗伯特·奥利维坦为皮德蒙的瓦尔多派预备的。这个版本的圣经于1535年6月出版时，加尔文在巴塞尔，当时《基督教要义》(Institutes of the Christian Religion)③无疑接近完稿。《要义》的开篇可能是1534年他仍在法国时写的。迪蒂利特家在昂古莱姆的克莱（Claix）为他提供住处和"一个安静的窝"。至少，那里藏书丰富的图书馆可能为《基督教要义》后来的充实提供了资料来源。

在法国，所有新教运动杰出领袖的处境都变得越来越危险。因此之故，也因为他无论走到哪里，都有众多的人来询问他，所以，加尔文决定在国外寻找一个安全的隐退之地，在那里做研究。大约在1535年1月初，他离开法国，前往巴塞尔。当时许多新教徒正在逃离日益加剧的逼迫。国王法兰西斯一世④因1534年10月18日的大字报事件而大发雷霆，当时许多激烈抨击天主教弥撒的传单在夜里被贴在公共建筑物上，甚至被塞进皇宫的卧室里。许多涉嫌者被监禁，火刑不时都有发生。

我们基本上是在他1558年出版的《〈诗篇〉注释》序言⑤中了解到他

---

③ "要义"（institutio）一词，有时是复数形式（institutiones），常常出现在拉丁文法学著作的书名中。一些基督徒作家，如拉克唐修（Lactantius）、安波罗修（Ambrose）、伊西多尔（Isidore）、执事保罗（Paul the Deacon）、辛克玛（Hinkmar）、伯尔纳（Bernard）等人，也使用这个词作为不同主题手册的标题。不过，加尔文选择"要义"一词时，可能想起了伊拉斯谟的 Institutio principis Christiani (1516) 一书里的用法。或者也有可能想起了纪尧姆·比代（Guillaume Budé）的 L'Institution du prince (1516)。比代的这本书虽然到1547年才出版，但对加尔文还是有影响，因为加尔文与比代一家过从甚密。博恩（L. W. Born）将伊拉斯谟的书名译成《基督教君主的教育》(The Education of a Christian Prince)。在这个意义上，"要义"通常翻译成"教导"。因此，德文版将该词译为 Unterweisung 或者 Unterricht；荷文版将该词译为 onderwijsinghe，即现在的 onderweijzing。也请参阅布利恩所著《约翰·加尔文：法国人文主义研究》(John Calvin: A Study in French Humanism, pp. 119 及以下)，以及麦克尼尔（J. T. McNeill）的《基督徒对世界社会的盼望》(Christian Hope for World Society, pp. 90-95)。1654年该书的书名以复数形式出现，为埃尔策菲尔版本采用。英语中 institution 一词普遍用于参考书中，直到1813年该书完整出版时才用作书名。但是1580年，爱德华·梅（Edward May）使用了复数形式 institutions。梅曾译过埃德蒙·巴纳（Edmund Bunner）的节略本。后来到了1596年，亨利·霍兰德（Henry Holland）将约翰·皮斯卡托（John Piscater）的《警句集》(Aphorisms) 译成英文时，也使用了复数形式。约翰·艾伦（John Ellen）于1813年将全书译成英文，采用了"institutes"一词。从此这种复数形式流传至今。

④ 法兰西斯一世：1515—1547年任法国国王，文艺复兴运动的支持者。他对教会的政策意在控制教会。这里面包含某些改革教会的构想，但是他对法国新教的态度日趋敌对。

⑤ CR. XXXI. 23-27；tr. Comm. Psalms I. 41 ff.；LCC XXIII. 51 ff.

人生的这个关键阶段。他以简洁的文字告诉我们,他离开祖国去寻找可供他做研究的"安静的藏身所"之后,他听到在法国有许多人被烧死以及对这些事的不合理解释。加尔文"在巴塞尔隐姓埋名躲藏起来的时候",为了缓解逼迫所引发的强烈反法情绪,法国官廷向德国散布虚假声明。加尔文说,法国政府声称受害者不过是些"重洗派和叛乱分子"。这份声明据说是出自纪尧姆·迪贝莱(Guillaume du Bellay)之手,他是巴黎主教的哥哥,是国王派遣与德国诸侯和神学家谈判的外交官。声明发表于2月初。⑥加尔文深信,这类声明的目的在于为屠杀更多的人寻找借口,因此决定不再沉默。他若闭口不言,就是出于懦弱和背叛。这些人为了信仰殉道,在他看来是忠心的、"圣洁的殉道者",他们遭到肆意歪曲,而且还有许多人仍面临同样的危险。对此他无法保持沉默。有些受害者是他个人的朋友,其中一个就是巴黎的著名商人埃蒂安·德拉福尔日(Étienne de la Forge),来自皮耶迪蒙特(Piedmont)的瓦尔多派信徒,他于1535年2月15日被烧死。加尔文说,他不得不"为我弟兄本不应遭到的羞辱辩护,他们的死在主的眼中看为宝贵",并通过感动其他国家的人民来帮助面临同样逼迫的人们。《基督教要义》是在这样的背景下成书的。无论加尔文之前写作的意图如何,现在为受逼迫者他要加快速度预备出版此书。

1535年1至8月,他在竭力撰写此书之际,他继续得知法国严峻的局势。国王禁止所有印刷的企图失败了,然而1月底逼迫加剧了,直到7月份减弱了一些。7月,年迈的红衣主教迪普拉负责指导国王的宗教政策,他的去世使逼迫暂时平息。法国官廷两年前与德国路德宗信徒开始了谈判,但是中途被中断。现在谈判又恢复了。法国政府急切地邀请梅兰希顿和布塞前往巴黎商讨教会改革的事宜,直到8月28日这项计划才被废弃。加尔文正是在几天后完成《基督教要义》的手

---

⑥ J. Viénot, *op. cit.*, p.129.

稿。⑦国王在这些事上的态度似乎前后矛盾，举棋不定，这可能使许多新教徒对于政策的好转产生了盼望。同一时期，加尔文有理由担心新教在欧洲的改革运动受到以明斯特为中心的激进重洗派运动的损害。激进重洗派运动的支持者在受到围困很长一段时间之后，于1535年6月底又遭到残酷的镇压。加尔文原本可能希望这本书在1535年秋天的法兰克福书展上出现，但书稿直到当年8月23日才得以完成，这是他在文前致法兰西国王法兰西斯一世的信中签署的日期。巴塞尔的印刷商托马斯·普拉特（Thomas Platter）、巴尔塔萨·拉修斯（Balthasar Lasius）与编辑让·奥普林（Jean Oporin）一起，于1536年3月从从容容地出版了这部著作。初版的拉丁文标题翻译如下：

> 基督教要义，几乎包括所有敬虔之要义以及一切认识救恩所必须明白的教义。一部值得所有热诚追求敬虔之人阅读的新作。附献给至为基督教化的法国国王的序言。序言中加尔文将本书作为信仰告白献给国王。努瓦永的加尔文，1536年于巴塞尔。

二

本书标题的两个部分都具有意义。"institutio"一词本身最普通的意思是"指导"或"教育"。本书的目的既是为了提供一份基督教教义的总纲，又是代表新教徒向逼迫他们的国王陈明新教信仰。本书的序言是直接呈给国王的有力申诉，不仅如此，书中的内容也有许多地方生动地呈现了那个时代的历史危机。书中论述了基督教信仰的基本主题。作者构思恢宏，阐释清晰，而且自然地与加尔文所处时代的问题以及改革宗教会的生存挣扎结合在一起。后来在法王去世前后出版的几种版本中，加尔文都保留了致法兰西斯国王的信。虽然加尔文写这封信时带着对时代问

---

⑦ 见 *A History of the Ecumenical Movement*, 1517-1948, ed. Ruth Rouse and Stephen Neill, p. 40。

题的强烈意识,但事实上,它永远是对因坚持圣经真道而受逼迫之人的有力辩护。

1536年所出版的《要义》正文由六章组成。其中四章讨论基督教教导史上最常见的主题,马丁·路德的大小要理问答也包含了这些主题:律法、信经、主祷文,以及洗礼和圣餐两个圣礼。第五章驳斥了中世纪教会将下面五种仪式视为圣礼:坚振礼、补赎礼、临终涂油礼、圣秩礼以及婚礼。而第六章是对基督徒自由极具挑战性的讨论,其中包括一些社会政治方面的教导。全书520页,8开本,即6.125英寸×4英寸,包括一个简短的索引,全书相当于新约圣经从《马太福音》到《以弗所书》的篇幅。作者持续不断地扩充内容,直到1559年才最终定型⑧,大约是全部旧约圣经再加上符类福音书的篇幅。该书出版半年之后,加尔文开始了他在日内瓦的事工,一年之后即告售罄,人们呼吁加尔文再出修订版。当时他虽然忙于别的事工,却答应开始修改这部作品,不过花了不少的时间,直到1538年才完稿,当时他仍住在巴塞尔。部分由于印厂的改变,再版耽搁了一段时间,最后于1539年8月在斯特拉斯堡由旺代尔·里埃尔(Wendel Rihel)印刷出版。

这次书名改为《基督教要义》(*Institutio Christianae Religionis*),大概是为了尽可能与第一版区别开来。书名后面紧跟着一个令人好奇的说法:"内容终于与书名完全一致",这似乎是在批评第一版的全名有点夸张,当然也表示新版比旧版更好。加尔文有足够的理由为修订版感到自豪。修订版由之前的六章扩展到十七章。修订版在学术分量上远超过旧版,因为他大量引用奥古斯丁、奥利金等教父,柏拉图、亚里士多德、

---

⑧ 对于《要义》的早期几个版本,英语世界没有完整的研究。最好的英文版就是沃菲尔德(Benjamin B. Warfield)的文章,发表在 *The Presbyterian and Reformed Review* X (1899), 193-219。艾伦译本于1909年加进了一些修改。克莱门(D. Clement)在其 *Bibliothèque curieuse historique et critique, ou Catalogue raisonné de livres difficiles à trouver* (VI. 64-102)中,提供了不少他所了解关于各种早期版本之特征的信息,为读者提供了很多的方便,可惜这本好书已经不易找到了。在 *Corpus Reformatorum* 版加尔文作品(CR XXIII-XLVI)中有大量的说明,但是巴特(P. Barth)和尼塞尔(W. Niesel)所编辑的 *Opera Selecta* (OS), III, vi-1 却更胜一筹。

西塞罗、塞涅卡的作品,以及一些当时的学术著作。他引用的圣经经文也增加了数倍。他所增加的十一章,其中几章是加尔文思想体系的重要部分,譬如对上帝的认识、旧约和新约彼此的相似性和差异性、预定论和护理,以及基督徒生活。新版包括了加尔文致读者的一封简短书信,书信的写作日期为1539年8月1日。信中,加尔文谈到自己对第一版深受读者欢迎感到惊讶,尽管该书本身还有不少瑕疵;他同时陈述了此次修订的目的。加尔文现在将这部作品视为"准神学生用来预备自己研读圣经"的参考书。因此,这一次的版本非常适合学生使用。全书346页(页数计算可能有误),开本13英寸×8英寸,书边留有很大的空白,以便学生做笔记。可能为了便于这个新版本在法国流通,加尔文的名字(Calvin)被写成了Alcuinus(阿尔昆)。

这就让人产生了疑问:前不久才问世的第一版法文译本,是否加尔文撰写和出版的?加尔文在1536年10月13日写给弗朗西斯·丹尼尔(Francis Daniel)的信中,谈到他在日内瓦的生活以及后来生病的情况,加尔文说他一直忙于他的这本"小书"(libelleus)的法文翻译。我们推论"小书"是《要义》(Institutio)是合理的,虽然我们无法完全确定。这个时候加尔文是否会用"小书"一词来指称他的这部作品,这一点值得讨论;他在1539年版的序言中提到1536年的版本时,用的是"著作"(opus)一词。加尔文致丹尼尔的信正好写于洛桑辩论(Disputation of Lausanne)之后。大约这个时候,加尔文显然正忙于为日内瓦教会预备《基督教信仰的教导和告白》(Instruction and Confession of Faith)⑨。这篇作品的法文版在1537年初出版,拉丁文版一年之后(1538年)在巴塞尔出版。但《宗教改革全集》(Corpus Reformatiorum)版加尔文著作的编辑有理由认为这作品的法文版基本上是由1538年拉丁文原稿翻译来的。⑩该书简明、有力

---

⑨ *The Instruction et confession de foy* 一书已被福尔曼(P. T. Fuhrmann)翻译成英文 *Instruction in Faith* (1537),并加上注释。
⑩ CR XXII. 7.

地概括了《要义》的核心论点。这的确是"小书",拉丁文的原稿以及法文的翻译必定会耗费加尔文整整几个星期的时间。这些时间他原本可以用于教会重组的新工作上。那年秋天,加尔文繁重的工作压力不允许他翻译《要义》(*Institutio*)那样的巨著。无论如何,今天找不到其1536年或1537年法文版的任何踪迹。我们所知道最早的法文版本,就是1541年那个著名的版本,它是由加尔文亲自根据1539年的拉丁文版所翻译的。

三

这个法文版是由日内瓦的让·吉拉尔(Jean Girard,或 Gérard)出版社出版的,共822页,7.25英寸×4.5英寸,是袖珍版,用的是小号字,印刷得不够专业。这个版本便于携带,是为那些不能读拉丁文的平信徒预备的。既然法国几乎不可能允许这部作品发行,发行量明显受到限制,主要考虑的是住在瑞士之法语读者。这版本的序言中没有提到这部作品的学术性功用。其目的是"要帮助那些想要明白救恩之道的人"。然而,除了一处章节顺序排列的变化之外,该书简直就是1539年版的法文翻版。许多研究法文散文发展的学者,包括一些完全反对加尔文立场的人,都盛赞这版本的法文写作风格。[11]毋庸置疑,这个译本也是使用法文来表达经久不衰的严肃思想的最早作品。不同凡响的是,一本在赋予法兰西民族语言个性方面极赋创造性的著作,竟是作者本人的译作,而这位作者从小就习惯以拉丁文思想。政府尽其所能地禁止这部著作在法国发行。在1542年7月,还有1544年2月,在巴黎圣母院前,这部作品被堆积焚烧。这是他们压制这部著作的手段之一。

随着书的扩充,第一版中所有的护教内容当然全部保存,然而新的序和补充的内容表明,作者越来越有意识地以教导——不管是对神学生

---

[11] 出色的文学评论家称赞加尔文法文文笔的文章多得不可胜数。杜梅格(E. Doumergue)所著的 *Jean Calvin-Les hommes et les choses de son temps* (IV. 5-8)中对此略有引述。又见帕尼耶(J. Pannier)所著 *Jean Calvin: Institution de la Religion Chrestienne* I. 22-24。

还是对平信徒的教导——为写作的目的。1543年拉丁文第三版（第二版由斯特拉斯堡的里埃尔印刷出版）增加了四章，使得该书共有二十一章。这版本在1545年又出了拉丁文再版，同年，法文扩充版在日内瓦由吉拉尔出版社出版。1550年拉丁文版（也是由吉拉尔出版社出版）与1543年的版本更改的地方不多。但是1550年的版本有一个明显的改进，即表明了篇章段落。这二十一章里共有1217个段落，附有两个索引，一个是标题索引，一个是作者引用的圣经段落与书卷索引。

1550年文艺复兴时期，一位最伟大的印刷家从巴黎来到日内瓦，重整旗鼓，与日内瓦的牧者紧密同工，致力于他的毕生事业——出版多种版本的圣经和基督教书籍，因为他发现根本无法在法国继续这项工作。这个人就是罗伯特·艾蒂安（Robert Estienne），又叫罗伯特·斯特凡努斯（Robertus Stephanus），他是伟大的艾蒂安家族中杰出的一员。该家族专门印刷学术著作，对新知识和宗教改革做出了无法估量的贡献。[12]1553年2月，他出版了《基督教要义》，这是加尔文所看过最精美的版本，13.5英寸×8.75英寸对开本，印刷精美得无可挑剔。全书正文441页，还附有致法国国王的信和索引。然而在内容上，这版本与1550年的没有两样。1554年，亚当·里弗利（Adam Rivery）和让·里弗利（Jean Rivery）弟兄俩在日内瓦再次印刷《基督教要义》，这次是小8开本，内容不变，但索引有所改进。

在这时代，许多人更喜欢头一版本，也有许多人认为1539年的版本或1541年的法文版本比1559年的扩充版（我们的英文译本就是根据这个版本）更好。他们说，最早的版本更流畅，没有那么多论辩，足够全面，而且更易读。反驳这些人是没有必要的，也许也是不可能的。无疑地，重新出版较早的版本是合理的，也是需要的。然而，我们若完全不理会作者本身对早期版本的评价，甚至抹杀加尔文为了实现他的夙愿在

---

[12] 罗伯特是亨利·艾蒂安（Henri Estienne，卒于1520年）的儿子，艾蒂安出版社创始人，也是首屈一指的古典文学学者，写下许多有参考价值的著作。在巴黎，马蒂兰·科尔迪耶（Mathurin Cordier）协助他做编辑工作，科尔迪耶在巴黎时曾经鼓励年轻的加尔文研究拉丁文，晚年在日内瓦度过。

艰难的岁月里劳苦修订的结果，十分不妥当。我们不可忘记，1559年的拉丁文版本是最权威的版本。他在开篇给读者的致辞中，提到之前的修订使这部作品变得更丰富，并补充说："我不为自己所付出的辛劳后悔，直到这本书成为今天所呈现在大家面前的样子，我才感到满意了。"加尔文说他患热病发高烧时，仍努力地继续他的修改，这清楚地证明，那驱使他的热忱是"为神的教会完成这工"。加尔文在此所表达的成就感，被之后的编辑所尊重，乃至1863年之前，只有这拉丁文最终的版本一直在重印，人们也是根据这个版本进行翻译、节录的。

我们尊重这最终的版本还有一个原因。最近几十年当中，加尔文的神学越来越受欢迎和尊重，而且理解和阐述加尔文的教导的努力已经成为神学著作的一个显著的特征。自然，人们研究的主要对象是《基督教要义》，而现代研究通常所引用的都是1559年的版本。章节序号有助于表明出处，几乎可以视为（如在托马斯·阿奎那的《神学大全》）神学讨论所使用的共同语言的一部分。这版本的篇幅比上一次的版本增加百分之八十，且各国已经长期习惯参考这个版本，如今就学术研讨而言，实际上不可能回到早期的版本。

这个版本1559年8月16日在日内瓦由罗伯特·艾蒂安出版社出版。加尔文致读者的信写于8月1日。艾蒂安这位杰出的出版家、多产的学者，出版《要义》三个礼拜后去世。如此一来，这一版本的《要义》就成了他精湛技艺的最后成果。该书的标题如下：

> 基督教要义，首次排成四卷本，根据明确的标题划分章节，非常便于使用；而且篇幅和内容大大增加，几乎可以视为一部新著。

标题之下是作者的名字，接下来是出版者及其为人熟知的标志橄榄枝，下角写着：日内瓦，1559。

四

加尔文之后没有再修改拉丁文版本的《基督教要义》。1559 年版的法文翻译是经日内瓦的让·克雷斯潘（Jean Crespin）出版社于 1560 年在日内瓦出版。多数现代的学者主张这是加尔文自己的翻译，或至少是他严格审订的翻译。[13]这部著作的拉丁文版和法文版马上都大受欢迎并多次再版，直到加尔文去世（1564）之前仍是这样。光是 1561 年拉丁文版就印了两次，一次是加尔文在斯特拉斯堡的印刷者里埃尔所印的漂亮对开本，另一次是安东尼·勒布尔（Antonius Reboul）在日内瓦所印的 980 页 8 开本。勒布尔说他所排列的索引是响应许多读者向他的要求。这索引包括按字母次序的主题索引，并记录卷、章及节数。这丰富的索引共计 59 页（未标页码），并被用在许多之后的法文和拉丁文版本里面，有时与我们以下所提的马洛拉（Marlorat）索引在一起。马洛拉版本使用容易阅读的小开本，而参考的经文整齐地排列在书边空白处。在后来的拉丁文版本中，就其编辑的内容而言，有两个版本尤其重要。一个是 1654 年由莱顿（Leiden）久负盛名的埃尔策菲尔印刷厂印刷的豪华对开本，以及阿姆斯特丹的席佩尔（J. J. Schipper）1667 年所出版的《加尔文选集》第九卷。

---

[13] CR 版的编辑们都相信，1560 年法文版《要义》除第一卷的头七章是加尔文翻译之外，其余的章节都是在匆忙之中草草译成，未经加尔文审核（CR III. 25-27 和 XXI. 56. 87 f.）。这种说法被杜梅格所采纳（*Jean Calvin* IV. 10 f.）。马麦尔斯坦（J. W. Marmelstein）在其 *Éude comparative des texts latins et français de l'Institution de la Religion Chrétienne de Calvin* 中，第一次向这种观点提出尖锐挑战。他列举 1541 年法文版在文体上的相似缺陷，并根据尼古拉斯·科拉顿（Nicolas Colladon）和西奥多·贝扎（Theodore Beza）明确的论述反驳说：加尔文对该译本直接负责。这种观点一直为人所接受，如巴特和尼塞尔就采纳了这种观点（OS III 38-48），卡迪耶（J. Cadier）在其现代版的 *Jean Calvin: Institution de la Religion Chrétienne* I. 5-8 前言中，也赞成这种观点。伯努瓦（J. -D. Benoit）在其法文版的 *Jean Calvin: Institution de la Religion Chrestienne* I. 9 ff. 中认同这一观点。这论证的分量使我们不得不接受马麦尔斯坦的主要论点。而英文译者们对法文版的看法大相径庭。诺顿（Norton, 1561）称 1559 年的拉丁文版是"作者的最终版本"，但是艾伦（1813）说 1560 年的法文版是"作者的最终版本"。那些相信法文译本是经过加尔文之手，或者就是加尔文手笔的人，倾向于认为加尔文大概是在 1559 年拉丁文版本出版之前翻译的。没有人否认它是从拉丁文翻译过来的，只是有少数几处刻意安排的不同。值得注意的是，法文版中的些微变化在拉丁文版中从来没有改动过，尽管后来重印时加尔文完全有机会改过。这部分可能是因为法文版主要是供大众使用，所以原文的某些改动与拉丁文版本不相符。但无论如何，拉丁文 1559 年版是加尔文流传于世的最终修订本，因此最具权威性。

1560年的法文版于1561年在日内瓦出版了两次。1562年这法文版出版了四次，一次在日内瓦，一次在卡昂（Caen），另外两次没有提到地点或出版社。法文版1563年在里昂出版一次，1564在日内瓦出版一次。日内瓦出版商雅克·布儒瓦（Jaques Bourgeois）1562年发行的8开本是头一个收录了奥古斯丁·马洛拉两个索引的版本。⑭马洛拉是一位很有学问的牧师，也写一些神学著作，他在出版这部著作的同一年在鲁昂（Rouen）被逼迫他的人杀害。第一个索引是这部著作中所探讨的主要神学主题；第二个是加尔文所引用或提到的经文。马洛拉写了一个有趣的前言，他在前言中指出，他发现以前版本中圣经的出处出现严重的错误。即使加尔文只用了一节经文的关键词，马洛拉都把整节经文列出来。随后出版商弗兰西斯·佩兰（Francis Perrin）于1568年在日内瓦印制的拉丁文《基督教要义》便附有这些有用的索引；再后来，该书的拉丁文、法文、英文、荷兰文等版本都使用了这些索引。

这时，这部作品已经开始被翻译成其他语言。1536年版可能在1540年就被布尔戈斯的弗兰西斯科·恩西纳斯 [Francisco Enzinas (Dryander) of Burgos] 译成西班牙文。弗兰西斯科·恩西纳斯是梅兰希顿（Melanchthon）的朋友、克兰麦（Cranmer）的学生，跟加尔文通过信，他也是杰出的新约圣经学者和译者。⑭a头一个西班牙文译本实际上早于加尔文的法文译本，而头一个意大利文译本是借助之后的法文版本所翻译的。这是年轻的意大利诗人朱利奥·切萨雷·帕斯卡利（Giulio Cesare Pascali），一个流亡到日内瓦的难民，于1557年所翻译的。帕斯卡利主要参考的是1551年修订，1553年和1554年重印的法文版本。这个

---

⑭ 马洛拉（Marlorat, 1506-1562）曾是奥古斯丁修会的一名修士，后来成为改革宗教会的一名牧师，在瑞士的沃州（Vaud）牧会，出席过1561年举办的普瓦西会议（Colloquy at Poissy）。马洛拉众多作品中包括了1561年的《新约释义》（Eugene Haag and Émile Haag, *La France Protestante* VII. 256-259；CR I. 14）。

⑭a 恩西纳斯为自己起了希伯来名字为Elao，出版的地点很明显是"根特"（Ghent），而不是他标的"托皮亚"（Topeia）。斯托克韦尔（B. F. Stockwell）为瓦莱拉（Valera）1597年的译本，在布宜诺斯艾利斯印制的复制本作序，题为'Historia literaria de la Institucion', pp. 20. f.。

译本是题献给维科的侯爵伽利亚佐·卡拉乔利（Galleazzo Caraccioli），他是意大利在日内瓦的难民教会中最杰出的成员。加尔文一年前将其《哥林多前书注释》（*Commentary on First Corinthians*）也题献给他。

许多之后的翻译使用的都是1559年的拉丁文版本。1560年12月5日这部著作就在埃姆登（Emden）和多特（Dort）这两个都市同时被翻译成荷兰文。译者的署名是"I. D."，这两个字母代表约翰·狄尔金努（Johannes Dyrkinus，卒于1592年）——一位有些声名的牧师、作家，他当时正在埃姆登。⑮在1572年之后，头一个德文版本在海德堡得以出版。这个译本是神学系里的老师们一起翻译的，而且包含对这部作品的释义导读。⑯这个版本1582年在海德堡，1597年在哈瑙（Hanau）重新出版。在同一年中，另一个西班牙版本出版。这是西普里亚诺·瓦莱拉（Cipriano de Valera）——一位西班牙难民的翻译。他先到日内瓦，之后在英国住了许多年，也在那里获得了剑桥大学的硕士学位。⑰伊日克·斯特赖茨（Jiřík Strejc），又名乔治·瓦特（George Vetter），他翻译的捷

---

⑮ 狄尔金努翻译的作品有：新约圣经（*The Hausbuch of Heinrich Bullinger*），以及加尔文对保罗书信的注释。关于他的主要生平，参阅 A. A. van Schelven 的文章 "Johannes Dyrkinus"；P. O. Molhuysen 等编辑的 *Nieuw Nederlandsch Biographisch Woordenboek*, IV. 547 ff.；W. Hollweg, *Heinrich Bullinger's Hausbuch*, pp. 92 ff.（他的名字有好几种拼写）。该译本 *Institutie ofte onderwijsinghe der Christlicken religie* 在莱登大学图书馆、伦敦的荷兰教会图书馆里有好几套，但是查尔斯·阿格里克拉（Charles Agricola）的1602年版更胜一筹，威廉·考斯曼（William Corsman）的1650年版后来居上。

⑯ "*Institutio Christianae religionis. Das ist underweisung inn Christlicher Religion in Vier Bücher verfasset. Durch Herrn Johannem Calvinum. Aus Lateinischer und Frantzöschischer Sprach treulich verteutscht Gedruckt in der Churfürstlichen Statt Heydelberg durch Johannem Meyer. M. D. LXXII.*" [缅因州沃特维尔科尔比学院图书馆（Library of Colby College, Waterville, Maine）有典藏一册] 该书的开始是海德堡的神学家、教会领袖给读者的致辞，占三页半，称赞《基督教要义》是最优秀的"基督教大全"（*summa Christlicher Religion*），并且宣称德文版是拉丁文版的译文，绝非拉丁文的释义。虽然没有列出译者名单，但我们知道1572年海德堡神学院拥有很多杰出的改革宗学者，如 Caspar Olivianus（1536-1585）、Zacharius Ursinus（1534-1583）、Hieronymus Zanchius（1516-1590）、Pierre Boquin（ca. 1500-1582）等。

⑰ 瓦莱拉在英格兰度过了伊丽莎白统治时期的大部分时间。在他为《基督教要义》写的前言中，有一段热情洋溢赞扬女王为新教徒提供避难的政策。瓦莱拉曾协助修改过早些时候西班牙文的圣经译本。1637年，日内瓦著名的乔瓦尼·德奥达蒂（Giovanni Deodati）说，瓦莱拉版《基督教要义》在整个西班牙发行了3000本（T. McCrie, *History of the Reformation in Spain*, p.374）。关于瓦莱拉的早期生活，见 L. J. Hutton 所著《教会史》（*Church History*）中的 "A Spanish Heretic: Cipriano de Valera" 一文，XXVII（1958），23-31。

克文译本一直只出版了一部分：卷一、卷二于 1617 年面世。伊日克·斯特赖茨于 1599 年去世。阿尔伯特·莫尔纳（Albert Molnár，卒于 1634 年）——匈牙利改革宗教会杰出的牧师、学者、诗人，其翻译的匈牙利译本 1624 年在哈瑙出版。⑱许多杰出的学者认为阿拉伯文译本出自苏黎士的一位东方学者约翰·亨利·霍廷格（John Henry Hottinger，卒于 1667 年），但这一说法从未得到证实。

各种版本的《基督教要义》，如多拉克（A. Tholuck）的拉丁文版（1834、1846、1872）、鲍姆加特纳（F. Baumgartner）的法文版（1560、1888），以及希珠（A. Sizoo）的荷兰文版（译自拉丁文版，1931、1949）等，仅仅具有文本价值。韦伯（O. Weber）从拉丁文翻译过来的德文译本（一卷本，1955），以及卡迪耶（J. Cadier）从法文 1560 年版翻译过来的现代版（四卷本，1955—1958），都提供了分析性的标题与分类索引，正木中山（Masaki Nakayama）从拉丁文翻译过来的日文译本，1934 年在东京出版，1949 年再版。

五

我欢迎这版本的读者们参考《基督教要义》的头一个英文版本。拉丁文的版本早在 1559 年之前就在英格兰、苏格兰流传，其中只有论及基督徒生活的几个章节（第三册，第六至十章），当时翻译成英文。⑲现在，全译本以亮丽的黑花体字对开本印刷，封面上的标题这样写着：

---

⑱ 关于捷克、匈牙利早期版本情况，参见 G. Loesche 所写的 *Luther, Melanthon, und Calvin in Österreich-Ungarn* 一书（pp. 356 ff.）；又见 R. Pitcairn 在贝弗里奇（H. Beveridge）的 *Institutes of the Christian Religion* 一书中 "Catalogue Raisonné of the Earlier Editions of Calvin's Institutes" 一文（Edinburgh, I. 66.）。

⑲ 托马斯·布洛克（Thomas Broke）所翻译的《基督徒的生命与团契》（*The Life and Communication of a Christen Man*），1549 年布洛克当时是多佛（Dover）与加来（Calais）港口的一位官员。他在前言中写道：他的愿望是翻译整本书。作为译者，他并不著名，名气也不如诺顿。参见本文注释 65。

基督教要义，约翰·加尔文先生用拉丁文写成，根据作者最新的版本译成英文。得到女王谕旨恩准。

出版商的标志是：紧握着的双手高举着镶嵌了一个铜蛇的木头十字架，下面写有："雷诺德·沃尔夫与理查德·哈理逊（Reinolde Wolfe & Richarde Harison）1561 年印于伦敦。"

在最后一页出版的地点和日期写得更清楚："1561 年 5 月 6 日于圣保罗教堂庭院。"因此，拉丁文版本在日内瓦由斯特凡努斯出版社出版还不到 21 个月，就已经在伦敦被翻译成英文出版。然而，出版者在标题的那一页后面，还附上了一段有点隐晦的话，说明英文版出版耽搁的原因。这句话的意思是翻译的工作本来交给约翰·道斯（John Dawes），他过了十二个月之后交稿，但由于"各种无可奈何的原因"，他们"不得不请另一个朋友从头开始翻译"。[20]译者名字的首字母 T. N. 写在最后一页上，而接下来有六页是各章标题和短短的索引。1562 年的第二版包括简短的译者序，序言下面也附上了译者名字的首字母。直到改进后的第三版，译者才在扉页上拼出了自己的全名——托马斯·诺顿（Thomas Norton）。

《基督教要义》出版时，托马斯·诺顿（1532—1584）大约是 29 岁。他当时已是一个颇有名气的作家。1561 年 1 月 12 日晚，他和主修法律的同学托马斯·萨克维尔（Thomas Sackville）合著的《高保达克的悲剧》

---

[20] 该版的有些文本省略了出版人的这个注释。其中之一今天仍由哈佛安多弗图书馆（Harvard Andover Library）馆藏。约翰·道斯很可能是剑桥大学毕业生（M. A., 1540），也是萨福克郡萨顿市的牧师（1570—1602）。见《剑桥大学校友录》（*Alumni Cantabrigenses*），Part I, vol. I [1922]，19。我们几乎毫不犹豫地认定他就是伊普斯威奇的那位约翰·道斯（John Daus of Ipswich）。他曾翻译过约翰·斯雷丹（John Sleidan）的《查理五世王朝：称为斯雷丹评论的当代纪实》（*Reign of Charles V, A Fameuse Cronicle of oure time called Sleidanes Commentaries*），1560 年 9 月出版，和亨利·布林格（Henry Bullinger）的《启示录讲道百篇》（*A Hundred Sermons upon the Apocalips*），1561 年 3 月出版。如果约翰·道斯没有像人们所期望的那样交出令人满意的《基督教要义》译稿，那么这几本重要著作出版的日期也许能对此有所解释。由此可见，约翰·道斯的译稿极有可能意外遗失或遭毁坏。

(*The Tragedy of Gorboduc*),首次演出。两个礼拜之后,这戏剧被吩咐在女王面前上演。这血淋淋但给人深刻印象的无韵诗开创了现代英国悲剧发展的先河,它正是诺顿的成名之作。其早期的英文和拉丁文的诗歌,还有一些不太成熟的根据《诗篇》改写的韵文,以及各种宗教译著和其他关于教会问题争论的文章,为当时的人们所熟知。他过早就成了萨默塞特公爵的秘书,当时公爵与加尔文有着通信来往。当公爵辞世之后,加尔文写了一封信想询问他儿女的情况,这封信就是由诺顿回的。1555 年,诺顿与托马斯·克兰麦 (Thomas Cranmer) 的一个女儿结婚,后来将这位大主教遗留的重要手稿公之于世。他是一个坚定的加尔文主义者,也主张清教徒对教会的一些改革,曾经因对主教们的批评坐过牢。1558 年诺顿成为一名国会议员,之后经常参加立法院的辩论以及委员会,且表现不俗。他也参加过一些对罗马天主教徒的审判,尤其是在 1569 年的抗议中逮捕的人,在这事情上十分热忱,表现得有点严酷,当受指责。他虽然很有学问,有天赋,多才多艺,但他在政治和文学上一直没有太大的建树,但他的翻译才华十分突出,《基督教要义》由他译成英文,加尔文算是有幸。[21]

诺顿在 1574 年的第三版里,修改了他译的致读者的序,并详细解释了他当时翻译的景况。女王的两位知名的出版家邀请他翻译这部作品。其中一位是爱德华·惠特彻奇 (Edward Whitchurch)。他与理查德·格拉夫顿 (Richard Grafton) 在 1539 年出版了《大圣经》(*Great Bible*),1549 年出版了《公祷书》(*The Book of Common Prayer*)。另一位出版家是雷金纳德·沃尔夫 (Reginald Wolfe) 或称为雷诺德·沃尔夫 (Reinolde Wolfe),这位斯特拉斯堡人曾经是英国图书贸易界的重要人物。加尔文《基督教要义》的翻译就是在惠特彻奇位于格雷弗来斯 (Greyfriars) 的家里面完成的。诺顿在他的序中没有提到惠特彻奇的妻子是克兰麦的遗孀,也是他自

---

[21] 悉尼·李 (Sidney Lee) 在《全国人物辞典》(*Dictionary of National Biography*) 的文章中,对诺顿做出了好评。诺顿所写的 18 首诗篇刊登在 T. Sterhold & J. Hopkins 所编辑、1562 年伦敦出版的 *The Whole Book of Psalms collected into English Metre* 中。

己妻子的母亲。㉒惠特彻奇于 1561 年去世，诺顿这样描述他："他是一位热心传福音的老人，我没见过比他更真诚的朋友。"他也在这序中感谢许多"有学问的人"的批评意见，特别是戴维·怀特海（David Whitehead），因为他把这翻译的译文与拉丁原文逐字逐句做对照。他从前在玛丽执政时期被放逐，也在 1555 年的法兰克福争议中，支持主张爱德华六世《祈祷书》（Prayer Book）的党派。他是一位杰出、很有学问的牧师。他也拒绝做阿马郡（Armagh）和坎特伯雷教区的主教。

到了 1845 年，亨利·贝弗里奇（Henry Beveridge）虽然承认"诺顿的译文总体而言很忠实"，但同时也严厉地批评他在翻译中保留了太多拉丁文的表达形式，从而使得英文的表达有些佶屈聱牙。诺顿自己解释说：因为这作品"充满与经院神学家们的论战"，恐怕不能充分表达加尔文的意思，就决定"在英译本中尽量保留拉丁文的表达方式，有时甚至牺牲了英文表达的流畅"。的确，这种译法有时读起来很吃力，然而我们若同意贝弗里奇所说的话，即诺顿给我们的是"用英文词表达的拉丁文成语"，则完全是错误的！诺顿的翻译与早期伊丽莎白时代典型、普通的英文相差不远。有一位权威的学者说，当时的英文仍"主要受教会人士和翻译家的影响"，丝毫没有下一代的矫揉造作和浮华渲染。㉓在第三版，诺顿很高兴终于可以去掉他许多印刷上的错误。他说这些错误出自于他混乱的笔迹，他在文本的字行间书写，以及其他印刷者所熟知的原因。他表示，第二版大约三百处不同的错误已经修改好了，相信第三版几乎没有这一类的错误。到了第三版，他的翻译不但包括勒布尔的索引（即主题表），甚至也包括马洛拉的两个索引以及他的序。在这 1574 年的第

㉒ 诺顿 1555 年与克兰麦大主教的三女儿玛格丽·克兰麦（Margery Cranmer）结婚。玛格丽的母亲也很有名，她是纽伦堡地区宗教改革领袖奥西安德尔（Andreas Osiander）的侄女，奥西安德尔遭到了加尔文的尖锐批评：I. 15. 3，5；II. 12. 5-7；IV. 11. 5-12。

㉓ 伦敦圣保罗学院院长亚历山大·诺埃尔（Alexander Nowell）高度赞扬诺顿 1570 年从拉丁文所翻译的要理问答，认为它是优美英语的典范。然而在这一方面，安东尼·伍德（Anthony à Wood）说诺顿"将自己与拉丁文紧密连在一起了"（R. Churton, *Life of Alexandar Nowell*, p. 176）。关于诺顿使用现代拼写的译本，参阅 *The Fathers of the English Church* VIII. 1-141。

三版之后，诺顿的译本又于 1578 年、1582 年、1587 年、1599 年、1611 年、1634 年不断重印，重印本只有微小的改动。然而，这些再版，特别是最后一次提到的再版，都可以看出，译者做了一些语言上的更新。因此，1634 年版中，Jhon Calvin 改成了 John Calvin，truthe 改成了 truth，glorie 改成了 glory，geuen 改成了 given，而且头一版的缩写都去掉了。1762 年格拉斯哥（Glasgow）版本进一步把英文的翻译变得更合乎当代的习惯，不仅使用当时比较流行的拼写，而且大胆地改变了许多拉丁化或古奥的表述。

六

此后，诺顿的英文译本没有再版。下一个英文全译本就是约翰·艾伦（John Allen, 1771—1839）的译本：

> 约翰·加尔文的《基督教要义》，根据拉丁文版本翻译，并根据作者最后的法文版校对。沃尔克（J. Walker），1813 年于伦敦

艾伦是个平信徒，做过哈克尼（Hackney）的校长，这是一所反对天主教的学校。他的其他作品包括早期更具争议性的《教父、改教家以及与加尔文一致的英格兰公共崇拜仪式书》(*The Fathers, the Reformers, and the Public Formularies of England in Harmony with Calvin*, 1811)，以及一部关于现代犹太教的论著（1816）。艾伦翻译的主要部分是从拉丁文翻成英文，并参考法文版修订；其余部分他同时使用了拉丁文和法文版本。尽管他说诺顿的翻译"太陈腐、笨拙、晦涩"，他自己的翻译原则与诺顿的区别甚微。他说："他翻译的目标是要在太拘泥与太随意之间寻求平衡，也希望自己能尽量依照原文的风格，只要拉丁文与英文的风格不是相差太远。"结果产生了一个谨小慎微但并不出色的译本。在加尔文言辞激烈、比喻生动的地方，他翻译得很含蓄，但很少出现严重背离原意

的错误。艾伦的译本一版再版，尤其是在美国，到 1936 年再版了三十次。1909 年的版本为庆祝加尔文四百周年的诞辰，加入了沃菲尔德颇有价值的文章"论加尔文《基督教要义》的不同版本"（On the Literary History of Calvin's Institutes）[24]，在 1936 年的版本里（即《要义》出版四百年），加入了小托马斯·C. 皮尔斯（Thomas C. Pears, Jr.）所写的《美国版本介绍》（An Account of the American Editions）。美国出版的艾伦译本经美国编辑几次小的修订，其中最主要的一次是约瑟夫·帕特森·恩格斯（Joseph Paterson Engles）1841 年所做的修订。

没过多久，就有新的译文与艾伦的译本竞争。在 1845 年，出版了亨利·贝弗里奇新译的《基督教要义》。

这个译本由加尔文翻译学会（Calvin Translation Society）资助，在爱丁堡出版。[25]亨利·贝弗里奇本来想当牧师；他后来受训成为律师，但他主要的职业是写作。他为加尔文翻译学会所做的翻译包括加尔文的《宗教改革短论集》（Calvin's Tracts Relating to the Reformation）（三卷，1844）。他后来转向别的研究，写了一本书叫《印度通史》（A Comprehensive History of India）。他的《基督教要义》译本共分三卷，其中包含一些介绍性的内容，可惜在美国和英国都被删掉了。其中之一就是《早期版本分类目录》（Catalogue Raisonné of the Earlier Editions），由加尔文翻译学会秘书罗伯特·皮特凯恩（Robert Pitcairn）提供。这个目录对我们上面提到的多数译本做了很好的描述，其中好几个版本罗伯特·皮特凯恩自己都详细研究过；但这个目录因为省略了许多东西，而且还存在许多其他的缺点，所以变得不可靠。在他的列表中，包含了三个《基督教要义》的浓缩本，其中一个被人误以为是一个完整的版本。他对早期的荷兰文与德文译本的说明也很不周全。贝弗里奇英译本导言的另一个特点

---

[24] 参见注释8。
[25] 该学会成立于 1843 年 5 月，1845—1855 年间出版了加尔文的《基督教要义》《圣经注释》《短论》以及《书信》。

是，他精心选择了一些他和他的合作者能找到的早期版本的扉页，并将它们复制在书上，比如1536年、1539年（阿尔昆异版）、1545年、1559年、1561年的拉丁文版本，1545年的法文版本、1557年的意大利文版本，以及1597年的西班牙文版本。意大利文和西班牙文版本原来的译者序也被复制上去。㉖

我们在上文提到过贝弗里奇对诺顿的译本评价不高。奇怪的是，艾伦的译本他连提都没有提。他自己的翻译质量参差不齐。在有些部分，他所采用的维多利亚时代的词汇比艾伦早些时候的译本更古奥。有些地方，他对诺顿的批评也适用于他自己："用英文词表达的拉丁文成语。"他的翻译不如他的两位前辈准确，他省略了不少微小的细节，而且有几处明显的误译。然而，有许多章节，他的确翻译得很出色，在那些翻译得较好的部分，贝弗里奇明显感觉到了加尔文的修辞能力，并且成功地向读者传达。

㉖ 贝弗里奇将《百句格言：四卷〈要义〉的范围、内容与顺序》（*One Hundred Aphorisms, containing, within a narrow compass, the substance and order of the four books of the Institutes*）加在书后作为译本的总结。他在其中解释：这个资料是由奥赫特拉德的威廉·普林格（William Pringle）牧师提供的。除此以外，再没有提到别的出处了。不过，这些"格言"包括1590年、1607年在日内瓦由普鲁克斯（J. Le Preux）出版的拉丁文版《格言百首》（*Centum Aphorismi*），1654年由埃尔策菲尔（Elzevir）出版的莱登版（Leiden），以及1667年由席佩尔（J. J. Schipper）出版的阿姆斯特丹版。普鲁克斯在其前言中告诉我们，这些格言都是纪尧姆·德洛纳（Guilaume Delaune）的归类累积，由埃尔策菲尔和席佩尔编辑成册、印刷出版。德洛纳的《基督教要义纲要》（1583）全面阐述了加尔文的思想，下面我们将会着重谈这一点。比较了各种文献之后，我们立刻会肯定普鲁克斯的说法——德洛纳的短语被编辑成一百个主题句，而他的章节出处全部省略。克莱门引用了普鲁克斯的前言（*op. cit.* VI. 85），这才使现代的编辑第一次知道了它的来龙去脉。《格言百句》于1596年首次译成英文出版，但是在措辞用语上有所夸大。罗伯特·希尔（Robert Hill）出版的《经文要旨》（*The Contents of Scripture*）以两个独立的页面编排附录：一个是C. I. 的"四福音书作者的一致性"（The Consent of the Foure Evangelists）；另一个是"百句格言、短句"：加尔文先生《基督教要义》中的主题与方法之概略，选自最新、最佳版本——完全不同于皮斯卡托（Piscator）的版本（*An Hundredth Aphorismes, Short sentences sumarily containing the matter and Method of Maister Calvines Institutions, in far other order than that set out by Piscator; taken out of the last and best edition.*）。这里所说的"版本"不是指皮斯卡托写的书，而是指《基督教要义》，因此不可能是指普鲁克斯的1590年版。皮斯卡托版本收录了浩繁的"格言"，实际上与源自德洛纳的这些格言毫无相似之处。希尔与C. I. 的书于1596年在伦敦由亚当·伊斯利普（Adam Islip）印刷出版，献给理查德·杰克逊（Richard Jackson）。《百句格言》也有法文版。皮特凯恩（Pitcairn）在他的文章（参阅注释18）中说：这些格言算是查尔斯·伊卡尔（Charles Icard）1713年法文版中的特点，不过在贝弗里奇的版本脚注中却忽略了这个特点。在贝弗里奇所使用的多拉克（A. Tholuck）拉丁文版（柏林，1834，1846）中直接附上了"百句格言"，却毫无解释。

七

《基督教要义》因卷帙浩繁且极受欢迎，所以很早就有许多的浓缩本出现。这些浓缩本就如作品本身，在刚开始的时候都是用拉丁文，之后也翻译成其他的语言。最早的版本之一是《基督教要义概述》[*Institutionis Christianae Religionis... Compendium* (London, 1576)，是埃德蒙·邦尼 (Edmund Bunney 或 Bunnie, 1540—1619] 编辑的浓缩本。他是一位在英国传讲加尔文主义教义的巡回传道人，颇受人们欢迎。邦尼把它翻译成英文 [*Institutionis Christianae Religionis... Compendiously abridged by Edmund Bunnie, bachelor of divinity...* (London, 1580)。这个版本并非一系列的摘要，而主要是用邦尼自己的话浓缩的。威廉·德洛纳 (William Delaune，又名 Laoneus, Launeus, Lawne) 煞费苦心编辑的《基督教要义节录》(*Institutionis Christianae Religionis... Epitome*, London, 1583) 很快就胜过邦尼的浓缩本。德洛纳 (Delaune，卒于 1610 年) 是一位胡格诺派的难民，而他的出版家也是同一个教派敬虔的信徒，叫托马斯·沃特罗利耶[27](Thomas Vautrollier，卒于 1587 年]。他在 1576 年是头一位在英国出版拉丁文《基督教要义》的人。[28]他的《节录》尽量保留了作者的语言，是一本出色的浓缩本。这个缩本共 271 页 (8 开本)，用的也是加尔文 1559 年版本的版式。在加尔文引述和反驳论敌的地方，《基督教要义节录》采用论辩的形

---

[27] 《全国名人大辞典》(*Dictionary of National Biography*) 中描述了沃特罗利耶在爱丁堡和伦敦的活动。他的一个女儿后来嫁给了理查德·菲尔德 (Richard Field)，菲尔德曾印刷出版了瓦莱拉翻译的西班牙文《基督教要义》，还印刷出版了大量的宗教书籍译本。沃特罗利耶去世后，菲尔德继承了他在布雷克弗尔 (Blackfiars) 的印刷事业。众所周知，菲尔德的父亲与斯特拉特福和伦敦的莎士比亚一家关系密切，他本人也印刷了莎翁好几部早期作品。

[28] 沃特罗利耶在准备印刷拉丁文《基督教要义》过程中，埃德蒙·邦尼帮助编辑校对。这个优秀版本的突出一点就是论及威尔米革立 (Peter Martyr Vermigli) 所著的《神学要义》(*The Loci communes*) 以及其他著述的详尽旁注。《神学要义》是法国牧师罗伯特·马松 (Masson) 于 1575 年在伦敦将威尔米革立 (卒于 1562 年) 遗留下来的注释汇编成册，并"根据加尔文的神学体系整理而成"，于 1580 年、1583 年由沃特罗利耶重印。见沃特罗利耶对《基督教要义》1576 年版的前言，以及施密特的 *Peter Martyr Vermigli*, *Leben und ausgewählte Schriften*，第 295 页。

式。在这浓缩本的最前面，有 21 页没有标示页码，它们是书中论辩过程的"总目录"，结构十分精细、多层。㉙德洛纳在写给皇家铸币局主事官理查德·马丁（Richard Martin）的信函 Epistola Nuncupatoria 中，形容他的浓缩本为"神学馥园里的香郁花束"。他将书页空白处留作分析笔记之用，该版本的后面也有 25 页的索引。克里斯托夫·费特斯通（Christopher Fetherstone）把这个浓缩本完完全全都翻译成英文（Edinburgh, 1585），同年他也完成了加尔文《〈使徒行传〉注释》英译，译文十分出色。这个浓缩本对时间紧迫的学生，或时间很有限的热心读者，一定是个非常大的祝福。德洛纳的浓缩本于 1650 年被翻译成荷兰文，且英文版本在 1837 年也再版了。

另一个发行很广的拉丁文浓缩本是由约翰·皮斯卡托（John Piscator）或称为菲舍尔（Fischer, 1546—1625）编写的，他是一位杰出的改革宗神学家，以及在拿骚的黑博恩学院（the Academy of Herborn in Nassau）的圣经学者。菲舍尔是卡斯帕·俄利维亚努（Caspar Olevianus）㉚的同事以及继承者，为了教学的需要采用了俄利维亚努更短的浓缩本（1586）。他自己的浓缩本（*Aphorismi doctrinae Christianaemaximam partem ex Institutione Calvini excerpti sive loci communes theologici*, Herborn, 1589）也是为了学生讨论的方便而编的。他的这个浓缩本颇受欢迎，到了 1615 年，出版了第八版。亨利·霍兰（Henry Holland）把这个浓缩本的第三版翻译成英文：*Aphorismes of Christian Religion in a verie compendious abridgment of M. J. Calvin's Institutions*，于 1596 年在伦敦由理查德·菲尔德（Richard Field）印刷出版。根据约翰·皮斯卡托的副

㉙ 这一部分内容在注释 26 谈到，是《格言百首》的来源，被一些现代编辑附在书后。
㉚ 卡斯帕·俄利维亚努（Caspar Olevianus）曾师从加尔文。他与撒迦利亚·乌尔西努斯（Zacharias Ursinus）共同执笔《海德堡教理问答》（1563）。1576—1584 年在贝勒伯格（Berleberg）任教，后在黑博恩任教，1585 年在黑博恩去世。关于他的《加尔文〈基督教要义〉浓缩本》（Herborn, 1586）的情况，见亨利（P. Henry）的 *Das Leben Johann Calvins* III. 188。亨利也谈到了 1586 年在黑博恩出版的一个未署名德文简写本，他还谈到了特奥多尔·茨温格（Theodor Zwinger）对《基督教要义》的剖析 *Theatrum Sapientiae*（Basel, 1652）。

题，本文被分成二十八个不同的部分（loci），而每一个大部分又被分成一系列带序号的原理（aphorismi），序号数少则到八，多则到三十四。这些原理有的是一句，有的长达好几页。皮斯卡托解释说他选用了 aphorismi（原理）这一词而不是 theses（论题），因为后者带有可争议的含义，但这些是无可争议或怀疑的命题。

接下来，1628 年由莱顿瓦隆学院的校务委员丹尼尔·科洛纽斯（Daniel Colonius，或 Van Ceulen）编辑的删节版 Analysis paraphrastica Institutionum theologicarum Johannis Calvini 出版。他是埃尔策菲尔出版社负责人的女婿，埃尔策菲尔死后，该出版社出版了十分小巧的 12 开本（Leiden, 1635）。科洛纽斯将他的浓缩本分成四十一个不同的"议题"，但仍保留加尔文原来的章节序号，而且主体上仍使用加尔文的语言。沃菲尔德博士认为 The Analysis paraphrastica 是很宝贵的学生手册，然而这不像德洛纳的浓缩本，因没有小标题，也没有索引。小开本的 950 页涵盖了大约三分之一的《基督教要义》。作为一本便于携带的浓缩本，它的篇幅似乎太大了。[31]

八

加尔文的这部巨著被视为基督新教神学的经典陈述毫不为过。加尔

---

[31] 很显然，18 世纪没有出现过《基督教要义》新的浓缩本。卡尔特霍夫（H. P. Kalthoff）的 Christliche Unterweisung in einem kernhaften Auszug 1828 年在埃伯菲尔德的出版，带动了一批浓缩本的出现。塞缪尔·杜恩（Samuel Dunn）的 Christian Theology Selected and Systematically Arranged 属其中一本，该书 1840 年译成威尔士语出版。埃尔岑加（G. Elzenga）的荷兰文简写本 Calvijn's Institutie of onderwijzing in den Christilijken Godsdienst 1903 年在坎彭（Kampen）出版，威伦葛（B. Wielenga）后来使用同样的书名（小标题有所更动）写了一部长篇大作。更让人惊喜的是慕勒（E. F. K. Müller）的简写本 Unterricht in der Christlichen Religion。科尔（H. T. Kerr）的 A Compend of the Institutes of the Christian Religion by John Calvin 包含了十分之一的原书材料，并精挑细选了艾伦译本的一些内容。怀尔斯（J. P. Wiles）的《加尔文的基督教教导：〈要义〉简写本》（John Calvin's Instruction in Christianity, an Abbreviated Edition of the Institutes）翻译得很随意，并且删除了第四卷；该书又被富勒（D. O. Fuller）作了进一步的缩写。艾伦的文本再次被使用。麦克尼尔（D. O. McNeill）从其中挑选了一些内容，加以相关的评述，用在他的 John Calvin on the Christian Faith；Selections from the Institutes and Other Writings（Library of Liberal Arts, No. 93）中。徐庆誉从《基督教要义》大量的选编中，将这些内容以及麦克尼尔的序言一并译成中文（二卷本），由南京神学院出版，在香港问世，编辑主任为章文新（Francis P. Jones）。

文一直扩展这部著作，直到其内容涵盖整个基督教神学的领域。如果说《基督教要义》的全面性远超过同时代其他神学著作的话，那么，它的条理性和匀称性，以及细节判断上的高度一致性，则更是无与伦比。在最终版中，我们看不出多少重复扩充和章节重组的痕迹。然而，作品的条理性并没有减弱其说服力和力度。这部著作充满生机，极具挑战性，要求读者做出个人回应。这是因为加尔文持续不断而且充满说服力地将他自己把握住的真理表达出来。加尔文在回顾他自己的归信经历时写道："神折服了我，使我有一颗受教的心。"[32] 因着这深刻、持久的内在生命变化，从此，他无论是行事为人，还是著书立说，都常常把神摆在他的面前。加尔文在《基督教要义》的开篇，讨论了"人如何认识神"的主题，给人留下深刻的印象。这部作品从头到尾都充满了对神无以言表的威严、他的主权，以及神与人同在的意识和敬畏。

这种对神的意识既不是思辨的产物，也不是思辨的动力。加尔文拒绝超然的思辨，因为这是一种思想上的放纵。加尔文若有一点这方面的天分，他也是有意地制约它。他从来不把神学当作某种冷漠的研究。加尔文所关心的并不是神本身是怎样的神（因他认为这主题超出人的认识能力），他所关心的乃是神在与世界和我们的关系中是怎样的神。[33] 那些企图以自己骄傲而虚弱的理智寻求神的人都不认识他；相反，神向那些敬拜他、爱他、顺服他，愿意从他神圣的话语中了解他的旨意的人，启示他自己。

若有人拿起加尔文的巨著阅读时，先入为主地认为加尔文的头脑是一种有效的工厂，按照教条的逻辑在不断地生产和组装结构统一的部件，他很快会发现，他的成见会被打破。敏锐的读者很快就会意识到：加尔文在他的著作中所投入的不仅是他的智识，而是他整个灵性和情感

---

[32] 《〈诗篇〉注释》前言，CR XXXI. 21，参见 LCC XXIII. 52。
[33] "*Non qui sit apud se, sed quails erga nos.*" I. 10. 2. 参阅 I. 2. 2；III. 2. 6。

的存在。加尔文完全可以用后人菲利普·悉尼（Philip Sidney）爵士的妙语说："要省察你的内心，然后下笔。"古人说："使人成为神学家的是他的心。"加尔文就是一个很好的典范。我们可以说，加尔文不是一个职业的神学家，而是一位非常敬虔的人，他具备系统思维的天分，并且顺服神给他的感动，将自己信仰一切的含义写出来。他没有将他的作品称为神学大全（summa theologiae），而是称为敬虔要义（summa pietatis）。他的思想力量来自他的敬虔，且他敬虔的产品就是他的神学，因为他的神学就是对他的敬虔的详细阐述。他写这本书的目的在于阐明（用原书名的用语）"所有敬虔的要义，以及一切认识救恩所必须明白的教义"。很自然，加尔文在拉丁文的最后一版的序言中声明，他撰写这部著作的唯一目标是要"保守纯正的敬虔教义，使教会获益"。

对加尔文而言，敬虔与教义有密不可分的关系，且一切的经验都是思想的挑战。然而，他知道有些经验远超过他思想的能力，有时他带我们到思想无法明白、神的奥秘无法测透的地方。这时，他只能劝我们，倘若能够，抱着敬虔的心继续下去。加尔文说他不愿意以自己的穷乏来衡量圣餐的崇高奥秘："以我幼稚的解释衡量这奥秘的深度"（IV. 17. 7）[34]；然而，他劝读者们不可以他自己的限制约束他们对这奥秘的了解，乃是要竭力升到比他所能带领他们到达之处更高的地方。[35]然而，在这有限的范围之内，加尔文的作品写得极为清晰，而且充满说服力。

就现代人而论，"敬虔"这一词已经失去了它的历史含义和重要性。这一词已经变成可疑的，带着在宗教上徒劳无益的多愁善感或假冒为善的含义。对加尔文和他同时代的人，就如对于古时异教徒和基督教的作者而言，敬虔是表达真诚的词，不带有任何消极的含义。那时候敬虔是对自己的家庭、国家或神的某种可称赞的忠诚与忠心。加

---

[34] *"Infantiae meae modulo."* IV. 17. 7.
[35] *"Multo altius assurgere contendant quam meo ductu possint,"* ibid.

尔文坚称，任何对神正确的认识都必须建立在敬虔的基础上。他第一次提到这一原则时，简洁地对敬虔进行了描述："认识神对我们的益处导致对他的爱和敬畏。"人是敬虔的，当他们"领悟到他们欠神所有的一切，如他们领受到神父亲般的抚养、他是他们一切好处的源头"（I. 2. 1）。㊱"敬虔"这一词在加尔文的作品中常常出现，在《基督教要义》当中，他再三提到，仿佛摇铃一般，呼唤我们脱离世俗理智主义的诱惑。埃米尔·杜梅格（Émile Doumergue）说："对加尔文而言，信仰与敬虔是同一件事。"㊲米歇尔（A. Mitchell）说："敬虔是加尔文最大的特征。他是一个被神充满的人。他所关心的不是神学这门学问本身；他献身于神学，把神学视为支撑他信仰全部意义的框架。"㊳这种信仰态度中包含了感恩、爱，以及顺服，它是纯正的神学所不可或缺的条件。既然我们"所有的一切都属于神"，在加尔文的字里行间，我们处处都在遭遇神，他不是在摆弄关于他的思想或平衡关于他的看法。所以，不管读者是否在许多细节上同意加尔文的观点，他都会发现，加尔文在陪伴他经历信仰的挣扎。加尔文的表达能力极强。每当我们极力要表达对神的思想时，我们至少模糊地会意识到一些信仰的洞见和属灵的催促，而加尔文能清晰地把它们表达出来。

　　加尔文清晰的表达，开始可能会让读者误以为他的思想很容易把握。其实，他对读者的思想要求很高，甚至某些研究加尔文著作的专家都承认，解释加尔文的某些思想相当困难。对他神学的解释常常有争议，在我们的时代，对加尔文《基督教要义》教导的主要方面一直存在争论，这是新教神学讨论的重要特征。这是经典著作的共同命运。《基督教要义》是后世思想家的思想宝库，当它激发他们表达他们还不成熟的思想时，他们很容易认为把加尔文当作他们的新表述的证明，而不是把

㊱　I. 2. 1.
㊲　*Jean Calvin*, VI. 29.
㊳　*The Teaching of Calvin*, 2d revised edition, p. 296.

自己的表述视为加尔文思想的证明。加尔文对自然神学与他恩典教义之间关系的教导，一直备受争议。[39]毫无疑问，他一方面真诚地肯定，人的心中深深地刻着对神的感觉，就连最败坏的人也无法将之除掉；另一方面，他强调，我们的感官所看见的宇宙之美与顺序，以及人在思想和技术上的奇妙能力，无不显出神作为的证据。加尔文并不怀疑大自然足以表明神的存在，他的大能、公义和智慧，以及他向他的造物所怀的"父亲般的慈爱"。然而，人因为亚当的堕落而受到罪的伤害，以致看不见神的造物对造物主的见证，在宇宙这明亮的剧场中，带着对造物主错谬和可耻的思想在黑暗中摸索。[40]

九

然而，神并没有弃我们于这可怕的光景中不顾。既然人在神的创造之工上无法寻见他，神就借着他的道（God's Word）向人启示他自己。通常当加尔文提到神的道时，他指的就是圣经正典。但人若坚持要他给神的道下个定义，他不会简单地说神的道就是圣经上所记录的话语。神的道乃是"永恒的智慧，他与神同在，一切的圣言和预言都是由他发出"。他在此所说的"永恒的智慧"是指基督，他说，古代的先知就是借基督的灵说话。[41]因此，基督，道——万物都是借着他造的（约1∶3）——就是圣经的作者，我们是借着圣经才得以认识神永恒的道。因而，圣经对于加尔文来说具有不可置疑、毫无谬误的权威，成为他时时的依靠和根源。在一切辩论中，他随时准备用圣经的经文来论证，这一点不同寻常，或许迄今无人

---

[39] P. Barth, "*Das Problem der natürlichen Theologie bei Calvin*", in the series Theologische Existenz Heute, No. 18；G. Gloede, *Theologia naturalis bei Calvin*；E. A. Dowey, Jr., *The Knowledge of God in Calvin's Theology*, ch. III and appendix 3；W. M. Horton, *Contemporary Continental Theology: An Interpretation for Anglo-Saxons*；W. Niesel, *The Theology of Calvin*, translated by H. Knight, pp. 39-53.

[40] I. 3. 3；I. 5. 3-5, 8. 在这一点上，加尔文强调人的罪不仅玷污了人的意志，而且也损害了人的智力。参见 II. 2. 12-25。

[41] I. 13. 7.

能及。加尔文虽然对圣经非常熟悉，但他极少随便大段大段地引用经文。当他引用的经文显得过多时，通常是因他的论敌企图用那些经文攻击他，他很少勉强使用经文来得出经文中原本不包含的教义。他也不引用那些从他那个时代圣经科学的观点来看与他的论点格格不入的经文，然后（像许多人所做的那样）极力用任意的寓意解释来为自己的用法辩护。总体而言，加尔文坚持简单、字意的解经原则。[42]加尔文讨厌利用寓意解经来证明教义，他只引用圣经来证实圣经直接表达的意思。圣经是神的话语，是无可争议之真理的源头，具有绝对的权威性。对此加尔文从不怀疑。他认为他的读者理所当然对圣经也持有同样的信念。然而，他无意声称后来人们所争议的所谓"逐字的无误性"（verbal inerrancy）。他整个所强调的是圣经的信息或内容，而不是字句。这信息始于神赐给族长他的圣言和异象，他们对这些圣言和异象所包含的真理印象极为深刻，所以用口代代相传，最后神为了后来的时代，让人将他的启示记录下来。[43]

　　神所使用的这些作者不是机器人，他们心里坚信，他们所记录下来的话语是真理。他在强调圣经的权威性时，通常心里想的是圣经的作者，他寻求阐发圣经信息本身，而不仅仅解释那些向我们表达这信息的文字。加尔文说，记录圣经的使徒们是圣灵"可靠、真诚的文书"（法文作："宣誓公证人"），[44]但加尔文所指的并不是圣经的字句本身，乃是指这些文字传递出的神所默示的教导。事实上，加尔文对神默示圣经的方式，没有系统的论述。他的作品中有些地方似乎表明他把默示与字句联系在一起，但他主要关注的是要帮助读者越过字句把握圣经的信息。要评估他对这个问题的立场，我们既需要研究《基督教要义》，也需要研究他的圣经注释书。这个问题困扰了一些现代人，但对于加尔文却不太构成问题。加尔文无疑会毫无条件地坚称圣经是完全准确无误的，但他坦白地承认某些经文在字句层面

---

[42]　III. 4. 4-6.
[43]　I. 6. 2.
[44]　IV. 8. 9.

上不能说是毫无错误。他在讨论保罗在《罗马书》3:4 中对《诗篇》51:4 的不准确引用时，做了这样的概括："我们知道，使徒在引用圣经字句的时候，常常非常自由（liberiores），因他们认为准确地表达圣经的内容就足矣；因这缘故，他们没有把是否准确地引用字句变成一个良心的问题。"㊺加尔文在此所说的字句（verborum religio），也是他在《基督教要义》中㊻所用来嘲笑他的论敌的词，他们在解释经文时假惺惺、一丝不苟地为每一个个别的词争辩。加尔文对文笔风格的敏感，也自由地运用在圣经作者身上。他形容使徒约翰的文笔为"高天的雷鸣"，其他福音书作者的风格则"谦卑而低微"，但文风的差别并没有带来信息的差异。㊼以赛亚的"优美"和阿摩斯的"粗犷"同样被用来表达圣灵的"威严"。㊽

圣经的权威性并非来自教会的任何宣告；相反，教会是被建立在圣经的根基之上。㊾圣经的作者是神，这一点可以用理性来证明，但是这完全不足以建立健全的信仰。对于顺服圣灵引领的人，圣经的权威是不证自明的。圣灵的见证比所有的理性更卓越。只有当借众先知说话的圣灵进入我们内心的时候，我们才会确信圣经所默示的是神的真理，而这种确信是敬虔生活所要求的。然后，我们才意识到，我们所领受的圣经是"出自神自己的口，借着人的传讲"。㊿圣灵也是圣经的解释者，并将圣经的教导印在读者的心上。因此，对加尔文而言，当信徒在圣灵的引领之下读圣经时，圣经就是无谬的真理之书。此外，圣经的组织原则，在于神在基督身上的启示，其首要的功用，在于帮助我们把握基督赐生命的恩典。加尔文在他的《〈约翰福音〉注释》中写道："我们读圣经，要带

㊺ CR XLIX. 49. 加尔文本人对圣经的引用也同样如此，字句上没有那么拘泥。参见 J. A. Cramer，*De Heilige Schrift bij Calvin*，pp. 116-141；J. Haroutunian in LCC XXXIII, 31-35。

㊻ IV 12. 20. 这里还有一个词组 "*literae exactores*"，也是 "强词夺理" 之意。

㊼ I. 8. 2.

㊽ 同上。

㊾ I. 7. 1-2.

㊿ I. 7. 5；I. 8. 18.

着寻找基督的目的去读。”(51)我们应该记住，《基督教要义》的焦点，并不在于神的主权或他的预定，甚至也不在于坚持顺服神的道本身，除非它不断指向耶稣基督，因为圣经启示了耶稣基督。(52)

加尔文在圣经中发现了教会组织、教会纪律和公共崇拜的指导原则。这表示从使徒的时代到如今，一切这方面的革新都要服从圣经的原则。圣经为加尔文提供了充足的弹药来攻击他发现普遍存在于宗教改革之前教会衰败当中的迷信。他也责备他同时代的有些人解释一些圣经经文时过于轻率、不负责任、充满偏见。在关于圣餐的讨论中，加尔文对“这是我的身体”（太 26：26）的解释为我们简要地描述了他的方法：

> 至于我们，我们要尽量以顺服的心努力地考察这经文，为了明白它的含义，就如圣经的其他经文一样。我们也尽量避免以败坏的热忱毫无分辨、轻率地相信我们的头一个想法。我们反而在努力地默想之后，接受神的灵所提供给我们的含义。我们以这含义为基础，从这高处观看一切属世的智慧所用来抵挡这真理的诡计。事实上，我们保守自己的心，免得它们散发出任何抗议的话；我们也谦卑自己的心，免得违背神的意思。(53)

十

在整部《基督教要义》中，加尔文坦承自己深受奥古斯丁的影响。虽然经院神学家们普遍接受半帕拉纠主义对人的能力的看法，但在加尔文之前的那个时代，许多人重新肯定奥古斯丁的教导，即人自身在道德

(51) On John 5：39；CR XLVIII. 125.

(52) 参阅路德对《雅各书》《犹大书》的前言。路德说：“在这一点上，这两本真正圣洁的书都一致认为，它们共同传扬、强调基督。更有甚者，批评的真正试金石就是是否强调基督（*Christum predigen und treiben*）。凡不教导基督的，就不是使徒的教导，哪怕它是彼得或保罗的教导；凡宣扬基督的，就是使徒的教导，哪怕它是犹大、亚那、彼拉多或希律的教导。”（*Dr. Martin Luther's sämmtliche Werke* LXIII. 156f.）参阅 *Works of Martin Luther* VI. 478. 另见《要义》I. 9. 3。

(53) IV. 17. 25.

上是无力的,必须完全依靠神的恩典。奥巴斯的戈特沙尔克(Gottschalk of Orbais)在 849 年被判为异端之后,第一个杰出的、坚定相信奥古斯丁主义的人物是托马斯·布拉德沃丁(Thomas Bradwardine),他是被称为"深奥博士"(Dr. Profundus)的博学神学家和教士。他在 1349 年被按立为坎特伯雷的大主教,不久以后就去世了。布拉德沃丁在他的长篇专著《神反对帕拉纠主义之理》(*De causa Dei contra Pelagium*)中,告诉人们他年轻时曾愚昧和虚妄地接受了当时流行的帕拉纠主义。但神主动寻找他的信念"临到"他,"如一缕恩典之光"照临他。他经常引用奥古斯丁和圣经,教导"恩典是白白赐的",并不依靠人之前的善行,并教导预定论是"出自于神自由的旨意",与人的行为无关。㊴里米尼的格列高利(Gregory of Rimini)有相似的信念。㊵他是奥古斯丁隐修会的领袖,于 1358 年去世。在这方面的教义,威克里夫是奥古斯丁的门徒,且约翰·胡斯的思想虽然不像他的指控者所说的那么接近威克里夫,但他和威克里夫一样,都是一位热心的奥古斯丁主义者。㊶

㊴ 见亨利·萨维尔(Henry Saville)所编辑的 *Thomae Braduardini archiepiscopi olim Cantuariensis De causa Dei contra Pelagium et de virtute causarum*, *libri tres*(London, 1618)。约瑟夫与伊萨克·密尔纳(Joseph & Isaac Milner)在《教会史》(*History of the Church* IV, 79-106)一书中分析了这本书。在乔叟的《修女修士的故事》(*Nun's Priest's Tale*)中,布拉德沃丁被与奥古斯丁、波爱修斯相提并论,其中有一段,诗人开玩笑地提到了与预定论有关的问题,但没有讨论:
  但我绝不为此问题伤神,
  不像圣洁的奥古斯丁博士那样,
  也不会像波爱修斯或主教布拉德沃丁……
  我会即刻转移话题。
布拉德沃丁也是一位著名的数学家,他的这本专著将数学逻辑与热忱的个人信仰融为一体而令人瞩目,见萨维尔的书第 327、420 页,另见奥伯曼(H. A. Oberman)的《14 世纪的奥古斯丁——托马斯·布拉德沃丁主教》(*Archbishop Thomas Bradwardine, a Fourteenth-century Augustinian*)第一、第五、第七章。参见 G. Leff, *Bradwardine and the Pelagians: A Study of His De causa Dei and Its Opponents*。
㊵ 里米尼的格列高利声称神不但按他的预旨,也在他的怜悯中预定赐给他选民恩典,同时他也坚称被神弃绝的原因不是因为神预知个人对自由意志的滥用或对恩典的抗拒。见 P. Vigneau, *Justification et prédestination au xive siècln Duns Scot, Pierre d'Auriole, Guillaume d'Occam, Grégoire de Rimini*, ch. 4; Oberman, op. cit., pp. 211-223。
㊶ M. Spinka, *John Hus and the Czech Reform*; *Advocates of Reform: From Wycklif to Erasmus* (LCC XIV), pp. 196 f., 249, 261 f.

有人说:"从内部看,宗教改革不过是奥古斯丁的恩典教义最终胜过奥古斯丁的教会教义。"㊼奥古斯丁对马丁·路德和加尔文的影响是不容易衡量的,然而这两位宗教改革者都坦承奥古斯丁对他们的影响,同时毫不犹豫地用圣经来检验奥古斯丁的观点。我们可以说加尔文达到了后期奥古斯丁主义的顶峰。㊽实际上,他的人论和救恩论中吸收了许多典型的奥古斯丁的话,他的观点与他的北非前辈似乎毫无二致。但在一些次要的问题上,他偶尔也会不同意奥古斯丁的立场,这表明他绝不是奥古斯丁盲目的追随者。㊾加尔文超出了奥古斯丁,明确教导双重的预定论,认为没有被拣选之人被弃绝,是神测不透的旨意的明确决定。显然,这一点成了加尔文神学的一个构成要素。加尔文对神无条件的主权的信念从来没有动摇过,这一信念在他对圣经的研读和对自身经验的思考中得到了证实。加尔文感觉到他必须拒绝相信任何事情能够在神旨意的掌管之外发生。人在自己的得救上完全不能有任何作为;神的拣选也不是建立在他对人的信心或善行的预知上。

某些人遭永远的毁灭,传统上这一直是正统的信条,几乎毫无争议。与某些在他之前的奥古斯丁主义者一样,加尔文把某些人遭毁灭与神有主权的旨意的运作联系在一起,只是他表达得比他的前辈更坚定、

㊼ Article, "Augustine," by B. B. Warfield, HDRE. II. 224.
㊽ 无论如何,这是个值得纪念的事:詹森(Cornelius Jansen, 1585-1628)于一个世纪之后,重新借用奥古斯丁关于罪与恩典的教义,对罗马天主教教义发动了一场激烈的论战。
㊾ 巴尼克尔(H. Barnikol)在 Die Lehre Calvin vom unfreien Willens und ihr Verhältnis zur Lehre der übrigen Reformatoren, und Augustins 一书中认为,加尔文是"重述了奥古斯丁神学"。莫兹利(J. B. Mozley)在一本至今仍然很有用的古书 A Treatise on the Augustinian Doctrine of Predestination 中精辟地评论了众多作家在这个问题上的异同,特别是奥古斯丁、阿奎那、加尔文的异同。参阅 A. D. R. Polman, De praedestinatieleer van Augustius, Th. Van Aquino, en Calvin.《基督教要义》中论及奥古斯丁之处俯拾即得。加尔文一般是用奥古斯丁的观点进一步证实圣经,但是在某些问题上,如第三卷第二十三章第一、五、十一、十三、十四节和第四卷第六章第四节,他依靠奥古斯丁进行论证。史密斯(L. Smith)在其 Saint Augustine dans l'oeuvre de Jean Calvin(尤见上册,I. 254-271)中对加尔文受奥古斯丁影响做了最好的阐述。史密斯认真研究了这两位神学家的著作。下册包含了详细的统计资料。卡迪耶的研究 ("Calvin et Saint Augustine" in Augustin us Magister [Communications du Congrès International Augustinien] II. 1033-1056)以及诺塔(D. Nauta)的研究(Augustinus en de Reformatie)也很令人瞩目。

更确切。神永恒的预旨决定了每一个人在来世的光景；一些人被预定受永远的咒诅。我们可以说他在这一点上，把两个人习以为常的神学教义糅合在了一起。然而，他的结论甚至令他自己感到震惊，他的许多读者也无法接受这教义，或面对这教义十分痛苦。虽然思想神对遭毁灭之人的预旨令人感到畏惧，但我们无法否认或逃避这个事实。⑥加尔文一再并且以极确切的语言重申弃绝的教义。加尔文不满于仅仅说，神在赐恩给自己的选民时"越过"了非选民；神的旨意的行动并不是"忽略"（preterition），乃是"弃绝"（reprobation）。保罗说，神"要叫谁刚硬，就叫谁刚硬"（罗9:18），加尔文做了同样简明的宣告："神所越过的人，就是他所弃绝的人。"⑥

加尔文在解释这结论并为之辩护的时候感到战兢。他深知其中所包含的道德难题。对于那些认为双重预定论意味着神是罪的来源的人，加尔文很不耐烦。神永远既是慈爱的又是公义的，虽然在这里，我们软弱的理解力无法测透，慈爱与公义如何共存。加尔文之所以花了不少时间在预定论的教义上，部分是因为他在这教义的奥秘面前感到畏惧。所以，他劝我们在提到这问题时，要非常谨慎。⑥加尔文对自己的被拣选感到焦虑，担心为"撒旦的诱惑"。但他劝成熟的信徒当默想"这高卓、测不透的奥秘"，并在默想时"当保持谨守和谦卑的心"。蒙拣选的结果绝不在于在今生享受外在的优越地位或成功，因为在今世，往往不敬虔的人兴旺，敬虔的人被迫背十字架。相反，神对选民的祝福恰恰在于，神在他们一切的患难中，赐给他们神充足的恩典和永不止息的保护的确据，以及对永世的美好盼望。

十一

加尔文强调人心灵的改变，这被称为重生（regeneration）。重生伴随

---

⑥ III. 23. 7.
⑥ "*Quos Deus praeterit, reprobat.*" III. 23. 1.
⑥ III. 23. 14.

着真诚的悔改，它包括"肉体的治死以及灵里的更新"。当我们在基督的死上有分时，我们的旧人就被钉死；当我们在基督的复活上有分时，我们就照着神的形象被更新。㊳可以说，我们投入到某种新的属灵事业，并因此逐渐地改变，只是在今生无法臻于完美。不完全丝毫不会令我们感到绝望，我们反而因此更感到来世的真实，并思念来世的生活。㊴

虽然这世界不是我们的家，但我们却当认真地将它作为我们奔走天国的旅途，经受试炼的地方，而且加尔文绝不板着阴郁的面孔，拒绝尽我们在世上的本分或享受今世的恩赐。他用了五章篇幅㊵为我们如何在世上过基督徒的生活提供了简明的指导。他的教导平衡、深刻，而且实际。神是我们的父亲，他在我们身上恢复了他的形象。神收养我们做他的儿女，这表示我们在生活中要"代表基督"。这样的生活包括舍己，以爱服侍别人，不管别人看起来多么刚硬，我们必须在他们身上看到神的形象，从而爱他们。㊶从当代对末世论的讨论的角度来看，加尔文强调"默想来世"给人十分深刻的印象；他提出我们要享用神的恩赐，作为今生的帮助，这一点同样引人入胜。㊷

对于加尔文来说，成圣是信徒一生在敬虔上的长进和对神的呼召的寻求。加尔文对信心㊸、悔改，以及称义这些宗教改革时期被讨论甚多的教义有自己独特的见解。信心不仅仅是确信圣经上关于神的真实性，信心也包括确信神对我们的怜悯和祝福。信心不在乎行为和律法，因它的首要对象是基督，是圣灵将它赐给我们。加尔文斥责某些经院神学家对

㊳ III. 3. 8-10.
㊴ III. 6. 5.
㊵ III. 6-10，这五章有时印成单行本发行，书名为《基督徒生活金律》(*The Golden Booklet of the Christian Life*)。1550 年的拉丁文版中，这五章在日内瓦于 1550 年单独印刷发行。参见注释 19。
㊶ III. 7. 6.
㊷ III. 9. x.
㊸ III. 2. 7. 道维（E. A. Dowey, Jr.）的《加尔文神学中关于神的知识》(*The Knowledge of God in Calvin's Theology*) 第四章急切地表述了对加尔文关于信心教义的讨论，尤其是因为信心与对神的认识彼此联系。

信心的教导，因他们将信心与敬虔和爱割裂。[69]他虽然用马丁·路德所说的同样一句话，即"唯独借着信心称义"[70]，但他同样也说，不是信心本身使人称义，而是信心接受基督，而基督的恩典使我们称义。

十二

加尔文在第四卷中，加入了许多新的教导，并巧妙地将它们与从前版本的不同部分结合在一起，实际上，第四卷能够被视为结构严谨的独立著作。加尔文给第四卷的标题是："神召我们与基督相交，并保守我们在其中的外在方式或帮助。""基督教群体"（Christi societas）就是圣而公之教会。这伟大的主题，是加尔文的志趣所在，他将全部的力量和才干都投入其中。

他同意马丁·路德的立场，认为信经中"公教会"与"圣徒相通"指的是一回事，所有的信徒都是公教会的成员。加尔文将由选民构成的无形教会与有形教会区分开来，但没有把它们完全割裂。谁属于无形教会的成员唯有神知道。而有形教会是那在世上、能看见的组织，其成员彼此相识。加尔文完全接受西普里安对教会的隐喻，即教会是信徒的母亲：作为母亲，她怀孕、生产、养育，以及教导她的儿女，而她的儿女或许一辈子都不离开她的学校。[71]虽然我们知道有形的教会有"许多假冒为善的人"，但我们有责任凭"爱的判断"将一切"以信仰的宣告、生活的榜样，以及圣餐的参与，认信同一位神和基督"的人，承认他们为教会的肢体。

真教会有以下几个特征：忠实地宣讲和聆听神的道、合乎圣经地施行圣礼，以及执行教会纪律，以确保教会的圣洁，最后一点稍微次要，却同样不可或缺的。加尔文认为，偏离这些特征的教会是极其危险的。

---

[69] III. 2. 9.
[70] III. 3. 1; III. 11. 7.
[71] IV. 1. 4.

由于我们所有人都会犯错误，都看得"模模糊糊"，我们不可因次要问题上的不同而弃绝与其他圣徒的交通。加尔文十分强调，教会是一个人们都意识到需要不断赦罪的群体。有形的教会之所以圣洁，并不是因为已达到这目标，乃是因为正在企及这目标。⑫唯有在讲道和圣礼被败坏，教会纪律不被执行的情况下，基督徒才有理由离开那教会。加尔文坚称罗马天主教会就是这样的教会，虽然其中仍残留一些真教会的特征。⑬加尔文根据新约圣经，充分阐明了神话语和圣礼的执事，及其职分和功用，同时追溯了这执事从教父时期以来的发展和堕落。⑭天主教声称彼得在罗马具有至高的权威，而且中世纪教皇的权力越来越大。加尔文对教会历史十分精通，他严厉地驳斥了天主教的观点和做法。即便我们把加尔文在论战中许多过于猛烈的抨击拿掉，他的作品中还会留下许多击中要害的历史事实。不过，加尔文对于历史变化中所包含的复杂因素的意识太少了。

加尔文不接受主教是区别于长老的不同职分的看法。值得注意的是，他对古代教会在治理和惩戒方面的等级制度非常尊重。加尔文认为教会的大背道始于在大格列高利之后的那个时代，当时卜尼法斯三世（Boniface III）被允许声称教廷拥有在众教会之上的权柄，也特别在教皇扎迦利（Pope Zachary）和当时法兰克统治者丕平（Pippin）签订协议之后，因加尔文将这协议视为强夺和瓜分权力的同盟。加尔文这部作品虽然是在《马格德堡纪文》（*Magdeburg Cenluries*，1559—1574）⑮之前写的，它首次有效地揭露了《伪伊西多尔教令集》（*Pseudo-Isidorian Decretals*），但加尔文那时就嘲笑那些伪造的文件。他看过罗伦佐·瓦拉（Lorenzo Valla）揭露《君士坦丁御赐教产谕》（*Donation of Constan-*

---

⑫ IV. I. 7-18.
⑬ IV. 2. 1-2, 9, 11-12.
⑭ IV. 5.
⑮ 一部叙述至公元 1400 年的教会史，由路德宗神学家们编撰，在马提亚·弗拉齐乌斯（Matthias Flacius）的指导下进行，1559—1574 年间在巴塞尔出版。

tine)⁷⁶的作品，从而将那8世纪的文件视为伪造的。他指控希尔得布兰德（Hilderbrand）毫无根据地宣告他作为教皇拥有帝王的权柄，因为这是敌基督的一个标志，他还引用伯尔纳的话来证明教会在希尔得布兰德之后越来越败坏的光景。这种状况一直持续了几个世纪，直到在教皇权柄底下"与教会秩序直接冲突"。⁷⁷原本属于神的话语的权柄，如今被败坏的教会及教会会议所篡夺，神的话语完全被忽视。罗马教廷以伪造的文件为武器追求世俗目标，加尔文猛烈地抨击在这种情况下所产生的许多对权力的滥用。⁷⁸

加尔文在对教会纪律和圣礼问题进行建设性讨论的时候，也使用了历史的资料。现代读者在教会纪律方面的经验与早期改革宗的做法很不相同，他们或许会对当时教会和教牧所具有的这种权柄感到惊讶。他也会对教会负责执行纪律的牧者所需要的明辨、节制以及怀着盼望的忍耐刮目相看。纪律既是真实的又是必要的：纪律对教会就如把身体连接在一起的韧带，或勒住马的缰绳，或父亲管教孩子的杖一样重要。⁷⁹无论担任什么职分、处于什么地位的人，都必须受教会纪律的制约，而且教会纪律要严肃执行，让人清楚地看到"基督在他的法庭中"。教会纪律有三种不同的目的：避免教会蒙羞、避免罪的蔓延，以及叫犯罪的人悔改。⁸⁰因此，纪律惩戒应该既严厉又充满仁慈。加尔文举了许多关于保罗、西普里安、奥古斯丁以及克里索斯托以爱心执行纪律的例子。我们不可对那些刚硬到须被割除会籍之人感到绝望，也不可停止为他们祷告，或"任凭他们灭亡"。⁸¹

---

⁷⁶ 该文件于753—755年间在罗马出现，叙述了君士坦丁大帝（306—337）如何将西方很大一部分统治权转让给西尔维斯特一世教皇（Pope Silvester I）。瓦拉的《君士坦丁赠礼》写于1439年，1540年在巴塞尔印刷。参见：IV. 11. 12。
⁷⁷ IV. 7. 26.
⁷⁸ IV. 12. 6，7.
⁷⁹ IV. 12. 1.
⁸⁰ IV. 12. 5.
⁸¹ IV. 12. 8-11.

十三

加尔文对这些问题的论述极有说服力地证明，他深信教会的群体性。他用五章很长的篇幅来讨论洗礼和圣餐礼，又用一章来处理其他五种"错误地被称为圣礼"的仪式，即坚振礼、补赎礼、临终涂油礼、圣秩礼以及婚礼。[82]加尔文接受奥古斯丁对圣礼的描述。奥古斯丁说，圣礼是"不可见恩典的可见形式"。但为了更清晰起见，加尔文更愿意说：圣礼是"神给我们施恩的明证，以外在的象征为印记，同时见证我们对神的敬虔"。加尔文用许多不同的隐喻，为了使我们对真道与圣礼彼此之间的关系有一个清晰的印象。他说圣礼是神应许的印记、是神和信徒之间所交换的誓言，也是在人面前表明我们是基督的门徒。但这外在的象征若不伴随着信心和圣灵所赐看不见的恩典，一切都是徒然的。在讨论洗礼时，加尔文对婴儿洗礼的辩护十分引人注目。在这里，加尔文强调割礼是旧约入教的合法仪式。加尔文也尽可能使用了新约的证据。既然基督叫小孩来到他面前，并说"因为在天国的，正是这样的人"（太 19：13—14），那么，我们若禁止信徒的小孩来到基督面前[83]，就是大罪。有些人，如重洗派，他们教导未受洗礼的人就不得救，这是特别需要反对的观点。天主教徒也持这种错误的观点，他们授权给平信徒为奄奄一息的人施洗，从而听任人们匆忙、草率地施行洗礼。加尔文将这样的行为视为对圣礼的歪曲，原因在于他们误以为没有机会受洗的人必定灭亡。他说："在我们的小孩出生之前，神早已宣告他们是他所收养的。"所以洗礼虽然在救恩计划中极为重要，但这仪式绝不能拯救人的灵魂。他并不赞同茨温利的观点，认为所有夭折的婴孩都是得救的，但他指出，圣经上没有说未受洗的人都被基督定罪。加尔文虽然弃绝洗礼重生的传统

---

[82] IV. 16-19.
[83] IV. 16. 7.

教义，但他仍主张在盟约关系中，某种隐秘的影响运行在婴儿的心里面，叫他越来越明白何为被教会接纳，加入教会，并受教会的关怀和教导。因此，"婴儿是受洗归入将来的悔改和信心"。[84]

加尔文在对圣餐的讨论中，极力表明基督的身体和血的真实同在，但他拒绝把身体和血具体限制在饼和酒的物质里，也不接受路德宗所提出的相关教义，即基督复活的身体无所不在。他以圣经上其他的经文做类比，认为"这是我的身体"不可以字面的意义来解释，这句话是一个转喻。基督的身体被看见升天，它仍在天上，并因此不可被装在饼和酒里面。[85]领圣餐的人反而在属灵的意义上被举到天上领受基督的身体。在属灵的意义上领受基督真正的身体和宝血，这教义是加尔文主义教会的特点。[86]"属灵的同在"这词组无法充分表明加尔文对圣餐的教导。现代人很难完全把握加尔文的立场。在这个问题上，就如在预定论问题上，加尔文承认他面对的是一个奥秘，他无法用言语解释。他只能说，"我经历到而不是理解了圣餐。"[87]我们在基督身体里的交通成为可能，是透过圣灵隐秘的工作，以某种理性无法理解的方式。没有任何神学家比加尔文更强调圣餐对教会生活的重要性。他劝我们经常领圣餐，热情地描述敬虔的人领圣餐时属灵的经验，也强调通过领圣餐所产生的基督徒之间爱的连接，以及圣餐中所包含的社会责任。[88]他抨击天主教的弥撒教义，特别是他们认为弥撒是赎罪祭的教义。加尔文认为，这等于否定基督的献祭是完全足够的，也否定了设立圣餐本身。加尔文同样破口大骂那些支持其他五种所谓圣礼的论点，他完全否认它们具有圣经根据和古代教会的支持。[89]

---

[84] IV. 15. 20；16. 20，26.

[85] IV. 17. 22，30.

[86] 关于这一点，最典型的信仰告白就是《比利时信条》第 35 条："我们……真实地凭着信心……在我们的心里接受了唯一救主基督的真正身体和血，来支持我们属灵的生命。"

[87] "Experior magis quam intelligam." IV. 17. 32.

[88] IV. 17. 38，42，44.

[89] IV. 18. 1-14；19.

十四

最后一章——"世俗的政府"⑨⁰是这部作品最给人深刻印象的部分之一。与他开头写给法兰西斯一世的信一样,这章表示加尔文的思想与政治有密切的关系。在他写给君王的信中,这位年轻的学者试图劝诫一位骄傲的君王,不要听从一些恶人的计谋而去逼迫善良的基督徒。他劝法兰西斯一世承认基督的统治,地上的君王都当向他屈膝。奥古斯丁在他著名的"君王之镜"(mirror of princes)那一章说,那些"以自己的权力为神的威严之侍女"的君王是有福的。⑨¹加尔文受到奥古斯丁的影响,在一段话中声称,承认自己是"神的仆人"的君王,才是真正的君王,他的职责是按照神的圣言来统治。加尔文在论"基督徒的自由"(3.19)那一章就要结束的地方,为我们介绍世俗的政府这个主题,却把这个主题的讨论拖延到最后。从深奥的神学角度来看,我们也许不会期待《基督教要义》以这类调子告终。在1539年到1554年之间的版本中,这部分先是被放在倒数第三,然后被放在倒数第二;然而,在1559年的版本中,加尔文重新恢复了1536年版的位置,把这部分放在全书的末尾。加尔文为何要选择将政治这主题摆在最后这个突出的位置上呢?我们可以在这一章和加尔文其他关于政治问题的著作中找到答案。⑨²加尔文对政治的讨论,与阿奎那以及其他经院学者一样,将政治的主题变成神学的一部分。加尔文在这一章中引用了许多经文,表示他在此与在其他地方一样,都是以圣经为他主要的准则。但这主题对加尔文而言尤为迫切,因他总是深切地意识到,统治者政策的变动对教会的改革和投入宗教改革者的命运影响很大。其实,该书最后一章只是对头一版稍稍的扩充。这

---

⑨⁰ IV. 20.
⑨¹ City of God V. 24.
⑨² 麦克尼尔编辑的 *John Calvin on God and Political Duty* 一书中,选编了加尔文著述中反映他政治思想的重要篇章,麦克尼尔为该书撰写了前言 (Library of Liberal Arts, No. 23)。

章主要是明斯特事件期间写的,当时反对宗教改革者将宗教改革刻画为一种推翻政府的运动。加尔文无疑一直感到,陈述积极的政治观对于为宗教改革辩护,以及切实地捍卫他在整本书中所陈明的教义,是十分重要的。众所周知,加尔文的书信中许多地方都充分表明,他对任何能影响到新教发展的政治问题都怀着很大的兴趣。

虽然我们可以说,对加尔文而言,最主要的问题是如何让社会政治服务于基督的教会,然而,像威廉·尼塞尔(Wilhelm Niesel)一样说"加尔文不关心国家本身,甚至也不关心基督教国家",则会让人误解。[93]他强烈地反对"宗教狂",他们主张的是一种高傲地脱离真正关切和责任的属灵基督教。对加尔文而言,根除政治国家的念头既可恶又荒唐。"政治维持人在社会上的生活,并不亚于面包、水、阳光和空气所起的作用"。[94]政府所发挥的维护群体生活的作用是不容忽视的。但政府最大的功用是维护社会的道德秩序,以及保护基督教的公共形态。加尔文认为,教会不受政府的控制,却应该能够依靠政府的保护和支持。

加尔文不但关注统治者的责任,而且关注政府的各种形式。在他的圣经注释书中,加尔文称赞了旧约里寥寥几位敬虔的君王,但他提到的古今君王多半都是不敬虔的,这意味着他可能反对君主制本身。然而,他广泛接受当代各种政府形态,并劝勉信徒,当政府顺服神时,要与它合作,当它压迫基督徒时,要忍耐。没有人比加尔文更反对暴力革命。他愿意在哪一种政府形态最好的问题上避免争辩,但他平静地声称,自己最喜欢的政体是"贵族政治,或贵族政治与民主政治的混合"。这句众所周知的话,首先出现在1543年的版本中,而在1559年的版本中,他加上了独特的解释。善良和能干的君王非常稀有,且人的败坏告诉我们:最好有好多个人(plures)一同统治国家,好让他们能够彼此帮助和劝

---

[93] *The Theology of Calvin*, p. 230.
[94] IV. 20. 3.

诚，并防止任何人独裁。⑨⑤多人共同统治和彼此纠正，这两个原则贯穿了教会和政府组织的各个单元。在加尔文所在的日内瓦，无论是牧师还是官员会议的日常做法都体现了这两个原则。⑨⑥

《基督教要义》末尾几段很有说服力，除去为了加强力度而补充的一些话之外，与1536年的版本毫无变化。其中包含一段简短却令人惊讶的论述，之后成为政治家在他们的著作中常常引用的话。加尔文在这段话中，以容易让人产生错觉的温柔，提出当时各国的"三个社会阶层"，发挥古时监督官（ephors）、护民官（tribunes）和市长（demarchs）的作用，在宪法上捍卫人民的自由，反对君王的压制。他这样表达，并不是要怂恿人民起来反抗，乃是呼吁当时的政府发挥其合法的作用。前面提到的古时官员是由人民选出来的，这一事实根本不用提。《要义》的结尾部分充满力量，我们对这些部分稍做思考，就能帮助我们理解他的教导对世界历史产生了多大的影响。但在结尾处，他完全不主张依靠政治行动和政治优势。虽然我们面对君王怒气的威胁，但是，我们是基督以重价买赎来的人，我们必须顺服神并忍耐到底，而不要失去敬虔，或成为人私欲的奴隶。

十五

与加尔文的其他著作一样，《基督教要义》发行甚广，且深受读者欢迎，这一点与他的写作风格有密切的关系。⑨⑦通常风格主要是指他的法文

---

⑨⑤ IV. 20. 8.

⑨⑥ J. Mackinnon, *Calvin and the Reformation*, pp. 163f.; J. T. McNeill, *The History and Character of Calvinism*, pp. 162, 187. 日内瓦教会法规（Ecclesiastical Ordinances of Geneva, Project d'Ordinances ecclésiatiques 1541）、日后修改的日内瓦教会法规（revised Ordinances, 1561），以及日内瓦书院规章（the laws of the Academy of Geneva, 1559），见 OS II. 325-345；另见 LCC XXII. 58-71。参见 CR X. i. 15-30，以及 B. J. Kidd, *Documents of the Continental Reformation*, pp. 588-603。

⑨⑦ 许多作家，无论赞同还是反对加尔文的神学观，都高度赞赏他的文笔。加尔文翻译学会（Edinburgh, 1854）出版的《〈约书亚记〉注释》英译本，在全面评价加尔文的个性时，引用了很多这方面的赞誉（第374—464页）。沙夫（P. Schaff）所编写的《基督教会史》（*History of Christian Church*）较全面地收集了这些赞誉（VII. 270-295）。J. Pannier 在其 *Calvin écrivain, sa place et sa rôle dans l'histoire de la langue et de la littérature française* 中提到了这些作品。另见温瑟里乌（L. Wencelius）的 *L'Esthétique de Calvin*, pp. 344-373。

风格而言,⁹⁸但在他的时代和来的时代中,许多学者也称赞他的拉丁文风格。⁹⁹约翰·斯蒂尔姆(John Sturm)——加尔文在斯特拉斯堡的一位朋友,于1543年拉丁文版本的扉页上,十分恰当地描述了这部作品及其作者的特征:"神赏赐约翰·加尔文极好的判断力、极出色的教导恩赐,以及超凡的记忆力。他是一个创作形式多样、多产、纯朴的作家。"博学的约瑟夫·斯卡利杰尔(Joseph Scaliger, 卒于1609年)机智地写道:"他的风格比神学家当有的更纯洁和优雅。"毫无疑问,很少神学家们的文笔能与加尔文相提并论。

他对拉丁文如此精通,这要归功于他所受的教育。他在年老的时候称赞马蒂兰·科尔迪耶(Mathurin Cordier)——他在巴黎大学的头一位拉丁文教授,因他说这一位教授为他打开了学问之门,使他后来的成就成为可能。¹⁰⁰他在14岁的时候,开始能体会到拉丁文之美,并开始发现这门语言对于沟通和说服人的重要性。之后他所从事的古典研究使他的拉丁文词汇量变得极大。布利恩(Q. Breen)说加尔文的神学中有一些"人文主义的结晶"在内,¹⁰¹而温德尔(F. Wendel)说:"他或多或少一直是1532年时的人文主义者。"¹⁰²这些作者指的不只是他的风格,但他们知道,拉丁文古典著作的风格对加尔文的影响是一生之久。布利恩说:"他的著作都有某种程度的优雅,古典的清晰。"¹⁰³人们读加尔文的著作时有这样一种印象,那就是,当他最雄辩或最尖刻的时候,很容易让人想起

---

[98] F. Brunetière, "L'Oeuvre littéraire de Calvin", *Revue des Deux Mondes* 161 (Paris, 1900), 898-923; Pannier, *op. cit.*; Pannier, *Introduction to the Institution of 1541* I. 22 ff.; A. Lefranc, *Calvin et l'éloquence française*.

[99] 很多反对加尔文的人却对他的拉丁文大加赞赏,法国作家、法学家艾蒂安·帕基耶(Étienne Pasquier, 卒于1615年)以及著名的波舒哀(Bossuet, 卒于1704年)主教就是其中的二人。

[100] 《献辞〈帖撒罗尼迦前书〉注释》(1550); J. Lecoultre, *Maturin Cordier et les origines de la pédagogique protestante dans les pays de langue française*。

[101] Q. Breen, *John Calvin: A Study in French Humanism*, p. 146.

[102] F. Wendel, *Calvin: Sources et évolution de sa pensée religieuse*, p. 21.

[103] Breen, *op. cit.* p. 148. 在日内瓦书院,加尔文对学术要求达到极致 "*exercent diligenter leur style*" (CR X. l. 79; OS II. 370)。

西塞罗。但加尔文从来没有"刻苦模仿"任何古时的作者。西塞罗和昆体良（Quintilian）一定会认为他的风格太自由，离古典风格太远。韦尔曼（A. Weerman）指出，后古典基督教拉丁著作对加尔文的风格有极大的影响，在大量使用抽象术语、俗语或日常用语方面表现得尤为突出，日常用语大大增加了他的词汇量。韦尔曼也指出，加尔文为了表示强调，任意改变词语在句子里的顺序，而且他习惯把动词放在句子的中间而不是后面。在《基督教要义》中，他习惯于用很长的圆周句，但这些句子又与西塞罗的不同，因为没有他那种做作的韵律结构。但加尔文使用排比、成对同义词，以及更复杂的手法，也达到了自己的韵律效果。加尔文为了使听觉效果更好，审慎地使用了一定数量的头韵、谐音、重复、双关语，以及邻近子句中类似的结尾。[104]加尔文很清楚地看到，圣经作者的风格各不相同。他虽然喜欢圣经中特别优雅和美丽的经文，但他坚持认为，那些较粗犷和质朴的经文，同样具有属神的品质。圣经的确带有在修辞之外的"真理的力量"，然而在有些部分，它又表现出无与伦比的雄辩。[105]他对圣经文体的喜爱与古典传统对他的影响构成了一种平衡。无可否认，这个因素对加尔文的风格产生了影响。但这种影响在他的讲章中比在他的论著中更明显，因在他的论著中教父的影响更大。无论如何，他经常称赞圣经作者的总体风格简单明了、清晰易懂，这些特点是他特别看重和追求的。加尔文并不在乎风格本身，他最关心的是清楚、简洁地把他全部的思想表达出来。[106]

他经常称赞简洁的特征。他在不少的地方提到，为了保持简洁，他不能太详细地阐述。他对长篇大论的作者极不耐烦，在讨论紧迫的信仰

---

[104] A. Veerman, *De Stijl van Calvjin in de Institutio Christianae Religionis*, pp. 26 ff., 60 ff., 72 ff., 76 f., 92-110, 121 ff.

[105] I. 8. 1, 2.

[106] 见加尔文为介绍《〈罗马书〉注释》写给西门·格利诺伊斯（Simon Grynaeus）的书信。（CR X. ii. 406；tr. LCC XXIII. 75）

问题时尤为如此。他甚至因此批评他所钦佩的朋友与同仁布塞（Bucer）和法雷尔（Farel）。他写信给法雷尔的语气温柔，却明确地批评他的文风太"繁复"，指出他们在风格上的差别，甚至因同样的缘故批评奥古斯丁。加尔文说："你知道我非常尊敬奥古斯丁，但我却不隐瞒对他冗长的风格感到反感。也许，我的简洁太简明了。"[107]

加尔文自称文风简洁，难免会遭到质疑。一部如此长篇论著的作者能被称为简洁吗？其实，在《基督教要义》中，不少地方在我们看来都有些冗赘。然而，我们应当考虑到，他所处的时代神学家们所津津乐道的神学问题，今天的人没有什么兴趣。《基督教要义》所讨论的问题范围广泛、类型繁多，这种类型的著作岂可以简洁来检验其风格。埃米尔·法盖特（Emile Faguet）说得好：虽然加尔文自称简洁在现代读者看起来有点可笑，但加尔文是有道理的，因为他的用词"没有承载过重"，而且"虽然有些地方读起来有点令人厌倦，但他并没有废话"。[108]他写的句子和段落，内容充实，很少是空洞的。在不牺牲内容的情况下已经做到尽可能的简洁了。加尔文的作品给人很强的紧迫感，有些地方甚至带有演讲的特征，这是出自于他坚定的信念。加尔文著作的说服力更多不是出自于形式逻辑的推理，而是出自于他的情感。布利恩指出，加尔文的辩证通常不是使用形式逻辑的三段论。或许是为了简洁的缘故，加尔文在逻辑推理时，更喜欢用三段论的省略式，读者可以自己补上一个前提，[109]这样容易削弱逻辑的重要性，而读者反而更快得以说服。

加尔文常常容易违背简洁原则的地方，往往是在他称赞或斥责所讨

---

[107] 1549年9月1日写给法雷尔的信（CR XIII. 374）。很显然加尔文对法雷尔当时正要出版的一本书 *La Glaive de la parole véritable* 提出了批评。这段话是附带说出来的。值得注意的是，加尔文在评注塞涅卡一书（1532）的前言中，有比较地评价了塞涅卡的风格：虽然优雅，却"过于冗赘"。参阅帕尼耶的 *Calvin écrivain*, p.10；雨果（A. M. Hugo）的 *Calvjin en Seneca*, pp. 177 ff.，以及雨果这本书前言的英文译文，231页。

[108] É. Faguet, *Seizième siècle, études littéraires*, p. 190. Faguet 在这部论述16世纪法国作家的著作中，对加尔文做了精辟的研究。

[109] Q. Breen, "John Calvin and the Rhetorical Tradition", *Church History* XXVI (1957). 14 f.

论的立场时大量使用感情色彩很浓的形容词和副词的地方。有的时候，加尔文所使用的斥责和咒骂的语言，具有典型的人文主义特征。他对辱骂的憎恶有时导致他使用辱骂之词，有时他在攻击对手合理的观点时也会诉诸谩骂。这一点确实令人遗憾，对敏感的读者而言，它多少损害了加尔文的著作。然而，这点不像有些批评家所说的那么普遍；而且加尔文并非利用咒骂代替辩论，他试图以这种错误的方式来加强语气。

加尔文的力量和说服力不是建立在他的反对和否定意见上，乃是建立在他强烈的肯定信念和丰富的思想上。这部巨著是加尔文留给后世最伟大的遗产，尽管我们这个时代的兴趣与加尔文的时代很不相同，然而这并不影响这部著作所表达信息的意义和价值。加尔文曾经写道："今天人们热切地研究各种问题，却忽略了对神的认识……然而认识神乃是人首要的目的，也是他存在的理由。即使我们有一百条生命，这也是我们唯一的目标。"[110]

---

[110] 《耶利米书》9：24 注释（tr. LCC XXIII. 125）。

约翰·加尔文致读者书（1559年版）

[b]本书初版时，我完全没有预料到，出于神无限的恩慈，它竟会如此成功。因此，大部分问题我都论述得非常概略，就像多数小书所做的那样。然而，当我得知此书受到几乎所有敬虔之人的喜爱，而这是我先前丝毫不敢奢望的，我深深地感到自己的不配。所以我想，我若不向读者更加殷勤地尽我绵薄之力，来回应他们对我的赞赏，就太忘恩负义了。[e] [(b)] 这种努力不仅体现在第二版上，此后的每一次再版，我都会增加一些内容来充实这本书。我对自己所付出的辛劳毫不后悔，但我对本书一直不满意，直到它成为今天呈现在大家面前的这个样子。如今，我相信这一版的内容必能获得诸位的赞同。

无论如何，我可以清楚地见证，我是以极大的热忱和努力为神的教会撰写这部著作。去年冬天，我患热病，①心想离世的时候到了，病情越重，我越不在乎自己的身体，好使我能留下一本书，多少回报那些敬虔之人对我宽厚的期待。的确，我曾希望能早些完成此书，[b]可是书要保证质量，这已经算是够快了。②此外，一旦我发现此书比以往为神的教会结

---

① 加尔文在1558年10月至1559年5月所罹患的疾病是疟疾的一种。患病期间加尔文完成了《基督教要义》，以及《以赛亚书》的最后修订工作。Beza, *Vita Calvini*, CR XXI, 156 (tr. H. Beveridge, *Life of John Calvin by Theodore Beza*, pp. 82 f.).

② "*Verum sat cito si sat bene.*" 这显然是苏维托尼乌斯（Suetonius）回忆中的一句话，*Lives of the Caesars*, *Augustus* II. 25；"*Sat celeriter fieri quidquid fiat satis bene*" (LCL Suetonius I. 158)。彼特拉克在 *Epistolae rerum senilium* 16. 2 (Opera, Basel, 1581, II. 965) 中重复了这句话。人们误以为这句话是胡格诺派诗人纪尧姆·迪巴尔塔斯（Guillaume du Bartas）所作。或许这句话是出自于莎士比亚："要是做了以后就完了，那么还是快一点做吧？"（《麦克白》第一幕，第七场）

出更丰硕的果子，我便会认为，这时候出版是最适合的时间。ᵉ这是我唯一的祷告。我若不单单以神的称赞为满足，并轻看无知之人的愚蠢、扭曲的判断以及邪恶之人错误、恶毒的看法，我便有祸了。神赐给我满腔的热情去扩展他的国度，增进大众的福祉。从我在教会担任教师的职分以来，我唯一的目的就是维护敬虔的纯正教义，使教会得益处。这一点我自己的良心可以见证，神和众天使也可以见证。不过我认为，没有其他人像我这样受到这么多不实指控的攻击和伤害。

当我此篇书信付梓之时，我获知在奥格斯堡（Augsburg）举行的帝国诸侯会议中，谣传说我已叛变到罗马天主教，而且王侯的宫廷迫不及待地听信这些谣言。③我的忠贞不贰证据昭昭，实在令看见这一点的人感恩！这些证据驳斥了极其卑鄙的毁谤，并使我在所有公正、慈悲的法官面前受到保护。但魔鬼和它的整个阵营若认为，以恶毒的谎言攻击我这种卑劣的行径会使我变得更软弱或屈从于它们，那就错了。因我相信神会以他无限的恩慈，保守我坚定不移地持守他的神圣呼召。在这个版本里，我会为敬虔的读者提供新的证据来证明这一点。

ᵇ此外，我写这本书的目的一直是为了帮助和教导准神学生研读神的话语，使他们不仅能有很好的开端，而且能顺利地进深。因为我相信这本书的各部分加在一起，包含了敬虔生活的总纲，而且编排得井然有序，读者只要正确理解，便不难确定他应当在圣经中特别寻求什么，其中的内容又应当如何应用。可以说，在这之后，我就可以出版圣经注释了。④我总是可以浓缩这些注释，因我无须花很长篇幅来讨论教义问题，或转去讨论日常应用问题。如此，敬虔的读者只要熟悉本书，以此作为必要的工具来研读圣经，便可免去许多的烦恼和厌倦。由于这个教导计

---

③ 这里是指1558年2月25日至3月28日举行的奥格斯堡帝国会议。
④ 这段话出现在1539年8月第二版《基督教要义》，这比加尔文的第一本圣经注释书《〈罗马书〉注释》（题献日期为1539年10月18日，1540年出版）更早。

划清楚地体现在我的圣经注释书中,⑤所以我情愿让本书自己而不是我的话来宣告它的目的。

再见了,亲爱的读者。若你因我的书而得着某些帮助,愿你在我们父神面前以祷告来帮助我。

加尔文
1559 年 8 月 1 日于日内瓦

ᶜ我先前的小书为他们辩护的那些人,他们的学习热忱促成了这部著作。⑥

ᶜ奥古斯丁,书信七

"我把自己视为边学边写、边写边学之人中的一个。"⑦

---

⑤ 1539—1554 年的版本中,增订下列文字:"《〈罗马书〉注释》将成为一个范例。"
⑥ 这句话是拉丁文对联,显然是出于加尔文。在 1560 年法文版(VG)中并未出现,却在 1561 年的法文版中以四行诗的形式出现,在拉丁文版中指出作者为加尔文。参阅 Benoit, *Institution* I. 24。
⑦ 这一句引言其实来自奥古斯丁的 *Letters* 143.2 (MPL 33. 585; tr. NPNF I. 490 and FC 20. 150)。

1560 年法文版主旨

为了让读者能从本书中获得更多裨益，我要简短地说明他们从中可以得着什么益处。因为，我要告诉读者在阅读本书时应将重点置于何处。虽然圣经包含了完整的教义，没有人可以添加什么，因为我们的主的旨意是将他无穷智慧的宝藏展现在圣经中，然而对于不熟悉圣经的人，实在需要一些指引来帮助他明白应该在圣经中寻找什么，这样就不至于迷失方向，而能走在正路上，始终朝着圣灵呼召他的方向努力。或许领受主较多亮光的人，他们有责任在这方面帮助初学者，助他们一臂之力，引导和帮助他们把握主在他的话语中所要教导的总纲。现在，没有什么比通过圣经讨论构成基督教哲学最主要和有分量的问题更重要了。[1]因为认识

---

[1] "基督教哲学"的这个概念可见于希腊和拉丁教父的作品，及许多中世纪和文艺复兴时期的作家。后被伊拉斯谟发扬光大。例如拜占庭作家，见 F. Dölger, *Byzanz und die Europäischer Staatenwelt*, pp. 197 ff.。4 世纪作家通常称基督教的禁欲主义为"哲学"的生活，如优西比乌（Eusebius）的《教会史》(*Ecclesiastical History*) II. 17; III. 38。但这种表达通常比真实的基督教敬虔智慧具有更宽广的意义。关于 9 世纪拜占庭神学所理解的基督教哲学的研究，是本于圣君士坦丁－西里尔（Saint Constantine-Cyril, 卒于 869 年）的话，见托尔·瑟维森克（Thor Sevcenko）所著"The Definition of Philosophy in the Life of Saint Constantine", *For Roman Jakobson*, pp. 448-457。在这个主题上西方作家吉尔松（É. Gilson）在他的吉福特讲座 *L'Esprit de la philosophie médiévale* pp. 413-440 中有分析性的书目资料。（这部分在英文版本中被省略了。）奥古斯丁曾在 *Against Julian the Pelagian* IV. 14. 72 (MPL 44. 774; tr. FC 35. 228) 及 *City of God* XXII. 22 (MPL 41. 784 ff.; tr. NPNF II. 499) 中使用"我们的基督教哲学"一词，使真哲学建立在上帝的恩典上。约翰·司各脱·埃里金纳（John Scotus Erigena）认为"真哲学就是真宗教，真宗教就是真哲学。"[*De divina praedestinatione* i. 1 (MPL 122. 357).] 参阅 H. Leclercq, "Pour l'histoire de l'expression philosophie Chrétienne,", *Mélanges de sciences religieuses* IX. 221-226, 和 J. Bohatec, *Budé und Calvin*, pp. 33 ff.。伊拉斯谟在 *Paracelsis, id est adhortatio ad Christianae philosophiae stadium* (*Opera* [Leyden, 1704] V. 141 f.) 中认为基督教哲学只被少数人采纳，且"是以情绪为基础，而非以三段论为基础；是生活而不是辩论，是灵感（*afflatus*）而非学识，是转变而非理性系统。"加尔文在《要义》III. 7. 1 中明确地指出"基督教哲学"和"哲学家"的哲学之不同，因为那不单被理性规范，而是在基督里被更新，且被圣灵所引导的生活。参阅 III. 6. 4; I. 11. 7; I. 12. 1; III. 20. 1, 注释 1; Comm. I Cor. 13; 8. 尼塞尔指出加尔文所认为的"基督教哲学"，指的主要就是对圣经经文的阐述：*The Theology of Calvin*, tr. H. Knight, pp. 23 ff.。

这些原理的人，花一天的时间在神的学校里，将比在别处花三个月获得的益处更多。当他能充分了解每一个句子所指的是什么，并以此标准来体会他所读到的一切时，更是如此。

在救恩的教义上，用这个方法来帮助每一个渴慕受教的人，是非常重要的。因此，我不得不照主所给我的能力，接下这个任务。这就是我写本书的目的。本书最初以拉丁文写就，为了服务于各国有学识的人；后来，为了服务于法国的读者，我将它翻译成我的母语。关于此书，我不敢有太多的自夸，也不敢声称读了这本书能获得多大的益处，因为我不愿意太高估了自己的作品。然而，我至少可以保证，它可以成为所有神的儿女打开正确理解圣经之门的一把钥匙。因此，若今后我们的主给我条件和机会写一些注释书②，我会尽量写得简洁，因为，既然我已经在本书中详细讨论了几乎所有的基督教信条，就不需要在注释书中长篇大论了。既然我们必须承认，所有的真理和纯正的教义都出自神，我就坦然无惧地申明我对本书的看法；我承认它更多属于神而不属于我。事实上，一切对本书的称赞都应当归给他。

因此，我劝勉一切敬畏主话语的人，如果他们希望首先掌握基督教教义的总纲，然后从阅读新约及旧约中大得益处，请他们阅读这本书，并牢牢把它记在心上。当他们如此确实去做的时候，他们的经历会告诉他们，我一点也没有夸大其词。若有人无法理解所有的内容，他不必灰心，而要坚持下去，或许另一段话会带给他更清楚的解释。最重要的是，我必须劝他要以圣经为标准来评估我的引证。③

---

② 参阅上文《约翰·加尔文致读者书》(1559 年版) 注释 4。
③ 参阅 III. 4. 29，注释 62。

致法王法兰西斯一世书

[a]献给伟大、虔信的法兰西国王法兰西斯陛下。愿在基督里的平安与救恩与陛下同在。

约翰·加尔文

1. 这部书是在怎样的景况下写的

刚开始写这本书时,我完全没有想到最后会将此书献给国王陛下。我唯一的目的是想传授一些基本的真理,使一切热衷于信仰之人成为真正敬虔的人。我知道,在我的法国同胞中,有许多渴慕基督的;然而,我发现他们中间很少有人对基督拥有最基本的认识。我着手写这本书就是为了他们。本书简明而基础的教导方式就可以证明这一点。

但我发觉陛下的国中有一些恶人,怒气冲冲,使得在您所统治的辖区,纯正的基督教信仰难有立锥之地。因此,我认为,我若用这同一本书,一方面教导他们,另一方面向陛下您陈明我的信仰,这样做是有益的。陛下从中会了解到,在您所统治的国中到处杀人放火,扰乱社会的那些疯狂之人所恨恶的是怎样的教义。事实上,我毫不犹豫地承认本书的教导,几乎就是这些人所抵挡之教义的总纲,他们嚷嚷着要将相信这教导之人拘禁、放逐、烧死,将他们从地上除灭。其实,我也知道他们已在您面前搬弄是非,试图说服陛下与他们一样厌恶我们所主张的教义。①但我深信,以陛下的仁慈,您应能判断,若仅凭指控便能定罪,那世上便不复存在言行无辜之人。

若有人为了攻击我向您陈述的教义而造谣说,这教义早已被所有的国家和许多的法庭判定为不合法,那么,这顶多是说,它有时是因仇敌的党争与势力而遭强烈的排斥,有时是因他们的谎言、诡诈,以及毁谤而被恶毒地压制。若不先听一听这教义教导的是什么,就判定持这教义之人死刑,这纯粹是横暴的做法;诬告他们为叛国贼或恶棍,这完全是骗人的诡计。为避免有人认为我们的埋怨没有任何根据,国王陛下,请您作为我们的见证,看这教义在你的面前是否天天受尽毁谤。他们说,信这教义之人是想要夺去国王的权杖、毁坏一切的法庭及法官的判决、推翻一切的政府、扰乱百姓的治安、废掉所有的法律,耗散所有的财产,总之要把全世界颠倒过来!然而,你所听到的不过是小部分的指控,因为这些恶人一直在百姓当中散布可怕的谣言。如果这些谣言是真的,那全天下的人给这教义定罪,把这教义的始作俑者烧死或钉死千百次也不为过。如此恶毒的指控竟然有人相信,难怪人们对这教义充满如此的敌意。这就是为何各色人等都合谋要给我们和我们所持之教义定罪的原因。连法官也因受谣言的影响,以自己的偏见定案,以为他们只要在根据本人的口供或确凿的证据宣判,就算尽职了。然而他们被判什么罪呢?他们说,是相信这被定罪的教义。但凭什么定这教义的罪呢?这些信徒辩护的立场并不是放弃这教义,相反,是要维护它的真理性。然而,他们丝毫没有分诉的权利。

---

① 这里是指1534年10月18日大字报事件 (incident of the Placards) 之后发生在法国的逼迫,参阅英文版导言。法国新教改革派被指控是由煽动叛乱的极端分子构成,这一点在赫明尼亚 (A. L. Herminjard) 提交的文件 *Correspondance* III. 中得到了清楚的说明。法兰西斯一世于1535年2月1日致帝国分封诸侯的一封书信,尤其具有针对性 (Herminjard, *Correspondance* III. 249 ff.)。其所散播的谣言是:新教徒阴谋以武力攻击崇拜聚会。加尔文心里也牵挂着法国瓦尔多派信徒所遭受的苦难。法雷尔和维雷 (Viret) 于1535年8月4日写给瑞士和德国新教徒的信里,叙述着瓦尔多派所遭遇的"残酷、野蛮的逼迫"。卡皮托 (Capito) 从斯特拉斯堡的回信,与加尔文致法王的信函,同是1535年8月23日写的 (Herminjard, *Correspondance* III. 335 ff.)。

2. 为受逼迫的基督徒辩护

ᵃ因此,我请求拥有至高权柄的国王陛下彻底调查此事,这要求并非不合理。因到目前为止,这件事不是依照法律的程序,不是根据司法的严肃性,而是凭着人暴烈的血气处理的。陛下也不要以为我是为了被许可安全回到自己的国家里,而在替自己辩护。我虽然热爱自己的祖国,但在目前的情形之下,我并不以被放逐为憾。相反,我是为了众信徒共同的事业,亦即基督自己的事业,在陛下面前为他们辩护。但基督信仰在陛下所统治的国度之下,正在被践踏,几乎到无望的地步,这多半都不是出于陛下自己的赞同,而是因某些假冒为善之人的专制。

我没有必要在这里解释这逼迫是怎样发生的:虽然我们因信仰受逼迫是无法否认的事实。因为不敬虔的人目前已得势,即便基督的真理没有被赶散和除灭,也被隐藏而湮没无闻。基督可怜的小教会,若不是被残暴的屠杀、放逐所摧残,就是被威胁和恐吓所压垮,甚至到了不敢开口的地步。然而,这些不虔之人的肆意疯狂不断击打着这堵已经倾斜的墙,好完成他们摧毁基督教的目的。在这样暴力的攻击之下,没有人为教会仗义执言。然后那些希望显得十分同情真理的人,也主张饶恕无知者的谬误和鲁莽。这就是温和派的立场。他们把自己在心里确信是无可辩驳的神的真理称为谬论和鲁莽,并将基督都不轻看、甚至愿意把他属天智慧的奥秘交付他们人,称为无知之人!他们居然以福音为耻到这种地步!

所以,尊贵的君王啊!恳求你不要对如此公义的辩护置若罔闻,特别是因这牵涉一个非常重要的问题:我们如何在世上保守神的荣耀免受玷污?保护神的真理不致蒙羞?如何让基督在我们当中的国度得以维护?[②]

[②] 相同的话,请看 IV. 20. 29, 31 and Comm. Rom. 13∶1-7。参阅奥古斯丁论"好君王"的文章,此文传统上被称为:"王者之镜"(mirror of princes), *City of God* V. 24 (MPL 41. 170; tr. NPNF II. 106 f.) 最后一句是重复普洛蒂 (Plautus) 的话, *Trinummus* 317;"*sarta tecta tua praecepta*"(LCL Plautus V. 126)。

国王啊！这事值得您留意，值得您认识，甚至值得您付出王位的代价！

事实上，这关切完全属于国王分内的事，您在治理国家时，应当视自己为神的仆人。国王在统治他的国家时，若不以神的荣耀为目的，就不是在履行国王的职分，只能被称为盗贼。③此外，君王若拒绝将自己的国权降服在神的权杖——神的真道——之下，却期待国家长久兴盛，那不过是在自欺。因为那宣告"没有异象，民就放肆"（箴 29∶18）的神谕绝不会落空。您也不应当因我们的卑贱而藐视我们，不去尽您的本分。我们很清楚自己是何等卑贱和低微之人。我们在神的面前是可悲的罪人；我们在人的眼目中也最被藐视，被看作世界上的污秽、万物中的渣滓（参阅林前 4∶13），甚至更坏的恶名。因此，在神面前除了他的怜悯之外，我们毫无可夸口的（参阅林后 10∶17—18），因为神借着他的怜悯，完全在我们自己的功德之外，赐给我们永恒救恩的盼望（参阅多 3∶5）；而且在人面前，除了自己的软弱之外，我们毫无可夸口的（参阅林后 11∶30，12∶5、9）。我们的仇敌却认为即便略微承认自己的软弱也是莫大的羞辱。然而，我们的教义必定胜过这世上一切的荣耀和势力，因为这教义不是出于我们，乃是出于永生神以及父神所加冕的基督，他"要执掌权柄，从这海直到那海，从大河直到地极"（诗 72∶8、7，Vg.）。他将统治世界，世界铜铁般的力量和金银般的荣华，都将如瓦器一般被他口中的杖打碎，这要应验先知们对他的辉煌统治的预言（但 2∶32—35；赛 11∶4；诗 2∶9，经文合并）。我们的仇敌大声地指控我们以神的道为我们虚假的借口，其实是在邪恶地污秽他的道。④只要您读一下我们的信条，凭您的审慎，必能看出这是对我们何等恶意的中伤，何等无耻的毁谤。

但我们在此仍要说一些唤起您的热忱和关注的话，或至少为您能读

---

③ *"Nec iam regnum ille sed latrocinium exercet."* 这句话是回应奥古斯丁所说的名言："什么时候公义被夺走，什么时候国家就是一大群盗匪。" *City of God* IV. 4（MPL 41. 115；tr. NPNF II. 66）.

④ 阿尔封塞·德·卡斯特罗（Alfonsus de Castro, d. 1558），*Adversus omnes haereses* I. iv（1543 edition, fo. 7, 8）。各异端按字母排列。这位作者为一好辩之能手，曾为西班牙圣法兰西斯会之修士，在英国和荷兰随侍在菲利普二世（Philip II）身边。

一读我们的信条做些预备。使徒保罗希望人说预言都照着信心的程度（罗12∶6），⑤他设立了一条明确的规则，好检验一切对圣经的解释。我们若依这信心的原则检验我们对圣经的解释，就必定得胜。承认自己在美德上赤身露体，好让神自己为我们穿上他的美德；承认自己没有良善，好叫神以自己的良善充满我们；承认自己是罪的奴仆，好被神释放；承认自己心里昏暗，好让神开启；承认自己是瘸子，好蒙神医治；承认自己软弱，好靠神扶持；在任何时候都不求取自己的荣耀，好单单让神的荣耀显明，并在他里面得荣耀（参阅林前1∶31；林后10∶17）。还有什么比这些更合乎信心的呢？当我们说到这些和其他类似的事时，我们的仇敌打断我们，并埋怨说：这岂不是否认人与生俱来拥有某种模糊的亮光，否认了人所能想象的蒙恩预备，人的自由意志，人借以获得永恒救恩的善行，甚至他们自己的分外功劳。⑥因我们的仇敌无法忍受将一切的良善、美德、公义，以及智慧所应得的赞美和荣耀都归于神。然而，没有人因为从泉源的活水中汲取生命之水而遭斥责（约4∶14）。相反，遭严厉斥责的恰恰是"为自己凿出池子，甚至破裂不能存水的池子"（耶2∶13）。此外，确信神是我们慈爱的天父，因基督成为我们的弟兄和中保；充满信心地仰望他赏赐我们一切的幸福和兴盛，因他对我们的爱无法言表，"他……不爱惜自己的儿子，为我们众人舍了"（罗8∶32）；安静等候救恩和永生，默想父神所赐给我们的基督，在他里面隐藏着各样的宝贝。有什么比这一切更美、更合乎信心呢？但我们的仇敌却指控我们：这样的确信是出于骄傲和狂妄。我们所夸耀的一切当然不是

---

⑤ "*Fidei analogia.*"参阅 IV. 17. 32. 亦见 Comm. Rom. 12∶6, 约翰·欧文（John Owen）英文版之编者注，第461页。威廉·布坎努斯（William Bucanus, 洛桑的神学教授）在他详尽的要理问答（*Instituiones Theologicae*, Geneva, 1605）中，将信心的类比定义为："圣经的恒久意义。它是建立在圣经清晰的教导上，并与使徒信经、十诫，以及每一神学要点的通则和原理相一致。"（Tr. Robert Hill [1606], p. 44.）参阅 Heppe RD, pp. 34-36。

⑥ 功劳库（treasury of merits）和分外功德（supererogatiory）的这种权威教义，清楚见于教皇克莱门六世（Clement VI）的《教令集》（*Unigenitus*, 1343）（*Extravagantes communes* IX. 2; Friedberbg II. 1304 ff.）。参阅 III. 5. 2-5。

要归给自己,乃是要归给神,我们反而因学习将一切的荣耀归于神而除掉一切自夸的理由(参阅林后10:17,林前1:31,耶9:23—24)。

我还有什么要说的呢?请国王陛下对我们的整个案件略加考察。倘若您不能清楚地看到"我们劳苦努力,正是为此,因我们的指望在乎永生的神"(提前4:10),因我们相信"认识独一的真神,并且认识他所差来的耶稣基督,这就是永生"(约17:3 p.),您便可把我们看作恶人中最邪恶的人。因这盼望的缘故,我们当中有人被拘禁、有人被鞭打、有人被游街当作笑柄、有人被放逐、有人受到恐怖的虐待,还有人被迫逃亡。我们每一个人都受穷困的压迫、残忍的咒诅、毁谤的伤害,在许多方面被侮辱。

我也请陛下注意我们的仇敌(我说的是神甫,因他们不仅许可,而且怂恿他人来反对我们),和我一同思考一下,驱使他们的究竟是什么热情。他们有意让自己和其他人不理会、忽略甚至藐视圣经所传下来的独一无二的真信仰,就是万人都应当承认的真道。他们居然认为人信不信神和基督无关紧要,只要他以(他们所谓的)潜在默从的信心,⑦降服于教会的判断就可以了。他们不会因看到神的荣耀被公开地亵渎而感到难过,[b]只要没有人攻击罗马教皇以及那圣洁的母会的权威就可以。[a]他们为何为弥撒、炼狱、朝圣,以及类似的繁文缛节竭力争辩,甚至主张人若不公开承认对这些事情的信心,就是不虔不敬,虽然这些事毫无圣经根据?为什么呢?除非"他们的神就是自己的肚腹"(腓3:19);除非他们的信仰就是自己的厨房!他们相信若这些东西被夺去,他们就不再是基督徒,甚至不再是人!因虽然他们当中有些人饮食豪奢,有些人则饮食粗陋,但他们的生活靠的是这同一锅,若此锅无燃料,不但会变冷,甚至会完全冰冻。因此,那最在乎肚腹的人,同时也是为自己的信仰最竭力

---

⑦ 明确信心和默从信心的问题在本书 III. 2. 2-5 和阿奎那的 *summa Theol.* II IIae. 2. 5-8 中有讨论。阿奎那不认为所有人都必须具有明确的信心(art. 6),而认为居于更高位置教导他人者,他们"应当比他人拥有更多的明确信心"。

争辩的人。简言之,他们都一同仰望同样的目标:要么保持他们的统治,要么满足他们的肚腹。没有任何人表现出一点无伪的热忱。

3. 反驳仇敌对我们的指控:是完全新的、没有神迹的证实;神迹的重要性

　　[a]虽然如此,他们仍不断攻击我们的教义。他们极尽毁谤之能事,引发人们对我们的教义产生憎恶和怀疑之情。他们称我们的教义为"新的"、"最近才编出来的"。他们斥责我们的教义,说它是可疑的、不可靠的。他们问有什么神迹证实过我们的信仰?他们质问,我们的信仰与许多圣教父的一致看法和古老的习俗有冲突,难道是合理的吗?他们迫使我们承认,要么我们的信仰导致了纷争,因它是在向教会宣战,要么教会在过去许多世纪当中是死的,因为在这些世纪中我们的教义连听都没听过。最后,他们说用许多不同的辩论反驳我们是多余的,因凭我们信仰的果子就能认出它是怎样的信仰,我们的教义产生了许多教派,扰乱了治安,带来了各种放荡的行为。[⑧]其实,他们在轻信和无知的群众面前

[⑧] 这些是从头反对路德和其他宗教改革者的重要辩词。许多反对路德的具体引文记载在 OS III. 13-15 中,特别在约翰·艾克 (John Eck) 的 *Enchiridion locorum communium adversus Lutheranos* (1526 年增订版, *Enchiridion locorum communium adversus Martinum Lutherum et asseclas eius*, 1532),献给亨利八世和托马斯·莫尔。这作品到了 1600 年已再版了九十一次。艾克利用此书,透过 John Fisher of Rochester, John Faber, Kaspar Schatzgeyer, Jerome Emser, Augustin Alveld 及其他人来反对路德派。在第一版里作者处理了路德派的二十一项立场,前五项特别重要:教会和教会的权柄、教会会议、罗马教廷居首位、圣经、信心与行为。其他的主题包括引起广泛争议的问题,如弥撒、其他圣礼、革除教籍、赎罪券、炼狱、烧死异端、婴儿洗礼。同类的著名作者包括卡斯特罗 (Alfonsus de Castro,参阅上文注释4),及一位在巴黎拿法尔学院 (Collège de Navarre) 的荷籍教授克里特托 (Josse Clichtove or Judocus Clichtoveus, d. 1543),后者曾在早先支持过勒弗菲尔 (Léfevre),在 1525 年所写的 *Antilutherus* 中强力反对宗教改革。这是一本三册的论著,提出许多论据为中世纪教皇制、教阶体系和神学辩护。另一本巨著是由在温德尔斯坦 (Wendelstein),靠近纽伦堡 (Nuremberg) 的约翰·科洛赫伊斯 (John Cochlaeus,卒于 1552) 所写的 *De authoritate ecclesiae et scripture, adversus Lutheranos* (1524)。这是最早期反路德宗的重要著作之一。他的 *De sacris reliquiis Christi et sanctorum eius* (1459),对加尔文 *Treatise on Relics* (1543) 的回应。科洛赫伊斯也著书反对梅兰希顿和布林格。关于研究这类作者的近期文献和版本的简要记载,请参阅 "The Catholic Reform in the Sixteenth Century",塔瓦德 (G. H. Tavard), *Church History* XXVI (1957), 275-288。参阅博哈特 (J. Bohatec) 的 *Budé und Calvin*, pp. 128 ff.,在这本书里他提起加尔文心中的头号敌人,被巴特和尼塞尔忽略了。这些包括了比代 (Budé),他和科洛赫伊斯曾著文论敌。博哈特指出比代与阿夫朗什的监督 (bishop of Avranches)、罗伯特·桑欧 (Robert Cenau) 和红衣主教萨多雷托 (Sadoleto) 鼓动国王在 1534 年 10 月 18 日的大字报事件中反对新教徒。

攻击被人遗弃的事业，自然是轻而易举的。但我们若有自我辩护的机会，他们肆无忌惮地恶毒攻击我们的举动就会收敛起来。

首先，他们称我们的信仰为"新的"，乃是大大地得罪神。神圣洁的话语岂可被指控为新奇？其实，我毫不怀疑我们的信仰对他们而言就是完全新的，因为就他们而论，连基督和他的福音都是新的。保罗说："耶稣被交给人是为我们的过犯，复活是为叫我们称义。"（罗4：25 p.）任何人若明白保罗这古老的信息，就不会说我们的信息是新的。

这信仰很长一段时间不为人所认识，被隐藏都是因为人的不虔不敬。如今因神的慈爱我们得以重新发现它，至少我们应当承认它的古老性。⑨

同样，由于无知，他们把这信仰看作是可疑和不可靠的。这正是主借着先知的口对以色列人的指责："牛认识主人，驴认识主人的槽，以色列却不认识我。"（赛1：3 p.）然而，不管他们怎样讥诮我们的信仰不可靠，若果真要他们为自己的教义流血舍命，我们就会发现这教义对他们而言多么无足轻重。但我们的信心却截然不同，因我们不怕死亡的威胁，甚至不怕神的审判。

他们向我们要神迹，这是非常不诚实的。因我们并没有捏造某种新的福音，而是维护古老的福音，这福音为耶稣基督和他众使徒行的神迹所证实。然而，与我们相比，他们有一种奇怪的力量：他们到目前为止，仍然不断地以神迹印证自己的信仰！其实他们所谓的神迹，能搅乱原本平静的心灵，因这些神迹愚昧可笑、虚假不实，毫无意义！然而，即使他们所说的神迹是真的，也不应该被用来反对神的真道，因为神的名无论在何时何处都应当被尊为圣，不论是借神迹还是借自然秩序。

---

⑨ "*Postliminii iure*" 是一个法律用词，指重新稳固地取得财产或所有权。*Postliminium* 按字面的意思是指 "在门槛之后"，也就是安全了。

ᵇ若圣经先前没有教导我们关于神迹正确的目的和用途,也许他们的诡计更能令人眼花缭乱。但马可教导神迹随着门徒的目的,是要证实他们所传的道(可16:20)。路加同样记载当使徒们亲手行神迹奇事时,主借此"证明他的恩道"(徒14:3 p.)。另一个使徒有类似的记载,即福音所宣扬的救恩已经得到印证,因为"神"按自己的旨意,用神迹奇事和百般的异能,加上圣灵的恩赐,向他们做见证(来2:4 p.;参阅罗15:18—19)。圣经既然记载神迹奇事就是福音的印记,难道我们应当用它们来败坏人对福音的信心吗?圣经说神安排神迹奇事不过是为了印证真道,我们岂可用它们来证实虚谎?我们首先应当留意和考察那教义,福音书作者说,教义优先于神迹;在我们确认这教义合乎圣经的真道之后,再用神迹来证实。基督说,纯正教义的特征是不求人的荣耀,只求神的荣耀(约7:18;8:50)。基督已确立了检验纯正教义的原则,神迹若不是为了荣耀独一真神的圣名,就不是真神迹(申13:2及以下)。ᵃ我们也要记住撒旦也有它自己的神迹,显然他们是诡计而不是真正的异能,为了误导单纯和无知的人(参阅帖后2:9—10)。术士和行邪术的总是以行神迹著称。他们的神迹大大助长了偶像崇拜,然而这些神迹不足以证实术士或拜偶像者的迷信。

古代的多纳徒派以能行神迹误导了许多单纯的人。因此,现在我们可以用古时奥古斯丁反驳多纳徒派的话来反驳我们的仇敌:主预言"假先知将要起来,显大神迹、大奇事,倘若能行,连选民也就迷惑了"(太24:24),⑩警告我们要防备这些行神迹的人。保罗同样警告我们,敌基督将"行各样的异能、神迹,和一切虚假的奇事"(帖后2:9)。但是,他们说,这些神迹并不是偶像、魔术师或假先知所行的,乃是圣徒所行的;仿佛我们不明白"装做光明的天使"(林后

---

⑩ Augustine, *John's Gospel* 8.17 (MPL 35.1501; tr. NPNF VII.93). 奥古斯丁引用《出埃及记》7:12中法老王的术士的话。

11∶14）是撒旦的诡计！古时的埃及人向被埋在埃及的先知耶利米献祭和敬拜。⑪难道这不等于利用神的圣先知拜偶像吗？但他们以为敬拜先知的坟墓能医治被毒蛇咬伤的伤口。我们该怎么说呢？从过去直到将来，神给那些不领受爱真理之心的人"一个生发错误的心，叫他们信从虚谎"（帖后2∶11），成为对他们公义的审判。

我们并非没有神迹，且我们的神迹是确实的、无可仿冒的。然而，我们的仇敌所自夸的"神迹"只不过是撒旦的诡计，因这些神迹勾引人离弃对真神的敬拜，好寻求虚妄（参阅申13∶2及以下）。

4. 宣称教父反对宗教改革，这是误导

ᵃ此外，他们不公正地宣称教父反对我们的教义⑫（我说的是古时教会较圣洁时代的作者），仿佛教父可能会支持他们不敬虔的行为。若争议要以教父的权威来确定，那么，谦逊地说，我们十有八九会得胜。这些教父写过许多充满智慧的出色作品。然而，有些情况下，他们也犯了常人所犯的错误。这些所谓敬虔的后裔，虽然不乏睿智、判断力和锐气，却只推崇教父的缺点和错误，反而不是看不到教父的优点，就是歪曲或

---

⑪ 在哲罗姆（Jerome）的原始注释中找不到，反而出现在塞维尔的伊西多尔（Isidore of Seville，卒于636年）所写的 *De ortu et obitu partum* xxxiii. 74 （MPL 83. 143）中。

⑫ 加尔文对于教父著述的掌握从1535年他所写的一段文字来看，已经相当全备了。这段文字中提到某些为一般人不熟悉的作品。在1536年10月5日的洛桑辩论（Lausanne Disputation）中，加尔文和他的同仁被指控排斥"古时教会圣洁的博士"的指控，声称他们的圣餐教义获得了德尔图良、西普里安、克里索斯托和奥古斯丁的支持（Cf. LCC XXII. 38 ff.）。加尔文对此指控进行了有力的反斥。总的来说，他承认教父在基督教思想中的权威地位，但他同时意识到，教父们的思想也会有错误，而且彼此间也有分歧，教父的权威性必须服从于圣经更高的权威。这几段可与著名的彼得·阿伯拉尔（Peter Abailard，卒于1142年）所写的《是耶非耶》（*Sic et Non*）（V. Cousin, *Ouvrages inédits d'Abélard*, pp. 1-169）一书相比，里面列出了教父们在157个主题上的不一致。加尔文不像受到阿伯拉尔的影响。当加尔文列出古代作家个别的观点时，他的目的不是要指出他们之间彼此的差异，乃是要显明他们与当时中世纪思想辩护者之间的不同。卡斯特罗引用西普里安、安波罗修、克里索斯托、哲罗姆、奥古斯丁、格拉修（Gelasius）、格列高利和比德（Bede）的话来反对路德的观点，雄辩滔滔地说："Nam si Lutherus ait, Cyprianus negat, Lutherus ait, Hieronymus abnuit; Lutherus ait, Augustinus contradicit; Lutherus ait, Ambrosius obstat." *Adversus omnes haereses* I. 7（1543年版本, fo. 13 F. G）。加尔文在此如同以往，并未指明路德或攻击路德者的名字，但显然对此辩论很熟悉。

败坏他们的观点。可以说他们唯一在乎的是在一堆金块中寻找粪土。⑬他们之后居然可怕地嚷闹,指控我们蔑视和反对教父!但我们根本没有蔑视他们;事实上,我现在就可以轻而易举地证明,我们大部分的教导与教父的观点是相同的。但是,我们对他们的著作十分谙熟,我们总要记住,"万有是我们的"(林前3:21—22),为的是服侍我们,而不是辖管我们(路22:24—25),并记住我们同属一位基督(林前3:23),必须在万事上毫无例外地顺服他(参阅西3:20)。不留意基督和教父在权威上不同的人,在信仰上必定毫无定见,因为圣洁的教父在许多事上也茫然无知,常常意见不一,有时甚至自相矛盾。他们说所罗门劝我们不可挪移先祖所立的地界(箴22:28),不是没有理由的。然而,地界的原则和顺服真道的原则截然不同,因为顺服真道的原则必须"不纪念你的名和你的父家"(诗45:10 p.)。然而他们若那么喜欢用寓意解经,为何不以使徒而非其他人为"先祖",接受他们所立不可挪移的地界(箴22:28)呢?这就是哲罗姆的解释,他们也把哲罗姆的话载入教会法规。⑭但我们的仇敌若想照自己的意思维护教父所立的地界,为何自己又经常随意挪移呢?

　　一位教父曾经说过:我们的神不喝也不吃,因此不需要盘杯。⑮另一位教父教导圣洁的仪式不需要金子,不用金子买下的那些东西也不会因此没有价值。⑯但他们在仪式上热爱用金子、银子、象牙、大理石、宝石以及丝绸,仿佛礼仪的用品不富丽堂皇,或者不奢侈豪华,就不是对神

---

⑬ Cassiodorus, *De institutione divinarum literarum* I (MPL 70.1112).
⑭ Gratian, Decretum II. 24. 3. 33 (Friedberg I. 999; MPL 187. 1508).
⑮ 亚米大的主教阿卡西乌(Acacius)主教对他的教士说:他要把教会中金银制的器皿熔掉,换取食物给被俘虏的波斯人。Socrates, *Ecclesiastical History* 7. 21 (MPG 67. 781-784; tr. NPNF 2 ser. II. 164). 加尔文取材于卡西奥多鲁斯(Cassiodorus, d. 583)所编撰的《三部史》(*Tripartite History*)。这是一部结合了苏格拉底(Socrates, for 305-409)、索宗曼(Sozomen, for 323-425)和狄奥多勒(Theodoret, for 325-429)所写的拉丁文《三部史》。这一段文字在《三部史》*Historia tripartita* (XI. 16)中是出现在 MPL 69. 1198; CSEL 71. 651 f.。
⑯ Ambrose, *De officiis clericorum* 2. 28 (MPL 16. 140; tr. [*On the Duties of the Clergy*] NPNF 2 ser. X. 64).

合宜的敬拜。他们显然挪移了先祖所立的地界。

有一位教父曾说：他在其他信徒禁肉的那日随意吃肉，因为他是基督徒。⑰因此，当他们咒诅在四旬斋吃肉的人时，就是在挪移先祖所立的地界。

有两位教父，一位说，修道士不工作，就等于是恶棍或强盗，⑱另一位说，即使修道士专心默想、祈祷或研究，也不可靠他人养活。⑲他们把这些懒惰、酗酒、贪食的修道士放在妓院里，耗费他人的财物，也是在挪移先祖所立的地界。

另一位教父视把基督或圣徒的形象画在教堂里为可憎。⑳c "我们敬拜的对象不可画在墙壁上"，这不是某个人的意见，乃是教会会议的决定。㉑a然而，我们仇敌的教堂里却充满偶像，这充分证明他们一点都不理会这地界。另一位教父建议我们为死者举行葬礼之后，就当让死者安息。㉒但他们不断为死者代求，以此挪移那立好的地界。

另一位教父c (a)宣称：在圣餐中饼和酒的本质仍然存在，并没有消失，就像主基督的人性与神性联合时，他的人性并没有消失。㉓他们教导主的话被重复时，饼和酒就变成基督的身体和血，这也是在挪移地

---

⑰ 来自索宗曼对在塞浦路斯之特里米蒂斯的主教斯皮里甸 (Spyridion, bishop of Trimithus in Cyprus) 的描述。*Ecclesiastical History* 1.11；Cassiodorus, *Historia tripartita* I.10 (MPL 69.895；tr. NPNF 2 ser. II. 247)。

⑱ 这里明显是指埃及靠近阿尔西诺 (Arsinoe) 的一所修道院的院长塞拉皮翁 (Serapion)。他要求他的修道士凭劳力赚取食物。Sozomen, *op. cit.*, 6.28；Cassiodorus, *Historia tripartita* VIII. I (MPL 69.1103；tr. NPNF 2 ser. II. 365)。

⑲ Augustine, *On the Work of Monks* 14-17 (MPL 40.560-564；tr. NPNF III. 511-513)。

⑳ 由哲罗姆所翻译之 "Epistle of Epiphanius to John of Jerusalem"，收录于 *Letters* 51.9 (CSEL 54.411；tr. NPNF 2 ser. VI. 89)。伊比芬尼 (Epiphanius) 是在塞浦路斯萨拉米斯的主教 (bishop of Salamis in Cyprus)，曾在安纳伯拉塔 (Anablatha) 的教会里拆下一个有图像的布幕，换上一个没有图像的。他认为在教会里有图像是 "违背我们的信仰" 的 (A.D. 394)。参阅 I. 11. 11, 16；I. 12. 2。

㉑ 公元305年在西班牙举行的埃尔维拉会议 (the Council of Elvira or Illiberitanum)，教会法规第36条："教会里不该有任何图像 [*picturas*]，我们敬拜的对象不可画在墙壁上。" Hefele-Leclercq I. 240；Mansi II. 264。

㉒ Ambrose, *De Abraham* I. 9. 80 (MPL 14. 472)。

㉓ "*Et tamen esse non desinit substantia vel natura panis et vini.*" Gelasius, *De duabus naturis in Christo adversus Eutychem et Nestorium*, Tract. 52. 14 (*Epistolae Romanorum pontificum*, ed. A. Thiel, I. 541)。

界。㉔

ᶜ有些教父提出,普世教会只有一个圣餐,因此不容许恶人和罪犯领取,他们严厉斥责在场而不领圣餐的人。㉕可他们不但在大教堂里,甚至在私人的家里举行弥撒,并容许所有想领的人参加,特别允许愿意多奉献钱的人参加,不管他是多不洁净的恶人!他们不是邀请人来相信基督和圣餐中的交通,而是把兜售基督的恩典和功德作为自己的工作。

ᵃ另外还有两位教父,其中一位教导人若只领受饼或杯之一种,这人完全不能被许可领基督的圣餐;㉖另一位强烈坚持教会不可拒绝基督徒喝主的杯,因基督叫我们认他为主时,也吩咐我们当为主流自己的血。㉗然而,现今罗马天主教严格命令遵行的事,在前一位教父认为应该被处以绝罚,在后一位教父认为当受严厉的斥责。这也是挪移先祖所立好的地界。㉘

另外一位教父教导:当判断疑难问题时,若没有圣经清楚的根据便支持一方或另一方,就是鲁莽。㉙他们却制定了许多毫无圣经根据的章程、法规以及教义,这也是无视先人所立的地界。有一位教父曾经责备

㉔ 公元 1215 年举行的第四次拉特兰会议 (the Fourth Lateran Council),教会法规第 1 条:在圣餐台中的饼,因神的能力会质变,成为基督的身体,而酒则变为基督的血 (Mansi XXII. 954;Hefele-Leclercq V. 1325;tr. H. J. Schroeder, *Disciplinary Decrees of the General Councils*, p. 338.)。
㉕ Chrysostom, *Commentary on Ephesians*, ch. 1, hom. 3. 4, 5 (MPG 62. 28-30;tr. NPNF XIII. 63-65), and Calixtus as quoted by Gratian, *Decretum* (*De consecratione*) III. 2. 18 (Friedberg I. 1320;MPL 187. 1759).
㉖ 一段令人置疑地被归于教皇格拉修 (Pope Gelasius) 的话,出现于格拉提安 (Gratian) 的作品 (*Decretum* III. 2. 12;Friedberg I. 1318;MPL 59. 141;187. 1736) 中。这里说:参与主餐的人必须要一起领受饼和杯,否则就不能领 ("*aut integra sacramenta percipient, aut ad integris arceantur*")。禁止非神职人员领杯,引发圣经教派特别是胡斯派 (Hussites) 的抗议。路德在他所写的 *Babylonish Captivity* (1520), section "On the Sacrament of the Bread" 处理了这个主题 (*Werke* WA VI. 502 ff.;tr. *Works of Martin Luther* II. 179 ff.)。
㉗ Cyprian, *Letters* 57. 2 (CSEL 3. 2. 651 f.;tr. ANF [letter 53. 2] V. 337)。
㉘ 康斯坦茨会议 (Council of Constance) 1415 年的第十三次会议中对同领饼和杯下了定义。这在马丁五世 (Martin V) 的诏书 *In eminentis* (1418) 中被确认 (Texts in Mansi XXVII. 727f., 1215, 1219)。
㉙ 在奥古斯丁的 *De peccatorum meritis et remissione et de baptismo parvulorum* II. 36. 59 (MPL 44. 186;CSEL 60. 128;tr. NPNF V. 64 f.) 中说:"在圣经没有十分清楚教导的模糊问题上,我们要避免妄下判断。"参阅奥古斯丁的 *Letters* 140. 37. 85 (MPL 33. 576;tr. FC 20. 135)。

孟他努异端的观点，其中之一就是立定禁食的法规。㉚他们制定了许多禁食的严格法规，无疑远远越过了地界。㉛

有一位教父教导不可禁止牧师结婚，且声称与自己的妻子同居是纯洁的行为。其他一些教父赞同他的立场。㉜天主教严厉禁止神甫结婚，也是挪移了这地界。㉝一位教父教导基督徒必须唯独听从基督，因为经上记着："你们要听他"（太 17:5），我们不必在乎古时信徒说了或做了什么，我们唯独要在乎的是居万有之首的基督的命令。㉞他们听从许多人的吩咐，唯独不把基督当作主人，接受任何人的教导时，他们自己不守这地界，也不允许别人遵守。另一位教父认为，教会不应把自己的地位置于基督之上，因为基督的判断永远是对的，但教会的领袖和其他人一样常常会出错。㉟他们越过这地界，毫不犹豫地声称，圣经的权威完全是建立在教会的判断基础之上。㊱

ᵃ所有的教父一致认为，神的圣道被诡辩家的狡辩所玷污，陷入逻辑家们的争辩之中，这一事实十分为教父们所憎恶。㊲这些人的一生都在用无休止的、比诡辩家的争吵更糟糕的争辩使神单纯的道被遮蔽，变得模糊不清，难道他们还算守地界吗？假设教父能从死里复活，并听听他们所谓思辨神学的争吵，他们肯定会以为这些人不是在辩论关于神的事！

㉚ Apollonius, cited in Eusebius, *Ecclesiastical History* V. 18 (MPG 1. 472; tr. NPNF 2 ser. I. 235 ff.).

㉛ Gratian, *Decretum* III. 3. 9 (MPL 187. 1734; Friedberg I. 1354 f.).

㉜ 索宗曼在他的 *Ecclesiastical History* 1. 23 中记载一位热烈的修士认信者帕弗努提乌（Paphnutius）影响了尼西亚会议（Council of Nicaea, 325）的决议，反对这里所记载的要求教士守独身。加尔文或许用了卡西奥多鲁（Cassiodorus）的内容，*op. cit.*, II. 14 (MPL 69. 933; tr. NPNF 2 ser. II. 256)。

㉝ 有关教士守独身的规定之发展，见雷克勒（H. Leclercq）的附录，"*La Législation conciliaire relatif au célibat ecclésiastique,*" *Histoire des conciles* II. 1321-1348; Schroeder, *op. cit.*, pp. 105, 107, 192 f.; H. C. Lea, *History of Sacerdotal Celibacy*。

㉞ Cyprian, *Letters* 63. 14 [CSEL 3. 2. 712; tr. ANF (letter 57. 14) v. 362]。

㉟ "*Non igitur debet ecclesia se Christo praeponere.*" Augustine, *Contra Cresconium Grammaticum Donatistam* II. 21 (MPL 43. 482; Csel 52. 385)。

㊱ 约翰·艾克等人在 *Enchiridion*（1526），第 1 章（1541, fo. 76）所坚称的主张，不断地被茨温利和他的同工所反对。反对的论点"教会是由神的道所生"被 1526 年的伊兰茨辩论（Disputation of Ilanz）及 1528 年的伯尔尼辩论（Disputation of Bern）所认可。参阅 I. 7. 2，注释 4。

㊲ Tertullian, *De praescriptione haereticorum* 7 (CCL Tertullianus I. 192; tr. LCC V. 35 f.); Augustine, *On Christian Doctrine* II. 31 (MPL 34. 57; tr. NPNF II. 550; also FC 4. 102-1-3)。

我若要证明这些自称是教父忠实的传人如何任意弃绝教父的轭，就会远远超过本书的篇幅。事实上，经年累月也不足以完成这工！然而，这些胆小之徒竟然厚颜无耻地指控我们大胆地挪移了先人的地界。

5. 诉诸"习俗"是违背真理的

[a]他们诉诸"习俗"也无济于事。强迫我们屈服习俗是极不公正的做法。人的判断若可靠，人们就应该会去寻求良善之人的习俗。然而，事实常常并非如此，多数人所行的往往很快就会成为习俗；其实大众喜爱善事的情况并不常见。因此，多数人个人的邪恶往往变成了众人的错误。更确切地说，是大家一致认可的邪恶，这班"好人"所想要的就是将它们立为法规。明眼人都可以看到，世界不是受到一种洪水猛兽的侵袭，而是被许多危险的瘟疫所蹂躏，一切都在急速毁坏。因此，我们要么对世界感到完全绝望，要么向这些巨大的邪恶宣战，并有力地清除这些邪恶。而救治之道之所以不被接受，唯一的理由是我们长久以来已经习惯了这些恶行。然而，即使我们在人的社会中容许大众的错误存在，在神的国度中我们也必须听从和遵守神永恒的真理，因为真理不受时间的长短、习俗的久远的影响，也不被人的阴谋所宰制。以赛亚曾经警戒过神的选民："这百姓说同谋背叛，你们不要说同谋背叛。他们所怕的，你们不要怕，也不要畏惧。但要尊万军之耶和华为圣，以他为你们所当怕的，所当畏惧的。"（赛8：12—13）

所以，让我们的仇敌用古时或今日众多的习俗来攻击我们吧。只要我们尊万军之耶和华为圣，我们无须感到恐惧。即使许多世代的人都接受恶行为敬虔的行为，耶和华大能的手也能报应恶人，追讨他们的罪自父及子，直到三四代（民14：18；参阅出20：4）。即使全世界都同谋犯罪，神在历史上已教导我们与众人一同犯罪的结局如何。神以洪水毁灭全世界，唯独留下了挪亚和他的一家；挪亚借着他一个人的信心定了全世界的罪（创1：7；来11：7）。综上所述，邪恶的习俗无非是一种普遍的瘟疫，不会因为多数人被染，灭亡的人就更少。此外，我们的仇敌应当想过西普里安的话：有些人犯罪是出于无知，虽然不能完全被判无罪，在某种程度上还是可以原谅的；但是，有些人硬着颈项，拒绝神出于他的仁慈所赐给他们的真道，这样的人则完全无可推诿。[38]

6. 关于教会本质的误解

[a]他们的双重辩论也无法迫使我们承认，要么教会在过去很长一段时间内没有生命，要么我们现在的教导与教会矛盾。的确，基督的教会仍然活着，且只要基督继续在父神的右边做王，教会永远会存在下去。基督的膀臂扶持教会；他的保护抵挡仇敌一切的攻击；他的权能保守教会安然无恙。因基督必定成全他曾经应许我们的事：他必常与他的选民同在，直到世界的末了（太28：20）[39]。我们绝对不是与这教会作战。因我们与所有的信徒同心敬拜和颂赞独一的真神和主基督（林前8：6），他是历世历代一切敬虔之人所敬拜的。然而，那些凭肉眼认教会的人，试图把教会限制在他们的界限之内，其实教会根本不受这样的限制。他们这么做，已经大大地偏离了真道。

我们的争议集中在以下两点：首先，我们的仇敌认为教会总是有某种具体、可见的形式。其次，他们把罗马教会及其等级制度当作这形式。[40]我们的观点恰恰相反。我们认为，教会未必需要以可见的形式存

---

[38] Cyprian, *Letters* lxiii. 17（CSEL 3.2.715；tr. ANF [letter lxii] V. 363）and lxxiii. 13（CSEL 3.2.787；tr. ANF [letter lxxii] V. 382）.

[39] 参阅 IV. 1. 17。改革宗神学坚信圣而公之教会的教义（the Holy Catholic Church）是不朽且长存于世的。因此布林格在他的 *Fifth Decade* [1551]，sermon 1 中说："但……神的大公教会将一直与我们同在……且……将存在世上直到世界的末了。"（LCC XXIV. 293）参阅 Second Helvetic Confession XVII. 1；"*Semper fuisse, nunc esse, et ad finem usque seculi futuram esse ecclesiam*"（Schaff, *Creeds* III. 271）；J. H. 海德格尔（Heidegger）说："基督的教会必然长存于世"[*Medulla theologiae Christianae* (1696) XXVI. 11]；《威斯敏斯特信条》25.5："然而，在地上总有按上帝旨意敬拜他的教会。"又见 Heppe RD, p. 664；J. T. McNeill, "The Church in Sixteenth-Century Reformed Theology", *Journal of Religion* XXII（1942），256 f。

[40] 艾克在 *Enchiridion* [1526] 第一章中回答路德派的指控，认为教会即全体会众，不能做教皇、红衣主教和主教所做的决定。参阅 De Castro, *Adversus omnes haereses* I. 6（1543 edition, fo. 9K-10E）。

在，而且，教会的形式不在于他们所愚蠢崇拜的外在浮华。确切地说，教会的记号是宣扬神纯正的话语和施行合宜的圣礼。㊶他们不能忍受教会有看不见的形式，但在旧约的犹太人中，教会岂不是经常残缺到无法辨认的地步！以利亚曾埋怨教会只剩下他一人，难道当时教会有可看见的形式吗（王上19：10，或14）？当基督降临之后，教会过了很长一段时间才有一定的形式。在使徒时代之后，教会也常常被战争、叛乱，以及异端的压迫而到了暗淡无光的地步。如果这些人活在那个世代，他们会相信教会存在吗？然而神告诉以利亚，另外还有七千人未曾向巴力屈膝。㊷我们也不可怀疑，自从基督升天到现在，他仍然在世上做王。但若当时信徒坚持教会一定是有形的，他们岂不要完全绝望吗？ᵇ事实上，希拉利(Hilary)在他的时代，认为当时人们愚昧地尊崇主教制度，却没有意识到这背后所隐藏的祸患，是个极大的错误。他这样说："我劝你们一件事，要谨防敌基督。你们过分地爱墙壁是错误的；你们错误地把对教会的尊敬放在教堂的建筑之上；你们错误地在教堂的建筑里求平安。毫无疑问，敌基督的坐位必定设立在其中。我个人认为山川、森林、湖泊、监牢，以及峡谷甚至更安全。因为先知说预言时，或住在这些地方，或被抛掷到这些地方。"㊸

但在这时代，世人在高贵有角的主教㊹身上所尊敬的是什么呢？他们岂不是把那些统管大都市的人想象为圣洁的高级教士吗？然而这是极为愚昧的判断！其实，ᵃ既然唯有主自己才"认识谁是他的人"（提后2：19），我们就要承认，神有时把辨识教会的外在记号夺去。我承认这是神对世界严厉的审判。但这若是人的邪恶所应得的报应，难道我们应该对这公义的审判进行抗议吗？主在古时候就是这样刑罚忘恩负义之人。因

㊶ 参阅 Augsburg Confession II. vii (Schaff, *Creeds* III. 60) and IV. 1. 7, below。
㊷ 参阅 IV. 1. 2 and Second Helvetic Confession XVII. 15 (Schaff, *Creeds* III. 276)。
㊸ "*Male enim vos parietum amor cepit.*" Hilary of Poitiers, *Against the Arians or Auxentius of Milan* xii (MPL 10. 616).
㊹ 主教戴的冠冕突出部分称为 *cornua*（角）。

人既然拒绝顺服神的真道，甚至熄灭他的亮光，神就允许他们的心昏暗，被愚昧的谎言所欺哄，并落入可怕的幽暗中，乃至真教会的形状荡然无存。他同时保守自己的儿女不至灭绝，虽然他们在这些错误和黑暗中被分散和隐藏。我们也不要以为稀奇，因主在巴比伦的混乱中，甚至在火窑的烈焰中（但3），也知道如何保护他们。

我现在要指出来，他们想以虚浮的外表为教会的形式，这是何等危险。这一点我不打算详细论述，免得本文篇幅过于冗长。他们说，那占据使徒教区的罗马教皇，以及由他膏抹和祝圣的主教，只要他们佩戴职帽，手拿权杖，就代表教会，也应该被当作教会；因此他们不会犯错误。为什么呢？他们的答复是，因为他们是教会的牧者，是主自己所分别为圣的。难道亚伦和以色列的其他领袖不也是牧者吗？事实上，亚伦和他的儿子虽然被膏为祭司，却仍然在铸金牛犊的事上犯了罪（出32：4）。按照他们的逻辑，那欺骗亚哈王的四百先知（王上22：12）不也代表教会吗？但当时代表教会的米该亚，被视为可憎恶的人，却是说实话的先知。难道那些夸耀"我们有祭司讲律法，智慧人设谋略，先知说预言"（耶18：18 p.），攻击耶利米的先知，不是以教会的名义和面孔出现的吗？主唯独差遣耶利米抵挡当时的众先知，说祭司的律法、智慧人的谋略，甚至先知的预言都必定断绝（耶18：18，参阅4：9）。祭司、文士和法利赛人召开公会要谋害基督，他们的会议不也外表庄严吗（约11：7及以下）？任凭他们去依从外表，视基督和神的众先知为分裂者，视撒旦的差役为圣灵的器皿！

但如果他们是认真的，那么请他们真诚地回答我一个问题：当巴塞尔会议颁布谕令，开除尤金尼乌（Eugenius）教皇，并选择阿玛丢斯（Amadeus）取代他时，当时教会在哪一个国家哪一个民族中存在？他们无法否认，就这个会议表面的安排而论，是合法的，而且是由两个教皇而不是一个教皇召集的。尤金尼乌教皇和所有支持他的红衣主教和主教被指控犯了分裂、背叛、执迷不悟之罪，他们和他一同试图解散这次会议。

然而，他之后受到各国诸侯的支持，又恢复了教皇的职位，毫发未损。那会议的决定虽然带有教会大公会议的权柄，还是被取消了，只是为了平息阿玛丢斯，他们指派他做红衣主教，就如用面包丢给吠叫的狗那样。㊹后来所有的教皇、红衣主教、主教、修道院长和司铎都是从这些悖逆和顽梗的异端分子中产生出来的。至此，他们必须回答：那时，教会的名称应归于哪一边？难道他们能否认，这次会议是全体大会，不乏任何外在的威严，是根据两个教皇的谕令召开的，是经罗马教廷的特使祝圣的，在各方面安排井然有序，从头到尾都保持了同样的庄严吗？难道他们要承认尤金尼乌和支持他的人是分裂派，而他们自己是这些人所祝圣的？除非他们为教会的形式另下定义，否则，我们要把这些（不管他们的人数多少）明明知道却乐意被异端分子祝圣的人看作是分裂派。但即使之前我们没有发现这一点，这些目空一切，长期以"教会"之名招摇撞骗、一直祸害教会之人，他们为我们提供了充足的证据，表明教会完全不在乎外表的浮华。我在此不必提他们一生的道德和行为举止有多么不堪和可悲，因为他们称自己是法利赛人，我们只可听他们的话，不可效法他们的行为（太23：3）㊶。只要您稍微留意我们记下来的证据，就必定会发现，他们称自己就是教会，而他们的教义恰恰就是毁灭灵魂、毁坏教会的罪魁祸首。

7. 宗教改革的证道被指控导致骚乱

最后，他们恶毒地指控我们所传讲的教义导致了许多的骚乱、动荡

㊹ 这段历史如下：教皇尤金尼乌四世（Eugenius IV）于1439年6月25日被巴塞尔会议（Council of Basel）罢免。11月5日阿玛丢斯八世（Amadeus VIII），这位曾过着苦修生活的萨瓦（Savoy）公爵被选上，并在1月1日继位成为菲利克斯五世（Felix V.）。不过尤金尼乌获得新国王腓烈三世（Frederick III, 1440-1493）的支持，菲利克斯五世于1449年4月7日退位，担任萨比纳（Sabina）的红衣主教和萨瓦的名誉主教；L. Pastor, *History of the Popes from the End of the Middle Ages* (tr. F. J. Antrobus) I. 328 f.；M. Creighton, *History of the Popes from the Great Schism to the Sack of Rome* III. 20 ff., 109 f.；*Cambridge Medieval History* VIII. 40 f.。

㊶ Eck, *Enchiridion* (1526), ch. ii, *ad finem*, quoting Matt. 23 : 3 to urge reverence for the clergy.

和争辩，在许多人身上产生了恶劣的影响。他们这样做是不公正的。他们把这一切邪恶归在我们所传讲的教义上，这完全是不公义的，因为这一切本是出于撒旦的恶意。真道被宣告时，撒旦就不再打盹和睡觉，这可以说是真道确定无疑的一个特征。这是将真道与虚谎的教义区分开来最确实可靠的标记。虚谎的教义一出现，便容易赢得世人的瞩目和掌声。因此，在过去几百年中，教会落在可怕的幽暗中，几乎所有的人都受这世界之主的玩弄；这时，撒旦有点像撒丹纳帕路斯（Sardanapalus）[47]，悠闲自得，安然享乐。因当它平安无事地占据自己的国度时，除了取笑、玩弄在它治下的人外，它还能做什么？可是，一旦光明从高天照临，在一定程度上驱散它的黑暗，那"壮士"起来攻击它的国度时（路11：22），它就立刻清醒过来，并拿起武器开始作战。它首先激动一些人以暴力压制初现的真理。[48]当这种方式失效之后，它就开始施行诡计：它借着重洗派（catabaptists）[49]和一班恶棍，引发纷争和教义的争辩，以此遮蔽乃至最后消灭真理。它现在同时采用这两个方式不断地攻击真理，借暴力之人的手，拔除真理的种子，又竭力撒下稗子，好挤住真理的种子，不让它生长结实。但只要我们留意主给我们的警戒，撒旦一切的阴谋都必落空，因主早就向我们揭穿撒旦的诡计，免得我们在不警醒的时候被攻击；主也给我们披上了全副的军装，叫我们能抵挡它一切的诡计。此外，他们将邪恶、叛逆之人所煽动的叛乱与一班骗子所激起的分门结党归咎于神的道本身，这是何等恶毒！但这样的事并非没有先例。以利亚就曾被问是不是他使以色列遭灾（王上18：17）；犹太人将基督视为煽惑百姓的（路23：5；约19：7及以下）；使徒也被指控煽惑百姓（徒24：5及以下）。如今他们将针对我们的一切骚乱、动荡和争辩都归咎于我们，

---

[47] 这是亚述王亚述巴尼拔（Ashurbanipal, 668-626 B. C.）的希腊文写法。传说（对照事实）他过多年懒惰、放纵的生活，最后绝望地放火把自己烧死在家里。

[48] 参阅Comm. Isa. 6：10以及加尔文对华莱士（R. S. Wallace）所著 *Calvin's Doctrine of the Word and Sacrament*, pp. 92 ff. 一书中"撒旦对于基督国度借着神话语的传扬而不断扩展的反应"的看法。

[49] 这是用来指传统洗礼的敌人，是重洗派的用词。

难道跟前面这些做法有什么两样吗？以利亚教导我们应当如何回应这样的指控：不是我们到处宣扬谬论或引起骚动，乃是他们在反抗神的权柄（王上18：18）。

单单这回答就足以遏制他们的鲁莽，也足以帮助其他愚顽的人，他们常常被这类丑闻所困扰，变得心神不宁，摇摆不定。然而，他们当知道，我们今日所经历的一切与使徒当时所遭遇的完全一样，不要因这些困扰而站立不住，以致跌倒。彼得告诉我们：在新约时代，有一些无学问、不坚固的人强解保罗所写的经文，自取沉沦（彼后3：16）。有些人听说罪在哪里显多，恩典就更显多，马上就说："我们可以仍在罪中，叫恩典显多"（参阅罗6：1），这样的人是在藐视神。他们听说信徒已不在律法之下，立刻就叽叽喳喳说："我们在恩典之下，不在律法之下，就可以犯罪。"（参阅罗6：15）当时有人指控保罗劝人犯罪。许多假使徒起来，企图毁坏保罗所建立的教会（林前1：10及以下，林后11：3及以下；加1：6及以下）。当时有人"传基督是出于嫉妒纷争"（腓1：15 p.）、有人"传基督是出于结党，并不诚实，意思要加增保罗捆锁的苦楚"（腓1：17 p.）。在另一些地方福音传不开。"人都求自己的事，并不求耶稣基督的事。"（腓2：21）还有人听福音之后又回到以前的罪恶里，就如"狗所吐的，他转过来又吃，猪洗净了又回到泥里去滚"（彼后2：22 p.）。许多人滥用圣灵的自由，放纵肉体的情欲（彼后2：18—19）。许多人混入教会，致使敬虔之人陷入危险之中（林后11：3及以下）。这些人也制造了许多的纷争（徒6章、11章、15章）。在这情况之下，使徒们应该怎样行呢？他们应该暂时假装没事，或甚至因看到福音似乎导致了众多的争辩，带来了各种的危险，引发了许多丑闻而离弃它吗？当然不应该。在这样的患难中，他们想到基督是"一块绊脚的石头，跌人的磐石"（罗9：33；参阅彼前2：8；赛8：14），想到他要叫以色列中"许多人跌倒，许多人兴起；又要作毁谤的话柄"（路2：34），便大得帮助。他们怀着这样的确信，面对诸般的骚扰和攻击，仍然勇往直前。这思想也应当成为我们的支持,因保罗向我们见证了福音的永恒特征:在灭亡的人身上,"作了死的香气叫他死"(林后 2:15,16);然而在我们身上,则截然不同:"作了活的香气叫他活"(林后 2:16),且是"神的大能,要救一切相信的"(罗 1:16)。°我们若非因忘恩负义而败坏了神莫大的祝福,将原本是我们得救独一无二的确据变成毁灭自己的工具,就必能经历同样的恩典。

8. 求国王不要听信虚妄的指控:神必定替无辜者伸冤

ª然而国王陛下,我再次劝您,不要为那些毫无根据的指控所动摇;我们的仇敌试图用这些指控使您感到恐惧:人们借着新福音(他们这样称呼),竭力寻求的不过是发动叛乱和逃避罪的刑罚的机会。"因为神不是叫人混乱,乃是叫人安静"(林前 14:33 p.);且神的儿子并不是"叫人犯罪的"(加 2:17),因他来的目的就是要"除灭魔鬼的作为"(约 13:8)。

我们丝毫没有他们所说的动机,他们的指控完全是不公正的。我们怎么可能企图颠覆国家?我们从来不说叛逆的话;众所周知,我们在您治下的生活一直是平静和单纯的;就是我们现在流亡在外,也没有停止为您和国家的兴旺祷告!我们怎么可能肆无忌惮地作恶?即便我们在道德上并非无可指摘,也不应该受这样的指控。何况因着神的恩典,我们的生命被福音改变,在贞洁、慷慨、仁爱、节制、忍耐、谦卑,以及其他各样美德上,都可以做这些诋毁我们之人的榜样。我们怀着敬畏的心,在真理中敬拜神,这一点谁都能看见,因我们无论是生是死,总要叫基督的名被尊为圣(参阅腓 1:20)。他们对我们的恨恶本身证明,我们中有些人被判处死刑,其实完全是无辜的、正直的,而且恰恰是因为行了当受极大称赞的事。但若有人以福音为借口[50]制造混乱(到目前为止在您的国家里没有发现这样的人),若有人以神的恩典所赐的自由为借口放

---

[50] 这是指 1534—1535 年的明斯特事件(Münster incident)。

纵情欲，为非作歹（我认识许多这样的人），我们的国家有法律和刑罚，应当按照他们的罪行严惩不贷。只是不可让神的福音因这班恶人的罪行受人亵渎。

详述了这些事实之后，诋毁我们之人的恶毒已昭然若揭，希望陛下您不要轻信他们的毁谤。我怕我的论述已经太详细了，这篇序言都快成了一篇完整的辩护文。以上的目的并非要为自己辩护，只是想说服您听听实际的情况。虽然现在您对我们颇有看法，甚至可以说对我们恼怒之极；然而我们相信，只要您平心静气地阅读一下我们意在陈明而非辩护的信仰告白，我们便能重新获得您的支持。倘若您听信这些恶人的逸言，使被告没有为自己辩护的机会，那些凶残之人反而因您的纵容残暴地以拘禁、鞭打、酷刑，甚至火刑来逼迫我们（参阅来 11∶36—37）；我们就会被逼到角落，像羊羔被牵到宰杀之地（赛 53∶7—8；徒 8∶33）。然而，我们"常存忍耐，就必保全灵魂"（路 21∶19p.）；我们也要等候主伸出他的膀臂。他必适时地显现，以大能拯救这些被苦害之人脱离患难，并惩罚那些藐视他们、如今仍扬扬自得的恶人。

陛下，愿我们的主，万王之王，以公义坚立你的国位（参阅箴 25∶5），以公平坚立你的统治！

巴塞尔，1536 年 8 月 1 日[51]

---

[51] 这个日期有两个错误。勒弗朗（A. Lefranc）首先提出应为 1535 年 8 月 23 日。贝弗里奇也发现了这个问题：参阅他所翻译的 1845 年版本 I. xi f.，即加尔文于 1536 年 3 月出版的第一个版本，在致法王的前言中，最后所写的日期为 "X. Calendas Septembres"（就是 8 月 23 日的意思），并没有年份。明显地，这里是指前一年的 8 月，且 1541 年和 1545 年的法文版有 "vingttroysiesme D'aoust mil cinq cent trente cinq"。但 1539 年拉丁文版的前言（不是致法王）日期为 8 月 1 日，结果拉丁文版本就把这个日期直接用于致法王的前言。同时也因疏忽加上 1536 年的年份，明显地，这是出自 1536 年版末尾的出版日期。A. Lefranc, *Jean Calvin: Institution de la religion Chrestienne... 1541*, Introduction, p. 4；OS I. 283；III. 30；Benoit, *Institution* I. 49.

第一卷　认识①创造天地万物的神

---

① 加尔文在他的标题中使用对神的"认识"(knowledge)一词，而不是使用神的"本质"(being)或"存在"(existence)等词句，这表示加尔文的神学不管在架构上或内容上，都是以神的启示为中心。与此相仿，当他提到"造物者"(Creator)这一词时，包括了三位一体、创造和护理的教义。他所强调的是神的启示之工或作为，而不是神的本质。中世纪的经院学派和之后的"加尔文主义者"则强调神的本质。虽然第一卷和第二卷讨论人对神的认识，但一直到第三卷（我们如何领受基督的恩典），我们才能清楚地明白加尔文的认识论。特别参阅包含在信心里的知识的意义，III. 2，passim。

在这里拉丁文的"认识"是使用 cognitio 一词，但在第一章的标题里是使用 notitia 一词。对加尔文而言，这两个单词的意思是一样的。在这里法文（1541）的翻译都用 cognoissance。当加尔文提到认识时，不管他用哪一个单词，从来都不是指"仅仅"或"纯粹"是完全客观的认识。参阅 III. 2. 14——这是他对信仰意义上的"认识"这一词最清晰简要的定义。在当代的说法中，或许"存在式的领悟"(existential apprehension)是最接近的同义字。加尔文所采用其他关系密切的词有：agnitio "认得"；intelligentia，主要是指"知觉"，以及 scientia，主要是指"专业知识"。

沃菲尔德（B. B. Warfield）在他的 *Calvin and Calvinism* 一书的 29-130 页中，以及洛布斯坦（P. Lobstein）在他的 *Revue de théologie et de philosophie religieuses* XLII（1909）一书中的 53-110 页"La Connaissance religieuse d'après Calvin"里都论及加尔文认识神的教导。近来最重要的分析着重在将对创造者的知识与对救赎者的知识联结起来的问题（见《基督教要义》第二卷的标题）。帕尔克（T. H. L. Parker）在 *The Doctrine of the Knowledge of God；A Study in Calvin's Theology* 一书中简要地探讨了这个问题；而道维（E. A. Dowey, Jr.）在 *The Knowledge of God in Calvin's Theology* 一书中探讨得更为详尽。请参阅 W. Niesel, *The Theology of Calvin*, ch. 2。

ᵉ第一章　认识神与认识自己密切相关；
　　　　两者如何相互关联②

1. 不认识自己就不认识神

ᵇ⁽ᵃ⁾我们所拥有的一切智慧，也就是那真实与可靠的智慧，几乎都包含了两个部分，就是认识神和认识自己。③ᵉ虽然在许多方面它们之间的

---

② 在1539—1554年的版本中，加尔文在开头几章的标题为"论对神的认识"和"论对人的认识"。但在1559年的版本中，为了证明两者密切的关系，在第一章中他就同时讨论这两种认识，并在标题和内容中强调两者的关系。以前版本的第二章增幅为第二卷的前几章。注意第一卷第十五章第一节及第二卷第一章第一节、第二卷第八章第一节出现与开头词语的呼应。

③ 这句话已修改了三次，是《基督教要义》每一版本的开场白。1560年的法文版本更强调这两种认识彼此的关系："只要认识神就是认识自己。"这句话界定了加尔文神学的领域。他之后的每一句话都与这句话有很密切的关联。加尔文在第二卷的介绍和第一卷第十五章第一节及第二卷第八章第一节中也都重复这个观念。参阅 Doumergue，*Calvin* IV. 245 ff.；J. Köstlin，"Calvins Institutio nach Form und Inhalt"，*Theologische Studien und Kritiken* (1868)，p. 55；Lobstein，*op. cit.*，p. 63。加尔文这里的基本概念也可在 Clement of Alexandria 的 *Instructor* 3.1 中发现（MPG 8.555 f.；tr. ANF II. 271；"人若认识自己，就必定认识神。"），这也是奥古斯丁经常说的。在他的 *Soliloquies* 一书里（I. 2.7）的对话："我想要认识神和自己的灵魂。""就只有这些吗？""是的，就只有这些！"还有他（在 II. 1. 1）的祷告："使我认识自己，使我认识你！"（MPL 32.872, 886；tr. LCC VI. 26, 41）参阅阿奎那（Aquinas）："在圣经的教义中，神和受造物不是同等重要的。主要的是神，而受造物的重要性是因为它们来自神或成全神的美意。" *Summa Theol.* I. 1. 3 (tr. LCC XI. 38 f.) 加尔文在他《创世记》注释》之前的"Argument"中，就对神的认识与对受造物的认识之间，清楚地表达同样的重要次序，English tr.，p. 60。该篇也可与威廉·法雷尔（William Farel）的 *Sommaire de la foi* (1525)，chs. 1, 2，以及加尔文自己的 *Instruction et confession de foy* (1537)，1-4 [OS I. 378-381；tr.，with notes，P. T. Fuhrmann，*Instruction in Faith* (1537)，pp. 17-21] 互相比较。在此值得一提的是，1630年4月15日笛卡儿（Descartes）写给梅森（Father Marin Mersenne）的一封重要的信。他在这封信中的教导与加尔文的很相似。在提到"人的理智"之后，笛卡儿接着说："我认为神给予这理性功用的所有人，必要用它来努力认识他和认识自己。"（*Oeuvres de Descartes*，edited by C. Adam and P. Tannery，I. 144）与加尔文不同，他在他的 *Discourse on Method* (1637) 中，希望证明神和灵魂的存在，而他在 *Meditations in Prime Philosophy* (1641) 中也关注相同的议题；特别参见 Meditations 3, 5 和 6。乔治·贝克莱（George Berkeley）在他的 *Treatise on the Principles of Human Knowledge* (1710) 中主张我们只能说神和灵魂存在。

关系极密切，然而ᵇ孰是因孰是果，则很难断定。ᵉ首先，若有人省察自己，就不得不立刻思想到神，因他的"生活、动作"都在乎神（徒17：28）。显然，我们具有的才智绝非出于自己，甚至连我们的存在都在乎神。其次，这些恩赐如从天降与我们的雨露，汇流成河，引领我们再归回源头（神）那里去。事实上，我们的贫乏，反而更彰显神里面无限的丰盛。始祖亚当的悖逆使我们沦落到悲惨的灭亡中，而这景况迫使我们仰望神。如此，我们不仅在饥饿时会到神那里寻求我们所缺乏的，还会因恐惧而学会谦卑。④ "ᵇ因人心充满罪恶，ᵉ⁽ᵇ⁾ 我们便丧失了神原先赐给我们的义袍，我们引以为耻的赤身露体便将我们的罪恶暴露无遗。也因我们每一个人深感自己的悲惨，我们对神略知一二。ᵇ因深感自己的无知、虚空、贫乏、软弱，也更因感觉到自己的堕落和败坏，我们便意识到智慧的真光、真美德、丰富的良善，以及无瑕疵的公义，这一切唯独存留在主里面。因这缘故，我们的罪反而催逼我们思想到神的恩惠；而且除非我们先对自己不满，否则我们不会真诚地仰望神。只要人仍旧不认识自己，即仍旧满足于他的禀赋，同时对自己悲惨的处境无知或漠不关心，那他无疑会安于现状。因此，认识自己不仅唤醒我们寻求神，同时也会引领我们寻见他。"

2. 不认识神就不认识自己

ᵇ照样，除非人先仰望神的面，继而谦卑地省察自己，⑤否则就不可能清楚地认识自己。⑥因为我们总是自以为公义、正直、聪明和圣洁，这种骄傲是每一个人与生俱来的——除非有充分的证据指控我们是不义、

---

④ 加尔文经常强调谦卑和认识自己密切的关系。参阅 II. 2. 10-11；II. 16. 1；III. 2. 23；III. 7. 5, 6；IV. 17. 40 (end)。人若不谦卑，对自我的认识只会增加他的骄傲，也是哲学里的一切错误之根：I. 5. 4；II. 1. 1-3。
⑤ 参阅 I. 5. 3 注释 11。
⑥ "Sui notitiam." 对自己的认识包括全人类和整个宇宙（因人是宇宙的缩影，I. 5. 3）。因此，第一卷第十四章和第十五章在这里可与第二卷第一至第五章一起包括在内。

污秽、愚蠢和不洁的。此外，若我们只看自己而不仰望主（因主是衡量我们的唯一标准），我们便不会认自己的这些罪。既然我们生性是假冒为善的，⑦徒有义的外表就足以使我们自己满足了。我们内外四周既然都污秽不堪，而我们又依据人的败坏为标准，所以只要我们看到一些稍微洁净的东西便以为那是纯洁无瑕的。正如人看惯了黑色，便以为略带白色甚至棕色之物即为极白的。我们的感官也能帮助我们更清楚地发觉我们是如何错误地估计我们的属灵景况。在大晴天里，我们观看地面和周遭之物时，觉得一目了然，但当举目注视太阳时，却顿觉头晕目眩，于是只得承认我们的眼目虽能洞察地上之物，然而当面对太阳时，就眼目昏暗了。我们在估计自己的属灵景况时也是如此。我们的眼光若只局限于尘世，满足于自己的义、智慧和美德，我们必然得意扬扬、自吹自擂、视自己为半个神明。然而一旦我们仰望神，思想他的属性，以及他的公义、智慧和权能是何其完美——而这一切正是他要求我们的标准，那么，先前令我们欣喜的假冒之义，如今显出其极邪恶的真面目，被我们视为污秽；先前我们视为智慧的，如今我们因发现它的愚妄而感到作呕；先前看似大有能力的，如今显明是最软弱无能的。我们所看为完美的，却仍与神的纯洁有天壤之别。

3. 人在神的威严面前

ᵇ因此，圣经描述圣徒每逢处在神面前时都是何等恐惧战兢。⑧从圣

---

⑦ 加尔文用 "nature" "natural" "by nature"（在此译为 "生性"）表达两种不同的意思：(1) 众受造物未被罪玷污前的光景，甚至包括魔鬼未堕落前的完美，如：第一卷第十四章第三节和第十节；或 (2) "nature" 有时用来表达人与天使从完美中堕落后的光景（也就是这里的定义）。加尔文在第二卷第一章第十节和第十一节中比较了这两种定义。他在第二卷第一章第十一节的第一句话同时用这个词表达两种不同的定义。我们若不能分辨这两种定义，就无法明白神与受造物及神与罪之间的关系，也不能明白加尔文对 "完全" 败坏的教导。只要我们了解加尔文对 "nature" 有这两种定义，我们就能从上下文中明白他的意思。

⑧ "Horror ille et stupor." 众 "圣徒" 对神的认识中的基本要素与鲁道夫·奥托（Rudolf Otto）在 *Das Heilige* (tr. J. W. Harvey, *The Idea of the Holy*) 所说的 *mysterium tremendum* 很接近。加尔文在下文 (I. 2. 2；I. 3. 2) 描述这恐惧战兢的经验令恶人感到异常恐怖。

经里我们看到一些在神尚未显现之前站立得稳的人,一旦他们面对神的荣光便异常惊骇,甚至被死亡的恐惧抓住,仆倒在地——事实上,他们惊恐万状,几乎毙命。由此可见,除非人将自己置于神的威严之下,否则他便永不会深切地感受到自己悲惨的景况。在《士师记》和先知书中常有这种惊恐的例子,所以在主的百姓中有这么一句话:"我们必要死,因为看见了神"(士13:22;赛6:5,结2:1,1:28,26:22—23以及别处)。《约伯记》在描述神的智慧、全能和纯洁时,总是使人深深地认识到自己的愚蠢、无能和败坏(参阅伯38:1及以下),这并不是偶然的,因圣经告诉我们,当亚伯拉罕越接近神的荣耀时,他便越发感到自己不过是灰尘(创18:27);主的显现如此可畏,以致以利亚若不蒙着脸,就不能面对主(王上19:13)。当我们想到若撒拉弗尚且因恐惧而蒙住他们的脸(赛6:2),更何况人这败坏的(伯13:28)虫(伯7:5;诗22:6)呢?先知以赛亚正是这样说的:"那时,月亮要蒙羞,日头要惭愧,因为万军之耶和华必在锡安山、在耶路撒冷作王"(赛24:23);当神彰显他的荣光时,即使最耀眼之物在神的荣光前也将黯然失色(赛2:10、19 p.)。然而不管认识神与认识自己这两者的关系如何,正确的教导秩序要求我们先讨论认识神,然后再讨论认识自己。

ᵉ第二章 何谓认识神；认识神的意义何在

1. 若非敬虔，人无法认识神﹡

ᵉ⁽ᵇ/ᵃ⁾我理解认识神的意思是，人不但要意识到神的存在，ᵉ也要明白认识神会如何使人得益处，并教导人如何荣耀他。简言之，就是认识他对我们有什么益处。诚然，我们若前后一致，便不会说：在没有信仰或敬虔的地方会有人认识神。①我所说的认识，并非指那些失丧和被咒诅之人会明白神在中保基督里是救赎者；我所指的是人原有的和单纯的认识。若亚当仍然正直，②那自然秩序本身会引领我们认识神。但因人的堕落，若不是中保基督使我们与神和好，无人能体会神是父亲、救恩的泉

---

① 加尔文经常喜欢强调 pietas（敬虔），即对神的爱和敬畏所组成的美德，是任何对神认识的先决条件（参阅 I.4.4.）。他在1537年的版本中对 pietas 的解释是："真敬虔不是一种想逃脱神审判的恐惧……乃是一种纯洁和真实的热诚，这热诚因神是父而爱他，因是主而敬畏他，乐意接受他的公正，甚至惧怕得罪他胜过惧怕死亡。" Instruction in Faith (1537), tr. P. T. Fuhrmann, pp. 18 f. (original in OS I. 379). 参照伊拉斯谟，John Sturm, Melanchthon 和 Cordier 等人对 "pietas literata" 所作的探讨，见 P. R. Bolgar, The Classical Heritage and Its Beneficiaries, pp. 329-356。
② "Si integer stetisset Adam." 这句话清楚地解释了加尔文对自然神学的观念。第一卷第二至第五章是加尔文所有作品中论及"自然神学"最关键的地方。就加尔文而言，只有在"亚当持守住他的正直"的情形下，神在创造中的启示才是自然神学极好的基础。但因罪的缘故，我们不可能有正确的自然神学观。圣经是唯一认识造物主及明白他在创造中启示的媒介 (I. 6 ff.)。参阅 Introduction, pp. 53 ff., above。加尔文新约圣经序言的开头中也有类似的表达，此序言写于1534年，并出版在 Olivétan's French Bible (1535) (CR IX. 791; tr. LCC XXIII. 58)。

源,或赐福者。然而感受到神——我们的创造者以他的大能扶持我们,以他的护理统治我们,以他的慈爱抚养我们,并在各方面赐福给我们,是一回事,但接受神在基督里所提供我们与他和好的恩典,又是另一回事。主既然在创世之工和圣经的一般教导上,乃是先彰显他造物者的职分,而后才在基督里彰显他救赎者的职分(林后4:6),所以我们现在要先讨论对神双重认识③的第一部分;第二部分我们将在适当的时候讨论。④

此外,只要我们的心灵对神有最基本的认识,我们就不得不尊荣他,但是仅仅相信$^{e\,(b/a)}$神的存在和他是众人应当尊荣、敬拜的对象,仍是不够的,除非我们同时深信他是一切良善的源头,唯独在他里面才能寻求所有这一切。我的意思是,我们必须深信神不但创造这世界,也以他无限的权能托住它,以他的智慧管理它,以他的良善保守它,尤其是以他的公义和审判统治人类,以他的怜悯包容世人,以他的护理看顾万物,而且没有丝毫的智慧、光明、公义、权能、正直或真理不是出于神。$^{e\,(b)}$所以我们要学习等候,并向他寻求这一切,而一旦领受就要心存感恩,并承认这一切都是由他而来。^{e}因对神权能的意识⑤能很好地教导我们敬虔,进而产生信仰。我所说的"敬虔"是,我们经历神的恩惠,并因对其恩惠的认识,心里产生对神的敬畏和爱。若人未曾领悟到,他们所有的一切都属于神,他像慈父般抚养他们;他是他们一切好处的源头;因此他们也不应该在神之外寻求任何事物——他们便永远不会甘心

---

③ *"Duplex... cognitio."* 他在此所说的"双重"认识是在1559年的版本中加上的,这也是明白此版本之钥。加尔文在此版本中一再地分辨双重的认识,为求更清楚地表达他的论点。参阅 I.6.1, 2; 10.1; 13.9, 11, 23, 24; 14.20, 21 和 II.6.1。虽然第一卷第五章以后都是启示的教导,但整个第一卷都没有认识救赎者的教导。

④ 加尔文用整个第一卷讨论双重认识的"第一"部分。在第二卷至第四卷里讨论"第二"部分。事实上是从第二卷第六节开始讨论,而且这章是1559年的版本中新增的,用来转换到双重认识的第二要素。因此,第二卷第四节中单的教义在主题上便介于两卷书之间,以先于救赎教义的方式来表明人对救赎的需要。

⑤ *"Virtutum Dei sensus."*

乐意地侍奉他。事实上，他们若不全然以神为满足，就绝不会真诚地把自己献给神。

2. 认识神包括信靠和敬畏*

°神是什么？提出这个问题的人不过是在玩弄思辨的文字游戏。对我们而言，认识神是怎样的神、什么与他的属性相称⑥是更重要的。因为，若像伊壁鸠鲁（Epicurus）那样相信一位已不关心世事而只顾寻欢作乐的神，⑦有什么益处呢？简言之，认识与我们无关的神有什么用呢?° ⁽ᵇ⁾ 相反，我们对神的认识应当先教导我们敬畏他，然后我们应当在它的指引和教导下学习在神里面寻求一切的良善，并在领受之后将荣耀归给神。ᵇ 你怎么能想到神却不立刻意识到——既然你是神的工作，那么因着神创造的主权，你必须服从他的命令？甚至连你的生命也是属他的？你所做的一切都应该与他有关吗？既是如此，他的旨意无疑应该成为我们生活的准则，所以我们若不乐意、服侍神，就是邪恶、败坏的人。而你若不承认神是一切良善的源头，便无法清楚地认识神。这种认识会使人想要信靠神，然而因着人的堕落，人心还会偏离寻求神的正路。

首先，敬虔的人不会为自己臆造任何一种神，而是仰望独一无二的真神，他也不会按自己的愿望描述这位神，而是满心相信神自己的启

---

⑥ 参阅 I. 10. 2；III. 2. 6，"明白他对我们的旨意"。*In Praelectiones in Ezechielem*, on Ezek. 1：26（CR XL. 57）以及其他许多作品中，加尔文批评有关神论方面过于精细的思辨。这里所提及的是指经院学派的作者而言，但他于 1552 年 1 月写给布林格（Bullinger）"两人之间的私密"（*familiariter inter nos*）信函中，他也批评了茨温利（Zwingli）在 *De Providentia* 里复杂的矛盾立论（CR XIV. 253）。

⑦ 伊壁鸠鲁（公元前 342—前 270）的作品非常丰富，但只有一些片段流传下来。加尔文大概借着西塞罗的 *De finibus* 和 *De natura deorum* 得知伊壁鸠鲁的教导。后者的第一卷多半解释和严厉地批评伊壁鸠鲁的神观。这句话总结了加尔文与西塞罗对话的印象。科塔（Cotta）这位学者也严厉地斥责伊壁鸠鲁的神观——所有的神是遥远、无聊的，没有爱。科塔认为伊壁鸠鲁这样说等于是个无神论者。加尔文是相信圣经的神学家，所以完全同意这样的判断。Cicero, *Nature of the Gods* I. 42. 117.；I. 43. 120 ff.（LCL edition, pp. 112 ff.）；Calvin, *Instruction et confession de foy*（1537）1. 2（OS I. 378 f.，tr. Fuhrmann, *Instruction in Faith*, pp. 17-19）. 参阅，below, I. 4. 2；I. 5. 4；I. 5. 12. 威廉·比代（William Budé）是加尔文很熟悉的巴黎希腊文学者，他对伊壁鸠鲁的看法与西塞罗的很接近，参阅 J. Bohatec, *Budéund Calvin*, p. 74。

示。这样的人总是恐惧战兢，生怕自己远离神，或任意妄为，违背神的旨意。这种人所认识的乃是真神，因为他深信神掌管万事，也相信神带领并保护他，因此他完全献上自己专靠神。ᵉ⁽ᵇ⁾他知道神是一切美善的源头，若他遭遇苦难或缺乏时，他便立刻投靠神的保护，等候神的帮助。因为他深信神是良善和恩慈的，所以他以单纯的信心依靠他，并不怀疑神会以他的慈爱救他脱离一切困苦。因为，他承认神是主和天父，认为自己理当在万事上顺服神的主权，敬畏神的威严，把荣耀神当作他的目标，服从神一切的命令。因为，他视神为公义的法官，相信神会严厉地惩罚一切的罪，他永不忘记神审判的宝座就在他面前，并因惧怕神而约束自己，免得激怒神。ᵇ然而他对神审判的惧怕并不至于使他想要逃脱，即使可以逃脱。他接受神是敬虔之人的施恩者，同样地，他也接受神是刑罚恶人的法官。因为敬虔之人知道，神惩罚恶人和赏赐义人永生同样荣耀神自己。此外，这人遏止自己犯罪，不只是因为惧怕神的惩罚，也是因为他爱和敬畏天父，就敬拜他为主。即使没有地狱，他仍丝毫不敢冒犯他。

相信并真诚地惧怕神，⑧ᵉ⁽ᵇ⁾这惧怕使我们甘心乐意地敬畏他，并照着律法合宜地敬拜他，这就是纯洁和真正的信仰。ᵉ我们应当更加留意：人们对神都有模糊、笼统的尊敬，但很少人真正敬畏他；在过分强调仪式的地方，真正从心里敬畏神的人更罕见。

---

⑧ 关于同时相信和惧怕神，参阅 Melanchthon, *Loci communes* (1521), ed. H. Engelland, in the series *Melanchthons Werke in Auswahl*, ed. R. Stupperich, II. 1. 119 ff.; tr. C. L. Hill (from Th. Kolde's 1910 edition), *The Loci Communes of Philip Melanchthon*, pp. 211 ff.。

ᵉ第三章　人生来对神的认识①

1. 人生来对神的认识的特征

ᵇ人心本能多少都能意识到神的存在,②这是无可争辩的。神亲自将某种对他威严的认识ᵉ安置在ᵇ所有人的心里,免得人以他的无知为借口。ᵉ神不断重复地ᵇ在人心里灌输这种ᵉ鲜明的认识,以便提醒他。③ᵇ既然所有的人都可以意识到神的存在并知道他是他们的造物主,所以他们自己的见证也定了自己的罪,因为他们没有尊荣他,也没有将自己的生命献给他。若说有什么人对神无知,一定是那些离文明最遥远和落后的民族。然而,正如一位著名的异教徒所说,就是最原始的部落、最不开化的民族也深信有一位神。④甚至那些在生活的某些方面

---

① "Hominum mentibus naturaliter... inditam." 神对人内在(within)的启示(第三章)已经被罪抹去了(第四章)。神在大自然上外在(from without)的征候和遗留的标本(insignia, specimina)启示也是如此(第十四章)。为了了解第三章至第五章这三章,首先必须明白加尔文有关人的全部教义:人被造时的光景(I.15)以及被罪败坏的光景(II.1-5)。
② "Divinitatis sensum." 这术语和下面的"宗教的种子"(seed of religion)(参阅 I.4.1)所指的是人对神模糊的意识。这两个术语和良心很接近。良心是人在道德上对神的反应。参阅 I.1.3 以及 Comm. John 1:5, 9。加尔文对第五节的解释是:"神对人原先的光照有两个基本的部分,在堕落后仍存在人败坏的本性中:首先,宗教的种子撒在所有人的心里;其次,分辨是非的能力也刻印在每一个人的良心上。"
③ 参阅西塞罗的 *Tusculan Disputations* II. 10(LCL edition, pp. 172 ff.)。
④ 加尔文在这里所说的异教徒(ethnicus)是指西塞罗。加尔文的立场是所有的人生来就相信神的存在,这与西塞罗的作品 *On the Nature of the Gods* 中所有角色的立场一样,包括伊壁鸠鲁派的维勒(Velleius)。维勒问:"哪里有什么种族或民族不是在没受教诲的情况下就已相信神明的存在?" *Nature of the Gods* I. 16. 43(A. S. Pease, *M. Tulii Ciceronis De natura deorum*, pp. 294 f.; LCL edition, pp. 44 f.)。

与野兽无异的人，也仍保有一点对神的意识。这种宗教的种子根深蒂固地存在于所有人心中。因此，自从创立世界以来，没有一个地区、城市，甚至家庭能够没有宗教，这就证明：神的存在皆刻在每一个人心中。

事实上，甚至连偶像崇拜也充分证明这种意识的存在。我们晓得人有多么不愿降卑自己而抬举其他的受造物。既然人宁愿拜木石，也不愿被人认为是无神论者，这就清楚地证明人对神的存在有深刻的印象。若想抹去人的这种意识是不可能的，甚至比改变人的性情要困难得多。其实，当人主动降卑自己，为了尊荣神而离弃他与生俱来的骄傲时，他的性情就改变了！

2. 宗教并不是人无中生有的发明

ᵇ因此，有些人说宗教是少数人狡猾的发明，为了欺骗头脑简单的人，他们叫别人崇拜神，自己却根本不相信神的存在⑤——这种说法是毫无根据的。我承认的确有一些聪明的人，为了控制人的思想，编造宗教的谎言，令芸芸众生畏惧战兢。但是，如果人的思想里没有与生俱来对神的坚定信念，那么这些人的宗教谎言是不可能成功的，因为人敬拜神的倾向是来自深信神的存在这信念，就像芽出于种子一样。其实那些玩弄诡计、企图在宗教上欺骗和控制无知之人的人，若说他们完全没有意识到神的存在，这不合理。虽说以前有一些而且现在也有不少的人否认神的存在，其实就连这些人有时也不由自主地意识到他们所不愿相信的神真的存

---

⑤ 此段和下一段仍持续反映出西塞罗的 *Nature of the Gods*，其中伊壁鸠鲁派因为对神明的信念而受到批评者的贬抑。他们与一些人联结在一起，这些人借着否定神的存在来避免被冠以迷信之名，而说宗教只是人为了使百姓服从政府的发明。加尔文在 *De scandalis*（1550），指名道姓地指控一些当代的人是无神论者（CR VIII. 44 ff., with footnote 5; OS II. 200 f.）。博哈特（J. Bohatec）在 *Budé und Calvin* 第149—240页中详细地讨论了这个主题，并引用以下这些人对这主题的观点：Pierre Brunel, Agrippa von Nettesheim, Etienne Dolet, Simon Villanovanus, Bonaventure des Périers, François Rabelais, Antonius Goveanus 和 Jacques Gruet。

在。历史上可能没有人比该犹·加利古拉（Gaius Caligula）⑥更加大胆狂妄地藐视神，但是当神的震怒显现时，没有人比他更恐惧战兢，虽然是不得已的，但他的确在他所藐视之神面前战兢。的确，有时候会遇见像该犹·加利古拉这种人，甚至有时连那些最大胆藐视神的人也会被一片落叶的沙沙声吓得战兢不已（参阅利26∶36）。这颤抖来自威严之神的报复，他们越想逃避神的报复，这报复便越强烈地谴责他们的良心。他们竭力寻找各种托词来躲避主的面，并且企图抹杀神存在的事实。尽管如此，他们仍不得解脱。虽然有时对神存在的意识似乎消逝了，但这意识立刻又返回，来势更加凶猛。倘若这些人良心的焦虑有所缓解的话，也只不过像睡梦中的醉汉或疯子，他们睡也睡不安稳，因为一直被噩梦侵扰。因此，即使不敬虔之人本身也证明，人的心里都存在某种神的观念。

3. 实际上的无神论者并不存在

^{e}智慧人的确知道，对神存在的意识无法从人的思想中抹去。事实上，不虔的人顽固，虽然拼命抗拒，也无法摆脱对神的惧怕，这本身就充分证明人知道神的存在，这信念是与生俱来的，也深深地根植在每一个人的内心深处。虽然迪亚哥拉（Diagoras）⑦之流嘲笑每个时代的宗教信仰，狄奥尼修（Dionysius）⑧也对神的审判嗤之以鼻，但这只不过是苦毒的嘲讽罢了，⑨因为良心受责备的痛苦比烙铁烙人还厉害，就像有虫子

---

⑥ 罗马皇帝（公元37—41）；提庇留·凯撒（Tiberius Caesar）的侄孙和继承者。苏维托尼乌斯（Suetonius）说："这堕落的皇帝藐视神，但每当他听见雷声，就立刻从床上跳下，躲到床底下去。"（*Lives of the Caesars* IV. 51；LCL Suetonius I. 482.）参阅 Comm. Harmony of the Evangelists, Matt. 26：69-75（tr. LCC XXIII. 322）。

⑦ 米罗的迪亚哥拉（Diagoras of Melos）被称作"那个无神论者"（与苏格拉底同一时代的人）。昔兰尼的西奥多（Theodore of Cyrene）和智者普罗塔哥拉（Protagoras the Sophist）皆被西塞罗当作不虔不敬无神论者的例子。（这三个人因这指控被赶出雅典。）*Nature of the Gods* I. 1. 2；I. 23. 63；LCL edition, pp. 4 f., 61f.）

⑧ 狄奥尼修，叙拉古（Syracuse）的暴君，（公元前405—前367）。西塞罗在 *Nature of the Gods* III. 34. 83（LCL edition, pp. 368 f.）中记载狄奥尼修凤负盛名的亵渎和掠夺行径。参阅 Calvin's reference in *Comm. Seneca On Clemency* I. 12（CR V. 92）。

⑨ "Sardonius risus." 加尔文使用这个措辞时大概是想到维吉尔（Vergil）一句用谚语表达的暗示，"Sardonius amarior... herbis"（"比萨丁尼亚的草还苦。"）（*Eclogues* 7. 41；LCL Vergil I. 51.）。

在心里噬咬一般。我不同意西塞罗所说，人所犯的错误会随着时间的流逝而淡化消失，而且人在信仰上一天比一天进步。⑩因为世人（以后将要讨论）⑪仍力求尽己所能抛弃一切对神存在的意识，想尽办法败坏对神的敬拜。我的意思是说，虽然恶人愚昧的心刚硬，总想敌挡神，但他们越想抹杀对神存在的意识，这意识却越发活跃。由此可见，对神存在的意识这教义并不是在学校里学到的，而是与生俱来的，当人在母腹里时便早已存在，我们的天性本身也不容许我们忘记这一点，尽管世人反抗并竭力扼杀这一事实。

ᵇ此外，若所有的人生来的目的是认识神，而我们对神的知识没有帮助我们达成这个目的，那么这种对神的知识不过是暂时和虚空的。因此，显然那些没有用一切思想和行动来达成这目标的人，就没有尽到他们被创造的本分。从前的哲学家也无不明白这一点，如柏拉图（Plato）常常教导说，灵魂的高尚莫过于与神相像，而当人领悟神的知识时就会完全改变而与神相像。⑫同样，在普鲁塔克（Plutarch）的作品中葛利勒（Gryllus）的推理巧妙；他断言宗教一旦与生活分开，人类便与禽兽相差无几，甚至在许多方面比禽兽更可悲。人既因罪恶滔天，（他们）便在无休止的争吵和不安中痛苦度日。⑬所以，唯有敬拜神才使人有别于禽兽，也唯有这样的人才能获得永生。⑭

---

⑩ 加尔文不同意在西塞罗的 *Nature of the Gods* 里学者科塔（Cotta）的立场。科塔认为："人对神的信心越久越坚定，也随着人的年龄和世代更为扎实。"（*Nature of the Gods* II. 2. 5；LCL edition, pp. 126 f.）

⑪ 参阅 I. 4. 1。

⑫ Plato, *Theaetetus* 176. 为了避免邪恶并获得真正的智慧，说人必须"变得像神那样……公义、圣洁、有智慧"（LCL Plato II. 128 f.）。参阅 *Phaedo* 107 C（LCL Plato II. 128 f.）。参阅 *Phaedo* 107 C（LCL Plato I. 368-371）。

⑬ 他所指的似乎是普鲁塔克的对话录 *Bruta animalia ratione uti*，其中瑟希（Circe）把葛利勒（Gryllus）变成禽兽。葛利勒指出，禽兽的行为在某些方面比堕落的人类还好（ch. 7）（LCL Plutarch, *Moralia* XII. 516 ff.）。

⑭ 参阅 II. 2. 12, 17，在这些地方"理智"被说成是使人与禽兽有别。

ᶜ第四章 这种知识因无知和恶毒被压抑或败坏了①

1. 迷信

ᵉ经验告诉我们,神在人心里播种了宗教的种子。但虽然人心里接受了这种子,在百人当中却很难找到一位培养这种子的人,难有一人使种子生长开花,更不用说按时结果子了(参阅诗1:3)。此外,虽然可能有些人是在迷信中迷失了方向,有些人是故意邪恶地离弃神,然而所有的人都从认识神的真知识中堕落了,世上没有一个真敬虔的人。至于我上面所提到的一些在迷信中迷失了方向的人,他们的错谬也无可推诿。因为他们的心盲几乎都混杂着傲慢与顽梗。事实上,ᵉ⁽ᵇ⁾这些可悲的人在寻求神时并没有像他们本应该的那样超越自己,而是用自己属肉体、愚昧的标准衡量神,忽视正当的寻求方式,显出他们的傲慢;他们出于好奇心对神妄加揣测,并不按神启示的那样接受他,ᵇ反而想象他就是他们在自己假想中所形塑的那位。当他们如此地离弃神时,不论他们往何方向,都免不了跌倒、自取灭亡。事实上,不管他们用什么方式敬拜、服侍神,他们都无法将之当作供物献给神,因他们所敬拜的不是神,而是他们自己

---

① 参阅I.3.1,注释2。

所臆造的。②ᵉ保罗一针见血地指明这种败坏："自称为聪明反成了愚拙。"（罗1：22p.）他在前一节中说："他们的思念变为虚妄"（罗1：21）。然而，为了避免有人为自己的罪找借口，保罗接着说：神叫他们瞎眼是公义的。因他们不满足于审慎的探究，反而看自己过于所当看的，他们任性地堕入黑暗，实际上，他们因自己虚空邪恶的傲慢反成了愚拙。因此他们的愚拙是无可推诿的，因这愚拙不仅是出于虚妄的好奇心，也是由于想知道过于神所要他知道的，以及虚假的自信心。

2. 故意离弃神

ᵉ大卫在《诗篇》14：1中说道：愚顽的人和不敬虔的人心里说没有神（诗14：1；53：1），首先指的是那些泯灭自然的启示而有意自欺之人，这点在以后会再详细讨论。因此我们经常看到许多人在大胆和习惯犯罪之后，心更刚硬、顽梗地拒绝记念神，尽管对神存在的意识是与生俱来的。当大卫描述他们彻底否认神的存在时，便叫他们的狂傲更为可憎；这并不是说他们不承认神的存在，而是因为他们否认神的审判和护理之工，心里以为神在天上袖手旁观。③我们若说神忽略管理他的宇宙，任凭它自生自灭，闭眼不看人的恶行，他们虽放纵私欲也不受罚，没有比这种想法更违背神的属性了。据此，无论何人，若大胆地放纵自己，则他对天上审判之惧怕便消失了，自然也就否认了神的存在。④恶人被油蒙了心，以至于他们闭上眼睛之后，看似能看见却看不明白，这正是神对恶人公义的审判（太13：14—15；参阅赛6：9—10和诗17：10）。

大卫在另一处经文中最好地解释了他的思想："恶人的罪过在他心里说：我眼中不怕神！"（诗36：1 p.）同样，因他们说服自己说神没有看

---

② 加尔文在1538年出版的拉丁文要理问答中使用类似的说法（CR V. 323-324）。
③ 参阅 I. 2. 2，注释7。
④ Cicero, *Nature of the Gods* I. 20. 54；I. 30. 85 f.；I. 44. 123（LCL edition, pp. 52 ff., 82 f., 118 f.）。

到，所以他们便自夸自耀，以自己的罪孽为荣（诗10：11）。

尽管他们不得不承认某一种神的存在，但他们仍否定他的全能而夺去他的荣耀。就像保罗断言："神不能背乎自己"（"背乎"拉丁文作"否定"），因他永不改变（提后2：13），因此他们捏造一个没有生命、虚空的偶像就是在否定神。我们应该特别注意，不论他们多么强烈地与自己的感觉搏斗，恨不得将神从心里赶走，甚至将他从天堂赶走，虽然他们的愚昧如此之甚，但有时神仍使他们知觉到他们将受审判。但因他们肆无忌惮地与神作对，只要这种盲目的激情仍控制他们，我们便可以肯定，因为他们会一直愚顽地遗忘神故而这愚钝将一直辖制他们。

3. 妄自构想神

^b以上充分反驳了许多人用来掩饰他们迷信的虚空辩护。因他们以为任何对宗教的热诚，不管有多么荒谬，都足以蒙神悦纳。但他们不明白真宗教应该符合神的旨意——绝对的标准；神是永不改变的，不是人可以随己意捏造的幽灵。由此可见，迷信表面上在竭力讨神喜悦，其实只是在虚伪地嘲弄神。因迷信者所抓握的几乎都是神宣称他所轻看的。迷信就是轻视或公然拒绝神明确吩咐或告诉我们他所喜悦的事。所以，一切自己设立敬拜神仪式之人只不过是在敬拜和赞扬他们自己的狂傲。若非已先在自己心里雕刻一位荒谬、无聊的神，⑤他们绝不敢如此与神玩耍。因此，使徒保罗称这对神笼统而错误的观念为无知："但从前你们不认识神的时候，是给那些本来不是神的作奴仆。"（加4：8 p.）他在别处也教导说，当以弗所的信徒偏离对独一真神正确的认识时，他们便"没有神"（弗2：12）。至少在这种情况之下，不论你捏造一种或多种神都无关紧要，因为你这样做就是离弃真神，因此你所拥有的只是一个可憎的偶像。所以我们同意拉克唐修

---

⑤ 参阅 I. 11-12；IV. 8. 3，4，8，9，11，13；IV. 9. 8；IV. 10. 8，16-18。为了反驳异教和罗马天主教，加尔文经常教导，人在敬拜神时，不可用任何人所捏造的发明。

(Lactantius) 所说：宗教若不与真理联合就是虚妄的。⑥

4. 假冒为善

e(b) 不认识神之人的另外一项罪便是：除非迫不得已，否则他们连想都不会想到神；除非神强制他们，否则他们绝不会靠近神。当他们来到神面前，不是出于对神的威严由衷生发的敬畏，而仅仅是出于对神的审判所产生的奴隶般的惧怕。b他们因不能逃脱这审判，所以惧怕到甚至恨恶的地步。史塔修（Statius）说世上的神最初是因人的惧怕造出来的，⑦但这话只适用于不敬虔之人。那些与神的公义作对的人晓得，神的审判已经准备妥当，要刑罚一切冒犯他的人，然而他们却恨不得推翻神的审判。因这缘故，他们就与那位必定审判世人的神作战，虽然他们知道神将以自己的大能审判他们，也知道他们不能免除或逃脱这审判，因此惧怕颤抖。神的威严就像重担压在他们身上。为了不让人认为他们藐视那位众人所深信极有威严的神，他们便施行一些宗教仪式，但同时又继续用各样的邪恶来污秽自己，甚至恶上加恶，直至在各方面违背神圣洁的律法、完全藐视神的公义。至少可以说，他们对神所谓的敬畏并没有遏止他们在自己的罪中打滚、自夸自傲。他们宁愿放纵自己的肉体也不愿受圣灵约束。

然而，这只是真宗教虚假的幻影，甚至不值得被称为幻影。e(b) 可见，我们不难分辨，这种对神混乱的认识与源于真敬虔的信仰存在天壤之别，⑧而此真敬虔唯独存留在信徒的心中。c然而假冒为善的人偏要行走

---

⑥ 虽然加尔文在这里并非引用拉克唐修的话，但他对拉克唐修在 *Divine Institutes* 中 I.2, 5, 6, 20 和 IV.5 的许多教导作摘要，在这些地方不断地将异教徒的信念以"真理"加以试验（MPL 6.120 f., 129 ff., 456 ff., tr. ANF VII.11, 13 ff., 32 ff., 104 f.）。

⑦ "*Timorem primum, fecisse in orbe deos*", 参阅 Statius, *Thebaid* III.661；"*Primus in orbe deos fecit timor*"（LCL Statius I.500 f.）。

⑧ "*Pietas, ex qua demum religio nascitur.*" 参阅前面的英译本导言。加尔文此观点的强调声明为数甚多，参阅 I.2.1, I.4.1, I.9, title；II.6.4；III.3.16；IV.1.5, IV.1.9, IV.1.12, IV.20.9, 10, 13, 15, Comm. Jer. 10:25；*Instruction in Faith*（tr. Fuhrmann, p.19）。参阅 Cicero, *Pro Plancio* 12.29；"*Pietas fundamentum est omnium virtutum*"（LCL edition, p.442）。

这些弯曲的道路，为的是让人误以为他们在亲近他们所离弃的神。ᵇ他们本当一生始终一致地顺服神，却在几乎所有的事上大胆地与神作对，还妄想借几许贫瘠的献祭来平息神的愤怒。他们本当以圣洁的生活和虔诚的心来服侍神，却编造一些烦琐、毫无价值的仪式想讨神喜悦。ᶜ他们甚至更加放荡、懒惰地沉溺在自己的污秽中，因为他们妄想借着玩一些可笑的赎罪游戏而尽他们对神的本分。

ᵉ⁽ᵇ⁾他们本应专靠神，却不理会神，反而依靠自己，忘记了他们不过是受造物。至终，他们陷入重重的谬误和罪恶，以致熄灭了他们心中的亮光，看不见神原先向他们所显现的荣耀。ᵇ然而那无法根除的种子仍存留在人心里，在人心里有某种对神存在的意识，但这种子已败坏，靠自己只能结出恶果。

ᵉ综上可见，我所论证的如今更为确凿，即人心里有与生俱来对神的意识。甚至神所弃绝之人也不得不承认这种意识的存在。在平安无事时，他们讥讽神、无礼、喋喋不休地贬损神的大能。一旦绝望笼罩他们时，他们便被驱使去寻求神，并冒出一些形式化的祷告。这就证明他们并不是一直对神完全无知，而是，因愚顽而压抑他们早就应当表现出来的对神的敬畏。

ᵉ第五章 有关神的知识也彰显在宇宙的创造和护理之中

神在创造之工上彰显自己（1—10）

1. 神已清楚地彰显自己，使我们无可推诿

ᵉ⁽ᵇ⁾有福人生的最终目标就是认识神（参阅约 17：3）。①为了让每个人都有获取幸福的机会，②神不但在人心里撒下我们所提及的真宗教的种子，也在整个宇宙的创造之工上天天彰显他自己。因此，人一旦睁开眼睛就不得不看到他。其实，神的本质无法测透，③所以他的神性远超过人的认知能力。但神所创造的每一件作品都刻上了他荣耀的记号，这记号清清楚楚，连文盲和愚昧者都无法以无知做借口。ᵉ所以先知十分贴切地赞叹道："披上亮光，如披外袍"（诗 104：2 p.）。他似乎在说，自从创立

---

① 参阅阿奎那常被引用的话："人终极的快乐完全在乎思想神"（*Contra gentes* 3. 37 [tr. A. C. Pegis, *Basic Writings of St. Thomas Aquinas* 2. 60]）；奥古斯丁，*Confessions* X. 20. 29："我寻求你，等于寻求快乐的生活"（MPL 32. 791；tr. LCC X. 219）。

② 加尔文主张：神所有启示的目的是为了人的幸福，但因人的罪，创造之启示的结果反而使人的罪更深。参阅 I. 6. 1 和参阅 I. 5. 14-15；II. 2. 23。

③ 参阅 I. 3. 1 和参阅 I. 13. 21。加尔文在他于 1538 年的要理问答中也说神的"本性是无法测透，远超过人的理解力"。（CR V. 324）在 1542 年的要理问答也记载："我们的思想无法测透神的本质"（CR VI. 16）。神在他的启示中"俯就"我们有限的理解力；参阅 Comm. Gen. 3：8；Comm. I Cor. 2：7。

世界以来，神借着所有的受造物随时随地向我们彰显他的荣耀，就如他穿上可见的、满有荣光的外袍彰显他自己。同样地，这位先知也巧妙地将铺在天上的穹苍比拟为他荣耀的幔子，也提及他在水中立楼阁的栋梁、用云彩为车辇、借着风的翅膀而行、以风为使者、以火焰为仆役（诗104：2—4）。既然神的全能和智慧的荣耀在天上照耀得更灿烂，天便常常被称为他的王宫（诗11：4）。^{b}然而无论你往何处看，宇宙中神星星点点的荣耀随处可见。你无法一眼测透这浩瀚、美丽的宇宙体系，不得不为其巨大的荣耀所折服。④《希伯来书》的作者绝妙地说：宇宙并不是从显然之物造出来的（来11：3）。他的意思是，宇宙如此井然有序地运行，宛如一面镜子，叫我们思想到那位肉眼看不到的神。先知之所以说到天上的受造物拥有一种万族都明白的语言（诗19：2及以下），是因天上的受造物如此明显地彰显神性，甚至连最不开化的种族也无法视而不见。使徒保罗更清楚地宣告："神的事情，人所能知道的，原显明在人心里……自从造天地以来，神的永能和神性是明明可知的，虽是眼不能见……"（罗1：19—20 p.）

2. 神的智慧向万人彰显†

^{b}无论是在天上或地上，都有无数证明神奇妙智慧的证据；不只是那些研究天文学、医学，或一切自然科学深奥事的专家，就连那些最无知之人睁眼也可见这些证据。⑤的确，那些多少受过一些通识教育的人借此

---

④ 请参阅加尔文法文新约圣经中，加尔文于1534年所写的新约圣经序文。序文出版于1535年6月奥勒威坦（Olivetan）的法文圣经版本中（CR IX. 793；tr. LCC XXIII. 59 f.），加尔文在这里很巧妙地描述神在创造中对自己的启示。参阅 J. T. McNeill, *The History and Character of Calvinism*, p. 232。这些段落不仅对加尔文的美学观念很重要，对其整个神学也是不可或缺的。虽然属血气的人，无法借自然获得任何对神真实的认识（因为他们在这奇妙的作为下是心盲的），但加尔文根据《诗篇》145篇的榜样，劝基督徒默想神的作为（I. 5. 8，9；I. 6. 2；II. 6. 1）。L. Wencelius 在他 *L'Esthétique de Calvin* 的第一章和第二章引用许多加尔文类似的篇章话语。

⑤ 参阅 Cicero, *Nature of the Gods* II. 2. 4。西塞罗认为，诸天向人证明它们受一种超人智慧的管理是理所当然的（LCL edition, pp. 124 f.）。加尔文在 Comm. Ps. 19：4 说："诸天的光辉传扬神的荣耀，就如神学教授教导学生一般。"

亦更能深入地了解关于神智慧的奥秘。⑥即使毫无通识教育背景亦能充分看见神创造的杰作，并赞美他的巧妙。无疑地，要考察星星的行踪、发现神为它们所定的位置、衡量它们之间的距离、明白它们的特性，需要技术和精确的计算。当考察这一切时，神的护理之工便更加清楚地彰显，因此人的思想必须提升到一定程度才能瞻仰神的荣耀。即使连最卑下、无知之人，仅凭他们的所见亦足以认识神的杰作，因它显在独特而又井然有序地排列在天上的众星里。那么，显然，主将他的智慧丰富地彰显给每一个人。同样，拿人身体的结构来说，⑦人必须有极高的技术，才能像盖伦（Galen）那样，⑧衡量身体各部分的结合、对称、完美和身体各个器官的用途。然而，所有人都承认，人体的结构如此奇妙，因此创造这身体的巧匠是配得称赞的。

3. 人本身就是神智慧的最大证据

ᵉ因此，一些哲学家在很久以前就智慧地称人为微观世界，⑨因人是神的全能、良善，以及智慧少有的例证。并且人本身充满神迹，值得我们终生思想，只要我们不抗拒这思想。保罗说，即便是瞎子寻求神仍可

---

⑥ "Divinae sapientiae arcana." 在此加尔文也许想到一封塞涅卡写给鲁西里乌（Lucilius）信里情词急迫的劝诫。塞涅卡向鲁西里乌保证，努力钻研崇高的学问就会发现大自然的奥秘（*Epistulae morales* 102. 28；LCL seneca III. 184）。对加尔文而言，通识教育能帮助人明白圣经所启示的神的智慧。

⑦ 在加尔文的作品中多次论到人的身体彰显神的智慧。参阅 Comm. Ps. 139 : 15："人身体的结构显示造物者不可思议的技术"，任何部分一旦改变，都会带来不方便，"就连手指甲也是充分的证据"。加尔文在他对复活的辩论中也提到这个主题，III. 25. 7。也参阅 I. 15. 3；Wencelius, *op. cit.*, pp. 37 f.；Cicero, *Nature of the Gods* II. 56. 140 （LCL edition, pp. 256 ff.）。

⑧ Claudius Galenus of Pergamos （ca. 131-200）. 古希腊的医学知识发展在他身上到了顶点。他是哲学家，也是医生和解剖学家。加尔文在这里指的是他的 περὶ χρείας μορίων（*De usu partium*）。这作品解释人身体各部分的功能。桑代克（L. Thorndike）的 *A History of Magic and Experimental Science*（I. 117-181）有解释盖伦的工作。

⑨ "μικρόκοσμον" 亚里士多德在他的 *Physics* 8. 2 里称人为微观世界，对应于宏观世界，或可说是宇宙整体："假如这可以发生在动物身上，岂不也可以发生在全宇宙身上吗？既然这在小世界中（ἐν μικρῷ κόσμῳ）发生，那它亦可在大世界中发生。"（Tr. R. McKeon, *Basic Works of Aristotle*, p. 359；参阅 LCL Aristotle, *Physics* II. 286 f.）这一观念出现在之后许多作家的作品中。例如它经常为文艺复兴时代的作家所使用，成了一个常见词。参阅 G. P. Conger, *Theories of Macrocosms and Microcosms in the History of Philosophy*, pp. 59-72。

以揣摩而得之后，他立刻又说："他离我们各人不远"（徒17∶27）。⑩无疑，每一个人都能感受到天上赐给他生命的恩典。的确，既然人无须在自身之外才能领会神，那不愿降卑己身⑪来寻求神的懒人有什么借口呢？因而，当大卫王在赞美神可称颂的名与荣耀之后，立刻就宣称："人算什么，你竟顾念他？"（诗8∶4）还有，你"从婴孩和吃奶的口中，建立了能力"（诗8∶2）。事实上，大卫不仅宣称在人身上可看到神创造之工的清晰影儿，也宣称吃奶之婴儿的口才就已足够，而不需要其他演说家来宣扬神的荣耀。所以，大卫肯定婴儿的口才，就好像他们受过良好的训练，能驳倒那些宁愿涂抹神之名也不肯放弃可怕傲慢的人。为了证明这点，我们也要提出保罗引用亚拉图（Aratus）的话，即"我们也是他所生的"（徒17∶28），因神赐我们各样美好的恩赐，证明他是我们的父亲。同样地，世俗的诗人出于相同的感觉和经验称神是"众人之父"。⑫然而，其实人若没有先尝到神慈父般的爱，并产生对他的爱和敬拜，便不会甘心乐意地服侍他。

4. 但人却忘恩负义地违背神

ᵉ然而，人可恶的忘恩负义却显露出来。人好像一间工厂，其中有无数神施恩的作为，又好像一间宝库，装满他所赐无尽的财富。他们本当情不自禁地赞美神，却反而更加高傲自大。他们在许多方面感觉到神奇妙地在他们里面运行；他们使用诸般恩赐的时候，便得知它们是神出于他的慷慨所赐的。因此，他们心知肚明——不管他们承不承认——这一

---

⑩ 这一节和下一节请参阅Comm. Acts 17∶26-29。

⑪ "*In se descendere*"是加尔文常用的说法。他教导我们，借着自我省察面对神和自己的罪。参阅 I. 1. 2；I. 5. 10；II. 8. 3；III. 20. 6；IV. 17. 40；*Reply to Sadoleto*（tr. LCC XXIII. 251）。参阅奥古斯丁，*Confessions* VII. 10："我借着你的引领省察了自己的内心"（MPL32. 786；tr. LCC VII. 146）。

⑫ 在西里西亚索里的亚拉图（Aratus of Soli in Cilicia）是一位大约在公元前270年很受欢迎的希腊诗人和天文学作家。保罗在《使徒行传》17∶28引用了亚拉图的诗 *Phaenomena*。西塞罗把这本诗集翻译成拉丁文。参阅 Cicero，*Nature of the Gods* II. 41. 104 f.；II. 63. 159（LCL edition，pp. 222 f.，276 f.），也见 I. 15. 5。

切都证明了神的存在,但他们却将这认知压抑在心里。事实上,人没有必要为了认识神,在自身之外寻求证据,只要人不把神从天所赐的说成是自己的,从而湮灭神光照人使人认识他的证物。

直到如今,地球仍滋养着许多可怕的人,而这些人为了诋毁神的名,竟蓄意误解神在人身上所播撒的神性种子。如此疯狂之举何其可憎:人虽然在自己身体和灵魂里多次发现神存在的证据,却用神所赐的才智来否定神的存在!他们不敢说自己与野兽不同只是一个巧合,然而他们却对神置之不理,而称"自然"为万物的创造者,这就是他们不信神的借口。他们从身上的肢体,从嘴巴到眼睛,甚至从脚指甲上都看得到神创造的精妙,但他们却以自然来代替神。[13]敏捷的心灵、卓越的机能和稀有的恩赐,都特别证明神的存在,这是难以掩盖的事实——除非像伊壁鸠鲁学派的人,如独眼巨人库克罗普斯[14]一样,居然越发无耻地用这一切奇妙的证据敌挡神。难道神以其属天的一切智慧管理人这五尺之虫,而整个宇宙却得不到同样的恩惠吗?即使人灵魂的某些机能与身体的某些器官是对应的,然而这不但不会遮蔽神的荣耀,反而更彰显神的荣耀。我们要请伊壁鸠鲁回答,什么样的原子集合能消化饮食,并将其中的一部分化为粪便,另一部分变为血,并且能够使身体的各个功能发挥它们的功用,就好像许多人商量共治一个身体!

5. 人混淆受造物和造物者

[e]但我现在关心的不是那猪舍;[15]我要斥责那些陷入荒唐巧辩之中的

---

[13] 西塞罗的 *Nature of the Gods* II. 2. 4 引用恩尼乌斯(Ennius)的话:"诸神和众人之父"(LCL edition, pp. 124-125)。

[14] 法文版本 "*Cyclopes*" 作 "*des geans ou hommes sauvages*"。在希腊神话中,库克罗普斯(宙斯所释放的畸形巨人)提供武器给宙斯,帮助他打败泰坦。

[15] 参阅 Horace, *Epistles* I. 4. 15; "a hog from Epicurus' herd" (LCL edition, *Satires, Epistles, and Ars Poetica*, pp. 276 f.)。

人。他们故意间接提出亚里士多德的冰冷理论,⑯为的是要否定人灵魂的不朽和神在人身上的权柄。既然灵魂与身体的器官是对应的,他们便以此为借口说,灵魂失去身体便无法存在,并借此高举自然,尽其所能地废止神的名号。⑰然而灵魂的机能却远不受身体功能的限制。

人测量天体、数算星星、确定它们的大小,了解它们之间的距离、它们的运行速度及轨道,但这些又与人的身体有什么相关呢?我承认天文学的确有一定的用途,但我的意思是说,对天体深入的考察是灵魂而不是身体的功能。这只是其中一个例子,从这例子中可以很容易地联想到其他相关的例子。人心的敏锐能考察天地,将过去与未来连接,也能记忆很久以前的事,甚至可以随心所欲地想象任何事物。人的技艺高明,能设计出不可思议之事,并发明许多奇妙的东西。这一切皆是神性在人身上的明证。⑱为何灵魂不但能漫无目的地思想,也能朝着一个目标思考而发明许多有用的东西,并且也想到许多与自身有关的事物,甚至预测未来——这一切能在他睡觉时进行?这就充分证明神将永恒无法磨灭的记号刻在人身上。难道我们可以说人有属神的天性,却不承认人是神所创造的吗?难道我们借着从神所领受的判断力辨别是非,却同时认为在天上没有审判官吗?难道我们承认在我们熟睡时思维没有停息,同时却不承认在天上有一位神掌管世界吗?虽然我们的经验已充分地教导我们,我们所拥有的一切都是来自一位随己意分配的主宰,

---

⑯ 参阅亚里士多德, *De anima* II. 1. 亚里士多德表示灵魂与身体有密切的协同关系之后(他说:领受灵魂是身体得生命的第一个阶段),他继续宣称:"灵魂与身体是分不开的。"(R. McKeon, *Basic Works of Aristotle*, pp. 555 f.; LCL Aristotle, *On the Soul*, pp. 68-73)加尔文在这里明确地否定后段的陈述。

⑰ 加尔文在这里责备亚里士多德的不信,或许是指皮埃特洛·蓬波纳齐(Pietro Pomponazzi)的 *De immortalitate animae* (1516) 所说的,书中主张灵魂不灭在哲学上站不住脚,因此我们只能因启示的缘故接受。兰德尔(J. H. Randall)在他的 *The Renaissance Philosophy of Man* (ed. E. Cassirer, P. O. Kristeller, and J. H. Randall, pp. 257-381。参阅 OS III. 48 f.) 里翻译了这作品,并附有一篇序言。

⑱ 这整篇呼应西塞罗 *Tusculan Disputations* I. 24-27 (LCL edition, pp. 64-79),只是加尔文改变了论点。

但我们仍要自以为是，认为自己发明许多艺术和有用的东西，而夺去神所应得的赞美吗？

此外，有一些人喋喋不休地说是一种秘密的灵感赏赐生命给全宇宙，但他们所说的一切不但毫无说服力，也是完全亵渎神的。也因此他们喜欢维吉尔（Vergil）这首名诗：

> 起初，内在的灵充满天、地、日、月和沃田。
> 这灵的心智引领、感动万有，并与万有联合。
> 这联合产生人类、飞禽、走兽，
> 甚至清澈如玻璃海下神秘的生物。
> 这些生命的种子都以火为力，以神为源。⑲

就好像神为了彰显自己的荣耀所创造的宇宙是自我创造的！此外，这位诗人在另一首诗中也表达了希腊人和拉丁人普遍的想法：

> 据说，蜜蜂领受心智，这天上来的福分。
> 因世人说，神充满万有：全地、海洋、天空。
> 群鸟和牛群、人类和各样野兽脆弱的生命从他而来，
> 至终也归回他。
> 他们并非被造，不死，再更新，翱翔众星之天。⑳

难道遍及全宇宙的心智赐生命给世界，这虚妄的猜测能造就和培养敬虔的心吗？更明显的证据是，那极其污秽如脏犬般的卢克莱修（Lucretius）所说亵渎神的话，因为他所说的正是出自这一原则。㉑事实上，他捏

---

⑲ Vergil, *Aeneid* VI. 724-730 (translation adapted from H. R. Fairclough in LCL Vergil I. 556 f.).
⑳ Vergil, *Georgics* IV. 219-227 (translation adapted from H. R. Fairclough in LCL Vergil I. 210 ff.).
㉑ Lucretius, *De rerum natura* 1. 54-79 (LCL edition, pp. 6 f.).

造了一位虚幻的神，而摒弃了那位我们应当敬畏和赞扬的真神。我承认人有可能敬虔地说自然就是神，只要这想法是出于敬畏神的心；但无论如何，这种说法仍是不恰当的，因为自然是神所安排的秩序。在这么重要的事情上，格外的虔诚是应当的，所以将神与他的受造物混为一谈是邪恶的，[22]神乃是我们敬拜的对象。

6. 造物主在受造物上彰显他的主权

[e]当我们每一个人思想自己本性时，要留意有一位独一无二的真神掌管所有的人，并且他要我们仰望他、相信他、敬拜和求告他。我们若享用那些证明我们里面带有神性的奇妙恩赐，却忽略白白赐我们恩赐的神，则没有比这更荒谬的了。[b]神以大能清楚地启示他自己，为了要吸引我们思想他！除非我们不知道是谁以他大能的话语托住这浩瀚的天地：他只要点头就能以雷声震动天庭、以闪电照耀天空，有时以暴风雨扰乱天上的平静，之后又随己意刹那间叫它们平息，也完全控制那不断威胁陆地的大海；[23]有时又以狂风可怕地搅动大海，有时又叫波涛平静、大海平息！[e]圣经记载大自然亦颂赞神的大能，特别是在《约伯记》和《以赛亚书》。我现在略过这些例子不谈，稍后当我用经文探讨宇宙的起源时会提及这些。[24]我上面所说的只是要指出，非基督徒和基督徒都能使用这方式来寻求他：[25]只要他们探索天地间彰显神形象的轮廓。[b]神向

---

[22] 这些句子呼应拉克唐修的陈述。拉克唐修赞扬塞涅卡是最好的斯多葛派，因为他"将自然视为神自己"。*Divine Institutes* II. 9（CSEL 19. 134；MPL 6. 299；tr. ANF VII. 53）。然而拉克唐修也指出由此认同所导致的混乱，*op. cit.*, III. 28（CSEL 19. 264；MPL 6. 438；tr. ANF VII. 97）。

[23] 加尔文的宇宙论是传统式的。他相信"水既然是四行之一，必定是圆的，而因它比空气重又比地轻，所以理智地说理当淹没整个大地"。他在 Comm. Gen. 1∶6-9 中说：神在创世时将地和水分开，使旱地露出来，然后以"永久的定律"勒住大海，免得淹没大地。"因此我们得知唯有神的吩咐（海听从了此吩咐），此外没有任何事物能拦阻大海淹没全球、越过大地，而海听从了。"Comm. Jer. 5∶22；参阅 Comm. Ps. 33∶7。

[24] 参阅 I. 14. 1-2，20-22。

[25] 加尔文在此描述人寻求神的方法（这是 1559 年的《要义》版本加入的）。显然这只是根据人的理智立论，而他对圣经的引用是用来比较和确认的（参阅 I. 10. 2），而非用来建构他的论点。

我们彰显他的大能，好使我们思想他的永恒性，因为那创造天地万物的主宰必定是自有永有的。此外，如果我们想知道神为何创造这一切并仍然保守它们，答案是，这完全是由于他的良善。这是唯一的理由，却足以吸引我们去爱神，因先知告诉我们，每一个受造物都蒙神丰盛的怜悯（诗145：9；参阅次经便西拉智训18：11，18：9，Vg.）。

7. 神的治理和审判

ᵇ我们所要谈的第二种作为在自然的作为之外，而在这作为上神也一样清楚地彰显他的大能。因神在治理人的社会时，也适当地护理这社会。㉖虽然他在无数方面以仁慈对待万人，却也天天公开地表示他对敬虔之人的怜悯和对恶人的惩罚。无人能质疑神会严厉报应人的恶行。神清楚地彰显他自己是义人的保护者和辩护者。因为他赐福给义人、照顾他们的需要、安慰他们的痛苦、消除他们的灾难，更在这一切之上为他们安排救恩。虽然神允许恶人暂时享受罪中之乐而不受罚，同时也允许正直人和无辜人被许多患难击打，甚至遭受不敬虔之人恶毒的压迫，但我们仍应坚定不移地相信神的公义。而从另一个角度来看，即当神彰显他的怒气而处罚一种罪时，就证明他恨恶所有的罪；当神尚未处罚一些罪时，总有一天他必定审判这些罪。同样，当神极宽容地不断怜悯可恶的罪人，赐给他们各种福分，以胜于父亲般的慈爱呼唤他们转向他，直至他的仁慈击碎他们的邪恶，那时，我们就能清楚地看见神伟大的怜恤！

8. 神掌管人的生命

ᵉ先知告诉我们，当穷困和失丧的人在他们绝望无助时，神突然奇妙出人意料地救助他们，这也是让我们思想神怜悯的绝佳机会。神保护那

㉖ 参阅 I. 16-18，加尔文在这些篇幅中更详细地讨论神对人生命中事件的护理。

些在旷野中流浪的人不被野兽吞吃，并且引领他们回到正路（诗107：4—7）；神赏赐饮食给饥饿的人（9节）；他把被囚之人从可憎的地牢和铁铐里释放出来（10—16节）；他将遭遇船难之人平安地带回港口（23—30节）。他治愈奄奄一息的人们的疾病（17—20节）；他以炎热和干旱烫伤大地，或以他的恩典浇灌大地使之肥沃（33—38节）；他从众人中提拔谦卑人，或使居高位者降卑（39—41节）。先知借着列举这类例子告诉我们看似偶然之事，实则是神护理的众多证据，特别能证明他父亲般的慈爱。因此敬虔的人就有欢喜快乐的根据，至于恶人和神所遗弃的人，神则是借此塞住他们的口（42节）。但大多数人因为陷在自己的错误之中，反倒在这耀眼的剧场中被弄瞎了心眼。[27]先知宣告说，以智慧留意神的这些作为是少见的（43节），甚至一些在其他方面看来聪明的人，当他们观察这些事时却一无所获，千百人中也难[28]找到一位真正能看见这荣耀的人！

[b]然而神的大能和智慧并没有隐藏在暗处。一旦不敬虔之人的凶猛（虽然人人看来是难以征服的）在刹那间被制伏了，他们的狂傲立即消失，他们最坚固的堡垒被摧毁，他们的镖枪和盔甲被击碎，他们的力量衰残，他们的企图被推翻，身体仆倒；虽然他们曾经傲慢不可一世，现在却降卑到无地自容；相反地，神使谦卑人从尘土中受提拔，使穷乏人从粪堆中被提升（诗113：7）；神把受压制和被逼迫的人从他们的患难中拯救出来；将盼望赏赐给绝望中的人；手无寸铁、人少力微的人，从全副武装、人多力强的人手中夺取胜利，在此神的大能便清楚地向我们显明了。的确，当神各按其时安排一切，叫世人的智慧变为愚拙（参阅林前1：20），"主叫有智慧的，中了自己的诡计"（林前3：19 p.；参阅伯5：13）时，神的智慧便彰显他的荣耀。简言之，他使一切都恰到好处。

---

[27] 在I.6.2；I.14.20；II.6.1；III.9.2；Comm. Gen. 1：6；Comm. Ps. 138：1以及在其他各处，加尔文都提出了天地是个剧场（theatrum）的类似说法，在其中我们可以看见造物者的荣耀。
[28] 参阅I.4.1。

9. 我们不应当用自己的头脑虚构神；反而要从他的作为上认识他

ᵇ可见，我们无须辛苦地寻找证据来说明和证实神的威严，因为从以上我们信手拈来的例子中，无论从哪一个角度来看，这些证据是如此明显，随处可以看见指出。在此我们要再次指出，神所要我们对他的认识，不是那种空洞的思辨，仅漂浮在人的头脑之中，而是只要一经接受、扎根在心中㉙，就能结果不止的认识。因主以他的大能彰显自己，而我们的心感受到这大能，并享受这大能所带给我们的益处。因此这清楚的认识必定更深刻地打动我们，远胜过一位我们所不认识的神。显然寻求神最完美和恰当的方式，不是以任意妄为的好奇心深入考究神的本质，因为我们应当颂赞这本质更胜过对其细枝末节的追根究底。要思想他的作为来寻求神，因为神借着他的作为使我们亲近、认识他，并在某种程度上亲自与我们交通。使徒保罗说，我们无须从远处寻求他，因神借他的大能居住在我们心里，他所指的正是这点（徒17：27—28）。因这缘故，大卫一旦描述神时便感觉无法言尽神的伟大（诗145：3），紧接着又说他要谈论神的作为并传扬他的大德（诗145：5—6；参阅诗40：5）。我们如此寻求神也于我们有益，因为这样的寻求会充分发挥我们的思考力，并诧异地发现神的奇妙而深受感动。ᶜ也就如奥古斯丁在别处所教导的，我们因发现他的伟大无法测透而感到灰心，此时我们就当仰望他的作为，好让神在他作为上所彰显的慈爱更新我们。㉚

10. 认识神的目的

ᵇ这种对神的认识不但会激励我们敬拜他，也会使我们醒悟并激发我们对永世的盼望。㉛因为当我们发觉神对于他怜悯和审判的彰显在今生只是一

㉙ 加尔文在这里分辨 cerebrum 和 cor，即头脑和心与认识神之间的关联，并典型地赋予后者重要性。参阅 I. 2. 1；III. 2. 36；III. 6. 4。讨论其教义上存在论的特色，见 E. A. Dowey, *The Knowledge of God in Calvin's Theology*, pp. 24-28。

㉚ Augustine, *Psalms*, Ps. 144. 6（MPL 37. 1872；tr. LF *Psalms* VI. 319）。

㉛ 参阅 III. 9。

个起头时,无疑地,我们应该视它们为将来更大之事的序幕,这些事的完全显现要得到来世。另一方面,当我们看到恶人逼迫敬虔之人,或不公义地对待、恶毒地毁谤、侮辱和咒骂敬虔之人,却反而兴旺,安享尊荣而没有受罚,我们应当立即推论,在永世一切的罪都要受报应,而义行将得奖赏。此外,既然我们知道信徒常常被神的杖管教,我们也可以确信总有一天恶人将受主的鞭打。ᵉ事实上,奥古斯丁有一句名言:"若神现在公开地刑罚一切的罪恶,如此一来,在最后的审判中就好像没有什么可审判的罪了。另一方面,若神不公开地刑罚任何罪,我们又会怀疑神的护理。"㉜

ᵇ所以我们必须相信,在神的每一个作为上,尤其是在他的整体作为上,这一切都清楚地彰显神的大能,就如一幅画。神借此邀请并吸引全人类认识他,也使人因这认识获得真实和完全的快乐。神的作为最清楚地显明他的大能。唯独在我们省察自己和思想神如何彰显他的生命、智慧以及大能,并神为我们的缘故如何显明他的公义、良善以及怜悯时,我们才会领悟神大能的主要目的、价值以及我们为什么需要思考这些。ᵉ大卫指责不信的人是愚顽人,因为他们不思考神治理人类的周详计划(诗92:5—6)。他在另一处所说的也非常正确:在治理人类的事上,神奇妙的智慧多过我们的头发(参阅诗40:12)。但因我以后会更详细地谈到这一点,㉝所以现在先略过不提。

但人却不认识和不敬拜神,反陷入迷信和迷惑之中(11—12)

11. 在创造之工上有关神的证据仍于我们无益*

ᵇ虽然神的作为很清楚地反映他的神性和他永远的国度,但我们却如此愚昧,对这么明显的见证越来越迟钝,以致无法从中得到益处。虽然宇宙有完美的体系和秩序,但当我们举目观看天空或环顾四周时,到底

㉜ Augustine, *City of God* I. 8 (MPL 41.20; tr. NPNF II. 5).
㉝ 参阅 I. 16.6-9。

有几人会在心中想起造物主？我们岂不是悠然地观看他的工作，却不理会造物主吗？事实上，当某些意外发生时，大多数人难道不是都认为人像在旋涡里受盲目命运的摆布，㉞而并不承认神的护理在掌管一切？有时这些意外驱使我们想到神（所有人都会经历这种情况），然而当我们感受到有一位神存在时，我们便立刻又陷入属肉体的狂想和臆测中，以我们的狂傲败坏神纯正的真理。一方面我们每个人的确不同，因为我们每个人都各有自己特别的错误；然而另方面，我们每个人都大同小异，我们都因为一些奇异的细枝末节离弃了独一的真神。不只是凡夫俗子和愚钝之人，甚至连那些最优秀和拥有敏锐辨别力的人都犯有同样的毛病。

甚至所有的哲学家也是如此愚昧无知地离弃神！虽然我们可以原谅其他哲学家（他们所行像十足的愚顽人），但居然连那最笃信宗教和谨慎的柏拉图也陷入圆形球体说。㉟如果连那些负责指引人道路的思想家也彷徨和跌倒，那其他人就更不待言了。神不但在创造之工上，也在治理人类上清楚地彰显自己，这是无可否认的；然而我们在如此清楚的彰显下仍得不到任何益处，因为我们的行为证明，我们相信一切都是盲目、反复无常的命运所决定的！因为我们何等地倾向虚妄和谬误，我所指的是最杰出的人，而不是那些极端疯狂亵渎神真理的粗俗人。

12. 人类的迷信和哲学家的错误遮蔽了神的启示

ᵉ如此，整个地球就被极其污秽可憎的错误所充满。既然每个人的思

㉞ "Caeca fortunae temeritate." 参阅这一段之后的 "temeraria fortunae voluntate"，以及在 I. 16. 2；I. 16. 8；I. 17. 1 的类似说法。人们在古时将运气拟人化和神格化，西方人迷恋此观念，在文艺复兴时期也成为对话中的常见词语，那时机会、命运的观念与神安排万事的观念之间的抗衡，曾蔚为风尚。加尔文在这里和其他引用之处所指的或许是拉克唐修在他的 *Divine Institutes* 里 III. 28. 45 (CSEL19. 264；tr. ANF VII. 97) 对这想法的否定；以及奥古斯丁，e. g., in *City of God* V. 9-11 (MPL 41. 447-450；tr. NPNF II. 90-93)；*Retractations* I. 1. 2 (MPL 32. 585)。也见 C. N. Cochrane, *Christianity and Classical Culture*, pp. 478 ff.; H. R. Patch, "The Tradition of the Goddess Fortuna," *Smith College Studies in Modern Languages* III, pp. 204-230；A. Doren, *Fortuna im Mittelalter und in der Renaissance*, pp. 71-144。

㉟ Plato, *Timaeus* 33 b (LCL Plato VII. 62 f.), 参阅 Cicero, *Nature of the Gods* I. 10. 24, 维勒 (Velleius) 讽刺地说，他喜欢其他四个几何图形，胜过柏拉图的球体 (LCL edition, pp. 26 f.)。

想宛如迷宫，㊱那么每一个种族被引诱去相信各种不同的谬误，就不足为怪了。不仅如此，几乎每一个人都拜他自己的神，因为人心不但无知、黑暗，而且急躁、肤浅，甚至几乎每一个人都为自己雕刻偶像，就像巨大的泉源会不断往外冒水，同样地，人心也涌出众多的神。人人都放肆地捏造各种关于神的观念，在此我们无须列出从古至今迷惑世人的众多迷信，因为那没有穷尽，即使对此只字不谈，仍有充分的证据足以证明人心的盲目有多可怕。那些试图用理智和学问测透天国奥秘的哲学家，他们形形色色的观点实在可悲，㊲更不用提那些粗俗和不开化的人了！他们才智越高，技艺和知识越多，就越能掩饰他们的谬论，然而，如果你仔细地审查这些谬论，就会发现它们都是虚妄的。斯多葛派自以为是地告诉我们，人能从自然的各个部分得出对神不同的称呼，同时仍保持神的统一性，但人已极端地倾向虚妄，所以他们的多神论观点反而使人更可怕地落入迷信中！就连埃及人的神秘神学㊳也企图表现他们在殷勤地思考这一点，免得被人认为不理智。单纯和不谨慎的人会被乍看上去有些合理的观点所蒙蔽，然而在属灵的事上，人所捏造的观念总是败坏真宗教。

正是这种混乱的多神论观点，使得伊壁鸠鲁派及其他藐视敬虔之人的无知者，㊴放胆驱逐了一切有关神的意识。当他们看到最聪明的人互相以对立的观点争论时，他们从这些人的对立，甚至肤浅、荒谬的教导中立即下结论说：当人们寻求一位不存在的神时，只不过是愚昧、毫无意义地折

㊱ 加尔文经常在他的作品中用迷宫的形象象征人的挫折和迷惑。参阅 I. 6. 1；I. 6. 3；I. 13. 21；III. 2. 2-3；III. 6. 2；III. 8. 1；III. 19. 7；III. 21. 1；III. 25. 11；IV. 7. 22。在宗教文学中，将此观念详细解说而令人印象深刻的文献是在康米尼乌（J. A. Comenius）的 *The Labyrinth of the World and the Paradise of the Heart* (1623) (tr. M. Spinka)。

㊲ 学者们对神不同的观念是西塞罗写 *Nature of the Gods* 的原因之一（见 I. 6. 14；LCL edition, pp. 16 f.）。

㊳ Eusebius, *Praeparatio evangelica* III. 4 (MPG 21. 171 f.)；Augustine, *City of God* VIII. 23, 27 (MPL 41. 247 ff., 256；tr. NPNF II. 159 f., 165)；Plutarch, *De Iside et Osiride* 11 (LCL Plutarch, *Moralia* V. 28-29)。

㊴ 加尔文在此无疑指的是西塞罗在 *Nature of the Gods* 里数段指控伊壁鸠鲁派者是实际无神论者的论述（e. g., I. 2. 3，I. 23. 63，I. 30. 85，I. 42. 117，I. 43. 121）；然而这里同样也暗示他在指控当代的人如拉伯雷（Rabelais）。参阅 J. Bohatec, *Budé und Calvin*, pp. 226 ff.。

磨自己罢了。他们以为下这种结论是全然妥当的，因为他们以为彻底否定神的存在，远比捏造不存在的神因而鼓动人无止境地争吵要好得多。这一类的人若不是在下愚昧的结论，就是在利用那些聪明人对立的观点做幌子，来掩饰他们对神的敌意。那些聪明人虽然无知，我们也不能以此作为离弃神的借口。既然所有的人都承认没有什么能像宗教那样，引起有学问和无学问之人如此大的争议，因此，我们可以得出结论：人之所以在寻求神的事上如此惶惑，就证明人对天国奥秘极其愚钝和盲目。有人称赞西蒙尼德（Simonides）的回答，⑩因为当希罗（Hiero）——这位独裁者问他神是什么时，他要求让他思考一天后再作回答。

第二天，当这位独裁者再追问同样的问题时，他再次恳求给予两天的时间思考，之后独裁者又好几次追问他同一个问题，每一次他都要求比前一次多一倍的时间来思考。最后他的答案是："我越思考这个问题，就越觉得模糊。"他智慧地在对他而言不清楚的问题上延迟他的回答。这也同时证明，人若只从自然受教，就绝不会有任何确定、可靠或清晰的认识，反而会为一些混乱的原则所束缚，至终去敬拜一位未识之神（参阅徒17：23）。㊶

坚持谬误是无可推诿的（13—15）

13. 圣灵不接受一切人所构造的膜拜

ᵉ我们必须同时相信，任何败坏纯正信仰的人——若每一个人都固执

㊵ 这个轶事记载在西塞罗的 *Nature of the Gods* I. 22. 60（LCL edition, pp. 58-59）。
㊶ 本章前十二节的主题是自然神学（即人类在有罪的状态中，在没有特别启示帮助的情形下来思想神）。所有的学者都同意上述的话是加尔文对自然神学的立场，并且在他所有著作中立场都是一致的。然而有关加尔文认为自然神学对基督徒而言有用处的看法，意见分歧甚大，特别是基督徒观察自然有何帮助的看法。参阅 I. 10. 2-3。也见 K. Barth 和 E. Brunner, tr. P. Fraenkel, *Natural Theology*; W. Niesel, *The Theology of Calvin*, pp. 39 ff.; E. A. Dowey, *The Knowledge of God in Calvin's Theology*, pp. 64 ff。此外，巴特在他的吉福德讲座（Gifford Lectures）*The Knowledge of God and the Service of God According to the Teaching of the Reformation* 中教导：所有的自然神学与改革宗神学都互相矛盾, e. g., lectures 1, 20。

己见,这是必然发生的——都会使自己与独一无二的真神隔绝。其实,他们会自信地说他们并没有败坏基督教的意图,但不管他们的意图为何或自己以为如何都不能说明什么,因为圣灵判定一切心盲而用邪灵来取代神的人为背道者(参阅林前10:20)。因这缘故,保罗宣称以弗所人是没有神的,直到他们从福音中学到何谓敬拜真神(弗2:12—13)。然而这也不只是指以弗所人而言,因为保罗在另一处也说:在造物者借着创造宇宙彰显自己的威严后,所有人的"思念变为虚妄"(罗1:21)。又因这缘故,圣经为了引领人相信独一的真神,就直言异教徒所宣称关于神的信念都是谎言,而唯独在锡安才有对神正确的认识,且是越来越深入的认识(哈2:18、20)。基督在世时,所有的异教徒中,撒玛利亚人看来是最接近真敬虔的人,然而我们的主耶稣基督亲口说他们所拜的他们不知道(约4:22),这就证明他们被虚妄的谬误欺哄。

简言之,虽然不是每一个人都放纵自己犯下极邪恶的罪,或盲目公开地拜偶像,但单单依靠共同的信念无法产生纯洁和真正的宗教。即使有少数人没有像大多数人一般疯狂地放纵自己,保罗的教导仍然是真实的,即世上有权有位的人没有一个知道神的智慧(林前2:8)。然而若连最上流的人都在黑暗中摸索,更何况下流的人呢?因此圣灵不接受一切按照人的意愿所构造的膜拜就不足为怪了,因为在天国的奥秘上,人所构造的观点即使没有立刻产生许多可怕的错误,却仍是错谬的根源。即使没有带来更有害的结果,然而随意敬拜未识之神(参阅徒17:23)是非常严重的罪。根据基督亲口所说的,一切没有留意律法所教导人应当敬拜哪一位神的人都是有罪的(约4:22)。

的确,最优秀的法官顶多教导宗教是以民意为主。事实上色诺芬(Xenophon)说:苏格拉底赞美阿波罗(Apollo)的神谕,这神谕吩咐各人要照他祖先的方式和他自己城市的习俗敬拜众神。[42]然而,必死之

---

[42] Xenophon, *Memorabilia* IV. 3. 16 (LCL edition, pp. 306 f.).

人凭什么能随己意来界定那超乎万有的神？或人为何降服于他祖先的盼咐，或多数人的意见，甚至毫不犹豫地接受人所教导的神？难道人不是宁愿坚持己见也不要听从别人的决定吗？⑬既然不管是当地的习俗或是传统都不足以成为敬虔敬拜神的根基，那我们就应当等候神从天上向我们启示他自己。

14. 自然对神的启示对我们而言是枉然的*

ᵇ由此可见，在创造宇宙的作为上，有众多的受造物闪烁着造物者的荣耀，但这一切竟都是枉然的。虽然众受造物四面照着我们，却仍无法引领我们走上正道。虽然它们闪现微光，但在它们更明亮地照耀之前就熄灭了。因这缘故，使徒称宇宙是看不见的影像，又说借着信心，我们才知道它们是借神的话所造的（来 11∶3）。他的意思是这些景象将那位看不见的神显明出来，但除非我们借信心，心眼被神的启示所照亮，否则我们便无法领悟。虽然保罗教导，神创造宇宙的作为清楚地彰显神性（罗 1∶19），但他的意思并不是说人能靠自己的辨别力明白这启示，而是说这启示叫人无可推诿。虽然他在一处经文中说，人无须从远处寻求神，因为神离我们各人不远（徒 17∶27），但他也在另一处教导说，神如此靠近我们，对我们有何益处？他说："神在从前的世代，任凭万国各行其道，然而为自己未尝不显出证据来，就如常施恩惠，从天降雨，赏赐丰年，叫你们饮食饱足，满心喜乐。"（徒 14∶16—17，vs. 15—16，Vg.）因此，虽然神以充分的证据、用各样的恩慈，吸引人认识他自己，但人却没有因这缘故停止偏行己路，即行在自己致命的谬误中。

---

⑬ 西塞罗借科塔的口说：他能够只因为这是"我们祖先所传下来"的意见而相信神存在的观点，*Nature of the Gods* III. 4. 9（LCL edition, pp. 294-295）。拉克唐修在他的 *Divine Institutes* 里 II. 7（CSEL 19. 124；MPL 6. 285；tr. ANF VII. 50）引用这句话。

15. 我们是无可推诿的*

ᵇ虽然我们天生没有获得对神纯正、清楚认识的能力，但我们仍是无可推诿的，因为拦阻我们认识神的是我们自己的愚钝。事实上，如果我们以无知为托词，我们的良心也会指控我们是卑劣和忘恩负义的。如此托词岂能被接受？ 就如一个人假装他没有可听真理的耳，虽然他四周围都是无声的受造物大声地宣告真理。或有人假装他看不见无眼之受造物向他指明的真理；也有人假装自己缺乏智慧，虽然连没有理性的受造物都在教导他！㊹ 既然整个自然都在指明正路，我们若仍像浪子般远离正路，则神不理会我们的借口是完全正当的。但无论如何，人之所以将神借着自然奇妙的作为撒在他们心中为了认识他的种子立刻败坏（并因此拦阻这种子结出良善和完美的果子），这罪就要归在他们自己身上。然而不可否认，受造物为神的荣耀所做的辉煌，但单纯的见证的确不足以使我们认识神。因为我们透过自然察觉到神的存在，却又拒绝他，同时在自己心里捏造一些幻象和幽灵来取代神，并将公义、智慧、良善，以及能力所应得的称赞归给假神。此外，我们也天天邪恶地论断神的作为，使这些作为变得扭曲或模糊不清，从而剥夺了神的作为的荣耀，并夺去了造物者所应得的赞美。

㊹ 所有的受造物都述说他的荣耀是加尔文非常喜爱的想法。参阅 I.5.1, 2。

ᵉ第六章 认识神是造物主必须经由圣经的引领和教导

1. 神只借圣经赐给我们对他确实的认识

ᵉ⁽ᵇ⁾神为了叫全人类一同伏在审判下,就在他的作为上毫无例外地向众人彰显自己,然而神或在天或在地向众人所照耀的光辉,只是定人忘恩负义的罪,所以,人必须有另一个方法引领他正确地认识那创造宇宙的神。ᵉ因此,神赐下他话语的光好让人认识他而得救,并且把他所喜悦与他们建立更亲密关系的人视为配得这特权的人。因神见人的心如翻腾的海不得平静,所以在他拣选犹太人作为自己的羊群之后,他以围栏护卫他们,免得他们像其他人那样迷失。他不无道理地以同样的方式保守我们对他有纯正的认识,不然连那些看来比他人站立得稳的人也会立即跌倒。就像那些年老昏花和视力很差的人,如果你给他们一本很有价值的书籍阅读,即使他们能认出是某人的作品,也很难辨认其中的字迹。但当他们戴上眼镜,①就

---

① 在第一卷第十四章第一节中,《创世记》解经书的 "Argument",以及其他地方中都有重复这明喻。这大概也是加尔文对圣经的角色与造物者在创造中启示的关系最确定的言论。关于这个措辞与其含义的讨论,在现代加尔文神学中意见甚为分歧。参阅 B. B. Warfield, *Calvin and Calvinism*, pp. 260 f.; P. Barth, *Das Problem der natürlichen Theologie bei Calvin*; G. Gloede, *Theologia naturalis bei Calvin*; T. H. L. Parker, *The Doctrine of the Knowledge of God: A Study in Calvin's Theology*;以及在 I. 5. 12 里注释 41 的书名。

可以清楚地阅读；同样地，圣经使我们迟钝的心开窍，并使我们原先对神模糊的认识变得清晰，而能正确地认识独一真神。这是神特殊的恩赐——ᵇ即他为了教导教会，不仅使用无声的老师，甚至亲自开启圣口教导他的教会。他不但教导他的选民要仰望一位神，同时也教导他们所当仰望的神就是他自己。这是他从起初对他教会的计划，因此，他不但赐给我们证明他存在的一般证据，而且赏赐我们他的话语，因为就认识他而言，他的话语是更直接、更确实的证据。②

圣经上有两种对神的认识

ᵉ⁽ᵇ⁾毫无疑问，亚当、挪亚、亚伯拉罕以及其他的族长，都借着神话语的帮助得以深刻地认识神，ᶜ并借此在某种程度上与非信徒有别。我现在所谈的还不是那光照及赐他们永生盼望之信心的教义。因为，若要出死入生，他们不但要认识神为创造者，也要认识他是救赎者，无疑地，这两种认识都是从圣经来的。首先，人先得以明白创造、掌管宇宙之主宰是谁，之后神又使人获得叫人灵魂复苏之内在的认识。这种认识不但使人明白神创立并掌管宇宙万物，也使我们认识他以中保的身份做救赎主。但因我们还没有谈到世人的堕落和受造物的败坏，所以现在我也不打算讨论解决这些问题的办法。③读者们，要记住我还没有讨论到神收养亚伯拉罕后裔的恩典之约，或使信徒和非信徒有别的教义，因为这教义是以基督为根基的。在这里我要探讨的只是如何从圣经上知道，区分创造宇宙的神与众多的假神的确切记号是什么。这就引领我们谈到救赎之工。④我们现在要运用许多新约圣经以及律法和先知书中清楚提到基督的见证。我们唯一的目的就是要说明创造世界的神已在圣经中向我们启示

---

② 参阅 II. 1-5。
③ 参阅 II. 6, 7, and III, passim. 有关盟约的教导，也见 II. 8. 21；II. 10. 1-5，8；II. 11. 4，11；III. 17. 6；III. 21. 5-7；IV. 14. 6；IV. 15. 22；IV. 16. 5，6，14；IV. 17. 20。
④ 参阅 II. 5. 7；II. 16. 5-12。

自己,并且圣经也清楚地阐明了神的属性,免得我们走弯路,去寻找某种不确定的神。

2. 圣经是神的话

^{e(b)} 不管神是借着圣言、异象或人的传教事工使众族长认识他,他们都确实知道神要他们传给他们后裔的真道是什么。无论如何,神将对真道的确信刻在他们心中,以至于他们深信他们所领受的教义是来自神的。⑤因为神借着他的话语赏赐人永远明晰的信仰,并使这信仰远超过任何人的见解。最后,为了确定真道会在世上世世代代被传扬,神便乐于将他交付众族长的圣言记录下来,如同记录在公众的法版上一样。^e这就是神为何颁布律法,之后又差遣先知解释他的律法。神将律法特别交付摩西和其他的先知,是为了教导人如何能与神和好,因此保罗称"基督是律法的总结"(罗10:4),稍后我们会更清楚地解释律法在其他多方面的用途。⑥我再次重申:除了基督做中保好拯救我们的特殊启示(包括信心和悔改的教义)之外,圣经也借着神创造和管理宇宙的启示清楚地分辨真神与众假神。因此,虽然人迫切需要认真思考神创造的作为(神将人安置在这个宇宙剧场中做神奇妙作为的观众),但人更需要留心听神的道,好使自己获得更大的益处。难怪那些生在黑暗里的人变得越来越麻木、刚硬,因为很少人愿意约束自己,对神的话语存一颗受教的心,反而夸耀自己的虚妄。所以我们若想领受真正的基督教信仰,就必须相信这信仰是根基于天上的教义,除非我们研究圣经,否则就丝毫不能明白纯正的教义。抱着敬畏的心接受神在圣经中乐于向我们启示的关于他自己的真理,才是智慧的开端。顺服不仅是全备和完美的信心的

---

⑤ 对于圣经的来源,加尔文在这里没有解释神默示圣经的方式。然而他的话暗示神不是用机械式听写的方法 (mechanical verbal dictation),而是将他的真理摆在圣经作者的心里。也见 J. T. McNeill, "The Significance of the Word of God for Calvin", *Church History* XXVIII (1959), pp. 131-146。

⑥ 参阅 II. 7 and 8。

根源，任何对神正确的认识都离不开它。⑦ᵉ⁽ᵇ⁾ 而历代以来，神借着赏赐他话语这特殊的护理，使人能够顺服他。

3. 在圣经之外人落在谬误里

ᵇ只要我们想到人有多容易忘记神、对犯各种罪的倾向有多大、对捏造新兴和虚假宗教的欲望有多强烈，我们就能明白人何等迫切地需要神将天上的教义记载下来，免得这教义因人的健忘而枯萎，或因人的罪而消失，或因人的骄傲被败坏。可见，神赏赐圣经给一切他所喜悦教导的人，因他知道即使宇宙中最美丽的受造物也不能使人认识他。如果我们真的想认识神，就必须行走在圣经指引的真道上。我们必须研究圣经，因为圣经正确地描述神的作为并启示他的属性，这样才能避免用我们堕落的思想去评断神的作为，而用神永恒的真理做准则。正如我以上所说的，我们若偏离圣经，即使我们急速前行，也不能到达目的地，因为已经偏离了正路。我们应当这样想，保罗所形容人"不能靠近"的神的荣光（提前6：16），对我们而言，除非圣经引领我们，否则，这荣光是我们无法走出的迷宫。所以在圣经的真道上跛行，也远胜过在歧途上疾行奔跑好。⑧ᵉ 因此，大卫王常常教导人应当除掉世上的一切迷信，好让真宗教兴旺，他是在告诉世人神作王（诗93：1，96：10，97：1，99：1；以及其他类似之处）。他所说的神"作王"并不是指神的能力，也不是指他用来掌管整个自然的能力，而是指神宣告他合法主权的教义。除非对神正确的认识根植于人心，否则众谬论皆无法自人心根除。

---

⑦ 巴特（K. Barth）引用这句话 *"Omnis recta cognitio Dei ab obedientia nascitur"* 为要证明对教义的理解必须先有信心（*Kirchliche Dogmatik*. I. 1. 17；tr. G. T. Thomson, *The Doctrine of the Word of God* I. 19）。

⑧ Augustine, *Psalms*, Ps. 31. 2. 4（MPL 36. 260；tr. LF *Psalms* I. 253）；*Sermons* 141. 4："*Melius est in via claudicare quam praeter viam fortiter ambulare*"（MPL 38. 778；tr. LF *Sermons* II. 656 f.）. 参阅 *Sermons* 169. 15（MPL 38. 926；tr. LF *Sermons* II. 870 f.）。

4. 圣经能够教导我们受造之物所无法启示的

ᵇ因此，大卫在宣告"诸天述说神的荣耀、穹苍传扬他的手段。这日到那日发出言语、这夜到那夜传出知识"（诗19∶1—2 p.）后，立刻提到神话语的启示："耶和华的律法全备，能苏醒人心；耶和华的法度确定，能使愚人有智慧；耶和华的训词正直，能快活人心；耶和华的命令清洁，能明亮人的眼目。"（诗18∶8—9, Vg., 19∶7—8, EV）ᵉ⁽ᵇ⁾ 虽然先知在此也包含律法的其他功用，但他在这里主要的意思是，既然神让人观看天地的作为不足以呼召万民归向他，故圣经才是他儿女的教科书。ᶜ《诗篇》29篇也有同样的教导，先知在里面形容神可畏的声音，以打雷（3节）、刮风、暴风雨、旋风和大浪击打地球，使大山摇动（6节）、使香柏树脱落净光（5节），最后说唯有在会幕里神的名才被称颂，因为不信之人对于自然的一切充耳不闻（9—11节）。同样地，在另一篇中，先知在描述大海可畏的波涛之后，颂赞神的法度，"他的法度最的确；他的殿永称为圣，是合宜的"（诗93∶5 p.）。ᶜ因此，基督也对撒玛利亚妇人说：你的同胞和世上的人所拜的他们不知道；唯有犹太人敬拜真神（约4∶22）。人心因软弱无法认识神，除非得蒙神圣洁话语的帮助，否则当时所有的人——除了犹太人以外——因在神的话语之外寻求神，必定会在虚空和错误中跌倒。

^e第七章　必须由圣灵印证,圣经的权威①才得以确立;若说圣经的可靠性依赖教会的判断,这是邪恶的谎言

1. 圣经的权威不是来自教会,而是来自神

^e在我进一步教导之前,圣经的权威值得一提,②不仅仅是为了预备我们的心敬畏圣经,也是为了除掉一切的疑惑。^b当人承认那被宣扬的就是神的道时,没有人悖逆并怀疑正在说话的那位神的可靠性,除非他既没有常识,也没有人性。天上并没有天天降下圣言,因为神喜悦唯独借着圣经将他的真理分别为圣,让人永永远远记念(参阅约5∶39)。^{e(b)}唯有当信徒深信圣经是来自天上的启示时,圣经在信徒心中才拥有至高无上的权威,^b就像他们在天堂听到神活泼的话语一般。因此,这个主题非

---

① 参阅 IV.8。加尔文在这章中讨论圣经的权威和默示。
② 第七章至第九章是加尔文对圣经权威的教导。圣灵神性(I.13.14-15)以及救赎之工的教义(整个第三卷,特别是第一章至第二章)是加尔文圣灵"内在见证"的神学背景。加尔文请读者们参阅第一卷第七章第五节,但许多人常常没有注意这句话。我们是否认为第七章至第九章就是加尔文对圣经权威完整的教导,或认为这教导只是包括在第三卷第二章的范围内。我们持哪一种看法会大大地影响我们如何解释加尔文的神学立场。参阅 Warfield, *Calvin and Calvinism*, p.71, *et passim*; Doumergue, *Calvin* IV.68, 247; Dowey, *The Knowledge of God in Calvin's Theology*, pp.87, 157-164, 174。

常值得我们更深入及透彻地探讨和研究。不过，虽然更详细地探讨神话语的重要性值得我们花更多的篇幅，但如果我就此打住，回到本书原计划的主题，希望读者们不会介意。

现今很多人相信一个致命的谬论，即教会给予圣经多少权威，圣经才拥有多少权威，仿佛神永恒不变的真理需要依靠人的确认。他们质问：谁能说服我们这些作品来自神？谁能向我们证明圣经毫无谬误地流传至今？谁能说服我们以敬畏的心接受一卷书却拒绝另一卷？除非教会订定明确的准则供我们分辨。此乃在讥笑圣灵，因为他们认为要由教会来决定③人应当对圣经存多少敬畏之心，并决定哪一些书卷应当被认定为神的话语。这群亵渎之人企图以教会的名义肆意专权，他们并不在乎用何种荒谬的方式为自己和他人设下陷阱，只要能强迫天真的人接受：教会在一切事上拥有权柄。然而倘若这确据完全依赖人的判决，那么那些因良心不安而寻求永生确据的人怎么办呢？难道倚赖人作判决的答复会让他们不再彷徨和颤抖吗？此外，我们若相信圣经的权威不可靠到完全依赖人的喜好，那么不敬虔的人就有更好的理由嘲笑我们的信仰，众人也会对圣经的可信性质疑。

2. 圣经就是教会的根基

[b]但我们只要引用使徒保罗的一句话就可以反驳那些强辩者。他说，教会"被建造在使徒和先知的根基上"（弗2：20）。如果先知和使徒的教导是教会的根基，那在未有教会之前，教导就已拥有权威。因此，天主教狡猾的异议是毫无根据的，即虽然教会建立在使徒和先知的根基上，

---

③ 参阅 Bullinger, *De scripturae sacrae authoritate* (1538), fo. 4a。科克拉乌斯 (Cochlaeus) 在他的 *De authoritate ecclesiae et scripture* (1524) 以及 *De canonicae scripture et catholicae ecclesiae authoritate, ad Henricum Bullingerium* (1543) 中，为教会有解释圣经权柄的主张辩护。在第二部作品的第三章中科克拉乌斯说，他并不认为教会的权威胜过圣经的权威，但他坚持（第四章）教会有跟圣经差不多（*circa scripturas*）的权威，并且这是教会必须拥有的权威。亦参阅 John Eck, *Enchiridion* (1533), ch. 1, fo. 4a-6b。

然而在教会的权威之外，我们却无法判定哪些书卷是先知和使徒的作品。但若基督教教会一开始是建立在先知的作品和使徒的证道之上，那么，无论这教义是在哪里被发现，其被接受必定先于教会。④没有这样的接受，教会本身就永远不会存在。那就是说，若说判决圣经的权柄在于教会，并且认为圣经的可靠性依靠教会的认定，这是完全没有意义的。虽然教会接受圣经，也认定圣经的可靠性，但这并不表示在教会认定之前，圣经是不可靠或是富有争议性的。教会反而因为认定圣经是她所敬拜之神的真道，就坚定不移地尊敬圣经，这是她敬虔的本分。至于天主教的困惑——除非我们以教会的判决为根基，否则怎能确知任何的书卷是从神而来的呢？这正如有人问道：我们如何分辨光和暗、白和黑以及甜和苦？事实上，圣经本身自证它是真理，⑤就如白色和黑色、甜和苦本身自证自己的颜色和味道一样。

3. 他们也无法引用奥古斯丁的话来反驳这证据

ᵈ我也知道他们常常引用奥古斯丁的话，即若不是教会的权威驱使他相信福音，他就不会相信，⑥然而我们从他所说的上下文中可以很清楚地知道，他们何等错误和诡诈地扭曲了奥古斯丁的这句话。奥古斯丁的这句话是针对摩尼教徒（Manichee）说的，他们宣称自己所传扬的是真理，却没有提出任何证据，还期望众人相信他们所传的。因为他们利用福音掩饰他们所传的摩尼，所以奥古斯丁就质问："若他们碰到

---

④ 参阅英译本导言中关于圣经先于教会是宗教改革者普遍的观点。路德在 *Lectures on the Psalms* 中（*Werke* WA III. 454）说："圣经是孕育神真理和教会的子宫。"参阅 K. Holl, *Gesammelte Aufsatze zur Kirchengeschichte* I. Luther, 288 ff.；R. E. Davies, *The Problem of Authority in the Continental Reformers*, pp. 41 f.；McNeill, *The History and Character of Calvinism*, pp. 73 ff.。

⑤ 参阅 I. 7. 5。

⑥ 奥古斯丁, *Contra epistolam Manichaei quam vocant fundamenti* 5（MPL 42. 176；tr. NPNF IV. 131）："就我而论，若非大公教会权威的驱使，我就不会相信福音。"路德在他的单张 *That the Doctrines of Men Are to Be Rejected*（1522）中对奥古斯丁这句话的解释与加尔文的一样（*Werke* WA X. 2. 89；tr. *Works of Martin Luther* II. 451 ff.）。

一位根本不相信福音的人，要用什么说服力使人相信他们的观点呢？"他接着说："事实上，我就不会相信福音"云云，意思是说若他在信仰之前是非信徒的话，那么除非教会的权威驱使他，否则他不会接受福音是神确实的真理。可见一个尚未认识基督的人会尊重来自人的权威是不足为奇的。所以奥古斯丁并不是在教导敬虔之人将信心建立在教会的权威之上，他也不主张福音的可靠性是依赖教会。他所教导的是，对非信徒而言，除非是教会所公认的信仰，否则无法说服他们相信。接下来他更进一步地肯定这一点，说："若我高唱我所相信的，却嘲笑你所相信的，那我们判定的标准在哪里？难道我们不该不理会那些自称为传真理，却只是想说服我们相信一些没有根据之事的人吗？难道我们不该跟随另一些人，他们劝我们先相信那因软弱而不能完全明白之事，而这信却使我们得以坚固，能明白我们所信的（西1：4—11、23），不是人而是神自己在我们里面坚固并光照我们的心？"⑦

这是奥古斯丁亲口说的。从这些话中，可以很容易地推出这位敬虔之人的意图，他不是要教导我们对圣经的信任是依靠教会的认同或判断，他的意思与我们所主张的一样，即那些未曾被圣灵光照的人，若敬畏教会就有被教导的心，这样他们可以从福音中恒切地学习信靠基督。所以他才断言：教会的权威能指引、预备人心来信靠福音，但他却盼望敬虔之人的确信能建立在神自己的根基上。我并不否认他在别处——当他想为摩尼教徒所弃绝的圣经辩护时常常以教会公认的信仰来说服他们。因此他谴责福斯图斯（Faustus）⑧不信福音的真理，虽然这福音有根有基、坚如磐石且极其荣耀，并从使徒时代明确传承至今。但奥古斯丁从未教导过，我们所赋予圣经的权威端赖人的判决或命令。奥古斯丁不

---

⑦ Augustine, *Contra epistolam Manichaei quam vocant fundamenti* 14 （MPL 42.183；tr. NPNF IV. 136）.

⑧ Augustine, *De ordine* II. 9. 27-10. 28 （MPL 32. 1007 f.；tr. R. P. Russell, *Divine Providence and the Problem of Evil: A Translation of Augustine's De ordine*, pp. 122-127）；*Against Faustus the Manichee* 32. 19 （MPL 42. 509；tr. NPNF IV. 339）.

第七章　必须由圣灵印证,圣经的权威才得以确立;若说圣经的可靠性依赖教会的判断,
这是邪恶的谎言　47

过是提出教会公认的信仰来支持他的看法,说服摩尼教徒。若读者想知道更充分的证据,请阅读奥古斯丁的小册子《论信之功用》(*The Usefulness of Belief*)⑨,他会发现,奥古斯丁自己说,信仰的功用不外乎在于引我们入门,为寻求神提供一个合适的开始;我们不应只满足人的见解,而应当信靠确定无疑的真理。

4. 圣灵的见证强过一切的证据

ᵉ我们应当留意刚才所谈的⑩:除非我们毫无疑问地被说服教义是来自神⑪,否则这教义就没有可靠性。因此圣经最有力的证据始终是:它是神口里所出的话。当先知和使徒宣告神的话时,他们从不夸耀自己的聪明或任何优点,也不依靠理性的证据。他们所夸的乃是耶和华的圣名,叫全世界都降服于他。他们并非随意或虚假地求告神的名,这不是我们自己的看法,而是明显的事实。ᵇ我们若要善待自己的良心——免得我们的良心因为疑惑、动摇或最小的障碍而跌倒——我们的信念就不应该建立在人的理智、判断或猜测上,而应该建立在圣灵隐秘的见证上。⑫ᵉ的确,我们若想用辩论来证明我们的立场——只要在天上有一位神——那么要证明律法、先知,以及福音都是来自神并不困难。尽管有一些有极好判断力及学问的人反对我们,并尽其所能地与我们争辩,但除非他们刚硬到厚颜无耻的地步,否则他们就不得不承认圣经本身有充足的证据证明神在其中说话,这就充分地证明圣经的教导是从天上来的。之后我们也会发现,圣经上所有书卷远超过其他所有的作品。只要我们用纯洁

---

⑨　Augustine, *The Usefulness of Belief* 1.2, 3 (MPL 42.65 ff.; tr. LCC VI. 292 ff.).
⑩　参照 I.7.1。
⑪　参阅 Aquinas, *Summa Theol.* I.1.10: "圣经的作者是神。"
⑫　至于加尔文有关圣灵是圣经真理的内在见证的教义,请参阅 I.7.4; III.1.1; III.1.3 f.; III.2.15, 33-36; Geneva Catechism (1545) 14.91; 18.113 (OS II. 88, 92; tr. LCC XXII. 102, 105); Comm. II Tim. 3:16; Doumergue, *Calvin* IV. 54-69; Dowey, *op. cit.*, pp. 106 ff.; Niesel, *The Theology of Calvin*, pp. 30-39; G. S. Hendry, *The Holy Spirit in Christian Theology*, pp. 72-95。《威斯敏斯特信条》在 I.5 中详细地教导改革宗信仰的立场。

的眼和正直的心来读圣经,就会立刻看见神的威严,这威严将胜过我们大胆的悖逆而迫使我们顺服。

然而那些想用理性的辩论说服人确信圣经的人是本末倒置了。[13]就我而论,尽管我不是很有口才和才能的人,但若要我与那些最狡猾且蔑视神的人争辩——就是那些为了让人认为他们睿智而贬抑圣经的人,我有把握可以轻而易举地叫他们无话可说。如果驳倒他们的狡辩是必要的,我很容易就可以粉碎他们在隐藏之处所夸耀的。然而即使有人能完全拦阻罪人亵渎神圣洁的话语,也无法同时在罪人心里建立敬虔所要求人对神话语的确信。既然对非信徒而言,宗教端赖个人的见解,所以为了避免轻率或愚昧地相信任何教义,他们甚至坚持必须有理性的证据证明摩西和先知所说的是神的话。[14]但我的答案是:圣灵的见证超越一切的理性。因为唯有神才能见证他的话语,[15]同样地,除非圣灵在人心里印证,否则人不会接受它。因此,借众先知的口说话的同一位圣灵必须深入我们的心、说服我们:他们是在忠心地宣扬神的命令。先知以赛亚很贴切地形容这种关系:"我加给你的灵、传给你的话,必不离你的口,也不离你后裔与你后裔之后裔的口。"(赛59:21 p.)有一些基督徒当发现不敬虔的人藐视神的话却没有受罚时,他们会因为无法立刻反驳这些人而感到挫折。但这些基督徒忘了,圣经记载圣灵是敬虔之人的"印记"和

---

[13] 参阅 Lactantius, *Divine Institutes* III. 1 (CSEL 19. 178; tr. ANF VII. 69)。

[14] 巴特和尼塞尔将这节 "Capnio" (Antoine Fumée) 从巴黎寄给加尔文的信——时间在 1542 年末或 1543 年初之间 (OS III. 70, note 1) 联系在一起。这信可在赫明尼亚 (Herminjard) 的 *Correspondance* VIII. 228 ff. 和 CR XI. 490 ff. 里读到。作者是大理院 (Parlement) 的顾问,在这封信中他担心当时在巴黎的一伙人极为危险、消极的信仰立场,这伙人嘲笑永刑和其他公认的基督教教导。他们的格言是:"要生活、要喝酒、要快乐。"为了吸引更多的追随者,"他们以奉承的话抚弄自满的耳朵",而因此"诱惑许多不警醒的人。"博哈特认为拉伯雷是他们的领袖,也提到德佩里耶 (Des Périers) 和多莱 (Dolet)。他指出,这封信里的许多说法都在加尔文的 *De scandalis* (1550) 中反映出来。雅克·格吕埃 (Jacques Gruet) 的观点记录在他原先藏匿但在 1550 年 4 月被人发现的手稿里,他的观点与菲梅 (Fumée) 所描述的类似。(*Budé und Calvin*, pp. 221 f.; OS III. 70, note 1; CR XIII. 567-571.) 参阅 I. 8. 5,注释 6。

[15] 参阅 Hilary of Poitiers, *On the Trinity* I. 18:"那唯独借着他自己的话语才能被认识的神,就是自己最好的见证者。"(MPL 10. 38; tr. NPNF 2 ser. IX. 45)

"凭据"(林后1：22)，除非圣灵光照，否则他们就会因各样的疑惑而动摇。

5. 圣经自我印证

ᵉ我们应当留意这点：那些内心被圣灵教导的人都真正地依靠圣经，而圣经则是自我印证的。⑯因此，若想用证据和理性来印证圣经，是完全错误的。我们应当确信圣经的教导，而这确信是借着圣灵的印证而得的。⑰ᵇ即使我们因圣经的威严而敬畏它，但除非圣灵将神的话印在我们心中，否则它不会真正影响到我们。因此，当圣灵的大能光照我们时，我们并不是凭自己或别人的判断相信圣经来自神，我们确信（就好像我们直接仰望神自己的威严那样）圣经完全是从上帝口中出来的，借着人传给我们，它完整可靠，超乎我们的判断。我们不寻求任何希望能依靠的证据，反而要相信圣经完全可靠是理所当然的。这么做不是像一些习惯于随便相信某种观念的人，在他们更仔细地研究之后，就发现持之无益；我们是毫无疑问地确信自己所相信的是驳不倒的真理。我们也不像那些心灵每日被迷信束缚的可悲之人；我们确信圣经充满无可置疑的大能。借此大能，神吸引甚至点燃我们的心，使我们甘心乐意并主动地顺服神，这大能比任何人的意志或知识更活泼、更有效地使我们顺服神。

ᵉ因此神借先知以赛亚的口贴切地宣告：先知以及全部的百姓都是他的见证，因为他们受了预言的教导，就毫不迟疑地持定那是神的话，并不掺杂欺骗，也不含糊不清（赛43：10）。ᵇ这样的信念并不要求任何的理由；这样的知识与最高的理性毫无冲突。事实上，这知识比任何依靠证据的知识更可靠。总而言之，唯有天上的启示才能产生这样的信念。在此我所说的是每一位信徒内心的经验，虽然我的言语无

---

⑯ "αὐτόπιστον." 参阅 I. 7. 2 (end) and Hendry, *op. cit.*, pp. 76 ff.。
⑰ 参阅 *Summary of Doctrine Concerning the Ministry of the Word and Sacraments*，据说是加尔文写的，然而有许多学者质疑（CR IX. 773-778；tr. LCC XXII. 171-177），尤其是第五和第六段。

法贴切地描述。

　　ᵈ现在我不再多谈,以后有机会我会继续探讨这问题。⑱我们要明白,唯一真实的信心就是神的圣灵所印在我们心里的。ᵉ的确,谦卑和愿意受教的读者必会满足于这一理由:以赛亚应许一切神所重生之众教会的儿女"都要成为神的门徒"(赛 54:13 p.)。神唯独视他的选民配得这祝福,而将他们从全人类中分别出来。事实上,甘心乐意听从神的声音不正是真正明白教义的起始吗?而且神要求我们借摩西的口听从他的声音,就如经上所记:"你不要心里说:谁要升到天上去或谁要下到阴间去。看啊!这道正在你口里。"(申 30:12、14 和诗 107:26 合并,106:26,Vg.)既然神喜悦唯独将这智慧赐给他的儿女,就无怪乎大多数人都那么愚昧无知。我说的"大多数人"也包括神特意拣选的人,直到他们被接在教会的身体上。除此之外,以赛亚宣告:先知的教导不但对外邦人而言是难以相信的,就是对那些希望被认定是属神家庭的犹太人而言也是如此。同时他说明其理由:"耶和华的膀臂并没有显露"给所有人(参阅赛 53:1p.)。因此,当我们看到世上信徒稀少而灰心时,我们要提醒自己,唯有神所拣选的人才能明白神的奥秘(参阅太 13:11)。

---

⑱ 加尔文在第三卷第一章第一节中继续讨论圣灵隐秘的内在运行和见证。这介绍了第三卷的大主题,及"我们领受基督之恩的方式"。参阅注释 12。

ᵉ第八章　理性有充足的证据证明圣经的可靠性

圣经有独特的威严，历史悠久，令人印象深刻（1—4）

1. 圣经远超过一切人的智慧

ᵇ除非人心里有比人的判断更高更强的确信，否则试图用证据来巩固，用教会的公认来确立，或用其他的手段来证实圣经的权威都是徒然的。除非我们立好这根基，否则总是会对圣经的权威发出质疑。相反地，我们一旦以敬虔的心根据圣经的尊严接受它，并承认圣经是与众不同的，那些证据——虽然从前不足以说服我们确信圣经的权威——如今却成为我们极大的帮助。当我们更仔细地研究圣经、思考神智慧的安排时，就会发现这安排是如此的井然有序，发现圣经的教义完全是属天的，没有任何属世的气味，也发现圣经的各部分优美一致，以及其他显明圣经威严的特征。然而当我们发现是圣经伟大的主题而非它优美的言语令我们佩服赞叹时，我们的心就更坚定地相信圣经。事实上，天国奇妙的奥秘之所以能用平凡的言语来表达，乃是出于神特殊的护理。否则这奥秘若是用华美的词语来表达，那不敬虔之人就会嘲笑圣经的说服力只是在于它的文采而已。既然圣经的言语没有润饰，且几乎平凡到粗俗的地步,却比最好的文采更吸引人,因此我们的结论是,圣经真理的力量大到无须文采的帮助。因此使徒保罗有理由宣称,哥林多信徒的信心是"在乎神的大能,不在乎人的智慧"(林前 2∶5 p.)。他在他们当中的证道之所以被接受,"不是用智慧委婉的言语,乃是用圣灵和大能的明证"(林前 2∶4 p.)。当真理不借助任何外在的辅助时,一切的疑惑都漠然冰释。

当我们想到一切人的著作无论多么华丽,都无法像圣经那般感动我们时,就显明圣经独有的力量。你可以阅读狄摩西尼(Demosthenes)、西塞罗、柏拉图、亚里士多德和其他伟大作者的著作。我承认他们的作品会使你沉醉、兴奋、感动,甚至喜极而泣,然而我劝你放下这些作品,改而阅读圣经。然后,你会不由自主地被圣经深深打动。它会深入人心,甚至震撼你,演说家、哲学家的说服力和圣经相比,就显得微不足道,气若游丝。由此可见,圣经之所以远超过任何人的才能和天分,是因为它是从神而来的。①

2. 圣经的影响力并非来自文体,而是由于内容

°的确,我承认一些先知有着优美、清晰甚至天才般的文笔,不会输给任何世俗的作家。②圣灵已在这些先知身上证明他不乏文采,虽然他在一些地方采用平凡和不加润饰的文体。但不管你读大卫、以赛亚或其他口才绝佳的先知,或是牧羊人阿摩司或耶利米、撒迦利亚,这些采用较

---

① 加尔文在此叙述自己的经验。他在深入研究古籍之后,开始以敬虔的心态学习圣经。刚开始,圣经对加尔文只有文学方面的吸引力,后来却成为他坚定的信念。施特罗尔(H. Strohl)引用过加尔文的这段话,也同时提到约翰·斯蒂尔姆(John Sturm)的 Strasbourg Academy。他说斯蒂尔姆用"divus"这一词形容西塞罗,布塞(Bucer)用它形容柏拉图,茨温利用它形容塞涅卡(*La Pensée de la Réforme*, pp. 78 f.)。在 1541 年法文版的同一页中,帕尼耶(J. Pannier)在解释法文版本(1541)中的这句话时,指出勒菲弗尔(Lefèvre)也有同样的经验(*Psalterium quintuplex*, 1509);"我见到光明,使我发现一切人的教导与圣经属神的学问相比算是幽暗的。"(Pannier, *Institution* I. 310, note b on p. 69.)

② 奥古斯丁讨论过圣经作者的修辞法,见 *On Christian Doctrine* IV. 6. 9-7. 21(MPL 34. 92-98; tr. NPNF II. 577-581)。

为纯朴文体的作者，在他们的著作中，圣灵的威严仍处处可见。我并非不晓得撒旦在许多方面模仿神，为的是借着伪装引诱头脑简单的人。如此撒旦也借着朴实，甚至粗俗的言语将不敬的错谬撒在可悲之人的心中，欺哄他们。他常常采用老式的文体，好让他在这面具下掩饰其诡计。③但一般有常识的人就能看穿这种伪装是虚空和可憎的。至于圣经，不论悖逆之徒多么凶猛地攻击它，圣经仍充满人想象不到的思想。我劝你查考每一位先知的书卷，他们每一位都远超过人的能力。因此，那些视先知的教义为寡淡无味之人毫无辨别之力。

3. 圣经悠久的历史

ᵈ也有人详细地探讨过这问题，因此我们现在只要选择一些要点来总结就足够了。除了我所谈过的几点之外，圣经的历史久远占有很重要的地位。因为不管希腊作家多么夸耀埃及神学，但任何宗教的建立都比摩西时代晚得多。④而且摩西也没有捏造一位新神，他向以色列人宣扬的就是族长们历世历代流传下来有关永恒神的事。因他仅是呼吁他们回到神与亚伯拉罕所立的约里（创17∶7）。如果他所传扬的是以色列人未曾听过的，就绝不会被接受。他们将从奴役中被释放，这事普遍到一被提起，以色列中便无人不晓。事实上，关于这四百年的奴役期他们很可能被告知过（创15∶13；出12∶40；加3∶17）。如果摩西（因他的著作远比其他作者的古老得多）的教义是来自当时以色列人古老的传统，可见

---

③ 殉道者查士丁（Justin Martyr）在 *First Apology* 54-60 中认为魔鬼会仿制圣经中的事物，好比那在异教传说中找到的例子，而在柏拉图援用摩西的例子中也可找到（MPG 6.107-118；tr. LCC I. 277-281）。

④ 塔提安（Tatian）在他的 *Address to the Greeks*（ca. 170）31, 36-41 中，宣称摩西的著作比荷马（Homer）以及当时所有知名的作家更早。Clement of Alexandria（*Stromata* I. 15），Theophilus of Antioch（*To Autolychus* III. 23），Eusebius（*Ecclesiastical History* IV. 30 和 *Praeparatio evangelica* II. 1），奥古斯丁（*City of God* XVIII. 37 和 *On Christian Doctrine* IV. 6）以及其他代表性的基督教作家都有相同的观点。塔提安是上述作家中最早期的，如要查阅他的论点，见施瓦茨（E. Schwartz）的版本，此版本是在 O. Gebhardt and A. Harnack, Texte und Untersuchungen zur Geschichte der altchristlichen Literatur IV. 1. 31 f., 37-43（tr. ANF II. 77 f., 80 f.）。

圣经比一切世俗的著作要古老得多。

4. 摩西的榜样证实圣经的可靠性

ᵉ或许有人愿意相信埃及人，他们居然宣称他们的历史比世界的创造还要早六千年。但是他们这样强辩从一开始就为世人，甚至为每一位世俗的作家所耻笑，我无须再费力反驳。而且约瑟夫（Josephus）在他的《驳阿皮翁》（Against Apion）一书中引用一些值得我们留意的古代作者见证，从他们的见证中我们可以得出结论，即万国的历史都证明，律法中的教义从最古老的时候起就是众所周知的，虽然这些种族未曾读过律法的教义，也不十分明白。⑤

为了阻止心怀恶意的人继续怀疑圣经的真实性，以及不给恶人任何反驳的机会，神用最好的方式解决了这两个问题。当摩西引用雅各大约三百年前在神的默示下所宣告的关于他后裔的预言时，难道摩西是在抬高他的支派吗？不，他反而是在利未身上让自己的支派永远蒙羞。摩西说："西缅和利未的刀剑是残忍的器具。我的灵啊！不要与他们同谋；我的心啊，不要与他们联络。"（创49∶5—6 p.）诚然，他本来可以对那难堪之事闭口不言，不让这羞辱成为他自己和他全家的污点。既然摩西先向他自己支派的人宣告他们的祖先利未被圣灵示喻为可憎的，那我们怎能怀疑摩西的诚实性呢？摩西并没有想到他自己的利益或不愿忍受族人的咒骂，无疑他的族人会觉得这对他们是莫大的侮辱。并且，当他记载他哥哥亚伦和姐姐米利暗（民12∶1）恶毒的抱怨时，他是出于自己的肉体而说的，还是顺服圣灵的命令呢？此外，既然他在犹太人中的地位最高，为什么没有让他的儿子做大祭司，反而把他们安排在最卑微的位置

---

⑤ 奥古斯丁的 City of God XVIII. 40（MPL 41. 599；tr. NPNF II. 384）中云，弗拉维斯·约瑟夫（Flavius Josephus）是犹太的历史学家，他的两本关于犹太古史的著作反驳了阿皮翁的论点，宣称摩西的律法比一切异教立法者的法律更古老，也更公正和更人道。如要参阅所提到的论点，见 Contra Apionem I. 22；II. 36；II. 39（CSEL 37. 36，132，137 ff.，LCL Josephus I. 226 ff.，394 ff.，405 f.）。

上呢？我只列举了众多例子中的几个，律法书中有众多的证据证明摩西确实是神所差派的使者。

反驳对神迹和预言的异议（5—10）

5. 神迹增强神使者的权威

ᵈ摩西所记载为数众多且令人刮目的神迹，大大地印证他所颁布的律法和他所教导的教义都是来自神。因为神用云彩托住他，把他带到山上。他在山上的四十天中完全与人隔离（出 24：18），当他颁布律法时，他的面如太阳发光（出 34：29），并且四周闪电，天上雷声不断，角声洪亮（出 19：16），且会幕的入口被云遮掩，无人能看见（出 40：34）；神借着可拉、大坍、亚比兰以及他们邪恶同党可怕的灭亡⑥，奇妙地证实摩西的权柄（民 16：24）；当摩西用杖击打磐石，立刻便有泉水涌出（民 20：10—11；出 17：6；参阅林前 10：4）；当他祷告，吗哪便如雨从天而降——难道神不是借这一切从天上印证摩西就是他的先知吗？若有任何人误以为我将不确定的事当作事实，要反驳这狡辩是轻而易举的。既然摩西在以色列众人面前记录这一切的事，甚至亲眼看见这些事件的人也在一旁，难道他会有机会耍花招吗？若摩西真的在耍花招，就等于说他站在众人面前斥责他们的不忠、顽梗、忘恩负义，以及其他的罪之后，又在他们面前夸口，他在他们面前以他们根本未曾见过的神迹来印证他所教导的教义！

6. 摩西所行的神迹是无可争议的

ᵉ这也值得一提：他每次谈到神迹时，同时也说了一些令以色列百姓

---

⑥ 加尔文在他的 *Harmony of the Four Last Books of Moses* 里，讨论了这里提到的经文，并生动地讨论以色列人对摩西的叛变（民 16）。加尔文依据神显摩西为无罪的神迹手段，主张残害神的仆人等于是与神作战。加尔文将那些怀疑摩西五经权威以及他同时代的人的性情，与古代那些毁谤摩西之人的意念结合在一起。参照 *De Scandalis*，在 OS II. 186, 201 f. 中可找到，一同参照其 201 页的注释 1-5。在 I. 7. 4 注释 14，博哈特指明了与加尔文同时代的反对者。

反感的话，只要他们有丝毫的机会抗议，就会大声怒吼。显然，以色列的百姓之所以相信摩西所行的神迹，是因为这是他们的亲身经验。既然事实是如此明显，甚至连世俗的作者都无法否认摩西行了神迹，而魔鬼那说谎之父毁谤说，摩西所行的神迹只是巫术（参阅出7∶11或9∶11）。但摩西极其厌恶这邪术，他甚至吩咐众人：单就是请教行邪术和占卜的人都要被从民中剪除（利20∶6）。那么他们凭什么说摩西自己是行邪术的人呢？诚然，任何伪君子玩弄诡计，都为的是掳获众人的心使自己出名，但摩西也是这样吗？摩西宣告他和他哥哥亚伦只是听从神的吩咐（出16∶7），就驳斥了人的毁谤。如果我们了解当时的情形就可以知道，有何种邪术能使吗哪每日从天降下以提供百姓充足的食物？若有人储存超过他所能食用的吗哪，神就使它们腐烂，这是他们不信的报应（出16∶19—20）。除此之外，神允许他的仆人经历许多严厉的试炼，好操练他，当恶人攻击他时无法得逞。有时众百姓在狂傲和悖逆中与摩西作对；有时他们当中的某些人策划阴谋，为了推翻神圣洁的仆人。如此，摩西怎能借着巫术逃脱众人的暴怒呢？摩西所行的神迹清楚地表明，他的教义以这种方式在历世历代被认可。

7. 预言的应验出乎人的预料

ᵈ此外，谁能否认族长雅各预言犹大将成为首要的支派是出于圣灵（创49∶10），特别当我们想到这预言果然应验了？虽然这预言是摩西先记载下来的，然而自从他将这预言记下来之后，四百年间无人提到犹大支派的王权。在扫罗受膏之后（撒上11∶15），王权完全掌握在便雅悯支派的手中。当撒母耳膏大卫时（撒上16∶13），也没有什么明显的迹象显示王权将转到犹大支派的手中。谁会预料到王将出于卑微的牧羊人之家呢？既然牧羊人之家有七个兄弟，为什么会选择最年幼的为王呢？难道这人有帝王之相吗？难道我们会说他被膏是出于人的计划、努力或谋略所决定的，而非天上预言的应验吗？与此相似，摩西也预言了一些当时仍不十分清楚的事，就是关于外邦人将与神的盟约有分（创49∶10），事实上，这件事大约在两千年后才发生。难道这预言不能证明他是在神的默示之下说的吗？我无须再举证其他摩西的预言，虽然它们也一样能说服任何明智的人——这些预言是神借摩西的口说的。简言之，"摩西的歌"（申32）就是彰显神自己的明镜。

8. 神证实先知的预言

ᵈ后来的先知书卷更能证明圣经中的预言是从神而来，在此我只想列举几个例子，若要列举所有的例子太费时了。虽然在以赛亚的时代，犹大国国泰民安，甚至那时的犹太人很可能以为自己是在迦勒底人的保护之下，但先知以赛亚公开宣告犹大城将沦陷、犹大人将被掳掠（赛39∶6—7）。假设在很早以前就预言当时大家都认为不可能的事，但后来却真的应验了，这仍不足以证明这预言是从神而来，那么以赛亚当时预言以色列人将被释放这更不可能发生的事，若不是来自神又是来自哪里呢？他当时说居鲁士王（赛45∶1）将打败迦勒底人，释放以色列人。但先知预言这话是在居鲁士王出生前一百年，⑦因为后者大约是在先知去世之后一百年才出生。当时没有人能预料会有一位叫居鲁士的人发动战争，与巴比伦人作战，并征服如此强大的王国，将以色列人从奴役中解救出来。这故事本身并没有用华丽的文采，难道不就证明了以赛亚所预言的这一切，无疑都是神的圣言，而非人所捏造的？此外，在以色列人被掳之前的某一段时间，耶利米就预言他们被掳的时间是七十年，又预言之后将被释放返回家园（耶25∶11—12，29∶10），难道不是神的圣灵教导他的舌头说话吗？人若说如此明确的证据仍不足以证明先知的权柄来自神，并说他们的预言至今仍未应验，这是厚颜无耻！"看哪！先前的事已

---

⑦ 加尔文在这段论述中当然不可能想到，现代一般认为《以赛亚书》第四十五章是比其他章晚好几代才写的观点。

经成就,现在我将新事说明,这事未发以先,我就说给你们听。"(赛42:9,Comm.)我在此略提耶利米和以西结,他们虽然生活在不同的时代,却预言完全相同的事,并且他们的预言也完全吻合,就如互相抄袭一般。但以理呢?难道他记载六百年后将发生的事,不就像在记载已发生过的历史那般详尽吗?只要敬虔的人留意这些细节,便足以遏止不敬虔之人的吠声;因为这些证据充分到足以驳倒一切狡辩。

9. 律法书的传递是可靠的

d我知道某些无赖之徒为了炫耀他们的机智,公开地攻击神的真道。因他们问:谁能保证我们所读摩西和其他先知的书卷是他们本人写的呢?⑧ 他们甚至怀疑是否真的有摩西这个人。但若有人怀疑柏拉图、亚里士多德或西塞罗是否存在过,谁不会说这种愚昧之人应当被鞭打呢?摩西的律法书是在神的护理下被奇妙地保存下来,而非借由人的努力。虽然由于祭司的疏忽,导致有一段时期律法书被埋藏起来,但当敬虔的君王约西亚发现律法书之后(王下22:8;参阅代下34:15),这律法就代代相传为众人所诵读。⑨其实约西亚并没有把律法书当作犹太人未曾知道的作品,而是将之视为当时众人所共知的,并且律法书是当时众人所熟悉的。这古经卷交付圣殿保管,又将之抄写一份专门存放在君王的档案室(申17:18—19)。当时的情形是这样:按照当时严谨的风俗习惯,祭司们已经停止张贴公布律法书,老百姓也没有研读律法书。虽然如此,但几乎在每一个时代,律法书都被重新肯定。那些手中拥有大卫诗篇的人,难道会对摩西的书卷一无所知吗?但总而言之,一切圣经作者的作品被传留到后代,只是借着一种方式:一个人传给另一个人。有些人亲耳听过先知的教导,其他人则经由这些记忆犹新的听众传给他们。

---

⑧ 参阅 I. 7. 4, 注释 14; I. 8. 3, 注释 4; Bohatec, *op. cit.*, pp. 164, 178, 216-228, 239。
⑨ 参阅 Justinian, *Digest* I. 2. 2. *Corpus iuris civilis*, ed. P. Krueger, *Digesta*, p. 34; tr. C. H. Monro, *The Digest of Justinian* I, p. 23。

10. 神奇妙地将律法书和先知书都保存下来

ᵈ其实，他们援引《马加比书》(Maccabees)的记载，攻击圣经的可靠性，然而相反地，却没有比这些记载更能证实圣经的可靠性了。首先，我们要除去他们的伪装，之后我们要用他们攻击我们的武器反击他们。既然（他们说）安条克（Antiochus）下令焚毁一切书卷（《马加比书》上卷1：56—57），我们现在所拥有的律法书和先知书是从何而来的呢？⑩ 但我要反问：这些书卷若真的全被烧毁了，在什么地方可以如此迅速地再版它们呢？就如众所周知，在基督徒的大逼迫停止之后，这些书卷仍旧存留，所有敬虔的人都毫无争议地承认这些书卷的真实性，因这些人从小就受这些教义的教导，所以知之甚详。虽然所有的恶人似乎共谋、厚颜无耻地侮辱犹太人，但却无人敢指控他们用伪经代替圣经。不论他们对犹太宗教的看法如何，他们仍然承认摩西是其创立者。那些喋喋不休的人撒谎说这些书卷（所有的历史都一致认可圣经的古老性）是伪造的，这时他们的行为岂非比犬类更无耻吗？但我们无须再费力反驳如此恶毒的毁谤，不如来思考主以何等的护理将他的话语保存下来。在人想不到的时候，他将圣经从一位冷酷而残暴的君王手中抢出来，就像从烈火中救出一样。请思量：神兴起一些敬虔、忠心的祭司和圣徒，使他们义无反顾地将这宝藏传给他们的后裔，即使有时会因此丧命，他们也在所不惜；并且神也击败了一切企图毁灭圣经的统治者和他的臣仆。虽然那些恶人说服自己说这些圣洁的不朽著作已经焚毁殆尽，但这些著作却很快又回复到原本的地位，且比以前更显尊贵，谁能否认这是神奇妙非凡的作为呢？因为不久后圣经被翻译成希腊文，广泛地被传开，遍行天下。⑪

神将他盟约的十诫法版从安提阿古的血腥诏书下抢救出来就是一个神

---

⑩ Antiochus IV, Epiphanes, of Syria (176-164 B.C.) 压迫犹太人，其暴政导致了马加比叛变。
⑪ 《七十士译本》，约在公元前150年完成。

迹。当时的犹太人深受迫害，几乎到全种族濒临灭绝的地步，然而这些书卷却完整地被保存下来。 这是另一个神迹。当时希伯来文并不被人所推崇，甚至几乎无人知道。事实上，若不是神喜悦保守他们的信仰，他们的信仰早就销声匿迹了。ᵉ在犹太人被掳归回后，从那时代先知的著作看来，他们几乎不再使用自己的母语，这事实值得一提，因为它证明了律法书和先知书的古老性。ᵈ并且神是借着哪一个种族为我们保存律法书和先知书上的救恩之道，好让基督在日期满足的时候降临（太 22：37—40）呢？乃是借着基督最残暴的仇敌，即犹太人。奥古斯丁甚至贴切地称呼这些人为基督教会的"图书管理员"⑫，因他们为教会保存了连他们自己都不曾问津的书籍。

新约圣经朴实无华，并有属天的特质和权威（11）

11. 三本福音书推翻一切由人而来的藐视

ᵉ接下来，当我们查阅新约圣经时，就会发现其真实性的根基是可靠的。其中三本福音书的作者以极为平凡的文体记述主耶稣的事迹，对许多狂傲之人而言，他们轻视这朴实无华的⑬文体。这是因为他们根本不理会书中教义的真谛，若他们留意就能轻易地推论福音书作者所讨论的是超乎人能力之上的天上的奥秘。事实上，只要心里还存有一点谦卑的人，当他读《路加福音》第一章时，就会以自己的骄傲为耻。然而这三本福音书作者所汇编的基督的言论就可推翻一切人对这些福音书的藐视。而《约翰福音》则犹如天上的雷声，甚至比任何天上的雷声更能叫那些刚硬的人谦卑下来，即使他们仍不信服真理。让一切最吹毛求疵、企图从自己和他人心里除去对圣经的敬畏的人上来，读一读《约翰福

---

⑫ "*Ecclesiae Christianae librarios... appellat.*" 参阅奥古斯丁，*Psalms*，Ps. 56：9. "*Librarii nostril facti sunt*" (MPL 36. 366). 如要参阅中世纪拉丁文中 *librarius* 一词的不同用法，见 Du Cange，*Glossarium*，*s. v.*。诺顿（Norton）在这里译为"图书馆的管理员"。

⑬ 在这段中，加尔文多次提到第一卷第八章第五节里的内容。也参阅 I. 7. 4 和 OS II. 201。

音》，不管他们是否愿意，——他们都可以找到无数唤醒你盲目迟钝心灵的经文。事实上，这些经文将在他们的良心上烙下可怕的印记，勒住他们嘲笑的舌头。保罗和彼得所写的书信也是如此。虽然大多数人读不懂他们的书信，然而书信之中天国的威严深深地吸引所有读者，令他们着迷。⑭但有一个事实可以证明他们的教义超越世界：马太从前是税吏，被钱财所束缚，彼得和约翰以打鱼为生，他们都是没有受过多少教育的凡夫俗子，也没有在学校里学到什么能够教导别人的。保罗不但发过誓与基督势不两立，还是个凶残的敌人，却被重生，成为新造的人，这突如其来的改变证明是天上的权柄迫使他接受他从前所攻击的教义。任凭那些畜类否认圣灵降临在这些使徒身上，甚至任凭他们不理会历史的证据吧！然而真理却公开地疾呼，这些从前被老百姓所藐视的人，却忽然如此荣耀地宣扬天上的奥秘，这必定是出于圣灵的教诲。

教会的认定及殉道者的忠心（12—13）

12. 教会自始至终对圣经的见证[*]

ᵈ ⁽ᵇ⁾ 除此之外，还有其他很好的理由，说明为何不应该轻看教会的认定。ᵇ 自从圣经被撰写之后，历世历代的信徒就坚定且毫无争议地顺服。借着无数的诡诈，撒旦和全世界都不择手段地企图压制或推翻圣经的教导——为了将真理从人心中彻底除去，但圣经却仍如棕树般根深叶茂。历史上杰出的诡辩家或雄辩家几乎都尽全力想驳倒它，然而他们至终都失败了。我们不要以为这些事实无关紧要，事实上，世上所有的权势都武装起来想毁灭圣经，然而这一切的努力都如过眼烟云般消失了。既然圣经这样四面受敌，若它所依靠的仅是人的肉臂，怎能敌挡呢？因此这事实证明圣经乃出于神，尽管人竭尽全力与之争战，圣经却能靠自己的力量得胜。除此之外，不止一个国家或民族决定接受和相信圣经，无论天涯海

---

⑭ 参阅 I.7.5；I.8.1。

角，圣经的权威性为许多不同的种族认同；虽然在圣经之外他们没有任何的共同点，在其他事上也有很大的分歧，但如此众多不同种族的认同，极大地说服我们，显然这种认同唯有来自神自己的旨意。当我们发现这些认同圣经之人敬虔的行为时，就更证明圣经的权威性；虽然不是每一位认同者，而是那些神拣选在教会做明亮之人才有此敬虔。

13. 殉道者为圣经的教义坦然无惧地献上生命*

ᵇ当我们发现众多圣徒的血认同并证实圣经的教义时，我们就更应该确信这教义。他们接受教义后，不但没有犹豫，反而勇敢、毫不胆怯，甚至甘心乐意地为这教义受死。难道我们不应该坚定地接受那用极大的牺牲所交付我们的教义吗？圣经已被众多见证者的鲜血所印证，这就极大地证实圣经的可靠性，特别当我们想到他们死是为信仰作见证，不像一些狂热的极端分子（走火入魔）那样，而是以坚定、恒常、清醒的热诚，为神而死。

ᵇ还有其他众多很有说服力的理由，这些理由不但使敬虔之人肯定圣经的威严，也使他们能抵挡一切毁谤者的攻击。然而人不会因这些理由坚信圣经，除非我们天上的父神在圣经上彰显他自己，使人因此尊敬圣经。因此，除非圣灵说服人确信圣经，否则圣经本身不足以使人认识神而蒙恩得救。但这些肯定圣经权威之人的见证，若是用来扶助我们的软弱，辅助最主要和最高的见证，并非没有功效。ᵈ但那些想向非基督徒证明圣经就是神之道的人，是很愚昧的，因为唯有借信心，人才能接受圣经是神的道。奥古斯丁提醒得对，人必须先有敬虔和宁静的心，才能明白这些重大的奥秘。⑮

---

⑮ Augustine, *The Usefulness of Belief* 18. 36 (MPL 42. 92；tr. LCC VI. 322).

ᵉ第九章 离弃圣经只依靠启示的狂热分子，抛弃了一切敬虔的原则

1. 狂热分子错误地诉诸圣灵

ᵇ此外，那些离弃圣经并想象出其他某种方式来接近的人，不但是错误的，也是疯狂的。最近一些肤浅善变的人兴起，以极傲慢的心态过分抬高圣灵教导的职分，轻看阅读圣经，并嘲笑那些人头脑简单，说他们仍旧遵守那些已过时、叫人死的字句。①我想问他们，叫他们那样兴奋的灵是什么灵，竟然使他们敢于藐视圣经的教导，将之视为天真和平庸。如果他们回答这是出于基督的灵，那么这种确信是完全荒谬的。其实，我想他们也会同意基督的使徒和初代教会其他的信徒都受基督之灵的光照，但他们中间却无一人藐视神的话语，他们反而更敬畏神的道，只要阅读他们的作品就可证实这点。ᶜ而且这点早就被先知以赛亚亲口预言。当他说"我加给你的灵、我传给你的话，必不离你的口，也不离你后裔与你后裔之后裔的口，从今直到永远"（赛59∶21 p., 参阅 Vg.）时，他并不是用外在的教义来约束旧约时代的信徒，仿佛他们是在学字母的小

---

① 加尔文在他的单张短论 *Contre la secte phantastique et furieuse des Libertins*（1545）里攻击这些放纵派者的主张（CR Ⅶ. 147-248），特别是第九章至第十一章（173-181）。

孩子一样，他的重点是：在基督的统治之下，新的教会会有真正、完全的福分：她受神话语的管理，同样受圣灵的统治。这就证明这些恶人以可怕的亵渎拆毁先知所教导的完整教义。此外，保罗虽然有"被提到乐园里"（林后12∶2）的经验，但他精通律法书和先知书的教义，他也劝勉提摩太——一位很杰出的教师——要留意阅读圣经（提前4∶13）。另外，我们也应记住他对圣经的赞扬：圣经"于教训、督责、使人归正、教导人学义都是有益的，叫属神的人得以完全"（提后3∶16—17p.）。人若说带领神儿女抵达最后目的地的圣经只是暂时的启示，这是出于魔鬼的狂妄！

ᵇ我也要他们回答我，他们是否饮于另一位灵，而不是主所应许赐给门徒的灵。我想即使他们完全癫狂，也不至头昏到出此狂言。但当主应许赐下圣灵时，他是如何描述这灵的呢？他说他所差遣的灵不会凭自己说话，乃是引导他们进入他自己借着道所传递的真理（约16∶13）。因此神所应许给我们的灵并不会编造新的和未曾听过的启示，或捏造某种新的教义，误导我们离弃所领受的福音教义，而是把福音所教导的教义印在我们心里。

2. 圣灵与圣经一致，从而得以确认

ᵇ由此可见，我们若想从神的圣灵获益，就得热切读经并听从圣经的教导。ᶜ彼得称赞那些热切听从先知教导的人，虽然也许可以认为这教导的地位在神用福音光照他的教会之后被取代了（彼后1∶19）。ᵇ相反地，若有任何的灵在神话语的智慧之外灌输我们另一种教义，那就是虚妄和撒谎的灵（加1∶6—9）。既然"撒旦也装作光明的天使"（林后11∶14），那么除非我们有辨别圣灵的绝对标准，否则圣灵在我们身上就毫无权威。主的话语已清楚向我们指明了圣灵，但这些恶人离弃真道，自取灭亡，因为他们要从自己而不是从主那里寻求圣灵。然而他们却争辩说：若说那位万有之上的圣灵得服从圣经，这就羞辱了圣灵。这等于是说，若圣灵与自身同等并在万事上与自己的教导前后一致，这就羞辱了

圣灵。诚然，若用人、天使或别的标准来衡量圣灵，就是羞辱或限制圣灵；但当我们把圣灵与他自己相比，用他自己的标准衡量他，谁能说这对圣灵不公平呢？无论如何，我们承认这样做是在查验圣灵，但这是圣灵喜悦向人彰显他威严的查验。我们一听到圣灵的声音就应当满足，但为了避免撒旦伪装圣灵悄悄地混入，圣灵要我们按照他自己在圣经上的形象来辨别他。圣灵是圣经的作者，他不能背乎自己。因此他必定与他在圣经上从前一次所启示的那样，永不改变。这决非侮辱圣灵，除非我们以为圣灵改变或背乎自己是尊荣他的事。

3. 圣经和圣灵是密不可分的

ᵇ他们指控我们坚持那叫人死的字句，②但他们将因藐视圣经而付出极大的代价。显然，保罗在《哥林多后书》3：6里十分清楚地反驳假使徒，这些假使徒的实际教导是叫人在基督之外服从律法，但他们这么做等于使人远离新约的福分。当耶和华预言新约时，他就应许"要将我的律法放在他们里面，写在他们心上"（耶31：33 p.）。因此字句果然是叫人死的，并且神的律法在哪里与基督的恩典分离，它就在哪里叫人死（林后3：6），他们只是耳朵听见，心却不为所动。但若这律法借圣灵的感动印在人心中，并向人彰显基督，③这就是生命之道（参阅腓2：16），"苏醒人心……且使愚人有智慧"，等等（诗18：8，Vg., 19：7，EV）。而且在同一处经文里，保罗称他的证道为"圣灵的执事"（林后3：8），他的意思无疑是圣灵与他的真理紧密相连，而且这真理记载在圣经中，唯有当人将圣经所应得的尊严和敬畏归给它时，圣灵才彰显他的权能。而且我在前面的教导④——除非神的道有圣灵的见证，否则我们对它

---

② *Ibid.*, col. 174.
③ 加尔文的这句话与路德关于圣经的名言很相像。路德在《雅各书》和《犹大书》的序文中提到的原则是：它们有没有强调基督（"ob sie Christum treiben, oder nicht"）。参阅英译本导言66页，注释52。
④ I. 7. 4-5.

不会如此确信——与这个原则并无冲突，因主将他的道的确实性和他的灵结合在一起，当那使我们得见主面的圣灵照耀我们时，我们心中便充满了对神的道的敬畏。另一方面，当我们在神的道中认出圣灵的形象时，我们就会毫无疑惧地完全接受圣灵。神并无意暂时向人启示他的话语，而在差遣圣灵之后将之废除，他反而差遣以自己大能启示神的道的同一位圣灵，借着有效见证神的道来完成他的工作。

基督以这样的方式开了他两位门徒的心窍（路24:27、45），目的不是要他们废弃圣经，依靠自己的聪明，而是要他们明白圣经。同样地，在保罗劝勉帖撒罗尼迦信徒不要"消灭圣灵的感动"（帖前5:19—20）时，他的意思不是要他们在圣经之外进行虚妄的猜测，因为他接着也吩咐他们："不要藐视先知的讲论。"毫无疑问，保罗是在教导说，一旦先知的书卷被藐视，圣灵的光照也就立即被扑灭了。然而那些骄傲自大⑤的狂热分子，认为唯一真实的光照在于任意离弃神的真道，他们愚妄地相信他们在睡梦中所冒出的念头就是神的启示，这些人会怎么说呢？但神的儿女要清醒得多，因他们深信若自己没有神的灵，就完全没有真理的光照。他们清楚地明白，真道是圣灵用来光照信徒的工具，他们唯独认识的圣灵就是那住在使徒心里并借使徒的口说话的圣灵。他们也就是借着圣灵的圣言天天听到真道。

---

⑤ "Tumidi isti ἐνθουσιασταί."

ᵉ第十章　圣经为避免一切迷信,以独一真神对抗一切异教假神①

1. 圣经里关于神为造物主的教义

ᵇ我们在前面已经教导过,人能借着宇宙的体系②和众受造物对神有某种程度的认识,但神借他自己的话语更进一步和生动地向我们启示他自己。神在圣经上的启示和我们之前已经在他的创造之工上所看到的彰显是否一样,这问题值得我们思考。倘若想停下来详尽地探讨这个问题,实在不是三言两语所能尽述,但如果我在这里能提供一个索引,帮助敬虔的人明白在圣经上能获得哪些对神的认识,并指导他们如何达成认识神的目标,我就满足了。ᶜ我现在不是谈及神与亚伯拉罕所立的盟约,借这盟约神使亚伯拉罕的后裔与其他民族有别(参阅创17:4)。因在那时神就已白白地接纳他的仇敌做他的儿女,彰显他是他们的救赎

---

① 这标题是针对第三段而定。加尔文在第一段和第二段中,概述和比较圣经中对神的启示与创造对神的启示。在第一卷此章之后的其他章中,加尔文教导说:人无法直接借着创造或间接借圣经的"镜子"在创造上获得对神的认识,唯有圣经本身才能向人启示这认识。
② "*Mundi machina*". 参阅 Lucretius;"*Ruet moles et machina mundi*," *De rerum natura* 5.96 (LCL edition, p. 346)。加尔文经常用这样类似的说法,这并不罕见,例如"*mundi fabrica*", I. 5. title;II. 6. 1;"*orbis machinam*", I. 16. 1;I. 16. 4;I. 17. 2;"*caelestis machinae*", I. 14. 21。参阅 Comm. Harmony of the Evangelists, Matt., ch. 25;"*tota mundi machina resonabit*" (CR XXVIII. 685)。参阅 Comm. Ps. 68:32-35 (CR XXXI. 636)。

主。然而我们现在所探讨的是神为造物主的知识，还未触及基督是中保的真理。我下面③要引用一些新约圣经的经文，以便证明神创造的大能和对所造世界的护理，我要告诉读者我现在的目的是什么，免得离题。简言之，我希望读者至少能明白神这位创造天地的主掌管他所创造的宇宙。实际上，圣经多次教导我们，神像一位慈父，他乐意恩待人；圣经也教导我们，神是严厉的神，他公义地报应作恶之人，特别是那些在神的宽容之下继续顽梗不化的人。

2. 圣经描述的神的属性与我们从受造物上所知道的属性完全一致

ᵇ的确，圣经上某些经文比其他经文更清楚地描述神的属性，使我们清楚地看见神的形象，就如从镜中反映一般。④当摩西描述神的形象时，他显然想简洁地宣告人所应当知道有关神的事情。他说："耶和华，耶和华，是有怜悯、有恩典的神，不轻易发怒，并有丰盛的慈爱和诚实。为千万人存留慈爱，赦免罪孽、过犯和罪恶，万不以有罪的为无罪，必追讨他的罪，自父及子，直到三四代。"（出 34：6—7，参阅 Vg.）我们要留意摩西在这里两次重复耶和华的名，并借这奇妙之名彰显耶和华的永恒性和自存性。⑤之后他又提到神的属性，显明的不是他自在的本质，而是他如何对待我们，⑥好让我们对神的认识不是某种虚无缥缈的玄思，而是一种生动的体验。神在圣经上所启示的属性与他在天地中所彰显的属性一样——慈爱、良善、怜悯、公义、公平，以及信实。因为权柄和能力都包含在"伊罗欣"（Elohim）的称号之下。

当旧约的先知宣告神的圣名时，他们也用同样的属性来形容他。为了避免引用太多相同的例子，我只引用《诗篇》145 篇，因为在其

---

③ 参阅 I. 14-18。
④ "εἰκονικῶς."
⑤ "καὶ αὐτουσίαν,"参阅 I. 14. 3。
⑥ 参阅 I. 2. 2；III. 2. 6。

中，神所有的属性几乎毫无遗漏地被详细地描述出来（特别是《诗篇》145∶5）。这诗篇所描述的属性都能在他的受造物上看见。事实上，经验告诉我们，神就是他在圣经中所启示的那样。神在《耶利米书》中宣告何为对他正确的认识，在这卷书中的描述没有《诗篇》145篇那么详细，但这两处经文的启示是一样的。耶利米说："夸口的却因他有聪明，认识我是耶和华，又知道我喜悦在世上施行慈爱、公平和公义。"（耶9∶24；林前1∶31）的确，我们特别需要明白这三种属性：慈爱，因我们的救恩都是依靠神的慈爱；公平，因为神天天审判恶人，甚至让他们死后永远灭亡；公义，神用公义保守并温柔地看顾信徒。先知见证，只要我们明白这三种属性，就有充分的理由以神夸口。而且他的真理、大能、圣洁、良善，也未被忽略。因为除非神要求我们明白这三种属性的知识是建立在他不变的真理上，否则我们怎能明白这三种属性是必要的知识呢？并且除非我们明白他的大能，否则怎能相信他以公平和公义统治世界呢？难道他的慈爱不是来自他的良善吗？如果神"都以慈爱"（诗25∶10）、公平和公义（参阅诗25∶8—9）待人，这也显明神的圣洁。

的确，圣经上所启示有关神的知识，与受造物上所彰显的知识，其目的是一样的，即先是引领我们敬畏神，而后信靠神。如此，我们就可以在纯全的生活和无伪的顺服中学习敬拜神，并完全依靠他的良善。

3. 既然连异教徒都晓得神的统一性，故偶像崇拜者更无可推诿

°在此，我打算对这一般的教义做一个总结。首先，读者当留意，圣经为了引领我们归向真神，十分明确地弃绝异教一切的假神，因为信仰几乎在历世历代都遭到玷污。其实，自古以来各国都知道并敬拜独一神的名，就连那些敬拜多神的人，当他们从心里呼求神时，也只用"神"这称呼，仿佛他们认为只有一位神就够了。殉道者查士丁（Justin Martyr）很清楚这一点，并写了一本书，名为《神的统治》（*God's Monar-*

chy），在书中他以许许多多的证据证明神的统一性刻在众人心里。⑦德尔图良（Tertullian）也以人们常用的俗语证明相同的观点。⑧然而所有的异教徒无一例外，若不是被别人说服，就是自己跌入人所构造的神观中，而泯灭了原先对独一神的意识，至终这意识除了叫他们无可推诿之外，已毫无意义。⑨甚至连他们当中最有智慧的人，当他们渴望某位神的帮助而求告未识的多神时，他们内心也表现出迷茫。除此之外，在他们构想一位多属性的神时，即使他们的观点不像大多数敬拜朱庇特（Jupiter）、墨丘利（Mercury）、维纳斯（Venus）、密涅瓦（Minerva），以及其他神明的人那么荒谬，但他们照样没有逃脱撒旦的诡计。就像我们在别处已说过，⑩所有哲学家最巧妙的借口，都无法为他们离弃神的事实辩护。事实上，他们都毫无例外地败坏了神的真道。因这缘故，当先知哈巴谷诅咒一切偶像时，同时也劝人要"在神的圣殿中"寻求他（哈 2：20），好叫信徒唯独承认圣经所启示的神。

---

⑦ Justin, *De monarchia* 1.2 （MPG 6.314 ff.；tr. ANF I.290 f.）.
⑧ Tertullian, *The Testimony of the Soul* 2 （MPL 1.611；CCL Tertullianus I.176；tr. ANF III.176）.
⑨ Augustine, *Letters* 16, 17 （alias 43, 44）（MPL 33.81-85；tr. FC 12.37-43）.
⑩ I.5.11.

ᵉ第十一章 圣经不许人勾画神的形像；拜偶像就是背叛真神①

圣经对在崇拜中使用形像的论证（1—4）

1. 圣经禁止一切神的画像

ᵉ因人的愚鲁，圣经常以通俗的语言向我们启示；当它区分真神与假神时，也特意把神与偶像作对比。圣经之所以这么做，并不表示它认同哲学家复杂、精细、堂皇的教导，乃是为了更有效地揭露世人的愚昧和疯狂，因他们在寻求神时仍同时紧抓住自己的玄想不放。因此，圣经处处教导的这原则，彻底摧毁了人随己意捏造的神明，因为唯有神才能正确地向我们启示他自己。②

既然世人被畜类般的愚昧辖制——即渴望见到神的形像，并因此用木、石、金、银或其他无生命且正在朽烂的物质雕刻神的形像——我们

---

① 第十一章和第十二章的主题是敬拜神，是对三位一体、创造以及护理的教义很适切的导论。这两章的某些内容是转载自较早期版本中对第二诫的解释。参阅 II. 8. 17，加尔文在此提到这段的教导。如此看来，真实和蒙神悦纳的敬拜是对造物主"知识"的基本要素，这证明一切所谓客观的猜测不能帮助我们认识神。

② "那唯独借着他自己的话才能被认识的神，就是自己最好的见证者。"Hilary of Poitiers, *On the Trinity* I. 18 (MPL 10. 38; tr. NPNF 2 ser. IX. 45).

必须坚持这原则：当人们描述神拥有某种形像时，神的荣耀便被这亵渎的谎言败坏了。因此，在律法书中，在神宣称一切属神的荣耀唯独属于他，并教导何为他所喜悦或拒绝的敬拜之后，接着说："不可为自己雕刻偶像，也不可作什么形像"（出20∶4）。神以这教导拦阻我们的悖逆——用任何可见的形像代表他，也扼要地列举了自古以来人因着迷信而将这真理变成谎言的各种形像。我们知道波斯人崇拜太阳神；那些愚昧的异教徒将他们在天上看到的众星塑造成他们的神。而且几乎没有一种动物不被埃及人当作神来敬拜。固然希腊人似乎比其他人更明智，因他们崇拜有人形像的神。③但神并不比较这些形像，仿佛某一形像比另一形像更适合，神反而毫无例外地禁止一切的形像、图画，以及其他所有迷信者借以亲近神的标志。

2. 每一种代表神的形像都与神的本质敌对

ᵉ从神禁止我们这样做的理由可以很容易推出：ᵇ首先，根据摩西所说的，你们当记住"耶和华在何烈山对你们所说的"（申4∶15），你们只听见声音，"却没有看见形像"（4∶12，参阅Comm.）。"所以，你们要分外谨慎"（4∶15），"唯恐你们败坏自己，雕刻偶像"等等（4∶16）。ᵉ神极其公开地反对一切形像就是在告诉我们，一切寻求神可见形像的人就是在离弃神。在众先知书中我们只需要引用ᵇ以赛亚的话，因他特别强调这点。他教导我们，任何有关神不恰当和荒谬的虚构——把非物质的神当作物质，把不可见的神当作一个形像、把神的灵当作无生命的物、将测不透的神当作微不足道的木头、石头或金子——都玷污神的威严（赛40∶18—20和41∶7、29，45∶9，46∶5—7）。使徒保罗也有同样的教导："我们既是神所生的，就不当以为神的神性像人用手艺、心思所雕刻

---

③ Maximus of Tyre (ca. A. D. 150), *Philosophoumena* 2 (ed. H. Hobein, pp. 18 ff.; tr. T. Taylor, *The Dissertations of Maximus Tyrius* II. 188 ff.). (Taylor's Dissertation 38 = No. 2 in Hobein.)

的金、银、石。"（徒17：29 p.）由此可见，ᵉ⁽ᵇ⁾人所雕刻来代表神的每一个雕像或所画的形像，ᵇ不但完全不能取悦神，反而羞辱神的威严。ᵈ当时圣灵之所以用雷声从天上颁布这律法，原因无他，乃是因为他坚持一切在地上可怜和盲目拜偶像的人要完全顺服这诫命。在奥古斯丁的作品中，我们读到他引用塞涅卡一句著名的抱怨："他们（异教徒）用最污秽和卑贱的材料来雕刻圣洁、永恒和不可玷污的神，又给这些雕像披上人和野兽的外貌；ᵉ有些人把它们雕塑成性别混合或介于人兽之间的怪物，而称它们为神。若这些东西真有气息并被我们遇见，我们必定会大声惊呼：'妖怪！'"④当拜偶像的人宣称说，当时神禁止犹太人用雕像敬拜他是因为他们比其他人更迷信，但这是毫无根据的，仿佛神根据他永恒的本性和自然的规律启示中所发出的命令只是针对一个种族似的。其实，当保罗驳斥人制造偶像代替神时，他所责备的对象不是犹太人，而是雅典人。

3. 即使敬拜神曾用来向人启示的事物，也是不被容许的

ᵇ的确，神在旧约中有时以一些特殊的象征彰显他的威严，使人能说他们与神面对面。但神所使用的一切象征ᵉ⁽ᵇ⁾与他的教导完全吻合，并同时彰显神测不透的本质。虽然云、烟和火（申4：11）是天上荣耀的象征，但它们就像放在世人身上的缰绳，约束人的思想，免得人深究神隐秘的事。ᵇ因此，即使连摩西——虽然神向摩西超过向其他人显现（出33：11）——也无法成功借由祷告而得见神的面；虽然他求神使他得见

---

④ *City of God* VI. 10 （MPL 41. 190；tr. NPNF II. 119）。奥古斯丁反对在基督教的敬拜中使用肖像敬拜神时，引用了塞涅卡驳斥迷信的书，这部作品现在已佚失了。值得我们留意的是，当西方人正在为反图像争辩时，里昂的阿戈巴德主教（Bishop Agobard of Lyons）在处于西方反图像争辩的回响中写了（ca. 826）他的专著 *Against the Superstition of Those Who Think that Worship Ought to Be Offered to Pictures and Images of the Saints* （MPL 104. 199-228）。如要参阅对此作品的简要描述，可见卡班尼斯（A. Cabaniss），在 *Agobard of Lyons*，*Churchman and Critic*，pp. 54 f. 里面有对这部作品简洁的解释。他在自己的书中引用了奥古斯丁和其他教父的话。阿戈巴德的观点与 *Libri Carolini* 相关；参阅下文14节，注释28，在某种程度上与加尔文的观点有些相似：他恨不得"砸碎"一切的雕像（MPL 104. 208）。

他的面，但神并未应允，神回答他：人无法承受神如此大的荣光（出33：20）。°圣灵仿佛鸽子向人显现（太3：16），既然他立刻消失了，难道这瞬间的象征不就是神在告诫信徒：圣灵是看不见的，为的是叫他们满足于他的权能和恩典，并不再为自己寻求任何外在可见的形状来代表神？神有时用人的形状向人显现，这事实是预表基督的降世。因此神严厉地禁止犹太人妄用此为借口，为自己设立人的形状来象征神。

ᵇ神在旧约里用施恩座彰显他的权能。施恩座的构造表明，当我们的心超越自身仰望神的时候，才能最好地看见神。基路伯展开翅膀遮掩覆盖幔子的施恩座，而施恩座则放置在约柜的隐秘处（出25：17—21）。显然那些想利用基路伯的例子来为雕刻神和圣徒的形像辩护的人，真是愚蠢至极。那么我请问你，基路伯那些微不足道的微小形像真正代表的意义是什么呢？难道不就是要告诉我们，雕像无法表达神的奥秘吗？因为基路伯的作用是用翅膀遮掩施恩座，ᵉ⁽ᵇ⁾为要避免人用眼睛和感官亲近神，并制止人一切的妄行。ᵈ此外，先知描述说，当撒拉弗在他们的异象中出现时是蒙着脸的（赛6：2）。这就表示神荣耀的光辉是如此之大，甚至连天使都无法正视，而我们的眼睛也不被允许观看反射在天使脸上的微光。一切对此有正确判断的人，都晓得基路伯是属于旧约律法时代的教导。⑤因此，勉强地将它们运用在新约的福音时代是很荒谬的。因为适合这种训蒙小学的孩童时代（可以说）已经过去了（加4：3）。ᵉ世俗的作者对神律法的解释比天主教徒更在行，这是天主教的羞辱。尤维纳利斯（Juvenal）斥责犹太人敬拜天上的云彩和天空。⑥不过当他说当时的犹太人没有神的雕像时，尽管他的话不虔不敬，却比天主教徒讲得更真实，不像天主教徒胡说犹太人中存在某种神

---

⑤ 参阅 II. 11. 2。
⑥ 这说法来自尤维纳利斯的 *Satires* V. 14. 97；"*Nubes et caeli numen adorant*"（Calvin：*adorent*）（LCL edition, pp. 270 f., and note 3）。

的可见形像。⑦这个民族一次又一次突然像水从泉源冲出一样迫切地寻求可拜的偶像。由此可见，人的本性有多倾向偶像崇拜。因此，我们不能单将这全人类共同的罪恶归在犹太人身上，自己却愚蠢地被罪所引诱，沉睡至死。

4. 雕像和画像都违背圣经

ᵉ圣经记载："外邦的偶像是金的银的，是人手所造的"（诗135：15，参阅诗115：4），也同样教导我们，人的本性极端倾向偶像崇拜。先知之所以提到雕刻这些偶像所使用的材料，是为了证明这些偶像并非神，也理所当然意味着人所杜撰的一切神观都是愚蠢的。先知所提到的是金、银而非土、石所造的偶像，免得人因为金、银的光辉或价值而敬畏偶像。然而他的结论就是，人用任何没有生命的材料雕刻神像都是可憎恶的。他同时也强调，必死之人时时刻刻依靠神获取生命短暂的气息，但他们却胆大妄为地将神所应得的尊荣归给偶像，难道这不是轻率和愚昧吗？人必须承认⑧自己是稍纵即逝的受造物，但人居然坚持将一块金属视为神，虽然它的神性是人所捏造的。难道偶像不是出于人的观念吗？那位外邦诗人对偶像崇拜者的讽刺十分到位："从前我是一棵小无花果树的枝干，一块毫无用处的木头，然而当木匠在考虑是否要用我做一把椅子时，最后决定用我做神。"⑨这地上的、随时可能气绝身亡的受造之物，竟然依赖自己的聪明将神的名和尊荣归给一段毫无生命的树干！虽

---

⑦ Eck, *Enchiridion* (1526), ch. 15 (1541, ch. 16). 艾克为采用雕像敬拜神所做的辩护与法国巴黎神学家约瑟·克里希托弗（Josse Clichtove）（见 Prefatory Address to the King, note 8）的两部作品相似：*Propugna culum ecclesiae adversus Lutheranos* I. 10 (Paris, 1526) 以及 *Compendium veritatum ad fidem pertinentium contra erroneas Lutheranorum assertiones* (Paris, 1529), ch. 22, fo. 122b-127a。后者解释了1528年巴黎教会会议反对路德宗的决定。这作品的序是作者写给法兰西斯一世的一封信。克里希托弗在这信中表示他对路德宗这"派别"在法国的活动感到担忧。

⑧ 参阅III.9.2。

⑨ Horace, *Satires* I. 8. 1-3 (LCL edition, pp. 96 f.). 参阅 Lactantius, *Divine Institutes* II. 4. 1 (CSEL 19. 107; tr. ANF VII. 44)。

然这位伊壁鸠鲁派诗人的嘲讽很幽默,但既然他完全不在乎信仰,我们就无须理会他的巧言妙语以及像他这类人的言语。我们反而要让先知的指责刺痛我们,迫使我们相信,用同一块木头取暖、烧火做饭、烤肉,之后再用它来雕刻一位神,向它跪拜祈求,这是何等愚昧(赛44:12—17)。因此,他在别处经文中不但指控他们这样做是违背律法,也责备他们没有从神立地的根基中得到教导(赛40:21)。的确,再也没有比将那无限、测不透的神,贬低为一块五英尺高的木头更可憎的了。然而经验证明,这种明显违背自然的可怕之罪,人竟习以为常。

我们应当留意圣经再三地如此描述各种迷信:偶像是由"人的手所造的",没有神的权柄(赛2:8,31:7,37:19;何14:3;弥5:13);圣经如此记载,是要证明人所构造出的一切膜拜都是可憎的。在一诗篇中先知大发烈怒,因神赏赐人智慧是为了要人明白万物都只能依靠神的大能,但人却求助于毫无生命的物质。人因本性败坏的驱使,每一个种族甚至每一个人都陷入疯狂,最终圣灵以巨雷般可怕的声音威吓、斥责他们:"造它的要和它一样,凡靠它的也要如此。"(诗115:8,参阅诗113 b:8,Vg.)^b但我们必须留意,神不但禁止"雕刻的偶像",也禁止手绘的"画像"。这就驳斥了希腊教会愚蠢的顾忌。因他们误以为,只要他们没有雕刻神像,就可以巧妙地逃脱神的审判,所以他们肆无忌惮地放纵自己敬拜画像,比其他国家更甚。⑩然而,主不但禁止雕刻神像,也禁止任何手绘的神像,因为这是错误地描绘神,甚至侮辱神的威严。

圣经及众教父都可以驳斥教皇格列高利在这方面的谬误(5—7)

5. 圣经的教导并非如此

^d教皇格列高利(Pope Gregory)曾说:"形像是文盲的教科书。"这

---

⑩ 这里提到一个事实,即东正教会与西方教会不同的差别是,东正教会在崇拜中不用实在的雕像敬拜神(HDRE VII. 81. 参阅 L. Bréhier, *La Sculpture et les arts mineurs byzantins*, pp. 7, 16)。

是一句非常古老的话。⑪然而圣灵的教导却非如此；若格列高利在这方面受过圣灵的教训，就不至于说这话。耶利米宣告："偶像的训诲算什么呢？偶像不过是木头"（耶 10：8，参阅 Vg.，顺序不同）；哈巴谷教导说："铸造的偶像，就是虚谎的师傅。"（哈 2：18 p.）从这些经文中我们可以明确得出这样的结论，即人从偶像那里所学到有关神的任何事情，都是徒然且错误的。若有人反对说，先知在此所斥责的只是那些因自己不虔的迷信而滥用形像的人，我承认这是事实。但我还要补充，众所周知，众先知严厉地诅咒罗马天主教徒所认定的金科玉律，即形像是文盲的教科书。因先知教导，形像与神水火不容，势不两立，这是我上面引用的那些经文所证实的。既然犹太人所敬拜的是独一无二的真神，那么人若捏造可见的形像代表神就是邪恶的，并且一切想从这些形像中寻求对神认识的人，都是可悲地被蛊惑的。简言之，若人从形像身上所获得关于神的一切知识不是错误且虚假的，先知就不会对其如此严厉地咒诅崇拜。至少我可以坚持这点：当我们被教导人用形像捏造神的样式是虚妄和错误的行为时，我们不过是在复述先知的教训。

6. 教父的教导也非如此

ᵇ除此之外，我们应当参阅拉克唐修和优西比乌（Eusebius）讨论这问题的著作，他们直截了当地说，这些偶像都是必死之人的样式。⑫同样地，奥古斯丁也清楚地说，不但拜偶像是错的，制造偶像献给神也是错的。⑬ᶜ他在此所说的正是埃尔维拉会议（the Council of Elvira）多年前所

---

⑪ 大格列高利（Gregory the Great）的 *Letters* IX. 105；XI. 13 这两封信都是写给马赛的主教塞雷尼（Serenus）（MGH *Epistolae* II. 112, 273 f.；MPL 77. 1027 f., 1128）；Eck, *Enchiridion* (1526), ch. 16 Clichtove, *Compendium*, fo. 124a。

⑫ Lactantius, *Divine Institutes* I. 8, 15, 18 (CSEL 19. 29 f., 55 f., 63-67；tr. ANF VII. 18, 26-30)；Eusebius, *Praeparatio evangelica* II. 4；III. 2 (MPG 21. 163, 175)；Augustine, *City of God* VI. 7. 1；VI. 8. 1；VIII. 5, 26 (MPL 41. 184, 186, 229 f., 253 f.；tr. NPNF II. 115 f., 147, 163)。

⑬ "把神的雕像设立在基督教堂里是大罪"；Augustine, *Faith and the Creed* 7. 14 (MPL 40. 188；tr. LCC VI. 360)；参阅 *De diversis quaestionibus*, qu. 78 (MPL 40. 90)。

颁布的谕令，其中第三十六条说："此令禁止教堂内悬挂任何图像，众信徒所敬拜或尊崇的不得描绘在墙上。"[14][d] 然而特别值得我们注意的是，奥古斯丁引用瓦罗（Varro）的话，并以他自己的论述肯定这点，即最早引入神的形像者"既夺去人的敬畏，又加增人的谬误"[15]。若仅是瓦罗这样说，就没有什么说服力，然而异教徒在黑暗中摸索却能有这般领悟，明白物质的形像与神的威严不相称，因它们减少了人对神的敬畏并且加增了谬误，这应当叫我们羞愧。事实证明瓦罗的话既智慧又真实。这也是奥古斯丁自己的立场，只不过借用瓦罗的话而已。奥古斯丁一开始便指出，人们关于神的认识的最早谬误并非来自偶像，然而人一旦开始拜偶像，谬误便层出不穷。他接着解释，因为敬拜偶像的愚昧和荒谬使人藐视神，人对神的敬畏就减弱甚至消失了。我们所有的经验都告诉我们，这是真实的！因此，若我们想受到正确的教导，就必须在形像之外寻求。

7. 天主教徒所崇拜的偶像完全不被神悦纳

[d][(a)] 所以，如果天主教徒有任何的羞耻感，就不要再用这逃避的遁词，即形像是文盲的教科书。因为圣经处处都反驳这说法。即使我接受他们的誓辞，也不能帮助他们为偶像辩护。众所周知，他们用这类怪物般的偶像来代替神。[a]他们献给圣徒的雕像和画像，难道不就是他们放纵私欲和猥亵的明证吗？若有任何人效法这些偶像的穿戴，就该受鞭打。事实上，妓院里的妓女所穿的衣裳，都比教堂里的一些童贞女的肖像更为贞洁和保守。[b]他们所绘殉道者的画像也一样淫秽。[a]他们至少应该将他们的偶像包装得保守、体面一些，好让他们在假称这些教科书是圣洁的时能多少含蓄一点！

---

[14] Council of Elvira (ca. 305). 参阅前面专门写给法国君王法兰西斯一世的序，注释21。
[15] Augustine, *City of God* IV. 9, 31 (MPL 41. 119, 138; tr. NPNF II. 69, 74 f.). 奥古斯丁在这里所引用的是瓦罗的话。

若教会尽本分的话，就不会有"文盲的"会众

即便如此，我们仍要说，这不是基督徒在圣洁的场所里受教导的方式。因为神所要教导信徒的教义与这愚昧的垃圾迥然不同。神吩咐我们借着证道和施行圣礼向众人传讲共同的教义。[b]但当那些人凝视偶像，眼睛在那上面打转时，就证明他们没有在这教义上专心。

[a]那些天主教徒视为文盲，以为唯有偶像才能教导的人，他们是谁呢？事实上，主称他们为自己的门徒，[c]他借着赐下属天的启示尊荣他们，想要用他国度救恩的奥秘教导他们。就当前的景况而言，我承认现今有不少人离不开这些所谓的"教科书"。然而，他们之所以愚昧，难道不就是因为天主教夺走了唯一可以教导他们的教义吗？[d]的确，教会的领袖之所以将教导的职分交给偶像，就是因为他们自己没有尽教导信徒的本分。[e]保罗说当人传扬纯正福音时，"耶稣基督被钉十字架，已经活画在你们眼前"（加3：1 p.）。[a]如果神的仆人忠心地教导这教义，即基督被钉十字架是要担当我们的咒诅（加3：13），借着献上他的身体除去我们的罪（来10：10），用他的宝血洗净我们的罪（启1：5），[d]简言之，就是要叫我们与父神和好（罗5：10），[a]那么在教堂里到处悬挂那么多木、石、银或金的十字架有何用呢？[a]从这一事实中，他们所能学到的，超过成千上万木、石做的十字架。或许贪婪之人的心思意念和眼目所专注的，不是神的话语，而是金、银的十字架。

偶像的兴起败坏了对神的敬拜，尽管雕刻和绘画的手艺是神的恩赐（8—16）

8. 偶像的兴起：人对一位可见可摸之神的渴望

[d]其次，《所罗门智训》中论到的偶像缘起几乎是大家都公认的，即那些最早开始雕刻偶像者是为他们死去的亲人而雕刻的，为了迷信地记

念他们。⑯我相信这邪恶的习俗源远流长，我也不否认它就像火把一样，会点燃人与生俱来敬拜偶像的欲望。然而我并不认为这就是偶像崇拜最早的起源。因为从摩西书卷可知，在人渴望雕刻死人偶像兴起之前，偶像崇拜就已存在了。异教作者也常常论及这一点。当摩西告诉我们拉结偷了她父亲的神像时（创31：19），他所说的是一种很普遍的罪。由此我们可以推知，人心就像一座生产偶像的工厂。在洪水之后，地球获得某种重生，然而好景不长，没过多久，人又开始照自己的喜好随意雕刻偶像。ᵉ而且极有可能在挪亚那圣洁的族长还活着时，他的后裔就放纵自己崇拜偶像，并且他（极为痛心地）亲眼看见神不久前刚借着最可怕的审判所炼净的地球，又被偶像崇拜污染了。因为约书亚见证说（书24：2），他拉和拿鹤在亚伯拉罕未出生以前就敬拜假神。既然闪的后裔很快就堕落了，更何况含的后裔，因他们已从他们父亲的身上受到神的咒诅。ᵈ这正是罪人的景况。ᵉ⁽ᵃ⁾人心因充满骄傲和任意妄为，就照自己的能力想象一位神；又因迟钝，陷入极大的无知之中，就以虚无缥缈的幽灵代替神。

人企图用形像来表达他心里所构造的那位神，这是罪上加罪。所以，人心幻想出某一位偶像，就用手将之制造出来。以色列人的例子明确地告诉我们，偶像崇拜源于人不相信神与他们同在，除非他以肉身的形式向人显现。ᵇ"起来！为我们做神像，可以在我们前面引路，因为领我们出埃及地的那个摩西，我们不知道他遭了什么事。"（出32：1）事实上，以色列众人明明知道，他们在许多神迹上都经历过神的大能，但除非他们亲眼看见神显现的可见记号，作为神统治的见证，否则他们就不相信神与他们同在。所以他们期望看到一位在他们前面行走的形像，好证明神在引领他们。我们的日常经验告诉我们，肉身总是躁动不安的，除非有某种像人一样的形像代替神来安慰我们。自从创立世界以来，几

---

⑯ Wisdom of Solomon 14：15-16.

乎每一个时代的人^a被这种盲目的私欲所驱使，就立了一些神像，因他们相信神会借这些神像向他们显现。

9. 在崇拜中使用任何的形像都会导致偶像崇拜*

^d一旦人有这种幻想，接着就会开始崇拜；^a当他们以为在偶像身上看见神时，他们便把偶像当作神来敬拜。最后的结果便是，所有的人都将他们的心思、意念和眼目放在这些偶像上，变得越来越愚蠢，甚至无法自拔地迷恋这些偶像，仿佛它们真的有神性。^b人若非接受一些极为愚蠢的观点，就不会轻率地崇拜偶像；这并不是说他们将偶像本身视为神，而是因为他们以为偶像身上有某种神的力量。因此，当你将偶像当成神或受造之物，在它面前跪拜时，你就已经陷入了某种迷信之中。因着这缘故，主不但禁止人立任何雕像代表他自己，也禁止人立任何碑文或石坛献给他，免得人把它们当作敬拜对象（出 20：25）。^d同样地，律法的第二诫又补充了关于敬拜的规定。因为人一旦为神造可见的形体，就会相信这形体拥有神的权能。人愚昧到相信神就在他们所造的形体上，^⑰因此他们就不得不拜这偶像。所以，不管他们所敬拜的是偶像本身还是偶像中的神，都没有两样。当人将神所应得的尊荣归给偶像时，无论他的借口是什么，都是偶像崇拜。因为神不喜悦人迷信地敬拜他，所以，一切归给偶像的尊荣，都是从神那里窃取的。

^a那些找愚昧借口为可憎的偶像崇拜辩护的人要留意，偶像崇拜在以往许多时代湮没甚至颠覆了真宗教。偶像崇拜者宣称，他们并不是将偶像当作神。在犹太人铸造金牛犊之前（出 32：4），他们也没有愚蠢到忘记是耶和华以他的膀臂将他们领出埃及（利 26：13）。^b但当亚伦指着金牛犊说这是领你们出埃及地的神时，他们就大胆地赞同（出 32：4、8），意即他们希望继续敬拜那释放他们的神，只要他们能够亲眼在这金牛犊身

---

⑰ 加尔文的这句话是双关语："*Deum affigant ubicunque affingunt.*"

上看见是这神引领他们。ᵃ我们也不要认为异教徒愚蠢到相信那些他们所拜的木桩和石头就是神。虽然他们随意变换所敬拜的偶像，但在心里却仍敬拜同样的一些神。他们用许多不同的偶像代表一位神，但他们没有为自己捏造与偶像数目一样多的神。他们每日设立新的偶像，却不是在制造新神。ᶜ奥古斯丁列举他所处时代偶像崇拜者的借口：当他们被人指责时，低俗崇拜者的回答是，他们不是在敬拜可见的偶像，而是在敬拜寓于偶像之内的灵。那些所谓拥有"较纯洁信仰"的人也说：他们不是在拜那偶像，也不是在拜那偶像之内的灵，而是借这可见的形体注视他们所应当敬拜之神的样式。⑱ᵃ我们当说什么呢？所有的偶像崇拜者，不管是犹太人还是外邦人，ᵇ他们的动机就如以上所说的那样。这些人不满足于属灵的领会，反而以为借着偶像就能获得某种更实在、更接近真理的领会。一旦这种以偶像代替神的荒唐做法令他们满足，他们就更入迷，直到被新的花样误导，至终以为神借着偶像彰显他的权能。ᵃ尽管如此，犹太人仍深信他们借这些形像在敬拜那位天地间永恒独一的真神；而外邦人在敬拜自己的假神时，却误以为是在敬拜天上的神。

10. 教堂里的偶像崇拜

ᵃ那些宣称现今已无人在犯古老偶像崇拜之罪的人是在无耻地说谎。为何人俯伏在这些偶像面前呢？人祷告时为何仰望它们，仿佛这些偶像垂听祷告？ᶜ的确，奥古斯丁所言不假，即一切仰望偶像祷告或敬拜的人，无一人没有受到这样的影响：他们以为偶像垂听其祷告，希望偶像会应允他们所祈求的一切。⑲ᵇ他们既然相信这些偶像都代表同一位神，为何还给予不同程度的尊重呢？他们为何不辞劳苦地出远门朝圣，去跪拜一些不过与他们教堂内的偶像类似的偶像呢？ᵃ如今他们为何拿起刀枪

---

⑱ Augustine, *Psalms*, Ps. 113. 2. 4-6 (on v. 5) (MPL 37. 1483 f.; tr. NPNF [Ps. 115] VIII. 552).

⑲ Augustine, *Psalms*, Ps. 113. 2. 4-6.

捍卫这些偶像，就如捍卫神的祭坛或自己的家那样，甚至到了残暴杀人的地步，宁愿丧失独一的真神也不愿让人夺去他们的偶像呢？然而，我并不是想一一列出众人各种愚蠢的错误，因为这些错误不胜枚举，几乎占据所有人的心。我只想指出：在他们被指控敬拜偶像时，他们公开为自己辩护的借口是什么。他们说，我们并不是称它们为"我们的神"。古时的犹太人和异教徒也没有称偶像为他们的神，然而先知们毫不留情且再三指控他们与木石的偶像行邪淫（耶 2：27；结 6：4 及以下；参阅赛 40：19—20；哈 2：18—19；申 32：37），而先知们之所以如此指控他们，是因为他们以属血气的心敬拜用木石制成的偶像，就如现今自称为基督徒的人每日所行的一样。

11. 天主教徒们愚蠢的借口

^d我并非不晓得，也不想抹杀这事实，就是他们用更狡猾的区别为借口逃避我们的指控，稍后我会更详细地谈到这点。[20]他们将归给偶像的尊荣视为服侍而不是敬拜偶像。[21]他们教导说，被称为"dulia"（希腊文"服侍"）的这尊荣可以归给雕像和画像而不冒犯神，所以他们认为服侍偶像而没有敬拜它们是无罪的，就好像服侍不如敬拜！尽管他们用一个希腊词来掩饰他们的恶行，然而他们的解释明显自相矛盾，十分幼稚。因为希腊词"$\lambda\alpha\tau\rho\varepsilon\acute{\upsilon}\varepsilon\iota\nu$"唯一的意义是"敬拜"，所以他们等于在说："我们虽然敬拜偶像却不敬拜偶像。"他们也没有根据说我只是在挑他们的语病，事实上，当他们蓄意弄瞎单纯之人的心眼时，就显露他们的愚昧。不论他们如何诡辩，也永远无法以他们的口才证明两件相同的事情是两回事。他们无法证明他们的行为与古时的偶像崇拜有何不同。就像犯奸

---

[20] I. 11. 16；I. 12. 2.
[21] 加尔文所采用的两个希腊文单词是"$\varepsilon\iota\delta\omega\lambda o\delta o\upsilon\lambda\varepsilon\acute{\iota}\alpha$"和"$\varepsilon\iota\delta\omega\lambda o\lambda\alpha\tau\rho\varepsilon\acute{\iota}\alpha$"。教会在前几个时代曾经讨论过这两个单词的差别。"dulia"是奴隶对主人尊敬的服侍，而"latria"是归给神的敬拜。约翰·科赫洛伊斯（John Cochlaeus）在 *De sacris reliquiis Christi et sanctorum eius*（1549）的第二章和第三章中使用了这一区分来回复加尔文的 *Inventory of Relics*。参阅注释 27 和 I. 12. 2-3。

淫者或杀人者无法用另一个词称呼他所犯的罪来逃避他的罪责,同样地,他们巧妙地新造一个名词来称呼他们的罪,而想要被判无罪,这是极其荒谬的。因他们的行为与连他们自己都不得不责备的偶像崇拜者毫无分别。他们无法证明他们的情形与过去拜偶像之人有何分别。整个罪恶的根源在于不甘落后,荒唐地与过去拜偶像之后争竞,挖空心思制造神的可见形像。

12. 艺术的作用和限制

°然而,我也不是偏激到认为神禁止一切的雕像和画像。因为雕刻和绘画的才能是神赏赐给人的,所以我们要圣洁和恰当地使用这样的才能,免得主为了他的荣耀和我们的益处而赐给我们的才能因荒唐的滥用而被玷污,至终导致我们的毁灭。我们深信人用可见的形像代表神是错误的,因神亲口禁止这行为(出 20:4),若我们如此做将在某种程度上有损神的荣耀。为了避免他们认为这只是我们自己的观点,我必须说明,只要是对正统神学家著作熟悉的人,都知道他们也都不赞同这行为。既然连用一种物质的形体来代表神都不被允许,更何况将之当作神或以为神附在其中而敬拜它。因此,我们只能雕刻或描绘肉眼可见之物,不可用不合宜的象征来玷污我们肉眼看不见的神的威严。神允许人雕刻和绘制的对象是历史事件和一切可见的形体,前者可用来教导和劝诫;至于后者,除了娱乐之外,我想不到其他的用途。然而直到如今,显然教堂里面几乎所有的雕像和画像都属于后一类。由此可见,人之所以制作这些形像并不是出于审慎的选择,而是出于愚蠢和无知的欲望。我现在不谈这些形像多半是邪恶和猥亵的,也不谈这些画家和雕刻家有多放荡,我在稍早之前曾稍微提过这事。[22]我在此所强调的是,即使这些偶像没有什么害处,它们也没有任何教导的价值。

---

[22] I.11.7.

13. 历史证明，当教会相信正统的教义时，便会抵制偶像

ᶜ现在我们撇开以上的区分，要开始思考在基督教的教堂里究竟有无必要保留任何形像，不论它们代表的是历史事件还是可见的形体。首先，如果我们重视古代教会的权威，就会知道在教会前五百年的历史中，基督教仍很兴旺，教义更纯正，那时教堂内根本没有形像。㉓而当教会开始偏离纯正信仰时，人们就开始用形像装饰教堂。我并不想讨论是什么缘由驱使那些最早用形像装饰教堂的人，然而若研究各代教会历史就会发现，后来的时代在纯正教义方面比教堂里没有形像的时代更衰退。难道我们要以为那些圣洁的教父，听任教会在那么长的时期缺乏这极有帮助的形像吗？显然，他们之所以没有在教堂内设形像，是因为他们知道这些形像没有什么帮助或帮助甚少，反而会有很大的危险，所以他们在深思熟虑之后拒绝形像，而非因为无知或忽略。奥古斯丁甚至清楚表明："当人们赋予这些形像很高的地位，并且向它们祷告、祈求及献祭时，尽管这些形像没知觉和生命，却看来好像有生命和知觉。于是这些形像就说服那些软弱的人相信它们真的有生命气息……"㉔在另一处奥古斯丁也说："偶像可见的形体会产生一种效果，甚至迫使人误以为偶像的身体也有感觉，因为它们看起来和人自己的身体一样。"他接着又说："偶像有力量叫人心弯曲，却没有力量叫人心正直，因为它们虽然有口、眼、耳、脚，却无法说、看、听或行走。"㉕

这很可能就是使徒约翰警告我们不可敬拜偶像，甚至警告我们要远

㉓ 加尔文在这里似乎同意那些"混合主义者"的教导。他们回归到勒林的文森特（Vincent of Lerins）的教导，并因此主张以"教会开头前五世纪的教义共识"作为基督教合一和改革的根据。见 J. T. McNeill, *Unitive Protestantism*, pp. 271 ff.; W. K. Ferguson, *The Renaissance in Historical Thought*, pp. 41 f., 49 f.。加尔文在他于1538年的拉丁文要理问答里，主张基督徒之间的合一及和睦。他大声呼吁说魔鬼的火箭应该激励众基督徒彼此同心——"*ad syncretismum agendum admovere debet*"（OS I. 431）。

㉔ Augustine, *Letters* 102（MPL 33. 377; tr. FC 18. 161）; *City of God* IV. 31（MPL 41. 137 f.; tr. NPNF II. 81）。

㉕ Augustine, *Psalms*, Ps. 113. 2. 5 f.（MPL 37. 1483 f.; tr. NPNF [Ps. 115] VIII. 552 f.）。

避偶像（约一5：21）的原因。世人深陷其中的可怕愚行几乎使敬虔灭绝。许多的经验告诉我们，形像一旦被设立在教堂里面，偶像崇拜的旗帜仿佛同时被树立起来，因为人极其愚昧，不能自拔，很快就会陷入迷信敬拜中。即使没有这么危险，但当我想到教堂的用途时，我个人认为，除了主在他的话语里所吩咐代表他的活泼的象征之外，其他的形像与这圣洁的场所极不相称。我所说的象征指的是洗礼和圣餐，以及其他基督教的仪式。我们要格外敏锐地留意这些圣礼，并让它们深刻地影响我们，而不寻求人凭自己聪明所捏造的形像。

ᵃ瞧！ᵈ我们若相信天主教徒，就得像他们一样以为接受形像就能带给人无可替代、无法比拟的福分。

14. 天主教在尼西亚会议（公元787年）上幼稚地为形像辩护[*]

ᵈ我想我已经对这问题做了足够的论述，但因尼西亚会议的缘故，我要多说几句，我说的不是君士坦丁大帝所召开最有名的会议，而是伊琳娜女皇于八百年前召开并主持的会议。[㉖]这会议不但决议在教堂内要有形像，也命令信徒敬拜它们。[㉗]不管我说什么，这会议的权威性会说服许多人偏向我仇敌的立场。然而，其实我最在乎的不是这一点，而是让我的读者明白，这些人热衷于形像，甚至到疯狂的地步，而这与基督徒的行为极不相称。首先，我们要反驳尼西亚会议的决议，那些现今为形像辩护的人，宣称他们的主张是根据尼西亚会议的决议。然而，现今仍存在一本反对的书，该书托名查理曼（Charlemagne），反驳这会议的决议，这

[㉖] Irene，一位东方的女皇，于公元780—802年统治东罗马帝国，加尔文在法文的版本里称她为"一位名叫伊琳娜的邪恶女阎罗"。

[㉗] 公元787年的第二次尼西亚公会议，session 7。（Mansi XIII. 377 f.；tr. H. Bettenson, *Documents of the Christian Church*, p. 132.）信徒被责令怀着敬虔的心态向雕像屈身（προσκύνησις），但被禁止真正敬拜（λατρεία）这些雕像，因为"唯有神才是受敬拜（λατρεία）的正当对象"。参阅 I. 12. 3；Hefele-Leclercq III. 2. 772 f. 有关此次公会议详细的讨论摘要，可参阅 E. J. Martin, *A History of the Iconoclastic Movement*, ch. 6。

书的文体证实它就是那个时代的作品。㉓书中谈到参与这会议的众主教的观点，和他们所采用的证据。东方教会的代表约翰引用经文："神就照着自己的形像造人"（创 1∶27），因此他下结论说，我们应该使用形像。他也认为这节经文支持使用形像："求你容我得见你的面貌⋯⋯因为你的面貌秀美。"（歌 2∶14）另一人为了证明应将形像立在祭坛上而引用了这段经文，"人点灯，不放在斗底下"（太 5∶15）。还有另一人为了证明瞻仰形像对我们有益，就引用《诗篇》中的一节经文："求你仰起脸来，光照我们。"（诗 4∶7，Vg.，诗 4∶6，EV）又有一人用以下的比较来证明：就如族长们效法外邦人的献祭方式，同样基督徒也应当用圣徒们的形像取代外邦人的偶像。他们出于同样的目的扭曲这节经文："我们必因他圣殿的美福知足了。"（诗 25∶5，Vg.，26∶8，EV）但最巧妙的辩护是对这节经文的解释："我们所听见，所看见。"（约一 1∶1 p.）因此，他认为这意味着不但借由听道认识神，也借着瞻仰形像认识神。狄奥多（Theodore）主教也同样敏锐："神在他的圣徒身上彰显他的荣耀，显为可畏"（诗 67∶36，Vg.），以及在别处说到的"论到世上的圣民"（诗 15∶3，Vg.，16∶3，EV），这些经文应该指的是形像。简言之，他们的谬论令人作呕，提到它们我都感到羞耻。

15. 荒谬地误用圣经经文 *

ᵈ 当他们谈到"崇拜"时，他们就提出雅各对法老王的崇拜（创 47∶

㉓ 14—16 节是在 1550 年写的。加尔文在这里所用的参考书 *Libri Carolini*，是查理曼在尼西亚的第二次公会议之后吩咐人写下来的。法兰克福会议（Synod of Frankfurt）于公元 794 年也采用这些书籍。让·迪蒂耶（Jean du Tillet）在 1549 年出版了他所编辑的 *Libri Carolini* 版本。加尔文所指的部分是：*Libri Carolini* I. 7, 9, 10, 13, 23, 24, 28, 30；II. 5, 6, 10, 19†；III. 7, 15, 17, 26, 31；IV. 6, 18。这些作品可以在 MPL 98 里找到。加尔文所使用的部分在 cols. 1022 f., 1027 ff., 1034 f., 1053 f., 1057 f., 1061 f., 1065 f., 1071 ff., 1075 f., 1127 ff., 1142 f., 1148 f., 1170 ff., 1180 ff., 1197 ff., 1221 ff. The notes in OS III. 103 f. 的注解是 *Monumenta Germaniae Historica*, *Leges* III. Concilia II. 所采用的部分。编辑告诉我们，加尔文两次引用他以为是"东方教会的代表约翰"（他在会议中经常发言）的话，其实并不是。除此之外，加尔文的引用都是正确的且皆与文本一致。

10)、约瑟的杖（创47：31；来11：21），以及雅各所立的柱子（创28：18）。

然而他们如此宣称，不但扭曲圣经的真意，而且是在编造一些圣经根本没有记载的话。还有，"敬拜他的脚凳"（诗98：5，Vg.，诗99：5，EV）、"在他的圣山下拜"（诗98：9，Vg.，诗99：9，EV），以及"群众中的富人向他的面容求告，民中的富足人也必向他求恩"（诗44：13，Vg.，诗45：13，EV）。对他们而言，这些经文充分地支持他们的信念。若有人想证明那些支持形像敬拜之人的信念有多荒谬，难道还能举出比上面更荒唐的例子吗？若有人对我们所说的仍然质疑，我要再举最后一个例子：米拉（Mira）的主教狄奥多西（Theodosius）用他副主教所做的梦，肯定人应当敬拜形像，仿佛这是从天上来的圣言。就让那些支持形像的人用这会议的决议来反驳我们吧！这些所谓该被尊敬的教父，他们对圣经如此幼稚或无耻亵渎地强解，难道还值得众信徒信任吗？

16. 为形像亵渎与令人震惊的辩护[*]

[d]我现在要谈到他们可怕的亵渎，就是他们竟敢说出这样亵渎的话，实在令人惊讶！然而更令人惊讶的是，并非人人起而愤然驳斥之。但公开地揭露这种邪恶愚蠢的行为是极为必要的，至少可以证明形像崇拜并非如天主教所说是从古老时代就开始的。阿摩利阿姆（Amorium）的主教狄奥多西（Theodosius）咒诅一切反对形像崇拜的人。另一位天主教徒说，希腊和东方的国家所遭遇的一切灾祸，都是由于忽略敬拜形像的结果。如此说来，那先知、使徒及众殉道者当受什么样的惩罚呢？因为在他们的时代，形像并不存在。天主教徒又说：如果我们带着乳香和香来到皇帝的像前，那我们就更应该将这样的尊荣归给使徒的像。塞浦路斯的康士坦茨（Constance）主教康士坦丢（Constantius）宣称他十分敬畏这些肖像，甚至将应归给赐人生命之三一真神的敬拜和尊荣也照样归给形像。他居然也咒诅一切拒绝这样敬拜形像的人，并咒骂

他们是摩尼教徒和马西昂主义者（Marcionites）。若你以为这只是他个人的观点，那就错了，因为其他的天主教徒也赞同这观点。事实上，东方教会的代表约翰更激昂地宣称：宁愿全城都充满妓院，也不愿禁止人敬拜形像。虽然大家一致公认撒玛利亚人比所有异端更邪恶，然而天主教徒却认为反对形像敬拜的人[29]比撒玛利亚人更邪恶。此外，他们生怕无人对他们的演出鼓掌喝彩，[30]就接着说，让那些拥有基督形像的人向这形像烧香并欢喜快乐[31]吧！但这是否完全与他们一贯用来欺哄神和众人对"敬拜"（latria）和"服侍"（dulia）所做的区分互相矛盾？因为尼西亚会议毫无保留地将永生神所应得的敬拜归给形像。

---

[29] "εἰκονομάχοι."
[30] 他指的是罗马剧院戏剧结束后的正式鼓掌惯例。参阅 Horace, *Ars Poetica* V. 154 f. (LCL edition, pp. 462 f. and note e)。
[31] 参阅上文 11 节，注释 21, above, and Calvin, *On the Necessity of Reforming the Church* (1549) (CR VI. 463; tr. *Tracts* I. 131)。

ᵉ第十二章 为将一切尊荣归给神,应当清楚地区分神与偶像

1. 正统的基督教信仰使我们专靠神并承认他是独一真神

ᵉ此外,我们从一开始就教导①:认识神不在乎冷漠的思辨,因为认识神也包括尊荣神。在前面我们也提过如何正确地敬拜神,之后还要详尽地谈论这主题。②现在我只要简单地重复一下:每当圣经宣告只有一位真神时,它不但是宣告神的名号,也是禁止将神的任何属性归给假神。从这里我们也可以清楚地知道纯正的基督教与迷信有何不同之处。希腊文单词 εὐσέβεια 的意思是"宗教",也包含合宜的敬畏。因为连在黑暗里摸索的心盲之人,也可以感觉到必须遵守正确的准则,避免错误地敬拜神。博学的西塞罗认为"宗教"这一词是源于拉丁文 *relegere*③,此看法是正确的,但他对拉丁人为何使用这词的解释却有些附会牵强——即诚实的敬拜者不断阅读并殷勤思考什么是真理。其实我认为这个词的意思与放纵的自由相反,因为大多数世人,不假思索地接受他所遇见的任

---

① 参阅 I.2.2; I.5.6, 9, 10。
② II.8.17-19; IV.10.8-31。
③ *Nature of the Gods* II.28.72 (LCL edition, pp.192 f. and note a)。拉克唐修同意"religion"是从这个单词而来,但他批评西塞罗对迷信的恐惧与对正统信仰的区分方式 (*Divine Institutes* IV.28; CSEL 19.389; tr. ANF VII.131)。

何信仰，甚至变来变去，然而真敬虔的人为了在信仰上站稳，会约束自己在正当的范围内。同样地，迷信之所以被称为迷信，是因为人不满足于理性所规定的方式和秩序，而是累积了一大堆虚幻、无知的行为。

但不管这些单词代表什么，所有的时代都公认，虚假和谬误已经败坏和扭曲了真宗教。由此我们也可以推论，出于轻率的热忱所引的一切，尽管用迷信之人假托的借口来辩护，也是站不住脚的。虽然人们口头上都承认这一点，却仍表现出可耻的愚昧，因为我们之前已教导过的，④他们既不依靠独一的神，也不喜悦尊荣他。但神在宣告他的权利时说他是忌邪的神，并且他将严厉报应那些将他与假神混为一谈的人（参阅出 20：5）。接着他为正当的敬拜下定义，为了使世人顺服。这些都已含括在他的律法中：他首先宣告他是众信徒唯一的立法者，为了使他们服从，同时他也设立了准则，叫人按照他的旨意正当地尊荣他。就律法而论，既然它的用途和目的是多方面的，我会在恰当的时候讨论。⑤我现在只要稍微谈到这点，即律法约束人，为了使他们避免陷入邪恶的崇拜仪式中。然而你们要留意我前面所教导的：我们若不将神性所独有的一切都归给独一真神，就是窃取神的尊荣，亵渎对他的敬拜。

ᵇ现在我们要进一步留意，迷信为了吸引人相信它而使用的各种诡计。迷信虽然引诱人敬拜假神，却同时使人看起来似乎既没有离弃至高的神，也没有将神贬低到与假神同等的地位。然而，即使迷信仍将神放在最高的地位上，但同时以众多地位较低的假神围绕他，并将属神的职事分给假神。上帝神性的荣耀被肢解（虽然是以狡诈、隐秘的方式），结果他完整的荣耀不再单属于他。⑥古时的犹太人和外邦人都把众多的神放在至高父神之下。众神中的每一位都按照它们地位的高低与至高神一同掌管天地。于是前几个世纪去世的圣徒都被提高到与神同受尊荣的地

---

④ 在 I. 4. 1；I. 5. 8。
⑤ 特别参阅 II. 8。
⑥ Augustine, *City of God* IV. 9 (MPL 41. 119；tr. NPNF II. 69).

位,甚至代替神受人颂赞和祈求。的确,虽然这大大地贬抑和消灭神的威荣,所存留的只是对他大能的一些空洞概念罢了,但是我们以为这样严重的亵渎不会使神的威荣失色。^e同时我们被这些伪装所蒙蔽,去随从假神。

2. 无差别的区分*

^d事实上,他们对"敬拜"和"服侍"所做的区分是蓄意捏造的,好让他们能安全地将唯独属神的尊荣归给天使和死人。⑦显然,天主教徒所归给圣徒的尊荣和他们所归给神的尊荣其实毫无分别。事实上,他们对神和圣徒的敬拜毫无差别,只是当他们被质问时,极力想用这借口摆脱:"我们毫无玷污地将神所应得的荣耀归给他,因为我们把敬拜(latria)留给神。"但既然我们所谈论的是事实本身而非字面意义,岂能容许他们轻视这所有事情当中最重要的问题呢?他们的区分最后可简化为:将 *cultus*(尊荣)唯独归给神,却将 *servitium*(服侍)归给其他的敬拜对象。因为希腊文中的 $\lambda\alpha\tau\rho\varepsilon\iota\alpha$ 与拉丁文中的 *cultus* 意思相同;$\delta ou\lambda\varepsilon\iota\alpha$ 正确的意思是 *servitus*,但在圣经上这两个单词的意思有时是相同的。然而假设这两个单词在圣经中有绝对不同的意思,我们就得对这两个单词下定义:$\delta ou\lambda\varepsilon\iota\alpha$ 是指服侍;$\lambda\alpha\tau\rho\varepsilon\iota\alpha$ 则是指尊荣。但没有人会怀疑服侍比敬拜的层次更高。因为若甘心服侍某人,不可能不同时尊敬此人,因此将层次高的尊荣归给圣徒而将层次低的归给神是不应当的。我知道有好几位早期的教父都主张这种区分,然而,若所有的人都认为这区分是不合理且愚蠢的,难道我们仍要接受这些教父的主张吗?

3. 尊荣偶像就不尊荣神*

^d让我们不再理会他们的钻牛角尖而去查看事实。当保罗提醒加拉太

---

⑦ 参阅 I. 11. 11, 16。

信徒他们未曾认识神之前的光景时，他说，他们"是给那些本来不是神的作奴仆（dulia）"（加 4∶8 p.）。当时他没有称之为 latria，难道这就成为他们迷信的借口吗？事实上，保罗将邪恶的迷信称为 dulia 时，他对它的咒诅并不比使用另一个词（latria）要少。并且当基督说："经上记着说：'当拜主你的神'"（太 4∶10）时，为了抵挡撒旦的试探，他也没有用 latria 这个词。⑧因为撒旦只要求基督在他面前恭敬地下跪。⑨还有，当约翰在天使面前下跪时，天使也指责他（启 19∶10，22∶8—9）。我们不要以为约翰愚昧到想要将唯独属神的尊荣归给一位天使，他之所以被天使指责，是因为任何与宗教有关的敬畏行动不可能不带有敬拜的味道，所以他不可能向天使"跪拜"而不窃取神的荣耀。其实，历史常常记载人受他人的仰慕，但这种仰慕的行为只是社会上的尊重。然而在宗教上却并非如此，人一旦将敬畏的行动与宗教联结，就免不了亵渎神的尊荣。

　　我们可在哥尼流身上看到这点（徒 10∶25）。他至少敬虔到明白当将最高的尊荣归给神。因此，当他俯伏在彼得面前时，虽然他并无意将彼得当作神来敬拜，彼得仍急切地禁止他这样做。为何彼得不许他这么做呢？因为无论人能多么清楚地辨别神或受造物该得的尊荣，人仍会不由自主地将唯独属神的尊荣归给受造物。ᵇ所以，若我们真的主张一神论，就当留意我们不可窃取神丝毫的荣耀，一切的荣耀都要归给独一真神。ᶜ因此当撒迦利亚预言教会的复兴时，不但极具说服力地宣告："那日耶和华必为独一无二的"，也宣告"他的名也是独一无二的"（亚 14∶9 p.），这无疑是要证明神与偶像势不两立。我们将在恰当的时候教导，神要人如何尊荣他。因神喜悦借他的律法吩咐众人何为善、何为义，并且用这可靠的准则约束人，免得人任意妄为并随己意捏造任何敬拜他的方式。由于我

---

⑧　参阅 I. 11. 11，注释 21；P. Lombard，*Sentences* III. 9. 1（MPL 192. 775 f.）。阿奎那区分 latria（归给神的敬拜）与 dulia（归给高地位受造物的尊敬），同时提到不同种类的 dulia（包括 *hyperdulia*），即是归给童贞女马利亚的（*Summa Theol.* II IIae. 84. 1；103. 4）。也参阅 Eck，*Enchiridion*（1526，1533），ch. 15（1541，ch. 16）；"*De imaginibus Crucifixi et sanctorum.*"

⑨　"προσκύνησις."

不想同时将许多的主题硬塞给读者,因此就不再多谈这一主题。我们只要明白一点,即当我们举行任何宗教仪式时,若我们的对象不是独一的真神,我们就是在亵渎神。人首先迷信地将属神的尊荣归给太阳、星星或偶像,之后人又出于野心,将属神的荣耀归在人身上,因此玷污了一切圣洁的事物。虽然人在心里仍存留当敬拜至高者的观念,然而人已习惯毫不分辨地献祭给守护神——地位较低的神或已死的英雄。我们非常容易犯这样的罪,甚至将神唯独为自己存留的尊荣分给众多的假神。

e 第十三章　圣经从创世之初就教导我们，
　　　　　　神只有一个本质却有三个位格①

正统派的教父在三位一体的教义上，所采用的术语（1—6）

1. 神的本质是属灵的，也是无法测透的

圣经对于神无限、属灵本质之教导不但足以厘清一般人的误解，也能驳倒世俗哲学的诡辩。一位古时的哲学家自以为聪明地说："我们所看见的一切以及我们所看不见的一切都是神。"②根据他的说法，他幻想神

---

① 在所有的版本里，三位一体的教义都先于造物主的教义（使徒信经的第一条）。在1559年以前的版本中，三位一体是放在"基督是信心唯一的对象"此教导后面，他把信心的教导放在第三卷第二章的圣灵救赎的事工中。如此一来，在最后的版本里，加尔文教导三位一体的教义，却没有呈现完整的知识论。除了这变化之外，虽然这版本增加了许多篇幅，但整本作品的次序与早期版本的次序完全一样——圣父（I. 14 ff.）；圣子（II. 6 ff.）以及圣灵（III. 1 ff.）。虽然中世纪和宗教改革的神学家们典型的做法是系统地罗列神的属性["*virtutes*"一般指的是权能（powers）]，但加尔文并没有这样做。最接近该教导是在第一卷第五章第二节中，但这不是以系统的方式来处理的，在第一卷第五章第十节、第十四章第二十节以及第三卷第二十章第四十至第四十一节中可以找到；Comm. Rom. 1：21 提到 virtutes Dei。加尔文在他所有的作品中从来不用"主权"这名词形容神（G. B. Beyerhaus, *Studien zur Staatsanschauung Calvins*, ch. 3, "Calvins Souver it slehre," esp. p. 58），但这个主题在他的护理的教义中出现过。在那里加尔文经常用"无所不能"这传统的术语代替"主权"来形容神（参阅 I. 16. 3）。贝弗里奇（Beveridge）和艾伦（Allen）的《基督教要义》英文翻译版本有插入"主权"这术语，甚至根据正统神学的习惯也插入"预旨"这术语，虽然加尔文的原著并没有这术语。

② Seneca, *Natural Questions*, Prologue, I. 13 (tr. J. Clarke, *Physical Science in the Time of Nero*, p. 7).

性如水泼出，泼在世界各个角落。虽然神为了使我们保持审慎的态度，对于有关他本质的启示很少，但神借以上两种属性，破灭人愚蠢的幻想，约束人的任意妄为。的确，神无法测透的属性应该使我们畏惧用自己的感官揣测神。神属灵的本质也禁止我们从属世或属肉体的角度测度他。因着同样的缘故，神常常宣告他的居所在天上，而由于他是无限的，所以他也充满全地。因为神知道我们迟钝的心，常常体贴地上的事，所以为了使我们脱离迟钝、懒惰，他借自己属灵的本质叫我们思念天上的事。^{e(b)}这也同时反驳摩尼教徒的谬误，他们假设了两个起源并教导：^e魔鬼几乎享有与神同等的地位。③这无疑是要毁坏神的合一性和限制他的无限性。^{e(b)}其实，他们之所以敢滥用一些经文，是因为他们极端无知，而他们的谬论本身就是出于可憎的愚蠢。^b因为圣经常常描述神有口、耳、眼、手、脚，所以那些神人同形论者就幻想神有与人一样的身体。④要驳倒这些人是轻而易举的，连没有基本常识的人也明白，就像保姆经常以婴儿的口吻向婴儿说话一样，同样地，神向我们启示时也是如此。因此，神以这种方式对我们说话，并没有清楚地启示他的本质，而是俯就我们极其有限的理解力。

2. 神的三个"位格"

^e然而神也以另一种特殊的名号称呼自己，目的是将自己更清楚地与偶像分别。神不但宣告他是独一的神，同时也向我们启示他有三个位格。除非我们明白这三个位格，否则在我们的脑海里就只有神这空洞的名字飘来飘去，对真神没有任何概念。为防止有人在此误以为有三位神，或误以为神单纯的本质分裂成三种不同的位

---

③ 波斯人摩尼（Manichaeus 或称 Mani, d. 277）所建立之主张二元论的派别。参阅 Augustine, *On Genesis in the Literal Sense* XI. 13. 17 （MPL 34. 436）；*De haeresibus* 46 （MPL 42. 34-38）；*Contra Julianum, opus imperfectum* I. 115-123 （MPL 45. 1125-1127）。

④ 这派别是奥迪乌（Audius）（d. 372）在美索不达米亚建立的。他教导说：既然神照自己的形象造人（创1：26），这就证明神有人的形体。参阅 Augustine, *De haeresibus* 1-50 （MPL 42. 39）。

格,⑤我们必须在此下一个简洁而通俗易懂的定义,免得产生多种误解。

但因一些人强烈地反对使用"位格"这词,⑥犹如这是人所杜撰的,所以我们首先要思考他们的观点是否合理。ᵉ⁽ᵇ⁾使徒称神的儿子为"神本体(hypostasis)的真像"(来1∶3),无疑在说父神的某种性质(subsistence)⑦与子有所不同。假如我们在这里说本体等于本质(essence)(就如一些解经家的解释:基督,就像蜡模上的印张,自身代表父神的性质),不但不敬而且荒唐。既然神的本质是单一不可分割的,且他一切的属性都在自身中,没有分化与衍生,是完美的整体,在将本体等同于本质的意义上说子是父的"真像"就是不恰当的,甚至是愚蠢的。然而尽管父、子在属性上彼此有别,但父已在子身上完整地启示自己,所以当圣经告诉我们神借子叫人看到他的本体是极有道理的。ᵉ接下来使徒所说的也与这密切相关,即子是"神荣耀所发的光辉"(来1∶3,参阅 Vg.)。的确,我们从使徒的话语中得知,子所发出光辉的本体就在父里面,也因此我们很容易就能明白子的本体,这本体是与父的本体有

---

⑤ 加尔文在这里和第三节中,提到许多反对三位一体教导的当代作家不同的观点。巴特和尼斯尔在 OS III. 109ff. 中详细列举了塞尔维特(Michael Servetus, d. 1553)、格列巴尔蒂(Matthaeus Gribaldi, d. 1564)、布兰德拉塔(George Blandrata, d. 1585)、真蒂莱(Valentine Gentile, d. 1566)、阿尔恰蒂(Gianpaulo Alciati, d. ca. 1573),这些作者反对三位一体的教导。若要进一步了解这些人的思想和作为,请参阅 E. M. Wilbur, *A History of Unitarianism*; *Socinianism and Its Antecedents*。塞尔维特指控说:正统的传统神学教导"三种不同的神", *De Trinitatis erroribus*, 1531, I, fo. 21 (tr. E. M. Wilbur, *On the Errors of the Trinity* I. 30, 31, pp. 33 f.; Harvard Theological Studies 16)。威廉姆斯(G. H. Williams)研究了以上这些作者的教导,参阅 LCC XXV. 285 ff. 及 "Studies in the Radical Reformation: A Bibliographical Survey of Research Since 1939," *Church History* XXVII (1958), 46-69。

⑥ Servetus, *op. cit.*, I, fo. 35, 36 (tr. Wilbur, op. cit., I. 50, 51, pp. 55 f.)。

⑦ 写这些句子时,加尔文想到《希伯来书》1∶3: $\chi\alpha\rho\alpha\kappa\tau\dot{\eta}\rho\ \tau\hat{\eta}s\ \dot{\upsilon}\pi\sigma\sigma\tau\dot{\alpha}\sigma\epsilon\omega s\ \alpha\dot{\upsilon}\tau\sigma\hat{\upsilon}$,武加大译本作 *figura substantiae eius*,KJV 作 "the express image of his person",RSV 作 "the very stamp of his nature"。6世纪拉丁文的神学家波爱修斯(Boethius)和卡西奥多鲁(Cassiodorus)以 *subsistentia* 代替 *substantia* 翻译 $\dot{\upsilon}\pi\dot{\sigma}\sigma\tau\alpha\sigma\iota s$,这也是中世纪众所周知的翻译。加尔文在这里做三个位格之间的区分。参阅 Aquinas, *Summa Theol.* I. 29. 2。参阅 Origen, *De principiis* I. 2. 2 (GCS 22. 28; tr. G. W. Butterworth, *Origen On First Principles*, p. 16); Augustine, *On the Trinity* V. 8. 10; VII. 4. 7 (MPL 42. 917, 939; tr. NPNF III. 92, 注释7; 109 f.); A. Blaise, *Dictionnaire Latin-Francais des auteurs chretiens*, 和 Du Cange, *Glossarium*, *s. v.* "subsistentia"。

别的。

这样的推理也能运用在圣灵上，以下我们将证明圣灵也是神，然而我们也必须视他与父有所分别。实际上，这不是本质上的差别，因为神的本质只有一个。因此，若使徒的见证可靠，其必然的结论就是神有三个"hypostases"。既然拉丁文中"位格"（person）这一词能够表达同样的概念，那么在如此清楚的事上争吵就是吹毛求疵甚至顽梗不化。若有任何人非得按字面的意思直译，他可以用"subsistence"这一词，也有人用"substance"代表同样的意思。不仅讲拉丁文的人使用"位格"这一词，希腊人也许为了表达他们同样的观点，也教导在神里面有三个"*prosōpa*"⑦a。尽管他们——不管是希腊人还是拉丁人——使用不同的单词，却表达出相同的意思。

3. "三位一体"以及"位格"的术语帮助我们明白圣经的教导，因此是可以使用的

e(a) 虽然异端分子⑧反对我们用"位格"这一词，或一些吹毛求疵的人⑨也强烈反对说这词是人所发明的，然而他们都无法动摇我们的信念：即圣经提到三个位格，每一个位格都完全是神，然而神却只有一位。因此，那些ª反对我们使用这两个术语去解释神在圣经上所启示之真理的人是何等邪恶！

异端分子主张不但我们的思想要受圣经的限制，就连我们所使用的

---

⑦a "πρόσωπα"，单数形式"πρόσωπον"，与拉丁文的 *persona* 意思相同，其定义是"脸""面貌""面具"或"位格"，这单词特别用来表达三位一体的三个位格。参阅第四节注释11。

⑧ 参阅第二节注释6。

⑨ "Morosi"。如果根据 OS III. 111 所说，加尔文在这里指的是布林格对基督之两性的教导（*Utriusque in Christo naturae tam divinae quam humanae... assertio orthodoxa*, 1534），但值得一提的是，直到1559年的版本，加尔文都没有提到布林格。1536 年的版本用 *morositas* 这一词形容 *heretici*，同时加尔文在他的 *Response to the Questions of George Blandrata*（1557）里用 *morosus* 形容这反对三位一体的人，CR IX. 329. 参阅 IV. 1. 16, 20. 无疑地，在加尔文与卡罗里（Pierre Caroli）的辩论中（1537），布林格不赞成加尔文的立场。参阅 1537 年 7 月 23 日布林格写给麦康纽斯（Oswald Myconius）的信（Herminjard, *Correspondance* IV. 264 f.; CR X. 2. 116 f.; OS III. 3, note 4）。

术语也要一字不漏地能在圣经里找到，否则我们所使用的术语将会导致纷争。因此我们厌倦了言语上的争吵，我们的争吵使我们失去真理，甚至失去爱心。

若每一术语的每一音节与圣经不符，他们就称之为外来语，这等于将一种不合理的准则纳入、将这可笑的原则——禁止一切用圣经之外的字来解释圣经——强加于人。然而如果他们所谓"外来"的意思是标新立异、盲目辩护，并造成纷争而不造就人，对人明白圣经毫无助益，只能使敬虔的人觉得刺耳，并使他们离弃神话语的单纯性，若是这样，我也会举双手赞成他们的立场，因为我深信当论到有关神的事，我们的言语和思想都当谨慎，因为凭自己思想神是愚蠢的；凭自己谈论神是荒谬的。我们应当坚持某种评判的标准：从圣经中寻求思想和言论可靠的准则，并依此准则思想和谈论。至于那些令人困惑难解的经文，难道我们不能用更清楚的术语解释它们吗？只要我们谨慎、忠实地确定这些术语与圣经的教导相称，在恰当的时候适当使用它们。在教会历史上有许多类似的例子值得我们参考。[b]当我们证明教会在历史上非用"三位一体"以及"位格"这两个术语不可时，[a]若有人仍然反对，难道我们不应该判定他不配承载真理之光吗？因为，他不过是在责难我们将真理清楚阐明。

4. 教会主张采用"三位一体"、"位格"和类似的术语，对于揭发假教师而言是必要的

[a]然而，为了抵挡诽谤者对真理的攻击，很有必要使用这类所谓新奇的术语，因为他们会使用各种诡计来逃避真理。这方法我们有丰富的经验，因我们在竭力打败纯正教义的仇敌。除非我们勇敢地追击这些滑头的蛇，彻底剿灭他们，否则他们将会迅速地溜走。因此，古时敬虔之人因多次与邪恶的教义争战，而被迫以最清楚的方式教导真理，免得给不敬虔之人留余地，因他们的仇敌惯于口若悬河地掩饰他们的谬论。阿里乌（Arius）因无法反对圣经十分清楚的教导而承认基督是神，也是神的

儿子，他甚至在某种程度上假装自己的教导与正统神学家们一致。然而他同时滔滔不绝地胡诌基督是受造的，并与其他受造物一样有起始。当时的神学家们为了彻底揭发这诡计多端的阿里乌，就比以前的神学家更清楚地教导基督的神性，并宣告基督是神永恒的儿子，且本质与父相同。当阿里乌主义者开始恶毒地恨恶和咒诅本质相同的"homoousios"⑩这一词时，他们的亵渎便昭然若揭。但如果他们从一开始全心全意地认基督为神，就不会否定基督在本质上与父相同。那些正直的人为了一个小小的单词激烈地争辩，似乎扰乱了整个教会的和睦，谁敢指控他们是好争论的人呢？其实，这小小的单词区别了纯正信仰的基督徒和亵渎的阿里乌主义者。之后撒伯里乌（Sabellius）⑪兴起，他居然认为圣父、圣子和圣灵的名号是无关紧要的。他争论说，我们提出这三种称呼并不是因为他们之间有任何差别，而是为了表示神不同的属性，尤其是神众多属性中的三种。若有人质问他，他习惯说，我承认圣父是神、圣子是神，圣灵也是神，但不久之后他就回避说：他的意思就好比神是有权能的、公义的以及智慧的一样。他这样说只是老调重弹，即圣父就是圣子，圣灵也是圣父，他们之间没有秩序和任何其他分别。为了彻底粉碎这人邪恶的教导，这些敬虔的、正直的神学家们厉声疾呼：我们必须承认独一的神有三个位格。他们也用那明确和单纯的真理激烈地反驳他迂回的诡计，肯定地说：独一的真神有三个不同的位格，或这三个位格是一体的。

5. 神学术语的局限性和必要性

ᵃ若这些术语并非出于人轻率的捏造，我们就要谨慎，免得别人可以

---

⑩ ὁμοουσίον（consubstantial）是尼西亚信经（325）所强调的单词，也是此次大公会议用来咒诅阿里乌派的。

⑪ 这里的次序颠倒了：阿里乌是在337年死的，而撒伯里乌（Sabellius）的作品早在约250年就很受欢迎。有人说他对 πρόσωπα 的教导与施莱尔马赫（Schleiermacher）对三位一体的观念相似：C. C. Richardson, *The Doctrine of the Trinity*, ch. 7。

正当地指控我们的反对是出于骄傲和冲动。我也希望我们不需要用这些术语,只要众人都承认这信仰,即圣父、圣子、圣灵是同一位神,然而子不是父,圣灵也不是子,他们各有各的特质。

ᵇ其实我不是固执己见,要在文字上争辩。我发现古时的神学家们虽然抱着敬畏的心态谈论这主题,但他们彼此的观点并不一致,甚至有时候连自己的观点也都自相矛盾。大公会议有关三位一体的信条也很奇怪,虽然希拉利(Hilary)⑫为之辩护。甚至连奥古斯丁对三位一体的解释有时也是过于随意的。⑬希腊人和拉丁人同时也有截然不同的观点,我只要举出一个他们不同的观点即可。拉丁人把"homoousios"这一词翻译为"consubstantial",意思是指父和子的"substance"(质)一样,他们用"substance"而非"essence"(本质)。ᶜ哲罗姆(Jerome)在写给达玛苏(Damasus)的一封信中同样主张,说在神里面有三种不同的"substances"是亵渎的。ᵇ然而希拉利在他的作品中不下一百次地提到在神里面有三种"substances"。⑭ᶜ但哲罗姆对"hypostasis"这一词非常迷惑,他认为当人提到在神里面有三个"hypostases"时是极大的错误,且他认为即使有人以敬虔的态度使用这一词,仍不能改变这是不恰当的表达。ᶜ也许他说这话时是真诚的,也许是他有意毁谤他所恨恶的东方教会主教们。他也毫不公正地宣称所有世俗的学校都教导"hypostasis"和"ousia"是同义词,⑮然而"ousia"这词的一般用法完全反驳了这种论调。奥古斯丁则较为中庸和谦恭。他说虽然"hypostasis"这一词在三位一体上的用法是拉丁人未曾听过的,然而他仍然接受希腊人对这一词的用法,甚至他也宽容拉丁人模仿希腊人对这一词的用法。⑯ᶜ而苏格拉底(Socrates)在他《三部史》(*Tripartite History*)的第六卷中解释"hypostasis"这

---

⑫ Hilary of Poitiers, *On the Councils* 12 ff. (MPL 10. 489 f.; tr. NPNF 2 ser. IX. 7 f.).
⑬ Augustine, *On the Trinity* VII. 6. 11 (MPL 42. 945; tr. NPNF III. 111 ff.).
⑭ Hilary, *On the Councils* 27. 67-71 (MPL 10. 525 ff.; tr. NPNF 2 ser. IX. 22).
⑮ Jerome, *Letters* 15. 3, 4 (CSEL 54. 64 f.; tr. NPNF 2 ser. VI. 19).
⑯ Augustine, *On the Trinity* V. 8-10 (MPL 42. 916 f.; tr. NPNF III. 91 f.).

一词，认为是没有学问者将其错误地运用于三位一体的教义。[17][b]希拉利控告异端分子犯了大罪，因他们使全教会开始用这一词，虽然它所代表的意思应当被隐藏在人敬虔的心里而不说出来，另外他也公开宣称用这一词是不应该的，因为试图将表达不出来的事表达出来，也是任意妄为地讲论圣经未曾启示的事。但随后他又唠唠叨叨地为自己所采用的新术语向众人道歉，他主张除了圣父、圣子和圣灵的称呼之外，若多说就是超乎人的言语所能表达，也超乎人的理解力。[18]同时他也在另一处宣称高卢的主教们是有福的，因为他们没有接受、捏造或听过除了那从使徒时代都接受的古老、单纯的信条之外的任何教义。[19][e]奥古斯丁虽然用这一词，但他也承认使用这词的问题，他说，在如此深奥的教义上，鉴于人类语言的贫乏，我们不得不使用"hypostasis"这一词，并不是因为我们认为这一词能够表达如此深奥的教义，而是不想在父、子和圣灵这独一的神如何是三位的事上缄默不言。[20]

既然[b]这些敬虔之人在这教义上如此严谨，那么我们就不应当严厉地斥责人在三位一体的教义上不完全接受我们所采用的术语，[c]只要他们的反对不是出于傲慢、顽固或恶意。[e][(b)]只要他们愿意思考我们采用这术语的必要性，他们就可以逐渐地适应这种实际的表达方式。同时他们也要留意，[a]若不采用这一词，当他们一方面要反驳阿里乌主义者，另一方面又要反驳撒伯里乌主义者时，他们就更不容易避免使人怀疑他们是阿里乌主义或撒伯里乌主义的门徒。[21]阿里乌说基督是神，但又喋喋不休地说

---

[17] Cassiodorus, *Historia tripartita* VI. 21 (MPL 69. 1042), from Socrates, *Ecclesiastical History* 3. 7 (tr. NPNF 2 ser. II. 81).

[18] "我们因一些人的谬论被迫犯错，即用人的言语描述这无法述说而只能存在心中之奇妙的三位一体教义。" Hilary, *On the Trinity* II. 2 (MPL 10. 51；tr. NPNF 2 ser. IX. 52).

[19] Hilary, *On the Councils* 27. 63 (MPL 10. 522 f.；tr. NPNF 2 ser. IX. 21).

[20] Augustine, *On the Trinity* VII. 4. 7, 9 (MPL 42. 939；tr. NPNF III. 109 ff.). 奥古斯丁因承认言语表达三位一体的有限性，就开始采用不同种类的禽兽和植物打粗俗的比方。

[21] 巴特和尼塞尔指出加尔文在这里不只攻击阿里乌和撒伯里乌，甚至也攻击塞尔维特。参阅 OS III. 115；*De Trinitatis erroribus* I, fo. 21ab, 22b, 23b；III. 8oab (tr. Wilbur, *op. cit.*, I, pp. 33 ff., 123 f., 131 f.；Harvard Theological Studies 16).

基督是受造且有起始的；他说基督与父原为一，却又私下与他同派的人小声地议论说基督只是与其他信徒一样与神合一，尽管基督的特权比其他信徒大。然而你只要用"consubstantial"这一词就可以揭去这背叛者的面具，并且也不算擅自在圣经上加添什么。撒伯里乌说父、子和圣灵的称呼并不表示神性上有差别。一旦你说有三个位格，他就立即歇斯底里地吼叫说你相信三位神。然而你只要说神在合一的本质内存在三个位格，就可以扼要地表达出圣经上对神的教导。[b(a)] 尽管有人被迷信束缚到无法忍受这些术语，但无论如何他也不能否认[a]当我们听到"一位神"时，我们应当将之理解为"实质的合一"（unity of substance），或听到"在本质上合一的三个位格"，就是指三位一体里面的三个位格。只要我们坦诚地承认这一点，就无须玩弄文字游戏。[c]我从很久以前就多次经历到，那些在文字上争论不休的人心里怀着隐秘的苦毒。因此，主动地向他们挑战比委婉地取悦他们更得当。

6. 最重要术语的含义

[c]撇开术语上的争论不谈，我要开始研究术语本身。我对位格（person）的理解是：神合一本质（essence）中的本体（subsistence）。虽然每一个位格都相互关联，然而却有绝对无法替代的性质。我们应当明白"本质"这一词与"本体"这一词有所不同，[22]因为如果道就是神，但却没有与神不同的特征，那么当约翰说道与神同在时，就是错误的（约1:1），然而当他立刻又说道就是神本身时，就是在教导我们神本质的合一。除非道住在父里，否则他就无法与神同在，"本体"这概念就是由此而来的。虽然"本体"与"本质"毫无分割地联合，但仍有某种特征能与"本质"区分。这三个"本体"虽然彼此相关，却各有自己的特征，这就清楚地表示了三位间的"关系"。这关系清楚地表达出来就是：当我们

㉒ 参阅本章注释6。

单独提到神这一词时，就包括圣子、圣灵和圣父。而我们一旦将父与子相比时，却可因他们彼此不同的特征而辨别他们。再者，每一个位格都有其特征，并且他们之间的特征是绝对无法互相替代的，因为那属于圣父并使他与圣子有别的特征不可能同时属于圣子。我并不反对德尔图良所下的定义，只要我们没有误会他的意思，即在神里面有某种分配，但这分配对神本质的合一毫无影响。㉓

圣子永恒的神性（7—13）

7. 道的神性

e(b) 在我继续讨论这个主题之前，我必须先证明圣子和圣灵的神性。之后我们就会发现他们之间不同的特征。

的确，b 当神在圣经里向我们陈明他的道时，我们若将之视为耳旁风（就如人说话的声音迅速在空中消逝一般），并且认为神向众族长们所宣告的圣言和一切预言也都是如此，则没有比这更荒谬的了。㉔其实"道"的意思就是与神永恒同在的智慧，且一切的圣言和预言都源于这智慧。正如彼得所见证的，古时的先知借着基督的灵说话，就如使徒和一切在使徒之后传扬天国福音的人一样（彼前 1∶10—11；参阅彼后 1∶21）。e 因为当时基督未曾降世，但我们仍要记得，父在创立世界之前就生了道（参阅次经便西拉智训 24∶14，Vg.）。若那借众先知说话的灵

㉓ Tertullian, *Against Praxeas* 2, 9 (CCL Tertullianus II. 1160, 1168 f.; tr. ANF III. 598, 603 f.). E. Evans, *Tertullian's Treatise Against Praxeas*, has critical text, pp. 90, 97 f., translation pp. 131, 140. 帕克西亚（Praxeas）是一位极端的神格唯一论者。他主张，当基督被钉十字架时，圣父也受苦（圣父受苦说）。当加尔文于 1537 年和 1540 年与卡洛里争辩时，有些人开始怀疑加尔文三位一体教义的正统性。巴特讨论加尔文对永恒圣子的教义时，从神学的角度探讨了这个问题，(*Kirchliche Dogmatik* I. 1. 438 f.; tr. G. T. Thomson, *The Doctrine of the Word of God* I. 477 ff.). 在这争辩中，卡洛里向加尔文挑战，要他公开表明是否接受阿塔那修信经或尼西亚信经，但加尔文（虽然没有否定两个信经的意思）拒绝了这个挑战。参阅 CR VII. 294 f.; Herminjard, *Correspondance* IV. 185 ff., 239 f。

㉔ 第七和第八节中受指责的观点记载在塞尔维特的 *De Trinitatis erroribus* II, fo. 47a 里（tr. Wilbur, *op. cit.*, II. 4, p. 75）。

就是代表神真道的灵，无疑我们可因此确知他是真神。且摩西在记载宇宙的创造时清楚地教导过这一点，因他将这道当作神与他受造物间的桥梁。他明确地告诉我们，神在创造各个受造物时是用话语，"要有这……"或"要有那……"（创1），这就是因为神要他测不透的荣耀借着道照耀出来。对于那些喜爱饶舌的人来说，要反驳这一点并不困难，因他们可以说道在这里只是神的吩咐而已。然而众使徒是更佳的解经家，他们教导说，世界是借子所造的，并且他以自己权能的话语托住万有（来1：2—3）。在这经文中，道所指的是子的命令或吩咐，并且他本身也是父神永恒不可或缺的道。[b]的确，所罗门说智慧在创立世界以前就存在于父神里（参阅次经便西拉智训24：14，Vg.），并且管理神一切的创造和作为，任何头脑清楚的人都不会认为所罗门的话模糊不清（箴8：22及以下），[c]（b）因当神正在执行他永恒不变的旨意（以及奥秘的事）时，我们若说这只不过是某种暂时的吩咐，是极其愚蠢的。[c]基督也曾说过与此有关的话："我父作事直到如今，我也作事。"（约5：17 p.）基督之所以在此宣告他从创立世界以来与父一同做工，就是进一步地解释摩西所记载的。所以结论是：神借他的话语创造万有，好让道在这事工上有分，并且他们也一起同工。[b]使徒约翰宣告说，道从太初就是神，与神同在，同时也与父神一同创造万物（约1：1—3），这就是最清楚的启示了。因为约翰同时教导道永恒的本质[c]和无法替代的特征，也明确地陈述神如何借着他的话语创造这宇宙。[b]因此，既然一切来自神所陈明的启示可以准确地用"神的道"这一术语来表达，这有永恒本质的道就有至高的地位，也是众圣言的来源。因道是不改变的，他永远与神同在，他也是神本身。

8. 道的永恒性

[b]在这教义之下，有些犬类不断狂吠，他们虽然不敢公开剥夺道的神性，却暗中夺去他的永恒性，因他们说神在创造宇宙开口说话时，就是

道的起源。㉕他们竟如此大胆幻想神的本体有所改变。因为那些有关神外在行动的称呼是在他成就这工之后归给他的（就像他被称为天地的创造主），因此真敬虔之人不会用任何意味神本体有变化的称号来称呼神。°因为若神本身在创造上有任何新的变化，那就与《雅各书》的记载有冲突："各样美善的恩赐和各样全备的赏赐都是从上头来的，从众光之父那里降下来的；在他并没有改变，也没有转动的影儿。"（雅1：17 p.）那么若有人说那永远是神且创造宇宙的道有开端，对基督徒而言，没有比这更不能容许的。ᵇ但他们说摩西记载神所说的第一句话时，就暗示在此之前道并不存在，他们认为这是很明智的说法，其实这是毫无根据的。我们不能说因神的道在某个时候开始显明，便说道是在此时开始。事实上我们反而要说：当神说"要有光"（创1：3）并因神的道而出现光时，神的道在这之前早就存在了。但若有人问是多久以前，这个问题没有答案。当基督说："父啊，现在求你使我同你享荣耀，就是未有世界以先，我同你所有的荣耀"（约17：5 p.），在此他也没有告诉我们他是何时开始存在的。°约翰也没有忽略这一点，因在他记载宇宙的创立之前（约1：3）就说："这道太初与神同在"（约1：2）。ᵇ因此我们要再复述一次，神在时间开始之前所生的道，永远与神同在。这就证明道的永恒性、真实的本质以及他的神性。

9. 旧约记载基督的神性

°我现在还不打算讨论中保的职分，这要等到我阐述救赎的教义㉖时再讨论。但无论如何，既然众信徒都当承认基督就是那成肉身的道，我在此列举证明基督神性的经文再合适不过了。ᵉ⁽ᵇ⁾虽然《诗篇》45篇说："神啊，你的宝座是永永远远的"（诗45：6，44：7，Vg.），

㉕ Servetus, *op. cit.* 参阅 I. 13. 22；Comm. John 1：1；参阅布塞（Bucer）对此处的解释 *In sacra quatuor Evangelia enarrationes*, 1553 edition, fo. 221ab。

㉖ II. 12-17.

但犹太人㉗却背叛神并将伊罗欣（Elohim）这名号也归在天使和天军身上。然而在圣经上我们找不到一处经文将任何受造物高举在永恒的宝座上。ᵇ实际上，基督不只被称为"神"，也被称为永恒的统治者。此外，当神这称呼归在人身上时都有清楚的解释，好比摩西被称为"在法老面前代替神"（出7：1），ᶜ然而却有人将之读作"法老王的神"，这是极为愚蠢的。事实上，我承认有些卓越非凡的事物常常被称为"神圣的"，但《出埃及记》7：1的上下文清楚地告诉我们，这样的理解是勉强、不合理，且毫无意义的。

但若他们仍然顽固不信，我要再指出，先知以赛亚清楚地教导ᵉ⁽ᵇ⁾：基督既是神又有至高者的权柄，这权柄充分证明他的神性。ᵇ以赛亚说："他名称为奇妙、策士、全能的神、永在的父……"（赛9：6 p.）犹太人却反对这经文并将之更改为："全能的神、永在的父要称他为……"ᵉ⁽ᵇ⁾他们只将"和平的君"这称呼归给基督。但先知在这里用如此众多的称号称呼父神有何用途呢？因为先知的意图是要用这些清楚的称呼来形容基督，以便造就我们对基督的信心。ᶜ为这缘故，他在此称基督为"全能的神"，就如他在第七章里称他为"以马内利"一样。ᵇ⁽ᵃ⁾但没有比耶利米更清楚地证明基督神性的了："他的名必称为耶和华我们的义"（耶23：5—6p.；参阅33：15—16）。根据犹太人的教导，一切对神的称呼只是他的名号而已，唯独"耶和华"这无法用言语形容的称呼才表明他的本质。我们因此推知神的独生子就是那位在另一处经文中宣告不将自己的荣耀归给假神的永恒的神（赛42：8）。

ᵇ然而在这里犹太人也找借口说，摩西将耶和华这称呼归给他所设立的祭坛，并且以西结也将这称呼归给新城耶路撒冷。但谁不明白这祭坛的设立是为了提醒犹太人，是神自己"高举摩西"，且将神的名归给新城

㉗ 他指的是以下这些中世纪犹太解经家的观点，拉希（Rashi, d. 1105）、亚伯拉罕·伊本·以斯拉（Abraham Ibn Ezra, d. 1167）和大卫·金奇（David Kimchi, d. 1235）。参阅 L. I. Newman, *Jewish Influences in Christian Reform Movements*, 325 f., 350 f.。

耶路撒冷是要见证神的同在？因先知如此说道："这城的名字，必称为耶和华的所在。"（结48：35）事实上摩西这样说："摩西筑了一座坛，起名叫耶和华尼西（就是'耶和华是我旌旗'的意思）。"（出17：15，参阅Vg.）但他们对《耶利米书》中的另一处经文更有争议，因为这经文也将耶和华的名归给耶路撒冷："他（耶路撒冷）的名必称为耶和华我们的义。"（耶33：16，参阅Vg. and Comm.）这经文不但没有否定，反而肯定了基督的神性。因他在前面已证明基督就是那赐义给教会的耶和华，因此他宣告神的教会将会确知这点并因这名在此而欢喜快乐。°所以在前面的经文中，先知宣告义的来源；在后面的经文中，他告诉我们这义归给教会。

10. "永恒神的使者"*

°但如若这证据仍不足以说服犹太人，我想知道他们要用什么诡计逃避这事实：即在旧约里耶和华常常以天使的形象显现。圣经记载，有位天使向圣洁的族长显现，并宣称他的名叫永生的神（士6：11、12、20—22，7：5、9）。若有人反对说这只是他的角色而已，这解释的困难没有得到解决。因为如果他只是使者，他就不会允许人向他献祭，从而窃取神的荣耀。然而这位天使在拒绝用餐后，吩咐他们将燔祭献给耶和华（士13：16），这就证明他就是耶和华（士13：20）。因此玛挪亚和他的妻子从这异象中推知他们所看见的不只是天使，而是神自己。于是他们大声呼喊："我们必要死，因为看见了神。"（士13：22）并且当他妻子回答："耶和华若要杀我们，必不从我们手里收纳燔祭和素祭。"（士13：23）他妻子承认之前被他们称为天使的就是真神，况且天使的回答也消除人一切的疑虑："你何必问我的名，我名是奇妙的。"（士13：18）塞尔维特（Servetus）㉓最可憎的亵渎之罪就是他宣称：神从来没有向亚伯拉罕和其他的族长显现，而是天使代替神受人敬拜。然而教会正统的神学家正

㉓ 这是加尔文在《基督教要义》中第一次提到塞尔维特。

确和智慧地将那位天使解释为神的道，这道在那时就预表基督并开始担任中保的职分。㉙在那时候他虽然未曾成肉身，但他却以中保的职分降临，以便与信徒有更亲密的交通。他因这更亲密的交通被称为天使，然而他却仍然保留他的本性，就是拥有测不透之荣耀。先知何西阿陈述雅各与天使较力时说："耶和华万军之神在那里晓谕我们以色列人，耶和华是他可记念的名。"（何 12∶5，Vg.）然而塞尔维特又再次胡诌：天使在这里代替神向人显现，好像先知没有肯定摩西已经说的话："何必问我的名？"（创 32∶29 p.）且雅各这圣洁的族长宣告"我面对面见了神"（创 32∶30）时，这句话好像还不足以证明他不是受造的天使。保罗说，基督就是在旷野中带领百姓的元帅（林前 10∶4），㉚这也证明了基督的神性，虽然他降卑的时候未到，但那永恒之道在这里预表他将担任的职分。我们若客观地查考《撒迦利亚书》第二章，就会发现那位差派另一位天使的天使（亚 2∶3）被称为万军之耶和华，也有至高的权能归给他（亚 2∶9）。我现在要略过许多信徒已相信的证据，虽然这些证据根本没有感动犹太人。当以赛亚说："看啊，这是我们的神；……这是耶和华，我们素来等候他，他必拯救我们"（赛 25∶9，参阅 Vg.）时，任何有辨别力的人都明白这里指的是那位再次兴起拯救他百姓的神，并且这有力的描述被重复两次，指的正是基督。更清楚和更有说服力的经文就在《玛拉基书》中。先知应许犹太人，他们当时所等候的统治者会忽然进入他的殿（玛 3∶1）。那殿是唯独献给至高神的，而先知宣称这就是基督的殿。因此我们知道他就是犹太人自始至终所敬拜的同一位神。

11. 使徒在新约圣经中见证基督的神性[*]

[b]新约圣经有无数证明基督神性的见证。所以，我们只需列举一部分

㉙ Justin, *Dialogue with Trypho* 56, 58, 127 (MPG 6.595 ff., 607 ff., 771 ff.; tr. ANF I.223, 225, 263); Tertullian, *Against Marcion* III.9 (MPL 3.333; CCL Tertullianus I.519 f.; tr. ANF III.328).

㉚ 参阅 I.14.9；Comm. Acts 7∶30。

而非所有的见证。虽然使徒们有关这方面的记载都是关于成了肉身之后的基督，然而我将列举的见证绝对足以证明他永恒的神性。

首先，特别值得我们留意的就是使徒的教导，即一切在旧约里关于永恒神的预言，已经在基督身上应验或将被基督应验。以赛亚预言，万军之耶和华将是"向以色列两家作绊脚的石头，跌人的磐石"（赛8：14 p.），而保罗宣告这预言在基督身上已经应验（罗9：32—33），因此他称基督为万军之耶和华。同样他在另一处说："因我们都要站在神的台前。"（罗14：10 p.）"经上写着……万膝必向我跪拜（罗14：11, Vg.）；万口必凭我起誓"（赛45：23）。既然神在《以赛亚书》中预言这有关他自己的事，而之后基督在自己身上应验这预言，就证明他是那位不将自己的荣耀分给假神的真神。显然，保罗为以弗所信徒引用的《诗篇》唯独是指神说："他升上高天的时候，掳掠了仇敌。"（弗4：8；诗68：18, 67：19, Vg.）保罗知道神以辉煌的胜利击败列国，这预表某种升天，所以，他记载这预言在基督身上进一步应验了。约翰也证明以赛亚的异象所启示的是子将有的荣耀（约12：41；赛6：1），尽管当时以赛亚记载他所看到的是神的威严。显然，使徒在《希伯来书》中所归给子神的称号是最荣耀的："主啊，你起初立了地的根基，天也是你手所造的。"（来1：10 p.；诗101：26 p., Vg., 102：25, EV）同样地，"神的使者都要拜他。"（诗96：7, Vg., 97：7, EV；参阅来1：6）当使徒用这些经文指基督时，是正确的运用，因为这些经文所颂赞的大事唯独基督应验了。因为起来怜恤锡安的那位就是基督（诗101：14, Vg., 102：13, EV），是基督自己宣称他统治万国万岛（诗96：1, Vg., 97：1, EV）。难道约翰会犹豫将神的威严归于基督？他早就宣告道从太初就是神（约1：1、14）。难道保罗会犹豫将基督立在神的宝座上吗（林后5：10)？他早就公开宣告基督的神性，说他是"永远可称颂的神"（罗9：5）。为了更清楚地证明保罗在这事上前后一致，在另一处经文中他记载："就是神在肉身显现"（提前3：16 p.）。如果神是永远可称颂的，那么一切的荣耀和尊荣都应当归给他，正如保罗在另一处经文中所肯定的那样（提前 1∶17），并且他毫不隐瞒这事实，而是公开地宣告："他本有神的形象，不以自己与神同等为强夺的；反倒虚己，取了奴仆的形象，成为人的样式。"（腓 2∶6—7 p.）约翰接着说："这是真神，也是永生"（约 15∶20 p.），免得不敬虔的人反对说这是想象中的神。其实，他在圣经中被称为神，见证已经够多了，尤其是摩西已见证并无他神，只有一位神（申 6∶4）。此外，保罗也说："虽有称为神的，或在天，或在地……然而我们只有一位神，就是父，万物都本于他。"（林前 8∶5—6 p.）当同一位保罗亲口告诉我们："神在肉身显现"（提前 3∶16 p.），而且"神的教会，就是他用自己血所买来的"（徒 20∶28 p.）时，我们凭什么仍想象出保罗根本不承认的另一位神呢？无疑地，历史上一切敬虔的人也都认同保罗的观点。多马也以同样的方式宣告基督是他的主、他的神（约 20∶28），是那位他向来所敬拜的独一真神。

12. 基督的工作显明的神性

[b]如果我们根据圣经所记载基督的工作来衡量他的神性，那就会更清楚地看到他的神性。事实上，当他说他从一开始就与父同工时（约 5∶17），犹太人虽然对他所说的话完全不明白，却仍然能感觉到他在声称拥有神的权能。因此，就如使徒约翰所说："犹太人越发想要杀他，因他不但犯了安息日，并且称神为他的父，将自己和神当作平等。"（约 5∶18）如果我们不承认这经文很清楚地肯定基督的神性，那我们的愚昧是何等大！其实，他以护理和大能掌管宇宙，又用他权能的命令托住万有（来 1∶3），使徒记载这是基督所做的，唯独造物者能成就这一切。且他不但与父一同掌管世界，也担任其他受造物无法担任的职分。耶和华借先知以赛亚说："惟有我为自己的缘故涂抹你的过犯。"（赛 43∶25 p.）根据这句话，当犹太人指控基督在赦罪上违背神时，基督不但用言语宣告，也用神迹证明，这权柄是他自己的（太 9∶6）。我们因此明白，他不但执行

赦罪的工作，他也拥有实际赦罪的权柄，并且耶和华说他断不会将这权柄交给另一位。难道不是唯有神才能鉴察人隐秘的思想吗？然而基督也拥有这能力（太9：4；参阅约2：25），因此我们可得知基督就是神。

13. 基督所行的神迹见证他的神性

ᵇ基督所行的神迹十分清楚地见证他的神性，虽然我们承认先知和使徒都行了和基督一样或类似的神迹，然而至少在某些方面有极大的不同：他们所行的神迹彰显神给他们的恩赐，但基督所行的神迹却彰显他自己的大能。的确，有时在他行神迹时借着祷告将荣耀归给父神（约11：41），然而在大多数的时候，他所行的神迹是向我们彰显他自己的大能。既然他可以赐给人行神迹的权柄，难道他不是神迹的真正创始者吗？使徒马太叙述道：基督将权柄赐给使徒、叫死人复活、医治麻风病人以及赶鬼，等等（太10：8；参阅可3：15，6：7）。此外，使徒们借着行神迹证明这权柄唯独来自基督。彼得说："我奉拿撒勒人耶稣基督的名，叫你起来行走！"（徒3：6）难怪基督要借行神迹征服犹太人的不信，因为这些神迹唯独来自他自己的大能，也充分证明他的神性（约5：36，10：37，14：11）。

除此之外，在神之外没有救恩、没有义、没有生命，既因这一切都在基督里，所以基督就是神。我也不接受人说：是父神将生命和救恩注入基督里，㉛因为圣经并没有说基督领受了救恩，而是说基督就是救恩本身。而且既然只有一位是良善的（太19：17），那么除了义和良善本身，必死的人怎么会是义和良善的？为何使徒约翰说，从创立世界以来生命在他里头，并且他也是人的光（约1：4）？根据这样的证据，我们就坦然无惧地信靠和盼望基督，因为我们知道信靠受造之物是亵渎神。基督说："你们信神，也当信我。"（约14：1 p.）保罗也这样解释

㉛ Servetus, *op. cit.*, III, fo. 77 f. (tr. Wilbur, *op. cit.*, III. 12 f., pp. 119 ff.).

《以赛亚书》中的两处经文:"凡信他的人必不至于羞愧。"(罗10:11;赛28:16)以及"将来有耶西的根,就是那兴起来要治理外邦的;外邦人要仰望他。"(罗15:12 p.;赛11:10)关于这件事,我们无须从圣经中寻找更多的证据,因我们常常看到这句话:"信我的人就有永生。"(如,约6:47)圣经记载,人靠着信心求告基督,而这样的祷告也是神的威严所应得的。因先知约珥说:"凡求告耶和华名的就必得救"(珥2:32,Vg.)。另一处经文也说:"耶和华的名是坚固台;义人奔入,便得安稳。"(箴18:10 p.)既然人因求告基督的名而得救,因此证明了他就是耶和华。此外,司提反的祷告也是一个明证,他说:"求主耶稣接收我的灵魂。"(徒7:59)之后亚拿尼亚见证整个教会都求告基督的名:"这人怎样在耶路撒冷多多苦害你的圣徒,并且他在这里有从祭司长得来的权柄捆绑一切求告你名的人。"(徒9:13—14 p.)后来保罗为了更进一步地教导我们"神本性一切的丰盛,都有形有体地居住在基督里面"(西2:9),保罗承认他唯一教导哥林多信徒的教义就是使人认识基督(林前2:2)。

既然神吩咐我们唯独以认识他为荣,而保罗也劝我们唯独认识圣子,难道这不是极奇妙的事吗?(耶9:24)既然我们唯独以能认识基督为荣,那么谁敢说他只是受造物?除此以外,[e(b)]使徒保罗在他书信的问候中,不但为众信徒求告圣父的祝福,同样他也求告圣子的祝福(罗1:7;林前1:3;林后1:2;加1:3等)。这教导我们,虽然圣父的福分是借子的代求临到我们,但因圣子与圣父分享大能,所以这些福分也是直接从圣子而来。[b]这实际的知识无疑比任何的思辨更确实可靠。[32]当敬虔的人感受到重生、光照、救恩、称义及成圣时,就清楚地经历到神,甚至几乎可以触摸着神。

---

[32] 参阅 Melanchthon, *Loci communes* (1521), ed. H. Engelland, p. 6:"*Mysteria divinitatis rectius adoraverimus quam vestigaverimus*" (tr. C. L. Hill, *The Loci Communes of Philip Melanchthon*, p. 67)。

圣灵永恒的神性（14—15）

14. 圣灵的工作证明他的神性

ᵇ同样地，我们也要从圣经中寻找证明圣灵神性的证据。ᶜ事实上，摩西对创世的记载非常清楚，"神的灵运行在水面上"（创1：2，参阅Vg.），或在空虚混沌的地上。因这记载告诉我们，这宇宙的美丽不但依靠圣灵赐予生命的力量，并且在神未曾装饰宇宙以前，圣灵就已运行在空虚混沌的地球上。人也无法诡诈地回避以赛亚所说的话，"现在主耶和华差遣我和他的灵来"（赛48：16，参阅Comm.），因父神和圣灵共同以至高的权能差派先知，㉝这就彰显圣父和圣灵的神性。然而最有力的证据是我们熟悉的用法。ᵇ圣经所归与圣灵的属性以及众信徒在敬虔历程中的经历都告诉我们，圣灵远超过任何受造物。因为这位无所不在的圣灵托住万有，使他们成长，并在天上和地上赐给他们生命。圣灵在受造物的范围之外，因为他不受任何限制。圣灵既可赐给万物活力，我们的存留、生活、动作都在乎他，无疑他就是神。

再者，既然重生是进入永不朽坏的生命，所以就远超过肉体的生命，那么赏赐这生命的圣灵何其伟大！圣经在多处经文中教导，圣灵使人重生并非借任何外力，而是借着他本身的大能，而且这生命不但是今生的，也是永恒的。简言之，圣灵就如圣子那样担任唯独属神的职分。"因为圣灵参透万事，就是神深奥的事也参透了"（林前2：10），并且没有任何受造物做他的谋士（罗11：34）。圣灵赏赐智慧和口才（林前12：10），而且耶和华向摩西宣告这是他自己的工作（出4：11）。我们借着圣灵与神交通，并在我们心里感受到圣灵赏赐生命的力量。他使我们称义；力量、成圣（参阅林前6：11）、真理、恩典以及一切的益处都

㉝ 参阅 Comm. Acts 20：28. 沃菲尔德（B. B. Warfield）在他的 *Biblical and Theological Studies*（ed. S. G. Craig）第五章中对14-20节的标题做出了评论。

来自他，因为圣经记载圣灵是众恩赐的源头（林前12∶11）。ᵉ保罗这句话特别值得一提："恩赐原有分别"（林前12∶4），且圣灵是随己意分配给众信徒（参阅来2∶4），然而"圣灵却是一位"（林前12∶4 p.），因圣灵不但是众恩赐的源头，也是赏赐恩赐者。保罗后来更清楚地说："这一切都是这位圣灵所运行，随己意分给各人的。"（林前12∶11 p.）若圣灵不是居住在神里面，圣经就不会记载他随己意行事。因此保罗明确地告诉我们，圣灵拥有属神的大能，他也告诉我们，他以位格的形式（hypostatically）居住在神里面。

15. 圣灵神性的直接证据

ᵇ而圣经在论到圣灵时毫不犹豫地用"神"称呼他。保罗之所以说我们是神的殿，所根据的是圣灵居住在我们里面（林前3∶16—17，6∶19；林后6∶16）。我们不要轻看这事实，神在旧约中多次预言信徒将做他的殿，而圣灵住在我们里面就是这预言的应验。ᶜ奥古斯丁清楚地论道："假设神吩咐我们用木、石为圣灵造一座殿堂，因为这尊荣唯独是属神的，所以这样的吩咐就能清楚地证明圣灵的神性。何况神乃预定我们而非木石作他的殿，这岂不是更证明圣灵的神性吗？"㉞ᵇ使徒保罗有时说"我们是神的殿"（林前3∶16—17；林后6∶16），有时又在同样的意义上说我们是"圣灵的殿"（林前6∶19）。彼得在谴责亚拿尼亚向圣灵撒谎时，说他并不是欺哄人而是欺哄神（徒5∶3—4）。当以赛亚说万军之耶和华如此说时，保罗教导说，这就是圣灵在说话（赛6∶9；徒28∶25—26）。ᵉ事实上，先知通常说他们所陈述的话是出自万军之耶和华，而基督和使徒将其看作是出自圣灵（参阅彼后1∶21）。由此可见，那位说预言的圣灵就是耶和华。再者，ᵇ神说以色列百姓的悖逆激怒他，而以赛亚记载说，他们"使主的圣灵担忧"（赛63∶10 p.）。ᵉ最后，圣经记载亵渎圣

㉞ Augustine，*Letters* 170.2 (MPL 33.749；tr. FC 30.62).

子的可得赦免，而亵渎圣灵的却在今世或来世永不得赦免（太 12：31；可 3：29；路 12：10），这就证明圣灵的神性，因为圣经公开宣告亵渎圣灵是不得赦免的罪。我在此故意略过许多教父的见证，他们认为大卫的这句话足以证明圣灵的神性："诸天借耶和华的命而造；万象借他口中的气而成。"（诗 33：6 p.）这证明创造宇宙不但是圣子，也是圣灵的作为。但我不以为然，因为既然《诗篇》经常同一件事重复两次，并且在旧约中"口中的气"意思与"神的道"（赛 11：4）相同，所以这经文并不足以用来证明圣灵的神性。然而，我上面已列举的几个证据足以证明圣灵的神性。

三位一体之间，三个位格的区分与合一（16—20）

16. 合一

ᵉ此外，神借着基督的降临更清楚地彰显自己，也更清楚地彰显他有三个位格。ᵉ⁽ᵇ/ᵃ⁾ 圣经有许多这方面的证据，但以下这个证据就足以证明。㉟ᵃ保罗强调神、信心以及洗礼的合一（弗 4：5），他甚至如此辩论：信心的对象只有一位，这就证明神只有一位；既然洗礼的目的也只有一个，也就证明信心的对象只有一位。ᵇ因此，我们奉谁的名受洗，谁就是独一真神。ᵉ⁽ᵇ⁾ 事实上，基督愿意借着这庄严的宣告证明信心正确的对象已经显明，因此他说："奉父、子、圣灵的名给他们施洗。"（太 28：19 p.）这里的意思就是要奉那位已启示自己为父、子、圣灵的独一真神的名受洗。显然神的本质包括三个位格，并且我们透过这三个位格认识独一的神。

ᵉ⁽ᵃ⁾ 的确，信心不应当摇摆不定，寻求各样的对象，ᵃ而是应当仰望独一的真神，与他联合、专靠他。另一方面这也证明，若有不同的信心，也一定会有许多不同的神。既然洗礼是信心的圣礼，所以它就向我们证明神的合一性，因为只有一种信心。ᵇ⁽ᵃ⁾ 这也证明我们只能奉独一真神的

㉟ 参阅 Luther, *Enchiridion piarum precationum* (1529) (*Werke* WA X. 2. 389)。

名受洗，因为我们奉谁的名受洗我们就相信谁。所以当基督吩咐我们奉父、子、圣灵的名给人施洗时，意思不就是我们应当以一种信心信靠父、子、圣灵吗？ª难道这不就清楚地证明父、子、圣灵是同一位神吗？ᵇ因此，既然神只有一位是众信徒理所当然相信的大前提，所以结论是：道和圣灵就是神的本质。阿里乌主义者以前常常愚蠢地呐喊，他们一方面宣称是圣子的神性，另一方面，又从他的身上夺去神的本质。马其顿主义者（Macedonian)㊱也同样地疯狂，因他们将"圣灵"解释为那些浇灌给众人的恩赐。既然智慧、知识、理智、勇气以及对主的敬畏都是来自圣灵，所以他就是那位赐人智慧、理智、勇气以及敬虔的灵（参阅赛11：2）。虽然他将不同的恩赐分给不同的信徒，然而就如使徒保罗所说："圣灵却是一位。"（林前12：4）

17. 三个位格

ᵇ再者，圣经清楚地陈述了父与道的差别，以及道与圣灵的差别。既然这是极大的奥秘，我们考察时就必须怀着敬畏和谨慎的心。我非常欣赏纳西盎的格列高利的这段话："我每逢想到三个位格的合一时，就立刻受到三个位格光辉的照耀；我也无法思想到这三个位格而不同时想到他们彼此的合一。"㊲因此我们要谨慎，免得我们以为三个位格是分离的，而不明白他们是彼此合一的。

的确，"父"、"子"、"圣灵"这些称呼都指出他们之间真实的分别，我们不要以为这些描述神作为的称号是虚空的，他们之间确实有分别，却无分割。ᵉ我们上面所引用过的ᵉ⁽ᵇ⁾经文（如，亚13：7）ᵉ⁽ᵇ⁾证明圣子与圣父有不同的特质，ᵉ除非子与父有所分别，否则道就不可能与神同

㊱ 主张马其顿（约卒于360年）之教导的人。马其顿是一位半阿里乌派者，他是君士坦丁堡的主教，他否定圣灵的神性。
㊲ Gregory of Nazianzus, *On Holy Baptism*, oration 40. 41 (MPG 36. 418；tr. NPNF 2 ser. VII. 375). 加尔文在这里引用的是希腊文，他已将之翻译成拉丁文。

在，又除非他与父有别，不然他就不可能与父同享荣耀。ᵇ并且当他说："另有一位给我作见证"时，就证明他与父有所分别（约5∶32，8∶16等），ᵇ⁽ᵃ⁾而且圣经记载父借道创造万物也证明了这点（约1∶3；来11∶3）。因为若父与道没有分别，他就无法这样做。

此外，不是圣父降世，而是从父而来的那位；父没有死也没有复活，而是父所差派的那位，这分别不是从道成肉身那时才开始的，㊳因圣经在此之前就记载他是"在父怀里的"独生子（约1∶18）。谁敢说子降世为人之前没有在父怀里呢？他在降世之前就在父怀里，并在父面前与父同享荣耀（约17∶5）。当基督说圣灵出自父时，就暗示圣灵与父有所分别（约15∶26；参阅14∶26）；当他经常称圣灵为"另一位"时，这也在暗示圣灵与他有所分别，就如他宣告他将差派另一位保惠师那样（约14∶16），他在别处也常常这样提起。

18. 父、子、圣灵彼此间的分别

ᵇ我不确定借助人的事情来对这种区别作比较是否恰当。古时的神学家的确这样做过，但同时他们也承认这样的比较非常有限。㊴因此，我当谨慎，免得作出不恰当的比较而给恶人咒骂的机会，或误导无知的人。但是我们若不理会圣经向我们所启示的分别也是不对的。这分别就是：圣父是三位一体所有作为的起始㊵并且是万物的源头；圣子是三位一体的智慧和谋士，他极有次序地安排万物；圣灵则是三位一体所有作为的大能和果效。其实，虽然圣父的永恒也是圣子和圣灵的，因为神若没有智慧和大能就不可能是神，而且我们也不应试图在永恒里寻找之前或之后发生的事。

㊳ Servetus, *De Trinitatis erroribus*, fo. 7ab (tr. Wilbur, *op. cit.*, pp. 13 f.).
㊴ 参阅奥古斯丁, *Faith and the Creed* 9. 17 (MPL 40. 189；tr. LCC VI. 362)；*On the Trinity* I. 1. 2, 3 (MPL 42. 820 f.；tr. NPNF III. 18)。
㊵ 参阅 I. 13. 25；I. 16. 3；I. 16. 5。

然而，承认在三位一体之间存在某种次序，也不是毫无意义或多余的。我们应当明白这次序乃是这样：父是起源，子出于他，最终圣灵又出于父和子。人的思想也是自然而然地倾向于先思考到神，再想到他的智慧，最后才想到执行他预旨的大能。因这缘故，圣经说子唯独出于父，圣灵则出于父和子。㊶圣经中有许多经文这样教导，[b(a)] 然而最清楚的莫过于《罗马书》第八章，在这段经文中，同一位圣灵有时被称为基督的灵（9节），有时则被称为"叫基督从死里复活的灵"（11节）。[b]这种说法并非没有理由，因彼得也证实先知的预言是出于基督的灵（彼后1：21；参阅彼前1：11），而圣经多次提及先知的预言是出于父神的灵。

19. 父、子、圣灵彼此间的关系

[b]此外，这种分别与神单纯的合一毫无冲突，[b(a)] 这分别甚至证明：子与父既然一同分享同样的圣灵，所以子与父是同一位神，又因圣灵是父与子的灵，因此他就不可能是父与子之外的另一位神。[b]因神的所有神性都存在于每一个位格里面，只是每一个位格都有自己的特质。父完全在子里，子完全在父里，就如他亲口宣告的："我在父里面，父在我里面。"（约14：10）正统的神学家也赞同他们三位之间没有任何本质上的区别。[c]奥古斯丁说：这些区别三位一体的称呼是表示他们相互间的关系，并不是表示他们的本质，因他们的本质是合一的。[b]这就表明古时神学家的观点需要调和，否则多少有些彼此冲突。他们有时教导父是子的起源，有时则宣告子的神性和本质是自有的，[c]并因此与父一样无始无终。奥古斯丁在另一部作品中巧妙地解释了父与子的差别何在："就基督自己而论，他被称为神；就父而论，他被称为子。同样地，就父自己而论，他被称为神；就子而论，他被称为父；既然就子而论，他被称为父，所以他就不是子；既然就父而论，他被称为子，所以他就不是父；

㊶ "Et Filio" 相当于西方尼西亚信经的 "Filioque"。

既然就自己而论,他被称为父又被称为子,所以他是同一位神。"[42]因此,当我们在父之外提到子时,我们等于在宣告子是自有的;因这缘故,我们称他为唯一的开端,但当我们提到他与父彼此的关系时,我们也等于在宣告父是子的起源。ᵉ奥古斯丁在他所著《论三位一体》(On the Trinity)的第五卷整卷都在解释这个问题。事实上,若我们接受奥古斯丁以上的言论,不再继续对这奥秘寻根究底而落入无数虚妄的思辨中,是更为妥当的。

20. 三位一体的神

ᵉ一切热爱冷静并满足于神所分给个人信心大小的人,要单纯地接受有益的知识[43]:当我们宣称相信一位神时,神的名意味着一种单纯的本质,并且在这本质中有三个位格。因此,当人未加分辨地提到神这称呼时,这称呼就包含父、子、圣灵,但当我们同时谈到子和父时,就免不了提到他们之间的关系,也就是他们位格间的分别。但既因每个位格都有其特质,并且这三个特质有内在的秩序,即父是起始和源头,所以当我们同时提到父和子或父和圣灵时,神这称呼就专指父。如此一来,本质上的合一不受损,同时也维持一个合理的秩序,并且也没有减损子和圣灵的神性。既然我们在上面已经证明,摩西和众先知所称为耶和华的那位,使徒称他是神的儿子,那么我们就当相信三个位格的合一性。因此当人将子与父当作两位神时,我们当视之为可憎的亵渎,因为神这称呼本身并不解释任何关系,且就神自己而论,他是纯一不杂的。[44]

---

[42] Augustine, *Psalms*, Ps. 109. 13 (MPL 37. 1457; tr. NPNF [Ps. 110] VIII. 542 f.); John's Gospel 1-5 (MPL 35. 1682 f.; tr. NPNF VII. 222); *Psalms*, Ps. 68. 5 (MPL 36. 895; tr. NPNF [Ps. 69] VIII. 301).

[43] 加尔文在这节的后面是指着反对三位一体的人说的,因为他在此所说的与他在他的 *Response to the Questions of George Blandrata* (CR IX. 325 ff.;参阅 CR XVII. 169 ff.)里所说的相同。根据 OS I. 134, note 1. 的记载,这作品是在1557年的夏天所写的。

[44] CR XVII. 169 ff.

保罗也清楚地提到耶和华这名有时是指基督："为这事，我三次求过主。"(林后12：8)当他听到基督的答复："我的恩典够你用的"时，他紧接着又说："好叫基督的能力覆庇我。"(林后12：9)在这里"主"这称呼无疑是指"耶和华"，若我们将主这称呼局限于中保，是极为愚昧和幼稚的，因在保罗的祷告中，他所用的称呼绝对是指神。且我们从希腊人的习俗得知，使徒通常用 κύριος（主）这称呼代替耶和华。举一个大家都熟悉的例子：彼得所引用经文中的"主"与保罗所称呼的"主"意义相同："凡求告主名的，就必得救"(徒2：21；珥2：32)。当"主"这称呼被专门用来指子时，我们以后会发现圣经作者这样做有不同的理由。现在我们只要明白，保罗在求告神之后立刻提到基督的名，就证明基督是神。[e(b/a)] 基督自己也称神本身为"灵"(约4：24)。[b(a)] 根据这教导，我们就能说神的本质是灵，包括圣父、圣子、圣灵，这是圣经清楚的教导。就如神在这经文中被称为灵，同样地，圣灵既然是神整个本体中的一个位格，所以圣经说他是神的灵，也是出于神。

对三位一体异端的反驳（21—29）

21. 一切异端的根基：给众人的警告

[b(a)] 此外，撒旦为了彻底地根除我们的信仰，不停地挑起教会内的大争端，有时是关于圣子和圣灵的神性，有时是关于三个位格之间的区分。几乎每一个时代他都在这教义上激动不敬虔之人去搅扰正统神学家和牧师，[e]即便今日他仍在试图让死灰复燃。因这缘故，我们在此敌挡某些人邪恶的胡言乱语是必要的。[e(b/a)] 到目前为止，我的目的只是想引领那些愿受教导的人，而不是与那些顽固、好争论的人争辩。现在，我需要捍卫上面所冷静证实的真理免遭恶人的毁谤，[b(a)] 同时我也要奋力帮助那些愿意听从神话语的人立稳根基。[b]在探讨三位一体这大奥秘上，我们需要比探讨圣经其他的奥秘更为理智和谦卑；我们要十分谨慎，免得我们的思想或言语僭越圣经在这教义上的启示。人极有

限的思想如何能衡量神无法测度的本质⑮，就如人每日看见太阳尚且不知太阳的性质，更何况那无法看见之神的本质呢？事实上，人怎能单靠自己查究神的本质？人对自己本质的认识都十分模糊。我们要甘心乐意地接受我们认识神的限制。就如希拉利说：唯有神才能恰当地见证自己，且我们只能依靠他自己的启示认识他。⑯如果我们单纯地接受他自己的启示，并只在他的话语里面寻求关于神本质的答案，这才算是接受我们认识神的限制。有关这教义，克里索斯托（Chrysostom）有五篇讲道——《反非律派》(Against the Anomoeans)⑰，但连这些杰出的讲道也无法勒住傲慢的诡辩家的胡言乱语。因在这事上就像在其他所有的事上一样，他们都表现出自己的狂妄自大。他们的狂妄带来了不幸的结果，我们要引以为鉴，好让我们在认真探讨这难题时，怀着愿受教导的心而不是诡诈的心。我们要下定决心不在神圣洁话语之外寻找神，我们的思想也要完全受神话语的引领，并且不说任何没有圣经根据的话。e(b) 但若在父、子和圣灵这独一无二的真神里，的确存在某种难以明白的分别——这分别导致某些人过多的困惑和烦恼，e我们不要忘记，人若放纵好奇心，便会误入迷宫并失去方向。⑱所以我们应当乐意受神话语的约束，虽然我们不能完全明白神的大奥秘。

22. 塞尔维特反驳三位一体的教义

e若要列举历史上所有关于三位一体教义的谬论，会是费时费力的。并且许多异端分子狂暴地想毁灭神的荣耀，但他们只能威吓和迷惑无知之人罢了。最近有些人组成好几个派别，或者攻击神的本质，或者混淆

---

⑮ 参阅 I. 5. 7。
⑯ Hilary, *On the Trinity* I. 18 (MPL 10. 38; tr. NPNF 2 ser. IX. 45). 巴特引用了"因人……限制"这段 (*Kirchliche Dogmatik* I. 1. 317; tr. G. T. Thomson, *The Doctrine of the Word of God* I. 345)。
⑰ Chrysostom, *Homiliae de incomprehensibili Dei natura, contra Anomoeos* 5. 7 (MPG 48. 745 ff.). The Anomoeans taught, as the name suggests, the unlikeness of the Father and the Son.
⑱ 参阅 I. 5. 12, 注释 36。

三个位格之间的分别。其实，只要持定我们上面已证明的圣经教导——独一真神的本质是单一不可分割的，并且这本质属于父、子、圣灵这三个位格，但另一方面父与子有别、子与圣灵有别——就能彻底反驳阿里乌和撒伯里乌，甚至古时其他传扬三位一体异端的人。

但因现今有一些疯狂之徒兴起，如塞尔维特一类的人，他们以新伎俩迷惑整个教会，所以在此指出他们的谬误是必要的。塞尔维特恨恶"三位一体"的教义，甚至称一切主张三位一体教义之人为无神论者。[49]我不提那些他用来咒骂他们的话，总而言之他的谬论是：当人说神的本质包括三个位格时，就等于将神分成三个部分，而这三部分的神是出于人的幻想，因为与神的合一冲突。他自己的主张是：位格只是某些关于神外在的概念，与神的本质毫无关联，只是神从不同方面向人启示自己罢了。他说，起初在神里面并无分别，因为那时道与圣灵是同一位，但当基督被神差遣做神时，圣灵就出于基督也做另一位神。然而尽管他有时以悦耳的比喻掩饰他的谬论，就如他说，神的永恒之道就是与神同在的基督的灵，并照耀出神的本质，而圣灵原来是神的影子，但之后他就消灭了其他两位的神性；他主张，圣子和圣灵都有神的一部分在他们里面，也主张同一位圣灵居住在我们和木石里。我们将在恰当的时候探讨他对中保同样荒谬的教导。的确，这不可思议的谎言，即"位格"只是神荣耀可见的显现，要反驳它是轻而易举的。因为当使徒约翰宣告在宇宙未曾创造之前道[50]就是神时，就证明这道与某种概念截然不

---

[49] 加尔文在这里似乎对塞尔维特用"Trinitarian"（相信三位一体的人）这一词称呼他和其他为三位一体之教义辩护的人感到很惊讶。塞尔维特经常在他的 *Christianismi restitutio*, *De Trinitate* I 中如此称呼。塞尔维特在书的 31 页上说，"*Athei vere sunt trinitarii omnes*"。我透过查默斯·麦考密克先生 (Mr. Chalmers McCormick) 对约翰·康庞尼 (John Campanus) 的研究 (ca. 1500-1575)，才明白以前 *trinitarii* 是用来称呼反对正统三位一体教义的人。舍尔霍恩 (J. G. Schelhorn) 所引用乔治·威策尔 (George Witzel) 的大约 1537 年的作品就证明了这一点 (*Amoenitates literaria* XI [1729], 32-42)。参阅 G. Richter, *Die Schriften Georg Witzels*, p. 183. 因此，塞尔维特所使用的这个称呼与 *trinitarius* 传统的定义刚好相反。*Trinitarius* 古老的定义是用来称呼一种修道士的派别 (1197)，也许这就是塞尔维特使用这个词的定义。

[50] "λόγος."

同（约1∶1）。那么如果那从太初是神的道，既与父同在，又与父同享荣耀（约17∶5），显然他就不可能只是神外在和象征性的光荣，而是居住在神里面的位格。

此外，尽管在创造世界之前圣经没有提到圣灵，但在创造的时候提到他，并且他不是一个虚无的影儿，而是神不可或缺的大能，因为摩西记载当时那空虚混沌的地球是圣灵所托住的（创1∶2）。因此我们十分清楚那永恒的圣灵早就在神里面，他细心地护理、扶持这混沌的天地，直到神为之加上美丽和秩序。因此，这时圣灵不可能如塞尔维特所幻想的那般，只是神的影儿或模样。在别处他被迫更公开地显露他不敬虔的想法，即神借着他永恒的理智预定只有他自己看得见的儿子，并借这种方式彰显自己。但若是这样，那基督的神性只是神借着他永恒的预旨所赐给他的。此外，他也随己意转换那些用来取代"位格"的幽灵以致他毫不犹豫地为神添加新的属性。最可憎的是他随己意将神的儿子、圣灵与受造物混为一谈，因他公开宣称在神的本质之内有不同的部分和分割，每一小部分都是神。实际上，他特别强调圣徒的灵魂与神同永恒、同本质，他甚至教导人的灵魂和其他受造物也都有神性。

23. 子与父一样是神

ᵉ从这污秽的沼泽中兴起了另一种怪物。[51]因为某些无赖之徒为了避免沾染塞尔维特的羞辱而宣告：神的确有三个位格，然而他们接着说：父才是独一的真神，并且在创造子和圣灵时将自己的神性赐给他们。事实上，他们大胆地说这可怕的话：父与子和圣灵的分辨乃是——父是唯一"本质的赏赐者"[52]。首先，他们主张这样的谬论：基督之所以常被称

---

[51] 加尔文指的是瓦伦廷·真蒂莱（Valentine Gentile）。法齐（H. Fazy）编辑了真蒂莱在日内瓦受审的文件：*Procès de Valentin Gentilis et de Nicolas Gallo*（1555）。这文件主要的部分也在 CR IX。

[52] "*Essentiator*"，参阅真蒂莱第二版的信仰告白，August, 1558, CR IX. 393 f.。麦金农（J. Mackinnon）在他的 *Calvin and the Reformation*, pp. 166 f. 中简要地叙述了当时的光景。

为神的儿子，是因为除了父之外没有另一位适合被称为神者。然而他们没有注意到，虽然"神"这称呼常用来指子，而有时却又专用来指父[53]，因为他是神性的源头，也是为了表示他们两位有共同的本质。

他们反对说：若他真是神的儿子，而又说他是作为位格的子，这是荒唐的。我的回答是：他是神的儿子，因道在万世以前为父所生（参阅林前2∶7）（我们还没有机会讨论中保的位格问题）。然而为了表达清楚，我们必须明白这里所说的神是指哪一个位格，免得我们不知道这里所指的是圣父的位格。若我们只认定父是神，无疑就将子从神的地位上贬低了。因此当我们提到神时，千万不要认为在子和父之间存在任何矛盾，就如真神的称呼只属于父。因为显然那向以赛亚显现的神（赛6∶1）就是独一无二的真神，而使徒约翰也宣告这位神就是基督（约12∶41）。并且那同样借以赛亚的口见证他将是犹太人的绊脚石（赛8∶14）的，也是独一的神，保罗也宣告这位神就是基督（罗9∶33）。当他借以赛亚的口说："我是永生的神"（赛49∶18）、"万膝必向我跪拜"（罗14∶11，Vg.；参阅赛45∶24，Vg.），这就是独一的神，而保罗也解释说这位神就是基督（罗14∶11）。此外，还有一些使徒的见证："主啊，你起初立了地的根基；天也是你手所造的。"（来1∶10；诗102∶25—26）以及"神的使者都要拜他"（来1∶6；诗97∶7）。这些称颂唯独能恰当地归给独一的神，然而保罗宣称这些是基督所应得的称颂。有些狡猾的解释认为这唯独属神的称颂之所以归给基督，是因为基督是神荣耀的光辉（来1∶3），这完全是无稽之谈。既然耶和华的名多次被运用在基督身上，因此就他的神性而论，他是自有的。若他真是耶和华，我们就无法否认他就是同一位借以赛亚的口宣告："我是首先的，我是末后的，除我以外再没有真神。"（赛44∶6 p.）耶利米的话也值得我们思考："不是那创造天地的神，必从地上

---

[53] "κατ᾽ἐξοχήν".

从天下被除灭！"（耶10∶11 p.）

另一方面我们也必须承认，以赛亚用宇宙的创造多次证实神儿子的神性。那么，那赏赐万物存在的造物者，怎能说他的本质来自别处而不是自有的呢？人若说子的本质是父所赐的，就是在否认子是自有的。而且圣灵也证实这是错误的，因圣灵称子为"耶和华"。若我们相信三位一体的本质唯独在父里，就是相信父将这本质分给子或夺去子的本质。一旦子的本质被夺去，那他被称为神就是有名无实了。他们胡诌说，神的本质只属于圣父，因为只有他才是神，也是他将本质赐给子，因此子的神性是从父的本质来的，或说它是神整个本质的一部分。

那么根据他们的大前提，我们就必须相信圣灵唯独出于父，因为他们主张，圣灵出于这原始的本质，而这本质又唯独属父，所以圣灵就不可能出于子。然而保罗的见证完全推翻这论点，因为他说圣灵既是基督的灵也是父的灵（罗8∶9）。此外，照他们所言，父、子和圣灵唯一的差别是唯有父才是神，换言之，假设将父的位格从三位一体中取出，那子和圣灵就不是神了。然而他们一方面承认基督是神，却又说他与父有别。的确，父与子在某种特质上有差别，但那些说这特质的差别是在本质上的人显然否定了基督的神性，因为事实上神性少不了神完整的本质。的确，若父与子没有独特的特质，且父的特质是子所没有的，那么父与子就无两样。那么他们能找到何种特质分别父与子呢？若父与子彼此的不同是在本质上，就请他们回答父是否将他的本质分给了子。其实，说父将自己本质的一部分分给子是不可能的，因为想象一位部分的神是邪恶。除此之外，他们这样说还是邪恶地将神的本质分离。事实是，神的整个本质完全属于父与子。若真是这样，那么就本质而言，父与子的确无分别。另一方面，他们若说父分给子本质后仍然是独一的神，因他是拥有本质的那位，如此一来，基督就只是象征性的神，而不是真正的神了。没有比这经文更能够恰当地描述神的本质："那自有的打发我到你们这里来。"(出 3∶14，Vg.)

24. 圣经上"神"这一称呼不单是指父

ᵉ圣经中有许多经文明确地反驳他们的谬论，即圣经单独用"神"这称呼时都是指父。他们无耻地用来证明自己立场的经文反而揭露他们的愚昧，因为这些经文同时提及子与父。神的称呼在这些经文中有相对的意义，被限定后才指父。因此，他们的异议"唯有父才是真神，否则他就是他自己的父亲"就站不住脚。

既然圣经启示神的智慧是他自己所生的，也启示他是作为中保的神（我会在恰当的时候进一步解释），⁵⁴若特别因自身的地位而称他为神并不足为怪。因自从基督成肉身以来，他就被称为神的儿子，不仅是因为他是父在万世以前所生的永恒之道，也是因为他担任中保的职分，好叫我们与神和好。即便他们大胆地夺取子的神性这尊荣，我想问他们：当基督宣告只有神是良善的（太 19∶17）时，他是否在说他自己没有良善？我并不是指他的人性，免得他们说他人性中的良善是神白白赐给他的。我问的是：神永恒之道是不是良善的？他们若否认，就显明他们是不敬虔的；他们若承认，就自我反驳了。表面上看，基督似乎一开始没有把"良善"之名与自己相关联，但这事实更有力地证明我们的论点。的确，既然良善只能用来称呼独一的神，那人随意地称基督为"良善"时就会受基督责备，因基督拒绝这种虚假的尊荣，因此教导人他所拥有的良善是属神的。

我还想问他们：当保罗宣告唯有神是不朽的（提前 1∶17）、智慧的（罗16∶27），并且是真实的（罗 3∶4）时，难道这就表示基督是愚拙、不诚实的必死之人吗？难道那位起初是生命并将不朽的生命赐给众天使的，自己却必朽坏吗？难道神的永恒智慧本身没有智慧吗？难道真

---

⁵⁴ II. 12 ff.

理本身不完全诚实吗？再者，我还要问他们是否认为基督当受敬拜？因若他宣告万膝将向他跪拜（腓2：10）是真的，那么他就是那位在律法上禁止人敬拜别神的耶和华（出20：3）。以赛亚所说："我是首先的，我是末后的；除我以外再没有真神。"（赛44：6 p.）他们若认为这话唯独指父，我也可以用这经文驳倒他们，因为圣经告诉我们，神一切的属性也属基督。他们的另一个异议也是错误的，即基督降卑的肉身被高举，且当神将天上、地下所有的权柄赐给他时，是赐给成为肉身的他。即使神将王和审判官的威严赐给他，然而除非他就是神成的肉身，否则这就是神与自己争战。而保罗恰当地解决了这争议，因他教导在基督虚己取了奴仆的形象之前就与神同等（腓2：6—7）。除非他就是那位骑在基路伯之上的耶和华（参阅诗17：10，79：2，98：1，all Vg.），也是掌管全地（诗46：8，Vg.）和万代的君王，否则怎能说他与神同等呢？不管他们如何议论，都无法抹去以赛亚在这处经文中归给基督的神性："这是我们的神，我们素来等候他"（赛25：9 p.）。他用这句话描述那位要来救赎我们的神，他不但引领被掳的以色列人从巴比伦返回家园，也将恢复他的教会，并使之完全。

他们又找借口说基督在他的父里面是神，但这也于事无补。尽管我们承认，就次序和地位而言，神性的起源在父里，然而我们深信，说神的本质唯独属父是可憎的捏造，仿佛是父将神性赐给子。若是这样，那么神就有许多不同的本质，抑或他们只是名义上或想象上称基督为"神"。若他们承认子是神，却次于父，这等于是说本质在子里有起始和形成的过程，而在父里没有。^{e(b/a)} 我知道许多喜爱争辩的人会嘲笑我们引用摩西的话来分辨三个位格之间的差别，摩西记载，"我们要照着我们的形象造人"（创1：26），然而敬虔的读者可以知道，若在独一的神里只有一个位格，那摩西如此记载不但毫无意义，也是荒谬的。显然当时神与之交谈的对象一定不是受造物，然而除了神自己之外并没有别的非受造物，且他是独一的神。所以，除非他们承认创造和命令是父、子和圣灵共同的大能，不然神就不是对自己说话，如此他们就不得不承认，神是在与另一位造物者交谈。

[e]最后，有一处经文能轻而易举地驳倒他们这两个异议——基督亲自宣告，“神是灵”（约 4：24），这不可能唯独指父，就好像道并无属灵的本性一样。但若“灵”这称呼同样适合子和父，那么子就同样被包含在“神”这称呼之内。他立刻又说(55)：唯有那些用心灵和诚实敬拜父的人，才是真正敬拜他的人（约 4：23）。因此我们也可以推论：既然基督在父的权柄之下担任教师的职分，那他称父为神，并无意否定自己的神性，而是为了教导我们越来越确信他的神性。

25. 三个位格都有神性

[e]显然，他们误解了位格间的关联，因他们幻想这三个位格之间各有这本质的一部分。然而圣经教导我们，神的本质是不可分割的，因此子和圣灵的本质也是没有起始的，但因父在次序上居首，并且智慧又出于他，就如以上所谈到的那样，(56)所以我们说他是整个三位一体的起源是理所当然的。因此，神的本质并无起始，父这位格也没有起始。我们的仇敌愚昧地认为我们的教导暗示我们相信四位一体的神，但这不过是他们将自己的思想强加于我们，就好像我们在教导三个位格是一个本质所产生的，且这三个位格与本质各自独立存在。其实，我们的著作完全可以证明我们并没有将神的本质与三个位格分开，我们反而主张三个位格虽然有共同的本质，但在本质里他们有所分别。若三个位格真的与本质无关，那么这些人的指控或许有所根据，但若是这样就等于有三位神，而不是在一位神里面有三个位格。

---

(55) 加尔文在这里不小心颠倒了《约翰福音》4：23 与 4：24 的次序。

(56) 参阅 I. 13. 18，注释 40；I. 13. 28，注释 65；I. 16. 3，注释 6；I. 16. 5，注释 12。理查逊（C. C. Richardson）在他对三位一体正统教义严谨的讨论中，引用了加尔文这里第二十四节和第二十五节里所打的比方：*The Doctrine of the Trinity*，pp. 58 f.。

以上就回答了他们毫无意义的问题，即神的本质是否产生三个位格，就好像我们相信三位神来自于这本质。[57]他们接着愚昧地说：若三个位格不是来自神的本质，则这三个位格都没有神性。虽然神的本质不是三位一体的另一位，然而三个位格仍然都有神性。因除非父是神，他就不可能是圣父；而子若不是神，他就不可能是圣子，因此我们说神性是自存的。如此看来，子因他是神所以是自存的，但就其位格而言他不是自存的，他之所以是子是因为他来自父。因此，他的本质没有起始，但其位格的起始是神自己。其实，古代的神学家谈到三位一体这教义时，只是专用这术语来指神的三个位格。如果把神的本质也包括在三位一体的区别中，不但是荒谬的错误，甚至是可怕的亵渎。那些有意要用本质、子和圣灵捏造一个三位一体之神的人显然在毁灭子和圣灵的本质，因为如此一来这三个部分就都瓦解了，怎么还能称之为一体呢？最后，若父与神同义，那父就是神性的赐予者，而子不过是影子而已，并且三位一体就只是一位神与两个受造物的混合。

26. 成为肉身之道服在父的权柄之下，与我们的教导并无冲突

ᵉ他们反驳说：基督若是真神，那么称他为子就是错误的。我已经回答过这问题，[58]即当我们把其中两个位格互做比较时，神这称呼指的是父，因他是神性的起始，并不是因为他将本质赐给其他两位，就如一些疯狂之人所胡诌的那样，而是次序上的起始。在这意义上，我们要明白基督向父的祷告："认识你独一的真神，并且认识你所差来的耶稣基督，这就是永生。"（约17：3 p.）他既然以中保的职分说这话，他就介于神与人之间，然而他的威严并没有因此减少。他虽然虚己（腓2：7），却没有丧失与父同享的荣耀，尽管这荣耀对世人来说是隐藏的。因此使

---

[57] Gentile, in *Epistola* 5（CR IX. 390 f.; Fazy, *op. cit.*, pp. 65 f.）。勒林的文森特（Vincent of Lerins）指控聂斯托利（Nestorius）教导"四位一体"：*Commonitory* 16（MPL 50. 659; tr. LCC IX. 59）。

[58] I. 13. 20, 23.

徒在《希伯来书》第二章里虽然宣告基督暂时降卑到天使的地位之下（来 2：7、9），但同时也肯定地宣告他就是那位创立世界的永恒之神（来 1：10）。

因此我们必须相信，无论何时基督以中保的身份向神祈求时，神这称呼也包括他自己的神性。所以当他对使徒说："我到父那里去是与你们有益的"（约 16：7，参阅 20：17）、"因为父是比我大的"（约 14：28，Vg.）时，他并非指他只拥有次要的神性，否则就永恒的本质而言，他就不如父。他所指的是，因他拥有天上的荣耀，他就更能使信徒与父交通。他将父放在更高的地位上，因为天上那完美的光辉与他成肉身后彰显的荣耀程度有所不同。因此，保罗在另一处也说：基督"把国交与父神"（林前 15：24）、"叫神在万物之上，为万物之主"（林前 15：28）。然而，没有比否认基督永恒的神性更荒谬的了。但既然基督不会停止做神的儿子，反而从永远到永远他都是神的儿子，那么"父"这称呼就证明神的本质属于父和子。也正是因为这缘故，基督降世来到我们这里，为了带我们到父那里去，叫我们与父及他自己和好，因为他与父原为一。所以将"神"这称呼仅限于父，就是排斥子，也是错误和亵渎的。也因这缘故，使徒约翰宣告基督是真神（约 1：1，15：20），免得有人将他的神性置于父之下。此外，我想知道这些捏造新神的人，在他们承认基督是真神之后，又立刻将他排斥在父的神性之外，他们的用意何在？仿佛他是真神却不是独一的，也仿佛一位混杂的神是来自神的启示，而不是人所捏造的！

27. 我们的仇敌错误地寻求爱任纽的支持

[e]他们引用爱任纽（Irenaeus）许多的论述，(59)在这些论述中，爱任纽宣称基督的父是以色列独一永恒的神。他们如此做，若非可耻的愚昧就

(59) Irenaeus, *Against Heresies* III. 6. 4 (MPG 7. 863; tr. ANF I. 419).

是可怕的邪恶。因他们应当考虑到这敬虔的人当时正与疯狂之徒争战。他们否认基督的父是同一位借摩西和众先知的口说话的神，反而想象他是出自败坏世界的一种幽灵。然而爱任纽之所以做上述宣告，其目的是要充分证明圣经唯一启示的神就是基督的父，而且捏造另一位神是错误的。所以，他常常断言基督和众使徒所颂赞的正是以色列的神，这就不足为怪了。虽然我们现在所反驳的谬论与爱任纽当时所反驳的不同，但我们仍能与他一同说：古时那位向众族长显现的神就是基督。若有人反驳说那是父神，我们早已准备好了答案，即我们虽然为子的神性争辩，但我们也没有否认父的神性。只要读者们留意爱任纽的劝告，一切的争议就必停止。在他的著作第三卷第六章中的这句话能迅速平息一切的争吵："那位在绝对、无差别意义上被称为神的，就是独一无二的真神，而在圣经上，基督就是在绝对意义上被称为神。"我们要留意他整本书都想证明这点，尤其是第二卷第四十六章，即基督不是在神秘和比喻的意义上称神为父。

此外他还在另一处力辩，众先知和使徒皆宣告子和父二者都是神（第三卷第九章）。他解释基督乃造物之主、君王、真神及法官，但他仍需从万物之神那里领受大能，乃因他的降卑、虚己，甚至死在十字架上（第三卷第十二章）。此外他接着教导：子就是天地的造物主，并借摩西颁布律法，也曾向众族长显现。若有人胡诌说，对爱任纽而言，唯有圣父才是以色列的神，我就要用爱任纽自己公开的教导来驳斥他，即基督与父是同一位神，正如哈巴谷的预言："神从提幔而来"（哈3：3，Vg.）（第三卷第十八章、第二十三章）。第四卷第九章也有同样的教导：基督自己是活人的神，就像圣父是活人的神一样。并且在同一卷的第十二章，他解释说亚伯拉罕相信神，因为基督就是创造天地的独一真神。[60]

---

[60] Irenaeus, *op. cit.* (in order of reference), III. 6. 1; II. 27. 2; III. 9. 1; III. 12. 13; III. 15. 3; III. 20. 4; IV. 5. 2-3 (MPG 7. 860, 803, 868 f., 907, 919, 945, 984 f.; tr. ANF I. 418, 398, 422, 435, 440, 451, 467).

28. 寻求德尔图良的支持也枉然

ᵉ他们也同样不诚实地寻求德尔图良的支持，尽管有时他用词粗鲁近乎刺耳，然而我们在此所辩护的教义也是他清楚的教导。就他的看法，尽管神是一位，然而借着安排或计划，神道的存在。神在本质（substance）上是一位，但神的合一借奥秘的安排成了三个位格。这三个位格之别不是在地位上，而是在次序上；不是在本质（substance）上，而是在形态上；不是在权能上，而是在显现上。他的确说子次于父，然而他认为二者的差别在乎程度而不是在乎本质。他在另一处说子是可见的，但在他研究了这问题后，他说：作为道，他是不可见的。最终，德尔图良也肯定地说：父这称呼是来自他的位格，而不是来自神的本质，这就证实德尔图良的教导与我们所反驳的谎言相差甚远。

尽管德尔图良承认在父之外并无别神，然而他在下一段中谈到子的神性时，就表明他并没有否定子是神，因为他否认子是父之外的另一位神，因此这至高的独一神与位格的区分并无冲突。从德尔图良上下文中的含义不难看出他的教导是什么，因他与帕克西亚（Praxeas）争论说：虽然神有三个位格，然而这并不是说神不止一位，也不是指神的合一受到影响。因为根据帕克西亚的杜撰：基督若与父不同，他就不可能是神，所以德尔图良极力强调，一位神与三个位格毫无冲突。他的确称道和圣灵为整个神性的一部分，尽管这说法不恰当，然而是可以理解的，因为这不是指本质，而是指不同位格的安排或计划，正如他自己所证实的那样。这话也证明他的论点："邪恶的帕克西亚，神有几个称号，难道不就表示他有几个位格吗？"他接着又说："好让人们因父和子的称号认识他们。"⑪借着以上的引述，我深信已足以驳倒悖逆之徒，就是那些企

---

⑪ Tertullian, *Against Praxeas* (照引述的顺序), 2, 7, 9, 14, 18, 20, 3, 1, 2, 11, 9, 26 (MPL 2. 157, 162 ff., 174, 177, 179, 154 ff., 166 f., 164, 189 f.; also in CCL Tertullianus II. 1159-1196; tr. ANF III. 598, 601 f., 603 f., 609, 613, 610 f., 599, 597, 598, 608 f., 603 f., 622)。埃文斯（E. Evans）的 *Tertullian's Treatise Against Praxeas* 中收集了这些段落的校勘本，pp. 89-123, translation, pp. 130-172。

图利用德尔图良的权威欺哄单纯者之人。

29. 所有被承认的教父都相信三位一体的教义

ᵉ的确,任何勤勉地将古代神学家的作品相互比较的人,都知道爱任纽的教导与后来的神学家并无两样。在爱任纽之后,查士丁(Justin)是最早的神学家之一,他的教导也与我们的一致。[62]我们的仇敌反对说:查士丁和其他当时的神学家都称基督之父为独一的真神。希拉利也是这样教导的,他甚至说得更直接,即永恒在父里。[63]难道他否认子的神性吗?不,其实他是在为我们所相信的真道竭力辩护。然而我们的仇敌却无耻地从希拉利的文章中断章取义,竟然想说服我们,希拉利为他们的谬论撑腰!

就他们引用伊格纳修(Ignatius)的言论而言,若他们希望有任何说服力,就请他们证明四旬斋以及其他类似败坏的教导是来自众使徒。那些打着伊格纳修旗帜主张这些恶毒荒谬教导的人,再也没有比他们更令人反感的了![64]无法忍受的是,那些厚颜之徒戴上伊格纳修的面具掩饰自己,为的是欺哄别人。其实我们在这里清楚地看到,古代神学家在这问题上所持的观点是一致的。在尼西亚会议上,连阿里乌也不敢利用任何知名神学家的权威来支持自己,甚至没有一位希腊或拉丁神学家因不赞同古代的神学家而为自己找借口。更不用说奥古斯丁(这些无赖最恨恶的),因为他详细考察一切神学家的作品,并以敬虔的心态接受他们的教导。

---

[62] Justin, *Apology* I. 6, 13; tr. ANF I. 164, 166 f.; 塞尔维特在他的 *Christianismi restitutio*, *De Trinitate* I, p. 33 中引用查士丁的这段话。

[63] Hilary, *On the Trinity* I. 5; II. 6 (MPL 10. 28, 55; tr. NPNF 2 ser. IX. 41, 53)。

[64] 到了 19 世纪我们才确定哪些信是伊格纳修写的。1498 年雅各·勒菲弗尔(Jacques Lefèvre)出版了伊格纳修的信,然而其中有许多根本不是伊格纳修写的,这些信也收录在屈尔东(W. Cureton)的 *Corpus Ignatianum* (1849) 里面,它们已经被翻译成英文(ANF I)。伊格纳修所谓写给腓立比人的伪造信也包括这吩咐(13 章):"你不可藐视四十天这段时期"(Cureton, p. 155; tr. ANF I. 119; 参阅 LCC I. 81 ff.; OS III. 150, notes 6, 7)。

当然在一些细节方面，奥古斯丁时常解释他为何无法接受他们的观点，甚至在三位一体教义的辩论中，若他读到其他神学家作品中的任何模糊不清的观点时，他也不会视而不见。但无论如何，他认为教会从使徒时代开始就教导这教义是理所当然的，虽然这些无赖之徒强烈地攻击这教义。⑥我们只要引用他的一句话就能充分证明他并非不晓得在他之前的神学家所教导的。他在《基督教教义》（*Christian Doctrine*）第一卷中说：合一就在父里。难道他们要瞎说奥古斯丁这话是表示他忘记自己从前的教导吗？然而他在另一处的教导足以澄清这误会，他说父是神性的源头，因他不是从其他位格而出；他又智慧地认为"神"这称呼特别用来指父，因如果他不是神性的源头，我们就无法明白三位一体的合一。⑯

我深盼敬虔的读者能明白，我以上的教导已足以反驳一切至今撒旦所用过想败坏纯正教义的诡计。最后，我相信我已经忠实地解释了这教义各个方面的含义，只要读者们治死自己的好奇心，不自寻烦恼，也不好争议。因我想那些耽于思辨的人根本不会满意我的教导。我肯定不会故意狡猾地略过我认为于我不利的论点。只是我热心造就教会，认为最好不要谈许多对教会没有太大益处的事，免得烦扰读者。如争辩父是否一直在生子，这有何益处呢？事实上，想象父一直不停地生子是极愚昧的，因为显然三个位格从永远就存在神里面。⑰

---

⑥ Augustine, *On the Trinity* I. 4. 7； VI （MPL 42. 824, 923-932； tr. NPNF III. 20, 97-103）；*On Nature and Grace* 61. 71-66. 79 （MPL 44. 282-286； tr. NPNF V. 146-149）；*Against Julian* II. 1. 1-II. 9. 32 （MPL 44. 671-696； tr. FC 35. 55-96）.

⑯ "这三个位格都是永恒的……都是有大能的。合一在父里、平等在子里，而合一与平等之间的和谐在圣灵里。"Augustine, *On Christian Doctrine* I. 5 （MPL 34. 21； tr. NPNF II. 524）。奥古斯丁也指出，基督并没有说，"父将差保惠师来"，而是说，"我要从父那里差保惠师来"（约 15：26），为了教导虽然三位一体的三个位格都是平等的，然而圣父才是 *principium totius deitatis*——整个神性的源头。*On the Trinity* IV. 20. 29 （MPL 42. 908； tr. NPNF III. 85 [see there note 6]）.

⑰ 伦巴德在他的 *Sentences* I. 9. 10-15 中讨论"子是不是一直在受生"。他引用格列高利、奥利金和希拉利的看法（MPL 192. 547 ff.）.

ᵉ第十四章　圣经在创造宇宙和万物的启示中,已清楚区分真神与诸假神

地球和人类的受造（1—2）

1. 我们不应当自己揣测神的创造之工

ᵉ以赛亚公义地指控拜假神之人的愚钝,因为他们并没有从地的根基和天体的运行中认识真神（赛40:21；参阅 v. 22；见 Comm.）。尽管如此,至今我们的心智仍是迟钝的。为了阻止信徒堕落地效法外邦人捏造假神,我们必须比外邦人更为清楚地描述真神。神是宇宙的心智,①这观点尽管哲学家觉得很合理,却仍旧是很玄的,因此我们要更深入地认识神,免得我们常在疑惑中摇摆不定。因此,神也喜悦启示宇宙受造的历史,以便让教会的信心建立在这根基上,好让我们唯独寻求摩西所说的那位创造天地的真神。

时间从那时开始,好让之后的信徒可以借其延续查考人类和万物的起源。不可忽视这知识的价值,因它不但可以抵制从前在埃及和其他地区盛行的异端邪说,并且一旦人知道宇宙的起源,神的永恒性就清楚显

---

① 参阅 I. 5.5 和 Cicero, *Nature of the Gods* I. 13. 33 (LCL edition, pp. 34-35)。

明，我们也就更能欣赏他奇妙的作为。如此一来，不敬虔的嘲弄就不会使我们动摇，如：奇怪！神怎么没有想到早一点创造天地，而任凭无数的时间白白溜走？他可以早几千年就创造宇宙，但现在世界的历史却仅有六千年。质问神为何拖延这么漫长的时间，既大胆又无益，若人心想努力穷究其理也必归徒然。即使我们真的能明白神为了考验我们的信心而故意隐藏的奥秘，于我们也毫无益处。曾有一个无耻之徒嘲弄地问一位敬虔的老人：创立世界之前神在做什么呢？这位老人巧妙地回答说：他在为好奇的人预备地狱。②

盼望这位老人严厉的劝勉能阻止许多人肆意妄想，落入邪恶、有害的猜测。简言之，我们不要忘记那拥有测不透的智慧、权能、公义的不可见之神，将摩西所记载的历史如明镜放在我们面前，使我们能看见他活泼、荣耀的形象。就像老花或近视眼，若非借助眼镜，视力就模糊不清一样，我们也是如此软弱，若非圣经引领我们寻求神，我们立刻就迷路了。③那些放纵私欲的人不理会劝告，等到面对自己可怕的灭亡时才发现，敬畏地接受神隐秘的旨意，远比说亵渎的话玷污上天好得多；但那时已经太迟了。奥古斯丁贴切地说：在神的旨意之外寻求事物的起因，就是冒犯神。④奥古斯丁在另一处智慧地警告：究问无法测量的时间与究问无限的空间，是一样的荒谬。⑤事实上，无论天空有多广阔，仍有其界限。若有人与神争辩说，天空之外的空间比天空要大上百倍，难道敬虔之人不觉得这是可憎的悖逆吗？有人指控神懒惰，没有照着他们的意思在无数代前就创造宇宙，这等人实在狂傲。为了满足他们的好奇心，他们绞尽脑汁猜测宇宙之外的事，就好像在这天地的大圈中，虽有众多荣耀、测不透的事物，却仍不能满足我们的感官；也好像在这六千年中，神

---

② Augustine, *Confessions* XI. 12 (MPL 32. 815；tr. LCC VII. 253).
③ 参阅 I. 5. 12, 15 和 I. 6. 1 中"镜子"的比方。
④ Augustine, *On Genesis, Against the Manichees* I. 2. 4 (MPL 34. 175).
⑤ Augustine, *City of God* XI. 5 (MPL 41. 320；tr. NPNF II. 207).

所给我们的启示仍不足以使我们认真地默想他！我们应当乐意接受神为我们所定的界限，并约束我们的心，免得偏离正路。

2. 神六日的创造彰显对人类的良善

°摩西也以同样的目的记载神的创造之工并非刹那间完成，而是在六日之内完成的（创2：2）。因此，这具体的启示就使我们远离一切关于神创造世界的传说，好使我们愿意倾注一生的精力来思想它。虽然不管我们往何处看，都能看到神的作为，然而我们的注意力很短暂，且一切敬虔的思想在我们脑海中皆一闪即逝。此外，除非人的理智开始降服于真道，并且培养安息日所赏赐我们内心的安息，否则我们就会埋怨六日的创造与神的大能有冲突。其实，我们反而应当在神向我们启示的这秩序下默想神对世人父亲般的慈爱，⑥因为他先创造宇宙万物之后才创造亚当。若神将亚当放在贫瘠和荒漠的土地上，在创造光明之前赐他生命，神似乎不够充分地照顾他一切的需要。然而神首先为人在天空摆放太阳和星星，创造活物充满地上、海洋以及空中，又给人预备丰富的果子作食物，就如神担当这大家庭勤劳的父亲，这彰显他对我们奇妙的慈爱。只要人更深入地默想我在上面简要的讨论，就会清楚明白摩西是一位宣扬独一神创造之工的可靠见证人。在此我就不再重复我上面的教导，⑦摩西在记载神的创造时不仅向我们启示神的本质，也向我们彰显神永恒的智慧和他的圣灵，免得我们捏造另一位在这清楚启示之外的神。

众天使（3—12）

3. 神是万有之上的主！

e(c) 在我开始更详细探讨人的本性之前，⑧或许我应该稍微讨论一些

---

⑥ 参阅 I. 14. 22。
⑦ I. 13. 22-24.
⑧ I. 15 and II. 1.

有关天使的事。的确，摩西为了屈就一般人有限的理解力，在创造的记载上只记录了我们肉眼能看见的神的作为。但之后当他向我们介绍天使为神的使者时，我们就可以轻易得知天使尽其所能服侍的神就是他们的创造者。ᶜ尽管摩西是以一般人能明白的方式来表达，且在他对神基本创造的记录上并没有包含天使的被造，然而这并不妨碍我们在此详细地教导圣经多次启示有关天使的事。我们若想从神的作为上认识他，就不应该忽略天使如此光荣高贵的受造物。此外，为了反驳许多的谬误，关于天使的教义也是不可少的。天使本性的卓越常常超乎许多人的思想，甚至有人认为，当我们教导说，天使也是受造之物，必须顺服在神的权柄下，是冒犯了天使！因这缘故，有人将神性错误地归给天使。

而摩尼（Mani）⑨和他的同党兴起，ᶜ编造了两个根源：神与魔鬼。他说神是一切良善的起源，而魔鬼是一切邪恶的来源。ᵉ⁽ᶜ⁾这迷惑若占据我们的心，我们就必定会亏缺神在他创造之工上所应得的荣耀。ᶜ既然神最明显的两个特征就是永恒和自有⑩（即自我存在），难道那些将这两个特征归给魔鬼的人不也同时将神的称谓归给它了吗？我们若将这样的主权归给魔鬼，甚至说它能随己意抵挡神的旨意，这不就否定了神的无所不能吗？摩尼教徒的基本主张是：将任何邪恶的受造物归给良善的神都是错误的。但其实这与纯正的真理毫无冲突，因正统的基督教不承认在整个宇宙中有任何邪恶本质的存在。因为不管是由人或魔鬼的堕落和邪恶所产生的罪行，并非出自被造的本性，而是本性堕落后的败坏。⑪而且从创世以来，没有任何受造物不是彰显神的智慧和公义。ᶜ所以，为了抵挡这些邪恶的谬论，我们的思想必须超越我们的眼见。ᵉ⁽ᶜ⁾这大概就是为什

---

⑨ 参阅 I. 13.1，注释 3。
⑩ "αὐτουσία"。
⑪ 奥古斯丁反驳摩尼教徒说："*natura, in qua nullum bonum est, non potest,*" *City of God* XIX. 13（MPL 41.641；tr. NPNF II.409），也说人的邪恶并非来自受造当时，而是败坏之后的结果，*Against Julian* I. 5.16, 17（MPL 44.650f.；tr. FC 35.18 ff.）；也参阅他的 *Contra Julianum, opus imperfectum* I. 114（MPL 45.1124 f.）。

么神在尼西亚信经中被称为万物的创造者,这信经也记载了看不见的事。无论如何我们要谨慎,免得偏离神给敬虔之人的准则,而诱惑读者因过多的猜测离弃了基督教这单纯的信仰。既然圣灵一切的教导都是为了使我们得益处,那么对人无甚益处的事他有时缄默不言,有时则简要地教导。此外,我们也有责任主动远离一切对我们毫无益处的事。

天使的受造和作用(4—12)

4. 在有关天使的启示上,我们也不应该纵容自己的猜测,而应当查考圣经

ᶜ既然天使是神所预定来执行他吩咐的使者,所以我们也不应怀疑他们是受造物(诗103:20—21)。当人们在天使受造的时间和次序上争辩时,不就证明他们的顽固而非殷勤吗?[12] 摩西记载神将天地万物都造齐了(创2:1),那么除了星星和行星的受造之外,急切地穷究其他更遥远的天上星球是何时开始存在的,有何意义呢?在此我简单扼要地提醒读者:在这教义就如在其他所有的教义上一样,我们应当持守谦卑和严谨的原则:不要谈论、猜测,甚至想知道任何圣经没有向我们启示的隐秘事。此外,在阅读圣经时,我们当不断地寻求并默想一切能使我们得造就的事。我们不可放纵自己的好奇心或钻研与我们灵魂无益的事。并且主也不喜悦教导于我们无益的事,唯喜悦教导我们敬虔的事:如何敬畏他的名、信靠他以及成圣,所以我们当唯独以圣经的教导为满足。因这缘故,如果我们希望成为有智慧的人,就必须远离那些无聊人,他们在圣经之外教导有关天使的性质、地位以及数目这些虚妄的思辨。[13]我知道有许多人热衷于天使的教义,胜过他们在日常生活中天天需要运用到的教义。然而,我们若不以做基督的门徒为耻,就不可轻看他亲自教导我

---

[12] Augustine, *City of God* XI. 9 (MPL 41. 323-325; tr. NPNF II. 209 f.); Lombard, *Sentences* II. 2. 1 (MPL 192. 655).

[13] "ματαιώματα".

们成圣的方式。只要满足于他的教导，我们不但会弃绝甚至会厌恶那些他所禁止的虚妄猜测。

无论是谁⑭都无法否认狄奥尼修（Dionysius）在他的《天阶体系》(Celestial Hierarchy) 一书中巧妙探讨的许多问题。然而只要你更详细地研读，就会发现此书多半是空谈。神学家的责任并非借空谈搅扰人，而是要借着真实有益的教导坚定人的良心。如果你阅读这部著作，会以为作者上过天堂并记录了他亲眼所见的，而不是他所学的。而保罗虽然被提到第三层天上（林后12：2），他不但没有谈论那里的情形，甚至他说，他听见隐秘的言语，是人不可说的（林后12：4）。所以，我们要弃绝那些愚拙的智慧，并在圣经单纯的教导上查考主所要我们知道关于天使的事。

5. 圣经对天使的称呼

ᶜ圣经多处教导我们：天使是属天的灵，并且神借他们的服侍执行他所预定的一切事（如，诗103：20—21）。因此，他们被称为天使，是因为神用他们作为中间的信差向人彰显他自己。圣经中天使还有其他的称号，也是出于类似的原因。他们被称为"天兵"（路2：13），就如在君王身边的护卫，做他威严的陪衬及显大威严；就如军队随时注目元帅的旗帜，好随时待命采取行动。元帅一下令，他们就立刻行动或已经有所行动了。所有的先知在描述神宝座时都彰显神的威严，而但以理对神开庭审判时的描述特别能彰显神的威严："侍奉他的有千千，在他面前侍立的有万万"（但7：10）。事实上，既然主借天使奇妙地彰显和宣告他膀臂的

---

⑭ "Dionysium illum, quicunque fuerit." 他指的是伪狄奥尼修（Pseudo-Dionysius），*De coelesti hierarchia*（MPG 3. 119-368；tr. J. Parker, *The Celestial and Ecclesiastical Hierarchy of Dionysius Areopagitica*）。加尔文大概想到路德在 *Babylonish Captivity* 中有关按牧的教导："对我而言……我完全不赞成如此称赞狄奥尼修，不管他是谁（*quisquis fuerit*），因为他没有正统神学的观念。"（Luther, Werke WA VI. 562, 本人的翻译；参阅 *Works of Martin Luther* II. 275）1521年4月15日索邦（Sorbonne）神学家咒诅路德，其部分原因是他所说的这句话。直到17世纪才发现，《使徒行传》17：34中，原来认为是亚略巴古的狄奥尼修所写的作品（5世纪晚期），根本不是他写的。

大能，因此他们被称为美德天使（弗 1：21；林前 15：24）。因神借天使在世上执行他的权柄，所以他们有时被称为执政的、掌权的、有能的（西 1：16；弗 1：21；林前 15：24）。最后，既然在某种意义上神的荣耀居住在他们里面，所以他们被称为有位的（西 1：16）。ᵈ对于最后这词我宁可不谈，因这词还有另一个同样恰当或更恰当的翻译。⑮ᵉ圣灵经常使用这些ᵈ称号来ᶜ称赞天使尊贵的服侍。神既借着天使彰显他的威严，若我们不将天使所应得的尊荣归给他们，合乎情理吗？同样地，因这缘故，他们不止一次被称为神（如，诗 138：1），因他们的服侍如同镜子，在某种意义上向我们彰显神的神性。虽然我不反对古时神学家的解释，他们说当圣经记述神的天使向亚伯拉罕（创 18：1）、雅各（创 32：2、28）、摩西以及其他先知（书 5：14；士 6：14，13：10、22）显现时，这位天使就是基督，但当圣经提到所有的天使时，有时称他们为"神"（参阅 Vg.；如，创 22：11—12）。这不应该是什么令人惊讶的事，既然我们将神所应得的尊荣归给君王和统治者（诗 82：6），而他们是神的代理人，神又是最高的君王和法官，那么我们将这尊荣归给天使更是应当的，因在天使身上，神荣耀的光辉更明亮地照耀出来。

6. 天使保护和协助信徒

ᶜ但圣经坚持这教导对我们有益，能安慰我们和坚固我们的信心，即天使分配和管理神赐给我们的恩惠。因这缘故，圣经记载天使看顾我们的安全、引领我们的道路，也保护我们，免得患难临到我们身上。圣经中有众多这类的经文，先是指基督——教会的元首而言，后是指一切信徒而言："因他要为你吩咐他的使者，在你行的一切道路上保护你。他们要用手托着你，免得你的脚碰在石头上。"（诗 90：11—12，Vg.，91：

---

⑮ 参阅 CR LII. 85；Dante, *Divine Comedy*, Paradise 28. 97-139 根据伪狄奥尼修斯和弥尔顿的作品。(*Paradise Lost* V. 601, repeated 769); "Thrones, Dominations, Princedoms, Virtues, Powers."

11—12，EV.）同样，"耶和华的使者在敬畏他的人四围安营，搭救他们"（诗34：7p.）。这经文表示神交付天使保护他预定要保护的人，所以使者安慰逃跑中的夏甲，又命令她与她的女主人撒拉和好（创16：9）。他应许他的仆人亚伯拉罕会差派天使指引他的旅程（创24：7）。雅各在祝福以法莲和玛拿西时，求神借那救赎他脱离一切患难的使者使他们得福、生养众多（创48：16）。照样，神差派天使保护以色列人的营寨（出14：19，23：20），且每一次神救赎以色列人脱离仇敌的手时，他借天使兴起复仇者（士2：1，6：11，13：3—20）。简言之（无须再列举其他的例子），天使服侍基督（太4：11）并在一切的患难中与他同在（路22：43）。他们向妇女宣告基督的复活（太28：5，7；路24：5），也向基督的门徒宣告他将荣耀地降临（徒1：10）。因此，天使为了担负保护我们的职任，与魔鬼和我们所有的仇敌作战，并因神的缘故报应那些陷害我们的人。圣经记载：神的天使为耶路撒冷解围时，一夜之间在亚述营中杀了十八万五千人（王下19：35；赛37：36）。

7. 保护天使？

ᶜ神是否为每一位信徒特派一位天使保护他们，我不敢肯定。的确，当但以理提到波斯的天使和希腊人的天使（但10：13、20，12：1）时，表示神分别差派天使保护各族各国，且当基督说小孩们的使者常见父的面（太18：10）时，也在暗示神差派一些天使保护小孩。

但从以上的经文中，我仍不敢肯定神是否为每一个人差派一位天使保护他。ᵈ我们应当深信看顾我们每一个人的不只是一位天使的职责，所有的天使都一同看顾我们的救恩。ᵉ因圣经告诉我们，当一位罪人悔改时，在天上为他欢喜的胜过为九十九位不用悔改的义人，这在天上欢喜的即指所有的天使而言（路15：7）。圣经也说有些天使"将拉撒路的灵魂带到亚伯拉罕的怀中"（路16：22 p.）。ᵈ且以利沙指给他的仆人看，专门为他特派的众多火车火马，也表示不止一位天使（王下6：17）。

ᶜ另一处经文似乎更清楚地肯定了这一点。当彼得被领出监狱去敲信徒聚集的房门时,信徒们没有想到是他,"他们说:'必是他的天使!'"(徒 12:15)他们这样说好像表示当时一般的信徒都认为,神为每一位信徒特派一位保护他的天使。然而另一合理的解释是,神当时专门差派一位天使保护彼得,这并不表示他是彼得永久的保护者。同样地,一般人想象有良善和邪恶两种天使——就如不同的幽灵那样——分配给每一个人。⑯但我们无须穷究与我们没有太大关系的事。因为人若不满足于神差派众天军保护他,难道他会因为知道神特派一位天使保护他而感到更满足吗?ᵉ那些坚持说神只差派一位天使保护每一个人的人,这对他自己和教会众信徒都是极大的伤害,因为这就好像神应许差派天军四面围绕并保护我们,对我们是毫无益处的!

8. 众天使的阶级、数目以及模样

ᶜ那些敢于数算天使数目和等级之人,⑰应当面对他们没有根据的说法。我承认在《但以理书》中米迦勒被称为"大君"(但 12:1),并且在《犹大书》中被称为"天使长"(犹 9)。保罗也教导说:这位天使长将吹号呼召人受审(帖前 4:16;参阅结 10:5)。然而谁能根据这些经文就判定众天使有不同的等级,或借他们的徽章识别他们的身份呢?圣经上两位天使的名字——米迦勒(但 10:21)以及加百列(但 8:16;路 1:19、26)——如果你愿意根据《多比传》(12 章 15 节)的历史再增加一个的话,那就是拉斐尔(Raphael)。从字面意思看,这些名字似乎都是为

---

⑯ 参阅 Comm. Harmony of the Evangelists, Mark 5:9;"每一个人都有许多保护他的天使"。
⑰ 奥利金认为天使长拉斐尔、加百列(Gabriel)和米迦勒(Michael)有特别的职分:*De principiis* I. 8. 1(GCS 22. 228,MPG 11. 176,tr. ANF IV. 264 f.,Butterworth,*Origen On First Principles*,pp. 193 f.)。中世纪的神学教导说:天使有不同的地位和职分,但这教导受伪狄奥尼修(Pseudo-Dionysius)很大的影响,而加尔文本来就不接受伪狄奥尼修的权威。参阅伦巴德,*Sentences* II. 9(MPL 192. 669)以及阿奎那更详尽的讨论,*Summa Theol.* I. 106-114。在这节的第一句和最后一句及第四节中,加尔文根据他一贯的教导否定阿奎那对天使完全出于猜测的教导。参阅 *Summa Theol.* I,questions 108,113 有关天使的等级和守护天使。

了屈就人能力的软弱而取的，但我不想争论这问题。

以天使的数目而言，基督亲自告诉我们有"许多营"（太26：53）；但以理告诉我们有"千千万万"（但7：10）；以利沙的门徒看到满山驾火车骑火马的天使（王下6：17），且天使被形容"在敬畏神的人四围安营"，这些都是指其数目多得不可胜数（诗34：7p.）。⑱虽然灵没有身体，然而圣经为了屈就我们有限的理解力，就生动地为我们描述有翅膀的基路伯和撒拉弗，以便使我们确信他们随时预备好按照我们的需要迅速地救助我们，甚至如闪电般快速地飞到我们的身边。无论我们如何深究天使的数目和等级，这奥秘仍为奥秘，直到世界末了神清楚地向我们启示为止。因此，我们无须过于好奇地探究或过于自信地谈论这些奥秘。

9. 天使不是虚幻的，而是实际存在的

然而一些不安的人对此仍然怀疑，⑲但我们应当确信：众天使是"服役的灵"（来1：14），神借他们的服侍保护他的选民，也借他们将他的恩惠赐给人并继续他未完成的事工。实际上，古时的撒都该人认为（徒23：8），天使只是神在人心里的感动，或者是他权能的彰显而已。然而圣经中许多的见证都驳斥这种无稽之谈，令人惊讶的是，一般人却容忍这种极为愚妄的说法。除了我以上所提的经文，即千千万万的天使（启5：11）、十二营多天使（太26：53），他们欢喜快乐（路15：10）、他们用手托住信徒（诗91：12；太4：6；路4：10—11），将人的灵魂带到安息之处（路16：22）、他们常见父的面（太18：10）……另外还有其他一些经文清楚地证明他们的确是真正存在的灵。⑳此外，司提反和保罗记载，律法是天使传给我们的（徒7：53；加3：19），这也证明，不管人如何强

---

⑱ 参阅 Comm. Ps. 34：7。加尔文在这里肯定神差遣许多天使保护他的每一个选民。
⑲ 参阅 I. 9. 1，注释1。在 Contre la secte phantastique des Libertins 11（CR VII. 179 f.）中，加尔文引用放纵派有关天使的"异教"观念。
⑳ "Spiritus naturaentis."

解这两处经文，天使是实际存在的。基督也说：在末日复活时，神的选民会像天使一样（太22∶30），也说审判那日就连天使也不晓得（太24∶36），以及在那日他将与圣天使一同降临（太25∶31；路9∶26）。同样地，当保罗在基督和他所拣选的天使面前吩咐提摩太要遵守神的诫命时（提前5∶21），他所说的不是一种毫无实质的特质或灵感，而是真实的灵。若不这样理解，那么当人阅读《希伯来书》时，就无法明白其中的教导：基督的名比天使的名更尊贵（来1∶4）。神并没有将世界交给天使管辖（来2∶5），且基督不是以天使的样式而是以人的样式降世（来2∶16）。除非天使就是神所祝福的灵，否则这些经文中的比较就毫无意义。当这书信的作者说信徒的灵和天使的灵将会在神的国里聚集归一时，含义就十分明确了（来12∶22）。

°我们也可以重申：小孩子们的使者常见天父的面（太18∶10），我们也受他们的保护（路4∶10—11），他们因我们得救感到欢喜快乐（路15∶10），他们也惊叹于神在教会中诸般的恩典，且他们顺服在其元首基督的权柄之下。[21]他们多次以人的样式向古时圣洁的族长显现并与人交谈，甚至接受人的款待（创18∶2），而基督也因他至高中保的职分被称为天使（玛3∶1）。°我之所以谈到这一点，是想坚固单纯的信徒，使他们能抵挡那些撒旦从古至今所捏造的愚蠢和荒谬观点。

10. 神的荣耀并不属于天使

°以下我要面对另一个问题，就是当人听到神借天使赏赐我们一切的恩惠时所经常潜入人心的迷信。人不理智地倾向将一切的尊荣归给天使，然而这样做就等于将唯独属神和基督的荣耀转移给天使了。在过去好几个时代中，许多人违背圣经，无限地将荣耀归给天使，从而贬损了基督的荣耀。在我们今日所面对的谬论中，几乎没有比这更古老的。保罗在《歌罗

---

[21] 参阅上文的第六和第七节。

西书》中似乎与某些人激烈地争论，他们将天使抬举到几乎与基督同等的地位，因此他在这封书信中严厉地劝勉信徒：基督的地位不但高过众天使，甚至他是天使一切福分的源头（西1∶16、20）。保罗如此劝我们，免得我们离弃基督而将他唯独所应得的荣耀归给与我们一样的受造物。的确，既然神威严的光辉借他们照耀出来，所以我们很容易倾向于不假思索地跪下来，将唯独属神的敬拜归给他们，连使徒约翰在《启示录》中也承认他曾经这样做过，但同时他补充说，天使斥责他："千万不可！我和你……同是作仆人的，你要敬拜神。"（启19∶10；22∶8—9）

11. 神使用天使不是为了自己，而是为了我们

ᶜ如果我们考察神为何借天使彰显他的大能、保护信徒，以及赏赐信徒他一切的恩惠，而不是神亲自这样做的，我们就能避免将唯独属神的敬拜归给天使。当然，他不一定非要这样做，就好像他少不了天使；只要他喜悦，他也常常不需要天使而自己执行他的工作，因为天使远非神用来减轻他的负担的工具。所以神使用天使是为了安慰我们的软弱，使我们不至缺乏对神的盼望和确信。我们只要知道这点，即主亲自应许做我们的保护者。但当我们面临许多危难、伤害和各种仇敌时，有时我们会因自己的软弱充满恐惧，甚至绝望，除非主按照我们所能承担的，使我们确信他的恩典够我们用。因这缘故，他不但应许照顾我们，甚至告诉我们，他差派无数的使者保护我们，只要他们继续环绕并保守我们，无论我们遭遇何种患难，灾难必不致伤害我们。我深信在我们知道独一真神亲自应许保护我们后，我们若仍寻求其他外在的援助，就是冒犯神（参阅诗121∶1；诗120∶1，Vg.）。但因主出于他无限的慈爱和温柔，喜悦克服我们这软弱，我们就没有理由轻忽他这伟大的祝福。以利沙的仆人是一个很好的例子，当他发现被叙利亚的军队围困且毫无出路时，他万分恐惧，就如死亡即将临到他和他的主人。在此以利沙向神祷告，求神开他仆人的眼，让他可以看见，于是他立刻看见满山的火车、火马

围绕他们，即神所差派的天军要保护他和先知以利沙（王下 6∶17），这异象使他壮胆，他就不再畏惧先前所惧怕的敌人。

12. 不可让天使拦阻我们唯独仰望主

ᶜ所以不管圣经对天使服侍的教导为何，我们都应当运用这教导驱除一切的不信，好叫我们对神的盼望更坚固。事实上，天使的帮助是主为我们安排的，好叫我们面临众多仇敌时不至丧胆，仿佛我们虽有神的帮助却仍会被仇敌击败。我们应当相信以利沙所说的："与我们同在的比与他们同在的更多。"（王下 6∶16 p.）所以我们若因天使而离弃神，是非常荒谬的，因为神指派天使的原因，就是要见证神随时随地都与我们同在！因此，除非天使直接引领我们到主那里，好让我们仰望他、求告他，确信他是我们唯一的帮助；也除非我们将天使视为神随己意扶持我们的膀臂，叫我们专靠唯一的中保基督，依赖他、就他，并在他里面得安息，否则天使就是带领我们离弃神。我们应当留意雅各所见的异象：众天使从梯子下到人间，又从人间回到天上，且万军之耶和华亲自站在梯子上端（创 28∶12）。这就表示唯有借着基督的代求，天使才能服侍我们，ᶜ就如基督亲口说："你们将要看见天开了，神的使者上去下来在人子身上"（约 1∶51）。ᶜ所以亚伯拉罕的仆人虽然被交付在天使的监护之下（创 24∶7），却没有因此直接求告天使，而是信赖天使的承诺，迫切地向主祈求，求主怜悯亚伯拉罕（创 24∶12）。因为神叫天使施行他的大能和良善，并不是为了与天使分享他的荣耀，同样地，神应许借天使帮助我们，并不是要叫我们将一半的信任归给天使，一半归给神。我们要远避柏拉图那借天使接近神，以及敬拜他们是为了亲近神的哲学观。[22]这就是

---

[22] Plato, *Epinomis* E 984 (LCL Plato VIII. 462 f.), 柏拉图在这里教导：人应当向天使祈祷，把他们当作人神之间的代求者而尊荣他们。参阅 *Symposium* 202 (LCL Plato V. 178 f.)。伯努瓦（Benoit）认为加尔文在这里错误地引用克力同（Cratylus）的话（*Institution* I. 196）；他在 OS III. 164 中引用 "*Cratylus* 398"，但那与这里的教导没有关联。

从亚当至今，那些迷信和过于好奇之人企图加添在基督教信仰上的。

魔鬼在神的计划中（13—19）

13. 圣经使我们能抵挡仇敌

ᶜ圣经一切关于魔鬼的教导都有意提醒我们要警惕它们的诡计，也要我们以精锐的武器装备自己，好战胜那些势力强大的仇敌。因为当撒旦被称为这世界的神（林后4∶4）和王（约12∶31），且当圣经将之比喻为壮士（路11∶21；参阅太12∶29）、空中掌权者的首领（弗2∶2）、吼叫的狮子（彼前5∶8）时，这些描述就是要我们更小心和警醒，随时预备好作战。圣经也具体教导这点：彼得在描述魔鬼"如同吼叫的狮子，遍地游行，寻找可吞吃的人"（彼前5∶8）之后，接着又劝勉我们要用坚固的信心抵挡它（彼前5∶9）。保罗也警告说：我们不是与属血气的争战，乃是与执政的、掌权的、管辖这幽暗世界的，以及天空属灵气的恶魔争战（弗6∶12）。之后保罗劝勉我们要穿戴足以抵挡如此大而危险之仇敌的全副军装（弗6∶13及以下）。圣经早就警告我们随时都有仇敌的威胁，且这仇敌是粗暴残忍的，有大军的势力，极为狡诈、不至疲倦，并有各样凶猛的武器，也精通战术。[23]我们必须竭尽所能达成这目标：不容许自己因大意或懦弱而被击败，[24]反而要鼓舞士气，战无不胜。既然到死为止我们都要服役，就当鼓励自己坚忍到底吧！事实上，既因深知自己的软弱和无知，我们就当格外求告神的帮助，在万事上唯独依靠他，因为只有神自己才能提供我们谋略、力量、勇气和装备。

14. 邪恶的权势

ᶜ此外，圣经为了激励我们更加放胆前行，告诉我们：对付我们的不

---

[23] 加尔文经常提到神国度与撒旦国度的争战。参阅 K. Fröhlich, *Gottesreich, Welt und Kirche bei Calvin*, pp. 19 ff.。

[24] "Socordia vel ignavia"，加尔文的这句话大概是在萨卢斯特（Sallust）作品：*War with Catiline* 52. 29 and 58. 4，以及 *Letter to Caesar* 10. 9："*Quorum animos socordia atque ignavia invasit*"（LCL edition, pp. 106, 118, 482）中发现的。

只是一两个，或几个敌人而已，而是大军队。马可告诉我们：抹大拉的马利亚曾有七个鬼附在她身上而被赶走（可16：9；路8：2）；基督也见证：通常当一个邪灵被赶出之后，只要你给它留余地，它将带七个更邪恶的鬼回到它先前的住处（太12：43—45）；《路加福音》告诉我们，一大群鬼附在一人身上（路8：30）。这些记载都教导我们：有无数的敌人与我们作战，免得我们轻敌而致懒散。

圣经之所以常用单数提到撒旦，是表示一个邪恶国度与公义国度的敌对，就像基督是众圣徒教会的元帅，同样地，一切不敬虔和亵渎的帮派也有他们的元帅，它也完全控制他们。因这缘故，基督说："你们这被咒诅的人，离开我！进入那为魔鬼和它的使者所预备的永火里去！"（太25：41）

15. 势不两立的争战

ᶜ圣经在各处称魔鬼为神的和我们的仇敌，这应当激励我们下决心与它争战到底。若我们想要一心荣耀神，这也是应当的，我们当全力以赴，与那位企图消灭神荣耀的撒旦作战。若我们根据神的吩咐：愿基督的国降临，我们就必须毫不松懈地与那企图毁坏这国的仇敌搏斗到底。再者，我们若真的在乎自己的救恩，就不应当与那设下陷阱要毁坏这救恩的恶者和解或谈判。《创世记》第三章就是如此描述撒旦诱惑人不顺服神，为的是要同时窃取神所应得的尊荣及使人堕入灭亡（创3：1—5）。同样地，它在福音书中被称为"仇敌"（太13：28、39），它在麦子里撒种子，为了毁坏永生的种子（太13：25）。总之，在撒旦的一切作为上就证实基督所说有关它的话，即"它从起初是杀人的……本来是说谎的"（约8：44）。它以谎言抵挡神的真理、用黑暗遮掩光明、用谬论缠住人心、制造愤恨、纷争和战争，这一切都是为了推翻神的国度并使人与它一同堕入永死，这就证明它本性堕落、邪恶、恶毒。因它卖力地企图攻击神的荣耀和人的救恩，就充分证明它堕落到极点。约翰在他的书信中也指出

"魔鬼从起初就犯罪"(约一3:8)。事实上,他称撒旦为一切恶毒和罪孽的罪魁祸首。

16. 魔鬼是已堕落的受造物

ᶜ然而既然魔鬼是神所创造的,我们不要忘记,它的恶毒不是来自神的创造,而是堕落后的产物。它应当受咒诅的一切都是由于它的背叛和堕落。因这缘故,圣经警告我们:不要以为魔鬼现今的光景是受造时就有的,而因此将责任推给神。所以基督说:"撒旦说谎是出于自己",也向我们解释是因为"它不守真理"(约8:44 p.)。其实当基督说它"不守真理"时,就暗示我们它曾经遵守真理;而当称呼它为"说谎之人的父"时,就堵住了撒旦的口,免得它将自己所犯的罪归咎于神。

尽管这些事情在圣经中只是简要地提到,也不十分详细,但已足以澄清一切对神威严的毁谤。除此之外,我们又何必多知道魔鬼的事呢?有些人抱怨圣经没有系统和详细地启示魔鬼的堕落——即堕落的起因、堕落的方式、堕落的时间以及堕落的性质。但因这些与我们毫无关系,不提或简要地提及是最好的,因圣灵不喜悦毫无意义地用一些空洞的历史故事满足我们的好奇心。从这事上我们应当看出,主的旨意是在圣经上只教导我们那些可造就我们的事。所以,为了避免我们在这无关紧要的事上费时费力,我们就应当满足于圣经对魔鬼本性的简要叙述:最初它乃是神所创造的天使,但因背叛神,不但自取灭亡,也导致多人的沉沦。因为知道这点对我们有益,所以神在《彼得后书》和《犹大书》中清楚地教导:神并没有宽容那些犯罪(彼后2:4)而且离开住处(犹6)、不守本位的天使。ᶜ保罗在说到神"蒙拣选的天使"时(提前5:21),无疑是在暗示也有神所遗弃的天使。

17. 魔鬼在神的权势之下

ᶜ至于我们所说撒旦与神之间的纷争,我们应当接受这既成的事实,即除非出于神的旨意和许可，否则魔鬼就无能为力。我们在《约伯记》中读到，魔鬼侍立在神面前要领受神的命令（伯1：6，2：1），且在它未经许可之前不敢贸然行恶（伯1：12，2：6）。因此，当神喜悦亚哈受欺哄时，撒旦自愿要在他众先知口中做谎言的灵，并且在神差派它之后，它才执行（王上22：20—22）。也因同样的缘故，那被主所差派搅扰扫罗的灵被称为"恶魔"，因这恶魔惩罚这位不敬虔君王的罪孽，就如用鞭子鞭打（撒上16：14，18：10）。圣经另一处也记载，神借"降灾的使者"折磨埃及人（诗78：49）。根据这些具体的例子，保罗也教导说，弄瞎非信徒心眼是神的作为（帖后2：11），尽管他先前称之为撒旦的恶行（帖后2：9；参阅林后4：4；弗2：2）。显然撒旦是在神的权势之下，不得不侍奉神。其实，当我们说撒旦抵挡神、行事与神相反时，我们同时就在说：这种反抗也完全依赖神的许可。现在我们并不是在谈撒旦的意愿或意图，只是在谈它行为的结果。因就魔鬼邪恶的本质而言，它根本不愿顺服神的旨意，因为它内心完全充满悖逆。所以，它故意激烈地抵挡神是由于它罪恶的本性。它的邪恶驱使它策划那些它深信最敌对神的行为。但因神以他权能的缰绳勒住撒旦，所以它只能做神允许它做的事；如此，不管它是否愿意，它仍旧要顺从它的造物者，因无论在何处，一旦神吩咐它，它就被迫服侍神。

18. 得胜的确据

ᶜ神随己意掌管邪灵，控制它们的行为，甚至叫它们与信徒作战，袭击他们，扰乱他们的平安，在争战中围困他们，也常使他们筋疲力尽，使他们后退，使他们战兢，甚至有时伤害他们，然而邪灵却从未征服和击败他们。但是，就恶人而言，这些邪灵不但征服他们，也将他们推入地狱；这些恶魔完全辖制恶人的身心，也利用他们，就如他们是行各种羞耻之事的奴隶。就信徒而言，当他们被这些仇敌扰乱时，他们就聆听这样的劝勉："不可给魔鬼留地步"（弗4：27，Vg.），"你们的仇敌魔鬼如同吼叫的狮子，遍地游行，寻找可吞吃的人。你们要用坚固的信心抵挡他"（彼前5:8—9 p.）等等。保罗也承认他不在这争战之外，因他记载神差派撒旦的使者使他谦卑，免得他过于自高（林后12:7）。因此，神的儿女都免不了这样的试炼。但既然神预言基督和他的所有肢体要伤撒旦的头（创3:15），所以我绝不相信撒旦能击败信徒。的确，信徒常经历患难，但不至于被打倒；他们虽在暴力的拳击下暂时跌倒，神却扶起他们；他们虽受伤却不至丧命。总之，他们虽然一生劳苦，却终将得胜。

ᵉ但我也不是说信徒在任何事上都不会被打败，因为就我们所知，神以他公义的报应将大卫交给撒旦一段时间，让大卫屈服撒旦的引诱而数点以色列人（撒下24:1）。然而保罗说：即使人落入撒旦的网罗，并不代表就完全失去赦罪的盼望（提后2:25—26）。ᶜ在另一处经文中，保罗教导说：神对于我们至终将打败撒旦的预言在今生就开始应验，因我们一生都在争战中，最后终将得胜。保罗说："赐平安的神快要将撒旦践踏在你们脚下。"（罗16:20）基督（我们的元帅）一直得胜，因这世界的王在他里面毫无所有（约14:30）。此外，这胜利也在我们基督的肢体上开始显明，在我们即将脱去肉体时，这胜利便告捷。现今就肉体而言，我们仍受罪的影响，然而来世我们将充满圣灵的力量。

因此，当基督的国越建立，撒旦的国便越倾覆，就如主自己说："我曾看见撒旦从天上坠落，像闪电一样。"（路10:18）耶稣的这番话与使徒所说他们讲道中的大能是一样的。ᵉ另外，"壮士披挂整齐，看守自己的住宅，他所有的都平安无事。但有一个比他更壮的来，胜过他"（路11:21—22p.）。而且基督借死亡胜过那拥有死亡权势的撒旦（来2:14），并战胜撒旦和它一切的随从，使它不至于伤害教会，否则撒旦和它的使者将时时百倍地胜过教会。因着我们的软弱和撒旦的凶恶，我们若不依靠我们元帅的胜利，怎能在魔鬼多方和不断地攻击下站立得住呢?ᶜ神不允许撒旦统治信徒，却准许它统治不敬虔的非信徒，就是那些不属主的羊群。圣经记载撒旦统领这世界，直到它被基督赶出（参阅路11:21）。同样,圣经说撒旦弄瞎一切不信福音之人的心眼(林后4:4)。再者,圣经也说撒旦为了成全他的工作而"在悖逆之子心里运行"(弗2:2),这也是理所当然的,因一切不敬虔的人都是早已预备遭毁灭的器皿,他们若不受神报应使者的约束,要受谁的约束呢?最后,圣经说他们是出于他们的父魔鬼(约8:44),既然信徒带有神的形象且被称为神的儿女,同样地,堕落之子带有撒旦的形象,被称为撒旦的儿女也是贴切的(约一3:8—10)。

19. 魔鬼并非虚幻的想象,而是实际存在的

ᶜ既然以上我们已经驳倒㉕那有关圣天使肤浅的哲学,即认为天使只是神在人心里所产生好的灵感或感动;同样地,现在我们也要驳倒那些胡诌魔鬼只是我们的肉体所产生的邪恶情感或情绪。㉖我们简略就能驳倒这些谬论,因圣经中有许多经文清楚地论述这问题。

首先,那些从起初光景堕落的灵(犹6)被称为邪灵或背道的天使(太12:43)。这些称呼本身就足以证明它们并非幻觉或想象中的情感,而是有知觉和思想的灵。同样地,当基督和约翰将神的儿女与魔鬼的儿女做比较时(约8:44;约一3:10),若"魔鬼"这称号所代表的只是邪恶的情感,那么这种比较有何意义呢?使徒约翰更清楚地说:"魔鬼从起初就犯罪"(约一3:8)。同样地,当犹大告诉我们"天使长米迦勒……与魔鬼争辩"(犹9)时,诚然他是将良善的天使与邪恶、悖逆的天使做比较。《约伯记》的记载也与此一致,即撒旦与圣天使一同侍立在神面前(伯1:6,2:1)。此外,最清楚的经文就是那些提到魔鬼已开始受神审判,并将在复活之日完全受刑。魔鬼喊道:"神的儿子……时候还没有到,你就上这里来叫我们受苦吗?"(太8:29)同样地,基督说:"离开我!进入那为魔鬼和它的使

㉕ I. 14. 9.
㉖ *Contre la secte phantastique des Libertins* 12, 22, 23 (CR VII. 181, 228, 239).

者所预备的永火里去!"(太25:41)又说:"就是天使犯了罪,神也没有宽容,曾把他们丢在地狱,交在黑暗坑中,等候审判。"(彼后2:4)

假如魔鬼不存在,那么这些论及魔鬼将受永远的审判、有火为它们预备、它们已开始被基督的荣耀所折磨的经文就毫无意义了! 然而对相信真道之人来说,他们无须探讨这事;但就这些无聊的思辨者而言,他们喜新厌旧,圣经上的见证对他毫无益处。所以,我想我已完成了原先想成就的事,即装备敬虔的人抵挡那些急躁之人用来欺哄自己和单纯之人的异端邪说。然而从另一个角度来看,这问题也值得一谈,免得有人怀疑魔鬼实际的存在,而以为没有仇敌,以致闲懒、不警醒而忽略抵挡仇敌。

神创造之工的属灵教导(20—22)

20. 神创造的伟大和丰富

e(c) 既然神将我们安排在这如此美丽的露天剧场中,[27]我们就不应当以敬虔欣赏这伟大奇妙之工为耻。c 就像我所说过的,[28]尽管这不是我们信心的主要根据,但这自然秩序却是最初的证据。无论我们向何处观看,一切都是神的作为,神要我们同时以敬虔的心默想万物被造的目的。为了要我们以真信心明白那些就认识神而言与我们有益的事,首先,他要我们了解摩西所记载,之后的圣徒,特别是巴西尔(Basil)和安波罗修(Ambrose)[29]更详细阐明的宇宙被创造的历史(创1—2章)。从创世的历

---

[27] 参阅 I. 5. 8,注释 27;I. 6. 2;II. 6. 1;III. 9. 2。

[28] I. 5. 1-5.

[29] Basil, *Hexaemeron* (homilies on the six days of Creation)(MPG 29. 3-207;tr. NPNF 2 ser. VIII. 52-107);Ambrose, *Hexameron* (CSEL32 1. 1-261;MPL 14. 133-288)。大多数的基督徒相信,神从无中创立世界(*ex nihilo*)。参阅 I. 15. 5。在古时候,伊壁鸠鲁派否定这解释的可能性,如卢克莱修写"*Nil posse creari de nilo*"(*De rerum natura* 1. 155;LCL edition, p. 12)。奥古斯丁(除了他对灵魂来源的教导以外,因我们不知道他是否相信神从无中创造灵魂)教导:神从无中创立世界,譬如 *Faith and the Creed* 2. 2(MPL 40. 182;tr. LCC VI. 354 f.)。《威斯敏斯特信条》(Westminster Confession)IV. 1 中也记载:"神喜悦从无中创立世界和万物。"参阅 E. Brunner, *The Christian Doctrine of Creation* (tr. O. Wyon)II. 9 ff.;L. B. Gilkey, *Maker of Heaven and Earth*, pp. 46 f., 88;H. A. Wolfson, "The Meaning of *ex nihilo* in the Church Fathers, Arabic and Hebrew Philosophy, and St. Thomas"; *Medieval Studies in Honor of J. D. M. Ford*, pp. 355-367。

史中我们可以学到：神以他话语的大能和圣灵从虚无中创造天地，之后又创造各样的活物以及无生物，又以奇妙的顺序创造无数不同的受造物，也赐给每一样活物自己的本性、用处和居住的地方。尽管这一切都必将衰残，他仍然保守每一种类的活物，直到世界的末了。同样我们也学到，神以隐秘的方式滋润一些受造物，就如时常将新的活力赐给他们；也将生育能力赐给某些活物，免得他们死后就绝种。神奇妙地以无限的丰盛、各样的活物以及美丽装饰天地，这天地就如一栋既宽敞又豪华的住宅，里面充满许多高贵的装饰。最后，我们从神创造人又赋予人奇妙的身体以及伟大和众多的才能，得知人是他一切受造物中的杰作。但既然我的目的不是要详述宇宙被创造的历史，所以我想以上的略述就已足够。因为就如我刚才所说的，从摩西及其他伟大圣徒的著作中进一步研究神的创造（创1—2章）更有帮助。

21. 我们当如何看待神创造宇宙的作为？

e(c) 我不再讨论默想神工作的目的和意义，因我在这章的前面已讨论过，[30]c 所以我只会根据现在教导的需要而略提一下。其实，我们一切的口才和形容，都无法贴切地描述神在创造宇宙中如何彰显他无法测度的智慧、权能、公义以及良善这一如此伟大的作为。无疑地，神要我们不断地默想他奇妙的工作，好让我们透过一切受造物的镜子清晰地看见神的智慧、公义、良善以及权能的丰盛。神不要我们草率地一眼扫过，而是要我们定睛反复思想。但因为我们的目的是要教导，所以我们就无须高谈阔论许多不必要的主题。简言之，只要读者们留意这普遍的原则，即不要忽视或忘记神在他的受造物上所彰显的权能，并且学习将之运用在自己身上好激励自己，如此，才能以真实的信心明白何谓神是创造天地万物的主宰。这原则的前半部分教导我们：要思考造物者的伟大，因他

---

[30] I. 5. 1-4.

以奇妙的顺序设置、安排天上闪烁的众星，甚至我们无法想象比这更为壮观的景象；他也安置一些星星使之不动，也有一些星星在他所指定的轨道上运行并不偏离；神预定一切天体的运转，好让我们辨别白日、黑夜、月份、年份以及四季，且虽然他预定黑夜、白昼长短不同，却仍井然有序。当我们观察到神以他的权能托住这无边际的宇宙，并使这宇宙体系㉛有条不紊地运转时，我们再次看见神的伟大。只要从这几个例子就能清楚明白当如何认识神创造宇宙的作为。若再举更多的例子，这本书就没有完结了。总而言之，宇宙中有多少受造物就有多少彰显神权能的神迹，同时也就有多少良善的象征以及智慧的明证。

22. 默想神创造中的慈爱激励我们感激和信靠他

ᶜ这原则的后半部与信心有更密切的关系。我们要相信神为了我们的益处和救恩预定万事，也要因神在我们心里运行和他赏赐我们的大福分，认定他的大能和恩典，因此激励自己信靠、求告、赞美和热爱他。㉜事实上，就如我以上所谈论的㉝，神亲自借创造的次序证明他是为了人的缘故创造万物。神在六日之内创造宇宙有他的用意（创1：31），尽管神可以在刹那间不费吹灰之力就造齐宇宙万物，然而神喜悦向我们显明他对我们的护理和父亲般的关怀，所以在造人之前他早已安排了，他预先就知道人所需用和对人有益的一切。当我们想到——甚至在我们出生

㉛ "Caelestis machinae". 参阅 I. 10. 1，注释 2。约瑟夫·爱迪逊（Joseph Addison）庄严的诗歌《创造奇功》(*The Spacious Firmament on High*) 与加尔文这里和其他地方的教导类似。

㉜ 加尔文在别处大量重复这教导，见 CR XXVI. 255；XXVIII. 22, 232；XXXII. 89, 428；XXXIII. 572；XXXVI. 589；XLI. 67；XLIII. 254；XLIV. 5。斯多葛派（与伊壁鸠鲁派不同）相信，宇宙是为了人的缘故受造。卢克莱修直截了当否定这教导，参见他的 *De rerum natura* 5. 156 f.（LCL edition, pp. 350 f.）。西塞罗 *Nature of the Gods* 里的斯多葛派代表巴布斯（Balbus），II. 62. 154-166, 167（LCL edition, pp. 273-283），也详细地讨论了"世界是为了众神和人而造的，并且万物都是为了人的享受被造和安排的"这题目。拉克唐修也同意说："神创造世界一定有一个目的。斯多葛派说，世界是为了人的缘故而造的，这说法也是对的。" *Epitome of the Divine Institutes* 68（CSEL 19. 752；tr. ANF VII. 252）。

㉝ I. 14. 2.

前——这慈悲的天父早已表现他对我们无比的关怀时,之后我们若仍怀疑他的关怀,有多忘恩负义!此外,从摩西的记载中我们得知,神因着他的慷慨,将万物交给我们管理(创1:28,9:2),诚然,神这样做并非愚弄我们,给我们开一张空头支票。因此,我们必定一无所缺。

综上所述,无论何时我们称神为创造天地万物的主,我们就应当同时留意,神所创造的这一切都在他的手中和他的权柄之下,并且我们是他的儿女,是他所悦纳的,他也必定保护、抚养和教导我们。所以,我们要唯独等候神丰盛的赏赐,并完全信任他不至于使我们在救恩上缺乏,且唯独仰望依靠他!他也允许我们向他祈求我们所渴望的一切;同时我们也当承认一切临到我们的恩惠都是他的赐福,也要心存感恩。最终,在他甜美恩慈的吸引下,我们当学习如何全心全意地爱他、侍奉他。

第十五章　受造时的人性、灵魂的机能、神的形象、自由意志及人堕落前的尊严①

人的本性已残缺，但仍有神的形象，

尽管这形象几乎消失了（1—4）

1. 人受造时是纯洁无瑕的，所以人不能因自己的罪而迁怒于造物主

现在我们要讨论人的受造，不但因为在神一切的受造物中，人是彰显神公义、智慧和慈爱的最高贵的杰作，也是因为就如我们在第一章中所讨论的，②为了对神有清楚和完整的认识，我们必须同时认识自己。这自我认识有两方面，即认识我们受造时的景况以及亚当堕落后的景况。除非我们认识我们败坏和堕落后所处的可悲景况，否则探讨我们受造时的景况就帮助不大，但我们现在只须探讨人原先正直的景况。其实在我们讨论人现在悲惨的景况之前，知道人原先的景况是有帮助的。我们应当谨慎，免得只单谈论人与生俱来的邪恶，让人以为我们在责怪那创

---

① 加尔文在《基督教要义》中有两处提及有关人的教导。在这里加尔文所教导的是人受造时的光景。他在第二卷第一至第四章中教导人堕落后的光景。
② 参阅 I. 1. 1；I. 5. 2-3；I. 15. 1；II. 8. 1。

造我们的神。因为不敬虔之人会以此为借口，认为只要他能宣称他所拥有的瑕疵在某种意义上来自于神，那他们就有充分的根据为自己辩护。他们在受责备时毫不犹豫地与神争辩，甚至将自己的过犯归咎于神。有些人提到神时似乎恭敬，却仍有意将自己的堕落归咎于本性，竟不晓得他们的言语虽然委婉，却仍是侮辱神。若我们想证明有任何缺陷是天生的，这也是污蔑神。

由此可见，我们的肉体急切地寻找一切可以将自己的邪恶归咎于别人的借口，因此我们就必须毫不留情地抵挡这邪恶的倾向。所以当我们讨论人类的堕落时，我们要尽力抵挡自己一切的诡计，而让神完全彰显公义。°之后我们将在恰当的时候解释，人离开神起初赐给亚当的纯洁有多遥远。③我们必须明白当神用尘土创造人（创2：7，18：27）时，人是卑微的。因此那些不但"住在土房里"（伯4：19），甚至就连自己的身体也是尘土的人，却自夸自耀是何等荒唐！但既然神喜悦赐给瓦器生命，甚至也预定这瓦器作为永恒之灵的居所，那么亚当以他（造物主）的慷慨为荣是对的。

2. 身体和灵魂的区分

°人由灵魂和肉体组成，这应当是无可争议的。我所说的"灵魂"（soul）指的是永恒而被造的本质，也是人最高贵的部分，有时称之为"灵"（spirit）。虽然"灵魂"这两个字放在一起时，其意义与"灵"有所不同，但当"灵"这词单独使用时，意思与灵魂一样，就如所罗门论到死亡时说："灵仍归于赐灵的神。"（传12：7）当基督将他的灵交与父（路23：46）以及司提反将他的灵交付基督（徒7：59）时，意思是当灵魂从肉体的牢笼中得自由时，神就是灵魂永久的护卫者。有些人凭想象认为灵魂被称为"灵"是因它是一种气，或是神输入身体的某种力量

---

③ II. 1. 3.

却没有自身的本质,然而灵魂本身和圣经的教导都驳斥这种愚昧的论点。显然当人过度热爱世界时就变得很迟钝,并且,既然人离开了众光之父(雅1:17),他们便被黑暗弄瞎心眼,以至于认为人死如灯灭,然而在这幽暗中,神的光并未完全暗淡,他们多少还有些灵魂不朽的知觉。的确,辨别善恶的良心及对神的审判有反应就是灵魂不朽的证据。毫无本质的活动如何能站在神的审判台前,并因自己的罪行感到恐惧呢?因身体不会惧怕灵魂的惩罚,这就证明灵魂确实存在。认识神本身也证明超越世界之灵魂是不朽的,因为某种暂时的活力本身无法认识生命的源头。

总之,神赐给人许多心智杰出的才能上都盖有神性的印记,这些才能也证明灵魂的不朽。禽兽天生的感官受限于它的身体,而人心灵敏到能探究天地以及自然的奥秘,又能在万代的历史中以其惊人的理解力和记忆力整理每一事件的次序,也能从过去的历史推知未来,这就无可辩驳地证明在人的身体内隐藏了另一个东西。④而我们居然能以自己的理解力领悟无法看见的神和众天使,这是身体无法达成的。另外,我们也能分辨正直、公义以及可敬的事;这也是身体所不能做的,所以人的灵魂必定是这知识的来源。其实,睡眠本身使人看起来像被麻醉,也像死了一般,但它却是灵魂不朽的明证,因在梦中会想象从未发生的事和未来的事。以上几方面,外邦的作者有更精彩的论述,⑤然而对敬虔的读者而言,我简要地提及便足够了。

除非灵魂是人的主要部分,并且有别于身体,否则圣经就不会教导说我们居住在土房里(伯4:19),并在死后离开这肉体的帐篷,脱去已

---

④ 参阅 Tertullian, *Against Marcion* II. 9 (CSEL 47. 346; CCL Tertullianus I. 484 f.; tr. ANF III. 304); Augustine, *Retractations* I. 10. 3 (MPL 32. 600)。

⑤ 参阅 Cicero, *Tusculan Disputations* I. 27 (LCL edition, pp. 78 f.); *Nature of the Gods* II. 54. 133-61. 153 (LCL edition, pp. 251-271); Aristotle, *De partibus animalium* 686. 25-35 (tr. Aristotle, *Selections*, ed. W. D. Ross, pp. 181 ff.)。就睡眠的题目而论,德尔图良引用并批评许多异教徒的教导: *On the Soul* 42-49 (CCL Tertullianus II. 845-855; Tertullian, *De anima*, ed., with commentary by J. H. Waszink, pp. 58-67, 461; tr. ANF III. 221-227)。

朽坏的身体，好让我们在末日按我们所行的善受奖赏。所以这些经文和其他众多类似的经文，不但清楚地将灵魂和身体区分开，也用"人"来称呼灵魂，这就证明灵魂是人主要的部分。

当保罗劝勉信徒要除去身体和灵魂一切的污秽（林后 7：1）时，就指出罪的污秽存在于人的这两个部分。彼得称基督为"灵魂的牧人监督"（彼前 2：25），若基督并无可牧养的灵魂，那么彼得说这话就是错误的。若灵魂本身并无本质，那彼得说"灵魂的救恩"（彼前 1：9）就毫无意义，或劝勉信徒洁净自己灵魂的私欲并与灵魂争战也是无意义的（彼前 2：11 p.）。同样地，《希伯来书》的作者说：牧师"为你们的灵魂时刻警醒"（来 13：17 p.），也证明灵魂的存在。保罗求告神为他的灵魂做见证（林后 1：23，Vg.），也证明同样的结论，因为除非灵魂能受刑罚，否则不可能在神面前被定罪。并且基督吩咐我们，当怕那能将身体和灵魂都灭在地狱里的，这就更清楚地证明灵魂的存在（太 10：28；路 12：5）。当《希伯来书》的作者分别提到我们肉身的父亲与那位"万灵的父神"时，没有比这更能清楚地证明灵魂的本质了（来 12：9）。此外，当灵魂从身体的牢笼得释放时，除非它得以存活，否则基督说拉撒路的灵魂在亚伯拉罕的怀中享福，又说那财主的灵魂被判受可怕的折磨，就是荒唐的（路 16：22—23）。当保罗教导我们，住在身内便与主相离，离开身体便与主同住（林后 5：6，8）时，也证实了这一点。最后我只要加上路加所说，即撒都该人的大谬论之一是他们否定灵魂和天使的存在（徒 23：8）。

3. 神在人身上的形象和样式[†]

[e]对于灵魂存在的另一个可靠的证据就是，人是以神的形象被造的（创 1：27）。⑥尽管人的身体彰显神的荣耀，然而主要彰显神形象的是

---

⑥ 威尔米革立殉道者彼得（Peter Martyr Vermigli）(d. 1562) 也说过一句与加尔文在这里所说类似的话，*Loci communes* I. 12. 27-28 (1576 edition, pp. 101 f.)。

人的灵魂。我承认，我们的外体既使我们与禽兽有别，同时也使我们比它们更接近神。若有人说"神的形象"也包括这事实，即"其他活物屈身而行，面朝大地，人却是直立行走，面朝天空，观看众星"⑦，我也不竭力与之争辩，只要我们都持定这原则，即虽然人的外表彰显神的形象，但神的形象是属灵的。奥西安德尔⑧的作品证明他是编造虚假的邪恶天才。他毫无分辨地说神的形象包括人的身体和灵魂，将属天和属地的混为一谈。他说父、子、圣灵都各将他们的形象摆在人身上，因此不管亚当是否保持正直，基督仍要成为人。那么，根据他的说法，⑨神就是按照基督将取肉身之模样创造亚当，然而圣经何处记载基督是圣灵的形象呢？我承认在中保这位格上，神整个神性的荣耀得以彰显，但那永恒之道怎能被称为圣灵的形象呢？因他在位格上的次序先于圣灵。简言之，若后者称前者为自己的形象，那么圣子与圣灵之间的区别就荡然无存了。再者，我也想听他解释，基督所取的肉身如何与圣灵相似，并借哪种记号彰显圣灵的样式？既然"让我们造人……"（创1：26）这话也是圣子所说的，那基督岂不就是自己的形象了，但这是完全不理智的。此外，我们若接受奥西安德尔的捏造，那么亚当就是按照基督将取肉身的模样被造的，但圣经教导说：亚当是照神的形象被造的。他解释神按照自己的形象创造亚当，意思是神照基督将取肉身的样式造他（因基督是神唯一的形象）⑩，这说法虽然似乎更有道理，却仍

---

⑦ Ovid, *Metamorphoses* I. 84 ff. (LCL edition, p. 8)；参阅 Cicero, *Nature of the Gods* II. 56. 140 (LCL edition, pp. 256 ff.)。

⑧ 安德烈亚斯·奥西安德尔（Andreas Osiander, 1498-1552）是一位在纽伦堡很有影响力的路德宗牧师，自1549年起在柯尼斯堡任教授。他1550年开始提出一种特立独行的惊人称义理论。参阅 III. 11. 5, 6 与附注，他在同一年出版了一本简短的论著，*An filius Dei fuerit incarnandus ...* （若罪没有人世界，神的儿子是否仍需要成肉身）。这作品也包括一篇有关神形象的文章，*De imagine Dei quid sit*。加尔文在这里指出并斥责奥西安德尔在 *An filius Dei* 中的教导，即使亚当没有犯罪，基督仍需要成肉身。参阅 Niesel, *The Theology of Calvin*, pp. 126, 133 ff. 以及在这作品中所列举的作品（p. 126, note 1）。值得一提的是，奥西安德尔在科学上有很大的贡献。他为哥白尼（Copernicus）的伟大作品 *De revolutionibus orbium coelestium* 写了谨慎的序，时为1543年。

⑨ 原文是用复数 "eos"；奥古斯丁 VG，"selon leur reverie"。

⑩ Servetus, *Christianismi restitutio* (1553), dial. 3 *On the Trinity*, p. 102.

是无稽之谈。

历史上的解经家们激烈地争辩"形象"和"样式"之间的差别,他们无异在寻求不存在的差别,其实"样式"只是进一步解释"形象"罢了。首先,希伯来文经常重复表达,这是众所周知的;其次,经文本身写得十分清楚,人被称为神的形象只是因为他像神。如此看来,那些想更深奥地解释这些术语的人是可笑的:他们说形象(zelem)是灵魂的实质,样式(demuth)却是灵魂的品质,或他们另有其他的解释。[11]当神决定照自己的形象造人时,这话很笼统,所以为了解释他的意思,他又加上了"按着我们的样式",就像在说他打算造人,且借人与自己相似之处彰显自己。摩西在记录人的创造之后又重复提到"神的形象"两次,却没有提到"样式"。奥西安德尔肤浅地反对说:不是人的一部分(灵魂及其一切的机能)被称为神的形象,而是整个亚当,虽然他的名字来自他所出之土。我想所有理智的读者都同意这反对是肤浅的。因为虽然圣经说人是必死的,然而这并不表示人的灵魂不是不朽的,同样地,人被称为"理性的动物"[12],但这并不表示他的理智和聪明是属身体的。所以尽管灵魂不是人,但当我们说人照神的形象被造是指灵魂而说时,并不荒唐,这句话也不会与我上面的原则有冲突,即神的形象包括人性远超其他一切动物之上的全部优点。因此,神的形象这词指的是神原先赐给亚当的正直,因他当时有完整的悟性且他的情感也在理智的支配之下,他一切的知觉都有正确的顺序,并且他当时将他一切卓越恩赐的荣耀都归给神。虽然神的形象的载体主要位于人的心智和心灵,或灵魂和灵魂的机能,但是人的每一部分,包括其身体,也都多少彰显神的形象。显然,世界上各个角落都彰显神的荣耀,因此我们得知当神将他的形象摆

---

[11] 参阅 Bernard, *Concerning Grace and Free Will* 9. 28 (MPL 182. 1016)。
[12] 重复第一卷第十五章第八节。参阅 Seneca, *Moral Epistles* 61. 8;"*Rationale enim animal est homo*"(LCL Seneca, *Moral Epistles* I. 276)。据说希腊文的这句话是克里西波斯(Chrysippus, d. 206 B. C.)先说的。Liddell and Scott, *Greek-English Lexicon*, *s. v.* "λογικός"。

在人身上时，人就与其他受造物形成强烈的对比，甚至超越其他的受造物。另外，我们也不应该否认天使是按照神的形象创造出来的，因正如基督的见证，我们达到完美时将与天使一样（太22：30）。摩西记载神照自己的形象造人，这表示神对人特别地恩待，尤其当我们将人与其他可见的受造物做比较时。

4. 圣经告诉我们，基督更新了神在人身上的形象，借此我们才能明白这形象的性质

除非我们了解人在哪一些机能上与其他受造物不同，否则我们对"形象"这一词的理解就不完整，因为人就是在这些机能上彰显神的荣耀，而且我们在人堕落的本性被更新恢复时，更加清楚地看到这点。毫无疑问，当亚当从他起初的景况堕落后，他的背叛使他与神隔绝。所以，虽然我们承认在人堕落之后，神的形象没有完全被毁灭，但这形象已败坏至极，所存留的部分也是残缺得可怕。因此，我们得救的开端就是在基督里重新获得神的形象。基督被称为第二亚当，也就是因为他使我们重新获得真正的和完整的正直。所以当保罗将基督赐给信徒叫人活的灵与神造亚当时所赐给他活的灵做对比（林前15：45）时，他称赞的是叫人重生这更丰盛的恩典，但他也没有忽略另一个重点，即重生最终的目的就是基督使我们重新获得神的形象。$^{e(b)}$ 因此保罗在另一处教导说："这新人……渐渐更新，正如造他主的形象"（西3：10 p.），又"穿上新人，这新人是照着神的形象造的"（弗4：24，Vg.）。

我们现在要讨论保罗对这更新的主要教导。首先他教导这更新包括知识，其次是纯洁的公义和圣洁。我们由此可知，从创世以来，神的形象显现在人思想的敞亮、内心的正直与其他各部分的健全上。尽管我承认这些是提喻的说法，然而这是不变的原则，即在神的形象更新中居首

位的，在其最初的创造中也同样居首位⑬。ᵉ⁽ᶜ⁾这也与保罗在另一处的教导一样："我们众人既然敞着脸得以看见主的荣光……就变成主的形象（中文圣经和合本译作'形状'）。"（林后3：18）由此可见基督是神形象最完美的彰显，若我们效法这形象，就得以在真敬虔、公义、纯洁以及智慧上有神的形象。

ᵉ当我们明白这道理后，奥西安德尔有关神形象是指身体形状而言之幻想就烟消云散了。保罗声称只有男人才是"神的形象和荣耀"（林前11：7，Vg.），并且女人与神的荣耀毫不相干，根据这里的上下文，保罗的意思是指治理的秩序。到此为止，我已充分证明"形象"包括一切有关属灵与永生的事，约翰也用不同的说法表达同样的意思，他说：从起初在神永恒之道里的"生命"是"人的光"（约1：4）。约翰的意思是要赞美神奇妙的恩典，神借此恩典使人超越于其他活物之上，因人所拥有的生命包括理智的亮光。他同时也告诉我们，人是如何照神的形象被造的。神的形象就是亚当堕落之前在他身上所照耀出来人性的完美，但这形象后来受损，几乎消逝，以致所存留的也只是混乱、残缺不全以及污秽不堪。然而神的选民在某种程度上仍彰显这形象，因他们被圣灵重生，而在他们回天家时，这形象将臻于完美的荣耀。

然而为了明白这形象包括哪些部分，我们有必要探讨灵魂的机能。奥古斯丁揣测灵魂是三位一体的反射，因人的灵魂有理智、意志以及记忆力，⑭然而这并不正确。ᵉ⁽ᵇ⁾又有人说神的形象是指神赏赐人管理的职分，这也是不对的。就好像说人与神相似，只是因为神交给人管理世界万物的权柄。ᵉ其实神的形象正确地说是在人心里，而不在人的外表，事

---

⑬ "*In renovatione imaginis Dei.*" 加尔文在这节中（他在1559年编辑并扩大这节的篇幅）所采用的 *renovatio*、*reparatio* 和类似的单词与他教导的方法有密切的关系。加尔文教导，我们可以从圣经对人得救以后形象的教导，知道何谓神照自己的形象创造人。参阅 II. 2. 12；Comm. I Cor. 15：44-50；Niesel, *The Theology of Calvin*, pp. 67 ff., 129 f.。

⑭ Augustine, *On the Trinity* X. 11, 12; XIV. 4, 6, 8; XV. 21（MPL 42. 982-984, 1040-1042, 1044 f., 1088 f., tr. NPNF III. 142 f., 186 ff., 194; LCC VIII. 88 f., 103 f., 168 f.）; *City of God* XI. 26, 28（MPL 41. 339, 342; tr. NPNF II. 220 f.）.

实上，神的形象就ᶜ是人灵魂内在的良善。

5. 摩尼教徒的谬论

ᵉ在我们进一步讨论之前，我们必须先反驳摩尼教徒误导人的谬论，因塞尔维特在这时代又开始教导这谬论。圣经说：神将生气吹在人的鼻孔里（创2：7），因此他们误以为人的灵魂是神实质的一部分，就如神将他无限神性的一部分注入人里面。然而，要揭穿这邪恶谬误是何等污秽荒唐是轻而易举的。因为若人的灵魂直接来自神的本质，⑮那么就可以推论出：神的本性不但可变，受情绪左右，而且充满无知、邪情、软弱以及各样邪恶。事实上，没有什么比人更善变的了，人心里充满互相敌对的意念，不得安宁，一再地被自己的无知误导，连微不足道的试探都不能胜过。我们晓得人心是隐藏各种污秽的器皿。若我们说灵魂来自神的本质，或是隐藏在人心里的神性，那么我们就必须将这一切污秽的事都归在神的本性上。难道这不是令人战兢的想法吗？保罗的确引用亚拉图⑯的话说："我们也是神所生的。"（徒17：28）然而他所指的是品质而非本质，因神的确以他的恩赐装饰我们。同时，把造物者的本质分割开来好使每个人拥有一部分，这样做愚蠢至极。所以我们必须接受这事实，即虽然灵魂刻有神的形象，但与天使一样仍然是被造的。然而创造并非注入，而是从无中造出人的本质。若根据圣经所说，人的灵魂是神所赐的，并在离开身体之后归于赐灵的神（参阅传17：7），我们仍不可因此说这灵是神实质的一部分。奥西安德尔常常因自己的谬误走火入魔，在这事上他也将自己缠在亵渎的谬误中动弹不得，因他主张神公义

---

⑮ "Si ex Dei essentia per traducem sit anima hominis." 参阅 I. 14. 20，注释29；II. 1. 7，注释10；II. 14. 8。加尔文在这里清楚地表示，他反对灵魂传殖说。这学说教导：所有人的灵魂都是由神将自己的性情赐给（tradux）亚当而来。加尔文教导：在每一个人出生时，神（从无中）创造一个灵魂给他。Smits II. 29 引用许多奥古斯丁有关这教导的话。特别参阅 City of God XI. 22 (MPL 41. 336，tr. NPNF II. 217)。

⑯ 参阅 I. 5. 3，注释12。

的本质对他的形象而言是不可或缺的，就好像除非基督的本质注入我们体内，否则神无法靠他圣灵的大能使我们效法他自己一样！无论这些人如何掩饰自己的诡计，也无法使理智的读者看不出摩尼教徒的谬误。且当保罗论及人重新获得神的形象时，神显然要我们因此得知：人效法神的方式并不是借着神注入自己的实质给人，而是借着圣灵的恩典和大能。他说：信徒"敞着脸得以看见主的荣光……就变成主的形象，荣上加荣，如同从主的灵变成的"（林后3：18），圣灵的确运行在我们心里，却不是赐给我们神的实质。

就亚当的堕落反驳哲学家对灵魂的观念（6—8）

6. 灵魂及其机能

°信从哲学家对"灵魂"的定义是愚昧的，除了柏拉图之外，他们当中几乎无人主张灵魂不朽。其实，苏格拉底的一些门徒也提过这事，但他们的论述表明，没有人能清楚地教导连自己都不确信的信念。因此柏拉图的观点较为准确，因他相信神的形象与人的灵魂有关。[17]但另外那些人则主张灵魂的机能只属于今生，甚至否认灵魂在身体之外存在。[18]

事实上，我们已经解释过，圣经教导灵魂是非肉体的实质，[19]然而我们现在要接着教导，灵魂虽然不受空间的限制，但它却依附在人身体上，居住在身体内就如在房间里，不只赋予身体生命，也使各部分的器官发挥功用，并统治人的生命；灵魂不仅使人尽日常的本分，也同时激励人尊荣神。虽然因人的败坏，我们几乎看不出灵魂叫人尊荣神的功用，然而在人的罪恶中，仍残存某种痕迹，显明人知道他有尊荣神的本分。人在乎自己的名誉岂不是由于羞耻感吗？且人会有羞耻感岂不是因

---

[17] Plato, *Phaedo* 105-107; *Phaedrus* 205-209; *Alcibiades* I. 133 (LCL Plato I. 364-373; I. 468-481; VI-II. 210 f.); Cicero, *Tusculan Disputations* I. 27. 66 (LCL edition, pp. 76 f.).

[18] Pietro Pomponazzi, *De immortalitate animae* (1516) 4 (tr. W. H. Hay in E. Cassirer, P. O. Kristeller, and J. H. Randall, *The Renaissance Philosophy of Man*, pp. 286-297). 参阅 I. 5. 4, 注释17。

[19] sec. 2, above.

为他在乎尊荣吗？这皆源于人明白自己被造是为了要行义，且行义包含了宗教的种子。无疑，既然人被造是为了默想属天的生活，[20]同样地，神已将这知识刻在人的灵魂上。倘若人对快乐完全无知（而与神联合是快乐的极致），那他就没有达至神赐他理解力的主要目的。同样，神给人灵魂的主要目的是使人渴望与神联合。所以人越想亲近神，就越证明他拥有理性。

我们应当远离那些声称人有情感和理智两种灵魂的人，[21]因为这些人的教导表面上似乎有所根据，其实却是不合逻辑的。若不远离他们，我们就会在一些次要甚至无用的事上自找麻烦。他们说身体的行动与灵魂的理性有极大的冲突，然而，事实上理智本身也经常有冲突，就像敌对的军队一样。既然这争战是来自人本性的堕落，那么我们就不能因为人的机能搭配得不够协调而推论这争战证明人有两种不同的灵魂。

e(b) 然而，就任凭那些哲学家精细地讨论这些机能吧！为了敬虔的缘故，我们只要下一个简要的定义就够了。c我确实同意他们所教导的属实，不但使人愉悦且叫人得益处，也有巧妙的教导技巧，我也不会禁止那些热心研究它们的人。首先，b我承认人有五种感官，柏拉图喜欢称之为器官，人借这些感官使一切事物呈现出来，像被收入容器。[22]其次，是人的想象力，它将所感知的事物分门别类；再其次是对事物做普遍判断的理智；最终是人的理解力，它将理智漫无目的思考之事做系统而有目的的研究。与此相似，除了理解力、理智，以及想象力（灵魂认知的三种能力）外，还有三种欲望：意志——追求理解力和理智所提供的；愤怒——对理智和想象力所提供的做出反应；渴慕——渴望得到想象力和感官所呈现的。[23]

---

[20] 参阅 III. 9。
[21] 参阅 Plato, *Republic* IV. 439 CD (LCL Plato, *Republic* I. 396 f.)。
[22] Plato, *Theaetetus* 184 D (LCL Plato II. 156 f.).
[23] Themistius, *In libros Aristotelis de anima paraphrasis* II, VII (ed. R. Heinze, pp. 36, 120-122).

虽然这些是真的，或至少可能是真的，但我怕这些会让我们更糊涂，而没有帮助我们更明白真理，我想我们不需要多谈这些事情。我也不会反对那些以其他方式对灵魂的功能分门别类的人。我也不反对另一看法，即灵魂机能有三：感官、理解力、欲望。我们只需通俗易懂的灵魂分类方式，而哲学家提供不了这种方式。他们虽然想简易地将灵魂分为欲望和理解力两部分，却将它们再各分为两部分，因他们说后者有时属于思考的范畴，由于它只是知识，并没有主动的活动（西塞罗称它为"天才"）[24]；有时又是实践性的，因此借着分别善恶就可以感动人的意志。这理解力也就包含如何行善和按公义行事的知识。他们将前者（我所谓欲望）分为意志和私欲，称前者为 βούλησις，并说当它顺从理智时，它就等于是 ὁρμή（意志），然而当它抛弃理智的约束而放纵自己时，它就成为 πάθος（私欲）。[25]因此他们总是认为人的理智就是人正确管理自我的机能。

7. 理解力和意志是灵魂最基本的机能

e(b) 我们必须远离哲学家的教导，因他们对人堕落后的败坏一无所知，就错误地将人两种不同的景况混为一谈。b 因此我们主张——这与我们现在的目的一致——人的灵魂包括两种不同的机能——理解力和意志。理解力的作用就是按照是否值得认同去分辨事物，而意志的作用是选择和跟从理解力所赞同的，并拒绝和回避理解力所不赞同的。[26]我们不需要让亚里士多德的思想细节在这里缠扰我们——即人的心灵本身没有行动，而是受选择的驱使，[27]他称这选择为欲望式的理解力。我们不要被这些无用的问题缠住，只要我们接受理解力是灵魂的向导和管理者就够

---

[24] Aristotle, *Nicomachean Ethics* VI. 2 (LCL edition, pp. 328 f.); Cicero, *De finibus* II. 11. 33 f.; V. 6. 17; V. 13. 36 (LCL edition, pp. 118 ff., 408 f., 432 f.).

[25] Themistius, *op. cit.*, VII (ed. Heinze, p. 113 f.).

[26] Plato, *Phaedrus* 253 D (LCL Plato I. 492 f.).

[27] Aristotle, *Nicomachean Ethics*, *loc. cit.*

了,且意志总是留意理解力的命令并和欲望一起等候理解力的判断。亚里士多德也有同样的教导:欲望的拒绝或追求和理解力的赞同与否相呼应。其实到了另一处,㉘我们将会看到理解力如何坚定地控制意志的方向,我们现在只要说,在人的灵魂里所有机能都可归在意志和理解力这两项机能之下,这样说是将感官囊括在理解力的范畴下。但哲学家是这样区分的:感官倾向于宴乐,而理解力倾向于良善;因此欲望就是私欲和邪情,而理解力的倾向就是人的意志。但他们所说的"欲望",我称之为"意志",这是更为普遍的。

8. 自由意志与亚当的责任[†]

°如此看来,神赏赐人理解力好分辨善恶是非,也赐给人理智的亮光作引导,知道什么是该跟随或远避的,神学家称这引导的部分为 τὸ ἡγεμονικόν(指导的机能)。㉙ 神又赐给人意志好做选择。人在堕落前拥有这些杰出的机能,因此有别于其他受造物。人的理智、理解力、辨别力以及判断力,不但足以引领他在世上生活,还能借这些机能仰望、敬拜神,并预尝永远的福乐。神又加给人选择的能力,好引领欲望和控制身体的活动,并且使意志完全伏在理智的引领下。

在此正直景况之下,只要人愿意,就能借着神所赐的自由意志获得永生。在此提说神隐秘的预定并不恰当,因我们现在的主题不是探讨可能会发生的事,而是人起初的本性如何。所以,只要亚当愿意,他就可以站立得住,而他跌倒也是自己的选择。正因为人有如此容易受影响,或偏左或偏右的意志,加上神没有给他坚忍到底的恒心,所以人很快就堕落了。然而,人当时对善恶的选择完全是自由的,甚至他的心和意志

㉘ 参阅 II. 2. 12-26。

㉙ "ἡγεμονικόν",参阅 Plato, *Protagoras* 352 B (LCL Plato IV. 224);Plutarch, *De virtute morali* 441 C 3 (LCL Plutarch, Moralia VI. 22);Tertullian, *On the Soul* 14 (Waszink, *op. cit.*, pp. 17 ff.; CCL Tertullianus II. 800; tr. ANF III. 193)。

是完全正直的，且他全身上下都合作无间地帮助他顺服神，直到他自我毁灭，丧失一切的福分。

这就是哲学家们如此迷惑的原因，他们企图在废墟中寻找房屋，在混乱中寻求秩序。他们主张：除非人有选择善恶的自由，否则就不是理性的动物，[30]若人无法按自己的计划决定自己的生活，那善恶就不存在了。若人没有堕落，那么哲学家们这样说是合乎逻辑的，但既然他们对人的堕落一无所知，就无怪乎他们将天地混为一谈！他们虽然自称跟随基督，却将哲学的猜测和天上的真道混为一谈，既不支持属天的教导，也不站在属世的立场，竟仍然认为堕落之人有自由的选择，这就表示他们完全愚昧。我会在更恰当的时候谈论这问题。[31]现在我们只需留意：亚当受造时的光景与他的后裔完全不同，因为他们都出于堕落后的亚当，所以都从亚当那儿得到堕落的遗传。亚当受造时，他灵魂的各部分都是正直的，他的心智是健全的，且他的意志拥有择善的自由。[32]若有人反对说，因为神给人薄弱的意志，所以人容易跌倒，但人起初极高的地位就足以堵住人一切的借口；或有人说，神应当创造一位不能和不愿犯罪的人，这也是全然不理智的说法。的确，这种不犯罪的本质更好，但在这事上与神争吵，就如神必须将这样的本质赐给人，这是非常邪恶的，因神赏赐人是随他自己的美意，他没有赏赐人坚忍的美德是他隐秘的旨意，我们在这事上谨慎是理智的。神确实赐给人站稳的能力，只要人选择站稳；但人却没有使用这能力，若他使用就可以坚忍到底。[33]所以人是无可推诿的，因神丰盛地赏赐他一切才能，但他却主动败坏自己。其实，神给人一个可变的意志，而在人的堕落上得荣耀，是完全公正的。

---

[30] Aristotle, *Nicomachean Ethics*, loc. cit.
[31] II. 2. 2-4.
[32] Augustine, *On Genesis, Against the Manichees* II. 7. 9 (MPL 34. 200 f.).
[33] Augustine, *On Rebuke and Grace* 11. 32 (MPL 44. 936 : tr. NPNF V. 484 f.).

ᵉ第十六章 神以大能滋养和管理他所创造的宇宙,并以他的护理统治全宇宙①

神特殊的护理反驳了哲学家们的观点(1—4)

1. 创造和护理有密不可分的关系

ᵉ我们若说神在创造宇宙后就撒手不管,就是在说神是冷漠无情的。但我们与不敬虔之人最大的不同点之一是,我们相信神在完成创造之工后,仍以他的大能时时保守之。ᵇ虽然不敬虔之人在观看天地时,也会不由自主地承认有一位造物主,但有信心之人则是将创造天地的一切荣耀都归给神。这与我们以上所引用的保罗的话有关②:"我们因着信,就知道诸世界是借神话造成的。"(来11:3)因为我们若不留意神的护理之工(不管我们看起来心里多么明白、口里多么承认),我们就仍不能确切地领会:"神是造物主。"当属血气之人面对神创造的权能时,顶多思考

---

① 在1539—1554年的版本中,加尔文在同一章中教导护理和预定论。但他最后的版本(1559)将这两个主题分开了——护理的教导编排在认识造物主这卷中,而将预定论安排在圣灵救赎的事工内(III. 21-24)。参阅 Benoit, *Institution* I. 221, 注释2; P. Jacobs, *Präd estination und Verantwortlichkeit bei Calvin*, pp. 64-66, 71, *et passim*。

② In I. 5. 14.

到神在这大工上的智慧、权能和良善（这些是不证自明的，甚至叫悖逆之人无法否定），以及那使万物运转之神一般的保守和管理。°简言之，属血气之人只是相信神起初就赐下足够的能量扶持万物。

ᵇ然而有信心之人应当更深入地思想，神不但是万物的造物主，也是永恒的掌管者和护理者，他不但驱使宇宙③及其各部分的运转，也扶持、滋润和保护他所创造的一切，甚至包括小麻雀（参阅太 10∶29）。°因此大卫在宣告宇宙是神创造的之后，立刻提到神不止息的护理。他先说："诸天借耶和华的命而造；万象借他口中的气而成。"（诗33∶6，参阅32∶6，Vg.）随后他补充道，"耶和华从天上观看；看见一切的世人"（诗33∶13；参阅诗32∶13—14, Vg.），后面的经文也是此意。尽管并非所有的人都如此明了，但若非宇宙确实是神所造的，人就不可能相信神会护理，而每一个真正相信宇宙是神所造的人，同时也应该相信神护理他自己的造物。因此大卫先提到神的创造，再提到神的护理。一般说来，哲学家的教导使人们相信整个宇宙的运转都依靠神隐秘的灵感，ᵉ⁽ᵇ⁾但他们并不明白大卫和一切敬虔之人所说的：ᵇ"这都仰望你按时给它食物。你给它们，它们便拾起来；你张手，它们饱得美食。你掩面，它们便惊惶；你收回它们的气，它们就死亡，归于尘土。你发出你的灵，它们便受造，你使地面更换为新。"（诗104∶27—30 p.）ᵉ尽管不敬虔之人不反对保罗这话："我们生活、动作、存留都在乎他。"（徒17∶28）然而他们根本没有感受到神特殊的看顾，而唯有通过这一点，才能认识他父亲般的慈爱。

2. 没有任何偶然发生的事

ᵉ为了做进一步的分辨，我们必须明白：圣经所教导神的护理与命运或偶然是相悖的。④在各个时代和现今，几乎所有的人都相信万事的发生

---

③ "Orbis machinam." 参阅 I. 10. 1，注释2。
④ "Fortunae et casibus fortuitis"，参阅 I. 5. 11，I. 16. 8，并随文之注。

皆属偶然,这邪恶的观点几乎成功地拦阻我们相信圣经对神护理的教导。假设有一人落入强盗手中或在野兽的爪下,或在海中突遇暴风遭船难,或被倒塌的房屋或树压死,而另一人在沙漠里迷失方向而获救,或船虽被海浪击翻最终却抵达港口,或奇迹般地死里逃生,不管是顺境或是逆境,世俗的人将这些事的发生都归于命运。然而基督亲口教导我们,"就是你们的头发,也都被数过了"(太10:30)。所有听过这教导的人,不会那么浅薄地看待事物的原因,而会想到万事都在神隐秘旨意的掌管下。$^{e(c)}$且就无生命之物而论,我们也应当相信,虽然它们都各有其特质,然而也都是在神无所不在之膀臂的掌管下。^{c}所有的受造物只是神的器具,神$^{e(c)}$不断地赐下他预定给他们的能量,也随自己的美意使用他们。

^{c}没有任何受造物的能量比太阳更奇妙和耀眼。它除了以明亮的光照耀整个地球之外,还以热量滋养万物并赐给万物生机。它的光芒带给人丰收的土产,使地里的种子温暖,又使它们发芽、长高、粗壮,并不断地滋润它们,使它们长成大树。它也以源源不断的热量供给植物,直到它们开花结果,之后也同样以其热量使果子成熟。然而主为了将这一切所应得的称赞归给自己,就在造太阳之前决定先造光,好让地上充满各式各样的植物和果实(创1:3、11、14),所以敬虔的人绝对不会认为太阳是使万物生存的根本或必要原因,因在太阳受造前这些活物早已存在了。太阳只是神所喜悦使用的器具,只要他喜悦,他也可以完全不使用太阳,而亲自照亮地球。^{e}圣经告诉我们,约书亚的祷告使太阳悬挂在相同的位置上一日不落(书10:13),又因希西家王的缘故,叫日影倒退十度(王下20:11或赛38:8),神借这几个神迹证明日出日落并非某种盲目的本能,而是神为了提醒我们,他爱我们如慈父,故亲自掌管太阳的起落——冬去春来、春去夏来、夏去秋来——按照既定的次序周而复始地运转。然而在季节固定的循环中,仍有很大的变化,因此我们深信每年、每月甚至每日都受神特殊护理的掌管。

3. 神的护理掌管万物

ᵇ⁽ᵃ⁾神的确宣称自己的无所不能，也吩咐我们相信，这并不是哲学家们⑤想象的那种空洞、漫无目的的无所不能，而是看护的、有效的、主动的、°持续性的无所不能。这无所不能并非某种混乱的行动，就如神并非被动地允许一条河流在它原先所被吩咐的渠道上流，而是仔细地掌控每一支流。ᵇ因为，我们称神为无所不能，并不是因神能作为，有时却袖手旁观，ᵉ⁽ᵇ⁾也不是因他让万物照着他原先所预定的次序自然运行，而是因为神以他的护理之工统治全宇宙，并仔细地掌控一切，且没有一件事能在他的允许之外发生。因此当《诗篇》说"他随自己的意旨行事"［诗115：3，参阅113（b）：3，Vg.］，就是在告诉我们神的旨意是确定的和主动的。°我们若从哲学家的角度来解释诗人的这句话就是愚蠢的，即神是第一个动因，因他是一切行动的源头。⑥当信徒遭遇患难时，他们以"一切临到他们身上的事情，都离不开神的安排和命令"这句话来安慰自己，因他们深信自己的性命在神手中。

既然神的护理包括他一切的作为，那若将神的护理只局限于大自然的范围是愚昧的。的确，将神的护理局限于某种大自然普遍的定律之内，不但剥夺了神的荣耀，也破坏了这对基督徒极有助益的教义。⑦若人只是被弃置于天、空气、地及水之间，则人就是最悲惨的受造物了。此外，这说法也否定了神对各个所显的恩慈。大卫说，吃奶的婴孩也有述说神荣耀的口才（诗8：2），因他们一离母腹便立即享有神所预备的食物。但我们也亲眼看见一些事实，即有些母亲奶水充足，而另一些则缺奶，因神随己意丰富赐予一些婴儿，另一些则赐予更少。

---

⑤ "Sophistae"，加尔文对这一词的用法与其他改革者和许多人道主义者一样，即以消极的方式提到学者。
⑥ 参阅 I. 13. 18，注释39，并阿奎那的 *Summa Theol.* I. 19. 6："任何的结果都不可能在万物的动因之外。"
⑦ 安德烈亚斯·希帕里乌（Andreas Hyperius）在他死后所出版的 *Methodus Theologiae* 中，批评这种观点（Basel, 1568），pp. 232 ff.，252。希帕里乌（1511—1564）是一位改革宗学者，也是马尔堡（Marburg）的一位教授。

ᵉ⁽ᵇ⁾那些将神的无所不能所应得的称赞归给神的人，会获得双重的福分。首先，既然神掌管天地，众受造物都必须听从他，神就能丰盛地奖赏那些将他所应得的称赞归给他的人。其次，他们可以因神的保护得安息，因一切他们所惧怕的伤害都在神的约束之下，撒旦一切的愤怒和武器都受制于神的权能，一切临到他们身上的灾害都必须先经过神的允许。ᵉ⁽ᶜ⁾若没有神的护理，我们遭遇危险时也无法消除或控制出于迷信的惧怕。我说出于迷信的惧怕是因为：当某受造物威胁我们的性命或暴力地恐吓我们时，我们就感到害怕，就如对方拥有内在的伤害我们的力量；ᶜ或以为某受造物会意外地、莫名其妙地伤害我们；或以为神无法救我们脱离危险，这就是迷信的惧怕。

譬如先知吩咐神的儿女："不要为天象惊惶，因列国为此事惊惶。"(耶 10∶2 p.) 显然先知并不是禁止一切的惧怕。当非信徒将宇宙的管理从神手中转移到星象上时，他们幻想自己的幸福或悲惨皆依赖众星象的指示，而不是神的旨意，结果，显然他们应当惧怕神，却反而惧怕星象。我们若要避免这对神的不忠，就当留意，没有任何受造物有溢出常规的力量，ᵉ⁽ᶜ⁾它们都受制于神隐秘旨意的管理，甚至一切所发生的事都出于神无所不知的主动预旨。⑧

4. 护理的性质ᵉ

ᵉ那么一开始我的读者就应当明白，护理的意思并不是指神袖手旁观⑨地上所发生的一切，而是指作为掌管者，他就管理万事。因此，他不

---

⑧ 加尔文在 *Avertissment contre l' astrologie judiciare* (1549) 中，讨论这主题与决疑占星学 (judicial astrology) 彼此的关系 (CR VII. 509-544, especially cols. 523, 525-533)。参阅 J. Bohatec, *Budé und Calvin*, pp. 270-280。这本书表示加尔文对决疑占星学与宗教信仰关系的观点和皮科·德拉·米兰多拉 (Pico della Mirandola) 的一样。后者是佛罗伦萨很有名的基督教新柏拉图主义者 (d. 1494)。桑代克 (L. Thorndike) 在 *A History of Magic and Experimental Science* 中讨论皮科的观点，IV. 534 ff。参阅这一节的头一句以及第一卷第二章第二节和第四章第二节类似的话。

⑨ 参阅 I.2.2，注释 7；I.4.2；Cicero, *Nature of the Gods* I.2.3；I.17.45；I.19.51；I.40.111 (LCL edition, pp. 4 f., 46 f., 50 f., 106 f.)。

但观看，他也干预万事。的确，当亚伯拉罕对他的儿子说："神必自己预备"（创 22：8），他的意思不只是说神预知一件即将发生的事，他也是在劝他儿子将未知之事的忧虑卸给那在困境和迷惑中为我们开路的神。如此看来，护理端赖神的行动，^{e(b)}而不是像许多无知之人所胡诌的那样：护理只在乎神的预知。另一个几乎一样严重的谬论是，有些人虽然承认神的掌管，却认为他的掌管^b是杂乱无章的，就如我以上所说，即神笼统地使整个宇宙及其各部分运转，却没有具体地掌控每一受造物的一举一动。^e这种谬论也是不能被接受的，^b因为他们所谓的普遍护理认为，所有受造物的行动都是偶然的，人可以靠自己的自由意志行事。基本上，他们将人视为神合作的伙伴，神出于他的大能只感动人按照他与生俱来的本性行事，而人却自由地掌控自己的行动。简言之，他们的谬论是：宇宙、人事以及人本身，虽然都靠神的大能运作，但不受神的控制。更不用说伊壁鸠鲁派（这极有影响力却有害的观念），他们幻想一种无聊、闲懒的神，还有一些与他们一样愚昧的人也教导神只掌管天空，而将地上的事交给命运管理。⑩然而，就连无声的受造物都要呐喊：这是疯狂的无知！

"一般"和"特殊"的护理

^{e(b)}我现在要反驳这普遍性的谬论，即主张神笼统地使宇宙运转，而不相信神以他不可测度的智慧管理，并使之达到他所预定的目的。^b这样的神只是有名无实的统治者，因为他没有真正地掌控宇宙。难道掌控的定义不就是有权柄并按照一定的秩序统治在你手下的一切吗？^e我也不完全反对他们对有关普遍护理的论述，只要他们承认神统治宇宙，不只是

---

⑩ 加尔文在这里也许指的是彼得罗·蓬波纳齐（Pietro Pomponazzi）的立场；参阅他的 *De fato, de libero arbitrio, et de praedestinatione*（1520）II. 1, 4, 5。巴特和尼塞尔也引用他的话（OS III. 193）及 13 世纪中阿维洛伊（Averroists）布拉班特的西格尔（Siger de Brabant）和达契亚的波爱修斯（Boethius of Dacia）的话，后两者否定护理的教义。

在看顾他所预定的自然秩序而已,他也借此对每一个受造物施行特别的护理。的确,每一种受造物都受自然界某种隐秘的动力驱使,就好像他们在遵守神所赐给他们永恒的命令一般,自然而然地按神的吩咐继续运转。^{e(b)}也许我们应该在此思想基督的话:"我父作事直到如今,我也作事"(约5:17),以及保罗的教导:"我们生活、动作、存留,都在乎他。"(徒17:28)《希伯来书》的作者⑪为了证明基督的神性,也说:"他常用他权能的命令托住万有。"(来1:3)然而我们的仇敌却以一般护理这错误的观念为借口,否定圣经已明确启示的神的特殊护理。然而这些怀疑神特殊护理的人,有时也不得不承认有许多事情是在神特别的看顾之下发生的,只是他们错误地将神特别的看顾视为例外。所以,我们要证明,无论大小事情神都掌管,且也都是来自神预定的计划,没有任何一件事是出于偶然。

特殊护理的教义有圣经根据(5—7)

5. 每一事件都在神的护理之下

假定我们承认运转⑫的来源是神,却同时认为所有的事或出于自由意志或出于命运,都是自然的定律所驱使的,那么,白昼、黑夜、四季的更替都是神的作为,因神为万物定位,也设立某种定律,使它们日复一日、月复一月、年复一年,毫不间断地运转。但有时过热和干旱使田里的庄稼枯干,有时过多的雨量毁坏田间的作物,也有时冰雹和暴风雨骤然降临——在他们看来,这些则不可能是神的作为,除非阴天、晴天、寒冷和炎热,是由自然的定律所驱使的。然而如此一来,神的审判和父亲般的恩惠就荡然无存了。若他们说神对人类已够慷慨,因他一直以一般的护理供给人饮食,这种说法太肤浅不敬;仿佛丰收并非神特别

---

⑪ 加尔文在这里将《希伯来书》的作者与保罗区分开来。参阅Comm. Heb., "Argument," 他在此说:"这里的教导方式和文体都充分证明保罗不是《希伯来书》的作者。"

⑫ 参阅 I. 13. 18,注释40。

的赐福，而歉收和饥荒也不是他的咒诅和报应。但因我们无法收罗所有的证据，就让神的权威自我见证吧！ᵉ⁽ᵇ⁾ 在律法书和先知书中，神常常叙述他以露珠和雨水滋润大地（利26：3—4；申11：13—14，28：12）来彰显他的恩惠，但当神使覆人的天如铁（利26：19）、田地因霉病和其他的灾害而被毁（申28：22）、稻田遭冰雹和暴风雨（参阅赛28：2；哈2：18，Vg.，2：17，EV，等等）时，这一切都证明神必然和特殊的报应。若我们接受这些启示，便会确信任何一滴降下的雨水都是神主动的命令。

大卫的确赞美神一般的护理："他赐食给走兽和啼叫的小乌鸦"（诗147：9，参阅146：9，Vg.），然而当神使一些动物遭遇饥荒时，难道不就证明神随己意喂养活物，有时使它们饥饿，又有时使它们饱足？我已充分地证明过，将神的护理局限于几个事件是愚昧的，因为基督亲口说，若父不许，连一只小麻雀也不能掉在地上（太10：29）。ᵉ若连空中的飞鸟都受神特殊计划的掌管，那我们就不得不与先知一同宣扬："神坐在至高之处，自己谦卑，观看天上地下的事。"（诗113：5—6）

6. 神的护理特别在乎人类

ᵉ既然我们知道神创造宇宙是特别为了人，⑬那我们也应当相信他的护理更是如此。ᵇ先知耶利米疾呼："耶和华啊，我晓得人的道路不由自己，行路的人也不能定自己的脚步。"（耶10：23，参阅 Vg.）此外，所罗门王也说："人心筹算自己的道路，唯耶和华指引他的脚步。"（箴16：9 p.，参阅 Vg.，20：24 p.）难道他们还敢说，神只感动人按照他与生俱来的本性行动，但人却是随己意行事吗？若真是这样，那么人如何行事为人就都是靠自己自由的选择。或许他们会否认这点，因为他们也会说，人离了神的大能，什么都不能做。但这并非他们的真实看法，因为

---

⑬ 参阅 I. 14. 22，注释32。

耶利米和所罗门不但将大能归给神，也将人的选择和决定归之于神。所罗门在一处经文中有力地斥责人的这种妄行，因他们自订目标而不理会神，仿佛他们不在神的管理之下。但"心中的谋算在乎人；舌头的应对由于耶和华"（箴16∶1、9合并）。可悲的世人居然不理会神，擅自行事，真是愚不可及，因为就连他们能说话都完全依赖神！

事实上，圣经为了表明所有的一切都是神所预定的，就向我们启示，连那些看来似乎最偶然的事情也在神的手中。难道有比树枝掉落压死行人看来更偶然的事吗？然而耶和华说，这绝非偶然，乃是他所预定的（出21∶13）。同样地，谁不是将掣签的结果归于盲目的运气呢？然而耶和华却说，是他自己决定掣签的结果。签放在怀里，这看起来最属于运气的事，神说也是出于他自己（箴16∶33）。°所罗门王也同样说："贫穷人、强暴人在世相遇；他们的眼目都蒙耶和华光照。"（箴29∶13，参阅22∶2）他的意思是，尽管世上富人、穷人掺杂，然而他们的处境都是耶和华定的。那造眼睛的神并不盲目，所以他劝穷人当忍耐，因那不满自己处境的人就想卸下神加给他们的重担。另一位先知也斥责不敬虔之人，因他们将人的贫穷和富足归之于人的勤劳或命运。"因为高举非从东，非从西，也非从南而来。唯有神断定，他使这人降卑，使那人升高。"（诗75∶6—7）既然神不会卸下他掌管全地的职分，所以他启示我们：有人尊贵、有人卑贱，都在于他隐秘的计划。

7. 神的护理也包括"自然的"事件

°此外，一般说来，特别事件也能见证并述说神特殊的护理。在旷野，神使南风刮起，给众人带来大量的鸟肉吃（出16∶13；民11∶31），当神喜悦约拿被抛入海中，他便兴起狂风（拿1∶4）。那些不相信神特殊护理的人，必定会说这些是例外状况。然而我却因此推论，若没有神主动的盼咐，风就无法刮起或变大，否则圣经就不会说神"用云彩为车辇,借着风的翅膀而行,以风为使者,以火焰为仆役"(诗104:3—4,参阅103:3—4,Vg.)。是神自己决定风要刮往哪里,而借风彰显他的大能。同样地,圣经在另一处也教导我们,每当风使海浪翻腾,这也证明神特殊的护理。"因他一吩咐,狂风就起来,海中的波浪也扬起"(诗107:25,参阅106:25,Vg.);"他使狂风止息,波浪就平静。"(诗107:29)就如神在另一处又说:"我以旱风攻击你们。"(摩4:9,参阅Vg.)

再者,虽然生育能力是神所赐的,然而神也要我们明白,有些人不能生育,有些人生养众多,都取决于神特殊的恩惠(参阅诗133:9)。"所怀的胎是他所给的赏赐。"(诗127:3 p.)为此,雅各对他妻子说:"叫你不生育的是神,我岂能代替他作主呢?"(创30:2 p.)最后,没有比饮食供给我们营养更自然的事了。^{e(b)}然而,圣灵不但说地的出产是神特别的赏赐,也说"人活着不是单靠食物"(申8:3;太4:4),因为滋养人的并非土产,而是神隐秘的祝福⑭;^e相对地,他也警告以色列人他要"除掉……所依靠的粮"(赛3:1)。基督还在主祷文(太6:11)中教导我们,当迫切地向神求我们日用的饮食,这意味着饮食是父神亲自赏赐的。因此,为了说服信徒相信,当神赐他们食物时,就是在扮演所有家庭中最伟大父亲的角色,先知说:"他赐粮食给凡有血气的。"(诗136:25,参阅135:25,Vg.)最后,圣经不但告诉我们:"耶和华的眼目看顾义人;他的耳朵听他们的呼求"(诗34:15),也告诉我们:"耶和华向行恶的人变脸,要从世上除灭他们的名号"(诗34:16 p.),好叫我们明白,天上、地下的一切受造物都聆听神的吩咐,让神随己意使用他们。由此可见,神不但在众受造物中以他一般的护理维持自然界的秩序,而且这护理在各受造物身上也有特殊的计划。

---

⑭ 参阅III.20.44。

论命运、运气，以及巧合 (8—9)

8. 神护理的教义有别于斯多葛派的命运论！

ᵇ那些憎恶这教义的人，故意说这教义是斯多葛派的命运论，奥古斯丁就曾被如此指控过。⑮尽管我们不愿意在字义上争论，然而我们不承认"命运"这一词，因它是保罗吩咐我们躲避的虚谈之一（提前6：20），同时也因这词不好的含义会被人利用来攻击神的真理。事实上，现在就有人毫无根据、恶劣地指控我们是在教导命运这教义。我们并非与斯多葛派一样认为，自然界所发生的一切都是必然的，因它们本来就存在因果关系。我们相信的是：神统治并掌管万象。神出于自己的智慧，从永恒中预定一切将有的事，并在如今以自己的大能实现他的预旨。我们由此推论，不但天地、没有生命的受造物，甚至人的计划和意图，都受神护理的控制，以至完全成就神为它们所预定的目的。

或许你会问：难道没有任何偶然或巧合的事吗？我的回答是：大巴西尔（Basil the Great）说得对，"幸运"和"巧合"是异教徒的术语，敬虔之人应当远避。⑯既然成功是神的祝福，灾难是他的咒诅，那么在人间事务上，幸运和巧合就毫无余地。ᶜ此外，奥古斯丁的话也值得我们思考："我后悔在我《驳学园派》（Against the Academics）的论文中经常使用'幸运'这一词，虽然我无意将之奉为女神使人敬拜，而是用来指事情好坏的结果。⑰从 fortuna 这个词根中延伸出许多单词，例如：forte、forsan、forsitan、fortasse、fortuito（意即：可能、也许、或许、大概、恐怕），我们无须忌讳，只要我们是在神的护理之下使用。我没有对这话题避而不谈，是因为也许一般人所说的'命运'，是受制于神隐秘的旨意，

---

⑮ Augustine, *Against Two Letters of the Pelagians* II. 5. 10-16. 12 (MPL 44. 577 ff.; tr. NPNF V. 395 f.).
⑯ Basil, *Homilies on the Psalms*, Ps. 32 : 4 (MPG 29. 329 f.).
⑰ Augustine, *Retractations* I. 1. 2 (MPL 32. 585); *Against the Academics* I. 1; III. 2. 2-4 (MPL 32. 905, 935 f.; tr. ACW XII. 35 f., 98-101).

且一般人称为'巧合的事',可能只是因为不知道它的原因罢了。虽然我谨慎地使用'幸运'这一词,现在却仍然后悔。因我晓得人都有恶习,就是虽然人应当说:'这是神的安排',他们却说:'我很幸运。'"ᶜ 简言之,奥古斯丁教导说,若有任何事是出于命运,那世界就是盲目的了。尽管他在另一处教导说:万事部分地出于人的自由选择,部分地出于神的护理,但他之后也补充说明:人都在神的护理掌管下。奥古斯丁的原则是:若说有任何事在神的预定之外发生,则没有比这更荒谬的了,因这等于说这些事是无缘无故地发生的。据此,他也否定因人有选择,故而有偶发之事,并且稍后他更进一步解释说,人的选择也在神的预旨中。他经常使用"准许"这一词,我们可以从其中理解这词确切的含义,在那里他证明神的旨意是万事至高首要的起因,因为万事都出于他的吩咐或准许。⑱显然,他并没有编造一位在瞭望台上无聊、闲懒的神,当另一个在他预旨之外的意志介入时,他就准许它发生了。

9. 事件真实的起因向我们是隐藏的

ᵉ⁽ᵇ⁾ 既然我们的内心迟钝到无法彻底明白神的护理这大奥秘,我在此或许能帮助大家做一个明白的区分。ᵇ虽然神根据一种不可失败的方式,以自己的美意预定万事的发生,但从人的角度来看,一切都是偶发的。这并不是说我们相信世界和世人真的是在命运反复无常的统治下,因为基督徒万不可有这样的想法。而是说大多数发生之事的秩序、原因、目的以及必然性都在神的旨意中,并向我们是隐藏的,所以,这些事虽然出于神的旨意,必定会发生,但从某种意义来看却是偶然的。因为不管从它们本身的性质,或按照我们自己的了解和判断来看,它们就是突然发生的。譬如,有一位商人和他的一些好友走进森林,他自己却

---

⑱ Augustine, *De diversis quaestionibus*, qu. 24, 27, 28 (MPL 40. 17 f.); *On the Trinity* III. 4. 9 (MPL 42. 873; tr. NPNF III. 58 f.).

不小心迷路，最后落入强盗手中，并且被杀害了。他的死亡不但是神所预先知道的，也是他的预旨所决定的。因为圣经说，不是神预先知道每人寿命的长短，而是神预定每人寿命的长短，这也是人无法改变的（伯14∶5）。就我们有限的理解力而言，万事看起来是偶然的，那么一个基督徒会如何看待这事呢？当这样看待：当死亡在某种情况下临到时，他的死会被视为偶然，但他并不会怀疑神对他性命从始至终的护理。我们也是如此看待未来将发生的事。[19]既然我们无法预知未来发生的事，就将之视为谜，就如它们或者会这样发生或者会那样发生一样。但在心里，我们确信所有将发生的事都是神早就预定的。

在这意义上，《传道书》中多次重复"命运"这一词（传2∶14—15，3∶19，9∶2—3、11）[20]，这是因为人不知道事情隐藏的原始起因。然而圣经对于神隐秘护理的启示之光并没有完全在人心里熄灭，这光常在人黑暗的心中闪现。非利士人的占卜者尽管疑惑不定，却仍将他们的逆境一部分归于神，另一部分归于命运。"你们要看看：车若直行以色列的境界到伯示麦去，这大灾就是耶和华降在我们身上的；若不然，便可以知道不是他的手击打我们，是我们偶然遇见的。"（撒上6∶9）他们的确愚不可及，当他们的占卜不灵验时，他们便相信命运。但他们也无法相信他们的逆境完全是出于命运。

以下这个例子将充分证明，神如何以其护理的缰绳随己意扭转时局：在玛云的旷野，就在大卫即将落入扫罗手中时，非利士人入侵以色列，扫罗被迫返回（撒上23∶26—27）。若神为了保护他的仆人，特意妨碍扫罗加害于他，那我们就不能说非利士人突袭以色列纯属偶然，虽然

---

[19] 参阅 Comm. Harmony of the Evangelists, Matt. 10∶29。加尔文相信所有的偶发事件都包括在神的护理之下。《威斯敏斯特信条》V. 2 也有这样的教导："万事万物虽然在神（原始起因）的预知与圣定的关系内，毫无变更而准确地发生，但神用同一的护理，根据次要起因的种类，必然地、自由地或偶尔地来规定所发生的事。"参阅 Heppe RD 中所引用改革宗神学家对偶发事件的观点，ch. 12, pp. 265 ff.。

[20] "Eventus"。

在一般人看来是巧合，但有信心的人却认定是神隐秘的驱使。

每一件事情的本原起因，并非都如此明显，我们却仍应毫不疑惑地相信，世事的变迁都出于神膀臂隐秘的驱使。神所预定的必要发生，尽管它并非绝对必然，或就其特质而言必然发生。基督的骨头也是另一个例子。当基督取人的肉身时，正常人不会否认他的骨头如一般人的那样易碎，但无论如何，他的骨头还是不可能被折断（约19：33，36）。由此我们可看出相对必然性与绝对必然性，及必然的结果与可变的过程之间的区别[21]，这些术语并非哲学家们凭空捏造的。神给他儿子造了可折断的骨头，但却预定他的骨头不被折断，这乃是出于神计划的必然性，而非出于骨头本身的属性。

---

[21] Aquinas, *Summa Theol.* I. 19. 3. 巴特和尼塞尔引用波拿文都拉（Bonaventura）、邓·司各脱（Duns Scotus）、伊拉斯谟（Erasmus）和艾克（Eck）所说的话，为了证明他们的教导与此一致。他们也指出路德在他的 *De servo arbitrio* 中否定这教导，Werke WA XVIII. 615 ff.。梅兰希顿的立场与阿奎那及加尔文的一样：*Loci communes*, 1543（CR Melanchthon XXI. 649 f.）；*Loci theologici*, 1559（ed. Engelland, *op. cit.*, pp. 229 f., 233）。

ᵉ第十七章 我们如何应用这教义最有益处

就过去和未来的事来解释神的护理（1—5）

1. 神道路的含义

ᵉ既然人心倾向虚妄，那么如果我们没有确信和善用这教义，就会陷入无法脱离的困境。所以我们有必要在此简要讨论，为何圣经教导神预定万事。

我们要留意三件事情。首先，神的护理必须就过去和未来的事来解释。其次，护理决定万事如何发生，有时通过中介，有时不通过中介，有时反对任何中介。最后，神的护理涵盖全人类，但特别彰显他对教会的关怀。我们也应当进一步留意，虽然护理经常彰显他父亲般的慈爱和慷慨，或他严厉的审判，然而各个事件的原始起因却是常向我们隐藏的。因此我们就倾向于认为万事都在盲目命运的操纵下，①或虽然我们相信神的护理，但我们的肉体却引诱我们有"神在捉弄人"这矛盾的想

---

① 参阅 I. 5. 11，注释 34；Comm. Ps. 36：6；73：1。特林克豪斯（C. Trinkhaus）引用加尔文的这段话证明，他不相信历史事件和人的结局是偶然的："Renaissance Problems in Calvin's Theology", *Studies in the Renaissance* III, ed. W. Peery, p. 65。

法。其实，只要我们有安静、愿意受教的心，最终将证明神一切的计划总有最好的理由：或教导他的百姓学习忍耐，或纠正他们的意念和治死他们的私欲，或教导他们为主舍己，或激励他们勤勉，或使狂傲的降卑，或破坏不敬虔之人的阴谋并拆穿他们的诡计。然而不论这些事情的原始起因就我们的观点而言有多隐秘和难以捉摸，我们都必须相信这些起因都在神的计划之内，所以我们当与大卫一同宣告："耶和华我的神啊，你所行的奇事，并你向我们所怀的意念甚多，不能向你陈明；若要陈明，其事不可胜数。"（诗40：5）虽然在苦难中我们应当反省自己的罪，好叫这苦难的惩罚激励我们悔改，然而基督以下所说的也告诉我们，父神隐秘旨意的公正不只是照人罪所应得的报应他。对于那生来瞎眼的人，基督说道："也不是这人犯了罪，也不是他父母犯了罪，是要在他身上显出神的作为来。"（约9：3 p.）当有人生来就有残疾时，我们生性就会抗议，就仿佛神毫无怜悯地刑罚无辜之人似的，然而基督证实：只要我们没有心盲，就能看见父神的荣耀在这神迹上彰显。

但我们应当谦卑谨慎，不要认为神应向我们交代他的作为，乃要敬畏他隐秘的判决，视他的旨意为万事公正的本原起因。当乌云密布，暴风雨即将来临，幽暗笼罩我们的眼目且雷声贯耳，以至所有的感官因而惧恐，似乎一切都糟透了之时，在天上的一切却仍旧宁静如初。因此，虽然世上的扰乱混淆我们的判断力，然而神却以他纯然的公正、智慧和最好的秩序控制、引领这些纷扰，达到一个完美的目的。但许多人却借此放肆地认为神应向他们交代他的作为，也大胆地检视神隐秘的计划，甚至草率地论断这一切他们所不知道的，就如论断必死之人一样，这就显明他们的愚昧。我们待人冷静，甚至宁可推迟判决，也不愿让人指控我们草率论断人，然而我们却高傲地论断我们本应敬畏之神的隐秘判决，难道有比这更荒谬的吗？

2. 我们要敬畏地接受神的护理！

ᵉ因此，唯有那思考到造物者②为自己的缘故创造他而谦卑、敬畏地接受之人，才会正确地明白神的护理，并使自己获益。然而，现今有许多犬类恶毒地攻击这教义，或坚持狂吠：神必须接受他们的理性为他们所订的道德标准。他们也尽其所能并放肆地攻击我们，因我们相信神的旨意不但包含他的诫命，也相信他以他隐秘的旨意统治全宇宙。③他们如此攻击，就好像我们所教导的是自己的头脑所捏造的，而不是圣灵在整本圣经上以各种不同的形式所明确教导的。然而他们因些许的羞耻感仍不敢公开地向天口吐这亵渎的话，就假装我们才是他们的仇敌，这样他们便可以更放肆地攻击。

但若他们不承认宇宙中一切所发生的事，受神无法测度旨意的掌管，那就请他们解释，圣经为何说神的判断如同深渊（诗36：6）。既然摩西说我们无须从天上或深渊里寻求神的旨意，因神的旨意已清楚地刻在律法上（申30：11—14），这就表示神有另一种隐秘的旨意④如同深渊。保罗就此论道："深哉，神丰富的智慧和知识。他的判断何其难测！他的踪迹何其难寻！谁知道主的心？谁作过他的谋士呢？"（罗11：33—34；参阅赛40：13—14）的确，律法和福音上都有我们无法参透的奥秘。但既然神以分辨的灵光照他的百姓（伯20：3或赛11：2）⑤，使他们能明白他屈尊借他的话语所启示的奥秘，所以对他们而言，这些奥秘不再如同深渊，而是一条我们能安全行走的道路，是我们脚前的灯（诗

---

② 就加尔文而论，每一个人所有的光景都与神有关（negotium cum Deo）。参阅 III. 3. 6；III. 3. 16；III. 7. 2。他相信他自己所有的光景也是如此。譬如在他写信给法雷尔表达他对是否该回日内瓦的挣扎时，他说："我深信这是我在神面前必须做的决定 [mihi esse negotium cum Deo]。"这封信的日期是1540年10月24日，而不是博内（Bonnet）所说的1541年8月（CR XI. 100；tr. Calvin, Letters I. 281）。

③ 这里指的应该是塞巴斯蒂安·卡斯泰利奥（Sebastian Castellio）或他的一个支持者对加尔文的批评。参阅Calvin's Calumniae nebulonis cuiusdam... ad easdem responsio, 1558（CR IX. 269, 279）；参阅 I. 18. 1，注释3。

④ "Aliam voluntatem absconditam." 加尔文的意思并不是说神有两种不同的旨意，他只是想到神的本质是测不透的（参阅I. 13. 1—2）以及神的启示这大奥秘。参阅I. 18. 2—3；"虽然神的旨意是一个，也是单纯的，然而对我们而言，这旨意似乎是多方面的。"（sec. 3）也请看 I. 18. 1, 4（加尔文在此对神的旨意与神的命令做区分）；III. 20. 43；III. 24. 17，注释31。

⑤ 参阅 I. 16. 1；III. 2. 14。

118∶105，Vg.；诗119∶105，EV），是生命的光（参阅约1∶4；约8∶12）、是使我们确实明白真理的教训。神掌管宇宙奇妙的方式之所以被称为深渊，是因为虽然它向我们是隐藏的，但我们仍应以敬畏的心赞美它。

摩西以寥寥数语优美地表达这两种旨意："隐秘的事是属耶和华我们神的；唯有明显的事是永远属我们和我们子孙的"（申29∶29 p.）。摩西在此不但劝我们默想神的律法，也劝诫我们要以敬畏的心仰望神的护理。《约伯记》中也有类似的庄严宣告，甚至使我们感到自己的渺小。这位作者在详察宇宙之后，气势磅礴地描述神的作为："看哪，这不过是神工作的些微；我们所听于他的是何等细微的声音！"（伯26∶14）同样地，他在另一处区分神自己的智慧与他赐给人的智慧。在论及自然的奥秘后，他说，唯有神自己才有智慧，且这智慧"向一切有生命的眼目隐藏"（伯28∶21）。但他稍后接着说，神的智慧被宣扬是为了叫人因此寻找它，因神对人说："敬畏主就是智慧"（伯28∶28）。关于这一点，奥古斯丁说："虽然我们并不十分明白神的护理，但神以最好的方式对待我们，所以我们应当乐意遵守神的律法，并同时接受律法对我们的判决，而神的护理就是不改变的律法。"⑥既然神宣称只有他自己才拥有掌管全宇宙的权柄（虽然我们不明白），所以我们要以理智和温和的态度接受神至高的权柄，让他的旨意作为我们行义唯一的准则，并接受它为万事公正的原始起因。这并不是哲学家们所胡诌的绝对旨意（因他们不敬虔，甚至亵渎地将神的公义与全能分开），⑦而是那决定万事如何发生之神的

---

⑥ Augustine, *On Diverse Questions*, qu. 27 (MPL 40. 18).

⑦ 参阅 Calvin, *De aeterna Dei praedestinatione*, 加尔文攻击索邦神学家的教义，因他们将神的无所不能和公义的属性分开。"将神的大能和公义分开，与将太阳的光线和它的热分开，或将它的热和它的火分开一样荒谬……将神与律法分开 [*Deum exlegem qui facit*] 是剥夺他的荣耀"（CR VIII. 361）。同样在 *Sermons on Job* 88, on Job 23∶1-7:"索邦的一些博士说，神无所不能的属性这教义是魔鬼在地狱里所编造的亵渎"（CR XXXIV. 339 f.）。参阅 McNeill, *The History and Character of Calvinism*, p. 212。他在这里所责备的观点也是奥卡姆（Ockham）所赞成的：*Super quatuor libros sententiarum subtilissimae quaestiones* I. 17. 2，参阅 Gabriel Biel, *Epythoma et collectorium circa quatuor sententiarum libros* I. 17. 2。温德尔（Wendel）认为虽然大多数人说这观点来自司各脱，但此作品中并没有这个教导（Wendel, *Calvin*, pp. 92 f.）。

护理，在这护理下，万事都公正，尽管神行事的理由向我们是隐藏的。

3. 神的护理并不能使我们推卸责任

ᵉ一切顺服在这护理之下的人，不会因自己过去所遭遇的患难而埋怨神，也不会因自己的邪恶责备神，就如在《荷马史诗》中的阿伽门农（Agamemnon）所说的："一切并非我引起的，而是宙斯和命运造成的。"⑧但他们也不是听天由命，像普罗托斯（Plautus）的青年那样绝望地自杀且说："命中注定的事都是未知的，而且命运也随意操纵人。我要到万丈悬崖，在那儿了结我的性命与所有的一切。"他们也不会像另一种人，用"神"这称呼来掩盖自己的恶行。因利孔尼底在一出戏剧中说："神是唆使者；我深信一切是众神所预定的。因我知道，若非他们的安排，这事便不会发生。"⑨他们反而会查考圣经，学习何为讨神喜悦的事，好让自己在圣灵的引领下朝这方面努力。同时，他们也随时预备好顺服神的带领，并证实没有比明白这教义更有益处的了。

在这教义上，ᵉ⁽ᵇ⁾亵渎之人⑩也以其愚昧的性情抵挡神，ᵇ正如俗语所说的，他们将天地混为一谈。他们说若主已限定我们的死期，那么我们也无力改变。所以，即使我们忙着预先提防这事的发生，也是徒然的。就如一个人绝不敢行走他所知道是危险的道路，免得被盗贼所杀害；另一个人四处求医，不顾一切地尝试各种药，以便维持自己的性命；又有一人不吃不易消化的食物，免得毁损他虚弱的身体；还有一人不敢居住在危房里。总之，众人都尽其所能想达到自己的目的，但一切企图改变神旨意的手段都是徒然的。或许根本没有神的预旨，预定人的生、死、

---

⑧ 这是阿伽门农对众战士的演讲，*Iliad* 19.86 f.（LCL Homer，*Iliad* II. 342 f.）。（加尔文引用自荷马的希腊文作品。）
⑨ "*Deus impulsor fuit*", etc. 来自于利孔尼底（Lyconides）的一篇演讲，Plautus，*Aulularia* 737，742："*Deus impulsor mihi fuit… deos credo voluisse；nam nisi vellent，non fieret，scio*"（LCL Plautus I. 310）。他上面所说的"青年"是指着普罗托斯的巴克基思（*Bacchides*）剧中的皮思特勒斯（Pistoclerus）说的。
⑩ 这里的"亵渎之人"是指放纵派说的。参阅 *Contre la secte phantastique des Libertins* 13-16（CR VII. 183-198）。本章的3、4、7、8节中的好几句话都引自以上这部作品。

健康、疾病、战争、和平和其他人尽力想获得或避免的事。因此，他们推论，信徒若祈求神赐给他们他在永恒中就预定赐给他们的，若非邪恶就是枉然。他们拒绝做任何计划，因他们认为计划与神的护理冲突，在他们的计划之外，神早已照他的预旨定下将要发生的事。当人犯罪时，他们将之归于神的护理，甚至对罪人睁一只眼，闭一只眼。当凶手谋杀正直的百姓时，他们认为凶手只是在执行神的计划。当有人抢劫或奸淫时，他们说他是神护理的使者，因为他所做的是神所预知和预定的。当一个儿子漠不关心地忽略对他父亲的治疗而等候他死时，那是因为儿子无力抵抗神从亘古所预定的。他们将一切的罪恶都归诸神的预旨，并称这些恶行为美德。

4. 神的护理也不应当作为我们不筹算的借口

ᵇ就未来的事而论，所罗门王清楚地教导说，人的筹算与神的护理并无冲突。他嘲笑那些在神的指引之外大胆行事之人的愚钝，因他们否定神对他们的统治，但另一方面他也说："人心筹算自己的道路；惟耶和华指引他的脚步。"（箴 16：9 p.）这里告诉我们，神永恒的预旨并不妨碍我们筹算或安排将来的事，只要我们顺服他的旨意。其原因是显而易见的，因那限定我们生命的神，同时也将我们的生命交托我们自己保护；他也为我们安排极好的能保守这性命的方式；他也赐给我们预料及预防危险的能力，免得这些危险在我们没有察觉时夺去我们的性命。如此我们的责任就十分清楚了：既然神将保护自己性命的责任交托给我们，那我们就负责保护它；若他提供我们任何保护的方法，我们就当采用；神若预先警告我们遭受危险的可能性，我们就不当鲁莽行事；若他给我们避免的方法，我们就不可忽略。但他们说除了致命的危险之外，没有任何危险能伤害我们；若是致命的危险，我们也无力反抗。但倘若这些危险之所以不致命，是因为主已为你安排抵抗和胜过这些危险的方法呢？在此可见人的筹算与神的护理是如何相符的。有人推论，我们不应当担心任何危险，因为只要它不是致命的，我们即使不预防也能逃脱。神之所以吩咐我们谨慎，是为了要我们避免这危险成为致命的。这些愚昧之人连他们眼前的事都看不见，即神赏赐人谨慎和计划的能力，借此使人在神的护理下保守生命。相反地，由于人自己的忽略和懒惰，神预定的灾难便临到他们。预先提防危险的人能脱离险境，而愚妄的人因大意丧命，这岂不是因为谨慎和愚昧是神护理的工具，否则当做何解释？因这缘故，神喜悦向我们隐藏一切未来的逆境，好让我们因为不确定而预先做好准备，并不断地采取神为我们安排的方法，直到我们解决这难题或发现无能为力。ᵉ所以，根据我以上的教导，神不都是直接护理他的世界，反而是经常透过他赐给人的方法。

5. 我们不能以神的护理为借口犯罪而不受罚

ᵉ⁽ᵇ⁾这些人也错误和鲁莽地将已经发生的事归诸神的护理。因为他们说，既然一切都完全依赖神的护理，ᵇ所以不论抢劫、奸淫或谋杀，都不在神护理的干预之外。那么强盗为何当受罚呢？难道神不就是借此用贫困惩罚这被抢之人吗？凶手为何要受罚呢？难道神不是预定被杀之人当丧命吗？既然这些人是在执行神的旨意，那他们为何要受罚呢？相反地，我否认他们是在执行神的旨意。因为我们不能说，当一个人屈服于自己邪恶动机的怂恿时，是在顺服神的旨意。顺服神的旨意就是努力想达到神旨意的要求，而我们唯独借神的话语得知神的要求。因此，神话语所启示的旨意就是我们行事为人的准则。神唯独要求我们顺服他的命令，我们若寻出任何在神命令之外的巧计，这不是顺服，而是悖逆和过犯。同时，我也承认我们无法行任何在神旨意之外的事。然而，我们行恶难道是为了服侍神吗？神绝没有吩咐我们行恶，行恶是毫不考虑神的旨意，并放纵自己的私欲，故意抵挡神。在这意义上，人借着行恶服从神公义的预旨，但因神的智慧广阔高深，他完全知道如何利用邪恶的器具成善。由此可见，他们的辩论有多荒谬：他们根据恶行皆源于神的预旨，而反对罪犯当受罚。

事实上，我也进一步承认，强盗、凶手和其他的罪犯是神护理所使用的工具，并且神利用这些工具施行他所预定的审判。但我不同意他们能因此为他们的恶行找借口，为什么呢？因为他们若不是想将自己的罪归咎于神，就是企图以神的公义掩饰他们自己的邪恶。但他们的这两种企图都无法得逞，因为连他们自己的良心都定他们的罪；他们无法指控神，因他们深知一切罪恶都是来自自己，而神只是公义地利用他们的恶行。如此看来，神也借恶人施行他的美意。在大太阳下之尸体恶臭来自哪里呢？大家都知道，这臭味虽是被太阳的热气蒸发出来，却没有人会因此说太阳的热气是臭的。[11]既然罪本身和罪刑都是属于恶人的，那么我们有什么理由认为，神利用这恶行成就他的美意会受到玷污呢？我们当远离那些恬不知耻的犬类！这类人的确能从远处对神的公义狂吠，但却无法玷污神的公义。

默想神的护理方法；确信神护理之工而得的快乐 (6—11)

6. 神的护理安慰信徒

e(b) 只要我们以敬虔和圣洁的心默想神的护理，就能轻而易举地抵挡这些心神涣散之人的毁谤和狂吠。默想神的护理是敬虔的要求之一，也能使我们从护理上获得最好和最甘甜的果实。b 基督徒既因深信万事的发生都在神的计划之内，并且没有一件事是偶然的，他就视神为万事的本原起因，但他也会留意次要的起因。他不会怀疑他借神奇妙的护理蒙保守，并且神只许可那互相效力使他得益处和蒙救恩的事发生。既然神的护理主要在乎人，其次是其他受造物，所以基督徒确信两者都在神的掌管下。基督徒深知，就人而论，不管是好人或歹人，他们的筹算、意志、努力以及能力，都在神手中，并且神随己意扭转这些人的心，也迫

---

[11] Augustine, *Faith and the Creed* 4.10 (MPL 40.187; tr. LCC VI.359).

使他们照他的意思行。

圣经中有许多明确的应许，证明神以特殊的护理看顾信徒："你要把你的重担卸给耶和华，他必扶养你；他永不叫义人动摇"（诗55：22 p.；参阅诗54：23，Vg.）；"因为他顾念我们"（彼前5：7 p.）；"住在至高者隐秘处的，必住在权能者的荫下"（诗91：1，90：1，Vg.）；"摸你们的就是摸他眼中的瞳人"（亚2：8 p.）；"我是你的'盾牌'"（创15：1 p.）、"铜墙"（耶1：18，15：20）；"与你相争的，我必与他相争"（赛49：25）；"妇人焉能忘记她吃奶的婴孩，不怜恤她所生的儿子？即或有忘记的，我却不忘记你。"（赛49：15 p.）事实上，圣经记载历史的主要目的是要教导：神信实地看顾圣徒的道路，免得他们的脚碰在石头上（参阅诗91：12）。

e(b) 我们在以上⑫反驳过一些人的论调，b他们幻想神护理是笼统的，并没有具体地照顾任何受造物。但相信神具体地护理我们是重要的。⑬所以，当基督宣称：若父不许，连最小的麻雀也不会掉在地上（太10：29）后，他立刻应用说：既然我们比许多麻雀还贵重，我们就应当明白神必更加倍地眷顾我们（太10：31）。他甚至说：连我们的头发也都被数过了（太10：30）。既然若父不许，连我们的一根头发也不会掉落，难道我们还需要比这更细微的照顾吗？e 我所说的不仅是全人类，既然神拣选教会当作他的居所，毫无疑问地，神在掌管教会上会以父亲般的慈爱给予特别照顾。

7. 神在人富足中的护理*

b神的仆人借着这些应许和圣经上的事迹被坚固，也一同见证着圣经的教导：众人都在神的权柄下，他安慰选民的心和勒住恶人的恶行。使人善

---

⑫ I. 16. 4.
⑬ 路德在他的 *Tesseradecas consolatoria*（*The Fourteen Comforts*, 1520）中极为贴切地解释，就连我们没有感觉到的时候神也在护理我们。Werke WA VI. 110 f., 125 f.；tr. B. Woolf, *Reformation Writings of Martin Luther* II. 28 ff., 55 ff., 加尔文《〈诗篇〉注释》中也有许多类似这样的话。

待我们的是耶和华,他不仅使爱我们的人善待我们,甚至也使我们"在埃及人眼前蒙恩"(出3:21)。他能以各种方式破坏我们仇敌的阴谋。他有时使他们失去理性并叫他们迷惑,就如他差派撒旦在众先知口中做谎言的灵,好欺哄亚哈王(王上22:22)。他借少年人的主意使罗波安王做不智的决定,以致他因自己的愚行丧失王位(王上12:10、15)。有时神虽然赐人理解力,但同时又使他们惧怕,以致他们不敢执行他们的理解力所计划的。还有时神许可他们放纵私欲,但又适时制止他们的暴行,使他们的阴谋无法得逞。因此,在亚希多弗的谏言刚好被采纳之后——而这谏言对大卫来说是致命的——神便破坏了(撒下17:7、14)。所以神为了他百姓的益处和安全掌管众受造物,甚至魔鬼本身在未得神的许可和吩咐之前,也不敢擅自伤害约伯(伯1:12)。

对神的祝福心存感恩、在患难中忍耐,以及不为未来忧虑,都必然来自相信神的护理。所以,一切顺利和照他心中的盼望所成全的事,神的仆人会将这一切完全归诸神,不论神是借人或无声的受造物祝福他。他会在心中思量:的确是主自己使他们的心归向我,他甚至约束他们成为神祝福我的器皿。在大丰收时,他会想:是"神'应允'天,天'应允'地;地'应允'五谷。"(参阅何2:21—22, Vg., 2:22—23, EV)在其他的祝福上,他也不会怀疑唯独神的恩惠使万事互相效力,叫他得益处。在如此众多的恩证中,他不可能不心存感恩。

8. 确信神的护理,使我们在一切患难中得益处

[b]若有任何不顺利的事发生,他会立刻仰望神,因神的膀臂最能赏赐我们忍耐和平安的心。若约瑟一直怀恨他被兄弟出卖一事,他就不可能向他们表示兄弟般的关怀。但既因他仰望耶和华,就不记念他兄弟对他的不义,反而心中充满温柔和慈爱,甚至安慰他们说:"差我到这里来的不是你们,乃是神要保全你们的生命"(创45:5、7—8 p.)、"从前你们的意思是要害我,但神的意思原是好的"(创50:20,参阅 Vg.)。若约伯

记念给他带来患难的迦勒底人，他就会立刻想报仇申冤，但因他很快地认出这是主的作为，便以这美言安慰自己："赏赐的是耶和华，收取的也是耶和华。耶和华的名是应当称颂的。"（伯 1∶21）当示每威胁大卫，向他丢石头时，若大卫从人的角度来看，就会吩咐他的手下反击，但因他知道示每行这事也是主的激动，他就安抚手下道："由他咒骂吧！因为这是耶和华吩咐他的。"（撒下 16∶11）ᵇ 大卫在另一处也以同样的缰绳勒住自己过分悲伤的灵："主啊，因我所遭遇的是出于你，我就默然不语。"（诗 39∶9 p.）ᵇ 即使没有比相信神的护理更能平息愤怒和不耐烦的方法，但人若学习默想神的护理必受益匪浅，它能帮助我们这样想：这是出于神的旨意，因此我必须忍耐，不只是因为无人能抵挡神的旨意，也是因为他对他百姓的旨意都是公义和有益的。ᵉ⁽ᵇ⁾ 简言之，当人恶待我们时，我们不应牢牢记住他们的恶行（因这样做会增加我们的痛苦和刺激我们报复），反而要仰望神，并且确信无论我们的仇敌如何邪恶地冒犯我们，都是神所允许的，也是出于神公义的安排。

ᵉ 保罗为了约束我们报复人恶待我们，智慧地指出"我们并不是与属血气的争战（弗 6∶12），而是与我们属灵的仇敌魔鬼争战（弗 6∶11）"，为要激励我们装备自己作战。另一个极有帮助并约束我们报复的事实是：魔鬼和众罪人用来与我们争战的装备都是神所给的，且神是这些争战的裁决者，为要操练信徒的忍耐。

ᵉ⁽ᵇ⁾ 但若我们所遭遇的一切患难不是出于人，我们就当留意律法的教导："一切使人兴旺的事都来自神的祝福，并且一切的苦难都是他的咒诅。"（申 28∶2 及以下，15 及以下 p.）ᵉ 我们也要留心这令人战兢的警告：你们"若行事与我反对，我就要行事与你们反对"（利 26∶23—24，参阅 Comm.）。在这处经文中，神斥责我们的迟钝，因我们的肉体倾向于将一切事情的发生，无论好坏都视为偶然，如此我们就不会在神的祝福中敬拜他，也不会在他的管教下悔改。ᵉ⁽ᵇ⁾ 因此，耶利米和阿摩司严厉地斥责犹太人，因他们认为无论好坏，事情都不是神所命定的（哀 3∶38；

摩3:6)。°以赛亚也同样宣告说:"我造光,又造暗;我施平安,又降灾祸;造作这一切的是我耶和华。"(赛45:7,参阅Vg.)

9. 也不可忽略直接的起因!

ᵇ同时,敬虔之人也不会忽略次要的起因。当然,他也不会因他深信神透过人祝福他而轻看他们,仿佛他们的善待不值得感谢,而是会从内心深感欠他们的债,并公开承认他应当报答他们,且一有机会就热切地回报。简言之,当他受祝福时,他会敬畏和赞美主为本原的起因,也会尊敬善待他的人为神的使者;他也会承认这事实,即神喜悦他报答照神的旨意祝福他的人。另一方面,若这敬虔之人因自己的忽略或不谨慎而受损,他也会承认这是出于神的旨意,但同时他也会怪罪自己。若他负责看顾的病人因他的疏忽致死,尽管他知道这人的寿数是神所命定的,他也不会因此推卸自己的罪,反而会因自己没有忠心地尽到责任,而将那人的死因归诸自己的疏失。若是有人因诡诈或预谋而犯了谋杀或盗窃之罪,他更不会以神的预旨为借口,试图为这些罪开脱,他反而会从这些恶行上看到神的公义和人的邪恶。

尤其在未来的事上,他会考虑这直接的起因。若他能得到人的帮助,他会将之视为神的祝福。所以,他不会忽略人的忠告,也不会犹豫向能够帮助他的人求助,他反而会相信,一切能够帮助他的受造物都是主亲自摆在他手中的,他会因知道这一切是出于神的护理而善用它们。既然他不知道自己现今所做之事的结果如何(他只知道主会在万事上帮他安排妥当),他就会用神给他的智慧竭力追求对他有益之事。不过,在寻求别人的指导时,他也不会固执己见,反而会信靠并降服于神的智慧,以此引领他达到正确的目标。他不会依赖外在的援助并信靠它们,或在没有这些援助时便战兢,就如神已离弃了他,因他会时刻仰望神的护理,并不会因现今的忙碌而忽略默想神的护理。°所以,约押虽然知道战争的胜负完全在神手中,却没有因此涣散,而是不懈地照神的吩咐尽他自己的本分。而且他也将这场战争的胜负交托给主:"我们都当刚强,为本国的民和神的城邑作大丈夫。愿耶和华凭他的意旨而行!"(撒下10:12 p.)。相信神的护理会使我们离弃一切的鲁莽和自信,也会激励我们不断地求告神。如此,神将会以盼望保守我们的心怀意念,好让我们怀着信心和胆量,坦然无惧地面对一切围绕我们的危险。

10. 我们若不确信神的护理,将难以承受人生的重担

ᵇ由此可见,敬虔之人的快乐在于相信神的护理。⑭人生中遭遇的困苦患难何其多,威胁我们性命之事也难以计数。我们无须考虑身体之外的危险,既然我们的身体是千万种疾病的栖息之地——事实上,身体内充满病源,也能培育各种疾病——因此人无法身负如此众多且随时可以摧毁他生命的疾病,而仍能毫无负担地行事为人,也无法摆脱死亡的笼罩。当他每一次受寒或流汗时,都有生病的危险,这难道不就是虚弱的生命吗?无论你往何处去,环绕你的一切事物不但完全靠不住,甚至都威胁你的性命。一旦你上船,离死只有一步;上马滑跌,性命就难保;行走在都市的街道上,发生危险的概率绝不亚于屋顶上随时会落下的砖瓦;若你手中或朋友手中有器械,杀戮随时可能临到你;你所遇见的一切猛兽都可能将你撕碎,但若你闭门不出,将自己关在有围墙的洋房花园里,也可能有毒蛇潜藏在内;你的房屋随时有可能失火,若在白天,会使你一贫如洗,若在夜间,房屋会倒塌压死你;你的田地因无法抵挡冰雹、雾霜、干旱,以及其他的自然灾害,而没有收成,以致饥荒威胁你的性命。至于食物中毒、遭人偷袭、抢劫、暴力,这些灾难或发生在家乡,或发生在他乡,我在此就略而不谈了。身处在众多的患难中,人岂不是很悲惨吗?既然人的生命时刻面临死亡,活着只是苟延残喘罢了,不就如同时时有一把利刃架在脖子上吗?

---

⑭ "*Inaestimabilis piae mentis foelicitas.*" 参阅 I. 5. 1,注释 2。

你或许会说：这些事情很少发生，或至少不是不断发生，也不是发生在所有人身上，更不是同时发生在同一个人身上。我同意，但既然发生在他人身上，这就警告我们，也可能发生在我们身上，并且我们也不当以为自己的性命是个例外，反而我们不得不战兢，仿佛这些事将发生在我们身上。难道有比这战兢更可怕的吗？此外，我们若说神将最高贵的受造物——人——交给盲目的命运，使人随时可能遭遇各种灾难，这就是亵渎神。但我在此要说的是：人若相信命运，就会导致这样悲惨的下场。

11. 确信神的护理使信徒乐于投靠神

[b]然而，当神的护理光照敬虔之人时，他的心便宽慰，而使他从以前压迫他极重的忧虑和恐惧中得释放，一无挂虑。因他惧怕命运这观念，他便坦然无惧地将自己交托给神。他宽慰的理由是：他确知他在天上的父以他的全能统管万事，以他的权柄和旨意统治万民，以他的智慧掌管宇宙，甚至没有任何事能在他的定旨之外发生。他更得安慰的是：他确知神决定亲自保护他，并吩咐天使眷顾他，若非神这宇宙的统治者许可，无论洪水、火灾或刀剑都无法伤害他。"他必救你脱离捕鸟人的网罗和毒害的瘟疫。他必用自己的翎毛遮蔽你；你要投靠在他的翅膀底下。他的诚实是大小的盾牌。你必不怕黑夜的惊骇，或是白日飞的箭；也不怕黑夜行的瘟疫，或是午间灭人的毒病。"（诗91∶3—6，参阅90∶3—6，Vg.，参阅 Comm.）

于此，圣徒便有夸口的确据。"神是帮助我的"（诗54∶4，119∶6，117∶6，Vg.）；"我依靠神，必不惧怕。人能把我怎么样呢？"（诗56∶4，55∶5，Vg.）"耶和华是我性命的保障，我还惧谁呢？"（诗27∶1，参阅26∶1，Vg.）"虽有军兵安营攻击我"（诗27∶3，参阅26∶3，Vg.）；"我虽然行过死荫的幽谷"（诗22∶4，Vg.，23∶4，EV）；"我却要常常盼望"（诗56∶5，55∶4，Vg.，71∶14，70∶14，Vg）。这永不离弃他们的盼望来自哪里呢？当世人在命运的操纵下，似乎无力反抗时，而信徒却认定主的臂膀无处不在，因为他们的盼望来自于深信主一切的工作都将使他们得益处。假如魔鬼和恶人攻击他们，除非他们借着记念和默想神的护理之工得刚强，否则他们必定立刻就灰心丧胆。一旦他们想到魔鬼及其共犯恶人都完全受神缰绳的约束，若非主许可，甚至发令，他们就无法对我们图谋不轨，就算筹划出阴谋也无法得逞，或考虑不周全，无法下手。ᵃ信徒们也要提醒自己，魔鬼和他的使者们不但被神的锁链捆绑，神也强制他们服侍他。ᵇ他们这样想，便成为他们极大的安慰。因主能激怒他们，并随己意利用他们的怒气；同样地，他也能掌握他们怒气的分寸，免得他们以自己的恶欲放肆夸口。

ᶜ保罗因深信神的护理而得坚固，他说他的旅途被撒旦阻拦（帖前2：18）。之后在另一处又说，神若许可他便决定起行（林前16：7）。若他只有说他受撒旦的拦阻，那听起来是过于相信撒旦的力量，就如撒旦的能力大到能推翻神自己的计划；但当他说，他一切的行程都仰赖掌管万有的神的许可时，也就证明在未得神许可之前，撒旦的阴谋是无法得逞的。为此，大卫因人生变幻莫测，就投靠这避难所："我终身的事在你手中。"（诗31：15）他完全可以说，我"这次"的事在你手中，但他却说我"终身"的事在你手中，即无论人生如何变幻莫测，信徒们都在神的保守下。ᵇ因此，尽管亚兰王利汛和以色列王连手想毁灭犹大城，虽然其军队看起来如燃烧的火箭即将毁灭那地，但先知以赛亚却称他们为"冒烟的火把头"，意思是他们只能冒烟而已（赛7：4）。ᶜ同样地，众人畏惧法老王，因他有钱有势，而且因其军队的强大，圣经将之喻为海怪，又将他的军队喻为江河中的鱼（结29：4）。然而，耶和华宣告：他将以他的钩钩住统帅和军队并任意牵引他们。ᵇ简言之，只要留意，你很快就会发现，对神的护理无知是最大的悲哀；相反地，至大的福分莫过于相信神的护理。

对异议的答复 (12—14)

12. 神的"后悔"

ᵇ对于神的护理,我们已做了充分的探讨,足以使信徒获得完备的教训和安慰(但不管我们教导了多少仍不能满足虚妄人的好奇心,我们也不应当希望满足他们),我们只需要再讨论几处经文。这些经文看似在说神的计划摇摆不定、随世事的变化而更改,与以上的解释有冲突。首先,圣经有几处经文提到神后悔,例如神后悔创造人(创6:6),后悔立扫罗为王(撒上15:11),只要以色列人转意离开他们的恶,他就后悔,不降灾给他们(耶18:8)。其次,也有人指控神取消他的一些预旨。如他借约拿的口告诉尼尼微城的众人,再过四十日他将倾覆这城,但因众人悔改,他就回心转意,仁慈地对待他们(拿3:4、10)。又如他借以赛亚的口预告希西家王的死期,但他因王流泪哀求,就延后他的死期(赛38:1、5;王下20:1、5;参阅代下32:24)。因此,许多人争辩道:神并没有以永恒的预旨预定万事,而是按照各人所应得的或视神公义和正直的标准,每一年、每一日,甚至每一时,指定这事或那事。⑮

就后悔而言,我们应当坚持,指控神后悔无异于指控他无知、盲目以及无能。若我们同意,没有人愿意或故意后悔,当我们谈到神后悔时,无异于指神对未来的事无知、无能为力,或草率做出决定又立即反悔。然而这不可能是圣灵的教导,因圣经提到后悔时说:"神迥非世人,决不后悔。"(撒上15:29)ᵉ圣灵在同一章经文中说到神后悔与神决不后悔,当我们比较两者时,就可以知道两者无冲突。当圣灵说:神后悔立扫罗为王,是以比喻的意义述说。因为之后圣经也说:"以色列的大能者必不至说谎,也不至后悔;因为他迥非世人,决不后悔。"(撒上15:29 p.)这

---

⑮ Origen, *De principiis* III. 1. 17 (GCS 22. 228;MPG 11. 283 ff.;tr. ANF IV. 322;G. W. Butterworth, *Origen On First Principles*, pp. 193 f.)。

句话就公开和明确地宣告了神不改变的属性。ᵇ 显然，神在管理人事上的预旨是永恒的、永不后悔的。人不可怀疑神不改变的属性，因神的仇敌也被迫见证这属性。如巴兰不得不承认："神非人，必不至说谎；也非人子，必不至后悔。他说话岂不照着行呢？他发言岂不要成就呢？"（民 23：19 p.，参阅 Vg.）

13. 圣经说神"后悔"，是屈就我们有限的理解力

ᵇ 那么，"后悔"这一词的意思是什么呢？就是用人的说法描述神。因人的软弱，无法测透至高者，所以圣经在描述神时，屈就我们好让我们能明白。神屈就我们的方式就是，并非按他自己的本质，而是用我们所能理解的方式描述他自己。尽管神不会受搅扰，然而他却表明他会向恶人发怒。所以，当我们读到神发怒时，我们不应当认为在神里面有任何情感，而应当想到，这表达方式是屈就人的经验，因当神施行审判时，表面上就如人被惹怒生气一般。所以，"后悔"这一词的含义纯粹是指行动的改变，因为人每一次改变行动都在见证他对自己的不满。因此，既然人每一次行为上的改变都在纠正他从前的行为，而且这纠正来自后悔，那么"后悔"这一词指的就只是神作为的改变。但同时神并没有改变他原先的计划和旨意，他从永恒中所预知、赞成和预定的事，他都毫不踌躇地成就，不论事情的转变在人看来有多突然。

14. 神坚定不移地执行他的计划

ᵇ 虽然圣经记载，神取消对尼尼微城人所预告的毁灭（拿 3：10），但这并不表示神废除了他的预旨；又当希西家王的死期被宣布后，神又延长了他的寿命（赛 38：5）⑯，这也不表示神改变了他的预旨。那些持这

---

⑯ 参阅 Erasmus, *De libero arbitrio*, ed. J. von Walter (*Quellenschriften zur Geschichte des Protestantismus* 8), pp. 38, 79; Calvin, *Sermons sur le cantique du roi Ezekias* (on Isa. 38：9-20) (CR XXV. 252-579)。

样看法的人，就是不明白威胁的意义。尽管神明确地宣布希西家王的死期，但根据他的结局，就证明这宣布是有条件的。为何主要差派约拿到尼尼微城去预告那城的毁灭呢？他为何借以赛亚的口指示希西家王的死期呢？他完全可以在任何使者的预告之外，毁灭尼尼微城或夺去希西家王的性命。因此，这就表示神另有意图，他并非只是差派使者，而是为了叫他们知道自己的结局如何。其实，神并不希望他们灭亡，而是要他们回心转意，免得灭亡。因此，神之所以借约拿的口预告尼尼微城四十日后将毁灭，是为了避免那城被倾覆；而神借着破灭希西家王对长寿的盼望，是要他获得更长的寿命。显然，当时主喜悦借着这威胁使尼尼微人醒悟悔改，好让他们免受他们的罪所应得的审判。既是如此，最后的结局就使我们知道，神的宣布是有条件的。

圣经中其他类似的例子也同样证明这点。主责备亚比米勒王，因他夺去亚伯拉罕的妻子，神说："你是个死人哪！因为你取了那女人来，她原是别人的妻子。"（创20：3，Vg.）但在亚比米勒王为自己辩解后，耶和华就这样说："你把这人的妻子归还他，因为他是先知，他要为你祷告，使你存活。你若不归还他，你当知道，你和你所有的人都必要死。"（创20：7，Vg.）在耶和华第一次与他交谈时，他强烈地敲击亚比米勒王的心，好使他成就神的旨意，但在第二次交谈中，神明确地陈述他的旨意。其他经文也有类似的意义，我们不能因为主取消了他的预告就推断他改变初衷。因当主借着预告他的审判，劝诫他预旨要搭救的人悔改时，是在为他永恒的预旨铺路，并不是更改他的旨意，也不是食言，尽管他并没有一字一句地解释，但这并不难理解。我们必须留意以赛亚所说的这话："万军之耶和华既然定意，谁能废弃呢？他的手已经伸出，谁能转回呢？"（赛14：27）

ᵉ第十八章 神利用罪人的恶行并扭转他们的心,成就他的旨意,自己却仍纯洁无瑕①

1. 神不仅"允许"事情的发生!

ᵉ还有一些经文也记载,神扭转撒旦和一切罪人的心,成就他的旨意。这里就出现另一个更大的难题,属血气之人无法理解:神如何借着罪人执行他的计划,而自己又不因他们的罪或任何行为受玷污,还能公义地定他们的罪?为此,神学家们开始区分,神主动地行事和被动地允许事情发生,②因对许多人而言,这难题是令人费解的,即撒旦和众罪人都在神手中,也在他的权势下,并且神利用他们的恶意成全他的美意,也利用他们的恶行执行他的审判。或许那些误解神如此行是荒谬之人中庸的说法情有可原,只是他们错误地用谎言为神的公义辩护。他们认为,神弄瞎人的心眼,而后又因此刑罚人是荒谬的。因此,他们回避

---

① 加尔文在 1559 年加上了这一章,他在这章中更为详细地讨论一些他在别处略提之事,譬如 II 第二卷第四章第一节、第三卷第二十三章、第二十四章。
② Lombard, *Sentences* 1.45.11 (MPL 192.643)。参阅 Augustine, *De ordine* I.1-3 (MPL 32.977 ff.; tr. R. P. Russell, *Divine Providence and the Problem of Evil*, pp.6-11); *Enchiridion* 24.95 f. (MPL 40.276; tr. LCC VII.394 f.)。

说，这只是神允许的，而不是他预定的。③但神公开地宣称，这是他主动的预定，反驳了他们的遁词。而圣经有无数明确的见证，能证明人所做的一切都是出于神隐秘的旨意，且人无法借着自己的图谋，成就任何神没有预旨或隐秘预定之事。我们以上引用过《诗篇》的经文说：神凭己意行事（诗115：3），显然，这也包括人一切的行为。根据《诗篇》的教导，若神真是一切战争与和平的裁决者，那么谁还敢说，人在神的意识之外或神的默许之下受命运摆布呢？

然而，具体的例子会使我们更明白。《约伯记》第一章告诉我们，撒旦和那些乐意顺服神的天使一同侍立在神面前（伯1：6，2：1），等候神的吩咐。魔鬼以另一种方式并另有所图地听从神的吩咐，但他却无法行任何神不允许的事。虽然按照当时的启示看来，神只是被动地允许魔鬼折磨那正直人，然而圣经也告诉我们，神有意要利用撒旦和它的恶仆试炼约伯："赏赐的是耶和华，收取的也是耶和华。耶和华的名是应当称颂的。"[伯1：21，Vg.（p.）]撒旦使尽浑身解数要使约伯精神错乱，示巴人毫不留情地将约伯的财富洗劫一空，但约伯承认他所有的财富被抢夺，是因为这是神所喜悦的。所以，无论人或撒旦如何图谋，神却掌管一切，利用他们的恶行执行他的审判。神预定使悖逆的亚哈王受欺哄，而魔鬼自愿成就这事，神便差派他在众先知口中做谎言的灵（王上22：20、22）。若蒙蔽亚哈和使他丧失理智是神的审判，那么神只是允许事情发生的这幻想便烟消云散，因为若神这法官只是被动地许可他所预定的事情发生，而不是主动地定下预旨并差派使者执行，这是极其荒谬的。

e(b) 犹太人想要杀害基督，彼拉多和兵丁也屈服在他们狂暴的私欲

---

③ 参阅 I. 17. 2，注释 3。另参阅小册子 *Calumniae nebulonis cuiusdam de occulta providentia Dei... ad easdem responsio* (1558)。加尔文在这作品中引用并反驳塞巴斯蒂安·卡斯泰利奥攻击他的作品。加尔文被指控 (sec. 7) 教导神有两种互相矛盾的旨意，并因此在这两种旨意中与他自己作战，甚至神说的是一回事，但他希望的却是另一回事。加尔文相当激烈地回应了这指控 (CR IX. 278 f., 302 ff.)。

下，然而主的使徒在祷告中承认，这些不敬虔之人所做的一切只是在"成就他手和他意旨所预定必有的事"（徒4：28，参阅Vg.）。在此之前，彼得宣讲过基督"按着神的定旨、先见被交与人"（徒2：23，参阅Vg.）。就如他说：起初被造的，没有一样在主眼前不是赤露敞开的，是他预定犹太人所行的一切。他在别处也说："神曾借众先知的口，预言基督将要受害，就这样应验了。"（徒3：18，参阅Vg.）ᵉ押沙龙以乱伦玷污了他父亲的床，犯下可憎的大罪（撒下16：22），然而神却宣称这是他的作为，因他说："你在暗中行这事，我却要在以色列众人面前、日光之下报应你。"（撒下12：12 p.）耶利米也宣告迦勒底人对犹大城所行的一切残暴之事，都是神的作为（耶1：15，7：14，50：25等多处）。因这缘故，尼布甲尼撒王被称为神的仆人（耶25：9，参阅27：6）。耶和华也在多处宣告：他借着嘶声（赛7：18或5：26）、号声（何8：1）和他的权能及命令，激动不敬虔之人争战（参阅番2：1）。他称亚述人为他怒气的棍（赛10：5 p.），以及他手中所挥舞的斧头（参阅太3：10）；他称圣城的倾覆和圣殿的毁灭为他的作为（赛28：21）。大卫并没有埋怨神，反而视神为公义的法官，他说示每辱骂他乃是出于神的吩咐（撒下16：10）。他说："耶和华吩咐他咒骂。"（撒下16：11）圣经时常记载，无论何事发生皆出于主，例如十个支派的背弃（王上11：31）、以利之子的死（撒上2：34），以及许多其他类似的例子。熟知圣经之人就知道，为了节省时间，我只列举了许多见证中的几个，然而这些见证就足以证明，那些只以"允许"这一词来代替神护理的人在胡诌，仿佛神在瞭望塔上坐观事情的发生，而让他一切的判决完全依赖人的决定。

2. 神如何感动人行事？

ᵉ谈到神在人心里隐秘的感动，所罗门说：王的心在耶和华手中，并且他随己意扭转之（箴21：1），显然，全人类都没有例外，也如他所说："神隐秘的灵指引我们的心思意念成就他的美意。"显然，除非他在人心里运行，否则圣经就不会说：祭司讲的律法、长老设的谋略，他都必断绝（结7：26）。"他将地上民中首领的聪明夺去，使他们在荒废无路之地漂流。"（伯12：24；参阅诗107：40，106：40，Vg.）我们也时常读到与此相关的经文，即人感到心惊胆怯是因为神在他们心里运行（利26：36）。因此大卫出入扫罗的军营无人知晓，因为神使所有的人沉睡（撒上26：12）。但最清楚的是圣经常说：神弄瞎人的心眼（赛29：14）、使人昏迷（参阅申28：28；亚12：4）、以沉睡的灵使人迷糊（赛29：10）、使人存邪僻的心（罗1：28），又使人的心刚硬（出14：17等多处）。从另一个角度来看这些经文，也可能是指神的"允许"，就如他允许撒旦弄瞎他所离弃的恶人心眼。但既然圣灵明确地启示，无知和邪僻的心都是出于神公义的审判（罗1：20—24），那么将这一切仅视为神的"允许"就太荒谬了。圣经说：神使法老王的心刚硬（出9：12，10：1，10：20、27，11：10，14：8），然而有人借"允许"这愚蠢的异议，逃避圣经明确的教导。的确，圣经也说法老王自己硬着心（出8：15、32，9：34），但同时圣经也说法老王的心之所以刚硬，是神的作为。这两处记载毫无冲突。虽然在许多方面是神在人心里运行，然而行动的是人！此外，我也可以用他们的异议反驳他们：若"使刚硬"只是表示"允许"，那圣经就不会说，神使法老王的心刚硬。更荒谬和愚蠢的解释是说，法老王允许他自己的心刚硬。圣经本身也反驳这异议，神说："我要使他的心刚硬。"（出4：21）再者，关于迦南地的居民，摩西说：他们出来争战是因为神使他们的心刚硬（书11：20；参阅申2：30）。另一位先知也这样说："他使敌人的心转去恨他的百姓。"（诗105：25）神也在《以赛亚书》中说：他要差派亚述人攻击那诡诈的国，并吩咐他们"抢财为掳物，夺货为掠物"（赛10：6），这并不是说他想教导不敬虔、顽梗之人甘心乐意地顺服他，而是他要强制他们执行他的旨意，就如神的诫命刻在他们心中那样。由此就不难看出，是神的预旨迫使他们这样做的。

我承认，的确有时神利用撒旦的骚扰运行在恶人心中，然而撒旦所行的只是出于神的驱使，并且神也决定撒旦的破坏范围。邪灵攻击扫罗，是受神的差派（撒上16：14），使我们知道，扫罗的癫狂是出于神公义的报应。这经文也说：撒旦"弄瞎不信之人的心眼"（林后4：4），但是神给他们一个生发错误的心，使那些拒绝相信真理的人相信谎言（帖后2：11）。另一方面，圣经说："先知若被迷惑说一句预言，是我耶和华任那先知受迷惑。"（结14：9）圣经还说：神确实"任凭他们存邪僻的心"（罗1：28，参阅Vg.），也任凭他们装满各种邪恶的私欲（参阅罗1：29），因神自己是公义报应的起首，而撒旦只是执行他报应的使者。在第二卷中谈到人是否有自由选择时，④我会再探讨这问题，所以我到此告一个段落。总之，既然神的旨意是万事的原始起因，就证明神的护理决定人类一切的计划和作为。他的大能不但借圣灵的引领运行在他选民的心中，也运行在被遗弃之人的心中，驱使他们侍奉他。

3. 神的旨意是一致的

°既然到目前为止我所陈述的一切都是圣经明确的教导，可见那些大胆侮辱神圣言的人有多亵渎。若他们想借故作谦卑使人赞美他们的中庸之道，难道有比他们说"不过，我个人认为……"或说"我不要触及这主题"而攻击神的权威更高傲的吗？但若他们公然亵渎神、向天吐唾沫，能成就什么呢？其实，这种傲慢并不少见，因为每一时代都有不敬虔和亵渎神的人对这教义狂吠。但他们将亲自经历到古时圣灵借大卫的口所宣告的：当人受审时，神显为公义（诗50：6，Vg.，51：4，EV）。在此大卫间接地指责这类人的癫狂，因他们出于自己的污秽放肆地与神争辩，也自以为有权利定神的罪。他同时也暗示，他们向天吐的亵渎不

---

④ II. 4. 1-4.

但无法击中神，反而会使神在刹那间就驱散他们乌云般的亵渎并显自己为公义。而且我们胜过世界的信心（参阅约15：4），是因为建立在神圣洁的话语上，所以就能胜过这些毁谤。

要反驳他们的第一个异议是轻而易举的，即若没有任何事情能在神旨意之外发生，那么在神里面就有两种互相矛盾的旨意，因神以他隐秘的计划预定他的律法所公开禁止的事。然而在我答复之前，我要再一次提醒我的读者，这异议所反对的并不是我，而是圣灵本身，因他曾借正直人约伯的口说："神所喜悦的，他必成就。"（伯1：21，参阅 Vg.）当他被强盗抢劫时，在他们不公义、冒犯他的行为上，他看出神对他公义的管教。圣经在另一处也告诉我们，以利的儿子没有听父亲的话，因耶和华想要杀他们（撒上2：25）。另一位先知也宣告："我们的神在天上，都随自己的意旨行事。"（诗115：3）至今，我已充分地证明，虽然那些吹毛求疵的人说，有些事情是出于神懒散的"允许"而已，但其实神是万事的本原起因。他说："我造光，又造暗；我施平安，又降灾祸"（赛45：7 p.），没有任何灾祸不是神所降的（摩3：6）。故我们可以请他们解释，神的审判是有意的，还是无意的。然而就如摩西所说，当斧头脱了把，伤人致死，乃是耶和华要将他交在那人手中（申19：5；参阅出21：13）。

因此，根据路加的记载，全教会的信徒说：希律王和彼拉多成就了神手和他意旨所预定必有的事（徒4：28）。事实上，除非基督按神的定旨被钉十字架，否则人如何有得救的盼望呢？虽是如此，然而神的旨意并不互相矛盾，也不会改变，他也不会假装喜悦他意旨之外的事发生。神的旨意是单一的，也是一致的。但对我们而言，却似乎是多方面的，因我们理解力有限，难以理解为何他的旨意允许违背他律法的事发生。当保罗说外邦人蒙召是"隐藏的奥秘"（弗3：9）后，立刻接着说，这是要显出"神百般的智慧"（弗3：10）。⑤虽然神的智慧在人看来似乎是多

---

⑤ "πολυποίκιλον."

方面的，但难道我们要因自己迟钝的⑥理解力，就幻想神有任何改变，就好像他改变自己的计划或背乎自己那样吗？当我们不明白神为何预定他所禁止的事时，我们就应当想到自己有限的理解力，圣经也告诉我们，神住在人无法靠近的光里（提前6：16），因这光被幽暗笼罩。所有敬虔谦卑之人都相信奥古斯丁所说的："有时人善意地期望某件事情发生，但这却不是神的旨意……例如：一位好儿子希望他的父亲存活，而神的意旨却是他死。相反地，同一个人恶意地期望某件事发生，神良善的旨意也是如此，例如：坏儿子希望他父亲死，而神的意旨也是让他父亲死。前者期望非神意旨的事；后者却期望神所定的事。然而尽管前者的孝顺与神的意旨相悖，却比后者的忤逆更符合神的美意，尽管后者的期望与神的意旨一致。所以，在神与人之间存在着极大的差别：什么是合乎人意愿的，什么是合乎神意旨的，以及每一种意愿导向的目标，由此它或被悦纳或被否定。神也会借坏人的恶意成全他公义的旨意。"他在这论述之前说过，堕落的天使和一切的恶人离弃神时，自以为是违背神的旨意，然而，从神无所不能的角度来看却非如此，因当他们违背神的旨意时，神的旨意却成全在他们身上。因此，奥古斯丁说："耶和华的作为本为大；凡喜爱的都必考察。"（诗111：2，参阅110：2，Vg.）所以，万事都以奇妙和无法测度的方式在神的旨意之内发生，连违背他律法的事也不例外。因若他不许，便不可能发生，但他也不是无意地默许它的发生，而是有意地预定它的发生，而且既然神是良善的，除非神出于他的全能利用恶行以成善，否则他就不会允许邪恶的事发生。⑦

---

⑥ 加尔文在第三和第四节中故意说了互相矛盾的话，即神"预定"他所"禁止"的行为，但神的旨意却仍是"单一的"。加尔文这样说，是根据圣经一方面盼咐人要有信心，另一方面教导人无能为力（imbecillitas）或迟钝（hebetudo）的本性。因此，对加尔文而言，圣经的启示胜过逻辑，而且逻辑不能使人明白神未曾启示的大奥秘。参阅 I. 13. 1-3；III. 2. 14；III. 24. 17；同样地，他在第三卷第十八章第十节中拒绝下一个合乎逻辑的结论。

⑦ Augustine, *Enchiridion* 26. 100 f.（MPL 40. 279；tr. LCC VII. 399 f.）；Augustine, *Psalms*, Ps. 111. 2（Latin, Ps. 110. 2）（MPL 37. 1464；Calvin, Comm. Ps. 111：2）.

4. 当神利用不敬虔之人的恶行成全他的美意时，也是无可指责的

同样地，另一个异议也要被驳倒，或甚至自动消除：若神利用恶人的恶行，甚至控制他们的计划和企图，那神的确是万恶之源。因此，人若执行神的预旨而受诅咒，那就是不公正的，因他们只是在遵行神的旨意。主张这异议的人将神的预旨和他的诫命混为一谈了。然而，圣经中有无数的例子，清楚地证明它们截然不同。虽然神的意旨是借押沙龙与他父亲的妻子犯奸淫（撒下 16：22）的罪惩罚大卫的奸淫罪，但他却没有吩咐那恶子犯乱伦罪，除非我们从示每辱骂大卫这事件的观点看待这事，因大卫承认示每对他的辱骂是出于神的吩咐（撒下 16：10—11），他并没有称赞示每的顺服，就好像这恶犬正在服从神的权柄。但因大卫意识到是神借示每的舌头鞭打他，他就耐心地忍受神的管教。因此，我们就当确信，虽然神利用恶人成就他隐秘的预旨，但恶人却是无可推诿的，因为他们是出于自己的私欲故意违背神的诫命，而不是顺服神。

耶罗波安被膏做王（王上 12：20）一事，清楚地告诉我们：人的恶行是出于神，也受神隐秘护理的掌管。神斥责以色列人愚昧冲动地立他为王，因为他们违背了神立王的原则，也不忠实地背弃了大卫的家族。然而，我们也知道神定意让他被膏为王。据此，先知何西阿的陈述似乎互相矛盾，因神在一处经文中埋怨耶罗波安做王是违背他的旨意，也是他所不认可的（何 8：4），但在别处经文中，他却说他在怒中膏耶罗波安为王（何13：11）。那要如何解释这两处经文呢？耶罗波安做王违背神的旨意，但也是神定意让他做王？答案很明显，即百姓之所以离弃大卫家族就是弃绝神加给他们的轭，同时神也有主权惩罚所罗门王忘恩负义的罪。由此可见，神并不喜悦人背信，但另一方面，也是神公义地定意他们的失信。同样地，出乎人预料之外，神定意让耶罗波安被膏为王。就如圣经的历史告诉我们，神兴起仇敌（王上 11：23）夺取所罗门之子的国度。

读者们要留意这两件事。既然神喜悦他的百姓只受一位王统治，那

么以色列国的分裂就与他的旨意相违背。然而以色列的叛变也是出于同一位神的旨意。显然，当这位先知以话语和膏抹激动原先并无意做王的耶罗波安开始寻求王位时，这并没有在神的知识或旨意之外，因他定意让这事发生。然而神仍公义地斥责百姓的叛变，因他们背弃大卫家族并违背神的旨意。因此，圣经后来也记载罗波安狂傲地藐视百姓的恳求，而且是神成就这事的，为要应验神借他的仆人亚希雅所宣告的预言（王上 12：15）。请注意：那圣洁之国的分裂违背了神的旨意，然而十个支派从所罗门的儿子分裂出去也是出于神的旨意。此外，还有另一个相似的例子，即亚哈王的众子和他的后裔被灭绝是百姓所乐见的，甚至他们也参与了（王下 10：7）。耶户正确地叙述："耶和华指着亚哈家所说的话，一句没有落空，因为耶和华借他仆人以利亚所说的话都成就了。"（王下 10：10 p.）但他同时也公义地斥责撒玛利亚的居民，因他们随伙作恶。他问道："你们都是公义的，我背叛我主人，将他杀了；这些人却是谁杀的呢？"［王下 10：9；《列王四书》(LXX) 10：9, Vg.］以上，我已清楚地解释人的恶行也一样彰显神的公义。

　　对于谦卑的人而言，奥古斯丁的这答复就足够了："既然父献上基督，基督献上自己，而犹大献上他的主，那为何在这同样的事上，神是公义的，而人却是有罪的，岂不是因为他们的动机不同吗？"⑧然而，若有人认为我们现在所说的难以接受，即当人在神的驱使下做了他所不应该做的事时，神和人并不相同，请他们留意奥古斯丁的另一段论述："当神利用恶人的恶行成就他所喜悦的事，却仍照他们的行为报应他们时，谁不战兢呢？"⑨显然，在犹大的背叛中，我们若因为神定意献上他的儿子受死而将这罪归给神，这不也就是与将救赎的工作归给犹大是一样荒谬吗？另外奥古斯丁也指出，当神究察人的行为时，并不在乎人所能做

---

⑧ Augustine, *Letters* 93. 2（MPL 33. 324；tr. FC 18. 63）.
⑨ Augustine, *On Grace and Free Will* 21. 42（MPL 44. 907；tr. NPNF V. 462）.

的或他们实际上做的，而是他们愿做的，⑩由此可知，神所在乎的是人行事的动机和目的。

那些认为这教义无情的人当思想：当他们因圣经清楚的启示超越他们有限的理解力而拒绝接受、对被公开教导的真理吹毛求疵时，神是否会容忍他们的强词夺理？若神不喜悦人明白这些事情，他就不会吩咐他的先知和使徒教导它们。难道神给我们智慧不就是要我们以谦卑受教的心，无条件地接受圣经一切所教导的吗？那些自傲自大地嘲笑这教义的人，他们攻击的对象显然是神，所以根本不值得我们更多反驳。

---

⑩ Augustine, Psalms, Ps. 61. 22: "*Discutit Deus quid quisque voluerit*; *non quid potuerit*" (MPL 36. 746; tr. LF [Ps. 62] *Psalms* III. 208); Augustine, *John's Gospel* 7 (on John 4 : 7): "*Non quid faciat homo, sed quo animo et voluntate faciat*" (MPL 35. 2033; tr. NPNF VII. 503 f.).

第二卷　在基督里认识神是救赎主，
　　　　这认识首先赐给律法
　　　　之下的先祖们，然后
　　　　借着福音赐给我们

第一章　因亚当的堕落和背叛，全人类落在神的咒诅之下，从起初受造的光景中堕落了；原罪的教义

正确认识自己就除去一切的自信（1—3）

1. 对自我错误或正确的认识

ᵇ古谚极力劝人认识自己，颇有道理。①人若对世事一无所知是可耻的，但更可耻的是对自己一无所知。因为若是这样，当我们在最重要的事上做决定时，就会可悲地自欺甚至盲目！

既然这古谚如此宝贵，我们就应当更加留意，免得误用它。我们发现，一些哲学家就是这么做的，他们劝人认识自己，但目的是劝人认识

---

① 加尔文在此所指的是他在第一卷开头的教导，即认识神和认识自己。参阅 I.1.1 以及本章的第一和第四节。请参阅 Erasmus 的 *Enchiridion* 3 (tr. LCC XIV. 308 ff.)。德尔斐（Delphi）的庙宇上写着 "Γνωθι σεαυτόν"（或 "σεαυτόν"），即 "认识你自己"。色诺芬（Xenophon）的 *Memorabilia* IV. 2. 24-29 (LCL edition, pp. 286 f.) 记载：苏格拉底用这句话教导他的学生。参阅 Aristotle, *Rhetoric* II. 21. 1395a (LCL edition, pp. 282 ff.)。西塞罗引用并解释这句话不止一两次，譬如当阿波罗（Apollo）说 "认识你自己"，意思是 "认识你自己的灵魂"，*Tusculan Disputations* I. 22. 52 (LCL edition, pp. 62 f.)。这与加尔文的教导一样。

自我的价值和卓越，并且他们只叫人思想那使人盲目自信、自高自大之事（创1：27）。

ᵉ然而，认识自己首先在于考虑到我们被造时的光景，以及之后神如何继续慷慨地恩待我们，如此我们就会知道，我们的本性若没有在亚当里受玷污该有多高贵；同时也要提醒自己，我们没有什么不是领受的，我们所拥有的一切都是神喜悦赏赐我们的。因此，我们完全依赖他。其次，也要考虑到我们在亚当堕落之后的悲惨处境，若认识这点，我们一切的自夸自大和自信都将消散，我们会自觉羞愧而谦卑下来。起初，神照自己的形象造我们（创1：27），好激励我们热心为善并默想永生。而为了避免人类的高贵（使我们与禽兽有别的高贵）因人的无知被葬送，我们就当承认神赏赐我们理智和理解力是要我们过圣洁和正直的生活，好让我们可以朝着那蒙福的永生目标奔跑。

ᵉ⁽ᵇ⁾但当我们思考那起初的美景时，我们就不得不对照我们目前悲惨的光景，而发现自己的污秽和羞愧，因为我们在始祖亚当里从起初的光景中堕落了。因此，我们就憎恶自己而谦卑下来，以至在我们心中燃起寻求神的热诚，因为他能重新恢复我们已完全失去的美善。

2. 人生来倾向虚幻的自我崇拜

ᵇ这就是圣经真理对我们自我省察的要求：即要求这样一种知识，它能帮助我们除去依靠自己能力的一切自信、拆毁我们自夸的一切根据，至终引领我们顺服神。我们若想在理论上或现实上达成这目标，就当持守这样的准则。我并非不晓得思量自己的美德是何等令人快乐的事。然而，我们更应当ᵉ⁽ᵇ⁾认识自己实际可悲的贫乏和丑行，而因此感到羞愧。ᵇ的确，人生来最喜爱被人奉承。因此，当他发现他的才能受人崇拜时，便倾向于过分地相信自己的才能。大多数人皆如此，所以并不足为怪。既然所有的人与生俱来拥有盲目的自爱，所以他们深信，在他们身上没有任何可憎恶的事。因此即使没有人教导，他也完全心存这虚妄的看法，即人靠自己完全能过善良与幸福的日子。②即或有人态度上比较谦虚，将部分原因归诸神，免得别人认为他将一切都归功于自己，他们仍然主要归功于自己，认为自己有理由自夸和自信。

没有比恭维更令人快慰的事，因这恭维迎合人骨子里的骄傲，使人飘飘然。因此，几乎在每一个时代，当有人以最动听的话语公开地赞美人性时，便大受欢迎。然而，不论这叫人自我满足的赞美如何堂而皇之，却仍然只是自我陶醉罢了。其实，这赞美欺哄了一切相信之人，使他们至终沉沦。当我们信靠盲目的自信时，我们就思考、计划，以及努力去做我们认为恰当的事，但我们成就了什么呢？虽然我们这样做——从一开始就缺乏智慧和道德——难道我们仍要勇往直前，以致自取灭亡吗？那确信自己能行任何事之人的结局必是如此。人若相信那些唯独强调人之美德的教导，非但不会在自我认识上有长进，反而会陷入可怕的无知中。

3. 自我认识的两大障碍

ᵇ所以，神的真理在这方面与人的常识判断是一样的，即智慧的另一部分是认识自己，然而有关人如何获得这自我的认识则有很大的分歧。根据属肉体的判断，当人确信自己的智慧和正直而放胆激励自己尽美德的本分，并离弃恶行、竭力追求完美和卓越时，人自认为非常清楚地认识自己。但那按照神审判的标准鉴察自己的人，找不到任何令自己自信的事。他越鉴察自己，便越忐忑不安，直到所有的自信消失无踪，完全不再相信依靠自己能过正直的生活。

ᵉ⁽ᵇ⁾然而神却不希望我们忘记他在始祖亚当身上所赐给我们的高贵，ᵇ这高贵应当激励我们热心追求公义和良善。因我们不可能想到起初

---

② Cicero, *Nature of the Gods* III. 35. 87, 88. 学园派学者科塔 (Cotta) 说：知识、美德和信心内在于我们，但安全、财富和胜利须从诸神那里求取 (tr. LCL edition, pp. 372-375)。

的光景或神造我们的目的，而不同时被激发去默想永生，并渴慕神的国。这样的默想不但不会使我们骄傲，反而会对自己灰心，以致降卑自己。因为我们已经从起初的景况中堕落了，也已经对神造我们的目的完全生疏，因此我们厌倦现今的景况，并渴慕已丧失的福分。③但当我们说人在自己身上没有找到任何快乐的根据时，我们指的是在人身上没有任何可夸耀的根据。所以，人对自己的认识可以分成两部分。首先，人应当思考神创造他并赏赐他高贵才能的目的。④这认识应当激励他默想当归给神的崇拜和来世的盼望。⑤其次，人应当思量自己的才能，更正确地说，人缺乏才能。而人一旦发现自己的缺乏，就对自己失望，羞愧地俯伏在神面前。前半部的思考使人认识自己的本分如何，后半部的思考使人确知他尽这本分的能力能达何种程度。我们将按照次序分别讨论之。

亚当的罪使人完全堕落，并丧失起初的福分（4—7）

4. 堕落的记载表明何谓罪（创3章）：背信弃义

ᵉ既然神严厉地刑罚，那必定是深重且可憎的罪，我们必须思考，在亚当的堕落中，那惹动神向全人类大发烈怒的罪是怎样的罪。我们若只将亚当的罪视为贪食（普遍的观点），则是肤浅的；就仿佛最高尚的道德只不过是节制口欲不吃某种果子，尤其是当他身边充满各式各样甜美的果实之时。

所以我们应当更深入地省思这是怎样的罪。神禁止亚当吃分别善恶树上的果子，是为了试验亚当的顺服，并看他是否乐意听从神的吩咐。就连这树的名字本身也证明这命令唯一的目的是要使亚当满足于他所有的，并阻止他因恶欲而自高。神的应许，即只要亚当吃生命树上的果

---

③ 帕尼耶（Pannier）说，加尔文在这里教导意志受捆绑这教义的重要性。当我们明白神创造我们的目的，并想到现今道德上的无能为力，这就激励我们寻求神的力量和拯救（Pannier, *Institution* I. 311, note *a* on p. 84）。
④ 参阅I. 15. 1-4。
⑤ "*Vitaeque futurae meditationem*," 参阅III. 9。

子，就有永生的盼望；另一方面，他也警告亚当，若吃分辨善恶树上的果子必定死，目的是要试炼他的信心。因此，就不难推论亚当是如何激怒神的。其实，奥古斯丁说得对，他说骄傲是万恶之源。⑥若人的野心没有诱惑他看自己过于所当看的，他就能持守起初的光景。

我们若留意摩西对这诱惑的描述，就能更清楚地明白这是怎样的罪。女人因被蛇引诱，悖逆地偏离了神的话语，这清楚地告诉我们，不顺从神就是堕落的开端。保罗的教导也肯定这点，他说：因一人的悖逆，众人都成了罪人（罗5：19）。然而我们同时要留意的是，亚当背叛了神，不仅是因为他被撒旦难以抗拒的恭维所诱惑，也是因为他厌倦了真理而转向虚谎。的确，我们一旦藐视神的话语，就立刻不再敬畏神。除非我们留心听神的话，否则他的威严必不在我们心中，对他的敬拜也遭到破坏。因此，不忠就是堕落的根源。之后，人的野心、骄傲，以及忘恩负义被激发出来，都是因亚当偏要得到超过神所赐给他的，并无耻地藐视神丰盛的供应。亚当对照神的形象被造根本不屑一顾，除非与神同等，这是多么可怕的邪恶！既然人离弃造物主的权柄，甚至悖逆地卸下肩上的轭——这是污秽可憎的罪，想为亚当脱罪是徒然的。然而亚当不但背道，也邪恶地指责神。亚当轻率地相信撒旦对神的毁谤，因撒旦指控神说谎、嫉妒，以及怀着恶意。最后，他的不忠为野心留地步，而野心又产生了顽梗的悖逆，结果，因离弃了对神的敬畏，就放纵自己的私欲。因此伯尔纳（Bernard）正确地教导，就如当时亚当聆听魔鬼的话而敞开了死亡之门（参阅耶9：21），如今当人聆听福音时，救恩之门便向我们敞开。⑦因为若不是亚当先不信神的话，他绝不敢抵挡神的权柄。这就是勒住一切私欲最有效的缰绳，即深信没有比借遵守神的诫命而行义更美的事；也相信幸福生活最终的目标是讨神喜悦。然而，亚当竟然被

---

⑥ Augustine, *Psalms*, Ps. 18. 2. 15 （MPL 36. 163；tr. LF *Psalms* I. 138 f.）.
⑦ Bernard, *Sermons on the Song of Songs* 28 （MPL 183. 923；tr. S. J. Eales, *Life and Works of St. Bernard* IV. 179）.

魔鬼的亵渎所勾引，以致竭尽所能地污蔑神一切的荣耀。

5. 人类最初所犯的罪就是原罪

ᵉ若亚当的属灵生命在于继续与他的创造者联合，同样，若他与神疏远，他的灵魂便会死亡。既然亚当颠覆了整个自然的秩序，那么，全人类因他的悖逆而沉沦就不足为怪了。保罗说："一切受造之物一同叹息"（罗8：22），"服在虚空之下，不是自己愿意。"（罗8：20）其原因无疑是一切受造物正在担当人所应得刑罚的一部分，因为它们是为了人的缘故受造的。既然因为亚当的罪孽，全地都受到咒诅，那么这咒诅扩散到他所有的后裔是理所当然的。ᵉ⁽ᵇ/ᵃ⁾所以，当神在亚当身上的形象被破坏之后，不只是他一个人受惩罚——ᵇ⁽ᵃ⁾神起初赐给他的智慧、美德、圣洁、诚实，以及公义都变成极可怕的灾病、心盲、无能、污秽、虚妄，以及不公义——ᵉ⁽ᵇ/ᵃ⁾甚至牵连他一切的后裔。

ᵇ这就是教父所说遗传在人身上的"原罪"。"罪"这词表示人类从起初善良和圣洁的本性上堕落了。ᵉ⁽ᵇ⁾教会历史上对此颇有争议，ᵉ即因一人的过犯，众人都被定罪，于是罪临到众人，这与一般人的看法完全相反。这也许就是为何古时的神学家完全不能领悟这教义，至少他们对原罪的教导不够清楚。虽然他们胆怯，但帕拉纠（Pelagius）却大胆、亵渎地捏造亚当的罪并没有影响到他后裔的谎言。⑧撒旦借此企图掩饰原罪这疾病，免得人得医治。ᵇ虽然圣经清楚地教导：罪是从亚当

---

⑧ 帕拉纠（ca. 354-420）是英国的修道士。他攻击奥古斯丁的教义，即因亚当的罪，人生来是堕落的。这激励奥古斯丁写下许多的文章和信为这教义辩护。参阅 Augustine, *Retractations* I. 13. 5 (MPL32. 604); *Against Julian* III. 26. 59 (MPL 44. 732 f.; tr. FC 35. 159 f.)。帕拉纠和他更具攻击性的同工色勒斯丢（Coelestius）从罗马去到北非、巴勒斯坦和小亚细亚，得了许多的门徒。帕拉纠主义在迦太基的两个教会会议（412年和418年）和在皇帝的勒令中被定为异端。教皇佐西姆（Zosimus）在此勒令之后不再善待色勒斯丢，反而与众教会一同咒诅他，然而这异端已经被传开了，它主要的教导是人性本善。关于这一争议简明又有用的文献选编，参见 H. Bettenson, *Documents of the Christian Church*, pp. 74-87。苏德尔（A. Souter）编辑了帕拉纠的作品，*Pelagius' Expositions of the Thirteen Epistles of St. Paul*, Texts and Studies IX (Part I, Introduction; Part II, Text)。

而来并牵连他所有的后裔（罗5∶12），但帕拉纠却诡辩说：罪的传播是因人与人之间的模仿，并非与生俱来。虔诚之人（尤其是奥古斯丁）努力地向我们证明，我们并不是出生后才被罪玷污，而是当我们在母腹里就有了罪，⑨若否认这点，就是极端地狂妄无耻。但当我们想到敬虔的奥古斯丁在其他教义上指责色勒斯丢派（Coelestian）和帕拉纠主义者是无耻的兽类时，我们就不会对他们的大胆感到惊讶。大卫的确承认自己是"在罪孽里生的，在我母亲怀胎的时候，就有了罪"（诗51∶5 p.）。他并不是在指责他父母的罪，而是为了彰显神的恩慈，所以承认从他母亲怀他时他就有了罪。显然，这并不是单指大卫，大卫所代表的是全人类共同的光景。

既然全人类都出于不洁的精子，所以我们生来就已被罪恶玷污。在我们未见天日之前，神就视我们为污秽和不洁。"谁能使洁净之物出于污秽之中呢？无论谁也不能！"正如《约伯记》所说的（伯14∶4，参阅 Vg.）。

6. 原罪不是模仿而来

ᶜ因此，父母的污秽遗传给儿女，甚至所有的后裔在出生时就无一例外地被玷污了。若非我们追溯到人类的始祖，我们就无法找到那污染之源。ᵇ我们必须确信，亚当不但是人类的始祖，也是人类本性之根，因此说全人类受亚当罪的玷污是应当的。使徒保罗对亚当和基督的比较就清楚证明这点："这就如罪是从一人入了世界，死又是从罪来的；于是死就临到众人，因为众人都犯了罪。"（罗5∶12）如此，借着基督的恩典，我

---

⑨ 参阅 Augustine，*City of God* XVI. 27："婴儿……因生来在亚当里，也就违背了神的盟约……婴儿……生来就有罪，不是本罪而是原罪。"（MPL 41. 506；tr. NPNF II. 326）奥古斯丁另外说了许多类似的话，请参阅 Smits II. 30 和 OS III. 233 f.。帕拉纠因奥古斯丁在《忏悔录》里的一句名言包含人无能为力的意思，就开始反对他（X. 29. 40；X. 31. 45）："*Da quod iubes et iube quod vis*"（赐下你所命令的，命令你所定意的）（MPL 32. 796，798；tr. LCC VII. 225，228）。参阅 II. 5. 7，注释17；II. 8. 57，注释67。

们重新获得义和生命（罗5:17）。那么帕拉纠主义者在此要胡说些什么呢？难道要说亚当的罪是因模仿而流传下来的吗？难道基督的义只是要我们效法的榜样吗？这是无法容忍的亵渎！既然基督的义和生命归给我们是毋庸置疑的，就证明我们的义和生命都在亚当里失丧了，而在基督里又重新获得。罪借亚当临到众人，却被基督除去了，这是圣经清楚的教导："因一人的悖逆，众人成为罪人；照样，因一人的顺从，众人也成为义了。"（罗5:19 p.）二者彼此的关系就是：亚当的败坏牵连我们，使我们与他一同堕落，然而基督以他的恩典使我们重新获得救恩。

在如此清楚的真理之下，我认为无须再费时费力地引证。保罗在《哥林多前书》中所说，就是要坚固敬虔之人对复活的信心。因此，他教导说：人在亚当里所失丧的生命在基督里重新获得了（林前15:22）。保罗宣告所有的人在亚当里都死了，同时也宣告我们都沾染了罪的疾病。因为人若没有沾染罪，就必不被定罪，这经文的后半部分清楚地解释保罗在这里的意思，他说人在基督里重新获得生命的盼望。但我们都知道，这盼望是来自基督将他的义归给我们，使我们得生命。保罗在另一处又说："心灵却因义而活"（罗8:10 p.）。"我们在亚当里死了"，这些话唯一的解释是：亚当的犯罪不但使自己受祸和沉沦，也使全人类的本性与他一同沉沦了。这不是因他所犯与我们毫无关联的罪，而是因他的堕落使他所有的后裔沾染了他的败坏。

若不是人在母腹里已被咒诅，那保罗的这话"我们……本为可怒之子"就毫无根据了（弗2:3）。显然，保罗不是指我们受造时的"本性"，而是因指在亚当堕落后被玷污的本性。因此，我们若说神是死亡之源，是极不恰当的。亚当败坏自己，也污染了他一切的后裔。基督是我们天上的法官："从肉身生的就是肉身"（约3:6），清楚地证实所有的人生来都是败坏和邪恶的，因此，除非人重生，否则生命之门是关闭的（约3:5）。

7. 罪从一代传到另一代

ᵇ我们无须费时费力地讨论古时的教父热烈争论的这问题，即儿子的灵魂是否延续⑩自父亲的灵魂，因罪主要是玷污了人的灵魂。我们应当满足于知道这一点：主将他喜悦赏赐人类的恩赐交托给亚当，所以在亚当失丧了这些恩赐时，我们所有人的恩赐也失丧了。因为亚当领受的、他之后又失丧的那恩赐，是他为全人类领受的恩赐，因此，我们又何必在乎灵魂是否从父亲延续而来呢？换言之，当我们说亚当丧失原义时，全人类的本性也丧失原义而赤裸了，而在他犯了罪后，全人类的本性也玷污了，这是合理的。如此看来，败坏的树枝从败坏的根里生出来，又将它们的败坏传播给新生出的幼芽。因此，儿女从父母那里就败坏了，也将这败坏传给所有的后裔。亚当的败坏就如一条永不止息的河流，将他的败坏从祖先传给后裔。ᵈ这败坏并非源于肉体或灵魂本身，而是因神预定人类的始祖亚当将替他所有的后裔得着和丧失神所赐的恩赐。⑪

ᵇ要驳倒帕拉纠主义者的异议并不困难，他们主张说，儿女的败坏不可能遗传自敬虔的父母，反而因父母的敬虔而分别为圣（参阅林前7：14）。但儿女们的出生并没有承袭父母属灵的重生，而是承袭了父母败坏的肉体。ᶜ又如奥古斯丁所说，不管一个人是有罪的非信徒还是圣洁的信

---

⑩ 加尔文在这里用了一个富有争议性的单词 *tradux*，他指的是教父对灵魂来源的辩论。参阅 I. 15. 5, 注释 15。虽然奥古斯丁和加尔文都强调人被造时是合一的，但他们都不主张灵魂传殖说。这理论教导亚当的灵魂是神本质的一部分，并且亚当一切后裔的灵魂都来自亚当。事实上，加尔文完全反对这样的教导。奥古斯丁对灵魂来源的另一解释（创造说）的反对，是由于文森特·维克托粗略的解释。参阅 Augustine, *On the Soul and Its Origin* I. 4；II. 14（MPL 44. 477；507 f.；tr. NPNF V. 316；340 f.）。要了解中世纪一般人对这问题的观点，参阅费尔韦瑟（E. R. Fairweather）对拉昂的安瑟伦（Anselm of Laon）（LCC X. 261, note 2）一篇文章的注解。为了明白这整个争议，请参阅 C. Hodge, *Systematic Theology* II. 3 和 J. F. Bethune-Baker, *An Introduction to the Early History of Christian Doctrine*, pp. 302 ff.。多数的加尔文主义者主张创造说，即每一个人的灵魂是神新的创造。贺智在 64 页说："加尔文、贝扎（Beza）、图瑞丁（Turretin）和大多数改革宗神学家都主张创造说。"其实一些反对宗教改革的人也同样主张这立场：参阅 Alfonso de Castro, *Adversus omnes haereses* II, *s. v.* "*anima*"（1543, fo. 34 C-35 A）。

⑪ 关于这问题，伯努瓦（Benoit）引用加尔文对《约翰福音》的注释（3：6）。在那里，加尔文说，原罪不是借着性行为传下来的，而是神预定全人类在亚当里受败坏，并因此丧失神借着亚当赐给我们的众恩赐。

徒，他所生的儿女不是圣洁的而是有罪的，因他从腐败的本性中生了他们。[12][b]的确，儿女在某种程度上与父母的圣洁有分，这是神特殊的赐福。然而，这并不与人类在亚当里受到普遍的咒诅这事实有冲突。[d]罪是与生俱来的，而成圣却出于超自然的恩典。

原罪就是那应当受刑罚的本性堕落，而这本性并非人类受造时的光景（8—11）

8. 原罪的性质

[b]我们必须对原罪下定义，以免我们以下的论述模糊不清。[13]我无意探讨许多不同作者对原罪所下的定义，我只要教导我认为最符合真理的定义。所以原罪的定义是，人类本性中遗传的堕落和败坏，其扩散到灵魂的各部分，不仅使我们落在神的震怒之下，又使我们行出圣经所说"情欲的恶事"（加5：19），保罗通常恰当地称之为罪。[a]原罪所产生的行为包括奸淫、淫乱、偷窃、恨恶、谋杀，以及荒宴，他称为"罪所结的果子"（加5：19—21），不过圣经，包括保罗自己在别处通常称之为"罪"。

[b]我们必须格外留意如下两点。首先，我们本性的各部分都被这极大的败坏毒害和扭曲，所以我们都在神公义的定罪和刑罚之下。因神唯独悦纳的是公义和纯洁，但这并不等于我们要因亚当的过犯而受刑罚。圣经记载，因亚当的罪，我们都落在神的审判之下，意思并不是说我们虽然无罪或无可指摘，却仍要担当罪的刑罚，而是说，因亚当的过犯，牵连我们与他一同受咒诅，并与他一同陷入罪中。我们不但在亚当里受审，亚当的罪也住在我们里面，因此我们受处罚是公义的。因此，虽然奥古斯丁常常称罪为"别人的"，但为了教导罪是借着生育传给我们众

---

[12] 参阅 Augustine, "*Regeneratus non regenerat filios carnis, sed generat.*" *On the Grace of Christ and on Original Sin* II. 40. 45 (MPL 44. 407; tr. NPNF V. 253)。

[13] *Acts of the Synod of Trent with the Antidote* I, session 5, decree 1 (CR VII. 425 f.; tr. Calvin, Tracts III. 86 ff.)。

人，他同时也说各人要担当自己的罪。⑭使徒保罗贴切地声明："罪就临到众人，因为众人都犯了罪。"（罗 5∶12）也就是说，众人都被圈在原罪里面，也被玷污了。因此，连婴儿一出母腹就已被定罪，他们被定罪并不是因为别人的罪，而是他们自己的罪。即便他们未曾结出罪的果子，然而罪的种子已隐藏在他们里面。事实上，他们的整个本性就是罪的种子，所以这本性必定是神所厌恶的。ᵉ由此可见，神视这本性的败坏为罪是公义的，因为若不是罪，就不可能受审。

ᵇ其次，这邪恶在人心里是永无止境的，而且继续不断地结新果子——就是我们以上所描述情欲的恶事——就如熊熊火炉中不断冒出的火焰和火星，或如泉源中不断涌出的新水一样。ᵃ所以将原罪定义为"那应当存留在我们里面的原义的丧失"，ᵇ虽然表达了原罪的真义，ᵃ却没有适当地表达出罪的权势。⑮因我们的本性不但没有良善，反而是罪恶满盈，不可能在罪恶上一无所为。有人恰当地说原罪是"私欲"⑯，而我们接着说，人心里所有的一切，从思想到意志、从灵魂甚至到肉体都被这私欲充满和玷污。但大多数人都不会这么说。简言之，人本身就是私欲。

9. 罪败坏了整个人

ᵉ我已经谈过，在亚当离弃了义的源头之后，人灵魂的各部分都

---

⑭ Augustine, *On the Grace of Christ and on Original Sin*, loc. cit.

⑮ 梅兰希顿形容原罪是"某种诱惑人犯罪且与生俱来的倾向、冲动和力量（*genialis impetus et energia*）"。他用火焰往上燃烧和磁铁的吸力来比喻原罪，他认为一般经院哲学家对原罪和本罪的区分是错误的。他虽然同意经院哲学说原罪是"原义的丧失"，但他同时强调这定义是不完全的，因为他相信原罪是出于原始自爱的主动的不信仰。*Loci communes* (1521), ed. H. Engelland, in the series *Melanchthons Werke in Auswahl*, ed. R. Stupperich, II. 1. 17 ff.; tr. from Kolde's 1910 edition, C. L. Hill, *The Loci Communes of Philip Melanchthon*, pp. 81 ff.

⑯ 奥古斯丁常常采用"贪心"一词，譬如在他的论著 *On Marriage and Concupiscence* 中，但该词更广泛的意义是"在我们邪恶肉体中的罪律"(I. 34) (MPL 44. 435; tr. NPNF V. 277)。彼得·伦巴德在讨论亚当的罪如何传给他的后裔时，形容原罪为"罪的印记，即私欲"（*fomes peccati, id est, concupiscentia*），也说它是"与生俱来的恶，且这恶伤害万人，因为万人都在亚当里面，生在肉欲当中"。*Sentences*, II. 30. 7 f. (MPL 192. 722). 参阅兰顿（Stephen Langton）对原罪很有趣的解释，他的解释是一般经院哲学家代表性的解释，LCC X. 352 ff.。

被罪占据了。因他不但被卑贱的情欲诱惑,他的思想也被难以言喻的不敬虔占据,傲慢甚至也渗透到他的心中。所以,我们若将罪所产生的败坏局限于情欲,是毫无根据和愚昧的;或若将之称为"燃烧、刺激肉欲的火种",也是愚昧的。彼得·伦巴德在原罪上的教导证明他完全无知。他说原罪之根在于肉体;保罗也有类似的说法,虽然不是完全的,然而他的意思是原罪借着肉体更明显地表露出来。[17]难道保罗会教导唯有灵魂的一部分,而不是整个灵魂敌挡神的恩典吗?当保罗教导说:败坏不只存在于灵魂的一部分,而是灵魂的各部分都被这致命的疾病玷污,这就消除了我们一切的疑虑。因当保罗论到人败坏的本性时,他不但痛斥人的纵欲,更痛斥人的思想昏昧,心也因此堕落了。[18]

《罗马书》第 3 章的整个内容都在描述原罪(1—20 节)。人的"重生"使我们更清楚地了解原罪。既因圣灵与老我和肉体敌对,不但施恩改变情欲,甚至也改变灵魂的各部分。所以,保罗不但吩咐我们要治死一切的情欲,也劝勉我们要"将心志改换一新"(弗 4∶23)。在另一处经文中,他同样激励我们要"心意更新而变化"(罗 12∶2)。由此可见,灵魂最卓越和高贵的部分不只受到伤害,也已败坏到人不但需要改变,也需要一个新的本性。之后我们将会讨论罪占据人的思想和心的程度。我现在要说的只是人已从头到脚被罪淹没,甚至没有一部分不受罪的影响,甚至他所做的一切都是罪。如保罗所说,一切属肉体的思想和情欲都是与神为仇(罗 8∶7),也是灵魂的死亡(罗 8∶6)。

10. 罪不是人受造时的本性,而是堕落后的本性

^b我们说人生来是邪恶的,但那些因这缘故将自己的过错归给神的人

---

[17] Lombard, *Sentences*, II. 30. 7 f. and 31. 2-4 (MPL 192. 722, 724).
[18] 参阅 II. 2. 15, *ad finem*; II. 3. 2。

有祸了！[19] 他们邪恶地说自己的污秽是来自神的作为，其实他们应当承认亚当无玷污、无瑕疵的本性才是神的作为。所以，人的沉沦是由于人本性的罪，而不是神的作为，因为人之所以沉沦是由于他从原先的景况中堕落了。

我们在此不可埋怨说，若神阻拦亚当堕落，不是对我们更好吗？[20] 敬虔之人应当恨恶这异议，因这乃出于过分的好奇心。这问题与神隐秘的预定有关，我们将在恰当的时候讨论。[21] 但我们不要忘记我们的败坏是因自己本性的堕落，免得我们指控那创造我们本性的神。的确，这致命的伤害无法与我们的本性分开，然而，关键是，这伤害是外来的，还是从起初就存在的。显然，伤害是罪所导致的。倘若我们要责备就当责备自己，这是圣经清楚的教导。《传道书》说："我所找到的只有一件，就是神造人原是正直，但他们寻出许多巧计。"（传 7∶29）显然，人的堕落只能归咎于自己，虽然神以慈爱赐给人义，但人却因自己的愚昧落入虚空。

11. "自然的腐败"并不来自于神所创造的"自然"

ᵇ因此，人的堕落是与生俱来的，但不是受造时就有的。[22] 我们这样说是要教导：这堕落是外来的，不是神创造时赐给人本质的一部分。而我们必须称之为"与生俱来"，是免得有人认为堕落是由于人的恶行，事实上这堕落是借遗传而来的。这教导也有圣经的根据，保罗说："我们本为可怒之子。"（弗 2∶3）既然神尚且喜悦他最微不足道的受造物，难道

---

[19] 这是加尔文对放纵派的指控之一，*Contre la secte phantastique des Libertins*（1545）(CR VII. 184 f.)以及 *Epistre contre un certain Cordelier*（1547）(CR VII. 347, 350 ff.)。

[20] 参阅 Augustine, *On Genesis in the Literal Sense* XI. 4, 6, 10, 13 (MPL 34. 431-434)。

[21] III. 21-24；参阅 I. 15. 8. 帕尼耶说这段在1539年和1541年的版本里，是加尔文在他所有的作品中第一次提到"预定"这个词（Pannier, Institution I. 312.）。其实在他的 *Instruction et confession de foy*（1537）(OSI. 390；tr. P. T. Fuhrmann, *Instruction in Faith*, p. 36) 中就已出现"预定"这个词的动词形态。

[22] 参阅 I. 1. 2, 注释 7；I. 14. 3, 注释 11。

他会对他最高贵的受造物——人有敌意吗？神所恨恶的是已败坏的受造物，而不是起初的受造物。所以，既然人生来就被神憎恶，这就证明人生来就有堕落的本性。因此，奥古斯丁在谈论人败坏的本性时，勇敢地称那些在未重生之人身上做王的罪为"与生俱来"的。[23]这就完全反驳摩尼教徒（Manichee）愚不可及的教导。他们因为相信人的本质是败坏的，所以教导有另一位造物者创造人——为了避免将罪的起因归咎于公义的神。[24]

---

[23] Augustine, *On Genesis in the Literal Sense* I. 1. 3 (MPL 34. 221); *Contra Julianum, opus imperfectum* V. 40 (MPL 45. 1477).

[24] 参阅 I. 13. 1。

ᵉ第二章　人已完全丧失自由选择而悲惨地做罪的奴仆

普遍错误的反应（1）

1. 至今我们已清楚的教导

自从罪的权势占据亚当的心之后，这权势的范围就遍及全人类，ᵉ并且控制着每一个人。ᵇ因此，既然我们都是罪的奴仆，那么我们就要ᵉ更进一步地考察ᵇ我们是否因此丧失了一切的自由。若我们仍有丝毫的自由，那么这自由的范围有多大？为了使我们清楚真正的答案，我现在要拟定一个讨论的方向。避免陷入谬误的良方就是先考虑到两种普遍错误的反应：（1）当人发现自己完全不正直时，他的反应是无所谓；当他发现他对追求神的义完全无能为力时，他就视追求神的义为徒然的，就如这与他毫不相干。（2）我们若说人能凭自己行最起码蒙神悦纳的事，就是窃取神的荣耀，人也会因自大而自取灭亡。奥古斯丁曾指出这两种错误。①若要避免这两种致命的错误反应，我们必须走上这条正路：当人被教导

---

① 奥古斯丁在他的 *Letters* 215 中解释《箴言》4：26（MPL 33. 971 ff.; tr. FC 32. 65 ff.）; *John's Gospel* 53. 8（MPL 35. 1778; tr. NPNF VII. 293 f.）。

他无能力行善也无法避免行恶时,他仍当被劝勉渴望他无法行的善,并渴望他已丧失的自由。事实上,这比教导他人拥有崇高的美德,更能激励他行善。每一个人都知道人不该自大而窃取神的荣耀[上述(2)],但有许多人却怀疑上述的(1)。虽然我们不应该否定神赐给人才能,但同时我们也有必要知道人被禁止虚假地自夸,就连神慈爱地赏赐人最崇高的尊荣时,人也不可因此自夸,何况人由于忘恩负义,已从最高贵的荣耀堕入最卑微的羞辱中。

当时,人拥有最高的尊荣,圣经教导说,这是因为神照自己的形象造人(创1:27),这就表示人受祝福并非因为他自己的善行,而是因他得与神的性情有分。那么既因人已丧失起初的尊荣,他就更应该相信神,特别是因他曾享有神丰盛的恩典却不心存感恩;他也应当至少借承认他的贫乏而荣耀神,特别是因他曾享有神丰盛的赐福却没有将荣耀归给神。②

此外,我们若拒绝因神起初赐给我们的智慧和美德自夸,这不但荣耀神,也使自己获益。如此,那些恭维我们的人,不但否定人的堕落,也亵渎了神。当人劝我们靠自己行善时,就等于劝我们倚靠摇晃的芦苇。然而,将我们的力量比作芦苇仍算是恭维,因为无论虚妄之人如何捏造和唠叨,人若想有行善之能,都只是妄想罢了。

奥古斯丁经常重复这著名的论述是有理由的:即主张自由意志这教义的人,越为这教义辩护,就越自我反驳。③首先指出人完全无能为力是必要的,因为当有些人听到人必须承认自己的无能为力,好叫神的能力覆庇他时,他们就痛恨这教导并说它是危险的、是不值得一提的。④然

---

② 加尔文在 *Instruction et confession de foy* (1537) (OS I. 382; tr. Fuhrmann, Instruction in Faith, p. 23)也有与此类似的话。参阅 Pannier, *Institution* I. 95, note *a* on p. 312。
③ Augustine, *John's Gospel* 81.2 (MPL 35.1841; tr. NPNF VII. 345); *Letters* 217.3 (MPL 33.981; tr. FC 32. 80 f.)。
④ 这就是伊拉斯谟在他反对路德有关自由意志作品中的立场,*De libero arbitrio* διατριβή (ed. J. von Walter, *Quellenschriften zur Geschichte des Protestantismus* 8, pp. 1, 5 ff.)。在 The Portable Renaissance Reader, ed. J. B. Ross and M. M. McLaughlin, pp. 677-693 中,伊拉斯谟此作品的许多部分被翻成英文,完整的作品在 LCC XVII。

而，这是圣经基要的教义，也是对我们最有益的。

哲学家和神学家对于自由意志的各种不同观点（2—9）

2. 哲学家相信人能倚靠理解力

ᵉ我们前面谈过，灵魂的机能在人的思想和心里面，⑤ᵇ现在我们要考察思想和心的功能如何。大多数的哲学家普遍赞同理智在思想里，就如一盏灯照亮思想一切的谋略，也如君王统管人的意志。他们认为人的理智被神光照，以便采取最有效的行事方式，且这理智也使人做最好的决定。另一方面，他们认为，感觉是不灵敏和肤浅的，常被世俗卑贱的事所缠绕，也永远不会有正确的辨别力。他们也主张，欲望若顺从理智而不顺从感觉，就会受理智的引领而追求一切的美德并持守正路，最后成为人的意志力。但它若顺从感觉就会沦为私欲。⑥他们认为我前面提过的那些机能⑦——理解力、感觉、欲望或意志（提到最多的是意志）——都在灵魂里。因此他们教导说，人的理解力拥有理智，且这理智是引领人过良善与幸福生活的最佳原则，只要它坚守自己的卓越性并发挥自然所赏赐的力量。但他们认为"感觉"是较卑微的机能，因它诱惑人犯罪和做错决定，而理智能驯服和逐渐克服它。此外，他们相信意志处于理智和感觉之间，也就是说，意志本身是完全拥有自主权和自由，可以选择顺从理智或屈服于感觉的诱惑。

3. 哲学家在诸多的反证下仍相信人有自由意志

ᵇ哲学家们有时会被自己的经验说服，他们并不否认：人的理智在统

---

⑤ I. 15. 7.
⑥ Plato, *Republic* IV. 14 ff., 439 ff. (LCL Plato, *Republic* I. 394 ff.); Aristotle, *De anima* III. 10. 433 (LCL edition, pp. 186-191).
⑦ I. 15. 6.

领人自己这理论上会遇到诸多困难。因为事实上人有时受宴乐的诱惑；有时被美善的假象欺哄；有时又深陷私欲的辖制，就如柏拉图所说，仿佛被线绳牵引的木偶往不同的方向活动。⑧于是西塞罗说：自然对人微弱的光照很快就被人邪恶的信念和败坏的习俗熄灭了。⑨哲学家们也一致认同，这么多的私欲一旦占据人心，就会猛烈地攻击人达至难以抵挡的地步。他们将这些私欲比作野马，当人的理智失去控制时，就如脱缰的野马狂野地掀翻马车，将驾驭者摔倒在地。⑩

然而，这些哲学家们却仍坚持主张，人有选择行善或行恶的能力。他们说，人若能凭自己的选择做某事，那他也能凭自己的选择不做这事。反之，若人有选择不做的自由，同样他也有选择去做的自由。的确，我们似乎有自由做我们想做的事，也有自由不做我们不愿做的事。就如我们若能随意行善，我们亦可随意不行善；同样地，我们若能随意作恶，我们也能随意拒绝作恶。⑪某些哲学家甚至自夸地说：我们的生命是众神所赏赐的，但我们行善和过正直的生活都在于自己。"西塞罗也借他作品中的人物科塔说："既然每一个人都靠自己行善，那智慧人也就不会为此感谢神。人们赞美我们的善行，我们也以此为傲。若行善的能力是来自神，而不是人自己，人就不会以此为傲。"他接着说："所有人皆认同：好运是神所赐的，而智慧却是自己的。"⑫ᵇ总而言之，所有哲学家的总论就是：内住于人理解力中的理智就足以引领人行善。意志受理智的控制，也受感觉的诱惑，但既因意志是自由的，它就能在一切的事上毫无拦阻地顺从理智的带领。

---

⑧ Plato, *Laws* I. 644 E (LCL Plato, *Laws* I. 68 f.).
⑨ Cicero, *Tusculan Disputations* III. 1. 2 (LCL edition, pp. 226 f.).
⑩ 参阅 Plato, *Phaedrus* 74 ff., 253D-254E (LCL Plato I. 494-497)。
⑪ Aristotle, *Nicomachean Ethics* III. 5. 1113b; "我们能行恶，也能行善；我们能采取行动，我们也能不采取行动。"(tr. R. McKeon, *Basic Works of Aristotle*, p. 972; 参阅 LCL edition, pp. 142 f.) Seneca, *Moral Epistles* 90. 1 (LCL Seneca II. 394 f.).
⑫ Cicero, *Nature of the Gods* III. 36. 86 f. (LCL edition, pp. 372 f.).

4. 一般来说，教父对自由意志的教导并不十分清楚，反而倾向相信人有自由意志。究竟何为自由意志？

ᵇ所有的神学家都承认：人的理智深受罪的影响，人的意志也被恶欲俘虏。尽管如此，许多神学家的观点却仍与哲学家的极为相似。⑬某些早期的神学家由于两种不同的原因高举人的能力。他们害怕若他们坦白地承认人的无能为力，首先，必定会遭受哲学家们的讥笑。其次，既然人的肉体生来不愿行善，他们不想使人再有懒于行善的借口。⑭所以，为了避免教导对一般人而言极为荒谬的事，他们努力地使圣经的教义与哲学家们的信念相协调。而他们特别害怕后者，因为不想使人有懒于行善的借口。如克里索斯托所说："既然神赏赐人行善、行恶的能力，就表示他赏赐人自由的选择，不会约束不愿行善的人，但悦纳乐意行善的人。"再者，"只要恶人愿意，他随时可以选择做好人，且好人也会因懒惰跌倒而成为恶人。因主赏赐我们自由选择的本性。他并不勉强我们，反而给我们安排适当脱离罪恶的方法，但所有的一切都端赖人自己的决定。"他又说："就如我们在神的恩典之外无法行善，同样地，我们若不尽本分，也无法蒙恩。"但他在此之前说："我们必须有自己的功劳，免得所有的一切都得靠神的帮助。"其中他最喜欢说的一句话是："我们当尽己所能，其余的让神去做。"⑮哲罗姆也说："我们负责动手，神必定成全；我们负责献上自己所有的，神必补足我们所缺的。"⑯

他们的这些话的确证明他们相信人有行善的热忱，但他们会这样说是因为他们认为，若不说人的问题完全是因为懒于行善，就无法激励人行善。他们这样教导虽然很有影响力，但稍后我们将发现这是完全错

---

⑬ 在 *De Scandalis*（1550）中，加尔文也同样指控一些教父因过于尊重哲学家，而教导人有自由意志（CR VIII. 19；参阅 Benoit, *Institution* II. 25.）。

⑭ 虽然加尔文是指教父，然而他似乎也在攻击当代的人道主义者，包括伊拉斯谟在内。参阅 Pannier, *Institution* I. 313, note *a* on p. 101。

⑮ Chrysostom, *De proditione Judaeorum*, hom. 1（MPG 49. 377）；*Homilies on Genesis*, hom. 19. 1, hom. 53. 2；hom. 25. 7（MPG 53. 158；54. 466；53. 228）。

⑯ Jerome, *Dialogus contra Pelagianos* III. 1（MPL 23. 569）。

误的。

希腊人最赞扬人的意志——克里索斯托是当中的佼佼者,而所有古时的神学家——除了奥古斯丁有明确的反对立场之外,其余之人的观点都自相矛盾,我们无法跟从他们学到什么。所以,我不再详述每一位神学家对这问题的看法,但我会根据问题讨论的需要,选择一两位神学家的观点来作解释。

后来的神学家——尽管他们灵巧地为人性本善辩护——想因此吸引人的称赞,但他们的教导一个比一个更偏离真理,至终他们教导说,人只是感觉堕落了,而理智没有受到玷污,意志也大部分完好无损。⑰ᵉ 同时,一个著名的论述广为流传:人肉体的机能被败坏了,且他属灵的机能也完全丧失了,⑱但是几乎没有人明白这句话的含义。我满意于这句话贴切地教导人败坏的本性,既然人的本性在各方面都受罪的影响,也完全丧失一切属灵的机能,那么,现在重要的是讨论人究竟能做什么。

当时那些自称为基督门徒的人在谈论这问题时,与哲学家们如出一辙。ᵇ拉丁人通常使用"自由意志"这一词,ᵉ宛如人仍是正直的一样。ᵇ而希腊人却更大胆地用"自力"(self-power)⑲形容人的意志,就如人人都拥有力量。甚至连普通的老百姓也受浸染而相信人生来拥有自由意志。他们当中的一些人虽然希望被人认为是杰出的,却不明白人自由的范围

---

⑰ Duns Scotus, *In sententias* II. 29. 1 (*Opera omnia* XIII. 267 f.).

⑱ 虽然这句话的文体和思想与奥古斯丁的一致,然而是中世纪的作品。伦巴德的说法是:"*alia sunt corrupta per peccatum, id est naturalia... alia subtracta*" (*Sentences* II. 25. 8;MPL 192. 207)。参阅奥古斯丁的 *Questions on the Gospels* 2. 19,其中论到好撒玛利亚人(《路加福音》第 10 章)。奥古斯丁的解释是:人因生来对神有某种程度的概念算是活着的,但人因生来受罪的捆绑则算是死的;所以他被说成是半死 (*semivivus*, Luke 10:30) (MPL 35. 1340)。其他与这教导有关的作品如下:*On Nature and Grace* 3. 3;19. 21;20. 22 (MPL 44. 249 f. – 256 f.,tr. NPNF V. 122;127 f.);Pseudo-Augustine, *Hypomnesticon* [commonly called *Hypognosticon*] *contra pelagianos et caelestinos* III. 8. 11 (MPL45. 1628)。参阅 II. 5. 19,注释 38;注释 21,below;12 节,注释 53;16 节,注释 62;Comm. Ezek. 11:19-20;T. F. Torrance, *Calvin's Doctrine of Man*,ch. 7。

⑲ "αὐτεξούσιος"——在教父中第一位采用这单词的是亚历山大的克莱门 (Clement of Alexandra)。他把保罗的话"既成了人"(林前 13:11) 解释为"我们顺服真道并成为自制的人 (αὐτεξουσίους)"。*Instructor* I. 6. 33 (GCS Clemens Alexandrinus I. 110;MPG 8. 289 f.;tr. ANF II. 217)。

为何。所以，我们首先要解释自由意志这术语的含义，其次我们要根据圣经清楚的教导来判断人的本性对行善或行恶的潜力如何。

尽管自由意志这一词在所有神学家的作品中频频出现，却很少有人为其下定义。奥利金（Origen）所下的一个定义为神学家们普遍认同。他说，当理智的功用区别出善与恶之后，自由意志就是从中作出选择的能力。[20]奥古斯丁并不反对这定义，他教导说自由意志是理智和意志的一种选择能力，它借助恩典得以择善，若无恩典就择恶。[21]伯尔纳却认为人总有永恒的自由意志和不会失误的理智的判断，他说自由意志就是对后者的"赞同"。[22]安瑟伦（Anselm）对自由意志所下的定义虽然著名，却很模糊：它是维护正直本身的力量。[23]结果，彼得·伦巴德和经院主义者接受奥古斯丁的定义，因为这定义更为清楚且没有排除神的恩典。他们明白，若无恩典，人的意志就无法择善。但是，他们却加上自己的观点，他们以为这些观点比奥古斯丁的更准确或更详尽。首先，他们赞同"arbitrium"这个名词应当是指理智，其任务是分辨善恶，且用"liberum"这个形容词形容意志是贴切的，因为人凭意志可随意做选择。[24]所以托马斯·阿奎那说，既然人的意志是自由的，所以将自由意志称为"选择的能力"是最恰当不过的。这选择的能力来自理智和欲望的混合，而欲望占多数。[25]因此，他们所教导的就是，人自由决定的能力是在理智和意志中。[e(b)]我们在以下的讨论中将简要谈及理智和意志在自由决

---

[20] Origen, *De principiis* III. 1. 3 (GCS 22. 197；MPG 11. 252；tr. ANF IV. 303；Butterworth, *Origen On First Principles*, p. 159).

[21] 参阅 Augustine, *Sermons* 156. 9-13 (MPL 38. 855-857；tr. LF *Sermons* II. 767-770)；Pseudo-Augustine (school of Hugh of St. Victor), *Summa sententiarum* 3. 8 (MPL 176. 101)；Lombard, *Sentences* II. 24. 5 (MPL 192. 702) 以及前面的注释18。也请参阅 OS III. 246, 注释3；Smits II. 31。

[22] Bernard, *De gratia et libero arbitrio* 2. 4 (MPL 182. 1004；tr. W. W. Williams, *Concerning Grace and Free Will*, p. 10).

[23] Anselm, *Dialogus de libero arbitrio* 3 (MPL 158. 494)；"Potestas servandi rectitudinem propter ipsam rectitudinem."

[24] Lombard, *Sentences* II. 24. 5 (MPL 192. 702).

[25] Aquinas, *Summa Theol.* I. 83. 3.

定的能力中所占的比例如何。

5. 教父对"意志"和"自由"不同的观点

ᵇ他们通常将那些显然与神的国无关的居间之事㉖包括在自由意志的范围内，但他们也说真正的义行是来自神的特殊的恩典以及属灵的重生。为了证明这一点，在《对外邦人的呼召》(The Calling of the Gentiles) 这部著作中，作者列举了三种自由意志：第一是感官的；第二是精神的；第三是属灵的。他教导说：所有的人生来都拥有前两种，而第三种则是圣灵在人心里的作为。㉗我们将在恰当的时候讨论是否真是如此。我现在要简要地讨论（不是反驳）他们对自由意志的论述。当教父讨论自由意志时，他们先考虑的并不是自由意志在社会上和个人行为上的重要性，而是考虑它促使人顺服神律法的重要性。尽管我同意后者是主要的，然而我们也不应该完全忽略前者，我希望可以将自己的观点陈述清楚。㉘

神学上对自由的三种区分如下：第一是摆脱必然性的自由；第二是脱离罪的自由；第三是脱离悲惨的自由。第一种自由是与生俱来也是不可能被夺去的，而后两种自由在亚当犯罪后就已丧失了。㉙我很赞同这种区分，只是许多人将必然性错误地与被迫性混淆，二者的差别以及这差别的重要性将在本书的别处讨论。㉚

㉖ "Res medias"——次要或不重要的事。这是拉丁文对 ἀδιάφορα 的翻译（参阅德文 Mitteldinge）。参阅加尔文对"基督徒自由"的讨论 III. 19. 7-9；also II. 2. 12-14；II. 3. 5。

㉗ 阿基坦的普罗斯珀 (Prosper of Aquitaine), De vocatione omnium gentium (ca. 450) I. 2。这论文是与安波罗修 (Ambrose) 的作品 (Basel, 1492) 一起出版的，也与前人误以为是他写的作品一起出版 (MPL 17)；也有不同版本，与普罗斯珀的作品一起出版，MPL 51。为了参考这段，请参阅 MPL 17. 1075；51. 649 f. 以及莱特 (P. de Letter) 的翻译，St. Prosper of Aquitaine, The Call of All Nations (tr. ACW XIV), p. 27。参阅 M. Cappuyns, "L'Auteur du De vocatione omnium gentium", Revue Benedictine XXXIX (1927), 198-226。

㉘ II. 12-18。

㉙ Lombard, Sentences II. 25. 9 (MPL 192. 708); Bernard, De gratia et libero arbitrio 3. 7 (MPL 182. 1005；tr. W. W. Williams, Concerning Grace and Free Will, pp. 15 f.).

㉚ II. 3. 5。

第二章　人已完全丧失自由选择而悲惨地做罪的奴仆　239

6. "圣灵独立运行"或"圣灵与人合作"的恩典？

^b只要我们认同以上的教导，就必须相信自由意志不足以使人在神特殊的恩典之外行善，除非它借助神的恩典，即神的选民借着重生所领受的特殊恩典。^c我绝不费时费力与那些狂妄的人周旋，他们胡说神将他的恩典平等且毫无分别地赐给所有的人。㉛^b我们还未证实人是否已全然丧失一切行善的能力，或仍存留一些能力，尽管这能力微弱到凭自己无法成就任何事情，只能借助恩典发挥其力。伦巴德为了解决这争议教导说："我们需要两种恩典扶助我们，使我们得以行善。"他称第一种恩典为"圣灵独立的运行"，这恩典能使我们有效、自愿地行善；第二种为"圣灵与人合作"的恩典，就是圣灵依照人良善的意志帮助他。㉜我对这分类不赞同的方面是，虽然他说人立志行善这有效的能力来自神的恩典，但他也暗示人有某种与生俱来对行善的渴慕——尽管无效。伯尔纳虽然声称人立志行善是神的工作，但却相信人还是有对这种行善意志的渴慕。然而这观点与奥古斯丁的截然不同，尽管彼得·伦巴德宣称这种区分是来自奥古斯丁的思想。㉝我痛恨伯尔纳后半部分含糊的说法，因这导致人曲解圣经的教导，使人误以为我们与神的恩典合作，所以我们能拒绝神的恩典而使之无效，或因顺服神的恩典而使之有效。《对外邦人的呼召》这本书的作者对此问题的陈述如下："有理智的人有拒绝恩典的自由，如此看来，不拒绝恩典算是功劳。并且，虽然人没有圣灵的帮助就无法行善，但人若接受圣灵的帮助也算是功劳。"㉞我之所以提出这两点，是要我的读者明白，我与经院哲学家们的观点大为不同。在这教义上，我的观点与现今哲学家的㉟更为

㉛ 在 1555 年 6 月 5 日，加尔文回答苏西尼（Laelius Socinus）（他在这里指的或许就是苏西尼）的一些问题中，将神有效地施恩给选民和被遗弃之人身上的"圣灵次要的运行"加以区别。*Responsio ad aliquot Laelii Socini quaestiones*，2-4（CR X. 163 ff.）。

㉜ Lombard，*Sentences* II. 26. 1（MPL 192. 710）。

㉝ Bernard，*De gratia et libero arbitrio* 14. 46（MPL 182，1026；tr. W. W. Williams，*Concerning Grace and Free Will*，p. 48）；Augustine，*On Grace and Free Will* 17. 33（MPL 44. 901；tr. NPNF V. 457）。

㉞ Prosper of Aquitaine，*The Call of All Nations* II. 4（MPL 51. 96；tr. ACW XIV. 96）。

㉟ 请注意"更为正统"的经院哲学家和近来的诡辩家的分辨。后者包括奥卡姆（Ockham）和后来解释他作品的一些人，譬如：比尔（Gabriel Biel，卒于 1495 年）以及当时的索邦神学家们。

不同，因他们的观点比那些经院哲学家更偏离真道。然而，我们从这分类上至少明白他们在哪一方面认为人有自由意志。因伦巴德最后宣称：人有自由意志并不是说人在思想和行为上都能选择善恶，而是说人不是被迫做任何事。根据伦巴德的说法，即使我们邪恶，做罪的奴仆，甚至不能不犯罪，但这都不能表示我们没有自由意志。㊱

7. 人不能不犯罪，虽不是被迫，却不能证明人有自由意志

ᵇ因此，他们说人有自由选择，并不是因为他能自由选择善恶，而是因为当他选择行恶时，不是被迫的。若的确如此，那何需对此冠以堂皇的称号？人不是被迫犯罪，但他却爱罪㊲到不能不犯罪的地步，难道这是什么高贵的自由吗？事实上，我厌恶在文字上争吵，㊳因这些争吵只是扰乱教会罢了。但我下决心不使用那些荒唐的词语，特别是当这些词语包含有害的错误思想时。难道大多数的人听到人有自由意志时，不是立刻理解为他是自己思想和意志的主宰，且能凭自己的力量行善恶吗？然而（或许有人会说）我们若持续不断地教导人们这词真正的含义，就可以避免这种误解。但人心倾向虚妄，他从一个词所能学到的谬误比从一篇冗长的论文中所学到的真理还多，自由意志这术语就充分证明这一点。既然神学家没有留意早期神学家对这一词的阐释，以致后来几乎所有的神学家虽然没有否定这词的本义，却因对这词的误解变得自信而开始曲解

㊱ Lombard, *Sentences* II. 25. 8 (MPL 192. 708). 参阅第二卷第二章第十五节，描述罪人心里仍有的良善，以及第二卷第三章第二节（特别是最后一句），描述人根本没有良善。加尔文故意做此夸张的比较，为了强调：人虽然有"许多很好的品格"却"完全没有良善"。参阅 *Instruction et confession de foy* (1537) (OS I. 381; CR XXII. 36 f.; tr. Fuhrmann, *Instruction in Faith* 5, p. 22)；"圣经多处记载人是罪的奴仆……因为罪的恶毒渗透人心，所以人所结的都是罪恶的果子。"加尔文也称异教徒的品格为神给他们的"礼物"，第二卷第三至第四节。他也相信堕落之人有一定程序的善。托伦斯（T. F. Torrance）在他的 *Calvin's Doctrine of Man*，第七至第八章中详细地解释加尔文这方面的神学。

㊲ "ἐθελόδουλος"，帕尼耶指出博埃西（Étienne de Boétie），蒙田（Montaigne）的朋友在1548年写了他有名的政治论文 *La servitude voluntaire*。

㊳ "λογομαχίας"。

这词的定义,至终自取灭亡。

8. 奥古斯丁对"自由意志"的教导

ᵇ我们若接受教父的权威,他们的确常常使用这术语,但同时他们也清楚地阐释这词的定义。首先,奥古斯丁称意志为"非自由的"[39]。但他在别处却对否认自由意志的人表示愠怒,他的解释是:"人不要为自己的罪找借口,而否定意志的自由选择。"[40]然而他也在另一处表明:"若无圣灵,人的意志并不自由,因人的私欲捆绑并胜过人的意志。"[41]他也说:人堕落后意志被罪胜过,人就失去自由了。[42]再者,人因滥用自由意志,便丧失自由意志和赔上自己的性命。此外,自由意志已受捆绑,无力行义,ᶜ而且,除非神的恩典叫人自由,否则人就无法自由。最后,人无法靠自己满足律法的要求,但在圣灵的帮助下,人不自由的意志得以释放并顺服神,这就满足了神的公义。他在另一处摘要说:当神造人时,他赐给人自由意志的大能,但因人犯罪而失丧了。[43]所以,奥古斯丁在另一处证明人借恩典意志才有自由之后,就毫不留情地严斥那些声称人在恩典之外拥有自由意志的人。他说:"为何悲惨的人在他们未得释放前大言不惭地夸耀自由意志,或在他们得释放之后以他们重新获得的力量为傲呢?因为他们没有留意'自由意志'这一词虽然意味着自由,然而'主的灵在哪里,哪里就得以自由。'(林后3:17)所以,既然他们是罪的奴仆,为何还夸耀自由意志呢?因人是做那征服他之人的奴隶。若他们被

---

[39] Augustine, *Against Julian* II. 8. 23 (MPL 44. 689; tr. FC 35. 83 f.). 参阅 Calvin, *Instruction in Faith* (1537), 5 (OS I. 381; CR XXII. 36; tr. Fuhrmann, p. 22)。
[40] Augustine, *John's Gospel* 53. 8 (MPL 35. 1778; tr. NPNF VII. 293).
[41] Augustine, *Letters* 145. 2 (MPL 33. 593; tr. FC 20. 163 f.).
[42] Augustine, *On Man's Perfection in Righteousness* 4. 9 (MPL 44. 296; tr. NPNF V. 161).
[43] 以上的一些引用也是来自奥古斯丁的其他作品: *Enchiridion* 9. 30 (MPL 40. 246; tr. LCC VII. 356 f.); *Against Two Letters of the Pelagians* III. 8. 24 (MPL 44. 607; tr. NPNF V. 414); I. 3. 6 (MPL 44. 553; tr. NPNF V. 379); III. 7. 20: "Hominis libera, sed Dei gratia liberata, voluntas" (MPL 44. 603; tr. NPNF V. 412); *Sermons* 131. 6 (MPL 38. 732)。

释放,为何自夸,仿佛是自己得释放呢?难道他们自由到不愿做说这话'离了我,你们就不能做什么'(约15:5)之人的奴仆吗?"

ᵇ奥古斯丁在另一处嘲笑说,意志确实是自由的但未被释放,他说:意志有不行义的自由,但却是罪的奴仆。ᶜ他还在另一处重复并解释这句话:人无法行义是出于他意志的决定,并且,唯独借助救主的恩典,他才能从罪的权势下得释放。㊹ᵇ当他宣称人只有不行义的自由时,似乎就在嘲笑"自由意志"这个空洞的术语。因此,若没有人误解这词,我对使用这词绝无异议。但是我深信,在教会中保留这词的危害极大,反之,若去除这词将成为教会的祝福。我自己决定不使用这词,我希望别人也可以听我的劝告。

9. 教父教导中的真理之声

ᵇ当我说除了奥古斯丁之外,历史上其他的神学家们对这问题的阐述都不够清楚或全面,甚至他们的著作也不能使我们获益,或许有人认为我过于偏激,或许有人认为因为他们都是我的仇敌,所以我劝人不理会他们的教导。然而我的用意只是单纯诚恳地想劝勉敬虔的人,因若他们在这事上听从那些人的解释,他们就会时常迷惑彷徨。有时这些作者会教导说:因人丧失了自由意志,所以只能依靠神的恩典;有时他们似乎又教导人能自救。虽然这些教父对意志的教导不清楚,然而我仍能证明他们不相信或几乎不相信人有美德,他们反而将一切善行所应得的称赞都归给圣灵。以下我要引用他们的话来证明。奥古斯丁时常复述西普里安的话:"我们不应当以任何事为荣,因我们一无所有"㊺,意

㊹ Augustine, *On the Spirit and the Letter* 30.52 (MPL 44.234; CSEL 60.208 f.; tr. LCC VIII.236 f.); *On Rebuke and Grace* 13.42 (MPL 44.942; tr. NPNF V.489); *Against Two Letters of the Pelagians* I.2.5 (MPL 44.552; tr. NPNF V.378).

㊺ Augustine, *On the Predestination of the Saints* 3.7; 4.8 (MPL 44.964, 966; tr. NPNF V.500). 奥古斯丁在这里引用西普里安的话, *Testimonies Against the Jews, to Quirinus* III.4: "我们在万事上都不应该自夸,因为我们一无所有。"(MPL 4.764; tr. ANF V.528) 他在 *Against Two Letters of the Pelagians* IV.9.25-26 (MPL 44.627 f.; tr. NPNF V.428) 也引用了这句话。

思难道不就是，人既然一无所夸，就应当学习完全依赖神吗？那么当奥古斯丁和优克里乌（Eucherius）将生命树解释为基督，并说任何伸手摘吃这树上果子之人必要存活的含义是什么呢？同时，他们将善恶树解释为意志的选择，并说那些没有神的恩典而吃这果子之人必死的含义又是什么呢？[46]当克里索斯托说：每一个人生来不但是罪人也是罪本身，其含义又是什么呢？[47]若他们说人心里毫无良善，从头到脚都是邪恶的，甚至不被许可伸手试验自己的意志能力如何，那他们怎会将善行所应得的称赞，一部分归给神，另一部分归给人呢？我也可以引用许多其他神学家的论述证实这点，但为了避免有人指控我只选择引用那些支持我自己论点之人的论述，我宁可不再引证其他神学家的论述。然而我敢断言：不论他们如何过分地赞美自由意志，他们最终的目的都离不开教导人完全弃绝信靠自己的美德，并确信他一切的力量唯独在于神。我将简单地解释人的本性这教义。

我们必须弃绝一切自满（10—11）

10. 自由意志这一教导时常威胁神的荣耀

[b]然而，我不得不再次重复本章开头的论述：谁若认识到自己的悲惨、贫困、一无所有，以及羞辱，谁就最清楚地认识自己。[48]人怎么剥夺自己都不为过，只要人明白他所缺乏的一切必须从神那里重新获得。然而，人一旦以为他有丝毫可夸的，他便得意忘形，因而窃取神的荣耀，至终犯下亵渎神的大罪。的确，无论何时这种私欲侵袭我们的思想，迫使我们以为我们任何的才能属于自己而不是出于神，我们就确信这种想法是来自引诱我们始祖想要"如神能知道善恶"（创3：5）的

---

[46] Augustine, *On Genesis in the Literal Sense* VIII. 4-6 (MPL 34. 375 ff.)；*Eucherius* (bishop of Lyons, 434-450), *Commentarii in Genesim* I, 见 Gen. 2：9 (MPL 50. 907)。

[47] 在伊拉斯谟所编辑克里索斯托作品集的版本中（Basel, 1530），这些话出现在基督降临节第一个礼拜天的一篇讲道里，但这篇讲道在之后的版本中并没有被收录或提及。

[48] II. 2. 1；参阅 II. 1. 1-3。

那位。既然引诱人自夸的声音来自魔鬼，我们就不可给它留余地，除非我们想要听从我们仇敌的建议。的确，说你如此能干、完全能依靠自己行事，此话非常动听！但为了避免被这种虚妄的自信欺哄，我们应当思考多处使我们谦卑的重要经文，使我们彻底谦卑。例如："依靠人血肉的膀臂，心中离弃耶和华的，那人有祸了！"（耶17：5）又如："他不喜悦马的力大，不喜爱人的腿快。耶和华喜爱敬畏他和盼望他慈爱的人。"（诗147：10—11）又如："疲乏的，他赐能力；软弱的，他加力量。就是少年人也要疲乏困倦；强壮的也必全然跌倒。但那等候耶和华的，必从新得力。"（赛40：29—31）这些经文相同的目的就是：若我们期望神恩待我们，我们就不应当依靠自己丝毫的力量，因神"阻挡骄傲的人，赐恩给谦卑的人"（雅4：6，彼前5：5，Vg.；参阅箴3：34）。因此，我们也应当留意这些应许："我要将水浇灌口渴的人，将河浇灌干旱之地。"（赛44：3）以及"你们一切干渴的都当就近水来"（赛55：1）。这些经文都证实，人若不深深地感受到自己的贫乏，就无法领受神的祝福。我们也不要忽略其他的经文，例如："日头不再作你白昼的光，月亮也不再发光照耀你。耶和华却要作你永远的光。"（赛60：19）当然，主不会禁止他的仆人享受太阳或月亮的光照，而是因他喜悦他的百姓将一切的荣耀归给他，他也不希望他们过于依靠卓越的被造之物。

11. 真谦卑之人将一切的尊荣归给神

ᵇ我非常赞赏克里索斯托的一句话，即我们哲学的根基就是谦卑。[49] 但我更欣赏奥古斯丁的这番话："当一位雄辩家被问及，演讲的要诀是什么时，他回答说，'表达的技巧'；第二呢？'表达的技巧'；第三呢？还是

---

[49] Chrysostom, *De profectu evangelii* 2 (MPG 51.312).

'表达的技巧'; ⑩同样,若你询问我基督教的要诀是什么? 我总会回答说,第一是'谦卑',第二是'谦卑',第三还是'谦卑'。"奥古斯丁还在另一处说,谦卑不是当一个人知道他有某些长处时,去压抑他的骄傲和傲慢,真谦卑的人真实地相信他唯一的避难所就是谦卑。他说:"千万不可奉承自己,因人本身就是撒旦。人的福分唯独来自神。难道你唯一拥有的不就是罪吗? 视罪只属乎你自己,义却属乎神。"他又说:"人为何仍看重自己的能力呢? 人的能力已受损、衰残、被缚和失丧。我们所需要的是真诚地认罪,而不是虚假地自我防卫。"他又说:"当人发现自己是虚无且无能为力时,他就手无寸铁不再与神作战了。但一切攻击神的武器必须被折断和烧毁,人也必须不再重拾武器,并继续确信自己的无能为力。你越相信自己的软弱,主越悦纳你。"他在《诗篇》70 篇的解释中劝我们不可记念自己的义,好让我们依靠神的义;他还教导说,神施恩给谁,谁就确信自己是虚无的,唯有依靠神的怜悯我们才能站稳,因为我们是邪恶的化身。㉛我们不可与神争辩自己的权利,就好像若将一切的权柄交给神,就会夺去自己的幸福。就如我们的谦卑显出神的尊贵,同样,承认我们的卑微是呼求神怜悯的良方。我的意思并不是说,一个尚未发现自己卑微的人应当勉强接受我以上的阐述,和假意不看自己任何的才能,只为了成为真谦卑的人。但我希望他脱离自爱和野心的

---

⑩ 法文版本说这指的是狄摩西尼 (Demosthenes)。有关狄摩西尼的故事是昆体良 (Quintilian) 说的, *Institutio oratoria* XI. 3. 6 (LCL Quintilian IV. 244 f.)。奥古斯丁在他的 *Letters* 113. 3. 22 (MPL 33. 442; tr. FC 18. 282) 中引用这故事。加尔文——就如当时一般的修道士和经院哲学的道德家一样相信:骄傲是最大的罪;谦卑是最伟大的美德。参阅 *Sermons on Job* 80,加尔文说谦卑是"最高贵的美德……是众美德之母和根源。"(CR XXXIV. 234; tr. A. Golding [1580 edition, p. 376]) 加尔文一定对努西亚的本笃 (Benedict of Nursia) 的 *Rule of Monks* 7 中的"谦卑的十二个步骤"很熟悉 (J. McCann, *The Rule of St. Benedict in Latin and English*, pp. 36-49; tr. LCC XII. 301-304)。参阅伯尔纳 (Bernard) 的灵修论述 *De gradibus humilitatis et superbiae* (annotated Latin text by B. R. V. Mills in *Select Treatises of St. Bernard*; tr. by B. R. V. Mills, *The Twelve Degrees of Humility and Pride*)。

㉛ Augustine, *John's Gospel* 49. 8 (MPL 35. 1750; tr. NPNF VII. 273); *On Nature and Grace* 53. 62 (MPL 44. 277; tr. NPNF V. 142); *Psalms*, Ps. 45. 13 (MPL 36. 523); *Psalms*, Ps. 70. 1, 2 (MPL 36. 876; tr. NPNF [Ps. 46 and 71] VIII. 160. 315)。

瘤疾,[52]因这瘤疾弄瞎他的心眼,使他看自己过于所当看的(参阅加6：3),我也希望他从圣经的明镜中正确地认识自己(参阅雅1：22—25)。

人没有完全丧失他的自然禀赋：理解力（12—17）

12. 超自然的恩赐已荡然无存；自然禀赋已败坏；但人仍有足够理性使他与禽兽有别*

°事实上,我也承认神学家们普遍接受的奥古斯丁的这个论点,即人的自然禀赋已因罪而败坏,超自然的恩赐已完全丧失。[53]他们所说超自然的恩赐包括信仰之光和原义,这两种恩赐足以使人获得属天的生命和永恒的幸福。所以,当人离弃神的国时,神赏赐人要人盼望永恒救赎的这些超自然恩赐也同时丧失了。由此可见,神将人从他的国驱逐出去,也剥夺了人一切有福生活的恩赐,直到人借重生之恩才能重新获得。在这些恩赐中,有信心,有对神的爱、对邻舍的爱,以及对圣洁和公义的渴慕。既然基督将这些恩赐重新赐给我们,我们就应当将之视为外来的、超自然的。因此,我们推断人生来已丧失这些恩赐。另一方面,理智和正直的心也腐败了,这就是自然禀赋的败坏。虽然理解力、判断力和意志在堕落之后仍残存,但是我们不可称这软弱和堕入黑暗深渊的思想是健全的,意志的败坏是无人不知的。

既然理解力是人辨别善恶和明白是非的一种机能,它就不可能完全丧失,但它已变得残缺不全,因此理解力的堕落和败坏时常表现出来。使徒约翰这样说："光照在黑暗里,黑暗却不接受光。"(约1：5)这节经文明确地表达两个事实。首先,在人败坏和堕落的本性中仍存有一丝光芒。这光芒证明人是有理性的受造物,与禽兽有别,因神赏赐他理解力。其次,当这光芒散发时却被极浓厚的愚昧掩盖了,以致无法明亮地照耀。

---

[52] "φιλαυτίας καὶ φιλονεικίας morbo."

[53] 见以上第四节注释17, 18, 21；Augustine, *On Nature and Grace* 3.3；19.21；20.22 (MPL 44.249, 256 f.; tr. NPNF V.122, 127 f.)。

同样，人的意志因与人的本性密不可分，也就没有完全消失，但这意志却被恶欲捆绑，所以不能追求真义。这的确是一个完整的定义，但仍需要更详尽的解释。

ᵇ我们本来将人的灵魂分为理解力和意志两部分，所以我们要按此次序讨论。㊴首先我们要查考人的理解力至今的光景如何。

ᵇ若我们谴责人的理解力，说它盲目到无法明白任何事情，这不但违背神的话，也与人的常识相背。因我们晓得，在人的本性中有某种与生俱来寻求真理的欲望，这就表示人曾经尝过真理，否则他根本不会有这种渴望。所以，人的理解力拥有领会事物的能力，因人受造时的本性是爱真理的。禽兽没有这天赋，这证明他们的本性是迟钝和非理性的。然而，这种对真理的渴慕在它尚未发挥之前，就衰残并落入虚妄中。事实上，人的理解力不但不灵敏且无法持守正道，反而徘徊于诸多的谬误中，并且重蹈覆辙，如在黑暗中摸索，直到迷失方向，至终消失。因此，人的理解力对寻见真理无能为力。

而且它在另一种虚空之下劳苦叹息：它常常不能辨别那些它应当明白的事物。因此，在鉴察虚空和无用的事上，人的理解力却因它荒谬的好奇自我折磨，而大意地不理会他应当特别留意的事。事实上，他很少认真地研究这些事情。世俗的作者也经常抱怨人的这种邪恶，然而他们自己也几乎被此缠住。因此，所罗门在《传道书》中列举人自以为聪明的一切事之后，宣告它们只是虚空和捕风（传 1∶2、14，2∶11 等）。

13. 对于世俗的事情以及人类社会行事之理解

ᵇ但人一切的努力并不总是枉然㊶且毫无结果的，特别是当他研究世俗的事时。甚至，他也敏锐到足以预尝天上的事，虽然他对研究这些

㊴ I. 15. 7, 8.
㊶ 加尔文在这里没有提到他所赞叹的美术。参阅 I. 11. 12；Comm. Gen. 4∶20；Comm. Harmony Books of Moses, Ex. 20∶4；34∶17. L. Wencelius, *L'Esthétique de Calvin* II. 5, 6 及 J. Bohatec, *Budé und Calvin*, pp. 467-471 都讨论加尔文对美术的观点。

事情比较无动于衷。事实上，他研究世俗的事比属天的事更有技巧，当他思考天上的事时，特别感到自己的有限。所以，为了清楚发现人在任何事上的理解程度如何，我们必须在此做区分，即对世俗之事的理解，以及对天上之事的理解。我所谓的"世俗之事"就是那些与神或他的国度、公义，或来世的福分无关的事，反而只在乎今世，也限于今世；我所谓的"天上的事"包括对神正确的认识、公义的本质，以及天国的奥秘。前者包括政府、家庭的管理、一切机械的技术，以及文学和艺术；后者包括认识神和他的旨意，以及如何服从神旨意的准则。

对于前者我们要说，既然人生来就是群居的动物，[56]所以他的本能倾向于看顾和保护社会。结果，我们发现在所有的人心里存有某种社会公平交易和秩序的观念。所以，所有的人都明白，一切人的组织必须用法律来管理和约束，以及这些法律背后必有原则。因此，所有的国家和个人都赞同法律的必要性，因为法律的种子无须教师和立法官就已深植于所有人的心中。

我在此不想讨论人在法律上的争议。有些人——譬如窃贼和强盗——想推翻一切的法律并破坏治安、想脱离法律一切的约束，让自己的私欲代替法律。另一些人则认为某些法律根本不公正（更普遍的现象），而争辩某些被禁止之事反而是好的。这些人恨恶法律并不是因为他们不晓得法律是良善和圣洁的，而是因他们翻腾的私欲抵挡显而易见的理性。他们的悟性所赞成的事，私欲却恨恶，理性和私欲的争战并没有消除他心里原本对公正的概念。虽然人们对法律的细则争论不休，但却一致赞同法律的必要性。这事实就证明人心的软弱。即使

---

[56] Seneca, *On Clemency* I. 3. 2；*On Benefits* VIII. 1. 7 (LCL Seneca, *Moral Essays* I. 364 f.；III. 458 f.)；Lactantius, *Divine Institutes* VI. 10, 17 (CSEL 19. 515, 545；MPL 6. 668, 696；tr. ANF VII. 173, 182)。在 Comm. Gen. 2：18 中，加尔文说："原则上神创造人为群居的动物。"参阅 *Comm. Seneca On Clemency* I. 3 (CR V. 40)。

他似乎行走在正道上，也是蹒跚而行、摇摇晃晃。然而社会秩序的某种原则深植于所有人的心中，这是事实，也充分证明今世所有的人都拥有理性之光。

14. 对于艺术和科学的理解

^b接下来要讨论人文和手工艺术。在学习这些艺术时，人的聪明才智得以显现，因每一个人都有某种艺术上的才能。然而，虽然不是所有的人都适合学习所有的艺术，但几乎所有的人都擅长某方面的艺术，这就证明人拥有这一般的才能。人不但有学习艺术的才智和精神，也有新的创意，继承和发展前人的艺术。柏拉图却借此错误地教导说，这只是回想灵魂尚未与身体联合之前所知道的事罢了。[57]

然而根据我们以上所说的，我们有极好的理由相信人对艺术的理解是与生俱来的，同时这也证明人生来就有理性和理解力。这种普遍的才能，应当使每一个人明白神在此特殊的恩典。创造天地万物的主创造智障者，这也应当激发我们心存感恩，因为从他们身上我们看到，人没有这才能的光景是怎样的。由于普遍到几乎所有的人都拥有，就显明是神因他的恩惠白白地赏赐给众人。艺术的创作、教导，或少数艺术的天才，并不足以证明它的普遍性，但既然神将这天分毫无分别地赐给敬虔和不敬虔之人，我们就称之为自然的恩赐。

15. 科学是神的赏赐

^b当我们从世俗作家的作品中发现他们的才能时，我们要让神在他们身上所彰显可畏的真理之光教导我们，尽管人心已堕落和完全扭曲，却仍然披戴和装饰着神卓越的赏赐。若我们视圣灵为真理唯一的源头，我们就不会拒绝真理本身，或在任何彰显他之处藐视他，因如此也等于羞

---

[57] Plato, *Meno* 81 f., 84 (*Dialogues of Plato*, tr. Jowett I. 361 ff.).

辱圣灵。[58]轻看圣灵的恩赐就是羞辱圣灵。古时的立法官因受真理的光照,而公正地设立社会的法律和秩序,难道我们要否认这事实吗?哲学家们对自然观察细腻,描述精妙,难道我们要说他们是全然盲目的吗?拥有并教导我们辩论艺术和技巧的雄辩家,难道我们要说他们全然是愚昧的吗?那些研究药物之人,致力于我们的益处,难道我们要说他们疯狂吗?对于一切数学上的知识我们要怎么说呢?难道我们要称它们为疯人的妄语吗?绝不是。当我们读到前人关于这一切的著作时,我们不禁对它们崇敬不已。又因我们对它们赞赏不已,所以不得不承认它们的杰出。但同时我们不能不承认任何值得赞美的或高贵的事物都是来自神。若不承认,我们要为如此忘恩负义感到羞耻,因为就连古时异教诗人都承认,哲学、法律以及一切有用的艺术都是众神所赐的。[59]那些圣经称为"属血气的人"[60](林前2:14)对世俗的事洞察入微。因此,我们从他们身上得知主在人堕落、丧失属灵生命之后,仍留给人诸多的恩赐。[61]

16. 人在科学和艺术上的技巧也是圣灵的恩赐

[b]同时我们千万不要忘记,圣灵为了人类共同的益处,随己意赏赐、分配众人卓越的才能。建造会幕的才能和知识是圣灵赏赐给比撒列和亚何利亚伯的(出31:2—11,35:30—35)。无怪乎圣经告诉我们,人一

---

[58] 参阅 I.4.3,注释6。加尔文在这里强调所有的真理都来自神。虽然一般人只在乎暂时和"次要"的事,但加尔文也常说外邦的哲学家理解一些信仰上的真理,参阅 I.3.1; I.5.3.。注意,加尔文虽然承认有时在圣经之外和在属血气之人身上找得到真理,但他并不相信司各脱(Duns Scotus)的教导,即有两种彼此不和谐的真理。加尔文教导的乃是:神的真理有两种不同层次的彰显,其中之一是有关暂时和属世的事。他的立场与拉克唐修一样。拉克唐修说:虽然哲学家们不明白"真理的要义",即神创造世界好叫人敬拜他,但他们确实明白一点真理。Lactantius, *Divine Institutes* VII. 6-7 (CSEL19. 605f.; MPL 6. 757, 759; tr. ANF VII. 203 f.)。亚历山大的克莱门说:哲学家在研究事情的真相中所得的真理"与基督所说的'我就是真理'没有两样"(*Stromata* I. 5. 32; GCS II. 21; tr. ANF II. 307),虽然听起来好像是异端,然而可能也有同样的意思。加尔文在这里的教导也许是来自奥古斯丁,*Against Julian* IV. 12. 60;"*In ipsis* [即在异教作家当中] *reperiuntur nonnulla vestigia veritatis*"(MPL 44. 767; tr. FC 35. 218)。在 Comm. Titus 1:12,加尔文说:任何真实的话,即使是恶人说的,也都是来自神(参阅 Comm. John 4:36)。

[59] Cicero, *Tusculan Disputations* I. 26. 64 (LCL edition, pp. 74 f.)(西塞罗所指的是 Plato, *Timaeus* 47)。

[60] "ψυχικοὺς"。

[61] 参阅 II.3.2,至结尾。

生中最杰出的知识是圣灵所赏赐的。人没有理由反问：那些远离神的不敬虔之人与圣灵有何关系呢？圣经告诉我们，神的灵只居住在信徒心中（罗8：9），其正确的解释是，圣灵分别信徒为圣作神的殿（林前3：16）。但神借同一位圣灵按照各受造物的属性充满、感动，并赏赐生命给他们。主若喜悦我们在物理学、辩证法、数学以及其他的学科上，借不敬虔之人的成就和劳力得到帮助，那么我们就当使用这帮助。我们若忽略神在这些学科上白白赏赐人的才能，我们理当因这忽略受罚。为了避免有人以为拥有世俗智慧之人是蒙神祝福的（参阅西2：8），我们应当立刻接着说，这理解力和知识在神眼中若没有真理作根基，就只是暂时和虚无的。奥古斯丁教导我们这伟大的真理，即人在堕落后丧失了属灵的恩赐，同时自然的才能也败坏了。关于这点，伦巴德及其他的神学家们[62]也同意这观点。这并不是说这些才能本身败坏了，因它们是来自神，而是拥有这些才能之人败坏了，所以这些才能已不再纯洁，因此人完全不配得称赞。

17. 第十二至第十六节的摘要

ᵉ综上所述，人类理性是与生俱来的，它使我们与禽兽有别，就如禽兽的知觉使它们与无生命的受造物有别。虽然某些人生来是智障的，但这并不会抹去神普遍的仁慈，[63]这反而警诫我们，使我们为仍保有的才能

---

[62] Lombard, *Sentences* II. 25. 8 (MPL 192. 707). 加尔文在这里加上 "*et scholastici*"，指许多经院哲学家对伦巴德之 *Sentences* 的解释。参阅上文第四节注释17, 18；第十二节注释53。

[63] "*Generalem Dei gratiam.*" 在凯波尔（A. Kuyper）和巴文克（H. Bavinck）讨论加尔文对"普遍的恩典"之立场后，凯波尔（H. Kuiper）致力研究加尔文对普遍恩典的教导（*Calvin on Common Grace*）。之后的许多神学家对加尔文的普遍恩典有各种不同的解释。《基督教要义》有不少地方与这里的教导一样，例如：I. 3. 1-3；I. 4. 2（"light of nature"）；I. 5. 3-4；I. 5. 7-8；I. 11. 12；I. 13. 14；I. 17. 1；II. 2. 12-27；II. 3. 3；II. 7. 1；III. 2. 32；III. 7. 6；III. 9. 3；III. 14. 2；III. 20. 15；IV. 10. 5；IV. 20. 1-4；IV. 20. 9-11。凯波尔（Kuiper）解释所有以上的教导以及加尔文在其他作品中类似的教导。参阅Benoit, *Institution* II. 42, note 1。范泰尔（C. Van Til）在他的《普遍恩典》（*Common Grace*）中解释为何加尔文在这方面的教导不十分清楚。凯波尔（Kuiper）和前两者用这一词指出加尔文是在教导：人所有的长处包括宗教信仰、好行为、人与人的情谊，以及艺术和科学上的成就，都是神所赐的。参阅帕尼耶对1541年法文版本所做的注解，这些段落与 II. 2. 13-15 呼应（*Institution* I. 117, note *a*；I. 119, notes *b*, *c*, given on pp. 314 f.）。

感谢神的慈爱,因若非神的慈爱,人的堕落早将自己的本性毁灭殆尽了。有人很聪明,有人拥有与众不同的判断力,也有人拥有某种艺术的天分。这各式各样的赏赐彰显神白白的恩惠,免得有人将神慷慨赏赐的才能称为自己的。为何一个人比另一个人更优秀?难道不是要在人相同的本性上彰显神特别的恩待,⑭及教导我们,神在这赐予上是完全自由的吗?此外,神按照对各人的呼召赏赐人特殊的职分。我们在《士师记》中看到许多这样的例子,书中说"耶和华的灵降在"那些他所呼召要治理百姓之人的身上(士6:34)。简言之,每一非凡的事件,背后都受某种隐秘的力量驱使。因此,"有神感动的"一群勇敢之人跟随扫罗(撒上10:26)。并且,当圣经预言扫罗将被立为王时,撒母耳说:"耶和华的灵必大大感动你,你要变为新人。"(撒上10:6)圣灵对扫罗的感动包括他统治以色列的整个过程,后来圣经也是提到大卫说:"从这日起,耶和华的灵就大大感动大卫。"(撒上16:13)圣经在别处也教导说:一些特定的行动是出于圣灵的感动。就连世俗诗人荷马也论道:朱庇特神不但赏赐人天分,他也"天天感动他们行事"⑮。我们的经验告诉我们,当那些极有才能之人丧失其才能时,这些才能在神手中,也在他的旨意之下,因为他时刻统治所有的人。因此圣经说:"他将地上民中首领的聪明夺去(参阅伯12:20),使他们在荒废无路之地漂流。"(伯12:24;参阅诗107:40)即便如此,我们仍能从人身上存留的才能认出神的形象,它使全人类与其他受造物有别。

在重生之前,人完全没有属灵的辨别力(18—21)

18. 理解力的限制

ᵇ我们现在要思考人的理性对神国度的了解及属灵的洞察力如何。属

---

⑭ 加尔文在这里所指的是普遍的恩典和特殊的恩典都与救恩无关。加尔文所说的特殊的恩典是指神赐给人的才能、美德或勇气,使他能担任神给他世上的职分,但他或许仍是属血气的。参阅 II.3.4,加尔文就是如此看待卡米路斯(Camillus)、扫罗和柏拉图所指荷马作品中的英雄。

⑮ "οἷον ἐπ᾽ ἦμαρ ἄγῃσι." Homer, *Odyssey* 18.137 (LCL Homer, Odyssey II 206 f.).

灵的洞察力主要包括三件事情：一、对神的认识；二、明白神对我们父亲般的恩惠，因为这就是我们的救恩；三、明白如何照神的律法行事为人。在前两点中——尤其是第二点——就连世上最伟大的天才也比鼹鼠更看不见！当然，我不否认某些哲学家在他们的著作中有一些正确和恰当的对神的论述，然而，这些言辞总不外乎表现出他们轻率的想象。如上所述，主的确让他们明白一点点他的神性，免得他们以无知作为自己不敬虔的借口。⑥⑥有时神迫使他们说一些定自己罪的真理，然而他们属灵的看见，并没有引领他们寻求真道，更不用说寻见真道。他们就如穿过田野的夜行者，刹那间因闪电看得又清楚又远，转瞬间又看不见，在他跨出下一步之前又落入深沉的黑夜中，根本无法借此光引领他的旅程。此外，尽管在哲学家们的著作中偶有真理之光闪现，但也有许多可怕的大谎言污染！简言之，他们从未体验过神恩待的确据（没这确据，人的理解力只充满无止境的迷惑）。所以，人的理性既不接近也不追求，更不想思考这真理：真神是谁或他与我们的关系如何。⑥⑦

19. 《约翰福音》1∶4—5 证明人属灵的瞎眼[*]

[b]然而人却沉醉于自己拥有洞察力的虚妄之中，并极不愿承认自己对属灵的事全然盲目和愚昧。因此，我相信用圣经的见证而不用人的理智证明这事实更为有效。我在先前引用过使徒约翰巧妙教导过的这教义，⑥⑧他说："生命在他里头，这生命就是人的光；光照在黑暗里，黑暗却不接受光。"（约1∶4—5）这就表示人被神的亮光照耀，且这光总是照耀人，或如火焰或如火花，但总不致熄灭。然而即便如此，这亮光也不足以使人认识神。为什么呢？因人的聪明才智就认识神而言是全然盲目的。当圣灵称人为"黑暗"时，他接着也否认人有任何领悟属灵之

---

⑥⑥ I. 3. 1, 3.
⑥⑦ 参阅 I. 1. 2；I. 10. 2；III. 2. 16。
⑥⑧ 加尔文原先说"我刚才所引用的"，其实是指在 I. 17. 2 的话。也请参阅 Comm. John 1∶5。

事的能力。所以他宣称那些信从基督的信徒"不是从血气生的,不是从情欲生的,也不是从人意生的,乃是从神生的。"(约1:13)意即属血气的人若非受圣灵的光照,他就不能获得认识神和明白有关神知识的智慧。就如基督所说,彼得能认出他乃是出于父神特殊的启示(太16:17)。

20. 人能认识神是神的作为

ᵇ我们若确信,人生来就缺乏天父借圣灵的重生赏赐他选民的一切福分(参阅多3:5)——这是无可辩驳的事实——我们就不会质疑人属灵的盲目。先知告诉我们,信徒都如此见证:"因为在你那里有生命的源头;在你的光中,我们必得见光。"(诗36:9)使徒也同样见证:"若不是被圣灵感动的,也没有能说耶稣是主的。"(林前12:3)并且,施洗约翰面对他门徒的困惑时高呼道:"若不是从天上赐的,人就不能得什么。"(约3:27)我们知道他所说"从天上赐的"是指神特殊的光照,[69]而不是与生俱来的赏赐,因为他当时正在埋怨他向他的门徒传扬基督却毫无果效。他好像在说:主若不借他的圣灵赐给人悟性,我所说的话就无法有效地教导人属灵的事。就连摩西在谴责百姓的忘恩负义时也说,人唯有借神的恩赐才能明白神的奥秘。他说:"就是你亲眼看见的大试验和神迹,并那些大奇事。但耶和华到今日没有使你们心能明白,眼能看见,耳能听见。"(申29:3—4,参阅 Vg.)即使他骂我们"榆木脑袋"也不会比他以上所说的更恰当地表达我们对神作为的无知。因此,主才借先知耶利米应许赐给以色列认识他的心这特殊的恩典(耶24:7)。这无疑是指人心唯有靠神的光照才能获得属灵的智慧。

ᶜ基督也亲自清楚地教导:"若不是差我来的父吸引人,就没有能到我这里来的。"(约6:44 p.)为何呢?难道他自己不就是神活生生的形

---

[69] 参阅上面的第十六节注释62。

象（参阅西 1：15），并且他借这形象彰显神一切的光辉吗（参阅来 1：3）？所以，他以最妙的方式描述了我们所认识的神的能力：即使神的形象就在我们面前显现，我们仍看不见。为何呢？难道基督降世不就是要向人启示父神的旨意吗（参阅约 1：18）？难道他不就是担任这职分吗？确实如此。然而，若无圣灵——我们内在的教师——引领我们，传扬基督只能是徒劳的。只有那些听到父的声音又接受他教导之人才会到他那里去，这是怎样的领会和倾听呢？显然是圣灵以奇妙和独特的力量开通我们的耳朵，并使我们明白。基督还引用先知以赛亚的预言证明这并不是新的教导。当他预言教会将复兴时，他教导说，那些神将聚集的蒙恩的人（赛 54：7），"都要蒙神的教训"（约 6：45；赛 54：13）。若神在那里是预言一些有关他选民具体的事情，那么他所说的教训就显然不是不敬虔的世俗之人所能一同领受的。

　　所以我们应当明白，引到神国度的道路唯独向受圣灵光照之人敞开。[70]b 在这主题上，保罗的教导最为清楚（林前 1：18 及以下）。c 在他斥责属血气之人的智慧是愚昧和虚妄，甚至毫无帮助时（参阅林前 1：13 及以下），b 他总结道："属血气的人不领会神圣灵的事，反倒以为愚拙，并且不能知道，因为这些事唯有属灵的人才能看透。"（林前 2：14）他称谁为"属血气的"呢？就是那唯独依靠人与生俱来之自然光照的人。这等人不明白神属灵的奥秘。为何如此？难道是因他懒惰疏忽吗？不是的，他尽管努力却仍无能为力，因为"唯有属灵的人才能看透"。这又表示什么？既然这些奥秘向人的洞察力是隐蔽的，唯有圣灵的启示才能解开这些奥秘。因此，除非圣灵向他们解开这些奥秘，否则属血气的人就视之为愚拙。在以上几则经文中，保罗说过"神为爱他的人所预备的"，是眼睛未曾看见，耳朵未曾听见，人心也未曾想到的（林前 2：9）。事实上，他将人的智慧比喻为拦阻人看到神的帕

---

[70] 参阅 I. 7. 4-5；II. 5. 5（后半部分）；III. 11. 19；III. 24. 2。

子。最清楚的是他说:"神叫这世界的智慧变成愚拙。"(林前1:20)在这清楚的教导之后,难道我们仍要说凭人的智慧能认识神和明白天国奥秘吗?断乎不可!

21. 没有圣灵的光照,一切都是幽暗的°

°保罗在这里说到世人所没有的智慧,他在别处的祷告中说这智慧唯独是神所赐的。他祷告说:"求我们主耶稣基督的神,荣耀的父,将那赐人智慧和启示的灵赏给你们。"(弗1:17)他在这里告诉我们,一切的智慧和启示都是神的赏赐,他还说了什么呢?"并且照明你们心中的眼睛。"(弗1:18)既然保罗的对象需要被光照,就表示他们是瞎眼的。他接着说:"使你们知道他的恩召有何等指望"(弗1:18)。他承认人靠自己不足以⑩ˣ明白神对他们的呼召。

°在此,帕拉纠主义者胡诌⑪:神借他话语的教导除掉人的愚昧和无知,因人在神话语的教导之外无法明白。然而,虽然大卫王拥有那包含神一切智慧的律法,但他却仍求告神开他的眼睛,使他看出他律法中的奇妙(诗119:18)。他这样说显然是指神的话照耀人就如日出照耀地面,但若非"众光之父"(雅1:17)赏赐可见的眼目,人就无法获益。圣灵没有照耀之地尽属幽暗。同样,所有的使徒都受保惠师正确和完整的教导。他们若不需要真理的圣灵教导他们已听过的真理(约14:26),他就不会吩咐他们等候圣灵(徒1:4)。若我们承认自己缺乏我们向神所求的,而神应许赏赐我们也证明我们的缺乏,我们就当毫不犹豫地承认,唯有靠神恩典的光照才能明白神的奥秘。若有人以为他的智慧超越这些,这就更证明他的瞎眼,因他不知道自己是瞎眼的。

---

⑩ x 后面的话出自1545年的版本。
⑪ 参阅II.1.5,注释9。Smits 在II.32 f., 以及 OS III.264 引用许多奥古斯丁的话。

罪与无知不同（对照柏拉图的观点），
但人可能因迷惑而犯罪（22—25）

22. 人对于神旨意的知识无法使他认识神，只是叫人无可推诿

ᵇ属灵洞察力的第三方面，⑫就是明白行事为人的准则，我们恰当地称之为"对行义的知识"。在这方面人有时似乎比在其他两方面更有洞察力。因为使徒说："没有律法的外邦人若顺着本性行律法上的事，他们虽然没有律法，自己就是自己的律法。这显出律法的功用刻在他们心里，他们是非之心同作见证，并且他们的思念互相较量，或以为是，或以为非。"（罗2：14—15 p.）若外邦人生来就有行义的律刻在他们心里，显然我们就不可说他们对于如何行事为人全然无知。

没有什么比自然律更为普遍地让人知道行事为人的正确准则了⑬（这就是保罗以上所教导的）。我们现在要思考神赐给人这种自然律的知识目的何在，如此我们就会明白这知识能引领我们获得属灵的智慧和了解真理到何种程度。保罗在上述经文中也清楚地教导这点，只要我们注意上下文。他在前面刚说：凡在律法以下犯了罪的，也必按律法受审判；凡没有律法犯了罪的，虽不按律法处罚，也必要灭亡。既然教导外邦人在律法审判之外灭亡听来不公正，保罗立刻接着说，他们的良心取代神的律法，这就足以定他们的罪。所以，自然律（良心）的目的是叫人无可推诿。自然律极好的定义是：良心对是非的判断，这判断充分到人无法以无知为借口，在神面前由他们自己的见证定他们的罪。人是如此地纵容自己，甚至当他犯罪时，故意转移思想，避免面对自己的罪恶感。这也许就是为何柏拉图〔在他的《普罗塔哥拉篇》

---

⑫ 参阅 II. 2. 18 中的细目。
⑬ 参阅 II. 8. 1-2, 51, and Comm. Rom. 2：14-16；G. Gloede, *Theologia naturalis bei Calvin*, pp. 178 ff.；参阅 J. Bohatec, *Calvins Lehre von Staat und Kirche*, pp. 20-35；E. Brunner, *Justice and the Social Order* (tr. M. Hottinger, p. 233)；J. T. McNeill, "Natural Law in the Teaching of the Reformers," *Journal of Religion* XXVI (1946), 168-182。

(*Protagoras*)中〕会认为人犯罪完全是出于无知。[74]倘若人的假冒为善足以掩饰他的罪，使他在神面前能问心无愧，这样的说法或许是合适的。罪人设法回避他与生俱来对善恶的判断力。然而，他仍不断被迫面对这判断力，虽然他想回避，有时却不得不正视它。因此，说人犯罪完全出于无知是错误的。

23. 只要是非判断太武断，就会变得不清楚

[b]特米斯丢（Themistius）较为准确地说，人的理解力对一般事情的原则判断很少有错误，但当他将原则运用在具体的事上就时常是错误的。[75]当人被质问时，会毫不犹豫地回答谋杀是邪恶的，但那策划谋杀他仇敌的人却认为谋杀是好的。奸淫者一般来说会斥责奸淫这罪，但却在自己的奸淫中自欺。人的无知就在于此：当人面对具体事件时，就忘了他所认同的原则。奥古斯丁对《诗篇》第五十七篇第一节的解释精彩地表达了这一点。

但特米斯丢的原则并非没有例外。有时作恶的羞耻搅扰人的良心，甚至不容他称恶为善，所以他行恶是明知故犯的。这种内心的倾向源自这样的声明："我所知道并赞同的善，我反不做；反倒行恶。"[76]亚里士多德对不能自制和不节制做了非常精辟的区分："当人不能自制时，人混乱的情绪或情欲压制了他的知识，以至于他无法在自己的罪中辨别在他人相同的罪中所能清楚辨别的恶，当他的情绪恢复时，就立刻因自己的恶行懊悔。然而，不节制并不会受知罪的约束和影响，反而更顽梗地犯它经常犯的罪。"[77]

---

[74] Plato, *Protagoras* 357（LCL Plato IV. 240 f.）.
[75] Themistius, *In libros Aristotelis de anima paraphrasis* VI（ed. R. Heinze, p. 112）.
[76] "Video meliora proboque, deteriora sequor."这句话来自奥维德（Ovid）的 *Metamorphoses* VII. 20 中美狄亚（Medea）的演讲（LCL edition, Metamorphoses I. 342）。
[77] Aristotle, *Nicomachean Ethics* VII. 1-3. 1145-1147（LCL edition, pp. 374-377；tr. McKeon, *Basic Works of Aristotle*, pp. 1036-1042）. 亚里士多德在这里反对柏拉图的观点，即知识等于美德。

24. 人的知识就遵守律法的前半部分而言，是完全失败的；就后半部分而言，他在具体的事上关键时也是失败的

ᵇ当你听说人普遍有辨别善恶的判断力时，你不要误以为这判断力在各方面都是可靠和准确的。既然神赐给人辨别善恶的判断力，只是为了避免人以无知为借口，所以这判断力并不适用于其他事。神赐给人的理解力足以使人无可推诿，即使在今世他们就开始受自己良心的指责而在神宝座面前战兢。若我们以神的律法，就是那完美公义的标准来衡量自己的理性，我们就会发现它在多方面是盲目的。它的确不符合十诫前半部主要的原则，⑦⁸即信靠神、因神的卓越和公义赞美他、求告神的名，以及真诚地守安息日（出 20：3—17）。何人能依靠他与生俱来的洞察力知道神所要求人对他的敬拜在乎这些呢？即使不敬虔之人有意敬拜神，即使他们曾离弃过去上百次，但至终他们仍会重走旧路。ᵉ他们当然承认若非人真诚地献祭，神不会悦纳。⑦⁹ᵉ⁽ᵇ⁾ 他们这样承认就证明他们对神属灵的敬拜多少有点概念，然而他们却立刻以自己荒谬的捏造玷污了这敬拜。因他们不可能明白律法对敬拜的要求是真的。ᵇ难道没有智慧也不听从劝诫的心会有良好的判断力吗？

从某种程度来说，人们对十诫的后半部分较为了解（出 20：12 及以下），因这些诫命与维持社会的安定有更紧密的关系。然而，即使在此时此地我们也时常发现人并没有持守这些诫命，因为即使通达人也觉得忍受不公平以及过于严厉的专制十分荒谬，何等希望能摆脱这专制。且一般人都这样认为：奴仆或卑贱之人的特征就是忍气吞声去承受它，但那些高贵和自由之人则想摆脱它。ᵉ哲学家们也不认为报复人是恶行。ᵇ然而主却斥责这极度傲慢的行为，并吩咐他的百姓忍耐，虽然一般人认为这是一种耻辱。在人遵守律法时，人并不认为恶念是违法的，因属血气之

---

⑦⁸ 参阅 II. 8. 12，注释 16。
⑦⁹ "他们应当以纯洁的心来就众神，要以敬虔的心亲近他们，并否定财富。" Cicero, *De legibus* II. 8. 19, 24 (LCL edition, pp. 392 f., 400 f.).

人拒绝承认他的意念是败坏的。在他尚未来得及考虑他众多的恶念之前，他与生俱来的亮光就已熄灭了。尽管神学家们将人极端的恶念称为"罪"，但他们所指的是那些导致人行恶的念头，他们根本不在意那些悄然诱惑人的恶念。

25. 我们每日都需要圣灵，免得偏离正路

ᵇ就如我们以上对柏拉图公正的指责，因他将人一切的罪归于无知，⑧ 同样地，我们也应当谴责另一种论调，就是以为出于恶念的恶行才是罪。因为我们的经验告诉我们，虽然我们出于善意，却也经常犯罪。我们的理性无法抗拒难以计数的诡计，也时常判断错误、遭遇许多无法克服的障碍、被众多的难题困扰，所以无法正确地引领我们。事实上，保罗已经证明，主看人的理性在生命中的各方面都是虚妄的，他说："并不是我们凭自己能承担什么事；我们所能承担的，乃是出于神。"（林后3：5）他所指的并不是人的意志或情感，而是指人连如何蒙神喜悦地行事为人之思想都没有。人的勤勉、洞察力、理解力，以及谨慎都完全败坏了，以致人无法筹划任何神所喜悦的事。但人视自己敏锐的思维为宝贵的禀赋，他难以接受自己的思想是有问题的。然而对圣灵而言，他知道"智慧人的意念是虚妄的"（林前3：20；参阅诗94：11），以及"人终日所思想的尽都是恶"（创6：5，8：21 p.），这是对人最恰当的评论。若人所思想、所计划，以及所行的一切都是邪恶的，那么人怎能想到讨神喜悦的事，更何况去行呢？而神唯独悦纳圣洁和公义的事。

可见，我们的理性在各方面都是虚妄的。大卫十分清楚人的软弱，因为他求神赐他悟性明白他的诫命（诗119：34）。他之所以渴望获得新的悟性，就因为他知道原有的悟性不足以明白神的律法。ᶜ在同一篇诗篇中，他甚至向神重复祈求十次（诗119：12、18、19、26、33、64、68、

---

⑧ II. 2. 22，以及上文的注释74。

73、124、125、135、169)。这反复的祈求暗示如此求告是极有必要的。而大卫在此求神赐给他的悟性,保罗同样也多次求神赐给教会。"因此,我们自从听见的日子,也就为你们不住地祷告祈求,愿你们在一切属灵的智慧悟性上,满心知道神的旨意;好叫你们行事为人对得起主,凡事蒙他喜悦……"(西 1∶9—10 p.;参阅腓 1∶9)我们应当留意,保罗说这悟性是神所赐的,就证明这悟性不是人与生俱来的。ᵇ奥古斯丁极其强调,人的理性对于明白属神的事无能为力,他甚至说人的理性需要神属灵的光照,就如人的眼睛需要太阳的光线一样。他又进一步说道:人睁眼就能看见太阳光,但人的心眼若非主打开,就仍是心盲的。⑧¹ᵉ圣经也没有教导说:我们的思想只需要一次光照,以后就能靠自己领悟真道。从刚才所引用保罗的话中可见,人需要神不断的光照。大卫恰当地表达这点:"我一心寻求了你;求你不要叫我偏离你的命令。"(诗 119∶10)虽然他已重生并在真敬虔中成长到很高的程度,但他仍承认他时刻需要神的带领,免得神赐给他的悟性衰退了。他在另一处也求告神,使他重新拥有正直的灵,这灵因他自己的过犯丧失了(诗 51∶10)。因同一位神也重新赐给人起初拥有却暂时丧失的悟性。

人对立志行善无能为力(26—27)

26. 人的本能将"善"与"可喜悦的事"一视同仁,与自由无关

ᵇ我们现在要思想人的意志,⑧²因为自由的选择特别依靠意志,而且我们已教导过选择属于意志的范畴,而不是理解力的范畴。⑧³首先,哲学家们教导众生都是通过自然的本能去寻求善,大多数人也接受这观点。但我们不能以为这本能就表示人的意志可以自由择善,我们应当留意,自由选择并不在乎这本能,因这本能是与生俱来的,而不是经过人理智

---

⑧¹ Augustine, *On the Merits and Remission of Sins* II. 5. 5 (MPL 44. 153 f.; tr. NPNF V. 45 f.).
⑧² 加尔文从这里到第五章都在"察验"人的意志。
⑧³ II. 2. 4.

地思考。连经院哲学家们都承认必须经过人理智地思考数种可能而做出选择，人的意志才是自由的。[84]也就是说，人所渴望的对象必须先被置于选择面前，并且他的选择必须先经过思考。事实上，若你考虑人渴望善的天性，你将发现动物也有这天性。因它们同样渴望自己的好处，且当有某种对它们有利的事物触动它们的感官时，它们就跟从。然而人绝不会以理智和热诚选择那就他卓越、永恒的本性而言有益的事，他不用也不想用他的理智思考。他反而如动物一般随从他的本能，既不理智也不思考。所以，人是否受本能的驱使去寻求善，完全与人的意志是否自由无关。自由意志端赖人依正常的理智识别善、择善，并跟从善。

为了避免读者仍有疑惑，我们要警惕两种普遍的误解。因为这里的"渴望"并不是意志本身的驱使，而是本能的倾向，并且这时的"善"指的不是美德或义，而是指人顺利的处境。°总之，不论人有多渴望善，他仍然没有选择之。没有人不渴望永恒的幸福，然而也没有人能在圣灵的运行之外寻求。[b]人对幸福的渴望并不证明人的意志是自由的，就如金属和石头的属性有越来越纯的倾向，也并不证明它们有自由意志。既然如此，我们现在要思考人的意志是否失常，或甚至在各方面已败坏到不能不选择恶，或是否有任何方面仍然正常而产生善的渴望。

27. 我们的意志若无圣灵的帮助，不会渴慕向善

[b]此外，有些人说，人之所以能做选择是出于神初始的恩典。他们似乎在暗示人有择善的能力，但这能力微弱到难以下定决心并采取行动。无疑地，这来自奥利金和其他古时神学家的观点，也是经院哲学家们所普遍赞同的，他们这样说是指"属血气"的人而言。[85]他们说这就是保罗

---

[84] Aquinas, *Summa Theol.* I. 83. 3.
[85] Origen, *De principiis* III. 1. 20 (GCS 22. 234 f.; MPG 11. 294 ff.; tr. ANF IV. 324; Butterworth, *Origen On First Principles*, p. 157); Chrysostom, *Homilies on Hebrews*, hom. 12. 3 (MPG 63. 99, tr. LF 44. 155); Lombard, *Sentences* II. 24. 5 (MPL 192. 702); Duns Scotus, *In sententias* I. 17. 2. 12 and 3. 19 (*Opera omnia* X. 51b, 74a).

所描述的："我所愿意的善，我反不做；我所不愿意的恶，我倒去做。立志为善由得我，只是行出来由不得我。"（罗 7：19、18，参阅 Vg.）然而他们错误地强解保罗在此的整个教导，因他所讨论的是基督徒的争战〔在《加拉太书》（5：17）中有更简要的讨论〕，就是常常困扰信徒的灵与肉的争战。然而这灵指的是重生后的，而不是与生俱来的。显然保罗是在谈重生之人，因当他先前说到在他里面没有良善时，他解释他所指的是他的肉体（罗 7：18）。因此，他说并不是他自己行恶，乃是居住在他里面的罪行恶（罗 7：20）。他这样解释"在我里头，就是我肉体之中"（罗 7：18）是什么意思？他似乎在说："在我里面并没有良善，因在我肉体之中并无良善可言。"所以他申辩说："不是我做的，乃是住在我里头的罪做的。"（罗 7：20）这辩解只针对已重生之人，因他们的灵魂主要倾向于择善。保罗最后的结论就明确地解释这教导："因为按着我里面的人，我是喜欢神的律；但我觉得肢体中另有个律，和我心中的律交战"（罗 7：22—23）。谁会有这种争战呢？不就是那圣灵已重生但仍有残余的老我之人吗？奥古斯丁虽曾一度以为这经文所指的是属血气的人，但后来他纠正了这错误的解释。[86]我们若相信人在恩典之外有一些择善的趋向（不管多微弱），那么我们要如何面对保罗所说我们无法凭自己思想属灵的事（林后 3：5）呢？或该如何面对主借摩西说："人终日所思想的尽都是恶"（创 8：21）呢？既然支持他们观念的唯一经文是强解而来的，我们就无须再理会他们的观点，反而要留意基督的话："所有犯罪的就是罪的奴仆。"（约 8：34）我们生来都是罪人，因此我们处于罪的权势之下。既然全人都伏在罪的权势之

---

[86] Augustine, *Against Two Letters of the Pelagians* I. 10. 22（MPL 44. 561；tr. NPNF V. 384）. 加尔文将奥古斯丁的"在律法之下的人"称为"属血气的人"。这教义在阿明尼乌主义的争议中被激烈地讨论。阿明尼乌（Arminius）的立场与奥古斯丁早期的立场一样。加尔文告诉我们，奥古斯丁后来在上述所引用的篇章中扬弃了他原先的立场。参阅阿明尼乌，*Dissertation on the Seventh Chapter of Romans*（*Works of James Arminius*），tr. J. Nichols，Ⅱ. 287-322；"保罗在这段经文中所指的是未重生之人，在律法之下，不在恩典之下。"（p. 322）路德在他的 *Lectures on Romans*（1515-1516）中说：以为《罗马书》7：24 所说"我真是苦啊！"是指属肉体之人是令人惊讶的，唯有属灵的人才会这样说（*Werke* WA LVI. 346）。

下，那么无疑因人的意志是灵魂主要的部分，必定也受到罪无法挣脱的捆绑。°人若在圣灵施恩之前有任何择善的意志，保罗的这话就令人费解了：是神在我们心里运行（腓 2：13 p.）。那些说"人应当预备自己的心领受圣灵之恩典"的论调是胡诌！⑧ 因为虽然信徒有时求神使自己的心顺服他的律法，正如大卫在多处经文中所求的那样，然而我们应当注意，这种求告的渴望也是来自神。我们从大卫的话语中就可以得知这点。当他求神为他造清洁的心时（诗 51：10），显然他并没有将这再造之工所应得的称赞归给自己。因此，我们反而应当留心奥古斯丁的话："你所有的一切都是神为你预备的，如今当趁你仍有时间就要预备自己并面对他的愤怒。如何预备呢？要承认你所有的一切都是来自神，你的好处都不在他以外，一切的罪恶都是出于你自己。"他也说："除了罪之外，我们一无所有。"⑧

---

⑧ J. Fisher (John Fisher, bishop of Rochester, 1504-1535), *Assertionis Lutheranae confutation* (1523), pp. 548 f.; J. Cochlaeus, *De libero arbitrio hominis* II, fo. L 6b; A. de Castro, *Adversus omnes haereses* IX (1543 ed., fo. 125 D-F).

⑧ Augustine, *Sermons* 176. 5-6 (MPL 38. 952 f.).

ᵉ第三章 出自人败坏本性的一切都是神所憎恶的

人的本性败坏到他的思想和意志需要完全更新（1—5）

1. 人所有的部分都属血气

ᵇ要明白人灵魂中两种机能的景况如何，唯有接受圣经对人的称呼。若基督的这话是对全人正确的描述——"从肉身生的就是肉身"（约3：6）（证明这点并不难）——那么人就显然是悲惨的受造物。保罗也见证："体贴肉体的，就是死……原来体贴肉体的，就是与神为仇；因为不服神的律法，也是不能服。"（罗8：6—7 p.）难道人的肉体不是邪恶到完全敌对神，不能赞同神的律法为公义的，简而言之，只能带来死亡吗？若人的本性完全属血气，那么你真能从这肉体中找出良善吗？或许你会说："肉体"所指的只是人感官的部分，而不是指主要的部分。①基督和使徒约翰完全反驳这观点，主的教训是：人既因是"肉身"（约3：6），就

---

① Fisher, *Assertionis Lutheranae confutatio* (1523), pp. 560 ff., 568f.; Erasmus, *De libero arbitrio*, ed. J. von Walter, pp. 61 ff.; J. Cochlaeus, *De libero arbitrio* I, fo. E 2b ff. 根据这些人的立场，即使多数人有犯罪的倾向，也不能证明他们没有择善的自由，虽然他们需要神恩典的"帮助"才能克服这倾向。

必须重生（约3：3）。他并不是教导人的身体需要重生，若灵魂仅只部分地改善，就不算重生，重生乃是灵魂各方面的更新，以上两处经文的对比证明这一点。圣灵与肉身的对比非常鲜明，因此，人的任何部分若非属灵的就是"属肉体的"。我们若不重生就没有任何属灵的部分。所以，我们与生俱来的一切都是属肉体的。

ᶜ保罗在这问题上的教导十分明确。保罗在描述旧人时说："这旧人是因私欲的迷惑渐渐变坏的"（弗4：22），之后他吩咐我们因此要将我们的"心志改换一新"（弗4：23）。由此可见，保罗教导：不合乎神律法的恶欲不但存在人感官的知觉中，也存在于人的思想中，为此他要求我们的心志要改换一新。事实上，在此之前他已描绘人的本性在各方面是败坏和邪恶的。他说："外邦人存虚妄的心行事。他们心地昏迷，与神所赐的生命隔绝了，都因自己无知，心里刚硬。"（弗4：17—18）毫无疑问，他这句话指的是一切未曾重生且没有智慧和不义之人。之后他立即劝勉信徒："你们学了基督，却不是这样"（弗4：20），这就更清楚地证明这点。我们从这句话中得知，唯有基督的恩典才能救我们脱离心盲及其产生的恶行。以赛亚发出过有关基督国度的预言：主要作他教会永远的光（赛60：19），以及"黑暗遮盖大地，幽暗遮盖万民"（赛60：2）。他见证主的光将唯独照耀教会，并且要将一切在教会之外的人留在心盲和愚暗中。[2]ᵇ我无须一一列举论到人之虚妄的经文，特别是在《诗篇》和先知书中。大卫的伟大论述足以证明这一点：人"放在天平里就必浮起；他们一共比空气还轻"（诗62：9）。主斥责人一切的思念为愚昧、肤浅、狂妄，以及邪恶时，就证明人的思想已完全败坏了。

2.《罗马书》第3章证明人的腐败

ᵇ圣经对人心的斥责：人心比万物都诡诈（耶17：9），也充分证明这

---

[2] 参阅 Cyprian：*"Salus extra ecclesiam non est"*：*Letters* 123. 21（CSEL 3. 2. 795；tr. ANF V. 384）。

一点。为简便起见,我只引用这一处经文,然而这经文就如最明亮的镜子,反映我们整个本性的真面目。当保罗有意拆毁人的狂傲时,他引用旧约的这些见证:"没有一个人行善。神从天上垂看世人,要看有明白的没有。有寻求神的没有。他们都是偏离正路,一同变为污秽;并没有行善的,连一个也没有(诗14:1—3,53:1—3)。他们的喉咙是敞开的坟墓;他们用舌头谄媚人(诗5:9)。嘴唇里有虺蛇的毒气(诗140:3)。满口是咒骂苦毒(诗10:7)。他们的脚飞跑,急速流无辜人的血(赛59:7 p.)。他们眼中不怕神(罗3:10—16,18 p.)。"他这些令人震撼的话语所斥责的不仅是一些人,而是所有亚当的后裔。他也不只是斥责某一时代道德的败坏,而是斥责人本性永不改变的腐败。③他在此并无意借责备使人悔改,而是要教导人:他们已全然被无法避免的灾难淹没了,并且唯有神的怜悯才能解救他们。保罗知道,若非人的本性坏到极处,人的处境就不会如此悲惨,因此他引用这些经文证明这点。

我们都应当相信,人处于这样的光景不仅是出于败坏的风俗习惯,也是因本性的堕落。若非如此,保罗的推论就站不住脚:除了主的怜悯之外,人别无拯救,因人已失丧和被毁弃(罗3:23及以下)。我没有必要证明保罗所引用的这些经文确实与他的主题有关,当我继续教导时,暂将保罗所引用的这些经文理所当然视为是保罗自己的话,尽管它们来自于先知书。首先,他说人完全不义,即不正直与不纯洁,其次也说人是无知的(罗3:10—11)。事实上,人离弃神的真理就证明他的无知,因为寻求神是智慧的开端。所以,这缺陷对于一切离弃神的人而言是必然的。他又说,人人都偏离了正道,变为败坏,以致没有一个行善的;他还说,在神任凭他们行恶之后,他们所行可耻的事玷污了他们身上所有的肢体;最后他说,人不怕他应当敬畏和顺服的神。既然这一切都是人类遗传下来的,那么想在人的本性中寻求任何良善都是枉然的。其

---

③ 参阅 II. 1. 6。

实，我承认并不是每一个人都汇集这一切的恶行于一身，然而不可否认的是，这大患隐藏于每一个人的心里，就如病菌潜伏在人体内（即使那人尚未感觉疼痛），我们就不会说他是健康的，灵魂也是如此，只要它潜藏众多会产生恶行的病菌，就不是健全的。当然这比喻并不是完全的，因为即使病菌潜伏在人体内，身体仍有一些活力，但灵魂一旦坠入致命的深渊，就劳苦担罪担，完全没有良善可言了。

3. 神的恩典有时并未洁净恶人，却时常约束他们[*]

[b]我们现在要再面对先前已答复过的问题。在每一时代中，总有一些属血气之人，一生随其与生俱来的亮光追求美德，[④]虽然他们的道德行为有许多缺陷，但我并不想批评他们。因他们热心地想做诚实人，就证明在我们的本性中存留一些纯洁。在我们谈论人的功劳时，我们将更为详尽地探讨这些功劳在神眼中的价值如何，但我们在此要略提一提，因这对于现在的辩论而言是必需的。这些例子似乎与人的本性完全败坏有冲突，因为有些人受本性的驱使，不但有好行为，并且一生过受人尊崇的日子。然而在此我们当提醒自己，即使在这败坏的本性中仍存留一些神的恩典，这恩典却没有洁净人的本性，而是约束人的恶行。因为若主完全任凭人放纵私欲，无疑所有的人都会显露出一切保罗所斥责的恶行（诗14：3；罗3：12）。

保罗描述那些人为"杀人流血，他们的脚飞跑"（罗3：15），手被抢劫和杀人玷污了，喉咙是敞开的坟墓，用舌头弄诡诈，嘴唇里有虺蛇的毒气（罗3：13）；拥有虚妄、邪恶、败坏、残暴的行为；心中无神；内心堕落；眼目诡诈；满心辱骂……总之，所有的肢体都预备犯无限邪恶的罪（罗3：10—18），难道你以为你是例外吗？若人人都犯保罗在此放胆无惧地指出的可憎的罪，我们可以想象，若主完全任凭人放纵私欲，这

---

④ II. 2. 12.

世界将会是如何。没有任何猛兽比得上人的疯狂;没有任何江河会像人那样可怕地涌出洪水般的罪孽。我们将在以后解释,主如何除去他选民的这些罪。另外,主约束了非信徒,免得他们为所欲为,因主知道要保守宇宙的秩序,约束他们是必需的。因此,主用羞耻感约束某些人犯各式各样污秽的罪,另有些人,主则用他们对法律的惧怕约束他们,虽然他们仍继续犯罪。还有一些人则因以为过诚实的生活于他有益,所以追求这样的生活。又有一些人出类拔萃,为要控制他人。如此,神以他的护理约束恶人本性的邪恶,免得他们为所欲为,但没有洁净他们的心。

4. 虽然神赐给某些恶人天赋,但他们的本性却仍是败坏的

ᵇ然而这问题的答案尚未揭晓。我们或说卡米路斯(Camillus)与喀提林(Catiline)一样邪恶,或说从卡米路斯身上证明人的本性若加以培养,并不是没有良善可言。⑤其实我承认卡米路斯所拥有的天赋是神的赏赐,且这些天赋本身值得称赞。然而这些天赋是否能证明他有良善的本性?我们必须从人的心加以思考⑥:若有属血气之人道德出众,似乎人的本性就有培养美德的潜力。但若这人的心已然败坏,充满邪恶,全然不想追求正直,那又如何呢?并且事实的确如此,若你承认卡米路斯是属血气的人。若在人表面最可尊敬的行为上都有邪恶的意图,难道我们仍要说人的本性有行善的潜力吗?因此,就像我们不会称赞隐藏邪恶的美德,同样地,只要人的意志仍处于邪恶中,我们就不会说人有寻求良善的意志。

对这问题最准确和恰当的解释就是:这些天赋并不是与生俱来的,而是神在某种程度上赐给恶人特殊的恩典。因此,我们在日常的言谈

---

⑤ 萨卢斯特(Sallust)在 *The War with Catiline* 3.5 中描述喀提林邪恶的本性;LCL edition, pp. 8 ff.。西塞罗也攻击和羞辱喀提林,而贺拉斯(Horace)、维吉尔和尤维纳利斯称赞那没有受奖赏却忠心的喀提林。参阅 Augustine, *City of God* II. 17, 23; III. 17 (MPL 41. 61f., 96 f.; tr. NPNF II. 32, 37, 54)。

⑥ Augustine, *Against Julian* IV. 3. 16 ff. (MPL 44. 774 ff.; tr. FC 35. 179 f.).

中，习惯称这人为好人、那人为坏人，然而我们毫不怀疑这两种人和其他人一样，与生俱来就有邪恶的本性。这说法只是指出主赐这人特殊的恩典⑦却没有赐给那人。当主喜悦立扫罗为王时，他将扫罗变为新人（撒上10：6 p.）。这就是为何柏拉图指着荷马的传说论道：君王的儿子生来就与众不同。⑧因神在对全人类的护理中，常将英勇的本性赐给他预定做王之人。从神的这作为中产生了历史上所记载伟大领袖的品格，这原则也运用在一般人身上。但不管人有多杰出，他的野心总是驱使他且污秽了他所有的美德，以致不被神悦纳。总而言之，恶人一切看似可称赞的都是无用的。此外，人若没有荣耀神的热忱，也就没有正直的主要部分，而一切没有被圣灵所重生的人，都没有这热忱。以赛亚的这话极有道理，即"敬畏耶和华的灵必住在他身上"（赛11：2 p.）。这就教导我们，一切远离基督的人都不敬畏神，而"敬畏神是智慧的开端"（诗111：10 p.）。至于那些虚饰欺哄我们的美德，虽然在政客和一般人眼中受称赞，然而在神审判的宝座前无法使人称义。

5. 人犯罪是必然的，却不是被迫的

ᵇ因人的意志被罪的权势捆绑，无法趋善，更不用说行善。虽然趋善就是归向神的起始，并且圣经说归向神完全是神的恩典，因此耶利米求主使他归正，只要他喜悦使他归正（耶31：18，参阅 Vg.）。他在同一章中描述信徒属灵的救赎时，说他们是被"救赎脱离比他更强之人的手"（耶31：11 p.）。这必定是指主任凭罪人活在魔鬼的轭下，被沉重的铁镣捆锁。尽管如此，罪人仍有自己的意志，不过是急迫寻求犯罪的意志。当人沉湎于犯罪时，并没有失丧他的意志，而是失丧正直的意志。因

---

⑦ 关于"speciales Dei gratias"中"specialis gratiae"的意义，请参阅 II. 2. 17，注释63、64；II. 4. 7，注释13以及上面的注释5。加尔文称神给某些被遗弃之人能行可称赞和英勇之事的才能为神特殊的恩典。

⑧ Plato, *Cratylus* 393 f. (LCL PlatoVI. 38-45).

此，伯尔纳恰当地教导说：每一个人都拥有意志，然而择善获益，择恶受损。所以意志的选择在乎人本身，择恶源于败坏的本性；择善源于神的恩典。⑨

ᵇ我曾说意志在没有自由的情况下，受诱惑犯罪是必然的，若有人质疑这说法是不可思议的，那是因为这是敬虔之人普遍的说法，不能分辨必然性和被迫性之人自然无法接受。⑩若有人问他们：难道神不是必然良善的吗？难道魔鬼不是必然邪恶的吗？他们要怎么回答呢？神的良善与他的神性密不可分，神不做神和不做良善的神一样是不可能的。而魔鬼因堕落与良善无分，就不得不行恶。假设一个亵渎神的人嘲笑地说：因神不得不做良善的神，所以他的良善不值得称赞。⑪我们就能立即答复：神不能作恶不是被迫的，而是出于他无限的良善。因此，既然神必须行善这事实并不妨碍他行善的自由意志，而不得不作恶的魔鬼也是自由地选择行恶，那谁能说，人因不得不犯罪，所以当他犯罪时不是出于他的意愿呢？奥古斯丁多次论及这必然性，虽然色勒斯丢恶毒地攻击他，他却毫不犹豫地说："人借自己的自由陷入罪中，但作为刑罚而来的败坏却使这自由转为必然性。"⑫每当他论及这点时，就毫不犹豫地说：人被罪捆绑是必然的。

这区分的要点是，人既因堕落而败坏就自愿犯罪，并非不得已或被

---

⑨ Bernard, *Concerning Grace and Free Will* 6. 16 （MPL 182. 1040；tr. W. W. Williams, p. 32）。

⑩ 路德和伊拉斯谟辩论时也用同样的区分："我说的必然发生，不是出于神对人的强迫，乃是出于他不改变的旨意。"他解释恶人虽然自由地行恶，但却无力停止行恶。*De servo arbitrio* （Werke WA XVII. 634；tr. H. Cole, *The Bondage of the Will*, p. 72）。卡斯特罗（De Castro）将二者画上等号。*Adversus omnes haereses* IX （1543, fo. 123 D）。

⑪ 加尔文在 *Defensio doctrinae de servitute humani arbitrii contra A. Pighium* （1543），严厉地攻击皮修斯（Pighius）的这个观念 （CR VI. 333 f.）。阿尔伯特·皮修斯（Albert Pighius）是一位来自鲁汶（Louvain）的学者，他在罗马服侍阿德里安六世（Adrian VI）和在他之后的几位教皇，他也写了几本反对宗教改革的书。加尔文在此的论述是他对皮修斯的 *De libero hominis arbitrio et divina gratia* 的批判（Cologne, 1542）。也请参阅 Augustine, *On Nature and Grace* 46. 54 （MPL 44. 273；tr. NPNF V. 139）。

⑫ Augustine, *On Man's Perfection in Righteousness* 4. 9 （MPL 44. 295；tr. NPNF V. 261）；*On Nature and Grace* 66. 79，引用 Psalm 25：17 （Vg. Ps. 24：17）："de miserationibus meis"（MPL 44. 186；tr. NPNF V. 149）。

迫，乃是出于他心里迫切的意愿，而不是勉强的；是由于他自己私欲的驱使，并不是别人强迫他的，他的本性已堕落到只能被驱使作恶。若果真如此，显然人的确是必然犯罪的。⑬

ᵉ伯尔纳也赞同奥古斯丁说："在众活物中，唯有人是自由的。然而既因罪的介入，使他受到某种强烈的驱使——是他的意志而非他的本性受驱使，如此，人与生俱来的自由并没有失去。因为人自愿做的，必定是出于他自由的选择。"他又说："人的意志以某种无法言喻的方式，因罪的伤害，以致不得不犯罪。这必然性虽是出于意志，意志乃是无可推诿的，并且意志既已被引入歧途，便无法逃脱这必然性，而这必然性是自愿的。"他之后又说：所辖制我们的轭是某种自愿的奴役，因此我们是悲惨的奴隶，但同时也是无可推诿的，因为当我们的意志仍自由时，我们自己决定做罪的奴仆。他的结论是："因此，人以某种无法言喻和邪恶的方式，在某种自愿的和误用的自由的必然性之下，同时是自由和受奴役的。就必然性而言是被奴役的，就意愿而言是自由的，并且更奇异和悲惨的是人仍因自由而有罪，并因有罪而受奴役，结果是人因自由而受奴役。"⑭我的读者应当晓得，我并不是在标新立异，因奥古斯丁曾这样教导过，并且所有古时敬虔之人也都赞同，即使经过一千年后修道院也有同样的教导。然而伦巴德因不能分辨必然性与被迫性，就使极危险的错误趁虚而入。

意志的归正是人内心蒙恩的结果（6—14）

6. 救赎之工充分证明人无力行善，因这是神自己做的

ᵉ⁽ᵇ⁾另一方面，思考神的恩典带来的救治，即督正和治愈人本性的败

---

⑬ 尼布尔（Reinhold Neibuhr）说人犯罪是不可避免的，但人仍应对自己的罪完全负责。*The Nature and Destiny of Man*, first series, pp. 251-264. 他的用词虽然不同，但他的教导与加尔文的完全相同。

⑭ Bernard, *Sermons on the Song of Songs* 131.7, 9（MPL 183.174 f.; tr. S. J. Eales, *Life and Works of St. Bernard* IV. 498 f.）; Lombard, *Sentences* II. 25.5, 9（MPL 192.707）.

坏，于我们有益。ᵇ既然主对我们的帮助是补足我们的缺乏，那么当我们明白他在我们身上的作为，就同时明白了我们自己的穷乏。当保罗告诉腓立比信徒，他"深信那在你们心里动了善工的，必成全这工，直到耶稣基督的日子"（腓1：6），无疑，在说"动了善工"是指归正的开端，而且这开端是发生在人意志里的。

所以，神在我们心里唤起爱和对义的渴慕和热诚，就是在我们身上动他的善工；或更准确地说，神影响、塑造，以及吸引我们的心行义。而且，他借使我们坚忍到底来完成他的善工。为了避免人说，神动善工只是协助人软弱的意志，因此，圣灵在别处宣告，人的意志凭借自己，什么也不能做："我也要赐给你们一个新心，将新灵放在你们里面。又从你们的肉体中除掉石心，赐给你们肉心。我必将我的灵放在你们里面，使你们顺从我的律例，谨守遵行我的典章。"（结36：26—27）⑮既然主在此说：我们的意志必须完全更换一新，那么谁能说人的意志只是软弱需要主的协助，之后就能刚强而有效地择善呢？

若石头有可塑性，可以借某种方式使之弯曲、柔软，那么我也不会否认人心能被塑造行义，只要神以他的恩典补足人身上的瑕疵。但若主自己已经借这比较告诉我们，除非他完全更新我们，否则人心完全无力行善，我们就万不可再窃取唯独属主的功劳。神使我们归正、热心为善、将我们的石心换成肉心，使我们原有的意志被新的意志取代，这一切都是出于神。ᵉ我说原有的意志被取代并不是指意志本身，⑯因为在人归正后，他受造时的一切仍保存下来。我说神给人新的意志，也不是指现在才开始存在的意志，而是指择恶的意志被更新为择善的意志。我肯定这完全是神的作为，因根据同一位使徒的教导，我们凭自己无法承担什

---

⑮ Lombard, *Sentences* II. 24. 5；II. 25. 16 (MPL 192. 702, 709)；Erasmus, *De libero arbitrio*, ed. J. von Walter, p. 6.
⑯ 参阅加尔文以下对意志的教导：第七、十、十二、十三、十四节中他讨论神重生人时，是给人新的意志取代旧的意志，或只是更新人原有的意志。

么（林后3：5 p.）。所以他在另一处说，神不只帮助软弱的意志或督正败坏的意志，甚至我们立志行事都是神在我们心里运行（腓2：13）。从这节经文中可以轻易得知我曾说过的，即意志中一切的良善唯独来自恩典。他在另一处也同样说：神"在众人里面运行一切的事"（林前12：6 p.）。保罗在此并非论及神对全宇宙的掌管，而是为信徒一切的良善赞美神。保罗在此用"一切"这说法，就证明属灵的生命自始至终都是神的作为。他在前几章也有同样的教导：信徒得以在基督耶稣里是本乎神（弗1：1；林前8：6）。在此他显然是称赞神在我们身上有新的创造，因这创造除去我们旧有本性中一切的污秽，显然保罗在这里将亚当和基督作对比。他在另一处更清楚地阐释："我们原是他的工作，在基督耶稣里造成的，为要叫我们行善，就是神所预备叫我们行的。"（弗2：10，参阅Vg.）保罗在此证明我们的救恩是神白白的恩赐（参阅弗2：5），因一切的良善都来自我们在基督里第二次的创造。若我们有丝毫能力，我们理当分享一些救恩上的功劳。然而为了证明我们没有良善，保罗说我们一无可夸，因为"我们是在基督耶稣里造成的，为要叫我们行善，就是神所预备叫我们行的"（弗2：10，参阅Vg.）。他的意思是指，我们一切的良善自始至终都是来自神。同样地，大卫在《诗篇》中说我们是神的作为之后，又说："我们是他造的"（诗100：3 p.），免得我们以为自己有分于这作为。这经文的上下文证明大卫指的是重生，也就是属灵生命的起始，因他接着说："我们是他的民，也是他草场上的羊。"（诗100：3）此外，大卫不只满足于将救恩所应得的称赞归给神，他也明确指出我们与此工无分。就如他说人一无可夸，因救恩完全出于神。

7. 信徒并没有与恩典"同工"；意志先被恩典更新

ᵇ或许有人会赞同，意志因其本性远离良善，只能借主的大能归正，然而，另一方面，意志因预备自己蒙恩，就在这事工上有分。奥古斯丁教导说：一切的善工完全出于恩典，意志并不能引领恩典，而是恩典的随从。[17]e 奥古斯丁这敬虔之人说这话并无恶意,却被伦巴德扭曲来支持以上的谬论。[18]e (b) 但从我所引用先知的话和其他经文中,我深信圣经对于人的意志有两个清楚的教导:[b] (1) 主督正或除去我们邪恶的意志;(2) 他以良善的意志取代之。只要你相信恩典先于新的意志,我会赞同你称意志为"随从"。但因新的意志是主自己的事工,若随从的意思是指人的意志与恩典同工,这是错误的。克里索斯托错误地说:"没有恩典的意志或没有意志的恩典都无能为力。"[19]仿佛恩典并没有使意志更新,这违反保罗以上的教导(参阅腓2:13)。奥古斯丁称人的意志为恩典的随从并不是指意志在善工上的参与仅次于恩典。他唯一的目的乃是要反驳帕拉纠邪恶的教义,因帕拉纠说,救恩的首要起因在于人的功劳。

奥古斯丁的论述足以证明我们的论点,即恩典必先于一切的功劳之前。他虽然没有谈到恩典使圣徒坚忍到底,但他在别处极出色地讨论这一点。虽然奥古斯丁在好几处说,主使不愿顺服他的人愿意顺服他,并继续在他心里运行,免得他顺服的意愿没有果效,因此他教导唯有神才是一切良善的源头。[c]他对这教导已阐述得十分明了,我无须再赘述。他说:"人在自己的意志之内努力,寻找属于自己而不是出于神的东西,然而,我不知道他们如何才能找到。"此外,在《反帕拉纠与色勒斯丢》(*Against Pelagius and Caelestius*)一书的第一册中,对基督所言"凡听见父之教训又学习的,就到我这里来"(约6:45 p.),他如此解释:"神协助人的选择,使他不但知道所应当行的,也使他因知道而去行。因此,当神出于圣灵的恩典而不是凭律法的字句教导人时,人不但因知道而明白,也因愿意而追求,并因遵行而达成。"[20]

---

[17] Augustine, *Letters* 186.3.10 (MPL 33.819; tr. FC 30.196).
[18] Lombard, *Sentences* II.26:3 (MPL 192.711). 参阅 John Fisher, *Assertio Lutheranae confutatio*, p.604: "Auxilium Dei paratum est omnibus"。
[19] Chrysostom, *Homilies on Matthew*, hom. 84.4 (MPG 58.756; tr. NPNF X.494 f.).
[20] 加尔文在这里浓缩了奥古斯丁以下作品的教导:*Enchiridion* 9.32 (MPL 40.248; tr. LCC VII.358); *On the Merits and Remission of Sins* II.18.28 (MPL 44.168; tr. NPNF V.56); *On the Grace of Christ and on Original Sin* I.14.15 (MPL 44.368; tr. NPNF V.223)。

8. 圣经将人一切的益处都归于神

ᵇ既然我们已到了这问题的核心,我们就要引用几处明确的经文见证来总结这个问题。之后,为了避免有人指控我们曲解圣经,我们也要证明我们所宣称来自圣经的真理,并不乏那位敬虔之人奥古斯丁的支持。我认为没有必要一一列举支持这教导的经文,㉑我只要选几处关键的经文帮助我们明白整本圣经对此教义的教导。在这教义上我与奥古斯丁的观点大同小异,敬虔之心普遍接受他的权威,这不无道理。

ᵉ的确,有充分的理由使我们相信,良善唯有源于神,并且唯有神的选民才拥有趋善的意志。我们必须在人之外寻找人被拣选的起因。人之所以有趋善的意志并非出于自己,而是出于那在创立世界之前拣选我们的神之美意(弗1∶4)。再者,另有相似的理由:既然立志行善和行善本身都来自信心,我们也要查考信心的来源。

既然整本圣经都教导信心是神白白的恩赐,那么当我们这生来全心趋恶之人开始立志行善时,完全是出于恩典。ᵇ所以,主在使他百姓归正的工作上设立了两条原则:他将除掉他们的石心并赐给他们肉心(结36∶26)。他如此说等于公开见证,一切出于我们自己的要被抹去,我们才能转向义,取代它的一切都是出于神。并且主不只在一处记载,他也借耶利米说:"我要使他们彼此同心同道,好叫他们永远敬畏我。"(耶32∶39)又说:"且使他们有敬畏我的心,不离开我。"(耶32∶40)又借以西结说:"我要使他们有合一的心,也要将新灵放在他们里面,又从他们肉体中除掉石心,赐给他们肉心。"(结11∶19)主告诉我们,我们的归正是新灵和新心的创造。难道还有其他证据能更清楚地证明,人意志的一切良善和正直都是出于神而不是我们自己吗?因圣经自始至终都告诉我们,人的意志若不被更新就无法择善,并且在意志更新之后,它一切的良善都是来自神,而不是我们自己。

㉑ "Account... recount"是模仿加尔文拉丁文的"Censeo... recenseantur"双关语。

9. 圣经中的祷告特别能证明人福分的起源、过程以及终止都是来自神

ᵇ圣经中敬虔之人的祷告也包含同样的教导。所罗门王祷告说："愿耶和华……使我们的心归向他，遵行他的道。"（王上 8∶58 p.）他指出人心里的顽梗：除非神使人心柔软，否则人生来就以违背神的律法为傲。《诗篇》也有同样的教导："求你使我的心，趋向你的法度。"（诗 119∶36）我们总要留意这对比，即人邪恶的心牵引他顽梗地违背神，以及更新迫使人顺服神。当大卫王感觉神引领的恩典暂时离弃他时，他求告神为他"造清洁的心，使我里面重新有正直的灵"（诗 51∶10，参阅 50∶12，Vg.），难道他不就是在承认他全心充满污秽，以及他的灵因堕落而扭曲了吗？且他称他所求告清洁的心为"神的创造"，证明清洁的心完全出于神。ᵉ若有人反对说，这是敬虔的圣徒向神献上的祷告，㉒我的反驳是：虽然大卫已经开始悔改，然而在此他是将他从前的光景和犯大罪时的光景相比。所以，大卫在此是以远离神之人的身份，求神将恶人在重生时所领受的清洁的心赐给他。他渴望重生，就如从死里复活那般，为了在脱离撒旦的权势后成为圣灵的器皿。

ᵇ我们放纵自己的骄傲的确是可怕和失常。主只要求我们谨慎遵守他的安息日（出 20∶8 ff.；申 5∶12 及以下），即歇下我们一切的工。然而，我们最厌烦的莫过于为了将神的工作放在适当的位置上而歇下自己的工。我们若不是那么骄傲，就不可能恶意地抵挡基督对他有效恩典的见证。他说："我是葡萄树，你们是枝子，我父是栽培的人。"（约 15∶5、1）"枝子若不常在葡萄树上，自己就不能结果子；你们若不常在我里面，也是这样。因为离了我，你们就不能做什么。"（15∶4、5）㉒ᵃ既然我们就如枝子从树上被砍下，不再被滋润就无法结果子，我们就不应当继续

㉒　John Fisher, *Assertionis Lutheranae confutatio*, pp. 565 f.
㉒a 此《约翰福音》的经文是武加大译本的翻译。

相信我们的本性有任何行善的潜力。我们也不能怀疑这结论："离了我，你们不能做什么。"（约15：5）他并不是说我们只是软弱而不足以行善，而是说在他之外我们什么也不是，丝毫没有行善的能力。若我们如葡萄枝被嫁接在基督里——葡萄枝的生长取之于土地的滋润、天上的露水，以及阳光——且相信所有的一切都是来自神，就不可能相信自己有行善的能力。ᵉ有人愚昧虚妄地宣称：树枝中已含有树液，因此本身就有结果子的能力，并不是靠土壤或树根吸取一切的养分。㉓基督的意思是，若我们离开他，我们就如干枯无用的木块，因离了他我们没有行善的能力。他在另一处也这样说："凡栽种的物，若不是我天父栽种的，必要拔出来。"（太15：13，参阅Vg.）ᵇ因此，保罗在以上我们所引用的经文中，将所有行善的能力归给神。他说："神在你们心里运行，为要成就他的美意。"（腓2：13）

行善的开端是意志，其次是努力达成，二者都在乎神。所以，我们若将意志或任何所成就的归给自己，就是窃取神的荣耀。圣经若说神只是协助我们软弱的意志，那么我们就有所参与。但既然圣经说我们立志行事都是神所运行的，这就排除了我们参与这工作的可能性。既然连择善的意志都被我们的肉体压制而动弹不得，神便赐我们坚忍之恩使我们能胜过。事实上，人若有择善的能力，那么保罗在另一处的教导就错了："神却是一位，在众人里面运行一切的事。"（林前12：6）ᵉ我们先前已说过，这经文包含属灵生命的整个过程。㉔大卫在求神将他的道指教他，好叫他照他的真理行时，接着说："求你使我专心敬畏你的名。"（诗86：11，参阅119：33）ᵇ他的意思是：就连正直人也有许多搅扰，若无神使他们刚强，他们很快就会远离神。另外，在他求神指引他的脚步遵守真道后，他也求神赐给他争战的力量："不许什么罪孽辖制我。"（诗

㉓ 这是皮修斯（A. Pighius）的观念，*De libero hominis arbitrio et divina gratia* 1542），fo. 97。
㉔ II. 3. 6.

119：133）这就证明神不但在我们心里动善工，他也成全这功。人的意志能开始爱行善、渴慕行善，以及被激励去行善，都是神的作为。其次，人的选择、热诚和努力不致落空，也都是神的作为。最后，人能在这些事上恒心忍耐到底也是神的作为。

10. 神的运行并非创造了我们择善的可能性，而是创造了择善的实际，我们并不能加添什么

ᵇ神对意志的驱使并非如许多时代所相信教导的那般，即在他的感动之后人能选择或拒绝这驱使，而是神有效地改变人的意志。所以我们否认别人常引用的克里索斯托这话："神所吸引之人是愿意被吸引的人。"㉕他的意思是，神只是张开膀臂等候人是否愿意接受他的帮助。我承认人在堕落之前完全能自由择善或择恶。然而，历史充分证明，除非神自己愿意并有效地在我们里面运行，否则人的意志完全无能为力。若神的恩典只提供人选择的机会，将会如何呢？我们会阻挡神的恩典，并因自己的忘恩负义轻看神的恩典。保罗在此并非教导说，只要人愿意接受，神出于自己的恩典就赏赐他择善的意志，而是教导说，神将择善的意志运行在人心里。也就是说，神借圣灵引领、柔软及掌管人心，并做王管理他的产业——人。ᵉ事实上，神借以西结所应许的不只是赐圣灵给选民，以便使他们有遵行律例的能力，也是使他们有效地遵行（结 11：19—20，36：27）。

ᵇ难道基督说"凡听见父……就到我这里来"（约 6：45，参阅 Vg.）的意思不就是说神的恩典本身就是有效的吗？奥古斯丁也是如此主张。㉖神并非毫无分别地视所有人配得这恩典。虽然奥卡姆所夸耀的与此相

㉕ "*Quem trahit, volentem trahit*"：Chrysostom, *De ferendis reprehensionibus* 6（MPG 51.143）；*Homilies on the Gospel of John*, hom. 10.1（MPG 59.73；tr. NPNF XIV. 35；FC 33.95）. 加尔文在他的 Comm. John 6：44 中说："这是错误、亵渎神的话。"

㉖ Augustine, *On the Predestination of the Saints* 8.13（MPL 44.970；tr. NPNF V. 504 f.）.

反（除非我误解他），他说，神不会拒绝赐恩典给尽己所能的人。㉗我们的确要教导：神的慈爱毫无分别地提供给一切寻求他的人。但既然只有那些领受神恩典的人才会寻求他的慈爱，所以人就不应当将任何神所应得的称赞归给自己。显然，唯有神的选民才拥有圣灵重生、感动和引领之特权。ᵉ因此，奥古斯丁斥责那些将立志行善所应得的称赞归给自己的人，正如他也斥责那些说神将拣选之恩毫无分别地提供给所有人之人。他说："人人皆有肉体的生命，但并非人人皆有那恩典。"有人认为，神随己意赐给人的恩典被赐给了所有的人。但奥古斯丁说，这来自人智慧、狡猾、动听却毫无根据的论调，虽然吸引人却是虚妄的。他在另一处说："你是如何来就基督的？借着相信。你要畏惧，免得当你宣称自己找到真道时，就从你所宣称的真道上灭亡了。你说：我出于自己自由的选择来就基督，我是出于自己的意志来的。你为何自夸？难道你不知道这也是神所赐的吗？你要聆听神的话说：'若不是差我来的父吸引人，就没有能到我这里来的。'（约 6∶44 p.）"㉘无疑地，我们能从这经文得知，神有效地掌管敬虔之人的心，甚至使他们坚忍到底地跟随神。使徒约翰说："凡从神生的，就不犯罪，因神的道存在他心里。"（约一 3∶9）哲学家们幻想，人在重生之后拥有接受或拒绝神恩典的自由，然而，圣经中圣徒的坚忍这教导显然反驳这种论调。

11. 圣徒的坚忍完全是神的工作，它既不是我们择善的奖赏，也不是我们择善的辅助

ᵇ无疑圣徒会认同，圣徒的坚忍（perseverance）是神白白的恩赐。然

㉗ 加尔文认为这是奥卡姆所说的话，其实是加百列·比尔（Gabriel Biel）对伦巴德的句子解释的其中一句话：*Epythoma pariter et collectorium circa quatuor sententiarum libros* II. 27. 2。参阅 Nicholas（Ferber of）Herborn 类似的话，即人若行他所能行的（*quod in se est*），这应该是足够的。之后，神与人合作的恩典会帮助人，免得人至终堕落：*Locorum communium adversus huius temporis haereses enchiridion* 38 (ed. P. Schlager, from the 1529 edition, CC 12. 132).

㉘ Augustine, *Sermons* 26. 3, 12, 4, 7 (MPL 38. 172, 177, 172 f., 174); 30. 8, 10 (MPL 38. 192).

而在众人中盛行一种邪恶的谬论,即这坚忍是依照人功劳的大小做分配,这功劳在乎人对初始恩典(first grace)的接受程度。这谬论源于:人误以为能凭自己的能力拒绝或接受神所提供的恩典。若我们驳倒这谬论的根源,这谬论自然就站不住脚。其实这谬论有二:他们不但教导,神会用继起恩典奖赏对初始恩典心存感恩和善用此恩典的人,也教导,恩典不是独立在人心里运行,而是与人同工。㉙

关于第一个谬论,我们应当相信,神天天向他的仆人恩上加恩,是因为他悦纳他在他们心里动的善工,也因此更加倍地恩待他们。这就是主所说:"凡有的还要加给他。"(太25:29;路19:26)以及"好,你这又良善又忠心的仆人,你在不多的事上有忠心,我要把许多事派你管理。"(太25:21、23;路19:17;所有的Vg.,经文合并)然而,在此我们要避免两种错误:(1)我们不可说,人善用初始恩典必蒙神奖赏更多的继起恩典,就如人靠自己的功劳使神的恩典有效;(2)否认神的奖赏来自神白白的恩典。我承认信徒都应期待神的这祝福:他们越善用神起初给的恩典,之后神会越丰富地加给他们。然而,他们对起初恩典的善用也是来自神,而且奖赏也是来自神白白的慈爱。ᵉ那些教导谬论之人恶意扭曲了那陈旧的区分:神独立运行的恩典和伴随人行为的恩典。奥古斯丁也使用过这区分,但用如下定义对其有所修正:神借伴随人行为的恩典完成他独立运行的恩典之工,这恩是相同的,只是以不同的称呼来形容这恩不同的运行方式。㉚他并不是说神与人一同分担坚忍之工,就如神与人同工一般,而是在强调神会恩上加恩。他在另一处也有类似的教导:在人择善以前,神赐他众多的恩典,且择善也是神的恩典之一,这就充分证明人不可夸耀自己的意志。ᵇ这也是保罗明确的教导。在他说人立志行事都是神在人的心里运行之后,他又说:"为了成就他的美意"

㉙ Lombard, *Sentences* II. 26. 8, 9; 27. 5 (MPL 192. 713, 715).

㉚ Augustine, *On Grace and Free Will* 17. 33 (MPL 44. 901; tr. NPNF V. 457 f.); *Enchiridion* 9. 32 (MPL 40. 248; tr. LCC VIII. 358 f.).

(腓 2∶13 p.)。他的意思是神将他的恩典白白地赐给人。关于这点，我们的仇敌通常说，在人接受初始恩典后，人的努力与神的继起恩典同工。[31] 我的答复是，若他们的意思是，在我们借主的大能从前一次被重生顺服真道后，自愿并被驱使跟随恩典的带领，我并不反对。因为神的恩典在谁身上做王，谁就甘心乐意顺服。然而这愿意的心来自哪里呢？难道不是圣灵借他前后一致之工滋润他重生之人时所运行的顺服，又使之坚忍到底吗？然而，若他们的意思是，人自己本身拥有与神的恩典同工的力量，那他们就是邪恶地自欺。

12. 在神的恩典之外，人毫无善行

e(b) 他们为了支持自己的论调，竟无知地强解保罗这话：b "我比众使徒格外劳苦，这原不是我，乃是神的恩与我同在。"（林前 15∶10 p.）他们如此强解：因为保罗知道，他若说自己比众使徒更伟大，听起来太高傲，故而他用将荣耀归给神的恩典这方式来纠正自己的话，这也表示保罗自己与神的恩典同工。令人惊讶的是，这经文成为许多受人尊敬之神学家的绊脚石。保罗并没有说神的恩典与他同工，相反，保罗借此纠正，将他劳苦所应得的称赞完全归给神的恩典。他说："这原不是我，乃是神的恩与我同在。"（林前 15∶10）他们因这含糊的话产生误解，然而更令他们困惑的是拉丁文荒谬地翻译希腊文的冠词。[32]c 我们若逐字翻译希腊文的版本，保罗不是说恩典与他同工，而是说所有的一切都是出于与他同在的恩典。奥古斯丁清楚简要地教导这点，他说："在神赐给人恩赐以先，常常是人先选择了神的恩赐，而人会做此选择也是神的恩赐。圣经记载：'神要以慈爱迎接我'（诗 59∶10；参阅诗 58∶11 Vg.）[33]以及

---

[31] Erasmus, *De libero arbitrio* (ed. J. von Walter), pp. 75 f., 根据他对这三处经文的解释：《路加福音》15∶11-24,《哥林多前书》5∶10,《罗马书》8∶26, Eck, *Enchiridion* (1532) L 7b。

[32] 参阅 Comm. I Cor. 15∶10. 他在这里指的明显是伊拉斯谟的解释，*De libero arbitrio* (ed. J. von Walter), p. 72. 现代的编辑认为："ἡ χαρις αυτοῦ ἡ εις εμε" 加尔文所说的ἡ是第二个ἡ。

[33] 根据武加大译本。这版本的经文是《诗篇》59∶10。

'我一生一世有恩惠慈爱随着我'（诗23：6）。恩典更新那不愿选择神恩赐之人，使之愿意选择，并且这恩典也跟随选择神恩赐之人，免得他的选择落空。"ᶜ 伯尔纳同意奥古斯丁，并代表教会说："无论我有多不愿意选择神的恩赐，求主赐我愿意选择的心，使我这跛行之人开始奔跑。"㉞

13. 奥古斯丁也教导人的意志不能独立行事

ᵇ我们要留心奥古斯丁的教导，免得现今的帕拉纠主义者，就是索邦（Sorbonne）的哲学家，按照他们的习惯指控说所有古时的神学家都反对我们。㉟如此，他们显然是在效法他们的祖师帕拉纠，奥古斯丁也曾被帕拉纠这样指控过。奥古斯丁在《致瓦伦廷：论斥责与恩典》(*On Rebuke and Grace to Valentinus*) 一书中对此有更详尽的解释。若亚当愿意，神必会将在善功上坚忍之恩赐给他。神赐我们基督徒这恩典是要我们愿意择善，并且借择善的意志克服私欲。所以，只要他愿意，神就会赐给他，但他不愿意。然而，神不但赐给我们坚忍之恩，也赐给我们选择坚忍的意愿。亚当最初的自由是能够不犯罪的自由，然而我们的自由比他的好得多，即不能犯罪的自由。为了避免有人以为奥古斯丁所指的是信徒得荣耀之后的完美，就如伦巴德所曲解的，奥古斯丁之后的言论澄清了这误解。他说："的确，圣徒们的意志已被圣灵驱使，他们因愿意而能，并且他们愿意是因这意愿是神所运行的。假设信徒在这软弱意志的光景中（虽然这是神喜悦为了避免他们骄傲）（林后12：9），神允许他们求告他的帮助择善，却没有将择善的意愿运行在他们里面，那么在这众多的诱惑中，意志因软弱就必屈服，无法坚忍到底了。所以，事实上神的恩典也坚定人软弱的意志，使之能坚忍到底。"他之后又更详尽地论及神的确将择善的意愿运行在人心里。他甚至说，神借他在人心里运行的

㉞ Bernard, *Sermons on the Song of Songs* 21.9 (MPL 183.876; tr. S. J. Eales, *Life and Works of St. Bernard* IV. 121).

㉟ 参阅本书《致法王法兰西斯一世书》。

意愿吸引人。㊱因此，奥古斯丁亲口的见证支持我们在此的教导：神所提供给人的恩典，并非人借自由选择能完全拒绝或接受的，而正是这恩典在人心里运行形成了意愿和选择，因此之后一切的善行都是恩典所结的果子，而且顺从恩典的意志也是出于恩典。奥古斯丁在另一处也说："唯有神的恩典在我们身上运行，我们才有善行。"㊲

14. 奥古斯丁并不否定人的意志，乃是教导意志完全倚赖恩典

ᵇ他又说：恩典并不排除人的意志，反而将择恶的意志更新为择善的，并在它择善后辅助之。他的意思是指，人并不是被动地被外力牵引，而是受感动后从心里顺服神。奥古斯丁在写给卜尼法斯的信中提及神以特殊的方式白白地将恩典赐给他的选民："我们晓得，神并没有将他的恩典赐给所有的人。神赐恩典并不是按照人行为的功劳，也不是按照意志的功劳，而是无条件地赏赐。神没有赐给人这恩典，我们知道是因为神公义的审判。"在同一封信中，他也强烈地反对：神对给人恩上加后继之恩是因为他没有拒绝初始之恩，所以这善行配得更多的恩典。他想逼帕拉纠承认，我们一切的善行都是出于恩典，而且这恩典也不是神对我们行为的奖赏，否则就不是恩典了。奥古斯丁在《致瓦伦廷：论斥责与恩典》这本书的第八章中对这个问题有最简洁的概括。奥古斯丁在那里首先教导：人的意志并不是因其自由而获得恩典，而是因恩典而获得自由。当神借恩典赏赐人喜乐的心时，就同时坚定人的意志。神以无法被征服的毅力刚强人的意志，人的意志在恩典的带领下永不灭亡，但若离了恩典它便立刻跌倒。然而主白白的怜悯将人的意志更换一新，使它坚忍地择善。人能开始择善及之后的坚忍都完全依赖神的旨意，而不是

㊱ Augustine, *On Rebuke and Grace* 11. 31 f.; 12. 33, 38; 14. 45（MPL 44. 935 f., 939 f., 943; tr. NPNF V. 484 f., 487, 489 f.）, Lombard, *Sentences* II. 25. 3（MPL 192. 707）.

㊲ Augustine, *Letters* cxciv. 5; "Omne bonum meritum nostrum non in nobis faciat nisi gratia" （MPL 33. 880; tr. FC 30. 313）.

人的任何功劳。奥古斯丁在另一处如此描述人的自由意志（若我们喜欢如此称呼）：若非恩典，人的意志不能归向神，也不能坚忍地与神同行。意志所能行的一切唯独倚赖恩典。㊳

㊳ 第十四节里所指的或引用的奥古斯丁的作品是：*On Grace and Free Will* 20. 41 （MPL 44. 905；tr. NPNF V. 461）；*On the Spirit and the Letter* 30. 52 （MPL 44. 233；tr. NPNF V. 106）；*Letters* 217. 5. 16 （MPL 33. 984 f.；tr. FC 32. 86）；*Sermons* 176. 5，6 （MPL 38. 952 f.；tr. LF Sermons II. 907 f.）；*On Rebuke and Grace* 8. 17 （MPL 44. 926；tr. NPNF V. 478）；*Letters* 214. 7 （MPL 33. 970；tr. FC 32. 61 f.）。

第四章 ᵉ神如何在人心里运行①

人在撒旦的权势下：但圣经表明神利用撒旦
使他所遗弃之人的心刚硬（1—5）

1. 人在魔鬼的权势下，并且是自愿的

ᵇ我深信我们已充分证明，人被罪的轭辖制，甚至无法靠自己的本性下决心择善，也无法靠自己的努力行善。此外，我们也分辨了意志的被迫性和必然性的不同，以便证明虽然人犯罪是必然的，但却是自愿的。② 然而，既然人是魔鬼的奴隶，所以他的行为似乎是魔鬼所决定的，而不是他自己。因此，我们要察觉在人的行为上魔鬼和人所占的比例如何。接着我们必须回答另一个问题，即我们是否应将恶行的任何部分归咎于神，因圣经记载神在某种程度上干预人的恶行。

奥古斯丁在某处将人的意志比作待命出征的马，而神和魔鬼是骑士。他说："若神骑这马，就如一位温和且训练有素的骑士，他娴熟于驾马，若马过于缓慢，他就踢马刺，驱之加速；若马奔得太猛或太快，他

---

① 参阅 III. 1. 3。
② 参阅 II. 3. 5。

就勒住缰绳，使之减速；若马不听指示，他仍引领它上正路。但若魔鬼骑这马，他就如愚昧和鲁莽的骑士，凶猛地驱逐他远离正道，使它陷入壕沟、跃入山崖，刺激它变得顽梗和凶暴。"③既然我们想不出比这更好的比喻，我们就权且以此为满足吧！圣经记载，属血气之人的意志伏在魔鬼的权势之下，并受魔鬼驱使，这并不是说，人就如不愿顺从甚至反抗的奴隶，被迫听命于他的主子魔鬼，而是说人的意志因被撒旦的诡计俘虏，就自愿降服于魔鬼一切的带领。一切神没有使他们配得圣灵带领的人，神公义地任凭他们伏在撒旦的权势之下。因此，使徒保罗说："不信之人被这世界的神弄瞎了心眼"，神预定他们遭灭亡，免得福音的光照着他们（林后4∶4）；在另一处他又说：魔鬼"在悖逆之子心中运行"（弗2∶2）。圣经将不敬虔之人的瞎眼以及随之而来的一切罪孽称为"撒旦的作为"。然而，这些罪的起因都不在人的意志之外，因为人的意志是罪恶的根源，也是撒旦国度的根基，而撒旦的国度就是罪。

2. 在同一事件上，神、撒旦和人都有参与

ᵇ神在这些事上的参与与撒旦的参与迥然不同。为了进一步说明，我们可以采用迦勒底人对敬虔人约伯所施加的灾难作为例子。他们残杀了他的牧羊人，又恶劣地掳去他的骆驼（伯1∶17）。他们的恶行是明显的。撒旦在这事上并非没有参与，相反，圣经说这一切都是出于撒旦的阴谋（伯1∶12）。

然而约伯却认出神也介入此事，他说迦勒底人所抢夺的一切是神自己收去的（伯1∶21）。我们如何说同样一件事出于神、撒旦和人，而又不同时替撒旦脱罪，或说神是万恶之源呢？我们若考虑行事的目的和方

---

③ 这比方很可能是来自伪奥古斯丁的作品，*Hypomnesticon*（commonly *Hypognosticon*）II. 11. 20（MPL 45. 1632）. 路德在他的 *Bondage of the Will* 中也采用这比喻（*Werke* WA XVIII. 635；tr. J. L. Parker and D. R. Johnston, *The Bondage of the Will*, pp. 103 f.)。参阅 *Martin Luther*, *Ausgew ahlte Werke*, ed. H. H. Borcherdt, Erganzungsband, pp. 46 f.；E. G. Schwiebert, *Luther and His Times*, pp. 691 f.。也参阅 Augustine, *Psalms*, Ps. 33∶5；148∶2（MPL 36. 310；37. 1938；tr. NPNF VIII. 74. 673）.

式就不难了解。神的目的是要以这灾难操练他仆人的耐心；撒旦的目的则是迫使约伯绝望；迦勒底人的目的却是以非法掠夺他人财产获利。可见他们彼此的目的截然不同，他们之间表现的方式也完全不同。神允许撒旦击打他的仆人，同时，因他选择迦勒底人做这恶行的使者，就任凭他们被撒旦驱使。撒旦以其毒箭激发迦勒底人的恶念行出这恶。他们疯狂地作恶，将他们所有的肢体献给罪，并被罪污秽。因此，圣经记载撒旦在神所遗弃之人的心里运行，并在他们身上做王，这是邪恶的统治。圣经也说神以他的方式干预罪，既然撒旦是神愤怒的器皿，神就随己意操纵它执行他公义的审判。我现在说的不是神在他一切受造物上普遍的作为，即赐给一切活物行事的能力④，我说的是神在人每一具体行为上所表现的特殊行动。所以，我们说同样的事件出于神、撒旦和人时并不矛盾，然而在目的和方式上的差别，使得神的公义无可指摘地彰显，同时撒旦和人丑陋的邪恶也表露无遗。

3. "刚硬"是什么意思？

ᵇ教父有时因过于谨慎而不敢直截了当地宣告真理，因他们怕给恶人留有亵渎神作为的机会。我虽然赞同他们的审慎，但我深信，只要我们单纯地解释圣经的教导，不会有什么危险。有时连奥古斯丁也有这种盲目的担心。譬如他说：使人心刚硬和弄瞎人的心眼并不是指神的作为，而是指他的预知。⑤然而圣经中的许多经文不允许我们有如此狡猾的解释，反而明确地指出神有比预知更主动的参与。其实奥古斯丁在《驳朱利安》(*Against Julian*)第五卷中用了很多的篇幅辩论：神不只是允许、容忍

---

④ 参阅 I. 16. 4。

⑤ 这是来自 *De praedestinatione et gratia*，一个被误以为是奥古斯丁的作品。这作品中有一些半帕拉纠主义的教导。作者写道："神在创造我们之前就预先知道我们，又神虽然未曾创造我们，却根据这预先的知识 [*ipsa praescientia*] 拣选了我们"; *De praedestinatione et gratia*, chs. 6, 7 (MPL 45. 1668)。加尔文显然相信这是奥古斯丁的作品。巴塞尔编辑的两个奥古斯丁作品的版本都包括了这个假作品在内。从 1577 年开始，奥古斯丁作品的所有版本就都没有包括这个假作品了。参阅 the *admonitio* in MPL 45. 1665 and H. Pope, *St. Augustine of Hippo*, p. 387。也参阅 Smits I. 191 f.。

罪的发生，也以他的大能预定之，以此作为刑罚人先前所犯的罪。⑥ᵇ同样地，教父们关于神只是允许人犯罪的说法也站不住脚。圣经多处记载，神弄瞎放弃之人的眼、使他们的心刚硬、扭转、影响，甚至驱使他们的心去行（如赛6：10），就如我先前已详细教导的那般。⑦将神的这作为只归于神的预知或允许与圣经明确的教导有冲突。所以，我的答复是，神以两种方式使人的心刚硬。在神收回他的亮光之后，人心就充满黑暗和愚昧，当神收回他的灵时，人心就坚硬如石；当神的灵不再引领人时，人就立刻偏离正路。因此，当神夺去人领会、顺服，以及正确跟随神的能力时，圣经恰当地说神弄瞎、刚硬，以及扭转人的心。

神使人心刚硬的另一种方式，也是更正确的说法是：神为了借撒旦做他愤怒的使者、执行他的审判，就随己意预定人的意图、刺激他们的意愿、坚定他们的决心。ᶜ因此，当摩西叙述西宏王不允许百姓经过他的地界，而神使西宏王的心刚硬时，又接着解释神的目的："为要将他交在我们的手中"（申2：30，参阅Comm.）。所以，神的旨意是让西宏王灭亡，因此神使他的心刚硬以成全他的计划。

4. 圣经中神对待不敬虔之人的例子

ᵇ以下的经文描述了神使人心刚硬的第一种方式："他废去忠信人的讲论，又夺去老人的聪明"（伯12：20，参阅7：26），"他将地上民中首领的聪明夺去，使他们在荒废无路之地漂流"（伯12：24；参阅诗107：40）。同样地，"耶和华啊，你为何使我们走差离开你的道，使我们心里刚硬不敬畏你呢？"（赛63：17，参阅Vg.）这些经文告诉我们神离弃人的结果，而不是如何在他们心里运行改变他们。

此外，圣经也记载，有时神更直接地使人心刚硬。其中的一例便

---

⑥ Augustine, *Against Julian* V. 3 (MPL 44. 786 ff.；tr. FC 35. 247-250).
⑦ I. 18.

是，神使法老王的心刚硬："我要使法老的心刚硬……不听你们"（出7：3—4），"不容百姓去"（出4：21）。之后神说是他使法老王的心"刚硬"（出10：1、20、27，11：10，14：8）。难道神是借不软化法老的心而使他的心刚硬吗？不止如此，他也将法老王交给撒旦，为了确定使他的心顽梗不化。这是神先前如此说的原因："我要使他的心刚硬。"（出4：21）以色列人离开了埃及；他们的仇敌埃及人追击他们，是什么驱使埃及人这样做呢？摩西告诉百姓，是神自己使他们的心刚硬（申2：30）。《诗篇》的先知在陈述这段历史时说："耶和华……使敌人的心转去恨他的百姓。"（诗105：25）因此，人不可说因他们没有神的指引而跌倒，若他们真的被"刚硬"而"转去"，就是神有意扭转他们的心以成就他的旨意。而且，当神喜悦惩罚以色列人的罪愆时，他是如何利用被遗弃之人成全他的计划呢？神利用被遗弃之人的方式，使我们确知是神自己采取行动，而被遗弃之人只是他的工具而已。因此，神预告他将发咝声兴起他们（赛5：26，7：18），然后利用他们作以色列人的网罗（结12：13，17：20），之后也用他们作为击碎以色列人的大锤（耶50：23）。当他称希西家王为他手中所挥舞的斧头（赛10：15），要劈碎以色列时，就证明是神自己主动行事的。奥古斯丁在另一处有很好的描述："人犯罪是出于自己，但犯罪所造成的结果乃是出于神的大能，因神随己意掌管黑暗。"[8]

5. 撒旦也不得不侍奉神

[b]我们只需引用一处经文就足以证明，当神以他的护理预定被遗弃之人随他的意而行时，撒旦也介入搅动他们的心。《撒母耳记》时常提到"从耶和华那里来的恶魔搅乱……离开了扫罗"（撒上16：14，18：10，19：9）。如果以为这灵是指圣灵那就错了。所以，这不洁的灵被称为"神的灵"，是因他应从神的旨意和大能而做了神的器皿，而非自己随

---

[8] Augustine, *On the Predestination of the Saints* 16. 33 (MPL 44. 984；tr. NPNF V. 514).

意行事。^(e (b)) 同时我们应当在此加上保罗的教导：不信和诱惑是出于神，
"好叫不领受爱真理之心的人信从虚谎"（帖后 2∶10 — 11，参阅 Vg.）。^b 然
而，在同一件事上，神、撒旦和人所做的有极大的差别。神使用这些邪
恶的器具，随意操纵、扭转它们，好执行他的公义，它们则依从自己堕
落的本性行恶。我们已在护理之工那章中讨论过，神在这些事上如何显
为公义，以及恶人如何无可推诿。⑨我以上唯一的目的是要指明：撒旦如
何在被遗弃之人的身上做王，以及神如何在两者身上运行。

在外界的事上，人的意志也在神的护理之下（6 — 8）

6. 在与善恶无关的事上，神也没有任凭我们随心所欲

^b 虽然我们以上已略为谈过这事，⑩但我们还没有解释在那些与善恶
无关的事上，以及那些指向物质而非灵性生活的事上，人是否有自由。
在这些事上，有些人说人有自由选择，⑪我猜其原因是他们不想争辩无关
紧要的事，而不是因他们真的想积极主张他们所认同的观点。我承认只
要这些人确信自己无义可夸，就抓住了使人得救的要点。然而我现在要
讨论的，虽然对救恩来说不是必需的教义，但也不是无关紧要的。即当
我们的意志受驱使而选择对我们有利的，或拒绝对我们有害的时候，这
都是出于神特殊的恩典。

神的护理不只包括万事照神所喜悦的发生，也包括使人的意志有同
样的倾向。的确，若我们思考外界事物的发生，就不会怀疑从某方面来
看它们是人的决定。但若我们查考圣经中众多神在这些事上掌管人意志

---

⑨ I. 16-18.
⑩ II. 2. 13-17.
⑪ 这里指的是路德会奥格斯堡信条（Augsburg Confession）上的教义 I. 18："人的意志拥有行社会上公
义的自由……却没有力量行神所要求的公义。"参阅 Melanchthon, *Loci communes*, 1535. 在这作品
中梅兰希顿说：罪人仍有某种程度的力量行"外在、社会上的义"。因此"未曾受更新的意志 [*su-
is viribus sine renovatione*]，能够在表面上遵守一些律法。这就是哲学家所说的人的自由意志，也
是正确的。"（CR Melanchthon XXI. 374.）然而，加尔文教导连这方面的选择和行为也都在神的
护理下。

的见证,我们就不得不相信人的意志也是神所驱使的。是谁驱使埃及人的意志,使他们愿意将金器、银器送给以色列人呢(出11:2—3)?他们永远都不可能自愿这样做。所以,神的驱使胜过他们自己的意愿。ᶜ事实上,若非雅各深信神随己意支配人心,当他以为他的儿子约瑟是某个不信神的埃及人时,他就不会说:"但愿全能的神使你们在那人面前蒙怜悯。"(创43:14)此外,就如整个教会在《诗篇》中的告白,当神喜悦怜悯他的百姓时,他使他们在残暴地掳掠他们之人眼前蒙怜恤(参阅诗106:46)。另一方面,当扫罗暴跳如雷地整装出征时,圣经告诉我们:神的灵在驱使他(撒上11:6)。是谁改变押沙龙,使他不接受亚希多弗的计谋呢?虽然他的计谋常被视为神谕(撒下17:14)。是谁说服罗波安接受少年人的主意呢(王上12:10、14)?是谁使勇猛的国民在以色列人来到时闻风丧胆呢?就连妓女喇合都承认这是神的作为(书2:9及以下)。再者,是谁以惧怕使以色列人降卑呢?难道不是那位在律法中预言将赐他们战兢之心的神吗(申28:65;参阅利26:36)?

7. 在万事上,人的意志都在神的掌管之下

ᵇ或许有人会反对说,以上只是特殊的例子,不能以偏概全。[12]然而,我仍坚持这些例子足以证明我的立场:就连与善恶无关的事,神也因着自己护理的缘故随己意扭转人的意志,并且人的选择不能自由到脱离神的掌控。不论你愿意与否,你每日的经历迫使你承认,你的心确实受神的驱使,而不是凭自己随意选择。也就是说,连在最简单的事上,你的判断和理解也常常失误,并且在一些微不足道的事上你也时常丧胆。相反地,在一些深奥的事上,你却很快知道如何解释;在重要危急的事上,你却仍能运筹帷幄。

所罗门的话"能听的耳,能看的眼,都是耶和华所造的"(箴20:

---

[12] Erasmus, *De libero arbitrio*, ed. J. von Walter, p. 66.

12) 也支持这点。我想他在此并不是指这些器官的创造，而是指它们特殊的功用。⑬当所罗门说："王的心在耶和华手中，好像陇沟的水随意流转"（箴 21：1），他是在用王代表全人类。若有谁的意志不在任何权力之下，那就是君王的意志，而他也在某种程度上统治众人的意志。但若连王的意志也操纵在神手中，那么我们的意志更不例外。关于这点，奥古斯丁有一句名言："我们若殷勤考查圣经，就必发现，神不但将邪恶的意志更新为良善的意志并引领之，为的是使他们热心为善并得永生，而且那些保存今世造物的意志也在他的掌管之中。甚至神随己意随时随地扭转他们的意志，使他们照他隐秘公义的旨意或刑罚或奖赏世人。"⑭

8．"自由意志"并不在于人是否能成就自己的意志，而在于人是否有自由的选择

ᵇ读者们在此应当留意，人是否拥有自由选择的能力，并不像一些无知之人荒谬地认为的那样由事情的结果所决定。他们说连君王都无法随心所欲，他们便觉得人的意志是受捆绑的。无论如何，我们现在探讨的这能力不能用外在的结果来衡量，关键是人内在的本性。在探讨自由意志时，问题不在于人是否能在许多障碍下达成他的目标，而是人是否在任何方面拥有自由的判断和意愿。若人两者皆有，那么那躺在钉床上被虐待的阿提流斯·勒古鲁斯（Atilius Regulus），就与那随己意统治大半个世界的凯撒君王一样有自由意志了。⑮

---

⑬ 武加大译本翻译的意思不同："Mais de la grace specialeque que Dieu fait aux hommes de jour en jour."
⑭ Augustine, *On Grace and Free Will* 20. 41 （MPL 44. 906；tr. NPNF V. 461）.
⑮ 西塞罗、贺拉斯、塞涅卡，以及其他的罗马作家都称赞勒古鲁斯的美德。他被迦太基人虐待而死，因他宁愿受死也不食言。奥古斯丁为了反驳异教徒对基督教的指控，提及这故事，证明罗马的神也无法搭救忠心的人（*City of God* I. 15；MPL 41. 28；LCL Augustine, I. 68 ff.；tr. NPNF II. 11）.

^e 第五章　反驳对自由意志
最常见的辩护

反驳那些基于常识为自由意志辩护之人（1—5）

1. 为自由意志辩护之人的第一个辩护：人不得不犯的罪不算罪；有意所犯的罪是可避免的

^b其实，关于人意志的捆绑，我们已做了充分的探讨，只是有一些对自由有错误观念的人仍提出一些自己的主张，试图推翻我们的立场。首先，他们搜集许多荒谬的言论使人憎恶我们的立场，就如我们的立场违背常理，之后他们又误用经文来攻击它。以下我们将反驳他们的双重攻击。他们说若罪是必然的，它就不算是罪；若是自愿的，人就可以避免不犯，[1]这也是帕拉纠用来攻击奥古斯丁的两种武器。然而，我不会先用奥古斯丁的威名吓退他们，而是在此彻底驳倒他们的异议。我否认罪既因是必然的，就不算是罪的这种说法。我也同样反对他们所推断的结

---

[1] Erasmus, *De libero arbitrio*, ed. von Walter, p. 25. 奥古斯丁在反驳帕拉纠主义者埃克拉农的朱利安（Julian of Eclanum）的未完成论文中也答复了同样的指控；*Contra secundam Juliani responsionem, imperfectum opus* I. 46-48, 60, 82, 84, 106 (MPL 45. 1067-1071, 1081, 1103 f., 1119 f.); *On Man's Perfection in Righteousness* 2. 2 (MPL 44. 293; tr. NPNF V. 160); *On Nature and Grace* 67. 80 (MPL 44. 286; tr. NPNF V. 49)。

论，即罪既因是自愿的，就可避免的这种说法。若有人想与神争辩，说他不能不犯罪而逃脱神的审判，ᵉ⁽ᵇ⁾ 我们在先前已答复②：人之所以不得不犯罪并不是受造时的本性，而是败坏后的本性。恶人喜欢为自己的罪找借口，说自己无能为力，这无能为力源自何处呢？难道不是源自亚当甘心乐意地伏在魔鬼的权势之下吗？辖制我们的败坏源于人类的始祖ᵇ——亚当，他离弃了他的创造主。若因这背叛，万人都被定罪是公义的，人就不能用对罪无能为力作借口，因这是最明显定他们罪的证据。ᶜ 以上我已清楚解释这点，并举魔鬼本身为例。据此，必然犯罪之人所犯的罪也是自愿犯的。相反地，神所拣选之天使的光景是：虽然他们不能不行善，然而他们的善行也是自愿的。伯尔纳也恰当地教导：既因这必然性同时也是自愿的，就使得人的光景更为悲惨，因为这必然性辖制人沦为罪的奴仆。③我们对手的另一个推论是毫无根据的，因他们将"自愿的"当作"自由的"。我们先前已证明，有时人自愿做的事并非出于自由选择。

2. 为自由意志辩护之人的第二个辩护：若人没有自由意志，奖赏与刑罚就毫无意义

ᵇ他们主张，除非善行和恶行是出于人自由意志的选择，否则人受刑罚或得奖赏就相互矛盾。这观点是亚里士多德提出的，但居然也被克里索斯托和哲罗姆采用。哲罗姆也不否认这是帕拉纠主义者的论点，他甚至引用他们的论述："如果是神的恩典在我们心里运行，那么神奖赏的对象就应该是他的恩典，而不是毫无功劳的人。"④

---

② 加尔文在这段中提出他以上所说的话好几次，都是指 II. 3. 5。
③ Bernard, *Sermons on the Song of Songs* 81. 7, 9（MPL 283. 1174 f.; tr. S. J. Eales, *Life and Works of St. Bernard* IV. 498 f.）.
④ Aristotle, *Nicomachean Ethics* III. 5. 1113b（LCL edition, pp. 142 f.）; Chrysostom, *Homily onthe Passage "The way of man is not in himself"*（Jer. 10：23）（MPL 56. 153-162）; Jerome, *Letters* 133. 5（CSEL 56. 249; tr. NPNF 2 ser. VI. 231）; *Dialogue Against the Pelagians* I. 6（MPL 23. 501）.

关于刑罚，我的答复是：神的刑罚是公义的，因为是刑罚我们自己所犯的罪。当人犯罪时，这罪是出于自由或被捆绑的判断力都无关紧要，只要它是出于人自愿的愿望，特别是圣经教导人因被罪捆绑已经是罪人。至于神对义行的奖赏，难道说奖赏出于神的慈爱而不是人的功劳是荒谬的吗？奥古斯丁常常说："神所奖赏的并不是我们的功劳，而是他自己所给的恩赐；我们所说的'奖赏'并不是神应该给我们的（因我们的功劳），相反地，神所奖赏的是他早已给我们的恩赐！"⑤的确，他们强调这点：若奖赏不是根据人意志的选择就没有意义，⑥然而他们如此坚持是很大的错误。他们反对神奖赏他自己的恩赐，ᶜ这观点却是奥古斯丁视为理所当然且经常教导的真理。譬如他说："人有何功劳呢？耶稣基督来不是给人所应得的奖赏，而是他白白的恩典。因当那唯一无罪却救人脱离罪恶的主降世时，人人都是罪人。"再者，他又说："你若要求你所应得的，那就是刑罚。神并没有照你所应得的报应你，而是赏赐你所不应得的恩典，你若夸耀自己的功劳就是离弃恩典。"他接着说："你自己本身不过是虚无。罪属你，而奖赏却属神。你应得刑罚，若神的奖赏临到你，神乃是奖赏他自己的恩赐而不是你的功劳。"ᶜ他在另一处也教导：恩典不是由于功劳，反而功劳是由于恩典！之后他下结论说：神给的恩赐先于所有的功劳，这是因为神要白白地赐福予人，以及证明功劳都是他的，因为他知道在人的身上没有任何应得救恩的功劳。⑦

ᶜ那么为何需要更多证据呢？在奥古斯丁的作品中，他经常重复与上面相同的观念。ᵇ然而，若我们的对手留意保罗说的："神预先所定下的人又召他们来；所召来的人又称他们为义；所称为义的人又叫他们得荣

---

⑤ Augustine, *Letters* 194. 5. 19 (MPL 33. 880); "*Cum Deus coronat merita nostra nihil aliudcoronat quam munera sua*" (tr. FC 30. 313); *On Grace and Free Will* 6. 15 (MPL 44. 890; tr. NPNF V. 450).

⑥ 加尔文在这段中所指的当时的观念是指科赫洛伊斯（Cochlaeus）和伊拉斯谟的话：Cochlaeus, *De libero arbitrio*; Erasmus, *De libero arbitrio*。参阅沃克（J. von Walker）编辑的伊拉斯谟作品版本，pp. 50, 53, 59, 以及 OS III. 299 中所引用的话。

⑦ Augustine, *Psalms*, Psalm 70. 2. 5 (MPL 36. 895; tr. NPNF [Psalm 71] VIII. 324). In *Sermons* 169. 2, 奥古斯丁说："*Nihil in eis invenis unde salves, et tamen salvas.*" (MPL 38. 917)

耀"(罗 8∶30 p.),就会得知圣徒得荣耀的原则是什么,好救他们脱离其谬误。根据保罗的立场,神为何给信徒冠冕呢(提后 4∶8)? 乃因他们蒙拣选、呼召,甚至称义都是出于主的怜悯,而非自己的努力。我们断不可惧怕,以为若人没有自由意志,就没有可被奖赏的功劳! 我们若因惧怕而不接受圣经的教导:"你有什么不是领受的呢? 若是领受的,为何自夸,仿佛不是领受的呢?"(林前 4∶7 p.)是愚不可及的。可见保罗完全否认人有自由意志,为了不给人的功劳留下任何余地。然而,^{e(b)}神既有测不透、丰盛的良善和慷慨,^b他赏赐我们行善的恩典,并奖赏我们的善行,仿佛是我们自己所应得的。

3. 为自由意志辩护之人的第三个辩护:人若没有自由意志,就无善恶的区分

^b我们的对手又提出另一个异议,这异议似乎源于克里索斯托:若择善恶并非出于人的意志,那么所有人,既有相同的本性,不是全善就是全恶。⑧《对外邦人的呼召》(*The Calling of the Gentiles*)这书的作者也有相似的观点,这书普遍被认为是安波罗修的作品。他说:若神的恩典没有留给人可变的余地,人就不可能背道。⑨连这些伟大的人也如此健忘,实在令人惊讶! 克里索斯托怎能忽略是神的拣选使人不同呢? 我们坚信保罗坚定的断言:所有的人都堕落了,并且被交付在罪恶的权势之下(参阅罗 3∶10)。我们也和他一同相信,有些人没有继续留在罪恶的权势下,完全是出于神的怜悯。所以,所有的人生来都患同样的疾病,只有那些神喜悦医治的人才得痊愈。神施行其公义的审判,略过其他人,⑩他们就在自己的败坏中衰残,直到灭亡之日。没有其他的原因能解

---

⑧ Chrysostom, *Homilies on Genesis*, hom. 23. 5 (MPG 53. 204).
⑨ Prosper of Aquitaine, *The Call of All Nations* II. 4 (MPL 17. 1112; 51. 689 f.; tr. ACW XIV. 96f.). 参阅 II. 2. 5,注释 27。
⑩ "*Praetermittit*".

释，为什么有些人在真道上坚忍到底，而有些人一开始就跌倒。因坚忍本身也是神的恩赐，并且神不是毫无分别地赐给所有的人，而是只赐给他所喜悦的人。若有人想知道：为何有些人坚忍到底，而另一些人却因心怀两意而跌倒，唯一的解释，即神扶持前者，以他的大能坚固他们，免得他们灭亡；而神没有赏赐后者坚忍的能力，好使我们引以为戒。

4. 为自由意志辩护之人的第四个辩护：人若没有自由意志，一切的劝勉就毫无意义

ᵇ而且我们的对手坚持说，除非罪人有顺服神的能力，否则劝他们是枉然的，责备他们是愚昧的。⑪当奥古斯丁面对类似的异议时，他不得不写了《论斥责与恩典》(*On Rebuke and Grace*) 这本书。他在书中淋漓尽致地驳斥这些异议，并且呼吁他的对手留意："人啊！你要从训词中学习你所当行的；要从责备中知道你没这么行是你的过错；要借祷告学习从何处获得你所愿的。"ᶜ在《论精意与字义》(*On the Spirit and the Letter*) 这本书中他也说：神不会依人的力量为标准制定他的律例，他反而在吩咐人当行的律例时，就同时赏赐他的选民遵守的力量。⑫我们无须再费时赘述，ᵇ这不仅是我个人的立场，也是基督和众使徒的教导。所以，我们的对手当思想：与基督和众使徒争辩怎么可能得胜。基督宣告："离了我，你们不能做什么。"（约15：5）难道他会因他说了这话就不责备那些离了他作恶的人吗？或因这话就不再劝人热心为善吗？保罗严厉地斥责哥林多信徒没有彼此相爱（林前3：3，16：14），但他同时也求神赐给他们爱心。保罗在《罗马书》中说："不在乎那定意的，也不在乎那奔跑的，只在乎发怜悯的神。"（罗9：16）但他之后也没有停止吩咐、劝勉和

---

⑪ Erasmus, *De libero arbitrio*, ed. von Walter, pp. 40 f.; Herborn, *Locorum communium enchiridion* 38 (CC 12. 132).

⑫ Augustine, *On Rebuke and Grace* 3. 5 (MPL 44. 918; tr. NPNF V. 473); *On the Spirit and the Letter* (MPL 44. 199; tr. NPNF V. 83-114).

指责罗马的信徒。那么罗马信徒为何没有迫切地求神不要徒费精力要求人做唯有神才能使人做的事，也不要责备人因缺乏神的恩典而犯的罪？他们为何不劝保罗宽恕那些除非神的怜悯临到他们，否则没有毅力或力量去奔跑的人呢？就如保罗的教导不是建立在最好的根基上——这根基是一切恳切寻求神的人都能明白的！保罗说："可见栽种的算不得什么，浇灌的也算不得什么；只在那叫它生长的神。"（林前3∶7）ᵉ他在此表明：就改变人心而论，教导、劝勉，以及指责都无能为力！同样地，摩西严禁以色列人违背律法（申30∶19），众先知也是再三地警告和威吓犯罪之人。但他们同时也教导神必须赐人悟性，人才有智慧（如赛5∶24，24∶5；耶9∶13及以下，16∶11及以下，44∶10及以下；但9∶11；摩2∶4），在人内心行割礼是神自己的作为（参阅申10∶16；耶4∶4），包括除掉石心、赏赐肉心（参阅结11∶19），将他的律法刻在人心上（参阅耶31∶33）。简言之，神借赐我们新心（参阅结36∶26），使他的教导在我们身上有功效。

5. 劝勉的意义

ᵇ神劝勉人的用意何在？若恶人因刚硬的心拒绝被劝勉，将来在神的审判台前，这些劝勉将成为定他们罪的证据。就连在今世，这些劝勉也在击打他们的良心。无论最悖逆之人如何嘲笑神的劝勉，他仍无法反驳这些劝勉。但或许你会问，神若拒绝将遵守诫命不可缺少的肉心赐给可悲的人，那又如何呢？其实，既然刚硬的心只能归咎于他自己，那么他有什么借口呢？恶人虽然抓住每一个机会并尽己所能地嘲弄神的劝勉，却仍会被这些诫命的力量所惊吓。

然而劝勉特别的意义主要是针对信徒。虽然神以自己的灵做万事，但也不忽视他话语的作用，而是有效地使用之。我们应当确信这真理：敬虔之人一切的义都是来自神的恩典。ᵉ正如先知所说："我要……赐给他们肉心，使他们遵行我的律例……"（结11∶19—20）或许你会反对说，ᵇ那为何神还劝勉他们尽本分，而不是直接将他们交付圣灵的引领呢？既然他们完全倚靠圣灵的驱使行事，为何神还劝告他们呢？在他们偏离正道时，神为何管教他们？反正人因肉体软弱而迷失是无法避免的。

你这个人哪！你是谁？竟敢吩咐神？神若喜悦以劝勉预备人心，去领受那使人能听从劝勉的恩典，难道你对这样的方式有所抱怨吗？即使劝勉和责备只有使敬虔之人知罪的作用，我们也不可轻看它们。既然圣灵伴随着劝勉在人心里运行，就完全能使人热心为善，除去人的懈怠以及对罪的贪恋和享受，反而憎恨罪，难道我们仍要嘲笑劝勉是多余的吗？

若有人要求更清楚的答复，这答复是：神以两种方式——圣灵内在的运行和真道外在的运行⑬——在选民身上运行。神以他的圣灵重生他们，也就是光照他们的心，使之爱义和行义。另外，神又以他的话语激发人渴慕、追求，并获得重生。神就是以这两种方式在选民身上彰显他大能的作为。当他向被遗弃之人宣告同样的真理时，并不是要督正他们，而是要在今世用良心向他们见证，在来世使他们更无可推诿。所以，虽然基督宣告：除了父神所吸引归向基督的人以外，没有人能到他那里去，而神的子民则是在听见和学习父神的教训之后才到他那里去（约6：44—45），然而基督并没有忽略他教师的职分。他亲自不断地呼召选民来受圣灵内在的教训，好使他们得以成长。保罗说这教训对被遗弃之人并非没有作用，而是"作了死的香气叫他死"（林后2：16），但在神面前却是"馨香之气"（林后2：15）。

反驳利用圣经的律例、应许和责备支持
自由意志观点之人（6—11）

6. 神的律例是否根据人的力量来制定？*

ᵇ我们的对手拼命收集经文攻击我们，尽管他们无法获胜却从不放

---

⑬ 一如他平时的习惯，加尔文在这里肯定地教导圣经与圣灵的运行有密不可分的关系。参阅 I.7.4；III.1，各处及附注。

弃，试图以数量来压倒我们。就如战场上不懂战术的乌合之众，不论场面如何壮观、气势磅礴，却仍经不起敌人的攻击而溃不成军，被迫逃跑。同样地，要击败这些利用众多经文的仇敌也易如反掌。在浏览他们滥用来攻击我们的一切经文后，加以整理也只不过分成几类。因此，一个答复就足以反驳他们，不必一一作答。

他们把神的例律作为他们的主要堡垒。让他们自以为神的律例是根据人能遵行的力量而颁布的，因此他们认为人必能满足神一切的要求。所以，他们逐一寻找圣经中的律例，以便发现人有多少力量。他们说当神吩咐我们要圣洁、敬虔、顺服、纯洁、相爱和温柔时，当他禁止我们不洁、拜偶像、不节制、发怒、抢劫和骄傲时，他若不是愚弄我们，就表示我们能遵守他一切的吩咐。

我们基本上可以将他们所搜罗的律例分成三类。第一类，吩咐人归向神；第二类，只是吩咐人遵守神的律例；第三类，吩咐已蒙恩之人坚忍到底。我们将先总体地讨论它们，之后再分别讨论。

长久以来，人们习惯用神的律例来衡量人遵守的能力，看来似乎有些根据，殊不知，这观点是来自人对律法可怕的无知。那些以为说人无法遵守律法就是犯大罪的人，他们最充分的理由是：若非如此，神给我们他的律法是枉然的。⑭他们好像从未看过保罗对律法的教导，若如他们所说，那么保罗的这些话是什么意思呢？即："律法……原是为过犯添上的"（加3∶19，参阅 Vg.）；"因为律法本是叫人知罪"（罗 3∶20）；"罪……借着诫命……发动"（参阅罗 7∶7—8）；"律法本是外添的，叫过犯显多"（罗 5∶20，参阅 Vg.）。难道神要颁布人能遵守的律法，否则律法就是徒然颁布的吗？其实，神颁布远超乎我们能力的律法，反而是要显明我们的软弱！ᵉ的确，保罗教导说：爱是律法的目的，也是满足律法的（提前 1∶5）。然而当保罗求神赐给帖撒罗尼迦信徒丰盛的爱时（提前 3∶12），

---

⑭ 参阅 II.7.5；Eck, *Enchiridion* (1541), fo. 188a。

就是在承认，除非神使我们明白律法的总纲，否则即使我们听律法也是枉然的（参阅太22：37—40）。

7. 律法引领我们仰望神的恩典

ᵇ当然，若圣经只教导律法是人生活的准则，并且人应当努力遵守，那我也会立刻接受他们的观点。然而，既然圣经忠实和明确地教导律法多方面的功用，⑮我们就应当朝这方面考虑律法在人身上的功用如何。就此而论，律法规定我们当如何行，便教导我们遵守律法的力量是出于神的慈爱。因此，律法就驱使我们求告神赏赐我们遵守律法的力量。若神只赐下命令而没有应许，我们可能就没有遵守的力量。然而既然神不但命令我们，也同时赐给我们他的应许，这些应许就表示我们一切的援助，甚至我们一切的美德都依靠神的恩典，也充分证明我们对于遵守神的律法完全无能为力。因此，我们勿再企图用神的律法衡量人遵守的力量，就如神是按照人软弱的程度规定律法中义的标准。我们这些在各方面都迫切需要神恩典之人，就更应当从这些应许中看出自己的无能为力。

然而我们的对手说，谁会相信神将他的律法赐给木桩和石块呢？⑯我们并没有如此说。当神以他的律法教导恶人，他们的私欲与神为敌以及他们的良心定自己的罪时，恶人并非木石，并且当神借他的律法教导信徒他们的软弱，好使他们投靠神的恩典时，他们也并非木石。关于这点，奥古斯丁有深刻的论述："神吩咐我们做我们无法做的，为要使我们知道我们当向神求什么。"若我们接受人无力遵守律法，更能高举神的恩典，那么律法就不是枉然的了。"信心才能成就律法所吩咐的一切。"ᵇ"事实上，神给人律法乃是要人借信心成就律法所吩咐人的。其实，神也

---

⑮ 参阅 I.6.6；II.7：6，10-12。
⑯ 参阅 Origen, *De principiis* III. 1. 5（GCS 22. 200；MPG 11. 254；tr. G. W. Butterworth, *Origen On First Principles*, p. 162；ANF IV. 304）；Augustine, *Sermons* 156. 12. 13（MPL 38. 857；tr. LF *Sermons* II. 769 f.）。

盼咐人要有信心；然而，除非神赏赐这信心，否则人就无法成就律法的要求。"他又说："求神赏赐他所命的，并命他所意愿的。"⑰

8. 神各样的盼咐清楚证明：没有恩典，人不能做什么

ᵇ若我们回顾以上陈述的三类律例，就会更清楚地明白这教导。⑱

（1）在律法和先知书中，神常常盼咐我们要归向他（珥 2：12；结 3：30—32；何 14：2 f.）。另一方面，先知回答说："求你使我回转，我便回转……我回转以后就真正懊悔"等等（耶 31：18—19，Vg.）。神盼咐我们当自行割礼（申 10：16；参阅耶 4：4），然而神也借摩西说这割礼是神自己的手所行的（申 30：6）。神在一些经文中要求人有新心（结 18：31），然而在另一些经文中，神也告诉我们新心是他自己赏赐的（结 11：19，36：26）。ᶜ正如奥古斯丁所说："神所应许的并不是靠人自己的选择或本性成就的，而是靠神自己的恩典成就的。"奥古斯丁在列举泰苛尼乌（Tychonius）原则时，把这话放在第五条：我们必须清楚划分神的律法和应许，也就是神的诫命和恩典。⑲ᵇ有些人从神的律例中推断人能遵守，就是要破坏那唯独能成就这些诫命的神的恩典。这些人给我走开！

（2）第二类律例比较简单：盼咐我们尊荣神、遵行神的旨意、讨神的喜悦，以及听从他的教训。圣经中有无数经文能证实：人所拥有的正直、圣洁、敬虔，以及纯洁都是神的恩赐。

（3）第三类律例是保罗和巴拿巴对众信徒的劝勉："务要恒久在神的

---

⑰ Augustine, *On Grace and Free Will* 16. 32 （MPL 44. 900；tr. NPNF V. 457）；*Letters* 167. 4. 15 （MPL 33. 739；tr. FC 30. 45）；*Enchiridion* 31. 117 （MPL 40. 287；tr. LCL VII. 409）；*Confessions* X. 29. 40；31. 45 （MPL 32. 796，798，tr. LCC VII. 225，228）；*Psalms*, Ps. 118. 16. 2 （MPL 37. 1545；tr. LF Psalms V. 381）；*On the Gift of Perseverance* 20. 53 （MPL 45. 1026；tr. NPNF V. 547）.

⑱ 上面第 6 节。

⑲ Augustine, *On the Grace of Christ and on Original Sin* I. 30 f. （MPL 44. 375；tr. NPNF V. 228）；*On Christian Doctrine* III. 33 （MPL 34. 83；tr. NPNF II. 569）. 奥古斯丁在这里提醒人们注意七条理解圣经原则中的第三条。这七条原则是泰苛尼乌在 390 年写的，他是一个多纳徒派，但之后被这个教派的领袖咒诅。

恩中。"（徒13∶43）保罗在另一处指示我们从哪里寻找这坚忍的美德："我还有末了的话，你们要靠着主，倚赖他的大能大力，作刚强的人。"（弗6∶10 p.）他也告诫我们："不要叫神的圣灵担忧，你们原是受了他的印记，等候得赎的日子来到。"（弗4∶30 p.）既然人无法达到神在此对人的要求，所以保罗就为帖撒罗尼迦信徒求告神："看你们配得过所蒙的召，又用大能成就你们一切所羡慕的良善和一切因信心所做的工夫。"（帖后1∶11 p.）ᵉ同样地，保罗在《哥林多后书》对施舍的教导中，常常称赞他们有愿做的心（林后8∶11）。然而紧接着他又感谢神"感动提多的心"（林后8∶16 p.）。意即，若非出于神的感动，提多无法开口劝勉信徒，更何况使信徒听从他的劝勉！

9. 归正的事工并非神与人同工*

ᵇ比较诡诈的对手对以上论述根本不以为然，他们主张：没有什么能拦阻我们尽力，同时神扶持我们的软弱。他们也引用先知书中的一些经文，因为这些经文似乎表示归正是神与人一起同工的："你们要转向我，我就转向你们。"（亚1∶3）然而，我们已经在前面阐明神对我们的帮助如何，[20]所以无须赘述。我希望读者们至少相信，我们不能因神要求我们遵守律法，就推论人有遵守的力量，因圣经清楚教导：就遵守诫命而论，立法者神的恩典是必需的，也是他所应许要赐给我们的。

因此，显然神对我们的要求至少超过我们遵行的能力，并且无人能反驳耶利米的这段话：神与以色列所立的约是无效的，因这约不过是字句，只有当圣灵进入人心使人顺服神时，这约才得以确立（耶31∶32—33）。ᵇ因此"你们要转向我，我就转向你们"（亚1∶3）这经文也不支持他们的谬论。神转向人并不表示神使人重生悔改，而是表示神借对人物质上的丰富恩待彰显他对人的爱，就如神有时以逆境表明他对他选民的

---

[20] 上面第七、八节。

不满。当时的以色列人因遭遇各种困境和灾难而埋怨神已经离弃他们，所以神告诉他们，只要他们重新过正直的生活以及归向神——行义的准则——就不会缺乏神的关怀。所以从上面那节经文推断神与人在归正上同工的人，是在强解这节经文。在我们讨论律法时，我们将更详细地谈论这点。㉑

10. 根据我们对手错误的观点，圣经的应许暗示人有自由意志

ᵇ他们的第二个异议与第一个极为相近。他们引用神与我们意志立约的经文，例如："你们要求善，不要求恶，就必存活"（摩 5：14 p.）、"你们若甘心听从，必吃地上的美物，若不听从反倒悖逆，必被刀剑吞灭。这是耶和华亲口说的"（赛 1：19—20）。还有"你若从我眼前除掉你可憎的偶像，你就不被迁移"（耶 4：1 参阅 Comm.）、"你若留意听从耶和华你神的话，谨守遵循他的一切诫命，就是我今日所吩咐你的，他必使你超乎天下万民之上"（申 28：1，参阅 Vg.），以及其他类似的经文（利 26：3 及以下）。

神在他的应许中提供我们这些福分，他们认为，除非人能靠自己的意志选择或拒绝，否则神的供应就失去意义，甚至是在愚弄人。为了更清楚地解释，我要引用他们用来支持自己论点的诡辩抱怨："当神宣告他的慈爱倚赖人的意志时，除非人能主宰自己的意志，否则神就是残忍地欺哄人。神若将他的祝福丰富地摆在人面前，却没有赐给他们享受这些福分的能力，难道这证明神的慷慨吗？如果，神的应许所倚赖的是人不能做的选择，因此是永远无法实现的，那如何说神的应许必得以应验呢？"㉒

我们将在他处论及这些条件性的应许,㉓并证明这些应许没有应验并

㉑ II. 7. 8，9。
㉒ 马丁·路德的论敌：包括沙茨盖尔（Schatzgeyer）、伊拉斯谟、科赫洛伊斯、卡斯特罗和费伯，也用大部分的这些经文和辩论攻击他。参阅 OS III. 308。
㉓ II. 7. 4；II. 8. 4；III. 17. 1-3，6，7。

非荒谬。就此而论，我否认，虽然神知道人完全无能为力，却仍劝人领受他的福分，这是神残忍地欺哄人。既然神同时提供他的应许给信徒和恶人，因此，这些应许对于二者都有其作用。

就如神以他的律例击打恶人的良心，免得他们对神的审判无知而沉醉于自己的罪孽，同样，神以他的应许在某种意义上使他们承认自己不配得神的爱。谁会否认神赐福给尊荣他的人，却严厉地惩罚一切藐视他威严之人，是完全公平的？因此神在他的应许中合理并公正地向不敬虔、被罪捆绑之人颁布这律例：只要他们离弃罪恶就能蒙神赐福。虽然这应许只为了使他们明白，他们与神给真敬拜神之人的祝福无分。

另一方面，既然神在各方面激励信徒求他的恩典，那么，神借他的应许（就如借他的律例一样）驱使信徒求他的恩典是合理的。当神以他的律例教导我们他的旨意时，他也使我们明白自己的悲惨和全然的悖逆。同时他驱使我们求告圣灵引导我们走义路，但因我们的迟钝，神的律例并不足以唤醒我们，所以他以他的应许（这甘甜的方式）吸引我们爱他的律例。我们越渴慕义，就越热切地寻求神的恩典。因此，在"你若愿意"、"你若听从"这样的话中，神并没有承认人有愿意或听从的自由意志，也没有以此嘲笑人的无能。

11. 他们进一步反对说：若人没有自由意志，则圣经上的指责是徒然的

ᵇ他们的第三个异议也与前两个极为相似。我们的对手搬出一些经文来支持自己的谬论，即神斥责他忘恩负义的百姓，说他们没有蒙神温柔的怜悯，没有从他手中得到各样的赐福，都是他们自己的错。例如："亚玛力人和迦南人都在你们面前，你们必倒在刀下，因你们退回不跟从耶和华"（民 14：43，Vg.），"因……我呼唤你们，你们却不答应。所以我要向这称为我名下……照我从前向示罗所行的一样"（耶 7：13—14，Vg.），以及"这就是不听从耶和华他们神的话，不受教训的国民"（耶

7∶28，Vg.）。因此耶和华离弃了他们（耶7∶29）。再者，"我必使我所说的一切灾祸临到这城和属城的一切城邑，因为他们硬着颈项，不听我的话。"（参阅耶19∶15）

他们说，神怎能这样斥责以色列人，因以色列人可以马上声辩说：我们确实喜爱兴旺，也惧怕灾祸，但我们之所以没有顺服神，听从他的吩咐，是因为我们受罪的捆绑，不得自由。所以，神斥责我们无法避免所犯的罪是完全不合理的。

然而我并不想理会他们以无能为力为借口，这些的声辩既无力又无益，我想问的是他们是否能证明自己无罪。若他们真的有罪，那神就有极好的理由斥责他们因自己的邪恶感受不到神的仁慈。所以他们岂能否认他们的顽梗是源于自己邪恶的意志？他们若发现罪的根源在自己里面，那为何还勉强寻找外在的起因，仿佛他们的灭亡不是咎由自取的？如果罪人真是因自己的罪而丧失神的祝福和受刑罚，那么他们就应当留意神的指责。神的指责有两个目的：若他们硬着颈项继续犯罪，神要他们在灾祸中自责和厌恶自己，而非指控神残忍不公；若他们仍有受教的心，且对自己的罪感到厌恶（因这些罪而发现自己的悲惨、失丧），他们就应当归向真道，以认罪悔改，承认神所谴责他们的罪。

但以理伟大的祷告清楚表明，先知的指责对敬虔之人产生了多大的作用（但9∶4—19）。那指责对恶人的目的为何呢？耶和华吩咐先知耶利米向犹太人说明他们遭难的原因，他们所遭遇的正是主所预示的："你要将这一切的话告诉他们，他们却不听从；呼唤他们，他们却不答应。"（耶7∶27，Vg.）先知为何要向聋子说话呢？好让他们（虽然他们不愿听）明白先知的指责是正确的，以及将自己遭难的原因归咎于神是邪恶的亵渎。

敌视神恩典的人惯于从神的诫命和神对违背律法之人的指责中收集众多的证据，为的是教导人有自由意志，但看看以下的解释就不至于被他们误导。在《诗篇》中，神指责犹太人："顽梗悖逆、居心不正之辈，向着神，心不诚实。"（诗78∶8，77∶8，Vg.）°在另一篇中，先知也劝勉当时的人不要"硬着心"（诗95∶8）。显然，这是因为人一切的顽梗都是因为人心里的邪恶，然而他们却因此愚蠢地推断人心可以自由择善恶，但人心能择善唯独出于神（参阅箴16∶1）。先知说："我的心专向你的律例"（诗119∶112），是因为他甘心乐意将自己献给神。然而他却并没有因拥有这样的心愿而自夸，他先前已承认这意愿是神所赐的（诗119∶36）。所以，我们应当留意保罗对信徒的劝诫：你们"就当恐惧战兢，作成你们得救的工夫。因为你们立志行事，都是神在你们心里运行"（腓2∶12—13）。的确，保罗说他们也有当尽的责任，免得他们纵容肉体的懒惰。保罗之所以吩咐他们要恐惧战兢，是要他们谦卑，好提醒他们，所吩咐他们做的都是神自己的工作。他的意思显然是：信徒是被动地顺服神，因信徒的力量来自于神而不是自己。彼得也劝勉我们："有了信心，又要加上德行"（彼后1∶5），他并非给我们安排附加的工作，仿佛人能靠自己做什么，而是激励人离弃肉体的惰性，因这惰性常常阻碍信心。保罗说"不要消灭圣灵的感动"（帖前5∶19）的含义也是如此，信徒当谨慎，免得纵容自己的惰性。然而若有人因此推断人可以使神所赐的光加增，要驳倒这样的愚昧并不困难，因保罗所吩咐的殷勤也是出于神（林后7∶1）。

事实上，圣经常劝勉信徒当洁净自己并脱去一切的污秽，虽然圣灵宣称成圣的工作唯独在乎他。简言之，使徒约翰清楚地告诉我们，在这工作上，神将属于他自己的恩典赏赐给我们："凡从神生的……必保守自己"（约一5∶18）。主张自由意志者抓住这经文，仿佛人被保守，一部分来自于神，一部分来自于人的作为，仿佛使徒约翰在此提醒我们的保守并不是从神而来。基督也求父保守我们远离恶行（约17∶15，参阅Vg.），且我们晓得敬虔的人在与撒旦作战时，唯有靠神的全副军装才能获胜（参阅弗6∶13及以下）。同样地，当彼得吩咐我们应当"因顺从真理，洁净自己的心",马上就提醒我们要"靠圣灵"(彼前1:22)。总之,当使徒约翰说"凡从神生的,就不犯罪,因神的道存在他心里"(约一3:9 p.)时,就证明在属灵的争战中,人的力量是靠不住的。在另一处经文中,他说出其中的缘由:"使我们胜了世界的,就是我们的信心。"(约一5:4)

反驳利用圣经特殊的经文和事件支持
自由意志观点之人(12—19)

12.《申命记》30:11 及以下

ᵇ然而我们的对手引用摩西一处看似与我们的观点极端冲突的话。在摩西颁布律法之后,他号召百姓见证:"我今日所吩咐你的诫命,不是你难行的,也不是离你远的。不是在天上……这话却离你甚近,就在你口中,在你心里,使你可以遵行。"(申30:11—12、14 p.)㉔

若摩西所说的仅是指神的诫命本身,那我们对手的观点就有说服力。虽然我也可以回避说,这是指人明白诫命的能力和心态,而不是指人遵守的能力,但这可能不是最充分的反驳。然而使徒保罗——这位可靠的解经家,当他宣称摩西在此所指的是福音的教导(罗10:8)时,就消除了我们一切的疑虑。但或有顽固分子争辩说:保罗把它们解释成福音,是无理的强解。虽然他们大胆地亵渎使徒,但即使不提使徒的权威,我们仍可反驳他们。假如摩西只是指神的诫命,这样就会鼓励百姓狂妄自大。若百姓企图凭己力遵守诫命,仿佛这是轻而易举的,那他们岂不是自取灭亡吗?若人遵守诫命唯一的方式是穿越致命的万丈悬崖,那怎能说这样做是轻而易举的呢?显而易见,摩西所指的是与律法的要求一同颁布给犹太人的怜悯之约。ᶜ因摩西在以上的几段经文中也教导,若非神先在人心里行割礼,人就无法爱神(申30:6)。同样地,摩西教

㉔ 这是伊拉斯谟所引用的,*De libero arbitrio* (ed. von Walter, pp. 36 f.); Eck, *Enchiridion* (1541), fo. 185a; Herborn, *Locorum communium enchiridion* 38 (CC 12.129)。

导说，遵守律法不在乎人的能力，而在乎圣灵的帮助和保守，因为圣灵的大能使软弱的人能遵守神的诫命。所以，这处经文不单是指神的诫命，也是指福音的应许，而这些应许不但没有教导人有行义的能力，反而表明人无力行义。

^b保罗在此证明这见证是真的：神在福音中赐人救恩，不是在严苛的律法之下，那是人无法做到的，因为唯有行全律法的人才能得到，而是容易且方便得到的。所以这段经文（罗10）并不能证明人有自由意志。

13. 我们的对手说：神"等候"人的反应，也证明人有自由意志

^b他们也常引用其他的经文反驳我们，即神有时收回他的恩助，考验并观看人有何反应。《何西阿书》说道："我要回到原处……等他们寻求我面。"（何5：15 p.）他们说，因神要看以色列人是否寻求他面，所以若他们不能靠自己的选择寻求神，就是荒唐的。其实，神借先知表达他对以色列民的厌弃，直到他们改邪归正，这不是很普遍的情形吗？我们的对手要如何解释神对以色列民这样的威胁呢？若他们以为神所离弃的这些人能靠自己的决心归向神，那他们的观点就与整本圣经相悖。若他们承认神的恩典对于归正是必需的，那我们有什么好争吵的呢？然而，他们一方面说恩典是必需的，另一方面却也说人能靠自己获得救恩，㉕但他们这样说有什么根据呢？显然不是根据这段或类似的经文。因神收回他的恩助是为了要观察人的反应，而神俯就人的软弱并协助人又是另一回事。

或许有人要问，这些经文究竟是什么意思？我的答复是：神似乎在借这些经文说："既然警告、劝诫以及指责这些硬着颈项的百姓都毫无果

㉕ Herborn, *op. cit.*, *loc. cit.*; *Acts of the Conference of Ratisbon 1541*, (in the document presented by the emperor) (CR V. 518).

效,所以我将暂时离弃他们也默许他们遭难。我要看看在他们长久遭难之后是否会想起我,并寻求我的面。"神的离弃表示神停止向他们说预言;观察人的反应表示神暂时以隐秘的方式任凭他们受难并考验他们。神这样做是为了使他的百姓更谦卑。若圣灵没有赏赐人愿意受教导的心,那么人宁可被患难打击也不愿归向神。当我们顽梗不化地冒犯神且使他厌烦时,他便暂时离弃我们,即停止向我们启示那证明他与我们同在的话,借此观察人的反应,我们若因此推断神所观察和考验的是人的自由意志,这是极大的错误。因神这样做唯一的目的,是要驱使我们承认自己完全无能为力。㉖

14. 人所行的善难道不是人"自己的"行为吗?

ᵇ他们也根据圣经和人惯用的说法推断:善行的确被称为"我们的"。圣经也说,讨神喜悦过圣洁的生活和犯罪一样,都是我们自己做的。既然神公义地视我们犯的罪为我们自己的,同样地,我们的善行从某个角度来看也有一部分是我们做的。而一方面称善行为我们的,另一方面又说我们无力行善,如无生命的石头完全靠神推动,是荒谬的。所以,虽然我们将善行的主要功劳归于神的恩典,然而我们至少要将善行次要的功劳归于人的努力。

若我们的对手唯一的根据是圣经称善行为"我们的",那我也可以说圣经也称我们求神赐给我们日用的饮食为"我们的"(参阅太6:11)。难道这代名词"我们的"不是表示:原本绝不属于我们的食物是因神的慈爱和白白的恩赐而成为我们的吗?所以,他们若说善行因完全出于神的恩典而被称为"我们的"是愚昧的说法,那他们同样也要说主祷文的教导是愚昧的。

他们的另一个异议更有说服力:圣经时常描述是人自己敬拜神、

㉖ "οὐδεμίαν".

行公义、遵守律法，以及热心为善。既然这些是人心和意志的功能，那我们怎能说这是圣灵的工作而又同时说是我们自己的？除非我们在这些事上与神同工。只要我们考虑圣灵如何在圣徒心中运行，我们就能轻而易举地推翻这异议。

他们愚昧地指控我们，说我们认为神驱使人就如人丢石子一般，㉗但我们的教导没有丝毫这样的意味。我们说的是：人的机能包括接受和拒绝、选择和不选择、追求和放弃，譬如：人能接受虚妄和拒绝良善、择恶和不择善、追求邪恶和离弃义。神在这些事上有何参与呢？若神喜悦利用这些邪恶作他愤怒的器具，他就随己意借恶人的手成就他自己的美意。那些在放纵私欲中成全神美意的恶人，难道能比作我们所丢弃的没有自我行动、没有感觉、没有意志的石子吗？可见石子和恶人有天壤之别。

那么神是如何驱使敬虔之人呢？这是他们最不能接受的。当神在义人心中设立他的国度时，神以他的灵约束他们的意志，以免他们随从自己的私欲而摇摆不定。神以他公义的准则影响、塑造，以及引领人的意志，使他渴慕过圣洁的生活。神以他圣灵的大能坚定人的意志，免得他动摇跌倒。奥古斯丁也说："你可能会对我说：'若是如此，那就是神怂恿人而不是人自己行动了。'的确，这是出于人自己，也是神所驱使的，人若受良善的神驱使就行善。运行在人心里的圣灵帮助行善的人。'帮助'就表示人自己也在做。"㉘他之前说过，圣灵的运行并不能代替人的行动，因受引领行善的意志是属人的。而当他接着用"帮助"这一词表示人也在做，我们不可因此推断人有独立行动的能力。然而为了避免支持人心里的惰性，他用这段话解释神的运行与人

㉗ 参阅 Cochlaeus, *De libero arbitrio* (1525) I, fo. B 1a；C 8b f.。
㉘ Augustine, *Sermons* 156. 11. 11 (MPL 38. 855 f.；tr. LF Sermons II. 769). 这段的最后一句话也是指奥古斯丁在这里的教导所说。参阅 *On Rebuke and Grace* 2. 4 (MPL 44. 918；tr. NPNF V. 473)。

的行动彼此关联:"选择乃是出于本性,择善却属乎恩典。"㉙因此,他说:"若无神的帮助,人就无法作战,何况得胜。"

15. 出于神恩赐的"善行"属于我们,然而因是神的运行,所以也属神*

ᵇ由此可见,使人重生之神的恩典是圣灵引领和掌管人意志的原则。为了引领和掌管人,圣灵必须督正、洁净和更新人心。因此,人重生的开端就是去除人自己所有的一切。同样地,为了引领和掌管人,圣灵也必须感动、运行、驱使、扶持,以及保守人。如此说来,恩典所产生的一切善行完全属于圣灵。同时,我们也相信奥古斯丁的这段话:"恩典并没有毁坏人的意志,反而更新之。"㉚重生和更新并无冲突,当人的腐败和堕落被洁净而归向神公义的准则时,圣经称之为人意志的更新。而当人的意志败坏到他的本性必须完全被改造时,圣经称这一改造为重生。

如今我们可以坦然无惧地说,圣灵在人心里所运行的,也是人所行的,虽然人的意志离了恩典就不能择善。所以我们当记住先前所引用的奥古斯丁的话㉛:人忙碌地在自己的意志中寻找任何良善是徒然的。人强行将自由意志的能力与神的恩典混合就是败坏神的恩典,就如人用泥水冲淡葡萄酒。纵使人的意志中有任何良善,也纯然是出于圣灵的感动。然而,既然我们生来就具有意志,那么我们有理由说,那些应当归功于神的善行,也是人自己做的。ᵇ首先,因神出于他的慈爱在人心里所运行的一切是我们的,只要我们明白不是出于我们自己;其次,因神引领人行善的思想、意志,以及努力也是我们的。

㉙ Augustine, *Sermons* 156. 9. 9; 11. 11-12 (MPL 38. 855 f.; tr. LF *Sermons* II. 769). 参阅 Bernard, *Concerning Grace and Free Will* 6. 16 (MPL 182. 1010; tr. W. W. Williams, pp. 32 ff.)。
㉚ Augustine, *On Grace and Free Will* 20. 41 (MPL 44. 905; tr. NPNF V. 461).
㉛ 参阅 II. 2. 11 and the references in note 51, p. 269。

16. 《创世记》4∶7

ᵇ尽管我们的对手从各处收集其他的证据，但稍有常识之人就不会受搅扰，只要他们明白我以上的反驳。我们的对手引用这经文："它必恋慕你，你却要制伏它。"（创4∶7 p.，参阅 Vg.）他们将这经文解释为神应许该隐：罪的权势必不在他心中做王，只要他愿意努力制伏它！㉜然而根据上下文，这处经文说的是亚伯，不是指罪，因神在这里是要斥责该隐对他兄弟邪恶的嫉妒。神在两方面斥责他：首先，该隐骄傲地图谋不轨，为了使自己比亚伯更蒙神悦纳，然而神唯独喜悦义行；其次，他对神的祝福毫不感恩，并无法容忍他的兄弟，尽管亚伯在他的权力之下。

但为了避免有人以为我这么解释，只是因为要与他人的观点不同，那么就让我们假设真的是指罪，如此的话，神在此所宣告的若不是应许就是吩咐。若是吩咐，我们已经充分证明：吩咐本身并不证明人有能力遵守；若是应许，那么该隐之后犯了他应当被制伏的罪，这应许如何得应验呢？难道他们要说这是有条件的应许吗？就好像神说："你若奋勇作战，就必得胜。"但这样的回避是不能被接受的，因为若所要制伏的是罪，那这无疑是一个祈使句，并不是指我们能做的，而是我们所应当做的——即使超过我们的能力。ᵉ然而，根据事件本身和这句的文法，该隐和亚伯之间应该有个比较，因为长子若没有犯罪就不会被神轻看。

17. 《罗马书》9∶16；《哥林多前书》3∶9

ᵇ他们也利用使徒的见证："据此看来，这不在乎那定意的，也不在乎那奔跑的，只在乎发怜悯的神"（罗9∶16）。他们据此推断：尽管人的意志和能力软弱，但借助神的怜悯就能行善。㉝

㉜ Herborn, *op. cit.*, 38 (CC 12.130); De Castro, *Adversus omnes haereses* IX (1543, fo. 123 E).
㉝ Erasmus, *De libero arbitrio* (ed. von Walter), p. 49.

若他们留心思量保罗在此所讨论的主题,就不会如此草率地曲解这段经文。我知道他们可能利用奥利金和哲罗姆的论述支持他们的论点,[d]但我也可以引用奥古斯丁[34]的论述反驳他们。[b]只要我们明白保罗的本意,这些人的主张对我们而言就无关紧要了。保罗在那里教导说:神只为他所喜悦的人预备救恩,而一切他没有拣选的人都将灭亡。保罗借法老王的故事指出恶人的结局(罗 9:17),他也引用摩西的话证明神无条件拣选的必然性:"我要怜悯谁就怜悯谁。"(罗 9:15;出 33:19)他的结论是:"这不在乎那定意的,也不在乎那奔跑的,只在乎发怜悯的神。"(罗 9:16)若我们这样理解:人的意志和努力是不足的,因为它们不足以担当这一重任,那么保罗在这里的结论就前后矛盾了。所以我们当离弃这诡辩!保罗说,不在乎那定意的,也不在乎那奔跑的,但他们却说:因此证明也有人的定意和奔跑。

然而保罗的意思并没有那么复杂:没有任何定意和奔跑能预备人得救,救恩完全是出于神的怜悯。保罗在写给提多的信中就证明这点:"但到了神我们救主的恩慈和他向人所施的慈爱显明的时候,他便救了我们;并不是因我们自己所行的义,乃是照他的怜悯。"(提 3:4—5 p.)一些人空谈说保罗在那里暗示人有所定意和奔跑,因他否认"不在乎那定意的,也不在乎那奔跑的"(罗 9:16)。然而若我用他们这荒谬的方式与他们辩论:保罗否认人能靠自己行善蒙神悦纳,就证明人有一些善行,他们也不会接受。但若他们知道我这样辩论是荒谬的,那他们也应该看得出自己的辩论是荒谬的。奥古斯丁的辩论极有说服力:"若当圣经说'这不在乎那定意的,也不在乎那奔跑的'(罗 9:16 p.)的意思是指单单定意或奔跑本身不够,那么我们也可以倒过来说:救恩不能单靠神的怜悯,因为也需要人的定意和奔跑。"[d]既然后者的论点是荒谬的,所

---

[34] Origen, *Commentary on Romans* 7.16 (on Rom. 9:16) (MPG 14.1145); Jerome, *Dialogue Against the Pelagians* I.5 (MPL 23.500f.); Augustine, *Enchiridion* 9.32 (MPL 40.248; tr. LCC VII.358f.).

以奥古斯丁正确地下结论：保罗这样说是因为，除非神先预备人心，否则人就没有择善的意志，但也不是说人不应当定意和奔跑，而是定意和奔跑都是神在人心里运行。㉟

也有一些人同样无知地强解保罗的另一句话："我们是与神同工的。"（林前3：9）㊱无疑这里指的是牧者。此外，他们之所以被称为"同工"，并不是因为他们有参与，而是在神赐给他们能力和恩赐之后，神采用他们的服侍。

18. 《便西拉智训》15：14—17

b他们搬出《便西拉智训》的话，虽然它的作者的权威性令人质疑是众所周知的。即使我们不怀疑他——虽然我们有怀疑他的根据——他对自由意志的教导又是如何呢？他说："在人受造时，神赐给人选择能力，也给人一些诫命。若人遵守就蒙保守。神向人陈明生死祸福、是非善恶，然后依照人的选择赐给人。"（《便西拉智训》15：14、15、16、17 p.；15：14—18，Vg.）㊲即使我们承认神在造人时就给人能力选择生命或死亡，但如果我们说人已丧失这能力又如何呢？我的确无意反对所罗门，他说："神造人原是正直，但他们寻出许多巧计。"（传7：29 p.）但人既因堕落失去他原有的一切福分，所以我们不能说人堕落后的光景与神原先所创造的一样。因此我的答复不只针对我的对手，也是针对《便西拉智训》。不管他是谁，若他企图教导人在自己身上寻求得救的能力，则不论他的权威如何，都不能使我对神话语的无谬性有丝毫的怀疑。如果你说，神造人时给人正直的心，是为了拦阻人找借口恶劣地将罪归咎于神，而迫使人承认他的灭亡是自取的，那我完全赞同。只要你承认，人

㉟ Augustine, *Letters* 217. 4. 12 (MPL 33. 983；tr. FC 32. 84).
㊱ Eck, *Enchiridion* (1532) 31. L 15a；De Castro, *Adversus omnes haereses* IX (1543，fo. 124 D).
㊲ 这是伊拉斯谟引用的话。他也说他不知道为什么《便西拉智训》没有被收在圣经正典里；*De libero arbitrio* (ed. von Walter, p. 19)。

因自己的罪已丧失受造时神给他的福分，ᶜ如此，我们就都同意：人所需要的是医生，而不是辩护律师。

19.《路加福音》10：30

ᵇ我们的对手一再重复这个过客的比喻，就是那位被强盗打得半死、扔在路边的人（路10：30）。我知道几乎所有的解经家都教导：这过客的遭遇代表人类的堕落。因此我们的对手推断：人并没有因罪和魔鬼的偷窃遭害到完全丧失受造时的良善，因圣经说他只是被打到"半死"。如果人不是存留某些理智和意志的正直，他怎么可能只是"半死"呢？㊳

首先，若我不接受他们的寓意解经，他们会如何呢？无疑地，教父们所捏造的解释并不合乎基督在此真正的意思。寓意的教导㊴应当在圣经清楚教导的范围内，当然，更不能以此建立新的教义。我并不缺乏反驳这谬论的证据，圣经从来没有教导说人是"半死的"，反而教导就属灵的生命而言，人完全是死的。当保罗说到救赎时，并没有称信徒为"半死的"："当我们死……的时候，便叫我们与基督一同活过来。"（弗2：5）他并不是呼召半死的人接受基督的光照，而是呼召那些已死的人（弗5：14）。同样，基督亲口说："时候将到……死人要听见神儿子的声音，听见的人就要活了。"（约5：25 p.）因此，我们的对手利用这个不可靠的暗示攻击圣经如此众多明确的启示，何等无耻！

然而，假设他们的这个比喻是个明确的证据，那他们能从中得出什

㊳ 在好的撒玛利亚人的比喻中，"ἡμιθανῆ"（中文的"半死"），在武加大译本的翻译是 *semivivus* "半活"。5世纪在 *Hypomnesticon* 中（伪奥古斯丁的作品），III. 8. 11 f.，作者从半柏拉纠主义的观点以比喻的意义解释这单词：堕落之人拥有 *liberum arbitrium vulneratum*（受伤的自由意志）（MPL 45. 1628 f.）。参阅 Augustine，*Questions on the Gospels* 2. 19（MPL 35. 240）。尊者比德（Venerable Bede）用这故事做类似的比喻："他是半死的，因为强盗虽然夺去了他的永生，却无法毁坏他的理性。"*In Lucae evangelium expositio* III. 10（MPL 92. 469）。马丁·路德的敌人用这一经文攻击他。参阅 Herborn，*Locorum communium enchiridion* 38（CC 12. 129）。

㊴ 加尔文在他好几个作品中，都表示他反对寓意解经，III. 4. 4, 5。在 Comm. Galatians 4：22-26，他说我们应该接受"最自然和最明显的解释"。参阅 Comm. Genesis 2：8；Isaiah 33：18；Jeremiah 31：24；Daniel 8：20-25；10：6。

么呢？我们只能根据他们说人是半死的，而推论人仍有健全的部分。当然，人有理解力，虽然他不能明白属灵的事；他有些道德观；虽然他不认识神，他对神有些基本的概念。然而这一切能证明什么呢？我们不可能会因此否定奥古斯丁的观点，这观点也是经院神学家们共同教导的：人堕落后，得救所凭借的恩赐已荡然无存；自然的天性已败坏。[40]所以我们当坚信这驳不倒的真理：人已全然远离神的义，人一切的思想、欲望和行为都是不敬虔、败坏、污秽，以及邪恶的。人心被罪的毒液渗透，甚至所散发的都是可憎的恶臭。即使有些外表看似善良的人，他们的心也充满虚伪和诡诈，被内在的邪恶捆绑。

---

[40] 参阅 II. 2. 4, 12。

第六章　堕落之人要寻求在基督里的救赎①

神借中保向人彰显他的恩典（1—2）

1. 唯有中保能救赎堕落之人

ᵉ全人类都在亚当里一同堕落了。因此人起初的卓越和高贵②如今于我们不但无益反而加增我们的羞辱，直到不承认被罪败坏和玷污之人为他的造物的神在他独生子里作为救赎主显现。既然人已经从生命堕入死亡，那么以上所讨论关于造物主的全部知识③对人就毫无用处，除非人继而产生信心，在基督里认识上帝是天父。按照自然秩序，宇宙的构造④是我们学习敬虔的学校，并因此进入永生和至极的喜乐。然而在人堕落

---

① 第六章全章和第七章的头两节是1559年的版本新增的。是他以双重认识（参阅I.2.1，注释3、4）重新编排的。他在这章中开始讨论对救赎主的认识，这也是第二章的主题。加尔文没有以律法而是以"在基督里"这个伟大的教导介绍救恩论。这非常关键，因为他认为律法的重要性在于神对福音的应许。请特别留意六、七章的标题。加尔文的次序是"福音和律法"，而不是较为普遍的"律法和福音"。就如加尔文在1559年版本新增的内容，这章的头几句帮助我们更明白整个作品的体系，也提醒我们他已经教导过的主题。参阅II.7.1，注释1。
② I.15.1-3, 8.
③ Book I, 各处。
④ "*Mundi fabrica*"；参阅I.10.1，注释2。

后，我们的眼目所及尽是神的咒诅。因人的堕落，这咒诅也殃及一切无辜的受造物，所以人完全陷入绝望。即使神乐意用各种方式向人彰显他父亲般的慈爱，人仍无法仅凭观察宇宙推知神就是父。⑤我们的良心反而借我们的罪指控我们：神离弃我们、不认我们为他的儿女完全是公义的。此外，我们也是迟钝和忘恩负义的，因我们被弄瞎的心眼不能明白真理。我们所有的感官都败坏了，因此便邪恶地窃取神的荣耀。

因此，我们应当和保罗一同说："世人凭自己的智慧，既不认识神，神就乐意用人所当作愚拙的道理拯救那些信的人；这就是神的智慧了。"（林前1：21）保罗称充满无数奇迹的天地这荣耀剧场⑥为"神的智慧"。我们原本应当借观看宇宙就可以认识神，但如今我们借此观察却获益甚少，因此保罗呼召我们要信靠基督——这世人看似愚拙而弃绝的智慧。

所以，尽管十字架的道理与人的智慧敌对，但我们若真想归向我们所远离的造物主，好让他重新做我们的父，我们就应当谦卑地接受这道理。在亚当堕落后，离开中保⑦没有任何关于神的知识能使人得救（参阅罗1：16；林前1：24）。"认识你独一的真神，并且认识你所差来的耶稣基督，这就是永生"（约17：3 p.），基督这话不只针对当代的人，也包括所有时代的人。由此可见，那些传扬不敬虔和不信之人在基督的恩典⑧之外能上天堂的人更为愚昧和污秽，因为整本圣经都教导：基督是我们得救唯一的门（约10：9）。若有任何人将基督的这句话（约17：3）局限

---

⑤ 参阅 II. 6. 4；II. 9. 1。
⑥ 参阅 I. 5. 8；I. 6. 2；I. 14. 20。
⑦ 参阅下一段以及12, 14。
⑧ 伊拉斯谟，*Colloquies*, "*Convivium religiosum*"，在这一作品中大大地称赞古时的思想家，甚至包括这句话："*Sancte Socrates, ora pro nobis.*" 参阅 Coelius Secundus Curio, *De amplitudine beati regni Dei* (1554) (Gouda, 1614) II. 136 ff., 147 ff., 以及 Zwingli, *Exposition of the Faith* (1530), ch. 12。茨温利列下一些所谓善良的异教徒和"童贞女马利亚——神的母亲"以及旧约中伟大的信徒，说他们都要一起享受来生。异教徒的名字是特修斯、苏格拉底、亚里斯蒂德 (Aristides)、安提哥努斯 (Antigonus)、尼马 (Numa)、卡米路斯、加图家族 (the Catos)、和西庇阿家族 (the Scipios) (Zwingli, *Opera*, ed. M. Schuler and J. Schulthess, IV. 65；tr. LCC XXIV. 275)。加尔文反对伊拉斯谟和茨温利的教导。

于新约时代，我们的反驳是：圣经记载一切与神疏远（参阅弗4：18）、被神咒诅的（参阅加3：10）可怒之子（参阅弗2：3），若非与神和好便不能讨神的喜悦，而这些记载并不受时空的限制。接着我们也可以用基督对撒玛利亚妇人所说的话来反驳："你们所拜的，你们不知道；我们所拜的，我们知道，因为救恩是从犹太人出来的。"（约4：22）基督借这段话不但指控所有外邦人的宗教是虚妄的，也告诉我们，在律法之下神唯独应许赐给他的选民救赎主，因此，一切与基督无关的敬拜都不能蒙神悦纳。保罗也说一切外邦人："活在世上没有指望，没有神。"（弗2：12 p.）既然使徒约翰教导说：从起初生命就在基督里（约1：4），并且世人都丧失了这生命（参阅约1：10），所以必须回归这生命的源头。基督既因他是挽回祭就宣告自己是"生命"（约11：25，14：6）。无疑地，天国的产业只属于神的儿女（参阅太5：9—10）。说那些没有被接在独生子身上的人为神的儿女，是毫无根据的。使徒约翰清楚地宣告：凡信他名的人就是神的儿女（约1：12 p.）。既然我还不打算详细教导对基督的信心，以上所提的就够了。

2. 连旧约都宣告：在中保之外，人无法信靠施恩的神

°因此，在基督之外，神从来没有恩待古时的犹太人，也没有赏赐他们蒙恩的盼望。我不谈律法时代的献祭，虽然这些献祭也清楚地教导，信徒在基督的挽回祭中才能寻求救恩。总之，教会所有的祝福从起初就都建立在基督这根基之上。即使神将亚伯拉罕所有的后裔都包括在他的盟约中（创17：4），然而保罗智慧地论道：神只决定借耶稣基督这亚伯拉罕之子祝福万国（加3：14），因为我们知道，亚伯拉罕肉身所生的儿女不都是神的儿女（加3：16）。且不说以实玛利和其他人，就说以撒的双子——以扫和雅各，他们仍在母腹中时，一个被拣选，一个被遗弃（罗9：11），这怎么解释？为什么头生的被弃绝，年幼的却蒙保守？另外，亚伯拉罕多数的后裔都被弃绝，这又当如何解释呢？显然，唯有属

于那位元首的才真是亚伯拉罕的子孙,然而直到基督降临,神所应许的救恩才得应验,基督正将他四散的子民聚集归一。由此可见,旧约中神的选民能得儿子的名分完全在乎中保的恩典。即使这教义在摩西的书卷中没有被清楚地表达出来,然而它仍然足够清楚,一切敬虔之人都明白。因为在以色列的君王被立前,撒母耳的母亲哈拿在她的诗歌中描述敬虔之人的快乐:耶和华"必将力量赐给所立的王,高举受膏者的角"(撒上2:10)。她这描述表示神将祝福他的教会。之后先知的预言也与此相呼应:"我要立一个忠心的祭司……他必永远行在我的受膏者面前。"(撒上2:35,参阅 Vg.)无疑地,我们的天父喜悦我们从大卫及其后裔身上看到基督栩栩如生的形象。所以,大卫在劝敬虔之人敬畏神时,吩咐他们要"以嘴亲子"(诗2:12,参阅 RV and marg.)。这也与《约翰福音》上的记载相似:"不尊敬子的,就是不尊敬差子来的父。"(约5:23)因此,虽然以色列国因十个支派的背叛分裂了,但神与大卫及其后裔所立的约却仍坚立,就如神借先知所说:"只是我不将全国夺回,要因我仆人大卫和我所拣选的耶路撒冷……仍给所罗门留一个支派。"(王上11:13、32)神再三地重复这应许,圣经明确记载:"我必……使大卫后裔受患难,但不至于永远。"(王上11:39)不久之后又记载:"耶和华他的神因大卫的缘故,仍使他在耶路撒冷有灯光,叫他儿子接续他作王,坚立耶路撒冷。"(王上15:4,参阅 Vg.)之后在以色列国几近灭亡时,圣经又说:"耶和华却因他仆人大卫的缘故,仍不肯灭绝犹大,照他所许大卫的话,永远赐灯光与他的子孙。"(王下8:19)

综上所述,神略过其他亚伯拉罕的后裔,唯独拣选大卫,喜悦他的后裔,就如圣经另一处记载:"他离弃示罗的帐幕,就是他在人间所搭的帐棚;并且他弃掉约瑟的帐棚,不拣选以法莲支派,却拣选犹大支派,他所喜爱的锡安山"(诗78:60、67,合并)、"又拣选他的仆人大卫,……叫他不再跟从那些带奶的母羊,为要牧养自己的百姓雅各和自己的产业以色列。"(诗78:70—71)总之,神喜悦这样保守他的教会,使教会的平安稳妥完全依赖其元首基督。因此大卫宣告:"耶和华是他百姓的力量,又是他受膏者得救的保障。"(诗 28∶8,参阅 RV marg.)他接着求告神:"求你拯救你的百姓,赐福给你的产业"(诗 28∶9),意即教会的景况与基督的权柄密不可分。另一处经文与此相似:"求耶和华施行拯救;我们呼求的时候,愿王应允我们!"(诗 20∶9)⑨这些经文明确地教导,众信徒将神的帮助当作他们的避难所,且他们唯一的保障是君王的保护。在另一篇中也有暗示:"耶和华啊,求你拯救;……奉耶和华名来的,是应当称颂的。"(诗 118∶25—26)这些经文清楚地告诉我们,神呼召信徒归向基督,使他们盼望神的膀臂搭救他们。另一处祈求的含义相同,在此全教会呼求神的怜悯:"愿你的手扶持你右边的人,就是你为自己所坚固的人子。"(诗 80∶17,Comm.)虽然这诗篇的作者为百姓即将四散而哭泣,但他仍祈求单单借元首复兴。然而当掳掠真的临到以色列百姓后,土地荒芜,一切似乎都被毁坏,耶利米为教会的灾难忧伤,尤其为以色列国的毁灭痛哭流涕,因信徒们的指望被剪除了。他悲叹道:"耶和华的受膏者,好比我们鼻中的气,在他们的坑中被捉住;我们曾论到他说:我们必在他荫下,在列国中存活。"(哀 4∶20,参阅 Vg.)这一切都清楚地告诉我们:既然神在中保之外无法怜悯人,所以在律法时代,神立基督为他百姓信靠的对象。

基督对于盟约和真信心而言是不可或缺的(3—4)

3. 在旧约时代,信徒的信心和盼望都倚赖神的应许

ᵉ当神应许我们在患难中必得安慰,特别是当他应许教会得释放时,都是预表基督是教会的依靠和盼望。先知哈巴谷说:"你出来要拯救你的百姓,拯救你的受膏者"(哈 3∶13 p.)。每当先知提到教会的复兴时,他们提醒百姓:神应许大卫他的国度将是永恒的(参阅王下 8∶19),这是

---

⑨ Comm. Psalm 20∶10.

理所当然的，否则神的盟约就不能坚立！以赛亚对此的陈述尤为贴切，当他知道没有信心的亚哈斯王不相信他对耶路撒冷将被释放的预言时，他直接预言弥赛亚的来临："因此，主自己要给你们一个兆头，必有童女怀孕生子。"（赛7：14）他在此暗示：尽管当时的君王和以色列人民邪恶地弃绝神的应许，就如他们故意蔑视神的承诺，然而神的盟约却不因此失效，因救赎主必会按时候降临。

简言之，为了彰显神的怜悯，众先知不断地传扬大卫的国度，因这是救赎和永生的根基。以赛亚记载道："我必与你们立永约，就是应许大卫那可靠的恩典。我已立他做万民的见证。"（赛55：3—4）在悲惨的光景中，信徒唯一的盼望是神如此向他们见证他的怜悯。同样地，耶利米为了使绝望的人不至丧失信心，他说："日子将到，我要给大卫兴起一个公义的苗裔……在他的日子，犹大必得救，以色列也必安然居住。"（耶23：5—6）以西结也说："我必立一牧人照管他们，牧养他们，就是我的仆人大卫……我耶和华必作他们的神，我的仆人大卫必在他们中间作王……我必与他们立平安的约。"（结34：23—25 p.）在论及这奇妙的复兴之后，以西结又说："我的仆人大卫，必作他们的王；众民必归一个牧人……并且我要与他们立平安的约。"（结37：24、26 p.）

我列举以上的几处经文是要提醒读者，敬虔之人的盼望从古至今都在基督里。圣经中所有其他的先知也有同样的教导，譬如何西阿说："犹太人和以色列人必一同聚集，为自己立一个首领"（何1：11）。他之后更清楚地解释说："后来以色列人必归回，寻求他们的神耶和华和他们的王大卫。"（何3：5）弥迦也指着百姓的归回清楚地说："他们的王在前面行，耶和华引导他们。"（弥2：13）阿摩司在预言百姓的复兴时也说："到那日，我必建立大卫倒塌的帐幕，堵住其中的破口，把那破坏的建立起来"（摩9：11）。这一切都表示："我必再次兴起大卫家族王的荣耀，就是救恩的旗帜，如今在基督的身上得以应验。"撒迦利亚则因他的时代更接近基督的降临，就更明确地宣告："锡安的民哪，应当大大喜乐；耶路撒冷的民哪，应当欢呼。看哪，你的王来到你这里！他是公义的，并且施行拯救。"(迦9∶9，参阅 Comm.)这与已引用过的《诗篇》经文相符："耶和华是他受膏者得救的保障。求你拯救你的百姓。"(诗28∶8—9，参阅 RV marg.)因此，救恩从头遍及整个身体。

4. 信靠神就是信靠基督

ᵉ神喜悦犹太人如此被教导，好叫他们直接求告基督释放他们。尽管他们忘恩负义地离弃神，他们仍然没有完全忘记这基本的原则，即就如他向大卫所应许的那样，神将借基督的手释放教会，且他用来收养他百姓的恩典之约必定坚立。因此，在基督离世前进入耶路撒冷城时，孩童一同欢呼："和散那归于大卫的子孙！"(太21∶9)当时孩童所唱的诗歌似乎是家喻户晓的，这也表示与众人普遍的观念一致，即神怜悯的应许唯独在于救赎主的降临。因此，基督亲自劝勉他的门徒信靠他，好让他们全然相信神："你们信神，也当信我。"(约14∶1)虽然严格地说信徒是借基督相信父神，但他在此的意思是，尽管我们信心的对象是父神，然而若没有基督介入坚固我们的信心，这信心就会逐渐消失。因为神的威严是至高的，在地上如虫爬行的必死之人则无法亲近神。

因此，我不否认一般人所说，神是信的对象，⑩然而这仍需详细地解释，因基督并不是无缘无故被称为"那不能看见之神的像"(西1∶15)。这称号启示我们：若非神在基督里亲近我们，我们就无法确信自己是否得救。在犹太人中，文士用谎言模糊了众先知对救赎主的教导。尽管如此，百姓仍普遍相信，唯有中保的降临才能使教会从绝望的光景中被释放。事实上，并不是所有的人都知道保罗的教导——原本应当如此——即"律法的总结就是基督"(罗10∶4)⑪。律法和先知也都证明这是真

---

⑩ 参阅 III.2.1-7。
⑪ 参阅 II.7.2；II.8.7。加尔文在 I.6.2；II.7.2；III.2.6 教导"律法的总结就是基督"：律法书和先知书都预言基督叫人与神和好的事工。参阅 Comm. Romans 10∶4："律法的一切都指向基督。"

的。现在我不讨论信，留待恰当的时候再讨论。⑫只要读者们认同这点：敬虔的第一步就是相信神是眷顾、掌管，以及抚养我们的天父，且他将聚集我们承受他国度永恒的基业。如此就更证明我们以上的教导，⑬即在基督之外没有关于神使人得救的知识，因此圣经从起初就教导说，选民应当仰望基督并全然信靠他。

爱任纽所说的也是这个意思，他说：无限的天父在基督身上成为有限的，他这样俯就我们，免得我们的心无法承受他极大的荣耀。⑭然而狂热分子却不予理会，反而将之亵渎地曲解为基督只有部分的神性。⑮其实，这经文纯粹是指人唯有借基督才能认识神。使徒约翰的这句话是永恒的真理："凡不认子的，就没有父。"（约 12：23）虽然从前有不少人夸耀他们所敬拜的是至高的神、创造天地的主宰，然而因为他们没有中保，就不可能真正明白神的怜悯，从而确信神是他们的天父。因为他们不接受基督为他们的元首，所以他们对神的认识只是虚浮的。因着这缘故，他们至终落入愚蠢、邪恶的迷信中而暴露自己的无知。直到如今，穆斯林虽然高声宣扬神就是创造天地万物的主宰，但因他们仍弃绝基督，所以他们只不过是在以偶像代替真神。

---

⑫　III. 2.
⑬　II. 6. 1.
⑭　Irenaeus, *Adversus haereses* IV. 4. 2 （MPG 7. 982；tr. ANF I. 466）.
⑮　真蒂莱（Gentile）引用爱任纽的话支持他的立场，即圣子的本质是圣父赐给他的（CR IX. 395）。参阅 I. 13. 23，注释 51。

ᵉ第七章　神赐以色列人律法①并不是要约束他们，而是要在基督降临前给他们救恩的盼望

道德律和礼仪律的主要目的是要引领人归向基督（1—2）

1. 中保乃为堕落之人而设立

ᵉ神在亚伯拉罕去世大约四百年之后才颁布律法（参阅加3∶17）。从以上所列举的众多见证中我们得知，律法并非要百姓以为他们不需要弥赛亚，而是要他们预备心仰望他降临的日子，甚至使他们渴慕他、坚固他们的盼望，免得他们在长久的等待中丧失信心。我所说的"律法"——不但包括十诫——这教导人如何过敬虔、圣洁生活的准则，也包括神借摩西

---

① 对加尔文而言，律法有三种不同的意思：1. 摩西的整个信仰（II. 7. 1）；2. 神向他百姓所启示的道德律，特别是十诫和基督对此的解释（II. 8）；3. 各种不同的民法和司法，以及礼仪律（IV. 20. 14-16；Comm. *Harmony Four Books of Moses*；参阅 Decalogue "supplements"）。最重要的是道德律——那"真实和永恒行义的准则"（IV. 20. 15）。加尔文在以下第六到第十五节中解释道德律有三种不同的作用。既然对加尔文而言律法是积极的，所以他认为第三种作用是最主要的。马丁·路德则认为使人知罪才是律法最主要的作用：参阅 Luther，Comm. Galatians 3∶19。加尔文认为叫人知罪是律法的次要作用：Comm. 2 Corinthians 3∶7；Comm. Romans 7∶10-11。加尔文再三地教导除非律法与基督有关，否则它就没有意义。参阅 Comm. John 5∶38；Acts 13∶39；Romans 10∶5；*Sermons on Galatians* 26（CR L. 603）；以及 Benoit 在 *Institution* 中的注释（II. 15）。

所传下来的礼仪律。而且，神吩咐摩西颁布律法并不是要废去神从前应许亚伯拉罕后裔的福分。神反而常常提醒犹太人，他与他们的祖先无条件所立的盟约，且他们就是这盟约的后嗣，就如神差派摩西重复立这盟约。旧约中的仪式最能充分证明这一点。否则，人焚烧牛犊脂油发出可憎的臭味使自己与神和好，或用洒水和血的方式洁净自己的污秽，难道有比这些更荒谬的吗？简而言之，神所颁布的礼仪律，若只按字面解释，而不视其为预表真理的影像，是荒谬至极的。所以，在司提反的演讲（徒 7:44）以及《希伯来书》（来 8:5）中，两位作者都强调神对摩西的吩咐，即要照着在山上指示他的样式造会幕（出 25:40）。若这些仪式没有被属灵的意义引领，犹太人所做的一切就与外邦人的宗教仪式一样愚昧。不信神的人（就是那些从来没有用心追求敬虔的人）无法忍受如此繁复的仪式。他们不但质问神为何在古代吩咐犹太人遵循如此众多烦琐的仪式，也藐视这些仪式为孩童的游戏。总之，他们毫不在乎律法的功用，但若将律法的仪式与目的分离，律法就真的毫无意义了。

然而这预表本身②证明：神吩咐以色列百姓献祭并不是专为了使敬拜他的人忙于世俗的仪式。相反，他是要他们默想这些仪式所预表的意义。当我们思想神的本性时，就更明白神吩咐这些仪式的目的，既然神是灵，那么唯有属灵的敬拜才会蒙他的悦纳。众先知的言论也证明这一点，他们责备犹太人愚昧，因为他们以为神看重的是献祭本身。难道是因为先知轻看礼仪律吗？断乎不是。相反，既然他们是解释律法的教师，所以他们的目的是要督正这些正在离弃律法真意的百姓。从神赐给犹太人的恩典中，我们可以得知律法并非与基督无关，因为摩西教导犹

---

② "*Typus ille.*" *Typus* 一词最基本的意思是画在墙上的象征或图像，这个词通常代表某种目前已不存在的事物。加尔文认为律法所吩咐的仪式意味或预表着神在福音上所给我们最完整和清楚的启示。参阅 II. 7. 16；II. 8. 28；II. 9. 3，329 II. 11. 2-6；III. 20. 18。这预表论后来与改革家神学思想是分不开的。参阅 Heppe RD, p. 403；Westminster Confession VII. 5。

太人,神收养他们是要他们归他作祭司的国度(出 19:6)。然而,除非他们有比公牛的血更有效的方式,否则将无法实现与神和好(参阅来 9:12 及以下)。亚当所有的后裔生来就都是罪的奴仆,因此他们极不适合被高举作王,分享神的荣耀,除非他们有外来的帮助。且由于他们可憎污秽的罪,神无法容忍他们继续担任祭司的职分,除非神借圣洁的元首将他们分别为圣。因此,彼得巧妙地引用摩西的论述教导说,犹太人在律法时代所预尝的恩典,是神在基督里完全地赐给了他们:"你们是被拣选的族类,是有君尊的祭司。"(彼前 2:19)彼得这样称呼他们就表示,在福音中蒙基督救恩的犹太人比他们的祖先蒙更丰盛的恩典,因为他们都拥有祭司和君王的荣耀,他们信靠中保就能坦然无惧地来到神面前。

2. 律法包含应许

ᵉ我们必须顺便提及,那至终建立在大卫家族中的神的国度早已是礼仪律所预表的,也是摩西早已预言的。由此可见,整个利未支派和大卫的后裔就如双面镜子,将基督彰显在古时的犹太人面前。就如以上所说,被罪和死亡所捆绑并因自己的败坏而污秽的人,若不在基督里,就无法在神面前做君王和祭司。因此,保罗真切地说:犹太人在"师傅"的监管之下(加 3:24),直到神向以色列人应许的弥赛亚降临。既然他们尚未认识基督并与他建立亲密的关系,他们就如软弱的孩童③无法测透属天的事。这些仪式如何引领他们归向基督,以上已陈明,先知们众多的见证使我们看得更清楚。他们虽然天天献上新的祭物为要平息神的愤怒,然而先知以赛亚预言他们所有的恶行将因一次的献祭得以洁净(赛 53:5)。先知但以理也有同样的预言(但 9:26—27),神从利未支派中所指定的祭司时常进入会幕,然而神借圣经郑重启示:他只挑选一位"照着

---

③ "*Similes fuerunt pueris.*" 参阅他上一句,指的是《加拉太书》3:24。与加尔文预表论相似的观念是:他说古时的希伯来人就如神选民的孩童阶段,这就是神在旧约中的启示俯就他们,就如对待孩童一般的原因。参阅 I. 11. 3;II. 11. 2;Comm. Genesis 1:16;2:8。

麦基洗德的等次永远为祭司"(诗110:4,参阅来5:6,7:21)。当时祭司的任命仪式是用油膏抹,然而但以理借异象预言将有另一种膏抹(但9:24)。在许多其他的预言中——《希伯来书》第4至第11章——清楚地记载:仪式若不使人归向基督就是无用和虚空的。

就十诫而论,保罗说:"律法的总结就是基督,使凡信他的都得着义。"(罗10:4 p.)他在另一处又说:"基督是灵"(林后3:17),赏赐被字句治死的人生命(林后3:6)。前句是指以诫命教导人行义是无用的,直到基督和重生之灵将这义白白地归给人。因此,保罗恰当地说基督是律法的总结,若基督不搭救那些在律法的轭和重担之下劳苦的人,就算人知道神对他的要求也是徒然的。他在另一处教导说:"律法是为过犯添上的"(加3:19),即律法因使人确知他已被定罪,而叫人谦卑。然而既然唯有律法才能使人开始寻求基督,所以保罗的教导也都与此一致。保罗在《加拉太书》中与邪恶的教师争辩,他们教导人靠行律法的功劳称义。所以,为了反驳他们的谬误,保罗有时必须只专注于解释律法的诫命,虽然律法也包括神白白收纳我们的恩典之约。

我们无法遵守道德律(3—5)

3. 律法叫人无可推诿并且绝望

ᶜ然而,为了使人的罪激发人寻求赦免,我们要简洁地教导道德律对人的教训如何,使人更无可推诿。ᵇ若律法教导何为完全的义,那我们就知道,完全遵守律法之人在神面前就是无瑕疵的义人,人若能如此,将在天上的审判台前被称为义人。所以在摩西颁布律法后,立刻就呼天唤地向他们见证:他已将生死祸福陈明在以色列人面前(申30:19 p.)。我们不否认,正如神的应许,人若完全遵循律法就必得永生的赏赐。另一方面,我们要省察自己是否满足神所要求的顺服,因借此顺服,人能确信他必得永生的赏赐。除非我们确定自己能遵守律法,否则即使我们知道神将永生赏赐给一切遵守律法的人又有什么用呢?

在此可见律法的有限性。既然我们中没有任何一个人能遵守律法，我们就都被排除在永生的应许之外，并落在神的咒诅之下，我所说的不仅是实际发生的，而且是必定发生的。既然律法的要求远超过人遵守的能力，人的确能从远处望见神所提供的应许，却无法在这些应许上得益处。我们唯一的结论是，从神良善的应许中，人应当更能够确定自己的悲惨处境，并因发现救恩、盼望的破灭，而确信自己的灭亡。另一方面，律法可怕的威胁随时有可能临到每一个人，它们环绕在我们身边，并且恶毒地追赶我们，所以我们在律法中所能期待的只有随时的灭亡。

4. 然而律法中的应许并非毫无意义

[a]因此，若我们只仰望律法，就只是灰心、迷惑，甚至绝望，因律法定我们所有人的罪并咒诅我们（加3：10），[b]律法也使我们远离它应许遵守它之人的福分。你可能会说，如此神岂不是在愚弄我们吗？神提供了幸福的盼望，又邀请和吸引我们仰望之，并向我们保证这幸福是可获得的，然而事实却是遥不可及，这不是愚弄又是什么呢？我要回答：律法的应许是有条件的。律法要求人完全顺服，虽然没有人能做到，但神所赐的律法仍不是徒然的。因为我们知道，除非神出于他白白的恩典在我们的行为之外悦纳我们，并且我们也要以信接受神在福音中所供应的这恩典，以及这些应许所附带的条件，否则这些应许就与我们无关。若我们以信接受，神就会白白地赏赐我们一切的福分，其中最大的福分就是：他并不藐视我们不完全的顺服，反而赦免我们的不足，接受我们的顺服为完全的，并赏赐我们律法所应许的一切。在我们讨论以信称义时，将更详细地讨论这个问题。④

---

④　Ⅲ. 11. 1-7.

5. 人不可能遵守律法

ᵇ我们已谈过人是不可能遵守律法的。既然多数人都认为这观念是荒谬的——哲罗姆也武断地咒诅之⑤——所以我们要马上简要地解释和证明这观点是正确的。我不在乎哲罗姆的看法，我所在乎的乃是真理。我也不打算冗长烦琐地讨论各种可能性，我所说的"不可能"是指从未有人成就过，根据神的预定和预旨，将来也不会发生。若我们查考最古老的历史，没有任何一位穿上这必死身体的圣徒（参阅罗7：24）曾达到尽心、尽性、尽意、尽力爱神的目标（可12：30，和平行经文），而且，没有不被私欲困扰的人。谁会否认这一点呢？否则，人会在愚昧的迷信中对圣徒有怎样的幻想啊，就连天使在纯洁上也几乎无法与他们相比！但这幻想与圣经和众圣徒的经历有很大的冲突，且将来也不会有任何圣徒能达到真完美的目标，除非他脱去这取死的身体。

关于这一点，在圣经上有充足的证据。所罗门说："时常……不犯罪的义人，世上实在没有"（传7：20，Vg.；参阅王上8：46 p.）；大卫也说："因为在你面前凡活着的人，没有一个是义的。"（诗143：2）约伯在多处经文中也确认同样的观点（参阅伯9：2，25：4）；保罗最清楚地表达这一点："情欲和圣灵相争，圣灵和情欲相争。"（加5：17）ᵇ⁽ᵃ⁾他以"经上记着：'凡不常照律法书上所记一切之事去行的，就被咒诅'"（加3：10；申27：26）ᵇ这句话证明一切在律法之下的人都被咒诅。显然他在这里说没有人能遵行律法，甚至他认为这是理所当然的，圣经所记载的一切都是永恒、必然的真理。帕拉纠主义者用一些刁钻言论为难奥古斯丁。ᵉ他们声称，我们若说神对信徒的要求超过他们靠神的恩典所能行的，这是在羞辱神。ᵇ为了逃避他们的毁谤，奥古斯丁承认，神若愿意，他就能创造与天使一样纯洁的人，但神从来没有，将来也绝不会做任何违反圣经启示的事。⑥我

---

⑤ Jerome, *Dialogue Against the Pelagians* I. 10；III. 3 （MPL 23. 525，599）.
⑥ Augustine, *On Man's Perfection in Righteousness* 3. 8 （MPL 44. 295；tr. NPNF V. 161；*On the Spirit and the Letter* 36. 66 （MPL 44. 245 f.；tr. NPNF V. 113 f.）. 为了更明白这段教导，请参阅 Comm. Gal. 5：17。

第七章　神赐以色列人律法并不是要约束他们,而是要在基督降临前给他们救恩的盼望　333

赞同奥古斯丁所说的,并且我要再加上一句:神不准许我们用他的大能敌对他的真理。所以,当我们宣称,圣经所记载不会发生的事就绝不可能发生,这是无可辩驳的。如果他们坚持反对圣经,我就要用主回答他门徒的话回答他们。当主的门徒问他:"这样谁能得救呢?"(太 19:25)主回答说:"在人这是不能的,在神凡事都能。"(太 19:26) 奥古斯丁也极有说服力地辩论道:"只要我们的肉体还在,我们就不可能合乎神所要求的爱。爱与知识的关系极其密切,倘若我们完全知道神的良善,我们就可能照神所要求的爱他。但如今我们在世上'仿佛对着镜子观看,模糊不清'(林前 13:12),所以我们的爱是有缺陷的。"[7]我们应当确信,只要考虑到我们肉体的软弱,在今生我们就无法完全遵守律法。保罗的另一处经文更进一步证明这点(罗 8:3)。[8]

律法表明神的义,也如明镜反映我们的邪恶,
　　引领我们恳求神的帮助(6—9)

6. 律法严厉地要求除掉人一切的自欺

b(a) 为了更清楚明白整个问题,我们要简要讨论人称为"道德律"[9]的功用。据我所知,这道德律的功用包括三个部分。[10]

第一个部分是:既然它表明神的义,即神唯独悦纳的义,它就警

---

[7] 这是引用奥古斯丁的话,但却不是一字不漏的,*On the Spirit and the Letter* 36. 64 f. (MPL 44. 242 ff.; tr. NPNF V. 112 f.) and in *On Man's Perfection in Righteousness* 8. 17 ff. (MPL 44. 299 ff.; tr. NPNF V. 164 f.)。

[8] II. 12. 4; III. 4. 27; III. 11. 23.

[9] "*Officium usumque legis.*" 在其他版本中律法的作用列在十诫后面,但在最后的版本却列在十诫之前。这次序与盟约和律法"主要的"作用极为吻合(参阅下文第十二节)。这主要的作用是积极地带领基督徒。参阅马丁·路德在解释《加拉太书》3:19;4:3 时提到律法的两种作用(tr. E. Middleton, pp. 281 ff., 324 f.)。

[10] 梅兰希顿说律法正确的目的是要显明罪和使人的良心不安,*Loci communes* (1521)。在 1535 年和之后所有的版本中也提出加尔文在这里教导的三种作用。*Loci communes* (1521), ed. H. Engelland, in the series *Melanchthons Werke in Auswahl*, ed. R. Stupperich, II. 1. 122; tr. C. L. Hill, op. cit., p. 215; *Loci praecipui theologici* (1559), ed. Engelland, *op. cit.*, pp. 321-326, and note 13 on p. 321. 梅兰希顿以《罗马书》1:18 特别强调律法的第二种作用。在《协同书》(Formula of Concord)中他详细教导律法的第三种作用(art. 6)。

告、教导、使人知罪，并定每一个人的罪。人因沉醉于自爱而盲目，所以就必须有外来的力量使他明白和承认自己的软弱和污秽。若人没有深刻地体会到自己的自负，就会自高自大、荒唐地相信自己的能力，只要他继续以自己的标准衡量自己，[b]他就永远不会发觉自己的无能为力。而他一旦开始将自己的能力与神的律法相比，他就不会再逞强。不论他从前对自己的能力有多高的期许，在他面对律法时很快就会发现，他的能力在重轭下叹息、摇摆、垮下来，至终消失。因此，人在律法的教导下，就得以脱去从前蒙蔽他的自负。

他必须从之前提到的另一疾病——骄傲——中得痊愈。只要人继续以自己的标准衡量自己，他就仍以假冒之义代替真义。既然他满足于虚假的义行，就以此敌挡神的恩典。然而，在他被迫以律法的天平衡量自己的行为后，就会抛弃虚假的自义。他会发现自己离圣洁距离很远，自己心里充满无数他从前以为自己所没有的罪。根植于人心的私欲深深地被隐藏，甚至使人察觉不到它的存在。保罗说得好："非律法说：'不可起贪心'，我就不知何为贪心。"（罗7：7）若律法没有揭露人心深处的贪欲，这贪欲就会隐藏在深处，在人尚未察觉它致命的毒钩时就毁灭人。

7. 律法刑罚的功用并不贬低其价值

[b(a)] 律法就如一面镜子。就像我们照镜子，从镜中发现自己脸上的瑕疵，[b]同样地，从律法的明镜中，我们也会发现自己无力行善，并因此陷入罪中，最后受到咒诅。无力行善之人必陷入罪恶的泥沼中，且伴随而至的是神的咒诅。因此，人在律法之下所犯的罪越重，他所受的刑罚就越重。这与保罗的教导一致："律法本是叫人知罪。"（罗3：20）在此他指出律法的第一个功用，也就是罪人在重生前首先会经历到的。相关的经文还有："律法本是外添的，叫过犯显多"（罗5：20），所以律法被称为"惹动愤怒"并叫人死的"属死的执事"（罗4：15；林后3：7）。无疑，良心越察觉自己的罪，罪便越发增多，因在人的过犯上又加上顽梗的悖

逆。因此，律法只是将罪人置于神的愤怒之下，因律法只能指控、定罪，以及毁灭人。就如奥古斯丁所说："若无施恩的灵，律法的存在只能指控和叫人死。"⑪

但我们这样说并非羞辱律法，也不是攻击律法的完美。的确，若人的意志完全趋向顺从律法，那么人只需要知道神的律法就能得救。然而，因为我们属血气和败坏的本性完全与神属灵的律法敌对，也拒绝受律法的归正，所以神颁布叫人因顺服而得救的律法，至终成了人犯罪和灭亡的原因。⑫既然律法证明众人都是罪犯，就更彰显神的义，同时也更揭露我们的罪。律法越证明永生和救恩的奖赏倚靠义行，便越证明罪人必定灭亡。

这些原则不但没有羞辱律法，反而更加清楚地证明神的慈爱。由此可见，人因邪恶和败坏，无法享受律法所提供的幸福生活。因此，神不需律法支持的恩典就更显甘甜，且那赐给我们恩典之神的怜悯，就更为可爱。这就告诉我们，神喜悦不断地赐福我们，并且恩上加恩。

8. 律法刑罚的功用适用于信徒与非信徒

ᵇ律法见证众人的邪恶和当被定罪，但并不是为了使我们绝望或沮丧地寻短见——只要我们善用神的律法。的确，律法使恶人战兢，但这完全是因为他们顽梗的心。对于神的儿女，律法有不同的作用。保罗证明律法确实定我们的罪："塞住各人的口，叫普世的人都伏在神审判之下。"（罗3：19）他在另一处也有同样的教导："因为神将众人都圈在不顺服之中"并不是为了毁灭他们或任凭他们灭亡，而是"特意要怜恤众人"（罗11：32）。意即：在他们抛弃对自己能力愚昧的看法时，就会发觉唯有神的膀臂才能扶持他们，因此他们便赤身空手地投靠神

---

⑪ Augustine, *On Rebuke and Grace* 1.2 (MPL 44.917; tr. NPNF V.472).
⑫ Ambrose, *De Jacobo et vita beata* I.6.21 f. (MPL 14.637).

的怜悯，并在这怜悯中隐藏，抓住它，单单以它为自己的义和功劳。因为神在基督里的怜悯是向一切以真信心寻求和等候他的人彰显。ᵇ在律法的条件中，神唯独奖赏完全遵守的人（但无一人如此），但他严惩一切的恶行。然而，神在基督里向我们贫穷、完全不配的罪人彰显他的恩典和温柔。⑬

9. 就如奥古斯丁所言，律法的指控驱使人寻求恩典*

ᵇ奥古斯丁经常论及律法驱使人求神帮助的功用。譬如，他写信给希拉利（Hilary）："当我们尝试遵守律法的要求，而因此筋疲力尽时，律法就帮助我们明白如何求神恩典的帮助。"他同样写信给亚色流（Asellius）："律法的功用在于使人确知自己的罪恶，并驱使人向神求在基督里的恩典。"他也对英诺森一世（Innocent of Rome）说："律法吩咐人；恩典赐给人遵行的力量。"他也对瓦伦廷说："神吩咐人所不能行的，好让人明白当向神求什么。"ᶜ并说："神颁布律法为要指控你，使你惧怕，并在惧怕之后恳求赦免，免得你仍然依靠自己的力量。"又说："神为此目的颁布律法，为要使你这自大的人谦卑；使你知道在你里面没有行义的能力，并使你这无助、不配、绝望之人投靠恩典。"之后他呼求神："主啊，求你施恩！求你施恩！求你吩咐人行他所无法达到的。最好是吩咐人去行唯独靠恩典才能行的，好塞住人的口，免得人自视甚高。求你使众人降卑，伏在你的审判之下。"⑭我无须再引述更多，因这敬虔之人已为这主题著书，名为《论精意与字义》（*On the Spirit and the Letter*）。⑮他没有详

---

⑬ 这里的前两句来自加尔文的 *Instruction et confession de foy* (1537); tr. Fuhrmann, *Instruction in Faith* 11, p. 35。加尔文最初在 1539 年的版本中加入这两句。

⑭ 加尔文在这节中所引用奥古斯丁的话出处如下：*Letters* 157. 2. 9; 196. 2. 6; 177. 5 (MPL 33. 677, 893, 766; tr. FC 20. 325; 30. 336, 97); *On Grace and Free Will* 16. 32 (MPL 44. 900; tr. NPNF V. 457); *On the Spirit and the Letter* 13. 22 (MPL 44. 214 f.; tr. NPNF V. 92); *Psalms*, Psalm 70. 1. 19; 118. 27. 3 (MPL 36. 889; 37. 1581; tr. LF *Psalms* V. 434)。"Innocent of Rome" in the text is Pope Innocent I (402-417)。

⑮ 文见 MPL 44. 201-246; tr. NPNF V. 83-114。

细描述律法的第二功用,可能是因为他知道次要的功用取决于主要的功用,或是因为他对第二功用并不十分明了,或是他不知如何贴切地描述。[b]律法的第一功用在被遗弃之人身上也同样实用,虽然他们不像神的儿女在律法的指控后重生,而是因律法的威胁陷入绝望。当他们的良心受律法的打击时,至少可表明神公义的审判。因为被遗弃之人总是想逃避神的审判。虽然这审判还未显明,但因律法和良心严重的搅扰,就在他们身上显出他们当受的审判。

律法约束作恶之人和重生前的选民(10—11)

10. 律法保守社会脱离恶人的危害[*]

[b]律法的第二个功用是:[a]至少借对刑罚的恐惧而约束某些不在乎正直和公义的人。他们受约束并不是因内心懊悔,而是如被缰绳勒住,约束外在的行为,抑制内心的败坏,否则他们必然放纵罪行。然而在神眼中他们并没有因此更善良或更正直,虽然他们因惧怕或羞耻的拦阻,就不敢将内心的意图付诸实行,也不敢完全放纵自己如海翻腾的私欲,但仍不敬畏神并顺服他。事实上,他们越约束自己就越欲火中烧,若不是对刑罚的畏惧,他们随时随地都可能爆发。不但如此,他们甚至邪恶地恨恶律法,并咒诅颁布律法的神。若是可能,他们必会罢黜他,因为无论神吩咐他们行善或威胁报应藐视他威严之人,他们都无法忍受。[b]一切未重生之人都会感觉到——有的较为模糊,有的较为清楚——他们并不是被吸引而主动遵守律法,乃是因某种可怕的畏惧被迫行与己意相反的事。

[a]然而这受约束和被迫的外在义行对于社会来说是必需的,[16]神如此安排以免社会完全脱序。[b]就连神的儿女,在未受呼召及未领受成圣的灵

---

[16] 加尔文在 IV. 20. 3 有类似的话;参阅 Melanchthon: "*publicae pacis causa*" (*Loci praecipui theologici*, ed. Engelland, op. cit., p. 322);也请参阅 IV. 20. 14-16。

之前（罗1：4，Vg. 等），也愚昧地放纵自己，所以受约束也于他们有益。⑰借着对神报应的恐惧使他们受约束，免得放纵自己，但既然他们尚未重生，所以这样的约束也很有限，只是神借着公义的轭驯服他们，他们并非未曾受过教训和管教，就如这些是完全陌生的。使徒保罗似乎特意要指出律法的这功用，他教导说："律法不是为义人设立的，乃是为不法和不服的，不虔诚和犯罪的，不圣洁和恋世俗的，弑父母和杀人的，行淫和亲男色的，抢人口和说谎话的，并起假誓的，或是为别样敌正道的事设立的。"（提前1：9—10）他在此表明律法就如缰绳，勒住人狂暴和若无律法必便会泛滥成灾的情欲。

11. 律法约束重生前的选民*

°保罗在另一处说："律法是训蒙的师傅"（加3：24），也同样适用于律法的两种功用，律法的教训引领两种人归向基督。

我们已讨论过第一种人，他们自以为满有美德或确信自己的义，若不破灭他们的幻想，他们就不适合领受基督的恩典。所以，律法借着驱使他们承认自己的悲惨使他们谦卑，好预备他们寻求他们先前所没有察觉的缺乏。

第二种人需要缰绳勒住他们，免得他们放纵私欲而不再寻求神的义。因为在神的灵未掌管的地方，私欲便会放纵，致使心灵遗忘甚至藐视神。若神没有以律法补救，这就必定发生。所以，在神尚未重生他们之前，他借叫他们因惧怕而遵行律法来保守他们，直等到神预定之日（参阅彼前2：12）。这并不是神的儿女所应有的对神的畏惧，然而神仍照他们的软弱使用这畏惧教导他们真敬虔，这情形相当普遍，无须再列举更多的例子。一切曾因对神无知而摸索过的人，都会承认神律法的缰绳以某种对神的畏惧约束他们，直到他们被圣灵重生，开始全心全意地

---

⑰ "*Paedagogia*" 这词在1545—1557年法文版本中的翻译为"*pedagogie*"，然而在1560年的版本中被改成"*instruction puerile*"。

爱神。⑱

律法劝诫信徒并驱使他们行善（12—13）

12. 信徒也需要律法

[b]律法的第三种功用，也是主要的功用，与律法主要的目的有更密切的关联。[b(a)] 它是针对那些圣灵已经在他们心里居住和做王的信徒。⑲[a]虽然他们已有神刻在他们心中的律法（耶 31∶33；来 10∶16），即圣灵感动并引领他们愿意顺服神，但律法仍在两方面使他们获益。

律法是神教导他们最恰当的工具，使他们在日常生活中更明白并因而更确定他们所渴慕的神的旨意。[a]就如迫切想取悦主人的仆人，为了能更顺应主人，[b(a)] 必须先探求主人的喜好。[b]这是众信徒不能避免的需要。没有哪个信徒能智慧到无须天天借律法的教导而可以在明白神的旨意方面有新的进步。

此外，既然信徒不但需要教导也需要劝诫，所以他也会设法从律法上如此获益：他时常借默想律法激励自己顺服神、得坚固，且从犯罪的滑路上归向真道。圣徒们必须靠律法向前行，因不论他们在圣灵的感动下有多迫切地饥渴慕义，然而懒惰肉体的沉重负担却常常使他们不能如愿以偿。[a]律法于肉体就如鞭子于懒惰和顽固的驴，鞭子驱使驴做工，[b]就连未曾脱去肉体重担的属灵的人，仍需律法不断地鞭策，免得他裹足不前。的确，当大卫歌颂律法时，无疑是指律法的这功用："耶和华的律法全备，能苏醒人心……耶和华的训词正直，能快活人的心；耶和华的命令清洁，能明亮人的眼目。"（诗 18∶8—9，Vg.，19∶7—8，EV）同样地，"你的话是我脚前的灯，是我路上的光。"（诗 119∶105）同一篇中还有其他许多类似的说法，如《诗篇》119∶5。律法的这功用与保罗的教导并无冲突，因他并非教导律法对重生之人的功用，而是律法本身能做什

---

⑱ 参阅 II. 8. 51-59。
⑲ Melanchthon, *Loci communes* (1521), ed. Engelland, *op. cit.*, p. 133 (tr. C. L. Hill, p. 229).

么。先知在此所宣告的是律法伟大的功用：神借阅读律法，教导那些他早已赏赐愿意遵守律法之心的人。ᵉ阅读律法的人不但留意其中的诫命，也留意神施恩的应许，唯有神的应许使苦变为甘甜。若律法只强求人的顺服和威胁违背它的人，并以惧怕搅扰和为难人，难道有比这更令人反感的吗？大卫特别表明他在律法上看到中保，因为若没有这中保，就毫无喜乐和甘甜。

13. 凡教导律法对于信徒是无用的人，是不明白律法的

ᵇ某些无知之人[20]因不明白以上的区分，就轻率地抛弃摩西所有的教导，并完全不理会十诫。他们认为那包含"属死的执事"的教义与基督徒显然不相称（参阅林后3∶7）。我们当除去这邪恶的念头！摩西令人钦佩地教导：就罪人而论，律法只能叫人死；然而就圣徒而论，这律法应当有更有益的结果。在临终前，他吩咐百姓："我今日所警教你们的，你们都要放在心上，要吩咐你们的子孙谨守遵行这律法上的话。因为这不是虚空与你们无关的事，乃是你们的生命。"（申32∶46—47，参阅Vg.）若无人能否认律法赏赐人行义的完全标准，那么除非人不需要任何正当行世为人的准则，否则抛弃律法就是邪恶的。我们没有许多不同的生活准则，而是只有一个永不更改的准则，因此当大卫说义人终生昼夜思想神的律法（诗1∶2）时，并非仅指某一时代，而是适用于每一时代的信徒，直到世界的末了。我们不应当因律法所要求的圣洁超过我们今生这取死的身体所能达到的，就因此远离或拒绝它的教导。因就基督徒而论，律法不是严厉的监工，要求人完全地满足它，而是要劝勉我们，指明我们一生应当奋斗的目标，使我

---

[20] 这不但是指放纵派（参阅 Contre la secte phantastique des Libertins，CR VII. 206 f., 220, 229, 233），也是指约翰·阿格里科拉（John Agricola）。阿格里科拉因相信反律主义而与马丁·路德分手，此后反律主义成为很大的争议问题（1537）。反律主义者否定基督徒有责任遵守任何旧约的律法。参阅 Werke WA XXXIX. 1. 342 ff. 以及 HDRE 中的文章 "Antinomianism"。

们确信这不但是我们的本分,也是我们的益处。因此,在律法上勇往直前于我们大有益处。事实上,我们的一生如在场上赛跑(参阅林前9:24—26),至终神必使我们达成我们今生只能从远处望见的目标。

人从律法上得"释放"是指良心的释放,
及废除古时的礼仪律(14—17)

14. 对信徒而言,律法在何意义上已被废去?

$^{b(a)}$ 律法有劝勉信徒的功用。律法不是约束他们良心的咒诅,而是借反复的劝诫,除去他们的惰性,并使他们察觉自己的污秽。所以,许多人企图宣告他们已脱离律法的咒诅,并认为对信徒而言,律法——我指的仍是道德律——已经废除了。[21] 其实这并不是说律法不再劝信徒行善,而是说律法如今的用途对他们而言与从前有所不同。律法不再恐吓、搅扰他们的良心并定他们的罪。

^{b} 保罗的确教导律法在某种意义上已被废去(参阅罗7:6)。主自己也这样教导:若不是犹太人普遍相信律法将完全被废去,主就不会反驳他们(太5:17)。犹太人会如此误解必定有所根据,就是他们误解了主的教导,一般来说,所有的谬论都是来自对真理的曲解。为了避免重蹈覆辙,我们必须清楚分辨已被废去的律法以及仍然有效的律法。当主证实他"来不是要废掉,乃是要成全律法"以及"就是到天地都废去了,律法的一点一画也不能废去,都要成全"(太5:17—18),就清楚证明他的降临并没有废去对律法的遵循,因为他来恰恰是要纠正人对律法的干犯。所以,律法的教导仍然有效。律法以教训、督责、使人归正、教导人学义,叫属神的人预备行各样的善事(参阅提后3:16—17)。

---

[21] 参阅 Melanchthon, *Loci communes* in Engelland, *op. cit.*, pp. 120 ff., 126 f., 132 ff. (tr. Hill, *op. cit.*, pp. 214ff., 220 f., 229 ff.); Zwingli, *Of True and False Religion* (CR Zwingli III. 710; tr. *Latin Works of Huldreich Zwingli*, ed. S. M. Jackson, III. 141):"神将对他的热爱摆在我们心里,代替我们的自爱。"

15. 律法废去对信徒的咒诅

ᵇ保罗说律法的咒诅被废去，显然不是指律例本身，而是指约束良心的力量。因为律法不但教导我们，也明确要求我们必须遵守。人若不遵守，只要在任何方面不遵守，就会受到律法的咒诅。所以保罗说："凡以行律法为本的，都是被咒诅的；因为经上记着：'凡不常照律法书上所记一切之事去行的，就被咒诅。'"（加3：10；申27：26 p.）他说："凡以行律法为本的"是指那些不相信人称义是出于神借赦罪救人脱离律法的权势之人。所以，保罗教导说，我们必须从律法的权势下得释放，否则我们必在这权势下灭亡。这是什么样的权势呢？就是律法对人严厉的要求，不容人丝毫偏左或偏右，甚至惩罚一切过犯。为了救我们脱离这咒诅，基督替我们成为咒诅："经上记着：'凡挂在木头上都是被咒诅的。'"（加3：13；申21：23）在下一章中，保罗教导基督生在律法以下（加4：4），"要把律法以下的人赎出来"（加4：5a, Vg.）。这两句话的含义相同，因他接着说："叫我们得着儿子的名分。"（加4：5b）这两处经文的教导是什么意思呢？乃因基督不喜悦我们终生因死亡的恐惧而使良心受捆绑。同时，我们也要留意这驳不倒的真理：神的律法从未失去任何权威，且人总要以同样的敬畏和顺服接受律法的要求。

16. 礼仪律

ᵉ礼仪律是另一回事，它们的果效并没有被废去，显然这些仪式被废去了。基督的降临终止了礼仪律，然而礼仪律圣洁的意义仍被保留，基督也赞成并尊荣之。就如对旧约中神的百姓而言，若基督的死和复活的力量没有在礼仪律上彰显，则一切都是虚空的；同样，若礼仪律没有被废去，如今我们就不能明白神设立礼仪律的目的为何。

所以，保罗为了证明现今人遵守礼仪律不但是多余的，也是有害的，他便教导我们：礼仪律是基督这实底的影儿（西2：17）。由此可见，神因废去礼仪律而使真理更清楚地显现出来，因为礼仪律从远处所模糊预表的基督已经清楚显现。基督死时"殿里的幔子从上到下裂为两半"（太27：51），因为天国一切福分的真相已经彰显，在那之前所启示的只是模糊的轮廓而已，就如《希伯来书》的作者所言（来10：1）。同样基督也说："律法和先知到约翰为止，从此神国的福音传开了。"（路16：16）这并不是说那些圣洁族长没有传讲救恩和永生的盼望，而是说他们从远处望见的是轮廓，我们今日所清楚看到的是真相。施洗约翰解释神的教会为何必须跨越起初的阶段："律法本是借着摩西传的；恩典和真理都是由耶稣基督来的。"（约1：17）虽然古时的献祭预表赦罪的救赎，且约柜是神父亲般慈爱的确实凭据，但这一切若非立在基督之恩上，就仍只是影儿，[22]因唯有在基督身上，人才能看到永恒和完美的真相。我们要确信，虽然律法的仪式如今已不再举行，然而因它们被废去，人就更清楚知道在基督降临前它们是不可少的。基督的来临废去了礼仪律，而他的死印证了这律的力量和果效。

17. 基督涂抹了"那有碍于我们的字句"

[b]保罗的这段话更难解释："你们从前在过犯和未受割礼的肉体中死了，神赦免了你们一切过犯，便叫你们与基督一同活过来；又涂抹了在律例上所写攻击我们、有碍于我们的字据，把它撤去，钉在十字架上。"（西2：13—14，参阅Vg.）在此保罗似乎说律法已被废去到与我们无关的程度。有人错误地将此解释为道德律，他们说神废去了道德律的严厉而不是它的教导。[23]有些人则较谨慎地查考保罗的这番论述，发现其所指的是礼仪律，并指出保罗不止一次称礼仪律为"字据"。他也如此写信给

---

[22] 参阅 II. 8. 28, 29；参阅 LCC XXIII. 29 f。加尔文在那里教导旧约律法预表的功用，且这律法只是模糊的启示。

[23] So Melanchthon, *Scripta exegetica*, on Colossians 2：14 (CR Melanchthon XV. 1256)；参阅 Melanchthon, *Loci communes* 中的 *De abrogatione* 之部分，1521 (ed. Engelland, *op. cit.*, 132 ff.；tr. Hill, *op. cit.*, pp. 221 ff.)。

以弗所信徒："他使我们和睦，将两下合而为一，拆毁了中间隔断的墙；而且以自己的身体废掉冤仇，就是那记在律法上的规条，为要将两下借着自己造成一个新人，如此便成就了和睦。"（弗2：14—15，参阅Vg.）㉔ 显然保罗在此指的是礼仪律，因他提到犹太人和外邦人之间隔断的墙（弗2：14）。因此，我相信前者的解释是错误的，而后者指出其所指的是礼仪律是正确的。然而后者也没有十分清楚地解释保罗的意思。我并不认为这两处经文在每一细节上的教导都相同。当保罗有意使以弗所信徒确信他们与以色列国有分时，他教导他们从前隔断他们的障碍已被挪去。这障碍就是以色列人的仪式，因为这些献与耶和华的洁净和献祭的仪式，使他们与外邦人有别。而《歌罗西书》所指的显然是更深的奥秘，主要谈到摩西的礼仪律，因当时的假使徒企图迫使当时的基督徒依靠这些礼仪律。然而就如在《加拉太书》中，保罗讨论得更深入，可以说，回到这问题的起点，他在这里也是如此。若重要的是遵守这些仪式本身，那为何说它们是"有碍于我们的字据"㉕（西2：14）？又为何将我们的救赎建立在已被"涂抹"的礼仪律之上呢？因此，这一切都告诉我们，主要的是其内在的意义。

我确信如下是正确的解释，只要我们相信奥古斯丁对保罗教导之解释是正确的：犹太人的礼仪律是为了认罪而不是赎罪（参阅来10：1及以下；利16：21）。㉖既然犹太人以祭物替代自己，难道不就是承认自己犯了该死的罪吗？他们洁净的仪式不就是在承认自己的不洁？他们这样做就是不断地记录自己的罪和不洁，然而记录自己的罪和不洁并不等于逃脱罪。因此，保罗说："既然受死赎了人在前约之时所犯的罪过，便叫蒙召之人得着所应许永远的产业。"（来9：15 p.）所以保罗恰当地称

㉔ Bucer, *Metaphrases et enarrationes perpetuae epistolarum D. Pauli Apostoli I, ad Romanos*, Strasbourg, 1536, p. 205；"保罗在这里所说的'字据'[*chirographum*] 是礼仪律，就是彼得所说我们祖宗和我们所不能负的轭。"

㉕ "*Chirographum*"的希腊文是"χειρόγραφον"。

㉖ Augustine, *On the Merits and Remission of Sins* I. 27. 54（MPL 44. 139；tr. NPNF V. 35）。

仪式为"攻击人的字据"(西 2：14)。攻击那些遵守之人，因借此仪式，他们公开承认自己是被定罪和不洁的（参阅来 10：3）。

我们若说，他们与我们在同样的恩典中有分，并不矛盾。因为他们是在基督里获得的，而不是在仪式上。保罗将仪式与基督作对比，因为仪式使基督的荣耀模糊不清。我们相信仪式本身被称为有碍于人得救的字据是恰当的，因字据是法律上约束人的凭据[27]，证明人当尽的义务。当假使徒企图约束教会重新遵守这些礼仪律时，保罗进一步强调礼仪律最终的目的，并同时警告歌罗西信徒：若再遵守礼仪律，危害极大（西 2：16及以下）。他们将丧失基督的恩典，因当基督从前一次付上永远的赎价时，就废去了那些犹太人天天举行的仪式，因它们只能定罪而无法除罪。

---

[27] "Solennia instrumenta."

ᵉ第八章 道德律的解释（十诫）

道德律是被记载的自然律（1—2）

1. 十诫对我们有何用处？

ᵉ我想现在用简要的解释来介绍律法书中的十诫①是合宜的。如此，我们也会更清楚地明白神在古时所吩咐的公众崇拜仍然有效（我以上也略微讨论过）。②这也将证实后面我要讨论的第二点：犹太人不但从律法中学习何为真敬虔，也因发现自己无力遵守律法就惧怕受审而被吸引仰望中保。ᵇ我在先前概括何谓真认识神时已教导过：我们一思想到神的伟大，ᵉ⁽ᵇ⁾就立刻面对他的威严，而不得不③敬拜他。ᵇ在讨论对自己的认识时，我陈述的要点是：倒空所有道德上的自满，除去所有的自义，并因发现自己极度贫乏，而明白何谓真谦卑和自卑。④神的律法

---

① 许多中世纪的基督教教育手册都包括十诫、信经和主祷文，譬如英国的 *Lay Folk's Catechism*，被认为是约克大主教 John Thoresby，（卒于1373 年）所作。帕尼耶告诉我们有一本专门教导十诫的法文教科书，*Les fleurs des commandemens*（1490, revised 1516）；(*Institution* I. 322, note on p. 397)。1529 年马丁·路德开始用这些手册教训信徒，而加尔文在他的 *Instruction et confession de foy*（1537）中讨论他所使用的这些手册（*seriatim*）; tr. Fuhrmann, *Instruction in Faith* 8，pp. 24-32。
② 1. 7. 1-2.
③ I. 1. 2.
④ II. 1-6.

在我们身上成就这两件事。首先，神宣告他有吩咐我们的权柄，并呼吁我们敬畏他的神性，也详细地告诉我们这敬畏在乎什么。其次，神在颁布行义的准则后，斥责我们的无能为力和不义，因我们邪恶和败坏的本性总是敌对神的正直，并且我们无力行善，所以达不到神完美的准则。

b(a) 那么，人心里内在的律法，⑤即我们以上描述为刻在所有人心里的，它的教导在某种意义上与十诫相同。因为我们的良心不容我们沉睡，反而见证我们对神的亏欠。这良心也将是非陈明在我们的面前，在我们不尽本分时责备我们。然而人被幽暗层层笼罩，几乎无法借自然律（良心）领会神所悦纳的敬拜方式。甚至对神所悦纳的敬拜没有丝毫概念。此外，因人野心勃勃、不可一世，以及被自爱蒙蔽，所以无法正确地看待并省察自己，⑥谦卑地承认自己悲惨的光景。又因人的愚妄和傲慢，神就给我们书面的律法，为了更清楚地见证自然律这种较模糊的启示，并除去我们的惰性，使我们印象深刻。

---

⑤ "*Dictat lex illa interior.*" 参阅这节下面的教导，"*in lege naturali.*" 在《基督教要义》中加尔文提到自然律多半是与良心有关，常常也是与民法、道德和基督徒在社会上的责任有关。参阅 II. 2222，在这里有加尔文解释保罗有关自然律之最关键经文（罗 2：14-15）；参阅 II. 7. 3-4；II. 8. 1-2，53；III. 19. 15-16；IV. 10. 3；IV. 20. 11（"自然的道德"）；IV. 20. 15（爱的原则）；IV. 20. 16（"为自然律做见证的道德律"）。加尔文视十诫来自神的命令，并且这些命令表达和解释那刻在众人心里的自然律，这是基督教传统的观点。拉克唐修引用西塞罗在 *De republica*，III. 22 一段关键的话。这一段教导人的理智与自然是一致的。拉克唐修引用这句话之后问：还有什么基督徒能如此正确地解释神的律法呢？*Divine Institutes* VI. 8（CSEL 19. 508 f.；MPL 6. 660 f.；tr. ANF VII. 171）。参阅 Augustine，*Confessions* II. 4. 9（MPL 32. 678；tr. LCC VIII. 54）。阿奎那在他的 *Summa Theol* 中详尽地教导自然律（I IIae，questions 41. 1-3；44；50. 1-5）。他说十诫的原则和人与生俱来的理智是一致的。神学家也习惯将自然律和《马太福音》7：12 中的金律相提并论：看格拉提安的 *Decretum* I. 1（Friedberg I. 2）。麦克尼尔（J. T. McNeill）在他的文章 "Natural Law in the Thought of Luther" 中讨论自然律的发展，*Church History* X（1941），pp. 221-227；为了更明白加尔文对自然律的立场，请参阅 "Natural Law in the Teaching of the Reformers"，*Journal of Religion* XXVI（1946），pp. 168-182 以及文中所引的参考书。请参考加尔文的解经书和讲章：Comm. Romans 2：14-15；*Sermons on Deuteronomy* 69（on Deuteronomy 19：14-15）（CR XXVII. 568）；*Sermons on Job* 101，on Job 28：1-9（CR XXXIV：503 ff.）；Comm. Harmony Four Books of Moses，"*Praefatio in legera*"（CR XXIV. 209-260）。在此加尔文认为神借十诫再次教导他的百姓自然律。他也认为摩西五卷律法书的教导都浓缩在十诫之内。

⑥ 参阅 I. 1. 2，注释 6。加尔文在这段中清楚地教导律法和良心在归正上有何作用。

2. 律法的不变性

ᵇ⁽ᵃ⁾律法的教导是显然的。既然神是我们的造物主，他就有权柄做我们的父和主，因此我们当将荣耀、敬畏和爱归给他，ᵇ并且我们无权随己意行事，而应当顺服神，在一切事上讨神喜悦。此外，律法也教导说：神喜爱公义和正直，却憎恶邪恶。因此，若我们不想忘恩负义地背叛我们的造物主，我们就应当终生行神所要求的义。当我们喜爱神的旨意胜过自己的意念时，才是将神所应得的敬畏归给他，这就证明神唯一所悦纳的敬拜就是人过公义和圣洁的生活。ᵃ我们也不能以自己的无能为力作为借口不将神所应得的归给他，就如穷困潦倒的债务人无能还债。ᵇ以人的能力决定神荣耀的标准极为不妥，因我们的能力不能更改神永不改变的属性：他是义行之友，罪行之敌。他所要求我们的一切（因神只能要求义行），我们理当顺服；而任何我们所不能行的都是我们自己的过失。倘若罪借我们的私欲控制我们（罗6：12），甚至使我们失去顺服神的自由，我们也不能用不得已作为借口，因不得已之恶行的恶从我们心里发出，也必归在我们身上。

律法教导神是我们的父：他为至圣，怜悯人，以慈爱要求人顺服（3—5）

3. 律法的严厉有积极的目的

ᵇ所以，当我们在律法的引领下明白不能以自己的无力作借口，我们就要借律法的引领省察自己。自我省察可以使我们发现两件事情：ᵇ⁽ᵃ⁾首先，当我们将律法所要求的义与自己的生活相比时，就会发现我们根本不能顺服神的旨意，ᵇ因此我们不配称自己为神的受造物，更不配称为他的儿女。其次，当我们省察自己的能力时，就会发现自己软弱不能成就律法，甚至根本没有能力，ᵇ⁽ᵃ⁾因此我们必会怀疑自己是否有良善，而开始担忧和惧怕。当良心感受到罪的重担时，就立刻想到神的审判，并惧怕死亡。同样地，当良心面对众多证据证明自己无能为力时，就不得不对自己的无力感到绝望，这惧怕和绝望使人谦卑和自卑。最后，人因意识到永死而惊恐不已（因他相信这是神对他的罪的公义审判），便投靠神的怜悯，使之成为他安全的避难所。如此，人因察觉他无力偿还他欠律法的债，而对自己感到绝望，就被驱使寻求和等候外来的帮助。

4. 应许和警告

ᵇ然而，只因神的公义而敬畏神仍是不够的。为了使我们喜爱公义和恨恶罪，神给我们应许和警告。因我们的心眼盲目到无法被良善之美吸引，所以我们慈悲的父出于他的大爱喜悦用甘甜的奖赏吸引我们去爱和寻求他。神宣告他奖赏义行，并且遵守他的诫命不是枉然的。相反地，神也宣告他不但恨恶不义，也必定刑罚不义，他将亲自报应藐视他威严的人。神为了在各方面鼓励我们，他应许顺服他之人今生蒙福，来世得永生，并警告违背律法之人今世遭灾祸，来世受永死的刑罚。神的应许［"人若遵行，就必因此活着"（利18：5 p.）］以及相应的警告［"犯罪的，他必死亡"（结18：4、20，Vg.）］无疑是指将来的永生或永死。整本圣经无论何时提到神的爱和愤怒，前者是指永生，后者是指永死。律法书特别借着爱和愤怒强调永生和永死，并详细列举了今生的福分和咒诅（利26：3—39；申28）。这些咒诅彰显出神不能容忍邪恶的至高纯洁。神的应许彰显他对公义的大爱，因他奖赏所有的义行，也彰显他奇妙的慷慨。既然我们应当用我们所有的一切荣耀神，那么神要求我们就如我们欠他的债，也是公义的，并且还债的人不需要被奖赏。因此，当神应许因我们的顺服奖赏我们时，这是他屈就我们，因这顺服不是自愿的，而是神要求的。以上我已解释过这些应许所带来的福分，以后将在恰当的时候更详细地解释。⑦现在我们只要晓得：律法中的应许大大地高举神的公义，使我们更确信神喜悦人遵守律法；并且，神警告将惩罚违

---

⑦ II. 5. 10；II. 7. 4；II I. 17. 1-3、6、7。

背律法之人，这使我们更恨恶罪，也使放纵私欲之罪人不至忘记立法者将对他的审判。

5. 律法的充足性

ᵇ另一方面，神赐给人完美义行的准则，并告诉我们这一切都是他所喜悦的，这就证明神最喜悦人的顺服。我们特别需要留意这事实，因为人由于自己的堕落就会编造各样的仪式来讨神喜悦。在所有的时代都有这种亵渎的敬虔伪装，因为它根植于人的本性中，而人总是喜爱在神的话语之外捏造某种行善的方式。在人普遍所认为的善行中，大多不是律法所要求的，多数都是人所捏造的。摩西颁布律法之后为什么向百姓宣告："你要谨守听从我所吩咐你的一切话，行耶和华你神眼中看为善、看为正的事。这样，你和你的子孙就可以永远享福"（申12∶28，参阅Vg.）；"凡我所吩咐的，你们都要谨守遵行，不可加添，也不可删减"（申12∶32，参阅Vg.）。难道不就是为了约束众人的任意妄为吗？摩西先前已见证：以色列人之所以比万族更有智慧和悟性，是因为他们接受神的典章、律例，以及仪式。他接着又说："你只要谨慎，殷勤保守你的心灵，免得忘记你亲眼所看见的事，又免得你一生这事离开你的心。"（申4∶9）这就表示神知道在他颁布律法给以色列人后，他若不严厉地约束他们，他们必为自己捏造新的律例。神在此宣告：完美的义行在于他律法的准则。这应当成为他们最有力的约束，但他们仍不断地犯这任意妄为的罪。

这与我们有什么相关呢？这应当也约束我们。无疑地，神给我们这完美义行的准则，永远都不会失效，然而我们不但不满足于这准则，反而忙碌于捏造各种虚假的善行。矫正这恶行的良方就是要确信：这从天上来的律法是为了教导我们完美的义行；这教导完全符合神的旨意。由此可见，一切为了取悦神而编出的新花样都是徒然的，因为唯有顺服神才是神所悦纳的敬拜。因此，若我们热衷于在神的律法之外行善，就是神所不能容许的亵渎。ᵈ奥古斯丁有时称人对神的顺服为众美德之母,有时称之为众美德之源泉。⑧

人必须对律法有属灵的了解,并照立法者所颁布的原义解释(6—10)

6. 既然律法来自神,人就必须完全顺服

ᵇ在我详细解释神的律法之后,我们就会更清楚明白以上我所说律法的功用和目的,⑨并从中获益。然而在我逐条解释律法之前,我们必须先对律法有整体的了解。首先,律法不但要求人过外在正直的生活,也要求人有内在属灵的义。虽然没有人能否认这一点,但却很少人留意。这是因为他们不理会颁布律法的神,因律法的本质也是由神的属性决定的。假设某君王颁布禁止淫乱、谋杀或偷窃的法律,我承认,若人只是有淫乱、谋杀或偷窃的念头而没有这样的行为,就不被定罪。因为任何世间的立法者,其范围只涉及外在的政治秩序,除非人有实际的罪行,否则就不算违背他的法律。然而,神是无所不察的,并且他最在乎的不是外表而是内心的纯洁,所以,当神禁止淫乱、谋杀,以及偷窃时,他同时也禁止淫念、愤怒、仇恨、贪恋邻舍的财产、诡诈,等等。既然神是属灵的立法者,所以他最在乎的是灵魂而非肉体。而愤怒和仇恨就是属灵上的谋杀,贪恋就是偷窃,淫念就是淫乱。

也许有人会说,人设立的法律也关注动机和意图,与无意的过失作区分。⑩我同意,然而这只针对产生行为的动机和意图。人的法律判定每一罪行的意图,却无法察究人心的意念。只要人控制自己不动手犯罪,人的法律就得以满足。但属天的律法是为人的灵魂而颁布的,所以人的

---

⑧ Augustine, *City of God* XIV. 12 (MPL 41.420; tr. NPNF II. 273); *On the Good of Marriage* 23. 30 (MPL 40.393; tr. NPNF III. 411); *Contra adversarios legis et prophetarum* I. 14. 19 (MPL 42.613).
⑨ II. 7. 1-12.
⑩ 参阅 Plato, *Laws* IX. 862 (LCL Plato, *Laws* II. 228 f.)。

灵魂必须先被约束，人才能遵行律法。ᵃ然而，一般人虽然尽量掩饰自己对律法的恨恶，却同时在某种程度上控制他们的眼、脚、手，以及其他的肢体，表面上遵守律法，但他们的心却与真顺服相去甚远。他们认为只要在人面前掩饰他们在神面前公开犯的罪就算无罪。当他们听到"不可杀人、不可奸淫、不可偷盗"时，他们认为自己很不错，因他们从未拿刀杀人，也没有与娼妓行淫，更没有偷窃别人的财产。然而，他们却口吐威吓凶杀的话、欲火中烧、觊觎别人的财物并渴望据为己有。ᵇ如此，他们违背了律法主要的要求。难道这些愚昧不就是因他们不理会立法者，而随己意立自己为义吗？保罗强烈地批评他们并说："律法是属乎灵的。"（罗7：14）⑪他的意思是指律法不仅要求灵魂、心智和意志的遵行，也要求离弃一切肉体的污秽，ᵇ活出天使般的圣洁。

7. 基督重新教导律法的真义

ᵃ当我们说这就是律法的真义时，我们并不是提出新的解释，而是效法基督——这最好的律法解释家。法利赛人误导百姓说，只要外在行为没有违背律法就算遵守律法。基督斥责这极其危险的谬论，他说凡看见妇女动淫念的就是犯奸淫（太5：28）。他还说："凡恨他弟兄的，就是杀人的。"（约一3：15）甚至在心中向弟兄怀怒的人也"难免受审判"；凡骂弟兄的"难免公会的审断"；凡咒诅人的"难免地狱的火"（太5：21—22 p.；参阅5：43及以下）。那些不明白这些教导之人幻想基督是另一位摩西，是福音律法的颁布者，为要补充摩西律法的不足。因此，我们常常听到：福音完美的律法远超过旧约的律法，⑫这种说法在许多方面是极有害的！稍后当我们总观摩西的律例时，将明白这观点极大地羞辱神的律法。这观点暗示先祖们的圣洁是虚假的，并误导我们离弃唯一行义的

---

⑪ 参阅 Melanchthon, *Loci communes* (1521), ed. Engelland, *op. cit.*, p. 73；tr. Hill, *op. cit.*, p. 153。
⑫ Melanchthon, *Loci communes*, *loc. cit.*, and in Engelland, pp. 130 f.；tr. Hill, *op. cit.*, pp. 224 ff.；Aquinas, *Summa Theol.* I IIae. xci. 5. 参阅 Comm. Psalm 19：8。

准则。要反驳这谬论并不难,他们误以为基督在律法上加添了自己的教训,其实他只是重新教导律法的真义。他恢复并洁净被法利赛人所曲解和被他们的酵所玷污的律法(参阅太16∶6、11以及平行经文)。

8. 正确解释律法的方法

ᵇ其次,接下来我们要说的是,律法所吩咐和禁止的范围比字面上的更广。然而我们应当在这原则上保持谨慎,免得变成另一个莱斯博斯岛的尺子(Lesbian rule)⑬,肆无忌惮地强解圣经,导致有些人贬低律法的权威,有些人则对了解律法感到绝望。我们必须尽力采取能直接引领我们明白神旨意的解释方法。首先,我们必须考虑越过字面意义解释律法的限制到何种程度,免得我们为律法加添新的内容,而不能忠实地解释立法者的原意。显然,几乎所有诫命的范围都超过字面的含义,所以若对律法的解释仅限于字面是可笑的。由此可见,忠实地解释律法若超越字面的含义,除非有原则可循,否则难以掌握超越的范围。我认为最好的原则乃是留意诫命的原意,也就是神颁布的目的为何。譬如,每一条诫命不是吩咐就是禁止,若我们考虑神颁布此诫命的目的,就能明白此诫命所吩咐和所禁止的为何。神给我们第五诫的目的就是要我们尊荣他赐给尊荣的人。而这诫命的意义是:我们尊荣神赏赐尊荣之人是正确和讨神喜悦的,并且神憎恶那些藐视和与他们作对的人。神给我们第一诫的目的是要我们唯独敬拜他(参阅出20∶2—3;申6∶4—5)。所以这诫命的意义就是真敬虔,即敬拜神、讨神喜悦,并且神憎恶不敬虔。所以我们必须先考虑每条诫命所在乎的是什么,然后发现神颁布此诫命的目的,直到我们明白在此诫命上何为神所喜悦或憎恶的。最后,我们必须如此理解每一条诫命所吩咐和禁止的:若神喜悦这事,那神必不喜悦与

---

⑬ 亚里士多德所举的例子——他教导某些事情不能用律法来判定。他的隐喻是莱斯博斯岛具有弹性的铅尺。*Nicomachean Ethics* V. 10. 1137b(LCL edition, pp. 314 f.)。

此相反的；若他不喜悦这事，那么与此相反的就是讨他喜悦的；若他吩咐这行为，他便禁止相反的行为；若他禁止这行为，他所吩咐的必是与此相反的行为。

9. 吩咐和禁止

ᵇ我们现在概略谈论的，在详细解释每一条诫命时就会清楚明了。所以在此只需略提，只是我们要用另外的证据简要证明最后一点，否则读者们就不会明白，或即使明白也可能认为这是荒谬的。我无须证明当神吩咐某种善行时，那与之相反的恶行就是神所禁止的，没有人会不同意这一点。我们也都会同意，当神禁止某种恶行时，那与之相反的行为就是神所吩咐的。事实上，人们称赞美德，同时谴责与美德相反的邪恶，这是人之常情。然而我们要求的不只是一般人所理解的含义。因当人谈到和邪恶相反的美德时，人通常认为只要不做这恶就好了。[14]然而我们的解释是：美德不但在乎人不犯所禁止的罪，也包括去做与这罪相反的事。譬如，当神吩咐"不可杀人"时，一般人的理解是神只禁止我们害人或对人有恶意，然而不仅如此，这也包括神吩咐我们要尽力保护邻舍的生命。神之所以禁止我们不义地伤害邻舍，是因为神喜悦我们看重邻舍的性命，同时神也吩咐我们尽爱的本分，保护邻舍的性命，这就证明我上述说法并非无凭无据。由此可见，神颁布诫命的目的在神所吩咐或禁止我们的事上向我们显明出来。

10. 律法强烈的言辞激发我们更恨恶罪*

ᵇ然而，神为何只颁布一半的诫命，并借此暗示它的反面，而不直接说出来呢？在众多的解释中，我最满意这个解释：肉体总是设法贬低罪的严重性，除非是很明显的罪，否则总是寻找自以为合理的借口来遮

---

[14] Aquina, *Summa Theol.* I IIae. 48. 1.

掩。所以，神指出每一种罪最可怕和最邪恶的方面，使我们在听到神的吩咐时心里颤抖，并更憎恶这罪。在我们衡量自己的恶行时，我们习惯自欺地以为越隐藏的罪越不邪恶。神除掉我们这自欺的方式就是：借指出某种罪最邪恶的方面代表与此类似的其他罪。例如，我们提到愤怒和恨恶时，一般人不认为这是可憎的罪。然而，当神以"谋杀"这称呼禁止它们时，我们就更能明白这两种罪在神面前是可憎的。如此，我们依照神的观点就能更准确地辨明我们从前所轻看之罪的严重性。

律法的两块石版及其上所有的诫命（11—12）

11. 两块石版

ᵇ第三，我们要思考神将他的律法刻在两块石版上的意义何在。[15]任何理智之人都会承认，圣经之所以常常提到律法的两块石版并非无故。神将他的律法分为两部分，这两部分包括他所要求的一切义行。ᵇ⁽ᵃ⁾前半是关于敬拜神的本分；后半是指爱的本分，关乎人与人之间的关系。

ᵇ显然，义的首要根基就是敬拜神。若拆毁这根基，所存留的只是废墟且一片狼藉。即使你拒绝偷窃和抢劫，但却借亵渎窃取神威严的荣耀；或即使你没有因淫乱而玷污自己，但却借亵渎的言语妄称神圣洁的名；或即使你没有杀人，但却完全不理会神，这还算是义吗？若说义能在敬虔（religion）之外存在，这是无稽之谈，这样的义不会比断头的尸体更美丽。敬虔不但是义的主要部分，甚至是义的灵魂，离开敬虔义无法存在，更不可能兴盛。除非人敬畏神，否则就不能互相友爱和公正对待，所以我们称敬畏神为义的根基和开端。若除去敬拜，人与人之间一切的公正、节制在神眼中都是虚空和无用的。我们称敬拜为义的根基和开端，是因为敬拜教导人和谐地共同生活，只要人尊荣神为是非的审判

---

[15] 加尔文在这里用"两块石版"（出 24：12；林后 3：3 等等）代表十诫的前、后半是传统的说法（前半指前四诫，后半指后六诫）。前半的诫命是我们对神的责任，后半的诫命是我们对人的责任。他在下面第十二节和在 Comm. Harmony of the Evangelists, on Matt. 22：37 中为这种说法辩护。

官。所以，神在第一块石版上教导我们敬虔和在信仰上当尽的本分，我们借此才得知如何敬拜神。第二块石版吩咐我们如何敬畏神的名且同时在社会上行事为人。ᵃ福音书的作者叙述主如此总结两块石版之诫命的要义，即"我们要尽心、尽性、尽意、尽力爱主我们的神"，以及"要爱人如己"（路10：27 p.；太22：37、39）。ᵇ显然律法包括两部分，前部分关于神，后部分关于人。

12. 两块石版上诫命的归类

ᵃ因此，所有的律法都建立在两个要点上。然而神为了杜绝人所有的借口，便喜悦以十条诫命详尽地宣告一切关乎尊荣、敬畏、爱神，以及一切有关爱人的事，且这一切都是神为自己的缘故所吩咐我们的。查看这两块石版上的诫命如何归类是应该的，只要我们留意各信徒都有自己的看法，并不要为不同的看法而争辩。我们有必要做此提醒，免得读者嘲笑或惊异于我们以下的分类，以为是我们自己捏造的。

律法分为十条诫命是无可辩驳的，因神在圣经上多次证明这点。因此，我们所不确定的并不是诫命的数目，而是如何归类这些诫命。ᵇ⁽ᵃ⁾那些将十条诫命分为前三条和后七条的人，除去了神关于禁拜偶像的吩咐，或至少将之归在第一条。然而，神的确将这诫命当作十条诫命中的一条，而他们荒谬地将不可贪图邻舍的财产这第十条诫命分为两条，⑯ᵇ⁽ᵃ⁾但在早期敬虔的时代并没有人如此归类。也有人和我们一样归类成前四条和后六条，但不同的是他们以一个应许代替第五条诫命。然而除非他们有无可反驳的证据，否则我还是视摩西所记载的十条诫命为十诫，而且我认为这是最合理的次序。虽然我容忍他们保留自己的观点，然而，我认为他

---

⑯ 伦巴德的排列法，*Sentences* III. 33. 1. 2 (MPL 192. 830 f.)，也是罗马天主教和路德会的排列法（参阅 Melanchthon, *Loci communes* 1521, ed. Engelland, op. cit., p. 46.）。参阅 *Catholic Encyclopedia* 的文章，"Commandments of God"。这篇文章说奥古斯丁支持天主教的排列法，而加尔文的排列法（早先为布塞尔所陈设的），则可追溯至菲洛（Philo Judaeus）和奥利金。

们所认定的第一条诫命应该是整个十诫的介绍。摩西在这介绍之后才开始列举十诫。前四条和后六条，我们要以这为正确的次序来解释它们。奥利金毫无争议地接受这样的归类，就如当时众人所接受的那样。[17]奥古斯丁在写给卜尼法斯（Boniface）的信中也主张这次序：要以敬虔的顺服侍奉独一的真神、不可拜偶像、不可妄称耶和华的名。他先前已讨论过安息日的诫命，并说它预表属灵的安息。[18]

[b(a)]他在某处表示支持第一种归类方式，但他的理由并不充分，即在三这数字上（若第一块法版包含前三条诫命），三位一体的奥秘就更清楚地被彰显出来。然而，在同一处，他承认从另一个角度而言，他更满意我们的归类方式。[19]除了这些人以外，那位尚未完成《马太福音》解经书的作者也支持我们。[20][b]约瑟夫（Josephus）无疑是按照当时普遍的看法将十诫分为前五条和后五条。[21]这是不合理的，因为它将爱神与爱人混为一谈；而且，这种归类也是主反对的，因他在《马太福音》中将当孝敬父母的诫命归在第二块法版（太19：19）。我们当留意神亲自说的话。

对每条诫命详细的解释（13—50）

[b(a)] 第一诫

"我是耶和华你的神，曾将你从埃及地为奴之家领出来。除了我以外，你不可有别的神。"（出20：2—3，参阅Vg.）

---

[17] 奥利金认为《出埃及记》20：4为"第二诫"，*Homilies on Exodus homily* 8.3（MPG 12.355）。
[18] Augustine, *Against Two Letters of the Pelagians* III. 4. 10（MPL 44. 594；tr. NPNF V. 406）。这里论 "umbratili Sabbathi praecepto"，参阅 II. 7. 1，注释2。
[19] Augustine, *Letters* 55. II（MPL 33. 217；tr. FC 12. 276）; *Sermons* 33. 3; "propter Trinitatem tria praecepta"（MPL 38. 208）。
[20] *Eruditi commentarii in Matthei Evangelium, opus imperfectum*，作者不详。它与 *Homilies of Chrysostom* 是一起出版的，homily 49（MPG 56.910）。
[21] Josephus, *Antiquities of the Jews* III. 5. 8. 101；III. 6. 5. 140（LCL Josephus IV. 364 f., 380 f.）. 参阅 LCC XXIII. 118，注释7。

13. 序言（"我是耶和华你的神……"）

^b不论你是否将第一句话当作第一诫的一部分，我都无所谓，只要你承认这句话是整个十诫的序言。首先，在制定律法时必须陈明它们的权威性，免得人不予理会。所以，神肯定了他即将颁布之律法的权威，以免人藐视之。为了肯定这一点，他提出三种证据。他宣告自己的全能和权柄，以便说服选民顺服他的必要性；他也应许恩典以其甘甜吸引他们热爱圣洁；他也提醒犹太人他曾赏赐他们的福分，好在他们忘恩负义时督正他们。"耶和华"这称呼代表神的权威和公义的统治。且若如保罗所说："万有都是本于他、倚靠他"，那么万有为他而活是应当的（罗11：36 p.）。所以这称呼就足以使我们伏在神的权威之下，既然我们的存在完全倚赖神，那么企图脱离他的统治是荒谬至极的。

14. "我是耶和华你的神"

^{b(a)}神首先证明他是有权柄吩咐人，以及人应当顺服的那位。^b其次，为了避免似乎只是以强迫的方式让人顺服，他宣告他是教会的神，以这甜蜜的话语来吸引人。这句话包含双重承诺："我要做他们的神，他们要做我的子民。"（耶31：33）在此，基督肯定亚伯拉罕、以撒，以及雅各是不死的，因耶和华宣告他是他们的神（太22：32）。他好像在说："我已拣选你们做我的子民，不但使你们今生获益，也赏赐你们来世的福分。"㉒律法书中多处记载这陈述的目的何在。因为神以怜悯使人配做他的百姓，所以摩西说："以后你归耶和华你神为圣洁的子民，使你谨守他的一切诫命"（申7：6，14：2，26：18—19，经文合并）。于是神劝诫他们："你们要成为圣洁，因为我是圣洁的。"（利11：44，参阅19：2）先知据此引出对百姓的责备："儿子尊敬父亲，仆人敬畏主人，我既为父亲，尊敬我的在哪里呢？我既为主人，敬畏我的在哪里呢？"（玛1：6）

㉒ 参阅 II. 10. 10—18。加尔文详细地解释选民在今世的患难是为了叫他们仰望来世的福分。

15. "曾将你从埃及地为奴之家领出来"

ᵇ神在此提醒他从前对他们的恩待。这应该更强烈地感动他们,因为即使对人忘恩负义也是可憎的。事实上,他提醒以色列人的是他不久前对他们的祝福,而这祝福相当伟大、奇妙,甚至他们所有的后裔都当永远纪念之。此外,神在这时提醒百姓他的祝福是最恰当不过的。因为神的意思是:他救他们脱离悲惨的奴役,好让他们以甘心乐意且顺服的心,敬拜那释放他们的神。ᶜ为了保守我们真实地敬拜他,他经常以某些称号将他圣洁的神性与一切偶像和人捏造的假神区分开来。就如以上所说,我们的本性倾向虚妄,以及恬不知耻,甚至一听到神的名,我们所想到的是自己所构想的假神。㉓因此,神为了使人避免这邪恶的倾向,就以某些称号描述他的神性,以此保护我们,免得我们轻率地为自己捏造新神,因人离弃真神,就会为自己雕刻偶像。因这缘故,当先知想恰当地称呼神时,就以神曾经向以色列人所启示的称号称呼他。譬如:神被称为"亚伯拉罕的神"或"以色列的神"(出3:6),或在耶路撒冷圣殿中"基路伯之间"(摩1:2;哈2:20;诗80:1,99:1;赛37:16),但这些以及类似的称号并不是将神局限于某处或某民族当中,这些称号的目的反而是要使敬虔之人坚定地倚靠神,因神以他与以色列人所定的盟约清楚地启示自己,也严厉禁止他们偏离这清楚的启示。

ᵉ我们要明白的是,神提出他曾释放犹太人是要他们更甘心乐意地侍奉他,因神公义地称他们为他的百姓。ᵇ⁽ᵃ⁾我们不要以为这与我们无关,而要将以色列人在埃及地做奴隶的这事视为我们属灵的捆绑,直到我们天上的法官以他全能的膀臂释放我们,引领我们进入自由的国度。当时神为了召聚以色列人敬拜他,他便救他们脱离法老王残酷的统治。而今日一切被神称为自己百姓的人,他解救他们脱离魔鬼致命的权势,即以

㉓ I. 4. 3.

色列人肉体受奴役所预表的。ᵇ因这缘故，我们每一个人都应当热心遵守律法，因我们确知这是至高君王所颁布的。既然万有都本于神，那么万有理应为神而活。所以，我们每一个人都应当被吸引去拥抱神这位立法者，被教导特别乐于遵守他的诫命，并期待慈爱的神丰富地赏赐他各样的恩惠和永生的荣耀，因晓得神以他奇妙的权能和怜悯救我们脱离死亡。

16. 第一条诫命

ᵇ神在立定他律法的权威之后，就颁布第一条诫命："除了我以外，你不可有别的神。"（出 20：3 p.）神颁布这诫命的目的是：他喜悦他的百姓视他为至高的神，并喜悦在万事上统领他们。因此，他吩咐我们远离一切不虔和迷信的罪，因这样的罪会减损他神性的荣耀。同样地，他命令我们以真实和热诚虔诚地敬拜和赞美他。神使用简单明了的言辞清楚表达这含义。因为我们不可能拥有神而不同时接受属神的一切，所以当神禁止我们不可有别神时，他是指我们不可将属神的归于别神。我们在无数的事上亏欠神，这些事大概分成四类：（1）赞美ᵈ（以及随之而来良心的属灵顺服）ᵇ；（2）信靠；（3）祈求；（4）感恩。我所说的"赞美"是指，我们各人降服于他的伟大之下时所归给神的敬畏和敬拜。因此，我认为赞美的一部分就是良心服从神的律法。ᵇ"信靠"则是在主里安息的确信，这确信来自相信神的属性。因为当我们相信一切的智慧、公义、权能、真理以及良善都在神里面时，我们同时也会相信与神交通是唯一的福分。"祈求"是当我们有需求时，便习惯仰望神的信实和帮助，当作我们唯一的支持。"感恩"则是为所有的福分，将颂赞归给他的那种感激之情，既然神禁止将这一切归给别神，意思就是吩咐人应当归给他。

拒绝跪拜假神仍然不够，还必须约束自己不做某些恨神之恶人习惯做的事，即不屑一切的宗教，并且要专靠那引领人归向活神的真宗教。

若人深刻认识神，就必默想、敬畏和敬拜神的威严，领受神的祝福，时时求告神的帮助，承认并称颂㉔神伟大的作为，总之，以他为一生行事的唯一目标。我们也当离弃一切的迷信，因迷信使我们偏离真神，诱惑我们的心归向各种假神。所以，若我们以独一的真神为乐，我们就当牢记以上所说的㉕：我们应当离弃一切人手所造的神，也不可将神宣称唯独他自己所应得的敬拜归给别神，因ᵇ减损神丝毫的荣耀都是不被允许的。相反，当将神应得的一切归给他。㉖

ᵉ⁽ᵇ⁾"除了我以外"这子句ᶜ使人的过犯更显邪恶，因当人以自己捏造的假神代替真神时，便激怒忌邪的神。就如无耻的女人将她的奸夫带到她丈夫面前，为要更激怒他。所以，当神见证他以他的全能和恩典眷顾他的选民时，他警告他们——为了保守他们更加远离悖逆之罪——他们不可构造假神而让他们的亵渎恶行逃脱神的鉴察。人在这ᵇ大胆的罪上又加上许多不敬虔的罪，自以为神不会察觉他离弃神。神反而宣告我们的所作所为以及所构造的假神都在他眼前。若我们期望神接纳我们的敬拜，我们也应当离弃深藏在心中背道的念头。神不但要求我们在言语上避免玷污他的荣耀，也要求我们除掉心灵深处的罪恶，因为这一切都在他眼前。

ᵇ⁽ᵃ⁾ 第 二 诫

"不可为自己雕刻偶像，也不可做什么形象，仿佛上天、下地，和地底下、水中的百物，不可跪拜那些像，也不可侍奉它。"（出 20：4—5，参阅 Vg.）

㉔ "*Laudisque confessione.*" 参阅 III. 4. 9。在此加尔文说用《诗篇》42：4 的 "*confessio*" 这一词证明人当行认罪礼是毫无根据的。
㉕ I. 13. 1.
㉖ I. 12. 3.

17. 对不能看见之神属灵的敬拜*

b(a) 在第一条诫命中，神宣告他是独一的神，禁止我们捏造或拥有别的神。b 神在第二条诫命中，更明确地宣告他是怎样的神，并告诉我们他喜悦人以何种敬拜方式尊荣他，免得人在任何方面视神为属肉体的。这条诫命的目的是：神不喜悦我们以迷信的仪式亵渎他所要求的崇拜。总之，神禁止我们并呼吁我们离弃属肉体的敬拜，因我们愚昧的心惯于妄自揣测神而擅自编造敬拜方式。神同时也要我们遵行他所吩咐的敬拜，即他所设立属灵的敬拜。此外，神在这诫命中指出一切他所禁止最邪恶的罪，即公开的偶像崇拜。

这条诫命包含两部分。第一部分禁止我们将无法测度的神[a]局限于我们感官的范围，或以任何形体代表他。[b]第二部分禁止我们在宗教上敬拜任何形象。之后，神简要列举一切亵渎和迷信之人通常用来代表神的形象，例如，太阳、月亮，以及其他的星体，也可能包括飞禽，就如在《申命记》第四章中，他提到飞禽和星体（17、19节）。我之所以提出这点，是因为我发现有些人无知地将这话运用在天使身上。[27]我略过不谈其余的部分，因为它们是不证自明的。我们在第一卷中已明确地教导过，一切人所构造的神可见的形象都与神的本性相背，所以，自从人开始拜偶像，真宗教就被败坏和玷污了。[28]

18. 第二条诫命中的警告

e(a) 神所加上的警告对于除去我们的懒惰应该有极大的帮助。神警告说：[a]"我耶和华你的神是忌邪的神（或'有大力的神'，因这称呼源自'大力'）[29]。恨我的，我必追讨他的罪，自父及子，直到三四代；爱我

---

[27] Augustine, *City of God* XIX. 23 (MPL 41. 654; tr. NPNF II. 415-418).
[28] I. 11. 2, 12.
[29] *"Nam hoc Dei nomen a fortitudine ductum est"*.

守我诫命的,我必向他们发慈爱,直到千代。"(出 20∶5—6 p.)㉚

这就如他在说:我们应当唯独投靠神。^{b}为了使我们明白这点,他宣告自己的大能,并宣告将惩罚一切轻看或藐视这大能的人。^{d}摩西在此以 EL 称呼"神",因这词源于"大力"。为了更清楚地表达原意,$^{e\,(d)}$ 我便将之翻译出来并插入经文中。$^{b\,(a)}$ 其次,他称自己为"忌邪的",表示他不容许另一位分享唯独他所应得的敬拜。再者,他宣告他必定报应一切将他的威严和荣耀归给任何受造物或偶像的人,这报应并不是短暂和轻微的,它将延及三四代的子孙,显然他们将随从祖先不敬虔的行为。同样地,^{a}他应许怜悯并爱一切爱他和守他诫命的人$^{b\,(a)}$,直到千代。

^{b}神在圣经中多处启示他是我们的新郎。也就是说,神与他所接纳到教会怀中各位圣徒的关系就如新郎与新妇,必须建立在互相忠实的基础之上(弗 5∶29—32)。既然神对我们尽忠实丈夫的一切本分,神也要求我们爱他和对他忠实。也就是说,我们不可将灵魂献给撒旦并放纵情欲,屈从肉体污秽的欲念而玷污自己。所以当神斥责犹太人的背道时,他指控他们不知羞耻且以淫乱污秽自己(耶 3;何 2∶4 及以下;参阅赛 62∶4—5)。一个丈夫越圣洁和忠实,当他发现妻子爱恋他人时就越发愤恨。同样,耶和华以真理迎娶我们(参阅何 2∶19—20),若我们轻看这圣洁的婚姻,并以恶欲污秽自己,就会招致神烈火般的嫉妒。但若我们将神所应得的敬拜归给别的神或以某种迷信玷污对神的敬拜,就会招致神更强烈的嫉妒,因为我们对神的敬拜应该是纯洁无瑕的。如此我们不但破坏了这婚约,也因奸情污秽了婚姻的床。

19. "我必追讨他的罪,自父及子……"

^{b}当神以这话威胁人时,我们应当详查他的含义:"我必追讨他的罪,自父及子,直到三四代。"不但为别人的罪惩罚无辜之人完全不公

㉚ *Oratio obliqua*,在拉丁文的翻译中,代词被改变了。

正,神也亲自宣告:儿子必不担当父亲的罪孽(结18:20)。然而,圣经却多处记载父亲的罪报应在子孙身上。摩西不止一次这样说:"耶和华必追讨他的罪,自父及子,直到三四代。"(民14:18;出34:6—7,参阅Vg.)耶利米也说:"你施慈爱与千万人,又将父亲的罪孽报应在他后世子孙的怀中。"(耶32:18,Vg.)有些人迫切想解决这难题,而说这指的是今世的惩罚,他们说儿女们在今世因父母的罪受惩罚不会不公平,因为神这样惩罚他们常常是为了要使他们得救。的确,以赛亚向希西家王预告:神将从他儿女手中夺去以色列国的王位,他们也将因自己所犯的罪被掳掠(赛39:6—7)。又如法老王和亚比米勒的后裔因迫害亚伯拉罕而遭受苦难(创12:17,20:3、18;等等)。然而他们提出这样的解释只是逃避而非解决当下的问题,因为在这些经文中,神所宣告的惩罚不只限于今世。事实上,神公义的咒诅不仅临到恶人身上,甚至也临到他的家族。当人被神咒诅时,既因他没有圣灵,难道他不会极可耻地度日吗?若儿子因父亲的罪被神离弃,难道他及其后裔不会跟随他父亲踏上灭亡的道路吗?

20. 难道神因父亲的罪追讨其后裔违背神的公义吗?

^b首先,我们要考虑这样的报应是否违背神的公义。既然一切没有蒙神恩典之人都是可咒诅的,那么他们将来都要灭亡。然而,他们之所以要灭亡是因自己的罪,而不是因神对他们任何不公义的恨恶。我们毫无理由抱怨,他们为何不像神的选民蒙恩得救。既然这刑罚是因他们邪恶、可恶的大罪而临到他们,并导致他们好几代的后裔不蒙神的恩典,那么谁能因神这完全公义的报应而责备神呢?然而,另一方面,神宣告父亲的罪将不会牵连儿女(结18:20)。请留意这经文的上下文。以色列人因长期不断地遭受许多患难,便开始强调这句谚语:"父亲吃了酸葡萄,儿子的牙酸倒了。"(结18:2)他们的意思是,虽然他们是无罪的义人,但他们正在付他们祖先所犯之罪的代价,这是神无法挽回的愤怒,

然而这样严厉是不合理的。先知以西结反驳他们的看法：神是按他们自己的罪而惩罚他们的。义人因邪恶的父亲而受刑罚，这与神的公义相背，神的警戒中也没有这样的暗示。其实这刑罚乃是指神从恶人的后裔身上夺去他真理的光照以及救恩上的福分，而神唯一因他们祖先的罪而咒诅他们的方式就是弄瞎他们的心眼、离弃他们，任凭他们跟随祖先的脚踪。然而，他们今生所受的苦难以及来世的灭亡，都是神因他们自己的罪报应他们的，而非他们祖先的罪。

21. "向他们发慈爱，直到千代"

ᵇ另一方面，神应许怜悯他的子民直到千代。㉛这是圣经多处经文提到的（申5：10；耶32：18），也是神与教会立约的一部分："我要与你并你世世代代的后裔坚立我的约"（创17：7，参阅Vg.）。所罗门也说："行为纯正的义人，他的子孙是有福的。"（箴20：7 p.）这不止是因为义人敬虔地教导自己的儿女——虽然其重要性不容忽视——也是因为出于神盟约的应许，即神的恩典在敬虔之人的后裔中将永远长存。这是信徒特别的安慰，却让恶人可怕地战兢，因若在人死后，神尚且如此看重他生前的义行或恶行，以致祝福或咒诅将临到他的后裔，更何况他本人呢？这并不与恶人的后裔有时认罪悔改或义人的后裔有时离弃神有冲突。在此，颁布律法的神无意设立另一条与他永远的拣选相冲突的原则。要安慰义人和警告恶人，只要明白神的警告不是空谈就够了，虽然这原则也有例外。神使某些大罪人在今世受惩罚，既证明神对罪的震怒，也证明所有的罪人都将受审，尽管许多人在今世没有受到惩罚。相反，当神因

㉛ 加尔文认为这里和《申命记》5：9正确的翻译是："向他们发慈爱，直到千代。"这是所有《基督教要义》版本的教导，也是他在他的 *Instruction in Faith*，1537（tr. Fuhrmann, p. 26）中的教导。参阅 II. 10. 9。他在他的 *Comm. Four Books of Moses*, *Exodus* 20：6 四次提到这翻译。许多法文、英文和德文版本的圣经也如此翻译。参阅 J. M. P. Smith, *The Bible*：*An American Translation*；L. Segond's revised French edition；Fr. Noetscher's German edition；请参阅 A. H. McNeile, Westminster Commentaries, *Exodus*, p. 117 的解释。加尔文再三地用这经文证明神极为宽广的怜悯，譬如 IV. 16. 9。这并不表示加尔文相信人类将在世上维持如此长久的时间。

某个父亲的缘故祝福儿女,也证明神对敬拜他之人永久的恩惠。神在儿女身上追讨父的罪这一事实也教导我们,所有的恶人将因自己的过犯受审判。在这经文中,神特别强调这咒诅必定临到恶人身上,同时他也强调他的慈爱将延及千代,虽然他的报应只延及三四代。

b(a) 第三诫

"不可妄称耶和华你神的名。"(出 20:7)

22. 诫命的解释

ᵇ这诫命的目的是:神喜悦我们以他威严的名为圣。简言之,我们不能以藐视和不敬虔的态度亵渎神的名。神在这诫命中不但禁止我们妄称他的名,同时也吩咐我们要热心、谨慎地以敬畏之心尊荣他的名。因此我们应当在思想和言语上敬畏、谨慎地谈论一切关于神和他奥秘的事,并且,在思想他的作为时,我们一切的意念都当尊荣神。

我建议读者认真思考以下三点:首先,我们对神的一切意念、言语,都应与神的至高至圣相称,也当荣耀神的伟大。其次,我们不应当轻率或邪恶地强解神的圣言和奥秘,无论是为了自己的野心、贪婪,或娱乐,反而要因神的圣言和奥秘上带着他名的尊严的印记而尊荣和珍惜它们。最后,我们不可如可悲之人傲慢地羞辱或藐视神的作为,我们承认一切神的作为,且应当在言语上赞美神的智慧、公义以及良善。这就是以神的名为圣的含义。

若非如此,我们就是虚妄和亵渎地玷污神的名。因为若神的名没有按照神所立定的用意被正当地使用,即使我们没有玷污神的名,因神圣名的尊严被夺去,他的名也会逐渐为人所轻视。既然轻率和不正当地使用神的名是极其邪恶的,那么,ᵃ若人为了可憎的目的滥用神的名,就是更大的罪,譬如用神的名行邪术、诅咒人、赶鬼,以及行其他邪恶的妖术。ᵇ然而这诫命特别禁止神不许可的起誓,因为这是对神的名最邪恶、可憎的滥用，而神借禁止这类的起誓有效地拦阻我们亵渎他的圣名（参阅申 5：11）。ᵉ神在这诫命中所吩咐的是有关敬拜他和敬畏他名的事，而不是人与人之间的平等相待。若这诫命也是指我们爱别人的本分，那它就毫无意义地重复第二块法版的诫命，因神在第二块法版的诫命中咒诅作伪证和假见证危害社会的人。神对十诫的归类也支持我们这样的解释，因此我们得知，神在这条诫命中捍卫自己的权柄、保护自己名的圣洁，而不是教导人与人之间当尽的义务。

23. 起誓是指求告神作证

ᵇ首先，我们必须明白起誓的定义为何。起誓是人求告神为他所说的话作证，因此，那些明显侮辱神的咒诅不适合被称为起誓。圣经多处表明，正当的起誓是某种敬拜神的方式。譬如，当以赛亚预言亚述人和埃及人将与以色列人在同一盟约中时，他说："埃及地必有五城的人说迦南的方言，又指着万军之耶和华起誓。"（赛 19：18）即指着耶和华的名起誓，宣告自己是属神的人。同样地，当以赛亚预言神的国度必将兴旺时，他说："这样，在地上为自己求福的，必凭真实的神求福；在地上起誓的，必指真实的神起誓"（赛 65：16 p.）。耶利米也说："他们若殷勤学习我百姓的道，指着我的名起誓说：'我指着永生的耶和华起誓，'正如他们从前教我百姓指着巴力起誓，他们就必建立在我百姓中间。"（耶 12：16 p.）且圣经也告诉我们：当人指着神的名起誓时，人就是在为自己的信仰作见证，因为这就是在承认神是永恒和不可更改的真理。我们的起誓不但证明我们相信神比其他的神更能为真理作见证，也是在承认唯独神自己才是真理，ᵇ能将隐藏的事显明出来，并鉴察人心（林前 4：5）。因当人的见证不足时，人就求告神做证人，特别是当人想证明的是良心时。

因此，神向一切指着假神起誓之人发烈怒，并将之视为公开背叛他的明证："你的儿女离弃我，又指着那不是神的起誓。"（耶 5：7，Vg.）

神威胁审判这罪就证明此罪的严重性："我必从这地方剪除……那些敬拜耶和华指着他起誓，又指着玛勒堪起誓的"（番 1：4—5 p.）。

24. 虚假的起誓玷污神的名

ᵇ既然神喜悦并认定我们的起誓是对他的敬拜，我们就当谨慎，免得我们的起誓非但没有敬拜神，反而羞辱、藐视或毁谤神的名。妄指神的名起誓是对神极大的冒犯，律法将之称为"亵渎"（利 19：12）。若夺去神的真理，他还有什么呢？他就不再是神了。而当我们利用神来支持和赞成谎言时，就是夺去他的真理。所以，当约书亚鼓励亚干认罪时说道："我儿，我劝你将荣耀归给耶和华以色列的神"（书 7：19），这明显暗示当人奉神的名作伪证时，是极严重地玷辱神的名。这并不奇怪，因为当人妄指神的名起誓时，就是陷神于不义。显然，法利赛人在《约翰福音》中求告神作证（约 9：24），就证明这是犹太人惯用的起誓方式。圣经对起誓方式的记载教导我们应当谨慎："我指着永生的耶和华起誓"（撒上 14：39）、"愿神重重的降罚于我"（撒上 14：44；参阅撒下 3：9；王下 6：31）、"我呼吁神给我的心作见证"（罗 1：9；林后 1：23，经文合并）。这些经文都证明，当人指着神的名为他所说的话作见证时，同时也在求神报应他的伪证，如果他真撒谎的话。

25. 无关紧要的起誓

ᵇ若人在无关紧要的事上起誓就是轻看神的名，因这也是某种妄称神的名的方式。即使我们没有作伪证也并不表示无罪，除非ᵃ我们同时牢记，神许可和ᵇ设立起誓ᵃ不是为了人的私欲，而是为了起誓的必要性。ᵇ如此看来，那些在无关紧要之事上起誓的人已经离开了神赐人起誓的正当用途。起誓除了在信仰或相爱上有用以外，并无他用。如今，人在无关紧要的事上起誓并毫无顾忌地犯罪，已成为一种习俗，所以人不再认为这是罪，也因此更证明它的严重性。的确，在神的审判台前，神必不将之视为小罪！人习惯在闲聊中随便亵渎神的名，在长久和没有受惩罚的侥幸中，逐渐习惯犯这大罪且不以为然。然而，神的诫命绝不更改，神的警告立定，将来必报应这罪。神宣告必以独特的方式报应一切妄称他名的人。

人也在另一方面违背这诫命，当人们在起誓上以神圣洁的仆人代替神起誓时也是大罪，因这是将神的荣耀归在人身上（出 23∶13）。神很合理地吩咐我们要指着他自己的名起誓（申 6∶13，10∶20），神也特别禁止我们指着假神起誓（出 23∶13）。使徒在以下的经文中清楚地证明这一点，"人都是指着比自己大的起誓"，神之所以指着自己的名起誓是因没有比神更大的（来 6∶6—17 p.）。

26. 难道登山宝训不是禁止人起誓吗？

ᵇ重洗派不满意起誓问题上的温和立场，他们毫无例外地禁止一切的起誓，因为他们说基督禁止人起誓："只是我告诉你们，什么誓都不可起……你们的话，是，就说是；不是，就说不是；若再多说就是出于那恶者。"（太 5∶34、37；参阅雅 5∶12）㉜他们这样轻率地曲解基督，使基督与父为仇，就如基督降世是为了废去神的预旨。永恒之神不但在律法之下准许人起誓（明白这点就足够），神甚至在必要的事上吩咐人起誓（出 22∶10—11）。基督宣告他与父原为一（约 10∶30），他所吩咐的都是出于神的命令（约 10∶18），他的教导并非出于他自己（约 7∶16）。所以，难道他们要使神自相矛盾，说神在后来禁止他从前所吩咐人当行

㉜ 加尔文是从重洗派那里第一次接触这教导。他写他的 *Psychopannychia*（1534 年、1542 年出版的）来反驳他们。他在日内瓦（1537）和斯特拉斯堡（1539）与他们争辩。茨温利在他的小册子 *In Catabaptistas strophas elenchus*（1527）中也反驳了这一教义（Zwingli, *Opera*, ed. M. Schuler and J. Schulthess III. 406 ff.；tr. S. M. Jackson, *Selected Works of Huldreich Zwingli*, "Refutation of Baptist Tricks", pp. 206 ff.）。加尔文也在他的 *Brieve instruction contre les erreurs de la secte commune des Anabaptistes*（1544）中反驳重洗派的这一教义，seventh article（CRVII. 92 ff.；参阅 OS III. 361）。参阅 W. E. Keeney, *The Development of Dutch Anabaptist Thought and Practice*, *1539-1564*（Hartford Seminary dissertation, 1959），pp. 212 ff.。

的事吗？

基督所说的确实不容易理解，我们必须多花一点时间探讨，我们若不留意基督吩咐的动机，就不可能正确地明白这真理。他的目的并不是要放宽或收紧律法，而是要使人重新明白已被文士和法利赛人错误的解释所败坏的真理。只要我们明白这点，我们就不会误以为基督禁止一切的起誓；他只是禁止那些违背律法准则的起誓。基督的言谈明确地告诉我们，当时的人们只注重避免作伪证，然而律法不只禁止作伪证，也禁止虚空和无关紧要的起誓。因此，律法最可靠的解释者主耶稣基督警告说，不仅虚假的起誓是邪恶的，起誓本身也是邪恶的（太5：34）。为何说"起誓本身"是邪恶的呢？显然他指的是妄称神的名的起誓，他并没有禁止律法上所吩咐的起誓。我们的仇敌以为若他们断章取义地抓住"什么誓都不可起"，[33]他们的辩论就更有说服力。然而，这并不是指"起誓"，而是指之后所列举的那些起誓方式。这也是他们的谬误之一，即他们以为在他们指着天地起誓时，并没有冒犯神的名。因此在主禁止他们犯这罪的主要方式之后，他也除掉他们一切的借口，免得他们以为指着天地所起的誓不会得罪神。我们也应当顺便提及：尽管没有提到神的名，然而人却间接地以他的名起誓，比如他们指着生命的光、他们的饮食、洗礼，或其他神恩待他们的象征起誓。当基督禁止人以天地或耶路撒冷起誓时（太5：34—35），并非如一些人所认为的，是在斥责他们的迷信。他反而是在斥责那些随便间接起誓之人的把戏，就如他们没有玷污神的圣名，然而神的名刻在他赏赐人的一切恩惠之上。那么，当他们以某个必死或已死的人，或天使取代神起誓时，罪就更重，就如在外邦的族类中，他们以国王的生命和精神起誓以表示自己的忠心——这可憎恶的罪。因这种错误，将人当作神的行为就贬损了独一真神的荣耀。当

---

[33] Zwingli, *In Catabaptistas strophas elenchus*, 1527, loc. cit.; Calvin, *Brieve instruction: contre les erreurs de la secte commune des Anabaptistes* (1544), pp. 95 f.

我们有意以神的圣名证明我们的誓言时，尽管是间接的，但神的威严在一切诸如此类的起誓上就已受玷辱了。当基督说"什么誓都不可起"时，就除掉我们一切虚空的借口。雅各在重复我所引用基督的这段话时有同样的用意（雅5∶12）。这样轻率的起誓尽管玷污神的名，却在世上屡见不鲜。如果你将"什么誓都不可起"这一词解释为基督禁止一切的起誓，那么你如何解释他接下来说的话呢？"不可指着天起誓，不可指着地起誓"等等。基督的这话显然揭穿犹太人用以掩饰自己罪恶的那些遁词。

27. 个人间的起誓是被允许的

ᵇ对理智的人而言，无疑基督在经文中所斥责的就是律法所禁止的起誓。因基督在世上做了他所教导完美生活的典范，并且他亲自在恰当的时候毫不犹豫地向神起誓。主的使徒既然在万事上效法他们的主，无疑也在这事上效法他。倘若主禁止一切的起誓，那么保罗自己怎会起誓呢？在必要时，他毫不犹豫地起誓，有时甚至咒诅（罗1∶9；林后1∶23）。

然而这问题仍未解决。因一些人以为唯有公开的起誓在这禁止之外，ᵇ⁽ᵃ⁾例如那些官长要求和履行的起誓，以及那些国王在签订条约时所惯用的起誓，或国民以王的名义起誓，ᵇ或士兵在服役时起誓，诸如此类。他们说保罗宣告福音的尊严时所起的誓也属于这类，因为使徒是神公开差派的使者。㉞ᵇ我当然不否认这些是最安全的起誓，因为是圣经最可靠的证据所支持的。在有争议的事上，官长有责任要求证人发誓，而证人就在这起誓之下作证，使徒提到人与人之间的纷争就是以这种方式解决的（来6∶16）。这条诫命充分支持法官和证人如此行。

我们也可以查考古时的外邦人公开庄严地举行宣誓仪式。而他们却将一般轻率的起誓视为无关紧要，就如这些起誓与神的威严毫不相干。

㉞ 他在这里所责备的立场是茨温利主张的（*op. cit.*, p. 408）。在1536年的《基督教要义》版本中，加尔文的立场与茨温利的一样（ch. 5；*De lege, mandatum iii*；OS I. 45 f.）。

然而对于个人的起誓我们不轻易地否定，只要是庄严、有圣洁的意图、敬虔，并在恰当场合所起的誓。因这样的起誓既理智又有敬虔之人的榜样支持。若个人在某件严肃的事上求告神做审断是符合圣经的（撒上24：12），因此我们有更充分的理由求神作证。你的弟兄若指控你背信弃义，出于爱的责任，你竭力为自己辩白。无论怎样，他仍感到不满。若你的名义因他的顽劣受到严重的威胁，你可以求神审断，适时表明你的清白，这不算冒犯神。我们若将"审断"以及"作证"相比较，那么求神审断比求他作证要更慎重。据此，我们毫无根据禁止人求告神作证。圣经上有许多类似的例子。若有人说亚伯拉罕和以撒与亚比米勒之间的起誓是公开的起誓（创21：24，26：31），那么，显然雅各和拉班就是个人之间以共同的起誓确认了他们的盟约（创31：53—54）；波阿斯个人以同样的方式确认他对路得的婚姻应许（得3：13）；俄巴底个人本是公义敬畏神的人，他以起誓来说服以利亚相信他的话（王上18：10）。

我认为最好的原则是要谨慎起誓，不要轻率、随意起誓，也不要为鸡毛蒜皮的小事起誓；我们的起誓必须有正当的理由——或荣耀神，或造就弟兄，㉟这就是本条诫命的目的。

b(a) 第四诫

"当记念安息日，守为圣日。六日要劳碌做你一切的工，但第七日是向耶和华你神当守的安息日。这一日……无论何工都不可做"等等（出20：8—10，参阅 Vg.）。

28. 概论

b这条诫命的目的就是，要对自己一切的喜好和工作毫无感觉，并默想神的国，以神所立定的方式默想神的国。既然这诫命有别于其他的诫

㉟ Bucer, *In sacra quatuor Evangelia, enarrationes perpetuae* (Strasbourg, 1536), pp. 135 ff.

命，那么就需以稍微不同的顺序来解释。[b(a)] 早期的教父习惯将这诫命称为预表，因它吩咐当时的人谨守一日为圣，而这一日与其他的预表一样，在基督降临时被取消了。[36][b] 然而他们只说对了一半，我们必须更深入地解释这诫命，以及思考守这诫命的三个条件。首先，天上的立法官赏赐人安息日，是要向以色列百姓预表属灵的安息，且在这日中，信徒应当放下一切自己的事务，好让神在人心里做工。其次，他吩咐人在指定的某日聚集聆听律法和正式地敬拜神[36][x]，或至少将这日分别为圣，默想神的作为，并借此记念来操练自己的敬虔。[b] 最后，神喜悦赏赐一日给仆婢和一切在他人权柄之下的人安息，好让他们在劳碌中得以歇息。

29. 安息日的诫命也是应许

[b] 圣经多处教导我们：安息日主要是对属灵安息的预表，[37] 这也是神赏赐安息日的主要目的。在神吩咐人遵守的所有诫命中，这是神最为强调的一条（民 15：32—36；出 31：13 及以下，35：2）。[b(a)] 当神喜悦借众先知的口指明当时的信仰与真理相悖时，他斥责人败坏、违背他的安息日，不遵守安息日，也不尊安息日为圣，仿佛人一旦忽略了安息日，就无法尊荣神（结 20：12—13，22：8，23：38；耶 17：21、22、27；赛 56：2）。[b] 遵守这诫命最蒙神悦纳，所以古时的信徒在所有的圣言中，极为珍惜安息日的启示。在《尼希米记》中，利未人在公众聚会中如此说："又使他们知道你的安息圣日，并借你仆人摩西传给他们诫命、条例、律法。"（尼 9：14 p.）由此可见，在律法所有的律例中，安息日是最被先知

---

[36] Augustine, *Against Two Letters of the Pelagians* III. 4. 10 (MPL 44. 194：tr. NPNF V. 406); *Sermons* 86. 3 (MPL 38. 752). 参阅 II. 7. 16，注释 22。

[36] x "或至少……作王"这句话出自 1545 年的版本。

[37] "Spiritualis quietis adumbrationem"; 参阅第二十八节 "umbratile"。安息日预表天上的安息也是奥古斯丁的教导，*Against Two Letters of the Pelagians*, loc. cit.; *Sermons* 9. 3. 3；33. 3. 3 (MPL 38. 77, 208); *Letters* 4. 9. 17 (MPL 33. 212；tr. FC 12. 274)。1860 年，赫西（J. A. Hussey）在他的班普顿演讲（Bampton Lectures）的讲义 3 至 6 讲中，讨论了历史上的基督徒对安息日的看法，这作品值得我们参考。

看重的诫命之一。一切关于安息日的律例都高举这奥秘的威严。摩西和以西结对这威严有极美的描述。我们在《出埃及记》中看到："你们务要守我的安息日，因为这是你我之间世世代代的证据，使你们知道我耶和华是叫你们成为圣的。所以你们要守安息日"（出 31：13 — 14；参阅 Vg.，参阅 35：2）。"故此，以色列人要世世代代守安息日为永远的约。这是我和以色列人永远的证据。"（出 31：16 — 17，参阅 Vg.）以西结更充分地说明这一点，他的重点就是，安息日是一种象征，让以色列人明白是神自己使他们成圣（结 20：12）。既然成圣在于治死自己的意志，那么安息日这外表的象征与人心的真相就有非常密切的关系。^{b(a)} 在安息日我们必须歇下一切的工，让神在我们心里做工；我们必须将自己的意志交托给神；我们的心也要献给他；我们也必须放弃一切肉体的情欲。简言之，我们必须从自己劳碌的一切事务中歇息，以至当神在我们心中运行时（来 12：21），我们能在他里面得安息（来 4：9），就如使徒所教导的。

30. 第七日

^{b(a)} 就犹太人而论，在七日中谨守一日安息代表那将来永恒的安息。主以自己的榜样让犹太人更敬虔地遵守这日。人若知道他遵守安息日是效法造物主，必定受到极大的鼓舞。

人若想知道七这个数字（这数字在圣经上代表完美）是否有隐秘的含义，那么其解释就是神喜悦挑选这数字代表永恒。^{b(a)} 摩西所说的一句话证明这一点。他描述日夜交替完毕时说："神歇了他一切创造的工。"（创 2：3）我们也可以另一种方式解释这数字：主向我们启示到了世界末日安息日才得以完全。今世我们开始在主里安息，我们在谨守这诫命中每日都有新的长进。然而既然我们仍得与肉体作战，直到以赛亚的预言应验，我们才得以休战："每逢月朔、安息日，凡有血气的必来在我面前下拜"（赛 66：23），直到神做"万物之主"（林前 15：28）。如此看来，神

借第七日为他百姓预表他在世界末日将完成的安息，好让他们今世借安息日不断地默想、仰望这完全。㊳

31. 安息日的应许在基督身上得以成就

ᵇ若有人认为以上对七这数字的解释太玄，我并不反对有更简单的解释，就是，神为他的百姓预定某一日，使他们在律法的教导下不断地默想将来属灵的安息。ᵇ而他指定第七日，或因为他预知这一日是足够的；或以他自己的榜样激励他们；或至少教导他们安息日唯一的目的就是使他们效法造物主的榜样。不论我们接受何种解释都无关紧要，只要我们明白安息日所预表的主要奥秘已被启示：从我们的劳碌中得永恒的安息。先知们多次提醒犹太人思考这一点，免得他们以为停止了肉体的劳碌就算尽了自己的本分。除了以上所引用的经文之外，还有以赛亚的这处经文可供参考："你若在安息日掉转你的脚步，在我圣日不以操作为喜乐，称安息日为可喜乐的，称耶和华的圣日为可尊重的；而且尊敬这日，不办自己的私事，不随自己的私意，不说自己的私话，你就以耶和华为乐。"（赛58：13—14，参阅 Vg.）

ᵇ⁽ᵃ⁾无疑，主基督的降临废止了这诫命仪式的部分。ᵇ因他自己本身就是真理，他的降临废除了一切对他的预表；他是真理的本体，在他降临时，其影儿就抛在身后，他就是安息日的应验。"我们借着洗礼归入死，和他一同埋葬，原是叫我们一举一动有新生的样式，像基督借着父的荣耀从死里复活一样。我们若在他死的形状上与他联合，也要在他复活的形状上与他联合。"（罗6：4—5 p.）因此，保罗在另一处写道：安息日（西2：16）是"后事的影儿、那形体却是基督"（西2：17），这就是保罗在此处经文所清楚教导的真理。安息并不局限于一日，而是我们

㊳ Gregory the Great, *Moralia in Job* 35. 8. 15-17（Job 42：8）（MPL 76. 757 ff.；tr. LF XXXI. 671ff.）. 参阅 Bucer, *In sacra quatuor Evangelia, enarrationes perpetuae*, pp. 299 f.。

一生都当记念的，直到我们完全治死一切的私欲并充满神的性情。如此，基督徒们就当离弃那种迷信地遵守节期的行为。

32. 第四条诫命在多大程度上超过外在规定

ᵇ谨守安息日的后两个原因并不局限于旧约时代，而是适用于每一个时代。尽管安息日的仪式已被废止，我们仍然应当做到：（1）ᵇ⁽ᵃ⁾在规定的日子聚会、聆听真道、领圣餐，以及共同祷告（参阅徒 2：42）；（2）让仆婢和工人从劳碌中得歇息。㊴的确，神吩咐安息日时也包括这两项在内，ᵇ只要我们查考犹太人的历史，就能充分证明第一项。摩西在《申命记》中也教导第二项："使你的仆婢可以和你一样安息。你也要记念你在埃及地做过奴仆"（申 5：14—15，Vg.）。《出埃及记》中也说："使牛、驴可以歇息，并使你婢女的儿子和寄居的，都可以舒畅。"（出 23：12）谁能否认我们和犹太人一样与这有关呢？圣经吩咐教会当聚会，而且我们的经验也证实我们有很大的需要。然而，这些聚会若无指定的日子，我们怎能聚会呢？ᵇ⁽ᵃ⁾使徒保罗告诉我们："凡事都要规规矩矩的按着次序行。"（林前 14：40）ᵇ若不是有这规定的日子，聚会就无法按规矩和次序而行，若解除这日，教会将立即混乱甚至最终解散。若为了保守次序，必须与犹太人一样在指定的日子聚会，那么我们就不要以为这诫命与我们无关。因为那眷顾和怜悯我们的父喜悦照顾我们的需要，就如照顾犹太人一样。

也许你会问，我们为何不天天聚会，那样就不需要区分不同的日子了。但愿神如此吩咐我们！的确，人需要每日抽出时间——为了获得属灵的智慧。但既然许多人的软弱拦阻他们每日聚会，而且出于爱的缘故我们不可强求他们如此行，所以我们不妨顺从神照他的旨意为我们所立定的秩序。

㊴ Bucer, *In sacra quatuor Evangelia, enarrationes perpetuae*, p. 300.

33. 我们为何在礼拜天守安息日呢?

ᵇ我有必要在这问题上做更详细的解释,因如今某些激进分子在主日的问题上搅扰众人。⁴⁰他们说基督徒之所以无法完全离开犹太教,是因为他们坚持谨守节期。然而我的答复是:谨守节期并不将我们圈在犹太教之内,因在谨守节期上我们与犹太人有极大的不同。我们并不是将此日视为仪式而过分地遵守之,或以为遵守本身是某种属灵的大奥秘,我们遵守这日是为了保守教会的次序。然而,保罗禁止人在遵守这日上论断信徒,因这日不过是"后事的影儿"(西2:17)。为此,保罗恐怕在加拉太信徒中的劳力"枉费了功夫",因他们仍然"谨守日子"(加4:10—11)。他也向罗马信徒宣告:ᵇ⁽ᵃ⁾区分各日的不同是迷信的(罗14:5)。ᵇ除了愚昧的人,谁不明白使徒所谈谨守的含义为何?因他所劝勉的对象不相信安息日的目的是要保守教会的次序,而误信安息日只是预表属灵之事,因而抹去了基督的荣耀和福音的亮光。ᵇ⁽ᵃ⁾因此,他们放下手中的工,并不是因这工拦阻他们尽属灵的本分和默想神的话语,而是过于拘谨,想象借着谨守这日就得以尊荣神从前所吩咐过的奥秘,ᵇ保罗所斥责的是这分辨节期的荒谬方式,而不是斥责为了教会团契的次序合法地挑选一日。事实上,在保罗所开拓的教会中,他们是为这缘故遵守安息日,因他吩咐那日作为哥林多信徒聚会的日子,为了捐款援助耶路撒冷的信徒(林前16:2)。若有人担心遵守主日成为迷信,那么当时犹太人遵守众多的节期就更需要担心了。事实上,为了破除迷信,神取消了犹太人的安息日,⁴¹而为了保守教会的礼节、次序,以及和睦又另立了一个安息日。

---

⁴⁰ 其中一些"激进分子"在1537年到了日内瓦,这是因为那里的一位公民克林那斯(Colinaeus)或称为科隆(Colon),因对洗礼和安息日不正统的观念被关在监狱里。克里斯多夫·法布里(Christopher Fabri),是托农(Thonon)的一个牧师,在他写给日内瓦的牧师的信中提到这个事情。赫明尼亚(Herminjard)把这封信带给他们,信上也有赫明尼亚的一些解释(*Correspondance* IV. 270 ff.)。

⁴¹ 这里和第三十四节清楚地表示加尔文(就如威斯敏斯特信条的教导一样 [XXI. 8])认为礼拜天并不是指旧约的安息日改到每个礼拜的第一天,而是指在旧约的安息日取消后,为了教会的秩序和信徒的造就另外设立的一个新日子。

34. 属灵地遵守安息日 *

ᶜ初期教会的信徒在极其谨慎地考虑后，才用主日代替犹太人原来的安息日。安息日所预表的真安息在主的复活上已经应验，并且复活也显明神设立安息日的目的。然而既然这复活废止了一切对安息日预表的影儿，所以神吩咐基督徒不要留恋预表的仪式。ᵇ因此，我也不会紧抓"七"这数字不放，而使之成为教会的另一条约束。我也不斥责教会在其他重要的日子中聚会，只要他们不使这日成为迷信。若他们有规律和次序地聚会，就可远避迷信。

ᵇ⁽ᵃ⁾综上所述，虽然神在这影儿之下向以色列人启示真理，但却毫不隐秘地将此向我们陈明。首先，我们当终生默想神将使我们脱去一切劳碌之永恒的安息，好让神借他的圣灵在我们心里做工。其次，㊶ˣ我们每一个人都当抓紧时间敬虔地默想神的工作、殷勤地操练自己。ᵇ⁽ᵃ⁾再者，我们也当一同遵守教会所设立合法的次序，以便聆听真道、领圣餐并共同祷告。最后，我们不应当不人道地压制那些在我们权柄之下的人。㊷

ᵃ以上我已充分反驳了假先知的谬论。过去几个世纪他们将犹太人的观点传染给人。他们宣称神只取消这诫命仪式的部分（他们是指"指定的"第七日），然而道德部分却仍被保留，即神指定七日中的一日。㊸然而这样说无异于羞辱犹太人，因为只是改变日子，却仍然保留将七日中的一日分别为圣。ᵇ因为这也和犹太人一样区分不同的日子。ᵃ我们也看到了他们这样教导所产生的后果。

㊶ˣ 这句话出自 1545 年的版本。

㊷ 加尔文在这里指的是卡西奥多鲁，*Historia tripartita* IX. 38，而且这一段是出自苏格拉底的 *Ecclesiastical History* 5.23（MPL 69. 1153；MPG 67. 625 f.；tr. NPNF 2 ser. II. 130）。然而卡西奥多鲁没有提到对佣人的压制。路德在他的《大要理问答》中强调安息日是歇工之日（1529）。英国的改革家也有同样的教导，譬如约翰·胡珀（John Hooper）和托马斯·培根（Thomas Becon）。参阅 Parker Society, Hooper, *Early Works*, pp. 337-351；Becon, *Catechism*, etc., pp. 82 f.。

㊸ 参阅 Albertus Magnus, *Compendium veritatis theologicae* (Venice, 1485) V. 62；Aquinas, *Summa Theol*. I IIae. c. 3 ad 2；II IIae. 122. 4 ad 1。

那些跟随他们的人对安息日的迷信比犹太人更甚,⁴⁴他们就如《以赛亚书》当时所斥责的犹太人一样（赛 1∶13—15, 58∶13）。ᵉ然而我们应当特别地坚守这总体的原则：为了避免信仰在我们中间衰残或灭绝，我们应当勤勉不断地参加聚会，并且善用神所赐给我们外在的帮助来加强向神属灵的崇拜。

^{b (a)} 第五诫

"当孝敬父母，使你的日子在耶和华你神所赐你的地上得以长久。"（出 20∶12，参阅 Vg.）

35. 十条诫命的宽广范围

ᵇ其目的是：既然耶和华喜悦维持他所安排的秩序，⁴⁵那么我们就不应违背他所设立的优越次序。本条诫命的总纲就是：我们应当尊敬神所安排在我们之上的人，并当以尊敬、顺服、感恩之心对待他们。而神禁止我们以藐视、顽梗或忘恩负义贬损他们的尊严。因为"敬"这词在圣经上有广泛的意义。当使徒说："那善于管理教会的长老，当以为配受加倍的敬奉"（提前 5∶17），他不但指当将应得的尊敬归给他们，也指他们的职分所应得的待遇。神赐给我们这条顺服的命令与人败坏的本性有激烈的冲突，因人心膨胀，渴求显贵的权位，顺服对他而言是勉强的。所以，神以一种至为可亲且最不令人反感的诫命作为模范。因这样他就能更易于软化、扭转我们的心意，使我们逐渐习惯顺服。神给予我们最易于接受的顺服，就是使我们逐渐习惯于遵守一切神所设立的权柄，且一切顺服的理

---

⁴⁴ 参阅 *Catholic Encyclopedia* 的文章 "Constitutions" 和 "Constitution, papal"。加尔文反对守旧约式的安息日。中世纪就有以严格律法主义的方式守安息日现象，就如后来的一些新教信徒一样。中世纪的悔罪规则书中也包括对违背安息日之人严厉的处罚。参阅 J. T. McNeill and H. M. Gamer, *Medieval Handbooks of Penance* (Records of Civilization XIX), index, *s.v.* "Sunday"。加尔文的立场与第二瑞士信条 XXIV 相似。这信条"禁止以犹太人的方式守安息日"。

⁴⁵ "*Dispositionis.*" 参阅 I. 13. 6；"*Dispositionem vel oeconomiam*"。

由都是相同的。事实上，主以自己的称号与他所赏赐尊贵的人一同分享，以便保守这尊贵。"父"、"神"、"主"唯独属他，甚至每当我们听到这任何一个名号时，便禁不住深刻地意识到神的威严。所以主赏赐那些分享他名号之人些微的光辉，好让个人照自己在社会上的地位被人认识。因此，从我们父亲的身上就应当看出某种属神的光辉，因他带有神的称号并非毫无意义。那被称为"王子"或"君主"的人也与神的尊荣有分。

36. 神的要求

^b因此，我们应当确信主在此设立了一条普遍的原则。既然知道主将某人设立在我们的地位之上，我们就当将尊敬、顺服以及感恩归给他，并尽可能地向他尽自己的本分。不论在我们之上的人配得和不配得这尊敬，都是一样，因为不论他们如何，他们的地位都是出于神的护理，这就证明制定律法的神自己喜悦我们尊敬他们。然而他已明确地吩咐我们当尊敬生我们的父母，且自然本身在某种程度上也教导我们这样行。那些辱骂或顽梗地违背父母的人如同禽兽，不是人！所以主命令一切违抗父母的人当被治死。既然他们不认那生育他们，使他们得见日光的父母，他们就不配享受生命的福分。我们以上所说的是律法明确的教导，即这诫命提到的三种不同的孝敬：尊敬、顺服，以及感恩。当主吩咐那咒诅父母的人应被治死时（出 21：17；利 20：9；箴 20：20），他就确立了人尊敬的本分；他在此惩罚那些藐视和辱骂父母的人。当他判定不顺服和悖逆的子女死刑时（申 21：18—21），他便确立了人当顺服的本分。基督在《马太福音》第十五章中所论的是第三种孝敬：感恩，神吩咐我们当恩待自己的父母（4—6）。每当保罗提及这诫命时，他将之解释为神所要求人的顺服（弗 6：1—3；西 3：20）。

37. 应许

^{b(a)} 神加上应许是为了要鼓励人顺服这诫命；神赏赐这应许是要表

明他何等喜悦这种顺服。ᵇ保罗ᵇ⁽ᵃ⁾借此尖针刺激我们的麻木，ᵇ他说："这是第一条带应许的诫命。"（弗6：2）神在第一块石版上所赐的应许并不仅限于某个诫命，也包括整部律法。我们应当这样理解这应许：主特意向以色列人应许迦南地为业。既然他们能占据那地，就证明神待他们的恩惠，那么若主已应许长寿，使他们常享他的祝福，以便表明他待百姓的慷慨，我们就不当因此惊奇。所以这应许的含义就是："当孝敬父母，好让你借长寿享受所占据之地，因我赏赐这地证明我待你们的恩惠。"此外，对信徒而言，神为他们的缘故祝福全地，那么我们将今生纳入神的祝福之内是应当的。所以，这应许同样与我们有关，因长寿是神今生恩待我们的明证。神应许赐给犹太人和我们长寿这本身不是福分，对敬虔之人而言，长寿代表神对他百姓的仁慈。所以，若一个孝敬父母的儿子在未成年之前夭折（这事常发生），主仍旧毫不动摇地成就他的应许，就如同主曾经应许那人一亩土地，至终却赏赐他一百亩土地。其要点在于，我们应当思考神应许我们长寿，只要这长寿到目前为止被视为神的祝福，且这祝福只是神恩惠的一种证明。然而神在他仆人的死亡上更充分和实在地证明神对他们的祝福。

38. 神的警告

ᵇ此外，虽然主应许赐长寿的福分给孝敬父母的儿女们，同时他也暗示所有顽梗和悖逆的儿女都难逃神的咒诅。为了确保有人遵守这诫命，神借他的律法宣告：违背这诫命的儿女必被治死，并且死后将受罚。即使他们逃脱这被治死的审判，神也会亲自以某种其他的方式报应他们。由此我们看到许多这样的人死于战场或争吵；还有一些则在意外的事故中死亡。这些人都证明神的警告并非枉然。一些人到老也未受神的惩治，然而他们在今生却失去了神的祝福，他们只能悲惨地渐渐衰竭，为要等待到死后受更重的刑罚。由此可见，他们的结局与蒙福的敬虔儿女有着天壤之别！

然而我们也应当顺便提及，神吩咐我们只在"主内"顺从父母（弗6∶1）。根据以上所立定的原则，这是理所当然的，因为父母的地位是神自己赏赐给他们的，他们与神分享他的尊荣。所以，儿女对父母的顺从应当引领他们尊荣至高的父。故若父母引诱我们违背律法，我们有权力不将他们视为父母，而是局外人，想误导我们不顺服天上的父亲。我们也当同样对待王子、君主，以及一切的掌权者。⁴⁶他们擅自取代神至高的地位是不相称和荒唐的。相反，他们的地位依靠神至高的地位，并应当引领在他们之下的人敬畏神。

ᵇ⁽ᵃ⁾ 第六诫

"不可杀人。"（出20∶13，Vg.）

39. 神的命令

ᵇ本条诫命的目的是：主以某种合一使人类共存，人人都当在乎其他人的安全。所以，一切暴力、损害，以及任何伤害我们邻舍身体之事都是被禁止的。相反，神同时也吩咐我们当尽力抢救邻舍的性命，并帮助他们过平安的生活；当抵挡一切伤害他们的事；ᵇ⁽ᵃ⁾他们若落在危险之中，当救助他们。ᵇ你当留意这话是至高的立法者所说的，且要思想神，要以此规则引领你。究察人心和审断人一切思想的神，若只教训人当有外在的义行，是荒唐的。所以这诫命同样也禁止人心里的谋杀，也吩咐我们要从心里拯救弟兄的性命。的确，人是用手杀人的，然而盛满怨恨之心却孕育了杀人的罪。难道你向弟兄怀恨却不在心里燃烧伤害他的欲望吗？若你不向他发怒，那你就不可能恨他，因恨不过是持续的怒气。无论你怎样争辩或找任何的借口，总之无法回避这事实——人心何处有怒气或恨，何处就有害人的恶意。若你仍要逃避这事实，那么圣灵已明

---

⁴⁶　参阅 IV. 20. 32。

确地宣告:"凡恨他弟兄的,就是杀人的"(约 13∶15 p.);主基督也宣告:"凡向弟兄动怒的,难免受审判;凡骂弟兄是拉加的,难免公会的审断;凡骂弟兄是魔利的,难免地狱的火。"(太 5∶22)

40. 神颁布这条诫命的原因

ᵇ圣经强调本条诫命的立定有双重的根据,因人既是神的形象,又是肉身。若我们不想破坏神的形象,我们就应当将邻舍看为圣洁的;若我们不愿失去人性,我们就当爱惜别人的身体,就如自己的一样。我们在别处将探讨这吩咐与基督的救赎和恩典有何关联。㊼主喜悦我们思考人生来就拥有的两件事情,因这样的思考会引领我们保护人:当尊敬印在人身上神的形象,也当在他身上看到自己的肉身。如此,手指避免流他人之血的人不一定没有犯杀人罪。人若在行为上犯罪,若心里在图谋,或渴望和计划任何与邻舍的安全相冲突的事,神便视你为杀人。此外,除非你主动地尽自己的能力和使用一切的机会关心他人的安全,否则你就同样邪恶地违背这律法。既然圣经吩咐我们关注他身体的安全,因此可以推断我们应该何等热切地竭力关心他灵魂的安全,因主更看重人的灵魂。

<h3 style="text-align:center;">ᵇ⁽ᵃ⁾ 第七诫</h3>

"不可奸淫。"(出 20∶14,Vg.)

41. 总论

ᵇ本条诫命的目的是:因神爱贞洁和纯洁,我们就应当远离一切的污秽。所以,我们不应让任何的污秽或让肉体放荡的情欲玷污自己。神同时也吩咐我们,ᵇ⁽ᵃ⁾要我们生活的各方面都当圣洁和节制。ᵇ但主特别禁止淫乱——所有的情欲都倾向于此——为的是使我们因淫乱的污秽而恨恶一切

㊼ Ⅲ 7.2-7;Ⅲ.20.38,45-46;Ⅳ.1.11-19;Ⅳ.14.9;Ⅳ.17.38-40.

的情欲。淫乱是最令人恶心、最明显的情欲，因它也玷污了身体。

神造人说人独居不好，要为他造一个配偶帮助他（参阅创 2：18）。人在罪的咒诅之下更需要配偶。所以当主设立婚姻时，他就在人的这需要上给他充足的安排。婚姻关系始于神的权柄之下，也因蒙神的祝福被分别为圣。由此可见，除了婚姻以外，任何其他的结合在神的眼目中都是可咒诅的。^{b(a)}神设立婚姻制度好让我们避免放纵情欲。^b所以，我们不要自欺，男人在婚姻之外与女人同居必定受神的咒诅。

42. 独身？

^b因人的本性，更因亚当的堕落所带来的情欲，^{b(a)}除非是那些神以特殊的恩典所释放的人，否则男人不能没有女人。各人都当明白神是否给他这样的恩赐。我同意，^c守贞是神赏赐给人不可藐视的美德，然而，神不将之赐给一些人，或只是暂时地赐给另一些人。所以那些被情欲所搅扰、无法克服情欲的人就当结婚，以保守与他们蒙召的程度相称的圣洁。^{b(a)}对于那些无法领受这话的人（参阅太 19：11），若他们不接受神为他们的欲望所提供的解决方法，就是在违抗神和抵挡他的诫命。别像今日许多人那样向我大吼，他们说靠着主他们凡事都能做到。^{㊽a}因神只有帮助那些行走在神呼召的道路上的人（参阅诗 91：1、14）。^{b(a)}一切不依靠神帮助的人，愚昧和鲁莽地极力克制自己的情欲，就远离了神的呼召。主宣告节制是他特殊的恩赐，^b这与众不同的恩赐，神并非不加分别地将之赏赐给所有的人，也没有给教会中所有的信徒，而是教会中少数的信徒。首先，主特别谈到某一类人为天国的缘故作阉人（太 19：12），即许可他们毫无拦阻地专心于天国的事。然而为了避免有人以为做阉人在于自己的能力，主之前先指出并非所有的人都能领受这诫命，唯有神赏赐这特殊恩典的人才能领受（太 19：11）。主因此总结说："这话

㊽ 艾克的 *Enchiridion*，第十九章讨论神甫独身（1541, fo. 129b）。

谁能领受就可以领受。"（太19∶12）保罗甚至更清楚地教导说："个人领受神的恩赐，一个是这样，一个是那样。"（林前7∶7）

43. 婚姻与这诫命的关系*

^c圣经明确地向我们宣告，并非所有的人都能在独身上持守贞洁，即使他努力热心这样做。主反而赏赐这特殊的恩典给某一些人，为要保守他们更专心服侍神。我们若不按神所赐我们的能力生活，岂不是在违背神和他赋予我们的本性吗？主在此禁止淫乱，他要求我们纯洁和贞洁。只有一条持守这纯洁的道路：各人当以自己的能力衡量自己。㊾任何人都不可轻率地藐视婚姻，认为婚姻于他无益或多余；人也不可求独身，除非他不需要妻子能圣洁地独居。此外，他也不可因肉体的慵懒和方便而独身，而要因为没有婚姻的约束，他能更用心地尽一切敬虔的本分而独身。既然神只暂时赏赐这恩赐给一些人，这些人都当单身生活到他无法再过独身的日子。他若没有节制的能力，就应明白神吩咐他有必要结婚。当使徒保罗吩咐人避免淫乱时，他就证明这一点："男子当各有自己的妻子；女子也当各有自己的丈夫。"（林前7∶2）他又说："倘若自己禁止不住，就可以嫁娶"，只要在主内（林前7∶9）。首先，他指出多半的男人没有节制的恩赐；其次，他吩咐一切没有这恩赐的人，都当选择婚姻这唯一的补救方法来抵挡不洁。所以若那些不节制的人不用这种方法解决他们的问题，那就是犯不听从使徒命令的罪。而那不与女人同房的人也不可夸耀，好像他在贞洁的事上是无可指责的，而他的内心却欲火中烧！保罗将贞洁定义为"身体和灵魂都圣洁"。他说："没有出嫁的，是为主的事挂虑，要身体、灵魂都圣洁。"（林前7∶34）他虽然以理智坚定地支持以上所提到的律例，却同时说娶妻比与妓女同房而污秽自己更好（林前6∶

㊾ 这与贺拉斯的教导一样，*Epistles* I. 7. 98 (LCL edition, Horace, *Satires*, *Epistles*, *and Ars Poetica*, pp. 302 f.)。

15)，他还说："与其欲火攻心，倒不如嫁娶为妙"(林前7：9)。

44. 节制和贞洁

[b]若夫妻承认他们的关系是蒙主赐福的，保罗教训他们不可用不节制和放荡的情欲污秽这婚姻，即使婚姻的尊荣能遮掩不节制的污秽，人却不可因此放纵情欲。[b(a)] 所以已婚之人不要以为对他们而言凡事都可行，[a]各人都当敬重自己的妻子，妻子也当敬重丈夫。在这敬重之上，他们不可做任何与婚姻的尊荣不相称的事。[b(a)] 在主内的婚姻应当节制和贞洁，免得夫妻放纵各种污秽的情欲。安波罗修以严厉而公平的判断谴责这放荡之罪，他称那在婚姻上不顾羞耻或不尊重妻子之人就是与妻子犯奸淫。㊿

[b]最后，让我们思想在这里斥责淫乱的至高律法颁布者是谁。那绝对有权拥有我们的神，就是他吩咐我们应当在心灵和身体上正直。所以，在他禁止我们淫乱时，他同时也以放荡的衣着、污秽的手势和猥亵的言辞引诱别人为不洁。亚基老（Archelaus）对穿着放荡的青年讲的话极有道理，即不管人在任何的肢体上不洁都是污秽的，(51)因我们当敬畏神，他恨恶一切在灵魂或身体上的不洁。为避免有人不信，我们要记住神在此诫命上称赞贞洁，而且在他要求我们贞洁的同时，也禁止我们不洁。因此，若你愿意顺服神，就不可欲火攻心，眼目不可充满色欲，身体不可以粗鄙的珠宝装饰、舌头不可以猥亵的淫词、肚腹不可以毫不节制的贪食玷污自己的思想，因这一切的罪就如脸上的斑痕，污秽人纯洁的贞操。

[b(a)] 第八诫

"不可偷盗。"(出20：15，Vg.)

㊿ Augustine, *Against Julian* II. 7. 20. 奥古斯丁在这里引用安波罗修对《哥林多前书》7：29的解释，而这解释这作品已经绝版了（MPL 44. 687；tr. FC 35. 79）。

(51) OS III. 383, note 2.

45. 总论

[b]本条诫命的目的是：既然神憎恶不公义，那么我们就应当将各人所应得的归给各人（罗13：7）。(52)所以，神禁止我们觊觎别人的财产，也同时吩咐我们忠实地帮助各人保守自己的财产。

我们要思考人所拥有的一切并非偶然获得，而是出于至高主耶和华的分配。[b(a)] 因此，每当我们以不光彩的手段夺取别人的财富时，我们就是置神圣洁的旨意于脑后而不顾。有多种不同的偷窃行为，其中之一便是以暴力抢夺，另一种则是以诡诈的手段骗取钱财，[b]还有一种是以看似合法的手段巧取别人的财物，最后一种则是以花言巧语、打着捐赠的幌子骗取他人的财物。

我们无须赘述偷窃的各种手段。[b(a)] 我们当留意，一切向我们邻舍巧取强夺的诡计——因这些诡计并不是要真诚地关心邻舍，而是要以某种方式欺骗或伤害他——都被视为偷盗。[b]即使这些财产在法庭上被判决给你，神却不如此判决。因神看出乖僻之人的诡计——这人诓骗单纯幼稚的人，直到他受骗上当。神参透一切苛刻和不人道的法律，有权势者用它们来压迫和欺诈无助的人。他看到诡诈的人用来勾引不谨慎之人的诱饵。所有这一切逃过了人的审判不为人所知。这样不公的事情不但在钱财、货物或地产上时常发生，也包括个人的权利，当我们拒绝向邻舍尽当尽的义务时，(53)就是在骗取他们的财产。若懒惰的管家吞吃他主人的财物，没有细心照料家务，他或挥霍无度，或任意浪费交付给他的财产；若仆人耻笑主人，或泄密，或在任何方面出卖主人的性命或财物；另一方面，若主人残暴地侵扰他的奴仆，在神的眼中这一切的行为都被视为偷窃。因我们若不按自己的地位尽职尽责，我们就是窃取和滥用他人的钱财。

---

(52) “*Unicuique... suum.*”

(53) 路德和布塞也有类似的教导。布塞的 *Das ihm selbs*（*Traité de l' amour du prochain*）(1523) 特别强调这一教导；French tr. H. H. Strohl (Paris, 1949), pp. 55 f.; English, P. T. Fuhrmann, *Instruction in Christian Love*, p. 40。

46. 本条诫命吩咐我们关心别人的财物*

ᵇ我们若有知足的心,并勤劳地、诚实地和合法地挣钱,我们就是在遵守这诫命。只要我们不妄想以不正当的手段发财,也不企图窃取邻舍的财产;只要我们不以血腥的手段强夺别人的财物来为积蓄自己的产业;只要我们不以疯狂的方式到处搜刮钱财,甚至不择手段,以满足我们的贪婪或奢侈的心。ᵇ⁽ᵃ⁾另一方面,我们应当坚持这目标:尽心以自己的劝勉和财物忠心地帮助众人保护他们的财产,但若我们非与不忠心和诡诈的人相处不可,我们要有心理准备,放弃自己的一些财物而不要与他们相争。不仅如此,我们也应当与穷困的人分享自己的财物,以我们的盈余援助他们。

ᵇ最后,我们个人要考虑自己对他人所尽的本分应到何种程度,并至死忠于这本分。ᵃ因此,群众当以尊荣敬畏所有的统治者,耐心地忍耐他们的治理、顺从他们的规定和法律,去行一切他们所吩咐不至不讨神喜悦的事(罗13:1及以下;彼前2:13及以下;多3:1)。同时,统治者也当眷顾他们的百姓、维持社会的平安、保护义人、处罚作恶的人。他们当管理万事就如他们随时要向神那至高的法官交账(参阅申17:19;代下19:6—7)。教会的牧师应当忠实地传扬真道,要向神的百姓传扬纯洁、毫无瑕疵的真理,拒绝将谬误掺入救恩之道(参阅林后2:17)。他们不但当以教导教训百姓,也当身体力行。总之,他们当行使权柄做看顾羊群的好牧人(参阅提前3;提后2:4;多1:6及以下;彼前5)。信徒也当将他们当作神的使者和使徒一般接受他们,并将至高的主所赏赐给他们的尊荣归给他们,也当照看他们生活的需要(参阅太10:10及以下;罗10:15,15:15及以下;林前9;加6:6;帖前5:12;提前5:17—18)。父母当养育、管教,以及教导神所交托给他们的儿女,不当虐待他们,惹他们的怒气,或致使他们违背父母(弗6:4;西3:21),反而当爱惜他们,并以温柔和仁慈对待他们,这才与父母的身份相称。正如以上所述,儿女当顺服父母,年幼的当敬重年长的,因主喜悦年长的受人尊敬。同时,年长的当以自己的智慧和经验指导不成熟的少年,不当苛责他们或向他们大声嚷嚷,而当温和地劝诫他们。仆人当勤劳和热心地顺服主人,不当只在眼前侍奉,像是讨人喜欢,而要从心里做,像是服侍神。同时主人也不当暴躁和固执地对待仆人,也不可以苛刻地压迫他们或虐待他们,而当将他们视作弟兄,是同一位天父名下的仆人,所以当彼此相爱,仁慈相待(参阅弗6∶5—9;西3∶22—25;多2∶9—10;彼前2∶18—20;西4∶1;门16)。

因此,我劝各位当思想如何照着自己的身份和地位,向邻舍尽本分。^b而且我们总要留意至高的立法者所制定的律例,使我们确知神不仅是为了我们的外在行为,也是为了我们的内心而设立这律例,好使我们设法保护和促进他人的幸福和利益。

^{b(a)} 第九诫

"不可做假见证陷害人。"(出20∶16)

47. 总论

^b本诫命的目的是:既然神(就是真理)憎恶谎言,我们必须毫无诡诈地诚实相待。所以,我们不可以诽谤或无据地指控陷害人,也不可以欺骗使他人的钱财受损,总之,不可以无稽的恶言和无礼的言行伤害他人。这诫命同时也吩咐我们以说实话忠心地尽量帮助众人,为要保护他的名誉和财产。主似乎有意要在《出埃及记》第23章中解释这诫命的意义,他说:"不可随伙布散谣言;不可与恶人联手妄做见证。"(出23∶1)同样地,"当远离虚假的事"(出23∶7 p.)。主也在另一处经文中警告我们,不但不可在民中往来搬弄是非(利19∶16),也警告我们不可欺骗弟兄(利19∶11)。他在两条具体的诫命中禁止这两种行为。的确,就如他在以上的诫命中禁止虐待、无耻,以及贪婪,同样地,他在此禁止说谎。正如以上所强调的,这条诫命有两个具体的部分。我们或以恶意和

恶毒的背后诽谤损害邻舍的名誉，或以撒谎，甚至毁坏他人的形象夺去他们的财物。然而无论你将这诫命理解为禁止在法庭上作伪证或私下谈论一般的见证，都无分别。我们总要留意这一点：神从许多同类的罪中选出某一种罪做典型，其他的罪也就包括在它之下。他选来做典型的罪是特别污秽的罪。同时这典型的罪更易延伸到其他同类的罪，包括诽谤和破坏他人的形象——两种不公地伤害邻舍的罪。法庭上的^b假见证总会导致伪证，而亵渎和妄称神之名的伪证在第三诫中就被明确禁止。当我们以说实话来维护邻舍的名誉和利益时，我们就是在遵守诫命。这条诫命对人而言显然是公平的。既然美名胜过大财（箴22∶1），那么我们破坏他人的名誉比夺去他的财产损害更大。然而在抢夺他人的钱财上，有时我们的假见证与用手扒窃一样，会导致同样严重的后果。

48. 邻舍的好名誉

^d然而令人惊讶的是，我们多次在这方面不假思索地犯罪！不常犯这罪之人实在稀少。我们乐于在探察和揭露别人的罪上享受毒气的"甘甜"。我们也不可以为若在许多事上不撒谎就得以推脱这罪。因那禁止人以谎言损害弟兄名誉之人，也希望照真理保守他的名誉免受玷污。尽管他只在乎他们的名誉不受谎言的损害，然而这却意味着他承认神将他人的名誉交在他的手中。我们知道神在乎人的名誉，主已激励我们保护我们邻舍的好名誉。因此，神普遍地禁止人说人坏话。"恶言"的意思并不是管教人的责备，也不包括为纠正罪恶的指控或法庭上的控告，也不包括公开谴责作恶的人，好使其他的恶人战兢，也不包括告知无知之人使他们免遭危险。我们所说的"恶言"，意思是出于恶意，可恶地指控人以及放肆地损害他人的名誉。

^{b(a)}事实上，这诫命甚至扩展到禁止我们假装以开玩笑的方式^b恶毒地取笑人。一些人为了赢得人们对他们能言善辩的称赞，不惜羞辱、刺痛他人，因为他们有时以无礼的言语深深地伤害他们的弟兄。如果我们

的眼目转向神——我们至高的立法者不但掌管我们的舌头，也同样掌管我们的耳朵和心——我们就会看到，好听诋毁之言与急于论断人同样为神所禁止。我们若说神恨恶舌头的恶言，却接受心里的恶意，是极其荒谬的事。[b (a)] 所以，我们若真敬畏和爱神，就当尽量在神所吩咐我们爱人的诫命之下，不把舌头或耳朵献给恶言和刻薄的巧嘴，也不将心思无端地献给狡诈的怀疑。我们反而当公正地判断他人的言行，也要真诚地在我们的心、耳和舌头上保守他们的荣誉。

[b (a)] 第十诫

"不可贪恋人的房屋，等等。"（出 20：17，Vg.）

49. 本诫命的含义

[b]本条诫命的目的是：既然神喜悦我们满心拥有爱的品格，我们就当驱除心中一切与爱不相称的欲望。总括来说就是：我们不可让任何有害的贪欲侵入我们的心，导致我们的邻舍蒙损。这条诫命吩咐我们，我们一切所思所想、所愿所行，都当以我们邻舍的利益为念。然而在此，我们碰到一个极为令人困惑的难题。我们以上解释过，"奸淫"和"偷窃"都包括犯奸淫的意念和伤害与欺哄的动机。若是如此，那么神另外禁止我们贪恋他人的钱财看似多余。但只要对意图和贪恋做出区分，这难题就迎刃而解了。(54)因我们在以上的诫命中将意图解释为在私欲束缚人心之处意志故意许可这罪。然而贪婪却可在意志有意的许可之外存在，当我们的心受到虚空和邪恶的事物刺激或勾引时，这就是贪婪。主早已吩咐我们当以爱的命令约束自己的意志、努力和行动。他在此吩咐我们当以同样的命令约束自己的心思意念，好让我们的心思意念没有任何方面的腐败或扭曲，以至于我们的心与爱背道而驰。正如主已禁止我们的心不

(54)　参阅 II. 2. 24；III. 3. 11-13；IV. 15. 11-12。

可倾向和陷入愤怒、恨恶、奸淫、抢劫，以及撒谎，他在此禁止我们受这些罪的引诱。

50. 内心的正直！

ᵇ主要求我们这样完全正直并非没有原因，因为，谁敢说人心的一切力量充满爱有何不妥呢？相反，若有人偏离爱的目标，谁不会说这人有问题呢？倘若人先不顾弟兄的死活而只为自己的私利着想，他怎能不向弟兄心怀歹意呢？若你满心慈爱，就断不会让那不好的想象进入你的心里。因此，人心越充满贪恋，就越缺乏爱。

或许有人会反对把那种在脑海里一闪而过的想入非非视为贪恋，因贪恋的根源在于人心。我说，这种想入非非不但占据人的脑海，也同时以贪婪侵蚀和攻击人心，因人头脑里一想到他想得到的东西，心就格外激动。所以神吩咐人当有热烈的爱，且不容许丝毫的贪恋掺杂其中。神要求人满有节制的心，绝不容许丝毫违背爱的律法。你是否以为我的观点没有权威呢？然而这是奥古斯丁先提出的，它使我明白这诫命。⑤⑤

主意在禁止一切的恶欲，然而，主特意将那些常被认为最迷惑人的虚假东西摆在我们面前，并同时吩咐我们当远离它们。如此，我们就毫无可贪婪的余地。

所以第二块石版的律法充足地教训我们：因神的缘故，我们当向人尽的本分，因爱的整个根基在于神的属性。除非你的教导先以惧怕和敬畏神为根基，否则你在这石版上所教导人的一切本分都无济于事。ᵉ我即便不提醒，细心的读者也会发现，把原是一条禁止贪婪的诫命分成两半是邪恶的。⑤⑥重复说"不可贪恋"，与我们的观点并不冲突。因在神提到

---

⑤⑤ Augustine, *On the Spirit and the Letter*, 36. 64-66（MPL 44. 242 ff.; tr. NPNF V. 112 ff.）. 有许多奥古斯丁解释第十诫的附加文章是引自 Smits II 36。
⑤⑥ 参阅 II. 8. 12, 注释 16。

"房子"之后，他又以"妻子"开头，列举其他的部分。这就十分清楚地证明神所禁止的一切贪恋都被包含在这条诫命中，这也是犹太人的看法。总而言之，神吩咐我们不可偷窃，同时也要保护他人的钱财，人不但不可损害或想要骗取他人钱财，甚至连最小的贪欲都不可起。

基督的教导包括律法的原则（51—59）

51. 律法的总纲

ᵇ那么，神颁布整部律法的目的就不难理解：成全律法上的公义，好使人将生命建立在神圣洁的典范之上。因神在律法上充分地陈明他的属性，若有人行出律法所吩咐的一切，他就必定在今世彰显出神的形象。因此，当摩西提醒以色列人律法的主旨时，他说："以色列啊，现在耶和华你神向你所要的是什么呢？只要你敬畏耶和华你的神，遵行他的道，爱他，尽心尽性侍奉他。遵守他的诫命、律例。"（申 10：12—13，参阅 Vg.）每当摩西指出律法的目的时，他就在以色列人面前重复这段话。律法的目的便是：使人以圣洁的生活与神联合，也如摩西在别处所说，使人专靠神（申 11：22 或 30：20）。

ᵇ⁽ᵃ⁾神所要求完美的圣洁都包含于两块石版之上："你要尽心、尽性、尽力爱耶和华你的神"（参阅申 6：5 p.，11：13）、"却要爱人如己"（利 19：18 p.；参阅太 22：37、39）。首先，我们的心里当充满对神的爱，从中必生发出对邻舍的爱。ᵇ当保罗说这话时，含义正是如此："命令的总归就是爱，这爱是从清洁的心和无亏的良心、无伪的信心生出来的。"（提前 1：5 p.）保罗将无亏的良心和无伪的信心放在首位。换言之，这就是产生爱心的真敬虔。

那么，若有人以为律法只教导人有关行义的一些基础之事，即人用来开始做学徒的学问，而不能引领人达到真正的目标——善行，那就错了。因为世上你找不到比摩西和保罗所表达的更大的完美。他们的话教导我们如何敬畏神、属灵地敬拜他、遵守诫命、跟从主走正直的道路，至终拥有无亏的良心、无伪的信心以及真诚的爱。若有人不满足于他们的教导，那么他将往何处去寻更完美的标准呢？因此我们确知，十诫的确教导人在敬虔和爱上尽一切所当尽的本分。那些以为律法不过是枯燥乏味的初步知识的人——仿佛律法只教导人一半神的旨意——如保罗所见证的，这些人完全不明白律法的目的。

52. 圣经为何有时只提到第二块石版？

[b]基督和使徒在总括律法时，有时不提第一块石版，许多人便错以为他们的话可以应用于两块石版上。在《马太福音》中，基督将公义、怜悯以及信实称为律法上更重的事（太23：23 p.）。我深信他在这里所说的"信实"是指诚实待人，然而一些人将此解释为对神的敬虔而把它扩充到整个律法。[57]

显然这是愚蠢的做法，因基督所指的是那些仍被人用来证明自己是否公义的行为。若我们赞同这点，就不会疑惑基督为什么这么回答少年人的提问。他问的是当遵行哪些诫命才能获得永生，基督精练地回答（太19：16—17）："不可杀人；不可奸淫；不可偷盗；不可做假见证；当孝敬父母，又当爱人如己。"（太19：18—19，出20：12—16 部分措辞）因神在第一块石版中所要求的顺服，通常不在人心的意图上，便在外在仪式上。人心的意图是隐藏的，且就连假冒为善的人也不断地忙于表面的仪式。然而唯有借爱的行为，才得以看出人心真实的公义。

[e]在先知书上这事常常发生，甚至连对圣经只有一般了解的人也知道这一点。先知们几乎每一次劝人悔改时都不提律法的前半部分，而是强调信心、公义、怜悯，以及公平。他们这样做并不是忽略人当敬畏神的本分，而是要求人当以义行证明对神的敬畏。的确，众所周知，当他们吩咐人遵守律法时，他们常常强调律法的后半部分，因诫命的后半部分

---

[57] Melanchthon, *Annotationes in Evangelium Matthaei* (1523), fo. 46a.

具体地证明人对公义和正直的热诚。我们在此无须罗列别处的经文，因大家都能证明我所说的（如赛1：18）。

53. 信心和爱心

[b]然而你会问："难道诚恳待人比敬虔尊荣神更能证明公义的本质吗?"绝对不是！但除非人真诚地敬畏神，否则他便难以在所有的方面保持对人的爱，这也是他是否敬虔的明证。此外，既然主清楚地知道，也以先知的口证实，人无法行事使神获益时，他并不是要我们只向他尽本分，而是要我们也向邻舍行善（参阅诗15：2—3，Vg.；16：2，EV)。所以保罗说圣徒的完美完全在乎爱不无道理（弗3：19，1：5；西3：14)。他在别处称爱为"成全律法"，接着说："爱人的就完全了律法。"（罗13：8）又说："因为全律法都包在'爱人如己'这一句话之内了。"（加5：14 p.）保罗的教导与基督的教导没有什么两样："你们愿意人怎样待你们，你们也要怎样待人，因为这就是律法和先知的道理。"（太7：12）显然，律法书和先知书都将信心和神所要求人的敬拜放在首位，而将爱放在次要的地位。主在此的含义是，律法只吩咐我们以正直和公平待人，好让我们因此以行为证明对神的敬畏。

54. 对邻舍的爱

[b]因此，我们要持守这原则：我们越在爱人的吩咐上结果子，我们的生活就越符合神的旨意和律法的要求。[a]在整部律法上，我们看不到半句吩咐人为了自己肉体的益处取舍的原则。因人生来极为倾向自爱——[c]不论多么远离真理，他们仍然不忘自爱——[a]神无须再颁布律法加增或重燃这已经过度的爱。(58)而我们遵守诫命并不在乎爱自己，而在乎爱神和邻舍；我们越不以自己的益处为念，就越能过善良和圣洁的生活，而那完

(58) Augustine, *On Christian Doctrine* I. 23-26 (MPL 34. 27 ff.; tr. NPNF II. 528 f.).

全以自己的益处为念之人，却过着越来越败坏和邪恶的生活。⁵⁹

事实上，主为了向我们表明我们对邻舍的爱应当有多大（利19:18），他以我们对自己的爱来衡量这一点，因人对自己的爱是最强烈的。我们当勤勉地思考主所说的这句语重心长的话。因他并没有像一些无知的诡辩家那样将自我的爱放在首位，⁶⁰而将对邻舍的爱放在次要的地位。⁶¹他反而吩咐人将自己与生俱来的爱转移到别人身上。因此，保罗说："爱不求自己的益处。"（林前13:5）这些诡辩家的理论不值分文：受规则约束的事物总是低于规则本身。然而主却没有制定我们对别人的爱应当低于自我之爱的规则。主表明自从人类堕落之后，人通常只爱自己。他吩咐我们当将这爱延伸到他人身上，且我们对别人的爱应当像对自己的爱一样甘心乐意、热烈，一样关怀备至。

55. 谁是我们的邻舍？

ᵇ⁽ᵃ⁾既然主在好撒玛利亚人的比喻中告诉我们"邻舍"这一词甚至包含素不相识的人（路10:36），ᵇ所以我们不当将爱的诫命仅限于熟人身上。与我们相处越亲密的人，我们帮助他的责任越大。亲戚与亲戚之间、熟人与熟人之间，或邻居与邻居之间的关系越紧密，他们互相所分

---

⁵⁹ 从第五十四节的一开始到此注释，加尔文的教导与马丁·路德的 *Short Exposition of the Decalogue, the Apostles' Creed, and the Lord's Prayer* 1520年的一段话很像。这段就是他对十诫的结论（*Werke* WA VII. 214；tr. B. L. Woolf, *Rehormation Writings of Martin Luther* I. 82 f.）。路德的 *Betbüchlein*, 1 522（*Werke* WA X. 2. 388）一字不漏地重复这句话。

⁶⁰ "φιλαυτία."

⁶¹ 参阅 Lombard, *Sentences* III. 28, l. 29. 1 (MPL 192. 814 f.); Aquinas, *Summa Theol.* II IIae. 26. 4-5。在这段中加尔文采用三个词，意思与英文的 "love" 和 "charity" 相同：*amor, dilectio, charitas* 这三个词的含义，不管在加尔文或当时其他作者的作品中都是大同小异。鲁道维哥·维弗（Ludovico Vives）出版了奥古斯丁的 *City of God* 注释版本（1522）。在这版本中他说 *amor* 和 *dilectio* 在圣经上的含义没有两样。维弗说世俗的作者习惯用 *diligo* 表达比较平淡的爱，用 *amo* 表达热烈的爱。他说 *amor* 比 *dilectio* 更带有色情的含义。（Augustine, *Of the Citie of God, with the Learned Comments of Jo. Lod. Vives* [London, 1620], p. 478.）Hélène Pétré 的 *Caritas*：*étude sur le vocabulaire Latin de la charité Chrétienne*，研究拉丁文对"爱"的表达，有同样的结论。他在79—98页中引用奥古斯丁、塞维尔的伊西多尔（Isidore of Seville，卒于636年）以及其他基督教拉丁文作者的话。伊西多尔在教父的作品中做区分：*amor* 和 *dilectio* 有好也有不好的含义，但 *caritas* 只有好的含义（Isidore, *Libri differentiarum* II. 37. 142；MPL 83. 92.）。

享的义务就越大,这是人之常情,并不冒犯神,因这是出于神的护理。然而我们单一爱的情感当包含整个人类。在这吩咐上未开化的人与希腊人一样、配得和不配得的人一样,朋友和敌人也是一样,因我们乃是为神的缘故,而不是为他们自己的缘故而爱他们。[62]我们一旦偏离这准则,就必被众多的谬误所缠。所以若我们要行在爱的真道上,就不可先将眼光转向人,因如此行会激发我们的恨恶而非爱,而是应当先仰望神。他吩咐我们将我们对他的爱延伸到众人,使之成为不变的原则:不论一个人的品格如何,我们仍要因爱神爱他。

56. "福音上的劝勉"?

[a]这些诫命——"不可报仇;当爱你的仇敌",从前被颁布给所有的犹太人,之后传给所有的基督徒,经院学者们却将这些诫命变为"劝勉",听从或不听从在于我们自己。这是极大的无知或恶毒!而且,他们将这些"劝勉"强加在修道士身上,因修道士们克苦己心要遵守这些"劝勉",于是被视为比普通的基督徒更圣洁。他们之所以没有将这些劝勉当作律法,特别是对恩典之律下的基督徒而言,[63]乃是这些劝勉过于严厉和沉重。他们敢因此废除神吩咐我们当爱人如己的永恒律法吗?[b (a)] 律法上真有分别看待神诫命的吩咐吗?相反,律法难道不是严厉地吩咐我们要爱仇敌吗?这是什么样的吩咐:当给饥饿的仇敌饭吃(箴25:21);当将仇敌迷路的牛或驴牵回正路,也当帮助压在重驮之下仇敌的驴(出23:4—5)。难道我们当为仇敌的缘故善待他的牲口而不善待仇敌自己吗?[a]难道主的道不是永恒的吗?主说:"伸冤在我,我必报应。"(来10:30;参阅申32:35)[b]圣经在别处更明确地教导说:"不可报仇,也不可埋怨你本国的子民。"(利19:18)他们要么将这些吩咐从律法上

---

[62] 参阅 III. 7. 6。
[63] 参阅 Aquinas, *Summa Theol.* I IIae. 108. 4; II IIae. 184. 3; 186; Melanchthon, *Loci communes*, 1521 (ed. Engelland, *op. cit.*, p. 118)。

抹去，要么承认是主这立法者亲自颁布的，他们不可错误地以为神只不过提供人一些劝勉而已。

57. 爱仇敌的吩咐是真实的诫命

^{b(a)}那么请问他们以荒唐的曲解所藐视的这些吩咐，其含义是什么呢？^a"要爱你们的仇敌，^{b(a)}为那逼迫你们的祷告。恨你的，要待他好！咒诅你们的，要为他祝福！"（太5：44—45，与路6：27—28，合并）^b难道我们不当与克里索斯托在此做出同样的结论吗？他说，这些话语带有吩咐的性质，就清楚地显明不是劝勉而是命令。[64]当神将我们从他儿子的名分上抹去时，我们还剩下什么呢？^{b(a)}然而根据他们的观点，唯有修道士才算是天父的儿女，只有他们才敢称神为父。^b如此，教会将会如何呢？她将沦为外邦人和税吏的教会。因基督说："你们若单爱那爱你们的人，有什么赏赐呢？就是税吏不也是这样行吗？"（太5：46—47；路6：32；太18：17）即使神将天国的产业从我们手中夺去，我们若仍仅存基督徒的名号，那真是我们的幸运！奥古斯丁的争论不乏说服力："当主禁止我们犯奸淫时，他不但禁止我们与朋友的妻同房，他一样也禁止我们与仇敌的妻同房；当他禁止偷窃时，他禁止一切的偷窃，不管是朋友或是仇敌的钱财。"[65]保罗将这两条诫命——"不可偷盗"以及"不可奸淫"——视为爱人如己的诫命。事实上，他也教导这两诫包含在"爱人如己"这诫命中（罗13：9）。所以只有两种可能，或者保罗错误地解释了律法，或者神的确命令我们爱朋友也当爱仇敌。因此，那些将神的儿女所共负的轭肆无忌惮摔掉之人，便由此证明他们是撒旦的儿女。或许你想明白，他们传扬这教义是出于无知还是无耻。所有的教父都一同宣称这些是实在的

---

[64] Chrysostom, *De compunctione cordis* I. 4 (Chrysostom, *Opera*, Paris, 1834, I. 157; MPG 47. 399 f.); Chrysostom, *Adversus oppugnatores vitae monasticae* III. 14 (MPG 47. 372 ff.).

[65] Augustine, *On Christian Doctrine* I. 30. 32 (MPL 34. 31; tr. NPNF II. 531f.). 这是奥古斯丁对《罗马书》13：10的解释："爱是不加害于人的。"奥古斯丁说："我们应当将万人看作自己的邻舍。"

诫命，甚至格列高利（Gregory）坚持说，当时无人怀疑这点。他认为这些吩咐是神的命令，无可争议。⁶⁶ᵃ他们在这事上争辩是何等愚昧！他们说爱仇敌对一般基督徒而言是无法担当的重担，仿佛有什么事比尽心、尽性、尽力爱神更困难！相较于这诫命，任何的诫命都应算更容易遵守，不管是要爱仇敌还是从心中除掉一切报复的念头。律法上一切的诫命对于我们软弱的肉体而言都是难以遵守的，甚至包括最容易遵守的诫命（参阅太 5 : 18；路 16 : 17）。我们在主里面才有行善的能力；"让主赏赐我们他所命定的一切，并随意命令我们。"⁶⁷在恩典之律下做基督徒并不意味着在律法之外放荡不羁，而意味着嫁接在基督里。基督的恩典救我们脱离律法的咒诅，且他的灵将这律法刻在我们心里（耶 31 : 33）。保罗之所以称恩典为"律"，并不表示恩典是某种律法，而是在与神的律法做对比（罗 8 : 2）。这些人为"律法"这术语毫无意义地吵来吵去。

58. 可赦之罪和不可赦之罪的区分毫无根据！

ᵇ他们所称为"可赦之罪"也类似：或指隐秘的不敬虔——违背律法的前半部分，或指直接触犯最后一诫。这是他们对可赦之罪的定义：可赦之罪是没有长久留在心中且未被有意许可的欲望。⁶⁸但我说，它之所以闯入心里是因为人心缺乏律法所要求的正直。神命令我们"不可有别神"。当人心被不信这奸诈的诡计所诱惑时，就开始摇动——当他突然受欲望的侵袭而转向别处寻求祝福时——然而这些稍纵即逝的欲望难道不是来自空虚的心灵吗？它给诱惑以可乘之机。而且，神吩咐我们要"尽心、尽性、尽意、尽力地爱他"。那么，人若非全心、专心爱神，他便离

---

⑥⑥ Gregory the Great, *Homilies on the Gospels* 2. 27. 1 (MPL 76. 1206).
⑥⑦ Augustine, "*Da quod iubes et iube quod vis*", in *Confessions* X. 29. 40；31. 45 (MPL 32. 796，798；tr. LCC VII. 225，228). 也请参阅 *On Grace and Free Will* 15. 3 (MPL 44. 899；tr. NPNF V. 456 f.)；*On the Perseverance of the Saints* 20. 53 (MPL 45. 1026；tr. NPNF V. 347)；*On the Spirit and the Letter* 13. 22 (MPL 44. 214，tr. NPNF V. 92). 参阅 II. 5. 7，注释 17。
⑥⑧ Aquina, *Summa Theol.* I Ilae. 74. 10；参阅 III. 4. 28。

弃了顺服律法。因在我们的良心里兴起攻击神的国度、阻挡神的命令的仇敌，证明神的宝座并没有坚固地立在其中。我们已证明，第十诫完全适用于此。⑩若有恶欲侵袭我们的心，我们就已犯了贪婪之罪，结果是违反了律法。因主不但禁止我们决意图谋有损于他人的事，甚至禁止我们起贪心。一切违背律法的罪都会带来神的咒诅。所以，就连那犯最轻微贪欲之人也难逃死罪。 ᶜ奥古斯丁说，在衡量罪时，"我们不可以诡诈的天平随己意判断说，'这罪是重的'、'那罪是轻的'。我们反而要从主的府库中取出圣经当作衡量的标准，也让这标准判定罪的轻重。实际上不是要衡量，我们反应承认主早已衡量过。"⑦圣经在这事上怎样说呢？当保罗称死亡为"罪的工价"时（罗6：23），显然他表明他未曾知道这可憎的区分。既然我们过于倾向掩饰自己，那么我们绝不可以此区分来抚慰我们迟钝的良心。

59. 每一种罪都是致死的罪！

ᵇ但愿他们思考基督所说的这番话："无论何人废掉这诫命中最小的一条，又教训人这样做，他在天国要称为最小的！"（太5：19 p.）当他们擅自减轻违背律法的罪时，就如并非所有的过犯都当被判死罪，难道他们不在主所斥责的人之列吗？然而他们不仅应当思量律法的盼咐，也当思量颁布律法的神。因人在最小的过犯上违背神所颁布的律法，就是将神的权柄置之不理。难道他们以为在任何事上玷污神的威严是小事吗？若神在律法上已启示他的旨意，那么一切违背律法的都不讨神的喜悦，难道他们幻想神的愤怒软弱到无力立即判人死刑吗？神已清楚地宣告过这一点，只要他们留心倾听他的声音，而不是以自己无知的巧计隐瞒这清楚的真理。他说："犯罪的，他必死亡。"（结18：4、20，Vg.）还有以

---

⑩ 这章的第四十九和第五十节。
⑦ Augustine, *On Baptism, Against the Donatists* II. 6. 9 (MPL 43. 132; tr. NPNF IV. 429).

上所引用的经文㉑："罪的工价乃是死。"（罗6∶23）他们尽管承认一些行为是罪，因他们无法否认，但他们却争辩说这些行为并不是致死的罪。因他们至今仍过于沉醉于自己的愚蠢，他们当至少在这事上学会聪明。然而他们若仍固执己见、争吵不休，我们就不再理会他们。神的儿女都当坚持所有的罪都是致死的。因罪违抗神的旨意，就必然激怒神，也就违背律法，而一切违背神律法的人都毫不例外落在神的审判之下。圣徒的罪是可赦免的，这并不是因为他们是圣徒，而是因为神的怜悯使他们得赦免。

㉑ 在上一节中。

e 第九章　虽然犹太人在律法之下认识基督,但基督在福音中才被清楚地启示①

关于基督恩典的预言和应验（1—2）

1. 新约时期信徒的优势

e神在古时借着赎罪祭和献祭证实他父的位格,②以及将他的选民分别出来,并不是枉然的。他当时向犹太人启示自己,如今却更清楚地向我们启示。所以,在玛拉基劝犹太人专心遵守摩西的律法（因在他离世后会有一段时期不再有先知）之后,他接着宣告:"必有公义的日头出现。"（玛4:2）他的这句话教导我们:当时的敬虔之人借律法仰望基督的降临,但以后神将借基督的降临更明亮地照耀后来的信徒,并告知有关他救恩的旨意。彼得也说:"众先知早已详细地寻求、考察这救恩",即神现今借福音所清楚彰显的救恩（彼前1:10）,又说:"他们得了启示,

---

① 这是1559年新增的一章（参阅II.6）,也强调律法在盟约中正确的位置,以及律法最主要的目的:使人仰望基督。然而加尔文在这卷的第十章和第十一章中重复许多第九章的内容。第十章和第十一章的内容多半是在1539年的版本中新增的。

② 参阅I.6.1-4。

知道他们所传讲的一切事,不是为自己,乃是为你们。那靠着从天上差来的圣灵传福音给你们的人,现在将这些事报给你们。"(彼前1:12 p.)他这样说并不表示这教导对于古时的百姓和先知本身毫无用处,而是因为他们没有获得神借他们的手所传给我们的宝藏。神现今将他们所预言的恩典摆在我们眼前,他们只是浅尝这恩典;而我们却更丰盛地享受这恩典。基督也宣告摩西为他作见证(约5:46),然而他也强调我们所拥有的恩典远超过当时的犹太人。基督对他的门徒说:"但你们的眼睛是有福的,因为看见了;你们的耳朵也是有福的,因为听见了。我实在告诉你们,从前有许多先知和义人要看你们所看的,却没有看见,要听你们所听的,却没有听见。"(路10:23—24;太13:16—17,经文合并)神所赏赐我们的恩典超过圣洁的族长——那些世上少有的敬虔之人——这就证明福音的启示远超过旧约律法的启示。基督在另一处相似的经文中也教导:亚伯拉罕欢欢喜喜地仰望基督的日子(约8:56)。虽然亚伯拉罕只从远处望见,但他仍确信这盼望,所以这圣洁的族长直到死都满有荣耀的大喜乐。且施洗约翰的宣告——"从来没有人看见神,只有在父怀里的独生子将他表明出来"(约1:18)——并不表示在基督降临之前,已死的圣徒没有明白或看见神在基督身上的真理之光。然而约翰在将我们的光景与他们的做比较时教导说:那些他们曾瞥见奥秘的影儿,如今却清楚地向我们显明。《希伯来书》的作者明确地解释这点:"神既在古时借着众先知多次多方地晓谕列祖,就在这末世,借着他儿子晓谕我们。"(来1:1—2 p.)我们如今认识神的独生子为"神荣耀所发的光辉,是神本体的真相"(来1:3 p.),就是古时犹太人所认识的基督。之前我们已提过保罗的看法,即带领犹太人出埃及的是基督自己(林前10:4)。③而且保罗在另一处也教导我们:"那吩咐光从黑暗里照出来的神,已经照在我们心里,叫我们得知神荣耀的光显在耶稣基督的面上。"

---

③ I. 13. 10.

(林后4：6)因当父神在基督身上显现时,就如使自己成为可见的,虽然他从前的显现如同影儿模糊不清。由此可见,在这明亮如日午的启示下,心盲之人的堕落和忘恩负义就更可憎!保罗也说撒旦弄瞎了他们的心眼,不叫基督荣耀福音的光照着他们(林后3：14—15,参阅4：4)。

2. 福音传扬启示的基督

ᵉ我称福音为关于基督奥秘的明确的启示。我当然相信,既然保罗称福音为信心之道(提前4：6),那么神赦免在律法下所犯之罪的一切应许,就是神用来叫人与他自己和好的应许,就算是福音的部分,因保罗将信心与要在善行中寻求救赎所带给人良心的恐惧做对比。由此可见,"福音"这一词从广泛的意义来解释,包含神赏赐古时族长关于他的怜悯和父亲般慈爱的应许。然而从更高的意义上说,福音就是指神在基督里所彰显之恩典的宣告。这不但为一般的基督徒所接受,也是根据基督和众使徒的权威(太4：17、23；9：35),这就是为什么说圣经记载基督传扬的是天国的福音的原因。马可以这话作为《马可福音》的开场白:"耶稣基督福音的起头。"(可1：1)我们无须再罗列更多经文证明这众所周知的真理。"如今借着我们救主基督耶稣……借着福音,将不能坏的生命彰显出来。"(提后1：10 p.)保罗在这里的意思并不是说在神的儿子成肉身之前,众族长住在死阴之地,而是在宣告福音拥有这尊荣的特权,并教导说福音是崭新和与众不同的使命(参阅林后5：20),神借此成就他的应许,因为这应许将在他独生子的身上应验。历代的信徒都经历过保罗所说的这话:"神的应许,在基督都是是的"(林后5：20),因神将这些应许印在他们心中(林后1：22 p.)。然而,既然如今基督以肉身成就了我们全备的救恩,所以保罗说:神已经借着福音,将不能坏的生命彰显出来。据此,基督说:"我实实在在地告诉你们,你们将要看见天开了,神的使者上去下来在人子身上。"(约1：51 p.)虽然他在此似乎是指族长雅各在异象中曾看到的梯子(创28：12),却同时也在描述他荣耀的降临。基督说他的降临给我们开了天堂的门，使我们都能进入。

反驳对律法和福音关系的错误理解：施洗约翰介于其间（3—5）

3. 旧约的应许对我们而言并没有被废去

°然而，我们当以塞尔维特邪恶的思想为鉴戒。他虽然希望称颂基督伟大的恩典（或至少假意这样做），却完全抛弃旧约的应许，仿佛它们已与礼仪律一同被废去。他假装人借着信福音，神所有的应许都已成就在我们身上④，就如我们与基督原无分别。我刚才提到基督已成就了我们全备的救恩，但若因此推论说我们已拥有基督将赐的一切福分就是错误的，因这就好像说保罗所说"我们得救是在乎盼望"（西3:3；参阅罗8:24）不过是无稽之谈！我承认，的确，人一旦信基督便立即出死入生，但同时我们不可忘记使徒约翰的这番话："我们现在是神的儿女，将来如何，还未显明；但我们知道，主若显现，我们必要像他，因为必得见他的真体。"（约一3:2 p.）虽然基督现在在福音上提供给我们丰盛的属灵福分，然而直到我们脱去这取死的身体并穿上我们元帅基督的荣耀，那时我们才能完全享受我们如今所盼望的属灵福分。同时，圣灵劝我们依靠神的应许，而这些应许的权威使我们不至被那不洁之犬的狂吠所搅扰。因为保罗告诉我们："唯独敬虔，凡事都有益处，因有今生和来生的应许。"（提前4:8）为此保罗夸耀自己是"照着在基督耶稣里生命的应许，做基督耶稣使徒"（提后1:1 p.）。在另一处经文中，保罗教导说：我们拥有神曾经赐给古时圣徒同样的应许（林后7:1，参阅6:16—18）。最后，保罗视基督徒受所应许的圣灵为印记是无比快乐的事（弗1:13 p.），唯有当我们接受旧约对基督的应许时，我们才可以以基督为乐，如此基督就开始住在我们心里（参阅弗3:17）。然而，

---

④ Servetus, *Christianismi restitutio* (1553), pp. 294, 324, and *Epistolae* 9 (in same volume), p. 601; also in CR VIII. 667 f.

"我们……与主相离。因我们行事为人是凭着信心,不是凭着眼见。"(林后5:5—7)这两件事情毫无冲突:我们在基督里拥有一切关乎属天的完美生命,然而信心是未见之事的确据(来11:1)。只是我们必须留意律法和福音的应许在本质或性质上有所不同:福音清楚地指出律法模糊预表的事。

4. 我们不应当夸大律法与福音之间的差别

°我也反对那些一直将律法和福音做错误比较之人,即将借遵守神的律法而称义与白白地被神称为义相比。其实我们也不排斥这对比,因保罗常常表示律法是神对人行义公平的要求,除非我们完全顺服他,否则便毫无永生的盼望,若我们在某一方面有丝毫偏差,将受到神的咒诅。保罗教导说,我们唯有靠恩典才能讨神喜悦,靠神的赦免才能称义,因为无人能借遵守律法获得神所应许的赏赐。由此可见,保罗恰当地将律法的义和福音的义做了对比(罗3:21及以下;加3:10及以下等)。

然而,福音并没有取代整部律法,为人开辟新的救恩之道,福音反而证实和满足律法所应许的一切,应验了律法所预表的一切。⑤当基督说:"律法和先知到约翰为止"(路16:16;参阅太11:13),他并非将族长圈在律法束缚的咒诅之下。他的意思是:他们只领受了最基本的教导,故而远未达到福音所教导真理的高度。因此,保罗在称福音为"神的大能,要救一切相信的"时(罗1:16 p.),接着说:"有律法和先知为证"(罗3:21)。在同一书信的末了,他教导说,有关耶稣基督的真道是那永古隐藏不言的奥秘(罗16:25 p.),但为了不致使人误会,他接着解释,神借先知书向万国启示基督(罗16:26 p.)。我们由此推知,福音与整部律法唯一的差别只在于福音是更清楚的启示。并且因基督赏赐我们测不透的丰盛恩典,所以圣经让我们看到基督的降临将神的国度建立在

---

⑤ 参阅 II. 7. 16; II. 8. 28, 29, 以及当中的注释。

世上（参阅太12:28）。

5. 施洗约翰

ᵉ施洗约翰介于律法和福音之间，他所担任的职分与两者都有关联。他称基督为"神的羔羊，除去世人罪孽的"(约1:29)，因此陈明了福音的总纲。然而，他并没有传扬基督的复活所彰显的神无法测度的全能和荣耀。当基督说"凡妇人所生的，没有一个兴起来大过施洗约翰的；然而天国里最小的比他还大"(太11:11 p.)时，他是指施洗约翰不如使徒。他在此并不是称赞人本身，而是说施洗约翰高过所有的先知，借此将福音的真道高举到无与伦比的地位。就如我们在另一处看到，基督称这福音之道为"天国"。施洗约翰说他自己只是"声音"(约1:23；参阅赛40:3)，仿佛他的地位在先知之下。他这样做并不是假装谦卑，而是教导神并没有将真正的使命交托给他，他只是担任先锋的职分，就如玛拉基所预言的："看哪，耶和华大而可畏之日未到以前，我必差遣先知以利亚到你们那里去。"(玛4:5)事实上，在他整个传福音的事工上，他只是预备人做基督的门徒。他也引用先知以赛亚的话证明这事工是神交托给他的。在这意义之上，基督称施洗约翰为"点着的明灯"(约5:35)，因日午尚未来到。然而这并不证明他不是传福音的人，因为他的洗礼与神之后交付给使徒的洗礼并无两样（约1:33）。而施洗约翰所开创的事工，在基督升天之后，众使徒就更放胆地完成了。

ͤ第十章　旧约与新约的相似之处＊

旧约的盟约与新约的盟约并无分别（1—6）

1. 问题

ͤ⁽ᵇ⁾可见，神在创立世界之前所预定得儿子名分的人，都是以同样的律法和教义与神立约，①这是极为重要的。稍后我将更具体地解释，族长们在这盟约之上的处境与我们有何不同，虽然他们与我们享有同样的产业，并且盼望同一位中保借其恩典所赐的相同的救恩。

ᵇ我们在律法书和先知书上所收集的见证证明：除了福音的教义之

---

① 在这一章，特别在第一至第五节和第八节中，加尔文解释盟约的教义。参阅 I. 6. 1 注释 3。神的盟约之所以成为神学的主要部分，是由于茨温利、奥科兰帕迪乌斯（Oecolampadius）、威廉·丁道尔（William Tyndale）、布塞（Bucer）和布林格的影响。撒迦利亚·乌尔西努斯（Zacharias Ursinus）（卒于1585年）和卡斯帕·奥利维亚努斯（Caspar Olevianus，卒于1587年）——海德堡的改革者，以及苏格兰的罗伯特·罗洛克（Robert Rollock，卒于1599年）发展了他们对盟约的观念。然而一直到第17世纪，借着《威斯敏斯特信条》（1647）第七章以及约翰·柯齐乌斯（John Cocceius）很有影响力的 *Summa doctrinae de foedere et testamento Dei*（1648），盟约神学才得以完整地发展。加尔文的教导没有预示《威斯敏斯特信条》中与恩典之约并行的工作之约或自然之约。参阅以下的文章："The Origins of Puritanism," by L. J. Trinterud, *Church History* XX (1951), pp. 37-57；"Calvin and Covenant Theology," by E. H. Emerson, *Church History* XXV (1956), pp. 186-144；and with reference to Scotland, "The Covenant Idea as a Revolutionary Symbol", by S. A. Burrell, *Church History* XXVII (1958), pp. 338-350。参阅 G. Schrenk, *Gottesreich und Bund in älteren Protestantisimus* (Gütersloh, 1923), and the discussion by G. D. Henderson of "The Idea of the Covenant in Scotland", *The Burning Bush: Studies in Scottish Church History*, ch. 4。

外，神的子民从未有过另一个敬畏神和行善的准则。然而，因神学家们常常激烈地争辩旧约和新约之间的差别，从而使单纯的信徒心存疑惑，我们将更充分和详细地讨论这问题。事实上，虽然这教导本来对我们极有益处，但因恶名昭彰的塞尔维特和重洗派的某些狂人将以色列人视为一群污秽的猪，因此我们不得不教导这教义。他们喋喋不休地说神在世上厚待以色列人，但却没有给他们天堂永恒的盼望。[②]所以，为了使敬虔之人远避这极为有害的谬误，同时为了排除在提到新、旧约之间的差别时所产生的难题，我们将略提神在基督降临之前与以色列人所立的约，以及在基督降临之后和我们所立的约彼此之间的相似和不同之处。

2. 主要相似之处

[b]这两约可以用一个词来解释。神与众族长所立的约在实质上和与我们所立的约完全一致，其差别在于立约的方式。当然，为了使人易于理解，我们后面会更详细地解释这差别。现在，在表明它们的相似之处或关联时，我们无须重述以上已教导的细节，我们也不打算在此谈论以后将探讨的问题。

[b]在此我们将从三方面阐述我们的立场。首先，我们认为神要犹太人仰望的目标并不是世俗的兴旺和快乐。相反，神收养他们是给他们永恒的盼望，并且以圣言、律法以及先知的预言使他们确信这收养。其次，神与他们立的盟约并不依靠他们的功劳，而是完全依靠呼召他们之神的怜悯。第三，他们拥有并认识基督为他们的中保，并借他与神联合，并在神的应许中有分。也许至今我们仍没有透彻地了解第二点，我们将在

[②] 塞尔维特坚持加尔文在这里所反对的立场。他说："在律法时代赦罪是属世的和属血气的。"他认为旧约信徒的信心也是属世的。*Christianismi restitutio* (1553), pp. 322, 324; 参阅 pp. 233, 237 ff., 305, 314, 321-326。

适当的时候详细解释。③因我们将以先知众多ᵇ清楚的见证证明：神从前向他百姓所应许或赏赐的一切福分，完全是出于他的慈爱。我们先前也已多次证明了第三点，并且对第一点也有所探讨。

3. 旧约仰望尚未应验的应许

ᵇ第一点特别与目前的主题有关，在这点上我们的论敌也更激烈地攻击我们，所以我们要更留意这一点。若我们在解释这点时有任何遗漏，我们将在适当的时候再做补充。使徒保罗无疑消除了我们有关这三点的一切疑惑，他说："这福音是神从前借众先知在圣经上所应许的"，并且在时候满足时，神宣告这关于他儿子的福音（罗 1∶2—3 p.）。同样，"神的义在律法以外已经显明出来，有律法和先知为证"（罗 3∶21）。的确，福音不会使人仅满足于今世的快乐，而是使人仰望永生的盼望。福音并没有使人贪恋世俗的享乐，反而因宣告天上的盼望，使人思念天国。保罗在另一处也明确地说："你们既听见真理的道，就是那叫你们得救的福音，也信了基督，既然信他，就受了所应许的圣灵为印记。这圣灵是我们得基业的凭据。"（弗 1∶13—14）又说："因听见你们在基督耶稣里的信心，并向众圣徒的爱心，是为那给你们存在天上的盼望；这盼望就是你们从前在福音真理的道上所听见的"（西 1∶4—5 p.），以及"神借我们所传的福音召你们到这地步，好得着我们主耶稣基督的荣光"（帖后 2∶14 p.）。所以福音被称为"救世的道"（徒 13∶26）、"神的大能，要救一切相信的"（罗 1∶16），以及"天国"（太 3∶2，13 章）。若福音的教义是属灵的，并能使我们获得永不朽坏的生命，那么我们就不要以为那些承受应许和听到福音预言之人，会忽略看顾自己的灵魂，④就如没有灵性的禽兽只追求肉体的享

---

③　III. 15-18.
④　"Neglectaque animae cura." 帕尼耶说这反映了人们对重洗派的一种不满：Pannier, Institution III. 288 and note b on p. 10。

乐。任何人在此不当随意地说，律法书和先知书上所隐含关于福音的应许是专为新约时代百姓的。⑤因为当使徒保罗提及福音早已在律法书上被应许时，立刻又说："律法上的话都是对律法以下之人说的。"（罗 3∶19 p.）我承认保罗是在另一语境下说这句话，但当他说律法所教导的一切是专为犹太人时，他并没有忘记他在前几节经文所说关于律法对福音的应许（罗 1∶2，参阅 3∶21）。当保罗说律法中包含对福音的应许时，他就充分证明，旧约时代所在乎的也是来世。

4. 即便在旧约中也是唯独借着恩典称义

ᵇ由此可见，旧约也是建立在神白白的怜悯之上，也是借中保基督得以确立。因为福音所宣扬的也是罪人唯有借着神父亲般的慈爱称义，而非借着人的功劳，并且这一切都在乎基督。如此，谁还敢擅自将犹太人和基督隔离呢？因圣经记载神与犹太人立了福音的盟约，并且基督就是这盟约唯一的根基，谁还敢擅自说犹太人与神白白的救恩无关？⑥因圣经记载神向他们启示因信称义的教义。为了避免我们在如此明显的事上徒然争论，我们要引用主自己的一句名言："亚伯拉罕欢欢喜喜地仰望我的日子，既看见了，就快乐。"（约 8∶56）使徒证明，基督在那里指着亚伯拉罕所说的话，适用于所有信徒，他说："耶稣基督昨日今日，一直到永远，是一样的。"（来 13∶8）保罗在那里所指的不仅是基督永恒的神性，也是指他的全能，就是神运行在各时代信徒身上的。所以，童贞女马利亚和撒迦利亚在他们的颂赞中，都称在基督里所启示的救恩为神在古时向亚伯拉罕和众族长所应许之救恩的应验（路 1∶54—55、72—73）。若神在差遣基督时，遵守并成全了他古

---

⑤ Servetus, *Dialogorumn de Trinitate libri duo: De justitia regni Christi* 1. 1, 4, fo. C 7a, D 16, D 2a (tr. E. M. Wilbur, *The Two Treatises of Servtus on the Trinity*, pp. 225, 230 f.).

⑥ Servetus, *De justitia regni Christi*, III. 3, fo. E 2a (tr. Wilbur, *op. cit.*, pp. 243 ff.).

时的诺言，我们就得承认旧约的本意就是要启示基督和永生。⑦

5. 盟约上的相似记号

ᵇ事实上，保罗说以色列人不但在盟约的恩典上与我们平等，也在圣礼的意味上与我们平等。保罗列举神在旧约中惩罚以色列人的方式，目的是防止哥林多信徒重蹈覆辙，犯同样的罪。他以此为前提论道：我们毫无理由自以为自己有任何的特权可以逃脱古时犹太人所遭遇神的报应，因神当时也赏赐他们与我们同样的福分，也在他们中间以同样的象征彰显他的恩典（参阅林前10：1—6、11）。⑧他仿佛在说："假如你以为因受了洗礼的印记，并天天领圣餐，又拥有神奇妙的应许就平安无事，但却同时藐视神的慈爱并放纵自己的私欲。你当知道，犹太人也不缺少诸如此类的象征，但神却严厉报应了他们。他们在穿越红海时和在保护他们免受阳光伤害的云柱中受过洗。"我们的论敌称以色列人过红海为属肉体的洗礼，并说这在某种程度上与我们属灵的洗礼相对应。然而若他们这观点是对的，那么使徒保罗的辩论就落空了。因为保罗在此有意要纠正一些基督徒的误解，他们以为因有洗礼的特权便比犹太人优越。保罗接着所说的话也反驳他们的误解："并且都吃了一样的灵食，也都喝了一样的灵水。"（林前10：3—4）保罗解释这里所指的是基督。⑨

6. 反驳根据《约翰福音》6：49、54 的异议

ᵇ为了推翻保罗的观点，他们引用基督的话，"你们的祖宗在旷野吃过吗哪，还是死了"（约6：49），"吃我肉的人就永远活着"（约6：54、

---

⑦ 布塞也说基督成全了旧约里的盟约，*Metaphrases et enarrationes perpetuaeepistolarum D. Pauli Apostoli*, 1536, p. 159。参阅 Benoit, *Institution* II. 198。为了明白教父（加尔文很熟悉的教父）对这教义的观点，请参阅 Irenaeus, *Against Heresies* IV. 9, 10 (MPG 7. 996-1000; tr. ANF I. 472 ff.)；Augustine, *On the Morals of the Catholic Church* 28. 56-58 (MPL 32. 1333; tr. NPNF IV. 56 f.)。

⑧ 参阅 Comm. I Corinthians 10：1-5。

⑨ Bucer, *Metaphrases et enarrationes perpetuae epistolarum D. Pauli Apostoli*, p. 158，说古时犹太人的圣礼与基督徒的圣礼基本上是一样的。加尔文在这段和下一段所批判的观念多半是塞尔维特的。

58）。要证明这两处经文是一致的并不困难。因主当时的听众只想得食物充饥，并不在乎灵魂的粮食，所以他屈就他们的理解力而说这番话，尤其是以吗哪和他们的身体做比较。他们要求主行神迹证明他的权威，就如摩西在旷野经历天上掉吗哪的神迹一样。然而他们以为"吗哪"只是满足当时犹太人肉体饥饿的食物，他们并没有参透保罗最在乎的奥秘。基督做这一比较，是为了使他们明白，他们当从他身上盼望远胜过他们的祖先从摩西手中所领受的福分。倘若你相信神借摩西赐以色列人天上的吗哪是伟大和值得纪念的神迹，使他们没有在旷野中饿死，而暂时维持他们的性命，由此我们就可推知，那赏赐人永生的食物是满足肉体的食物无法相比的。我们因此明白主为何略而不提吗哪主要的意义而只提它肉体上的作用，因犹太人有意要指控基督，便搬出摩西与他作对，因摩西以吗哪满足当时犹太人的需要。主回答说：他赏赐的是更高贵的恩典，而犹太人极为看重的满足肉体的食物与基督所赏赐的饮食相比便不值一提。保罗知道神从天上降下吗哪并不只是要满足他们的肚腹，也是要赏赐他们属灵的喻义，预表基督赐人属灵的重生（林前10：1—5）。所以他并没有忽略最值得思考的含义。由此我们全然确知，神不但将他如今赐给我们天上永生的应许同样也赐给犹太人，也给他们属灵的圣礼为印记。[x]奥古斯丁在《反摩尼教徒福斯图斯》（*Against Faustus the Manichee*）这部作品中对这个问题有详细的论证。[⑩]

对永生的盼望也证明：旧约的族长期待
应许在来生得以应验（7—14）

7. 族长有神的道，也有永生

[e(b)] 然而我的读者也许希望我引用律法书和先知书上的经文证明，

[⑩] Augustine, *Reply to Faustus the Manichaean* XV. 11；XIX. 16（MPL 42. 314, 356；tr. NPNF IV. 219, 244）. 第六节的最后一句话来自 1553 年的版本。

不但有基督和使徒，甚至连旧约的族长也为属灵的盟约作见证。^b我也乐意遵照读者的意思行，因为如此，我们的论敌也会被彻底地驳倒，并且无法回避这问题。

我要以此证据展开我的讨论，尽管我知道重洗派对此不屑一顾，然而对于相信真道以及愿受教导的人而言极有价值。^{e(b)}神的话语有赐人生命的能力并会使神一切预定得永生之人重生，这是理所当然的。彼得的这段话是永恒的真理，即神的话语是不能坏的种子，也是活泼常存的道（彼前1∶23），他也引用以赛亚的话证明这一点（彼前1∶24；赛40∶6）。既然神在古时以这圣约使犹太人与他自己联合，无疑，神据此将他们分别出来，赏赐他们永生的盼望。但当我说他们领受那使他们亲近神之道时，^b我所指的并不是那起初^b赏赐世界中所有受造物^{e(b)}生命的一般启示。尽管它赐生命给众受造物，但却无法救他们脱离败坏的辖制。我所说的事实上是那特殊之道，它不仅光照敬虔之人的心，也使他们认识神并在某种意义上与神联合。亚当、亚伯、挪亚、亚伯拉罕，以及其他的族长都借这真道的光照投靠神。因此我确信，他们已进入了神永恒的国度，因他们真正与神联合，而这联合与永生的福分是并存的。

8. 在旧约时代，神与他的百姓交通并借此赐他们永生

^b或许你仍然觉得模糊，所以我要再略提神如何与他的百姓立约。这将满足平心静气聆听的人，也将充分暴露那些反驳这真理之人的无知。神总是如此与他的仆人立约："我要作你们的神，你们要作我的子民。"（利26∶12）众先知也经常说生命、救恩和神所有的祝福都包含在这句话之内。大卫也经常宣称："有耶和华为他们的神，这百姓便为有福！"（诗144∶15）"神所拣选为自己产业的，那民是有福的！"（诗33∶12）这指的不是他们属世的福乐，而是既因神救他们脱离死亡，就永远眷顾他们并以他永恒的怜悯保守他们。其他先知也说："耶和华我的神……我们必不致死。"（哈1∶12 p.）"耶和华是给我们设律法的，耶和华是我们的

王,他必拯救我们。"(赛33:22)"以色列啊,你是有福的!谁像你这蒙耶和华所拯救的百姓呢?"(申33:29 p.)

但为了避免在这个问题上浪费时间,我们只要提先知常常记载的这事实:因耶和华是我们的神,所以我们必不缺乏他丰盛的祝福以及救恩的确据,必是如此!因为一旦神仰起脸光照人,这就是人得救恩的凭据,所以若神向人仰起脸,他怎能不同时给人他救恩一切的丰盛呢?他在这条件之下做我们的神,他要居住在我们中间,就如他借摩西所证实的那样(利26:11)。若神与人同住,那人必拥有生命。即使没有进一步的说明,神借这一句话就足以明确地应许犹太人属灵的生命:"我是你的神。"(出6:7)这意思是他不但是他们肉体方面的神,特别是他们灵魂的神。人的灵魂除非借义与神联合,否则就仍在死亡中与神疏远。另一方面,这样与神联合带给人永远的救恩。

9. 即使在旧约时代,神的慈爱也胜过死亡的权势

b除此之外,神不但宣告他是他们的神,他同时也应许做他们的神,直到永永远远。神如此说是要使他们有永恒的盼望,而不是只定睛于世俗的享乐,圣经多处记载旧约的圣徒对来世的领悟。神永不忘记对他们的应许,不但成为他们当时受难的安慰,也成为他们永恒的盼望。在这应许的后半部分,神更清楚地使他们确信他赐给他们的福分远超过今生:"我要作你和你后裔的神。"(创17:7 p.)既然神借祝福已死之人的后裔向他们宣告他的慈爱,这就证明这慈爱永不会离开他们。因为神不像人,人因死亡的阻隔,他们不再有机会善待朋友,就将他们对朋友的爱转移到朋友的子孙身上。然而,神的慈爱却不被死亡阻隔,因此并不会从死人身上收回他的怜悯,却因他们的缘故"向他们发慈爱,直到千代"(出20:6 p.)。神借这奇妙的应许向圣徒证明,他们死后将领受神这伟大、丰盛的慈爱。当神在亚伯拉罕、以撒以及雅各死后很长一段时间仍称自己为他们的神时,就印证了这应许的真实性,并表明这应许必得

应验（出3∶6）。神为何如此行呢？若他们已经不存在了，那么称自己为他们的神岂不荒唐吗？就如他说他是已不存在之人的神一样荒唐。福音书的作者叙述基督也以这证据驳倒了撒都该人（太22∶23—32；路20∶27—38），甚至使他们无法否认连摩西都为死人复活作见证，他们早就从摩西口中得知:"众圣徒都在神手中。"（申33∶3 p.）从这经文中不难推断，掌握生死的神所教导、看顾和保守的人，死亡也无法胜过他们。

10. 古时选民的福分不是属世的

ᵇ我们现在要讨论这问题的要点：旧约的信徒是否从神的话语得知他们死后必得更幸福的生命，并被教导轻看今生而默想来世。首先，神所指示他们的生活方式不断地提醒他们，若他们只在今生有指望，就比众人更可怜。亚当一回想他曾失丧的快乐便悲恸万分，因在那之后他要不息地劳苦才得以维持生活的需要。他不但因神的咒诅必须忍受这劳苦（创3∶17），且他一生中唯一的安慰也成为他极大的痛苦。他的两个儿子中，其中一个邪恶地杀了另一个（创4∶8）。亚当每当看到他仅存的儿子，必定厌恶他，也想驱逐他。亚伯在青年时期被残酷地谋杀是人类悲剧的明证。当世人正痛快地享乐时，挪亚却耗费他一生大半的时光劳碌建造方舟（创6∶22），救他脱离死亡的方舟同时带给他比死亡更难熬的苦境。住在方舟里的那十个月无异于住在黑暗的坟墓里，如此长久地被关在堆满动物粪便的方舟里绝无乐趣可言。在他度过如此大的困境之后，又落入新的忧伤之中。在他亲生的儿子嘲笑他之后，神吩咐他亲口咒诅他，虽然他借神极大的恩惠得以在洪水中安然无恙（创9∶24—25）。

11. 亚伯拉罕的信心

ᵉ若我们思想ᵇ亚伯拉罕的信心，ᵉ就当视他能抵千万人，神将这信心摆在我们眼前作为信徒最好的榜样。神的儿女都被称为亚伯拉罕的后裔（创12∶3），若亚伯拉罕是众信徒之父（参阅创17∶5），却说他没有永恒的福分，岂非荒唐？既然他在信徒中拥有最高的地位，若说他没有获得众信徒将得到的福分，这等于抹去整个教会。亚伯拉罕的生平如下：[b]当神第一次呼召他时（创12∶1），他被迫离开自己的国家、父母以及朋友，即世人所看为最宝贵的一切，就如神故意要夺去他今生所有的快乐。在他到达神吩咐他前往之地时，却因饥荒必须离开那地（创12∶10）。为了求助，他逃到一个地方，在那里，为了活命，他使他的妻子落入被强暴的危险中（创12∶11及以下），这对他而言比死更痛苦。在他返回居住地之后，又因饥荒必须再次离开。住在时常饥荒之地，若不时常离开就会饿死，有何幸福可言呢？他在亚比米勒之地也难免同样的遭遇，甚至为了活命而丧失他的妻子（创20∶1及以下）。在多年的四处漂流中，他在仆人不断争吵的压力下，打发他珍爱如子的侄子离去（创13∶5—9）。无疑，这场分离就如锯掉他的手臂一样痛苦。不久之后，亚伯拉罕听说仇敌掳去了他的侄子（创14∶14—16）。不管他到何处，他都遇到野蛮可怕的邻居，他们甚至不容他喝自己亲手辛苦所挖之井里的水，倘若基拉耳王禁止他使用这些水井，他就无法再使用这些水井（创21∶25—31）。到了年老力衰的暮年时，他仍无儿女（创15∶2），这是年老时最困苦的处境。最后在绝望中，他生了以实玛利（创16∶15），然而这儿子的出生使他付出极重的代价。撒拉不断的埋怨使他厌倦，就像是他驱使那女仆对撒拉狂傲无礼而导致他们家庭的不和（创16∶5）。最后，以撒出生了（创21∶2），然而在这情形之下，长子以实玛利却被逐出家门，像仇敌一样被离弃（创21∶9及以下）。因此，亚伯拉罕只能从以撒身上得安慰，不久神却又吩咐他将这儿子献上为祭（创22∶1及以下）。父亲要亲手处决自己的亲生儿子，难道有比这更可怕的吗？若以撒病死了，谁都会以为亚伯拉罕是最悲惨的人，神赏赐他儿子只是要嘲弄他，而膝下无子的悲伤将更加倍！对于亚伯拉罕来说，以撒若被陌生人谋杀，将比病死更痛苦。然而，父亲必须亲手杀死自己的儿子，没有比这更痛苦的灾难了！简言之，他的一生坎坷不平、颠沛流离，若有人想描绘一幅一生充满悲剧的图画，没有比亚伯拉罕的一生更合适的了！然而人们不可说：亚伯拉罕并非那么悲惨，因他至终平安度过如此众多的大患难。没有人会说一个人一辈子在无数的患难中艰苦挣扎却是快乐的，反而是一生没有遭遇患难、平安度日的人才称得上。

12. 以撒和雅各的信心*

^b以撒的遭遇不如亚伯拉罕的悲惨，却也极少尝到甘甜的滋味，他自己也经历了许多无法使他在世上快乐度日的困扰。他因饥荒被迫离开迦南地（创26：1），他的妻子从他怀中被夺去（创26：7及以下），他的邻居不断地攻击他，并在各方面欺压他，迫使他也为水争战（创26：12及以下）。在家里，他的儿媳使他异常烦躁（创26：34—35）。他两个儿子的争吵是他的另一个苦恼（创27：41），为了解决这棘手的难题，他不得不放逐他所祝福的儿子（创28：1、5）。

至于雅各，他是极为不幸的化身。⑪在家中，他在哥哥的威吓下度过极为痛苦的少年时期，至终被迫离家出走（创27：41—45）。当他离开父母和故乡之后，除了经受被放逐之苦，他还要忍受他舅舅拉班比他哥哥更糟的对待（创29：15及以下）。他不但在冷酷无情的奴役下熬过了七年的时光（创29：20）——拉班以奸计哄骗他——还没有娶到他所爱的女人（创29：23—26）! 为了娶到他心爱的女人，他不得不再做拉班的奴仆（创29：27），白天忍受烈日的炙烤，夜间受尽寒霜摧残，痛苦得不得阖眼，就如他亲口所抱怨的那样（创31：40）。在这二十年极为艰难的日子中，他的岳父每日以诡诈待他，使他痛苦不堪（创31：41）。而他在自

---

⑪ "Extremae infoelicitatis insigne est exemplar." 就加尔文而论，族长——神的选民，一生中所遭遇的一切尽都是患难和困苦。这与他其他作品的教导完全一致，也证明某些人自以为是地以为，加尔文认为今生的富足表示神对人的拣选，这是毫无根据的。参阅 McNeill, *The History and Character of Calvinism*, pp. 222 f., 418 ff. On Jacob, 参阅 Ambrose, *On the Duties of the Clergy* 2.5 (MPL 16. 114ff.; tr. NPNF 2 ser. X. 46 f.)。

己的家中也不得安宁，这家由于两妻的怨恨、纷争以及嫉妒，几乎四分五裂（创30：1及以下）。在神吩咐他返回故乡时，他不得不暗地仓皇逃离（创31：17及以下）。然而在逃离的途中，仍遭其岳父的辱骂（创31：23）。不久之后，更沉重的忧伤侵袭他。在他即将与他哥哥见面时，他想象残暴的仇敌所能杀害他的各种方式。所以在他等候以扫时（创32：7、11），他的心恐惧不安，遭受难以想象的煎熬。当他见到以扫时吓得仆倒在他脚前，直到他发觉他哥哥对他出乎意料的好（创33：1及以下）。之后，在他进入故乡后，他又失去最亲爱的妻子拉结（创35：16—20）。不久，他听到他心爱之妻所生的儿子——他最钟爱的儿子被野兽撕裂吞吃了（创37：31—32）。他因儿子的死悲痛欲绝，在长久的痛苦后他听不进一切的劝慰，他在绝望中宣告，他将悲哀至死并到坟中见他的儿子。祸不单行，他的女儿被强暴（创34：2，5），他的众子鲁莽地复仇（创34：25），不但使当地的居民厌恶他，还让他处于随时可能被谋杀的危险之中（创34：30）。这一切都使他忧虑、悲伤，以及痛恨不已！更有甚者，他的长子流便犯下滔天大罪（创35：22）。男人的妻子遭到玷辱被视为最大的不幸之一，更何况这罪是他亲生的儿子所犯的！接踵而至的是他的家又被乱伦所污秽（创38：18）。凡此种种耻辱的经验就连最坚强的人也会被击垮！到了迟暮之年，在使全家脱离饥荒而奋力挣扎的过程中，他又为另一噩耗所震惊：他的一个儿子被囚入狱。为了使他得释放，雅各被迫将便雅悯（他一生中仅剩唯一的安慰）交给别人看管（创42：34、38）。谁能想象在他患难连连的一生中，连瞬间的宁静都没有呢？因此，作为一个自己一生经历最好的见证人，他向法老王说：我平生的年日又少又苦（创47：9）。他坦言他的一生充满悲剧，又完全否认他经历过神曾应许他的兴旺之日。所以，雅各若非恶毒、忘恩负义地否定神的恩惠，就是他坦白承认在世上过了悲惨的一生。若他这样说是真实的，就证明他所盼望的不是属世之事。

13. 族长寻求永生

ᵇ既然这些圣洁的族长盼望从神那里获得有福的生命，就证明他们明白并相信这福分不是属世的。使徒极美地表达了这一点："亚伯拉罕因着信，就在所应许之地作客，好像在异地居住帐篷，与那同蒙一个应许的以撒、雅各一样。因为他等候那座有根基的城，就是神所经营所建造的……这些人都是存着信心死的，并没有得着所应许的；却从远处望见，且欢喜迎接，又承认自己在世上是客旅，是寄居的。说这样话的人是表明自己要找一个家乡。他们若想念所离开的家乡，还有可以回去的机会。他们却羡慕一个更美的家乡，就是在天上的。所以神被称为他们的神，并不以为耻，因为他已经给他们预备了一座城。"（来11：9—10、13—16 p.）他们若在毫无指望的情况下仍盼望在世上而不是在另一处得到神所应许的，这是愚不可及的。保罗和摩西都肯定信徒称今生为"寄居"（创47：9），既然犹太人在迦南地是客旅和寄居的，那如何说神使他们做亚伯拉罕后裔的应许没有落空呢？显然，神应许他们将拥有的产业不是世上的。所以，神在迦南之地"连立足之地也没有给他们"（徒7：5 p.），除了他们的坟地以外。这证明他们只盼望在死后领受神所应许的。这就是为何雅各吩咐约瑟向他起誓要将他葬在迦南地（创47：29—30）；这也是约瑟吩咐以色列人将他的骸骨搬到迦南地的原因，虽然几个世纪之后他的骸骨早已化为灰烬（创50：25）。

14. 死对圣徒来说是进入永生之门*

ᵇ最后，我以上已充分证明：众族长在他们今生一切的劳苦中仰望来世永生的福分。若雅各所期待的不是更高的福分，他为何如此渴望并冒极大的危险获取长子的名分呢？因这迫使他离家出走，并几乎丧失产业，也没有给他带来任何的益处（创27：41）。在他奄奄一息时，他宣明自己的意图："耶和华啊，我向来等候你的救恩。"（创49：18，Vg.）既然他知道他即将死去，那么他所等候的救恩难道不就是在他死后拥有新生的开始吗？我们也无须讨论敬虔之人的看法，因为连想攻击真理的人都明白这点。"我愿如义人之死而死；我愿如义人之终而终……"（民23：10 p.）巴兰的这句话是什么意思呢？除非他也明白此后大卫所宣告的真理："在耶和华眼中看圣民之死，极为宝贵"（诗116：15），然而"恶人之死是可憎恶的"（诗33：22，Vg.，34：21，EV）。若今生最终的结局就是死，⑫那么义人和恶人之死就无两样。然而他们死后的结局是截然不同的。

引用大卫、约伯、以西结以及其他先知的话继续讨论这主题（15—22）

15. 大卫对盼望的宣告

ᵇ到目前为止我们只谈到摩西所记载的启示。根据我们敌人的观点，摩西所担任的职分只是借肥沃之地和今世的丰盛引诱属血气之人敬拜神。然而，除非我们故意拒绝神所启示的亮光，否则我们当已经拥有神借摩西启示出来的属灵的盟约，而且旧约先知的书卷中清楚地启示永生和基督的国度。

既然大卫是旧约时代早期的先知，虽然神预定他描述天上奥秘的事不如后来的先知清晰，但他仍然清楚并肯定地记载来世的盼望。

以下的话证明他如何看待属世之事："我在你面前是客旅，是寄居的，像我列祖一般。"（诗39：12）"各人最稳妥的时候，真是全然虚幻。世人行动实系幻影"（诗39：5—6 p.），"主啊，如今我等什么呢？我的指望在乎你！"（诗39：7）的确，人若承认世上并无可靠之事而坚定地信靠神，就证明他的快乐不在这世上。当大卫安慰信徒时，他习惯地提醒他们默想这事实。

---

⑫ "Ultima linea et meta." 参阅 Horace, *Epistles* I. 16. 79; "Mors ultima linea rerum est." (LCL edition, Horace, *Satires, Epistles, and Ars Poetica*, p. 356.)

在另一处经文中，在他提到人生苦短后，又说："但耶和华的慈爱，归于敬畏他的人，从亘古到永远。"（诗103：17）这与他在《诗篇》102篇中所说的相似："你起初立了地的根基，天也是你手所造的。天地都要灭没，你却要长存；天地都要如外衣渐渐旧了，你要将天地如里衣更换，天地就都改变了。唯有你永不改变；你的年数没有穷尽。你仆人的子孙要长存，他们的后裔要坚立在你面前。"（诗102：25—28，参阅101：26—29，Vg.）既然天地灭绝后，敬虔之人仍在神面前立定，这就证明他们的救恩是永恒的。

然而这盼望若不建立在以赛亚所宣告的应许之上，便必站立不住，神说："天必像烟云消散，地必如衣服渐渐旧了；其上的居民，也要如此死亡。唯有我的救恩永远长存，我的公义也不废掉。"（赛51：6，Vg.）神在此强调的不是神的义和救恩本身的永恒性，而是强调人所经历到的永恒性。

16. 其他关于来世的经文[*]

[b]大卫在《诗篇》中多处歌颂义人的兴旺，这些经文若非指天堂的荣耀，就毫无意义。譬如："你们爱耶和华的……他保护圣民的性命，搭救他们脱离恶人的手。"（诗97：10）"散布亮光是为义人；预备喜乐是为正直人。"（诗97：11）"他的仁义存到永远。他的角必被高举，大有荣耀。"（诗111：9，Vg.；诗112：9，EV.）"恶人的心愿要归灭绝。"（诗111：10，Vg.，112：10，EV.）"义人必要称赞你的名；正直人必住在你面前。"（诗139：14，Vg.，140：13，EV.）"义人被记念直到永远。"（诗112：6）"耶和华救赎他仆人的灵魂"（诗34：22）。神常常容许恶人出于私欲杀害他的仆人，容许义人在黑暗和污秽中衰残，也容许恶人如众星闪耀。神有时也向信徒掩面，不让他们长久享有世上的快乐。因此，甚至大卫也毫不隐瞒地说：若信徒将盼望放在今世，他们必大受诱惑，以为神不喜悦敬虔之人。不敬虔之人在世昌盛繁茂，而义人却遭遇羞辱、

穷困、藐视，并背各种十字架！⑬ 大卫说："我的脚几乎失闪，我的脚险些滑跌。我见恶人和狂傲人享平安，就心怀不平。"（诗 73：2—3）之后他的结论是："我思索怎能明白这事，眼看实系为难，等我进了神的圣所，思想他们的结局。"（诗 73：16—17）

17. 义人的盼望胜过今世的患难并指向永世

ᵇ所以，我们应当从大卫的告白中学到：旧约时，圣洁的族长相信神在今世很少或根本没有应验他对他仆人的应许，所以他们满心仰望永世，在那里获得今世的影儿所无法提供的。这永世就是神最后的审判，虽然他们的肉眼看不见，却以信心明白。他们确信无论在今世有何遭遇，总有一天神的应许必得以应验，且不迟延。有这些经文为证："我必在义中见你的面。我醒了的时候，得见你的形象，就心满意足了。"（诗 17：15 p.）"我就像神殿中的青橄榄树"（诗 52：8p.），"义人要发旺如棕树，生长如黎巴嫩的香柏树。他们栽于耶和华的殿中，发旺在我们神的院里。他们年老的时候，仍要结果子，要满了汁浆而常发青。"（诗 92：12—14）ᵉ大卫曾说："耶和华……你的心思极其深……恶人茂盛如草，一切作孽之人发旺的时候，正是他们要灭亡，直到永远。"（诗 92：5、7 p.）义人的美丽和光荣难道不就是在神的国度的显现揭去这世界的面具之后才得以彰显吗？当他们举目仰望那永恒之福，就不会介意今世暂时的患难，从而坦然无惧地说："他永不叫义人动摇。神啊，你必使恶人下入灭亡的坑。"（诗 55：22—23）今世哪里有永恒吞灭恶人的坑呢？另一处描述恶人之快乐的经文是："他们度日诸事亨通。"（伯 21：13，参阅 Comm.）既然圣徒如大卫常常悲叹的那样，不仅遭遇大患难，而且受压制，甚至被吞灭，那么他们的安稳何在呢？大卫所仰望的并不是这如大海般翻覆不定

---

⑬ 加尔文因强调旧约应许的末世论方面，就倾向于轻看今世的盼望。参阅 Pannier, Institution III. 290, note *d* on p. 25。

的世界，而是神将来有一天对天地永恒的判决。

诗人在另一段经文中恰当地描述道："那些倚仗财货自夸钱财多的人，一个也无法赎自己的弟兄，也不能替他将赎价给神……他必见智慧人死，又见愚顽人和畜类人一同灭亡，将他们的财货留给别人。他们心里思想，他们的家室必永存，住宅必留到万代；他们以自己的名，称自己的地。但人居尊贵中不能长久，如同死亡的畜类一样。他们行的这道，本为自己的愚昧，但他们以后的人，还佩服他们的话语。他们如同羊群派定下阴间，死亡必作他们的牧者。到了早晨，正直人必管辖他们。他们的美容必被阴间所灭，以致无处可存。"（诗49：6—14 p.，参阅Comm.）诗人嗤笑愚昧人专靠今世转眼即逝之所谓的福气，表示智慧人当寻求不同的快乐。大卫也记载在恶人被毁灭之后，神将兴起义人的国度，这就是复活的大奥秘。"早晨便必欢呼"（参阅诗30：5）[14]这句话所启示的，难道不就是在今生结束之后，圣徒将获得新的生命吗？

18. 信徒幸福结局和恶人悲惨结局的对照*

ᵇ因此，信徒喜用这话作为患难时的安慰："他的怒气不过是转眼之间，他的恩典乃是一生之久。"（诗30：5）既然他们几乎一生多灾多难，怎么可能在刹那间彻底告别他们的困苦呢？既然他们很少尝到神永恒慷慨的甘甜，又怎能提说这甘甜呢？若他们所盼望的是今世的事，这根本就不是他们的经验。但既因他们所仰望的是永世，所以他们就相信圣徒的十字架只是"暂时"背负的，而他们所领受的怜恤却是"永远的"（赛54：7—8 p.）。另一方面，他们也相信那些在虚幻中暂时享乐的恶人将受永远的灭亡，圣经也如此记载："义人的记念被称赞；恶人的名字必朽烂。"（箴10：7）"在耶和华眼中看圣民之死，极为宝贵。"（诗116：15）"恶人之死是可憎恶的"（诗34：21 p. EV），"耶和华必保护圣民的脚步，

---

[14] 加尔文在这里用《诗篇》49：6－14 的 "Lucis exortum"（早晨）取代这经文的 "exorta luce"（早晨）。

使恶人在黑暗中寂然不动"(撒上2：9，Vg.)。

这些经文证明古时的信徒确信他们虽然受尽苦难，但结局是永生和救恩，而恶人虽然在今世亨通，却借此渐渐滑入死亡的旋涡。所以恶人之死被称为"未受割礼之人的毁灭"(结28：10；参阅31：18，32：19及以下等)，意即他们与重生的盼望无分，故而大卫想不出比这更可怕的咒诅："愿他们从生命册上被涂抹，不得记录在义人之中。"(诗69：28)

19. 约伯对永生的见证

ᵇ约伯如下的描述还要更独特一些："我知道我的救赎主活着，末了必站立在地上……我必在肉体之外得见神。"(伯19：25—26)那些想炫耀自己机智之人，反对这所指的是最后的复活，而说这是约伯盼望神恩待他的第一日。⑮我们承认这经文也包括这意思，然而我们也要迫使他们承认，若约伯的指望只在今世，他的这指望就必定落空。因此，我们必须承认他所仰望的是永世里的永生，因他确知即使他躺卧在坟墓里，他的救赎者也必与他同在。的确，就那些只思念今生之事的人而论，死就是他们最终的绝望，然而死亡却没有灭绝约伯的盼望。他说："他即使杀我，我仍旧信靠他。"(伯13：15，Vg.，参阅Comm.)

吹毛求疵之人不当对我吼叫说，这只是少数几个人的看法，不足以证明犹太人相信这教义。我要立即回答他，这少数几个人的看法并不是神向聪明绝顶之人所启示的深奥智慧。他们反而受圣灵的差派作一般老百姓的教师，他们广传神希望众人明白的奥秘，而以这些奥秘应成为信徒信仰的准则。所以，当我们读到圣灵借圣言清楚教导犹太人属灵的生命时，我们若将之贬低为神只是与他们立属肉体的约，只应许他们属世的福分，这是无法被容忍的悖逆。

---

⑮ 参阅 III. 25. 4。加尔文在他的 *Psychopannychia* 里，为了反驳"灵魂死后沉睡"的教义，解释了《约伯记》中的好几处经文 (CR V. 228 ff.；tr. Calvin，*Tracts* III. 486 ff.)。

20. 先知对永生的见证

ᵇ后来的先知更清楚证明我们的立场是正确的。我们已无可辩驳地引用大卫、约伯和撒母耳的话证明我们的观点,然而后来的先知所说的更有说服力了。神井然有序地施行他的怜悯之约,越临近启示完成之日,神的启示就越清楚。⑯起初在神赏赐亚当关于救恩的第一个应许时(创3∶15),这启示的光就如微弱的火星,之后这光便越来越明亮,最后当一切疑云被驱散,基督那公义的日头就明亮地照耀全地(参阅玛4∶2)。我们无须担心众先知所说的会与我们的立场冲突,相反,我们有众多铁一般的证据,若要尽述这些证据,这本书就没法写完了。我想我以上所列举的证据就足以使读者明白旧约对这问题的教导。

然而我要提醒读者的是,只要运用我以上所教导的原则,就能明白旧约对这问题的立场,⑰即当先知们叙述旧约信徒的祝福时,极少与今生有关。⑱我们应当留意这点:为了更恰当地称颂神的良善,先知以今世的福分预表来世属灵的福分。他们描绘出未来的蓝图,以便使百姓仰望超乎这将朽坏之今世的一切(参阅加4∶3),这必会激励他们默想永世属灵的福分。

21.《以西结书》中平原的骸骨*

ᵇ我们只需要举一个例子。当以色列人被掳到巴比伦时,他们意识到这掳掠如同死亡。因此,他们只将以西结预言以色列人的复兴视为神话。要澄清他们的误会绝非易事,他们甚至认为将来的复兴就如腐烂的尸体复活一样是不可能的!然而神为了证明这难题无法拦阻他彰显他对

---

⑯ 在这很伟大的一段话中,以及在其他许多处,加尔文很有说服力地告诉我们,神的启示是渐进式的。为了更明白加尔文对这越照越明之黎明的光,参阅 Comm. Gal. 3∶23, and Benoit, *Institution* II. 213, 注释 3。参阅 Pannier, *Institution* III. 32, 291; Fuhrmann, *Godcentered Religion*, pp. 84 f.。参阅 "accommodation" in Index III。

⑰ 参阅 II. 9. 1-4。

⑱ "Vix minima vestigia." 参阅第十一至第十四节。加尔文一直强调神的选民在今世不会经历到世俗的兴盛。

百姓的爱，就让以西结观看异象：平原遍满骸骨，神以他话语的权柄瞬间赐生命给这些枯骨（结37∶1—14）。的确，这异象当时改变了百姓的不信，同时也说服犹太人相信神的大能远不止使他们复兴，因为神能在转瞬间使枯干四散的骸骨复活过来。以下摘录一段《以赛亚书》中与以西结的预言类似的经文："死人要复活，尸首要兴起。睡在尘埃的啊，要醒起歌唱，因你的甘露好像菜蔬上的甘露，地也要交出死人来。我的百姓啊，你们要来进入内室，关上门，隐藏片时，等到愤怒过去。因为耶和华从他的居所出来，要刑罚地上居民的罪孽。地也必露出其中的血，不再掩盖被杀的人。"（赛26∶19—21 p., 参阅 Comm.）

22. 其他先知的见证*

ᵇ然而，若有人企图以这原则套用在其他关于圣徒来世福分之应许的经文上，是愚昧的，因为有许多应许更直接地指出，神为他国度里的信徒预备永生的福分。我们已引用过其中的一些经文。另有多处与此类似的经文，尤其是以下这两处。第一处在《以赛亚书》中："耶和华说：'我所要造的新天新地，怎样在我面前长存，你们的后裔和你们的名字，也必照样长存。每逢月朔、安息日，凡有血气的必来在我面前下拜。'这是耶和华说的。'他们必出去观看那些违背我人的尸首，因为他们的虫是不死的，他们的火是不灭的……'"（赛66∶22—24）另一处在《但以理书》中："那时，保佑你本国之民的天使长米迦勒必站起来。并且有大艰难，从有国以来直到此时，没有这样的。你本国的民中，凡名录在册上的，必得拯救。睡在尘埃中的，必有多人复醒。其中有得永生的，有受羞辱永远被憎恶的。"（但12∶1—2, Vg., 稍作改动）

23. 总纲和结论：新、旧约对永生的教导是一致的

ᵇ还有两个重点需要一提：旧约的族长（1）拥有基督做他们盟约的凭据，以及（2）信靠基督赏赐将来的福分。这两点是明显的，无须再费

时证明。现在我要大胆立定连魔鬼也驳不倒的原则：神与以色列人所立的旧约不仅限于今世之事，也包含属灵和永生的应许。当时一切真诚相信这盟约的信徒必定期待这应许。然而，人当远避这疯狂和有害的论调，即神应许犹太人或他们所期望的只是饱足的肚腹、肉体的欢愉、财富的加增、显赫的地位、儿孙满堂，以及一切属血气之人所看重的！直到如今我们的主耶稣基督唯一所应许他门徒的天国，就是他们将来要"与亚伯拉罕、以撒、雅各一同坐席"（太8：11）。彼得宣告与他同时代的犹太人是福音恩典的后嗣，因他们是"先知的子孙，也承受神与你们祖宗所立的约"（徒3：25 p.）。主不但在言语上证明这点，也行神迹来证明。在他复活之日，他使许多圣徒与他的复活有分，他使他们从坟墓里出来，进入耶路撒冷圣城，被许多人看见（太27：52—53）。他借此保证他在成就救恩上所行的义和所受的苦是为了我们，也为旧约的信徒。彼得也证明，旧约信徒确实拥有使我们重生信心的圣灵（徒15：8）。既然圣经记载住在我们里面如永生火花的圣灵［因此圣灵被称为我们得基业的凭据（弗1：14）］同样也住在他们里面，那么我们凭什么否认他们也将得这基业呢？更令人惊讶的是，撒都该人在圣经如此清楚的教导下仍否定死人复活和灵魂的存在（太22：23；徒23：8）！⑲

虽然今日的犹太人仍迟钝地等候弥赛亚属世的国度，然而圣经预言他们将因拒绝福分受这样的审判，因为神给犹太人的应许是属灵和关乎永生的。神喜悦以他公义的审判弄瞎那些因拒绝天上的亮光，故意进入黑暗之人的心眼。所以尽管他们常常阅读并思考摩西的律法，却仍被帕子蒙住，看不见摩西面上的光（林后3：13—15）。他们若不归向基督，摩西的面对他们而言仍是隐藏的，因为他们极力将摩西的话和基督分开。

---

⑲ "Animarum substantiam." VG；"Immortalité des ames."

ᵉ第十一章　新旧约之间的区别

旧约与新约在五方面不同：属世的福分
表示属灵的福分（1—3）

1. 旧约强调属世的福分，却指向天上的事*

ᵇ那么，你或许会问，难道新、旧约之间没有什么区别吗？如何解释新、旧约中强烈对比的经文呢？

我承认新、旧约圣经之间的确有区别，但我们对此区别的解释不可破坏圣经的一致性，当我们依次讨论这些区别时就会很明显。据我所知，有四种主要的区别，若有人说是五种区别，我也不会反对。我要证明的是，这些区别只在于新、旧约启示方式的不同，而不在于启示本身。如此看来，既然基督是旧约和新约应许的根基，那么我们就没有根据说它们不是一致的。①

第一种区别是：神从万古就喜悦他的百姓思想和仰望他们在天上的基业；然而，为了使他们更渴慕这盼望，他借属世的福分向他们呈现天上的基业。但既然如今福音更明确地彰显永世的恩典，神就引领我们直

---

① 参阅 II. 10. 1。

接默想永生的事,而不再使用他从前用来教训以色列人的次等方式。

那些不留意神这计划的人,认为古时的百姓只在乎神应许他们的属世福分。他们从圣经上读到迦南地常被描述为遵守律法之人将获得的至高和唯一的奖赏。他们也读到神最严厉地刑罚那些违背他律法之人的方式,是将他们从这应许之地放逐至陌生之地(参阅利26:33;申28:36),这也几乎就是摩西所记载的一切福分和咒诅。他们借这证据断然推论,犹太人从万族中被分别出来并非为了他们,而是为了之后的人,是为了要给基督教会外在的象征,使他们借此看到属灵福分的证据。然而圣经有时表明神给他们这些属世的福分,是要亲手引领他们盼望天上的事。所以,不顾这喻义而妄加解释是极愚蠢的。

我们与这种人争辩的根据是:他们教导说,以色列人视神应许他们的迦南地为最高和至终的福分,只是在基督降临之后,对我们而言,这福分成为天上基业的预表。②相反,我们深信以色列人借属世的基业如在镜中看到神在天上早已为他们预备好那来世的基业。

2. 属世的应许适合旧约教会的幼年时期,只是神不要他们因此只盼望地上的事

ᵇ我们若思考保罗在《加拉太书》信中所做的比较,这事实就更为明显。他将犹太国比作孩童继承人,因他还不懂得照顾自己,所以必须在监护人的照顾之下(加4:1—2)。虽然保罗的这比较主要是应用在礼仪律上,然而我们在此将之应用在神给以色列人的应许上也是恰当的。所以神预备同样的基业给他们和我们,然而他们当时因年幼③而不能从这启示上获益。他们当中的教会与如今的教会一样,只是他们的教会当时处于幼年时期。所以,神在这属世福分的启示下并没有直接给他们清楚

---

② 塞尔维特说:对基督徒而言,律法中的应许有属灵的应验,然而当时的犹太人"就满足了进入迦南地,享受奶和蜜"; *De justitia regni Christi* (1532) I, fo. D 16; tr. E. M. Wilbur, *op. cit.*, p. 230。

③ 参阅 I. 11. 3;II. 9. 3。

的属灵应许，而是借属世的应许预表属灵的。因此，当神赐给亚伯拉罕、以撒、雅各，以及他们的后裔永生的盼望时，他应许赐他们迦南地为业。这并不会成为他们最终的盼望，而是当他们默想这应许之地时，他们就能学习盼望他们真正的基业，也就是神未曾向他们显明的基业。为了使他们不致误解，神就赏赐他们更宝贵的应许，证明迦南地并不是神最大的祝福。所以当神向亚伯拉罕应许迦南地时，他并没有容许亚伯拉罕以此为足，反而以更丰盛的祝福使他抬头仰望神自己。神亲口对他说："我是你的盾牌，必大大的赏赐你。"（创 15∶1 p.）

在此我们看到亚伯拉罕最终的赏赐在于神自己，免得他在世上寻求稍纵即逝、难以捉摸的奖赏（参阅加 4∶3），而当寻求永不衰残的基业。之后神加上迦南地的应许只是表示他的恩惠并预表天上的基业。圣徒们亲口证实他们已预尝到这基业。因此，大卫从属世的祝福上看到至高至终的祝福。他说："我的肉体和我的心肠衰残，但神是我心里的力量，又是我的福分，直到永远。"（诗 73∶26 p.，参阅 84∶2）"耶和华是我的产业，是我杯中的份；我所得的，你为我持守。"（诗 16∶5）"耶和华啊，我曾向你哀求，我说：'你是我的避难所，在活人之地，你是我的福分。'"（诗 142∶5）

可见，如此说的人证明他们的盼望超过世界和一切属世的福分。然而众先知多半借神赐给他们属世的预表仰望来世的福分。我们应当在此意义上理解以下的经文："正直人必在世上居住"（为业）（箴 2∶21 p.），然而"恶人必然灭亡"（伯 18∶17 p.；参阅箴 2∶22；参阅传 41∶9，Vg.，参阅 41∶6，EV）。《以赛亚书》中的许多经文都告诉我们耶路撒冷将充满各样的财富，锡安将涌出各样的宝物（参阅赛 35∶10，52∶1 及以下；60∶1，60∶4 及以下，62 章）。这一切的福分不可能是指我们世上的基业或耶路撒冷，而是信徒真正的归宿，即天上的家乡："在那里有耶和华所命定的福，就是永远的生命。"（诗 133∶3）

3. 肉体的祝福和刑罚都是预表

ᵇ这就是为何旧约的圣徒珍惜今生的生活和属世的福分，胜过我们今日所当珍惜的。尽管他们清楚地知道这些并不是他们至终的福分，然而因他们晓得神为了屈就他们的软弱，故将他的恩惠印在这些福分之上，神以其甘甜吸引他们，胜过他们自己直接默想神的恩典。神既然借赏赐当时的信徒属世的福分，为要预表属灵的福分，他同时也借肉体的刑罚预表恶人将来的审判。就如当时的信徒借属世的福分明白天上的福分，同样地，在肉体的刑罚上也是如此。愚昧人因不思想神刑罚和奖赏的预表性，就推论神是善变的。神从前严厉并可怕地刑罚人的每一项罪，如今似乎已脱去先前发怒的情绪，不再严厉或很少刑罚恶人。他们甚至如摩尼教徒一样幻想旧约和新约的神是不同的。④然而，只要我们留意神在旧约的启示方式，就能消除这一切的疑虑。他喜悦在那时以帕子蒙住他与以色列百姓所立的盟约，而用属世的祝福预表将来永恒福乐的恩典，并以肉体的刑罚预表属灵之死的可怕。

旧约中借象征和仪式所教导的真理都是预表基督（4—6）

4. 启示方式的不同含义

ᵇ新、旧约之间的第二种区别在于预表。在基督未降临之前，旧约以象征和影儿预表基督的实体；新约则启示这真理的实体。圣经在提到新、旧约之间的对比时，几乎每一次都提到这区别，而《希伯来书》最为完备地解释这一点。⑤在这封书信中，使徒反驳那些以为废除摩西的礼仪律无异于毁坏整个基督教信仰的谬论，因此在书信中强调先知大卫关于基督祭司职分的预言（诗110：4；来7：11）。既然神赋予基督永恒祭

---

④ Servetus, *De justitia regni Christi* III, fo. D 8a-b; tr. Wilbur, *op. cit.*, pp. 240 f. 关于摩尼教徒拒绝旧约的上帝，参阅 Augustine, *On the Morals of the Catholic Church* 10.16 (MPL 32.1317; tr. NPNF IV.46)。

⑤ 参阅 II.9.4; Comm. Hebrews 7-10。

司的职分，显然，从前祭司职分的继承便被废去了（来7∶23）。他证明这新祭司的职分将永不衰落，因他是神以起誓立的（来7∶21）。他之后也接着说在这职任的交接中，盟约也随着改变（来8∶6—13）⑥。他宣告说这是极为必要的，因律法软弱不足以使人达到完美的标准（来7∶19）。之后他阐释律法的软弱在于：律法吩咐人外在的义行，无法使遵守律法之人的良心清洁，因为以动物献祭不能除罪或使人成圣。因此他总结说，律法是"美事的影儿，不是本物的真相"（来10∶1 p.）。所以律法的唯一作用是预表福音将带来更好的盼望（来7∶19；诗110∶4；来7∶11，9∶9，10∶1）。

在此我们当留意律法之约和福音之约的对比就是基督的职分和摩西职分的对比。若这对比指的是应许的实质本身，那么新、旧两约就完全不同了。但既然这对比不是在实质上，我们就必须留意使徒的论述以便发现真理。所以我们要解释神从前一次所立定那永不更改的约，这约的成就最终是由基督确认的。在这永约未被确认之前，神借摩西吩咐一些预表这约将被确认的仪式。当时在众人中产生争议，即神在律法上所命定的这些仪式，在基督降临时是否立即被废除。现在看这些只是永约附属的部分。这些仪式既然是神用来施行盟约的方法，故被冠以盟约之名，就如圣礼一样。总之，"旧约"的含义就是神以庄严的方式借仪式和献祭确认他的盟约。

除非这些仪式有所预表，否则就毫无意义，所以使徒论述这些象征应当被终止和废除，因基督已作了更美之约的证人和中保（参阅来7∶22），他以这约使他的选民一次永远成圣，并涂抹他们在律法之下一切的过犯。从另一个角度来看，耶和华的旧约在于他从前交付犹太人那影儿

---

⑥ "*Testamenti.*" 在这节和别处，加尔文在同一个意思上交替地使用这两个词，就如在武加大译本中一样。圣经的单词是 בְּרִית 和 διαθήκη。在这英文版本中，除非我引用圣经的话或 *testamentum* 的意思显然是指旧约或新约圣经，否则我多半将这两个词译为 "covenant"。参阅 II. 8. 21；II. 10. 7；III. 14. 6；III. 17. 6；III. 21. 1, 5, 7；IV. 14. 6。其他代表"盟约"的拉丁文单词是 *pactio* 和 *pactum*。

般⑦和无效的礼仪律,这约之所以是暂时的,是因它一直等候那坚定、实在地确认这约的基督。直到基督的血使它确立和将之分别为圣,这约才成为新的和永恒之约。因这缘故,基督在圣餐中将他交给他门徒的杯称为"用我血所立的新约"(路22:20 p.)。他的意思是当这约印上他的血时,神的约才得以成就,并在那时这约就成为新的和永恒的。

5. 教会的幼年期和成熟期

ᵇ现在我们就能明白保罗在何意义上说基督在成肉身前,律法是训蒙的师傅,引领犹太人到基督那里(加3:24;参阅4:1—2)。保罗也承认他们是神的儿女和后嗣,但因他们年幼,就必须在师傅的监管之下。在公义的日头照耀之前,自然没有伟大、耀眼的启示,没有清晰的理解。所以,神逐渐向他们启示他话语的亮光,以致他们只能从远处隐约望见那光。所以保罗以"幼年"这一词表示他们理解的软弱。神喜悦以属世的物质和外在的仪式作为训练这些孩童的准则,直到基督照耀世界,赏赐信徒全备的知识(参阅弗4:13)。

基督的这话也暗示此区分:"律法和先知到约翰为止,从此神国的福音传开了。"(路16:16;参阅太11:13)律法书和先知书对当时人的教导如何呢?它们使人预尝神将明确彰显的智慧,并如闪耀的光从远处指明这智慧。然而在基督降临时,神国度的大门就敞开了。"所积蓄的一切智慧知识,都在他里面藏着"(西2:3),我们以此几乎得以进入天堂的至圣所。

6. 连最有信心的伟人也都在旧约知识的限制下

ᵇ在教会中我们几乎找不到任何人在信心上能与亚伯拉罕相比,然而这事实与我们以上的论述并无冲突,且先知们充满圣灵的大能,甚至直到如今仍照亮全世界。我们现在所讨论的并不是神曾经赏赐少数人何等

---

⑦ "Umbratili." 参阅 II. 7. 1,II. 9. 3, 4;III. 20. 18,注释29。

大的恩典,而是他教导他百姓的一般方法如何,这从先知的教导上也得以证实,他们拥有超乎常人的独特洞察力。但是,就连他们传讲的也是模糊的,可望而不可即,并充满象征。此外,虽然他们有奇妙的知识,但既然他们必须俯就百姓有限的知识,故也称他们是在幼年期。最后,就连最有辨别力之人都受那个时代模糊启示的影响。因此,基督说:"从前有许多先知和君王要看你们所看的,却没有看见,要听你们所听的,却没有听见。"(路 10∶24,参阅 Vg. 和 Comm.)所以,"你们的眼睛是有福的,因为看见了;你们的耳朵也是有福的,因为听见了。"(太 13∶16,参阅 Vg.)诚然因这福分基督的同在十分显著,使人更清楚明白天上的奥秘。ᵉ这也与我们以上所引用《彼得前书》中的教导一致,即神向先知启示他们所预言的主要是为了我们的时代(彼前 1∶12)。⑧

旧约的启示是字面的教义,而新约则是属灵的教义(7—8)

7. 这区别的圣经根据和意义

ᵇ旧约和新约的第三种区别在于以下所引用的先知耶利米的预言:"耶和华说:'日子将到,我要与以色列家和犹大家,另立新约,不像我拉着他们祖宗的手,领他们出埃及地的时候,与他们所立的约。我虽作他们的丈夫,他们却背了我的约'……耶和华说:'那些日子以后,我与以色列家所立的约,乃是这样:我要将我的律法放在他们里面,写在他们心上……他们各人不再教导自己的邻舍和自己的弟兄说:'你该认识耶和华',因为他们从最小的到至大的,都必认识我。"(耶 31∶31—34)保罗引用这处经文将律法和福音做比较,称前者为字面的教义,后者为属灵的教义。他说前者为刻在石版上的教义,后者为写在人心上的教义;前者是叫人死的教义,后者是叫人活的教义;前者是定罪的执事,后者则是称义的执事;前者要过去,后者则是永存的(林后 3∶6—11)。既然保

---

⑧ 参阅 II. 9. 1。

罗的意图是要解释先知的意思，所以为了明白两者的含义，我们只要查考保罗的解释就行了。然而，两者确实也有所不同，因使徒比先知更轻看律法——不是轻看律法本身，而是因某些恶人教导人倚靠律法，[9]以及因他们对仪式邪恶的热忱，使福音模糊不清。他们的谬误和愚昧的喜好促使保罗讨论律法的本质，所以我们应当留意保罗的这个重点。然而，由于耶利米和保罗都是在对比新、旧约，所以他们只提出律法所特有的特点。譬如，在许多经文中律法包含怜悯的应许，然而因这些应许原是来自他处，所以当我们考虑律法的本质时，这些应许就不应算是律法的一部分。他们说律法唯一的功用是吩咐人行义，禁止人作恶；应许行义之人得奖赏，并以刑罚警告作恶之人，然而他们同时也强调律法无法改善众人与生俱来的堕落。

8. 《哥林多后书》第三章对新、旧约详细的对比

[b]现在我们要逐条解释保罗的对比。旧约是属字句的，因其颁布时没有圣灵的工作。新约则是属灵的，因神以属灵的方式将之写在人心里（林后3：6a）。第二个对比是对第一个对比进一步的解释。旧约叫人死；因它只能使全人类落在咒诅之下；新约则赐人生命，因它救人脱离律法的咒诅并使人归向神的恩典（林后3：6b）。旧约是定罪的执事，因它定亚当一切后裔为不义；新约则是称义的执事，因它启示使人称义之神的怜悯（林后3：9）。

最后的对比是关于礼仪律。因为旧约是预表未曾显明的事，所以早晚必被废弃。相反，福音既因它所启示的是影儿的实体，就必定是永恒的（林后3：10—11）。事实上，耶利米称道德律为软弱和必将过去的盟约（耶31：32）。他之所以这样称呼旧约是有原因的，因当时以色列百姓忘恩负义地突然背叛神，因此这道德律便落空了。然而应当被责备的并

---

[9] "Legis κακόζηλοι."

不是道德律本身，而是百姓的背信弃义。至于礼仪律，因其本身的软弱，在基督降临时便被废止了。⑩当我们在旧约字句和新约属灵教义上做区分时，我们不能因为没有一个犹太人因神所颁布的道德律归向神，就推论神将道德律赐给犹太人是徒然的。反而，保罗做这区分是为了称颂神丰盛的恩典，因为同一位颁布律法的神，借传福音拯救人，就如披上新的本性。既然圣灵借着福音从万族中聚集、重生许多百姓归向他的教会，那么在比例上来说，我们就必须说古时的以色列人很少——几乎没有——全心全意地归向神的盟约。然而，撇开新、旧约的比较不谈，归向神的犹太人还是很多。

旧约的捆绑和新约的自由（9—10）

9. 保罗的教导 *

ᵇ第四种区别源自于第三种区别。圣经称旧约为捆绑之约，因它在人心里产生惧怕，并称新约为自由之约，因它在人心里产生信心和确据。因此，保罗在《罗马书》第八章中说："你们所受的，不是奴仆的心，仍旧害怕；所受的，乃是儿子的心，因此我们呼叫：'阿爸！父！'"（罗 8：15 p.）《希伯来书》中这段经文也有同样的含义：信徒们"原不是来到那能摸的山；此山有火焰、密云、黑暗、暴风"，在那里他们所听到和看到的一切使他们战兢不已，以至于他们在听到那令人战兢的声音时，求神不要再向他们说话，甚至连摩西也感到恐惧，他们"乃来到锡安山，永生神的城邑，就是天上的耶路撒冷"（来 12：18—22，参阅 Vg.）。

保罗在我们以上所引用的《罗马书》经文中简要地提过这事，并在《加拉太书》中更详细地做了解释。他在那里以寓意的方式解释亚伯拉罕的两个儿子：使女夏甲预表西奈山，以色列百姓在那里领受神的律法；撒拉那自主之妇预表天上的耶路撒冷，从那里有福音传扬出来。夏

---

⑩ For "*infirmitatis*" VG reads："*de leur abrogation.*"

甲的后裔在奴役中出生，永不能承受产业；撒拉的后裔则是自由的，在这基业上有分。同样地，律法叫我们做奴仆，而唯有福音才能使我们重新获得自由（加4：22—31）。总之，旧约叫人心惧怕战兢，新约却释放他们，并使他们心里喜乐。旧约以奴役之轭约束人的良心；新约却以自由之灵释放人，使人获得自由。

若我们的论敌反驳说，在以色列人中敬虔的族长是例外，因为神赋予他们与我们一样赐人信心的圣灵，所以他们就与我们享有同样的自由和喜乐。我们要回答说，他们的自由和喜乐并非来自律法。当族长在律法之下深深地感受到自己受奴役的光景，因此良心受指责时，他们便立刻投靠福音的避难所。因此，新约所带来的独特祝福是，救人脱离旧约的咒诅和良心的指责。其实圣灵所赐给他们的自由和确据，并不证明他们在某种程度上没有经历过律法带给人的恐惧和捆绑。他们所拥有自由的灵和确据使他们完全脱离律法所带来的恐惧和捆绑。不管他们有多么享受福音的恩典所带给他们的特权，他们仍与普通的选民一样，服在礼仪律的约束和重担之下。他们必须小心翼翼地遵守那些仪式，这就是某种与捆绑相似的教导（参阅加4：2—3）；他们在律法的字据下（参阅西2：14）⑪认罪，但这字据却没有救他们免除遵守律法的本分。当我们思想神当时对待以色列人的方式，我们就知道圣经为何说我们不像他们那样处在旧约的捆绑和恐惧之下。

10. 律法和福音＊

ᵇ我们以上刚谈论到的三种区别⑫是关于律法和福音的。在这些区别中，律法被称为"旧约"，福音则被称为"新约"。前者⑬的范围比后者广泛，因它也包含律法颁布之前的应许。然而，奥古斯丁却说这些应许不应

---

⑪ "*Chirographa.*" 参阅 II. 7. 17，注释25。
⑫ 上面的第四、七、九节。
⑬ 上文的第一节。

当被包含在"旧约"这名称下,这是极有道理的。他的意思与我们现在所教导的相同。他指的是耶利米和保罗在旧约与恩典和怜悯之间所做的区分。在同一段话中,保罗也恰当地补充说:所应许的儿女(罗9:8)是从神而生,就是那些借生发仁爱的信心遵守神诫命的儿女(加5:6),自从创立世界以来就属于新约。他们在这遵守中并没有指望属肉体的、地上暂时的福分,而是指望属灵的、天上永恒的福分。因他们一心信靠旧约中所应许的中保,也不怀疑神借这中保赏赐他们圣灵好叫他们行善,并且在犯罪时蒙神赦免。[14]我所特意强调的也正是这一点:圣经告诉我们,神在创立世界之前所拣选的一切圣徒,与我们一同享有永生的福分。

我们的解释与奥古斯丁的解释唯一的差别是:我们对福音清楚的启示和律法下较模糊的启示做区分,就如基督所说:"律法和先知到约翰为止,从此神国的福音传开了"(路16:16,参阅 Vg.),奥古斯丁的解释只能区分律法的软弱与福音的大能。我们也必须留意关于族长的情形:他们虽然生活在旧约里,却一直仰望新约,并且确实与新约有分。使徒指责那些满足于当时的预表而没有仰望、思念基督的人是心盲和被咒诅的。更不用提其他的事——难道有比想象宰杀动物而盼望因此能除罪更盲目的事吗?或以外在的洒水仪式期望洁净灵魂?或梦想以形式化的仪式讨神喜悦,仿佛他会欣然接受?那些持守礼仪律却不仰望基督的人,都落入这些荒谬的行为中。

旧约只包括一个种族,新约却包括所有的种族(11—12)

11. 基督拆毁了中间隔断的墙

[b]第五种区别在于:在基督降临之前,耶和华的恩典之约只局限于以色列百姓[15]:"至高者将地业赐给列邦,将世人分开,就照以色列人的数

---

[14] Augustine, *Against Two Letters of the Pelagians* III. 4. 6-12, esp. 11 (MPL 44. 591-597; tr. NPNF V. 346-351).

[15] 参阅 Melanchthon, *Loci communes*, 1535 (CR Melanchthon XXI. 454)。

目立定万民的疆界。耶和华的分,本是他的百姓;他的产业,本是雅各。"(申32:8—9 p.)在另一处,摩西向百姓宣告:"看哪,天和天上的天,地和地上所有的,都属耶和华你的神。耶和华但喜悦你的列祖,爱他们,从万民中拣选他们的后裔,就是你们,像今日一样。"(申10:14—15 p.,参阅Vg.)所以,他只将认识他的知识赐给这百姓,就如在万民中唯有他们才是属神的。他将他的盟约放在他们心内;他向他们彰显自己的威严;他丰盛地赐他们各式各样的福分。但现在我们只要谈其中一个福分,即神赐给他们他的话语,使他们与自己联合,好让他们称耶和华为他们的神。同时他任凭其他的种族在虚妄中行事(徒14:16),就如他们与神完全无关。他也没有赏赐他们致命疾病的唯一解救良方——真道的传扬。当时以色列人是神亲爱的儿子,其他种族则是局外人。耶和华认识以色列人、与他们交通,并保护他们,却任凭其他种族在黑暗里行走。神将以色列国分别为圣,却任凭其他的种族继续亵渎他。神以自己的同在尊荣以色列人,却不让其他的种族靠近他,然而"及至时候满足"(加4:4),就是神定意要复兴万事之日,圣经启示基督是叫人与神和好的,那长久将神的怜悯圈在以色列百姓疆界之内的"墙"被拆毁了(弗2:14)。"并且来传和平的福音给你们远处的人,也给那近处的人"(弗2:17),好让他们一同与神和好并互相融成一族(弗2:16)。所以如今犹太人和希腊人并没有分别(加3:28),受割礼的和未受割礼的也无分别(加6:15),"基督包括一切"(西3:11,参阅Vg.)。列国已成为他的基业,地极已成为田产(诗2:8 p.),"他要执掌权柄,从这海直到那海,从大河直到地极。"(诗72:8;参阅亚9:10)

12. 外邦人的呼召

ᵇ由此可见,神呼召外邦人是新约比旧约更荣耀的证据之一。[16]其

---

[16] "Supra Vetus testamentum Novi excellentia."

实，旧约中许多先知明确的预言都证实这一点，然而这预言直到弥赛亚的降临才得以应验。就连基督在开始传道时，也没有立即呼召外邦人。他将此事推迟到他完成救赎及结束他的受辱之后，因那时他才从父神手中领受那"超乎万名之上的名……万膝必向他跪拜"（腓2：9—10 p.）。因此，既然时候未到，所以他对那迦南妇人说："我奉差遣不过是到以色列家迷失的羊那里去。"（太15：24）他也不容许使徒在开始传道时越过以色列边界，他说："外邦人的路，你们不要走；撒马利亚人的城，你们不要进；宁可往以色列家迷失的羊那里去。"（太10：5—6）虽然旧约圣经多处预言外邦人将被呼召，然而当使徒们开始这事工时仍然犹豫并认为这是不可思议的。最后他们虽然开始向外邦人传道，却仍恐惧战兢并充满疑惑。他们的反应并不奇怪，因为对他们而言，神在许多时代中只从万族中拣选以色列人，此时却突然改变他的计划弃绝他原先的拣选，这是不可理喻的。其实，旧约早已预言此事。因此，即使人接受这些预言，但因对他们而言完全是新的，所以仍惊讶不已。虽然神从古时多次启示他将呼召外邦人，然而这一切仍不足以说服犹太人。起初被呼召的外邦人极少，而且也必须被"嫁接"到亚伯拉罕的家族中。然而现今神公开地呼召外邦人，不但使外邦人与犹太人平等，甚至外邦人似乎正在取代犹太人，就如犹太人已经死了。此前，起初被嫁接到教会中的局外人，神从来没有使他们与犹太人平等。所以保罗宣告这是"历世历代所隐藏的奥秘"（西1：26；弗3：9），且说连天使也愿意详细查看这事（参阅彼前1：12）。

反驳关于神在这不同的呼召中的公义和一致性的异议（13—14）

13. 一般说来，为何有这呼召上的差别？

°在以上的几点区分中，我相信就教义而论，我已经忠实详细地解释了新、旧之间所有的区别。然而因有些人嘲讽神在治理教会上所采用的不同方式、不同教导的途径，以及在仪式上的剧变，⑰因此在我们继续探讨之前，我们必须先答复他们。然而我们只需用两三句话，因为他们的异议并不牢靠，经不起我过多的反驳。他们说从不背乎自己的神竟然容许如此翻天覆地的转变，甚至禁止他从前所吩咐和喜悦的事，这是极不妥当的。我的答复是：神在不同的时代，按照当时的需要用最恰当的方式对待人，这并不证明神是反复无常的。若农民在冬天和夏天吩咐他的仆人用不同的方式耕作，我们不会因此指控他反复无常，或以为他违背了耕作的常识，因耕作当随四季的交替而变化。同样地，若父母对孩童、少年和青年的教训、管教方式不同，没有人会说他是善变或说他离弃了他原先的计划。那么我们为何责备神反复无常呢？只是因为他以不同和最恰当的方式对待不同时代的人吗？第二个比喻应当令我们很满意。因为保罗将犹太人比作孩童，将基督徒比作青年（加 4：1 及以下）。那么神按照那个时代的需要只教导他们基本的知识，却以更完备的知识教训我们，有什么奇怪呢？神在所有的世代中教导同样的教义，以及从始至终要求人同样的敬拜，就足以证明他的一致性。神改变外在的形式和方法并不证明他是反复无常的。相反，他是在俯就人不同的程度。

14. 神有随己意待众人的自由*

ᶜ然而，我们的敌人说：难道神有意以不同的方式对待不同的人吗？难道神不能从起初就如基督降临后一样清楚地向人启示永生，而不是用预表的方式吗？如此，在基督降临的前后，他就不需要任何的预表。难道神不能从一开始就以几种清楚的圣礼教训他的百姓、差遣圣灵，以及施恩给万民吗？他们这样说就如与神争吵他为何不早一点创造世界，或他为何让四季、昼夜更替。我们千万不要怀疑神是以最智慧和公正的方

---

⑰ 巴特和尼塞尔说：塞巴斯蒂安·法兰克（Sebastian Franck）在他的 *Paradoxa*（1535）中反驳这些人，Paradox 86（fo. 47b ff.），他们也说，既然法兰克说他"经常"听到这些观点，大概表示是他重洗派的朋友告诉他的（OS III. 435, note 2.）。

式行万事——正如一切敬虔之人当相信的那样——即使我们常常不明白神作为的原因。若拒绝接受神可能向我们隐藏他行事的理由，这是毫无根据的自大。

他们说，神如今藐视甚至憎恶以动物献祭和他从前所喜悦之利未祭司时代的一切仪式，是令人惊讶的。仿佛这些外在、稍纵即逝的仪式能讨神喜悦或对神有任何影响！以上谈过，[18]神所吩咐的这一切并不是为了他自己的缘故，而是为了人的救恩。若医生在某一个人年轻时用最好的方式医治他的疾病，却在他年老时用另一种治疗方式，难道我们会说他弃绝了他从前喜欢采用的治疗方式吗？绝不会。他没有继续采用从前的方式，是因为他考虑到病人年老的因素。同样地，神以某种象征预表尚未降临的基督并宣告他即将降临是必要的；然而，在基督降世之后，神采用另一种方式是完全合理的。

自从基督降临之后，神的呼召更广泛地传给万民，且圣灵的恩典比以前更丰盛地浇灌在人身上。那么谁敢说神随己意施恩给众人、光照他所喜悦的种族、感动人在他喜悦之地传扬真道、决定真道兴旺的程度，以及因世人的忘恩负义而规定一段时期不给他们认识自己的知识，是不妥当的呢？因此，我们视仇敌的异议为羞辱神的毁谤，他们也企图用这方式误导单纯的人，使他们怀疑神的公义或圣经的可靠性。

---

[18] 上文的第五和第十三节。

ᵉ第十二章 基督为了担任中保的职分必须降世为人

中保必须是神，也必须成为人的原因（1—3）

1. 唯有同时是真神和同时是真人，才能做神和人之间的桥梁

ᵇ⁽ᵃ⁾那位担任我们中保的必须同时是真神和真人，这是最为重要的。ᶜ若有人问为什么必须同时是神和人，我的答案是这必须不是通常所谓简单的必须或绝对的必须，而是根源于人救恩所需要的神的命令。我们慈悲的天父所命令的对我们最有益处。ᵇ⁽ᵃ⁾既然我们的罪孽如同厚云，使我们与神隔绝，也使我们与天国完全隔绝（参阅赛59：2），所以没有人能担任使神与人和睦的中保，除非他是属神的。然而谁能担任这职分呢？任何一位亚当的后裔能吗？ᵃ不能，因他们就如他们的始祖亚当，害怕见到神（创3：8）。天使能吗？不能，因为他们也需要借一位元首①帮助他们与神紧密相连（参阅弗1：22；西2：10）。那么怎么办呢？既然人无力寻求神，因此除非神下来寻找我们，否则人的光景是完全绝望的。所以，神

---

① 加尔文教导说：基督不但是人的元首，也是天使的元首，参阅他的 *Responsum ad fratres Polonos* (1560), CR IX. 338；"*Primatum tenuit etiam super angelos.*" 参阅 Comm. Colossians 1：20。

的儿子为我们成为"以马内利（就是神与我们同在的意思）"是必需的（赛7∶14；太1∶23），[e(b/a)] 如此，他的神性和人的人性就得以互相联合。[b(a)] 否则不管人如何亲近神，与神的联合如何紧密，都不足以使神喜悦与人同住。[e(a)] 因为人的不洁和神的圣洁之间的距离是无限的！[e] 即使人未受罪的玷污，人的光景仍卑微到若无中保就无法与神联合。何况人已堕落至死亡和地狱的咒诅下，已被众多的罪玷污、被自己的败坏污秽，并被一切的咒诅所湮没，这样的人能与神联合吗？[e(a)] 因此，保罗在描述中保时，清楚地提醒我们他是人：[a]"因为只有一位神，在神和人中间，只有一位中保，乃是降世为人的耶稣"（提前2∶5）。使徒在此本来可以说他降世为"神"，或他至少可以省略"人"这个字，就如他省略"神"这个字一样。然而，因那借他口说话的圣灵知道我们的软弱，[e] 于是就在这恰当的时刻使用最恰当的表达方式屈就我们的软弱，他亲切地将神的儿子描述为我们当中的一位。[a] 所以，或许有人因不知往何处寻找中保而感到困扰，或不知要选择哪一条道路才能到他那里，[e(a)] 圣灵称他为"人"，就教导我们他离我们不远，仿佛就在我们身边，因他有肉身。[a] 他在此的含义与圣经另一处更详细的经文一样："因我们的大祭司并非不能体恤我们的软弱。他也曾凡事受过试探，与我们一样，只是他没有犯罪。"（来4∶15）②

2. 中保必须是真神和真人

[b(a)] 若我们想到中保降世是为了要成就大事，这教导就更清楚了。他来是要使我们归向神的恩典，[a] 使人的儿女成为神的儿女，使地狱的后嗣成为天国的后嗣。若非神的儿子成为人子，并取得人的样式，好使我们与神的性情有分，且借恩典使我们获得他本来就有的性情，谁能成就这事呢？因此借这凭据，我们相信自己是神的儿女，这是因为神的独生子

---

② 参阅 Comm. Hebrews 4∶15。

成为我们肉中的肉、骨中的骨,好使我们与他合而为一 (创2:23—24;弗5:29—31)。他甘愿取得人的本性,为要使我们与神的性情有分,神子变成人子,以便能与我们一样。他以下的话表明他与我们是兄弟姊妹的关系:"我要升上去见我的父,也是你们的父,见我的神,也是你们的神。"(约20:17)[e (b/a)] 因此,他使我们确信我们拥有天国的基业,因为拥有这基业之神的独生子,[a] 已经接纳我们为他的兄弟:"便是兄弟,就是和基督同作后嗣。"(罗8:17 p.)

因同样的缘故,我们的救赎主必须同时是真神也是真人。他的职分是要将死亡吞灭,然而除了生命本身,谁能如此行呢?胜过罪恶也是他的职分,然而除了义本身,谁能如此行呢?击败空中掌权者的首领也是他的职分,然而除了超越世界和空中掌权者的力量,谁能如此行呢?[b (a)] 难道生命、义,或天上的权柄不就是在神那里吗?[a] 所以我们慈悲的神,当他喜悦救赎我们时,就借他的独生子成为我们的救赎主(参阅罗5:8)。

3. 唯有真神和真人才能代替我们遵守神的诫命

[a] 我们能与神和好的第二个条件是:那因违背神成为失丧者的人必须以顺服满足神的公义,并为罪付出代价。所以,我们的主降世为人取得亚当的人性和名号,为要代替亚当顺服天父,为要交出我们的肉体作为满足神公义审判的代价,并以同样的肉体承担我们所当受的刑罚。[b] 总之,若他只是神就无法尝死味,或若他只是人也无法克服死亡,所以他必须拥有神人双重本性,为了救赎我们,他以人性的软弱受死,并且以神性与死亡作战,至终为我们获胜。[a] 那些夺去基督神性或人性的人就是在贬低他的威严和荣耀,或遮蔽他的良善。他们这样做,另一方面也损害了人,因为他们削弱甚至夺去人的信心,而信心只能在这根基上站稳。

[e] 此外,犹太人所等候的救赎主,必须是神在律法书和先知书中所应许之亚伯拉罕和大卫的后裔。敬虔的人据此也能获得另一个益处:根据

基督是大卫和亚伯拉罕的后裔这个事实，他们就更确信他就是圣言多处预告将要来临的受膏者。但我们应当特别相信我刚才的解释：我们与基督共同的本性是我们与神的儿子有交通的凭据，他取得我们的肉体胜过死亡和罪恶，好使这胜利成为我们的。基督以他所取之我们的肉体献为祭，借这除罪祭除去我们的罪，并平息了天父公义的震怒。

答复对这教义的异议（4—7）

4. 基督成肉身唯一的目的是救赎我们

ᵉ若有人殷勤查考这些事情，就能远避那些肤浅和喜爱寻求新奇之人模糊的臆测。其中的一个臆测是：即使人类不需要被救赎，基督仍要降世为人。③我当然承认在神创造天地和亚当未曾堕落之前，基督是一切天使和人的元首。因此，保罗称他为"首生的，在一切被造的以先"（西1∶15）。然而，既然整本圣经都宣告基督取肉身是为了救赎我们，那么我们幻想他降世另有目的，就是无凭据的臆测。我们清楚知道神为何从起初应许、差遣基督降临，是为了要恢复堕落的世界和救赎失丧的人。所以在律法之下，是以献祭预表基督的降临，借此使信徒盼望：在神为他们的罪做了挽回祭而使他们与自己和好之后，将恩待他们。的确，既然在每个时代，包括未颁布律法前的时代，对中保的应许都与流血密不可分，所以我们推断神在永恒的计划中安排中保的降临并洁净人的罪，因流血是除罪的象征（参阅来9∶22）。因此，众先知在传扬基督时，预言他将使人与神和好。在如此众多的预言中，我们引用以赛亚这众所周知的预言就能充分证明这一点："他被神击打苦待了……为我们的过犯受害……因他受的刑罚，我们得平安"（赛53∶4—5），他也被预言将做大祭司，将自己献为祭（来9∶11—12）；"因他受的鞭伤我们得医治。"

---

③ 奥西安德尔在他的 *An filius Dei fuerit incarnandus*（1550），K 2a，2b 中，以及塞尔维特在他的 *Christianismi restitutio: De regeneratione superna* I, pp. 370, 382 中，都支持这一立场。加尔文在第五和第六节中再次提到这观点。

因"我们都如羊走迷",神喜悦击打他,好让"我们众人的罪孽都归在他身上"(赛53:5—6 p.)。既然我们知道神差派基督是为了拯救悲惨的罪人,所以无论何人越过这启示的范围,就是放纵自己愚昧的好奇心。

当基督降临时,他亲自宣告他降临的原因是要平息神的愤怒,使我们出死入生。使徒对基督的见证与此相同,约翰在教导"道成了肉身"(约1:14)之前,早已宣告人对神的背叛(约1:9—11)。然而,我们应当特别留意基督关于他的职分亲自说的这段话:"神爱世人,甚至将他的独生子赐给他们,叫一切信他的,不致灭亡,反得永生。"(约3:16)还有:"时候将到,现在就是了,死人要听见神儿子的声音,听见的人就要活了。"(约5:25 p.)"复活在我,生命也在我,信我的人,虽然死了,也必复活。"(约11:25)还说:"人子来,为要拯救失丧的人。"(太18:11)又说,"康健的人用不着医生"(太9:12 p.)。有关这个主题的经文多得不可胜数!

众使徒都一致呼吁我们留意这最基本的教义。的确,若基督的降临不是要使人与神和好,那么他祭司的职分就会受玷污,因祭司是被差派来做神和人之间的代求者(来5:1);若非如此,基督就不是我们的义;因他做我们的挽回祭,使神"不将我们的过犯归到我们身上"(林后5:19 p.)。最后,若非如此,圣经指着他一切的称号就都落空了。保罗的这段话也会落空:"律法既因肉体软弱,有所不能行的,神就差遣自己的儿子,成为罪身的形状,做了赎罪祭。"(罗8:3—4)且保罗在另一处的教导也会落空:当基督成为我们的救赎者时,"神救众人的恩典"和他无限的爱就"显明出来"(参阅多2:11)。总之,神的儿子甘愿接受天父的命令,取我们的肉体降世为人,唯一的目的是要为我们做挽回祭,好平息天父的愤怒。根据圣经所载,"基督必受害……并且人要奉他的名传悔改"(路24:46—47);"我父爱我,因我将命舍去……这是我从我父所受的命令"(约10:15、17、18 p.);"摩西在旷野怎样举蛇,人子也必照样被举起来"(约3:14);"父啊,救我脱离这时候;但我原是为这时候来的。父啊，愿你荣耀你的名！"（约12∶27—28，与第23节合并）他在此表明他为何成为肉身：是为了成为祭物和做挽回祭以除掉我们的罪。同样地，先知撒迦利亚宣告基督照着神赏赐众族长的应许降临，"要照亮坐在黑暗中死荫里的人"（路1∶79）。我们当记住这一切都是指神的儿子，就如保罗在另一处说，"所积蓄的一切智慧知识，都在他里面藏着"（西2∶3），且保罗夸耀在基督之外他一无所知（林前2∶2）。

5. 若亚当没有犯罪，基督也会成为人吗？

ᵉ若有人反对说这一切仍不能证明基督——那已救赎被定罪之人的那位——不可以借取肉身而向不需要救赎的人彰显他的爱。④我的答复很简明：既然圣灵宣告根据神永恒的预旨，这两件事情密不可分，即基督救赎了我们，且同时取了我们的肉身，那么我们就不可再继续追问下去。因为那渴望知道更多的人，就是不满于神永不更改的启示，也是不满于那神差遣来作为我们赎价的基督。事实上，保罗不但陈述了神差遣基督的目的，也提到预定论这崇高的奥秘，这就约束了人性的一切放荡和过分的好奇心。"神从创立世界以前，在基督里拣选了我们"（弗1∶4），"按着自己意旨……预定我们得儿子的名分"（弗1∶5，参阅 Vg.），且在他爱子里接纳我们（弗1∶6，参阅 KJV），"我们借着爱子的血，得蒙救赎"（弗1∶7，Vg.）。的确，保罗在此并没有将亚当的堕落视为神预旨的前提，他所宣告的反而是神在万代之前就喜悦医治人类的痛苦。⑤若我们的对手反对说：神这计划是根据他预先知道人的堕落，我要说的是，那些想探求比神以他隐藏的预旨所预定关于基督更多之事的人，等于是亵渎和愚妄地捏造新的基督。而且，保罗在讨论了基督真正的职分之后，

---

④ 这里指的是奥西安德尔的话，*op. cit.*, loc. cit.。
⑤ 这里表示加尔文主张堕落前神选说，而不是堕落后神选说。在加尔文去世不久后，这教义开始在荷兰教会引起争议。参阅 McNeill, *The History and Character of Calvinism*, pp. 263 f.。请参阅改革宗信仰的 *ordo salutis*, Heppe RD, pp. 146 ff.。

恰当地求神赏赐以弗所信徒属灵的智慧（弗3：14—17），"能以和众圣徒一同明白基督的爱是何等长阔高深，并知道这爱是过于人所能测度的"（弗3：18—19 p.）。 就如保罗特意约束我们的思想，好让基督的名在被提到时，我们不至于在心里远离神在基督里使人与他和好的恩典。根据保罗的陈述，既然"'基督耶稣降世，为要拯救罪人'，这话是可信的"（提前1：15），那么我们就当因此心悦诚服。而且既然保罗在另一处教导我们，如今福音所彰显的恩典，是万古之先在基督里赐给我们的（提后1：9），所以我定要持守这教导到底。

奥西安德尔（Osiander）不公正地猛烈攻击这当有的谦卑。他在我们的时代再次挑起这样的争辩，虽然在这之前已有一些人争论过。[6]他指控那些否定若亚当没有堕落基督仍会取肉身的人是胆大妄为，因没有任何经文支持这样的观念。保罗提到基督的救赎之后，立刻劝勉我们"要远避无知的辩论"（多3：9），岂不是在约束人邪恶的好奇心！有些人甚至疯狂到自以为机智地提出这样的问题：神的儿子是否能取驴的肉身。[7]就让奥西安德尔为这没有圣经根据的古怪念头辩护吧，虽然一切敬虔之人都憎恶这古怪的念头。保罗打定主意"不知道别的，只知道耶稣基督并他钉十字架"（林前2：2），意思是驴子岂能是救恩的元帅！然而，保罗在另一处教导：神在永恒中差派基督做万有之首，使一切所有的都在基督里同归于一（弗1：10，参阅22），所以他不可能承认另一位神所没有差派的为救赎主。

6. 奥西安德尔有关神形象的教义

[e]然而，奥西安德尔所夸耀的原则完全不足为道。他宣称神当时照自

---

[6] 奥西安德尔（op. cit., fo. A 4a-B 1a）说哈勒的亚历山大（Alexander of Hales），司各脱（Duns Scotus），特别是皮科·德拉·米兰多拉（John Pico della Mirandola）都和他立场相同。参阅 OS III. 443。在注释2中这些作者的文章被引用处。

[7] 奥卡姆的威廉（William of Ockham）（d. ca. 1349），*Centilogium theologicum*（Lyons，1495）（附在奥卡姆注释 Lombard's *Sentences* 的作品中），concl. 7. A。

己的形象造人，就是照着将要来的弥赛亚的形象造的，是要人效法那穿上肉身之弥赛亚的模样。奥西安德尔据此推测，若亚当没有从他起初正直的光景堕落，基督仍会降世为人。一切理性之人都明白这是肤浅和歪曲的教导，同时奥西安德尔也以为他是第一位明白何为神的形象之人：神赐给亚当卓越的天赋，不但彰显神的荣耀，甚至连神自己的本质也居住在亚当里面。

　　我承认亚当因与神联合就带有神的形象（这是人真实和完美至高的尊严）。然而，我也要强调这形象只在于分辨亚当和其他有生命的受造物。我们也都承认即使在那时基督也是神的形象。因此，亚当当时所拥有的一切杰出天分，是因他效法神独生子的荣耀，"神就照着自己的形象造人"（创 1：27 p.）。造物主喜悦亚当就如镜子反映他的荣耀，神也借他的独生子赐给亚当如此高贵的尊荣。然而我要补充一点，圣子本身就是天使和人的元首，所以神赏赐给人的尊荣也是天使所拥有的。当圣经称天使为"至高者的儿子"（诗 82：6）时，我们若仍否认神赐给他们某种与他们天父相似的属性就是错误的。然而，若神喜悦天使和人都带着他的形象并将之彰显，那么当奥西安德尔说天使之所以被摆在人的地位之下，是因为他们没有带着基督的形象，这就是胡诌。除非天使带着神的形象，否则他们就无法继续直接见神的圣面。保罗也几乎一样地教导说，"人……渐渐更新，正如造他主的形像"（西 3：10 p.），好效法天使的样式，使得两者在同一位元首之下合而为一。综上所述，若我们信靠基督，那在我们被接回天家时，必戴上天使的形象（太 22：30），且这将成为我们最终的幸福。但若我们容许奥西安德尔的推断，即神形象首先的模样是在人子基督里，⑧那么谁都能据此推断基督也必须取天使的样式，因他们也一样带有神的形象。

---

⑧　奥西安德尔，*op. cit.*，加尔文在第六和第七节中所批评的话在这部作品的 folios C 3a to I 3a。

7. 依序反驳奥西安德尔的观点

ᵒ因此奥西安德尔的恐惧是毫无理由的，即除非神拥有关于基督降世为人既定和不更改的预旨，否则神就是说谎者。其实，若亚当仍旧正直，他将与天使一样继续带有神的形象；如此，神的儿子就没有必要成为人或天使。他的另一个害怕也是荒唐、毫无根据的，即除非按人受造前神不更改的计划——基督早已被预定作第一个人而不是救赎者，否则他就丧失崇高的地位；因由此可推出，如果他不是偶然地降世来拯救失丧的人，就等于在说他是照亚当的形象受造的。奥西安德尔为何怀疑圣经十分清楚的教导，即基督在凡事上与我们一样，只是他没有犯罪（来4：15）？然而，路加毫不犹豫地称他为亚当的后裔（路3：38）。我也想知道若根据奥西安德尔的宣称，为何保罗称基督为"第二个亚当"（林前15：47）？除非神预定他取人的样式，救亚当的后裔脱离灭亡。若基督在人受造之前先有人的样式，那么我们的确应该称他为"第一个亚当"。奥西安德尔轻率地宣称，既然基督降世为人是神预先知道的，所以他就是众人受造的模样。然而，因保罗称基督为"第二个亚当"，这就教导说，堕落使人需要重新获得神的形象，这在时间上是介于人的受造和基督救赎之工之间，这就证明基督是为了救赎人而降世为人。此外，奥西安德尔也不理智且不恰当地推论说，只要亚当仍旧正直，他将永远拥有自己的形象而不是基督的。我的答复是，即使神的儿子永远没有取人的肉身降世，神的形象仍将在亚当身体和灵魂上被照耀出来。因这形象的光辉一直彰显基督是我们的元首并在万事上居首位。于是我们就可以驳斥奥西安德尔公开传扬的虚妄谬论，即若神没有预定他的儿子取肉身（即使不是为了救罪人），那么基督就无法做天使的元首。

在此奥西安德尔轻率地宣称没有任何理智之人会相信的事。他宣称除非基督成为人，否则他就不能统辖天使。其实，根据保罗的教导，这是错误的推论。首先，既然基督是神永恒的道，所以他是"首生的，在一切被造的以先"（西1：15）。这并不是说基督是受造的或是众受造物之一，而是说基督是未曾堕落的荣美世界唯一的源头。其次，既因基督成为人，所以他也是"从死里首先复生的"（西1：18）。使徒在一处简短的经文中教导我们当思考两件事：（1）"万有都是靠他造的"，好让他管辖天使（西1：16 p.）；（2）基督成为人，好使他开始成为救赎主（参阅西1：14）。

奥西安德尔也一样无知地说，若基督没有成为人，他就不能做人的君王。仿佛若神永生的儿子——即使没有取肉身——聚集众天使和人到天上的荣耀和生命的交通中，并亲自在万事上居首位，仍不能使神的国站立！然而，奥西安德尔总是自欺（或自设陷阱），因他主张若基督没有以肉身显现，教会就没有元首⑨，这是错误的教义。既然基督做众天使的元首，那么他为何不能以他的神能治理人类，或以他圣灵隐秘的力量赏赐生命并抚养他们，就如自己的身体一样，接他们进入天堂，使他们享受天使般的生命。

奥西安德尔却将我以上所反驳的这些谬论视为永不更改的圣言。他陶醉于自己的臆测并毫无根据地吟诵荒谬的生命之歌！他之后又提出自称为更确实的证据——所谓亚当的预言，即当他看到他妻子时说："这是我骨中的骨，肉中的肉。"（创2：23 p.）然而，奥西安德尔是如何证明这是预言的呢？他说，根据基督在《马太福音》中所宣称的原则，亚当所说的这话就是神自己所说的，就如神借着人所说的一切都是预言！若是如此，那么奥西安德尔为何不在神借摩西颁布的诫命中寻找预言呢？此外，若基督只按字面的含义引用这话，他便是过于肤浅和世俗（太19：4—6）。在此，基督所谈的并不是他赐给教会与他神秘的联合，而是指婚姻上的忠实。因这缘故，基督教导神宣告丈夫和妻子是一体的，免得有人企图以离婚破坏这不可拆散的联合。如果奥西安德尔不喜欢这单纯的解释，就任凭他责备基督没有向他的门徒更玄妙地解释他天父所说的话。保罗也不支持奥西安德尔的这幻想。当保罗说我们是基督身上的肢

---

⑨ "ἀκέφαλον".

体（弗5：30—31）时，他立刻又说："这是极大的奥秘。"（弗5：32）保罗并非教导亚当说这话的用意何在，而是以婚姻的比喻来说明我们与基督那圣洁的联合。就连他所采用的那些字本身也表达这一点！当他告诉我们他指的是基督和教会时，为了澄清人任何的误会，他将婚姻的关系以及基督和教会属灵的联合做区分。如此便可以完全反驳奥西安德尔这愚蠢的谬论，并且我深信我们无须继续在这毫无根据的谬论上徒耗精力，因从以上简短的反驳中就可看出这谬论是全然虚妄的。保罗所说的严肃真理就足以滋养神的儿女们，"及至时候满足，神就差遣他的儿子，为女子所生，且生在律法以下"（加4：4—5）。

ᵉ第十三章 基督取得真实的人性

加尔文反驳马吉安派的异端（1—2）

1. 基督真实人性的证据

ᵉ⁽ᵇ⁾基督的神性早已在另一处被充分证明过。①所以，我们现在若再谈便是重复。我们现在要谈的是基督如何借取人的肉身担任中保的职分。实际上，很早以前的摩尼教徒和马吉安派（Marcionite）就攻击过基督人性的真实性。②马吉安派认为基督的身体只是幻象，摩尼教徒则认为

---

① I. 13. 7-13.
② 为了明白摩尼教徒的教导，参阅 I. 13. 1，注释 3。本都的马吉安（Marcion of Pontus）约公元 150 年在罗马教书。他不接受旧约圣经，并教导诺斯替派的二元论（他因这二元论否定基督的肉体，也成为极端的禁欲主义者）。加尔文指的是当代的马吉安主义者，包括门诺·西门（Menno Simons，1496—1561）在内。门诺在明斯特（Münster）的事件后重新建立荷兰的重洗派。虽然门诺的教导除了荷兰文和德国北部的奥斯特希（Oostersch）方言之外没有翻译成其他的语言，但加尔文从马丁·麦克隆（Martin Micron）接触到门诺的教导。麦克隆与门诺争辩过好几次（1554，1556），主要在道成肉身的教义上（1556，1558）（*Complete Works of Menno Simons*, translated from the Dutch by L. Verduin and edited by J. C. Wenger, with a biography by Harold Bender, p. 25）。然而不来梅的阿尔伯特·哈登贝格（Albert Hardenberg of Bremen）于 1545 年寄给加尔文约翰·拉斯科（John à Lasco）攻击门诺的小册子 *Defensio verae... doctrinae de Christi incarnatione*。这个册子是拉斯科对门诺之 *Brief and Clear Confession*（1544）（tr. Verduin, *op. cit.*, pp. 419-454）的回应。也请参阅 Menno's *The Incarnation of Our Lord*（1554）（tr. Verduin, *op. cit.*, pp. 783-943）；*Reply to Martin Micron* (1556)；*Epistle to Martin Micron*。在 *Brief and Clear Confession* 中，门诺详细地解释以下这些《希伯来书》的经文（English translation, pp. 823-832）。他的辩论不容易做摘要。他答复约翰·拉斯科说："整本圣经没有任何一处记载道取了人的肉体……或神性以奇妙的方式与人性联合。"（p. 829）（但在他之后的门诺会都不否定道成肉身。）奥古斯丁严厉地斥责古时的幻影说，因为他们将基督的肉体视为幽灵：*Sermons* 75. 7-9（MPL 38. 477；tr. NPNF VI. 338 f.）。

基督所取的是属天的肉体。然而圣经上有众多确凿的证据可以反驳这两个谬论。因神并非应许犹太人要借天上的后裔或人的幽灵祝福他们，而是要借亚伯拉罕和雅各的后裔（创12：3，17：2、7，18：18，22：18，26：4）。神也不是应许属天的人做永恒的君王，而是应许大卫之子（诗45：6，132：11）。因此，当基督以肉身显现时，他被称为"亚伯拉罕的后裔、大卫的子孙"（太1：1）。这并不是因为他是童贞女所生的，尽管他是在天上被造，而是因为，根据保罗的解释："按肉体说，他是从大卫后裔生的。"（罗1：3 p.）$^{e(b)}$与此相似，保罗在另一处经文中教导：基督是从犹太人出来的（罗9：5）。然而，主自己因不满足于"人"这称呼，就常称自己为"人子"，这就更清楚证明他是人的后裔。既然圣灵在多处以不同的方式具体宣称这明确的事实，那么谁会想象会有任何人无耻到敢诡诈地抹杀这事实呢？然而我们手中也有其他的证据，其中之一便是保罗的这句话，"神就差遣他的儿子，为女子所生"（加4：4）。另外，还有无数的证据可以证明基督也与我们一样会饥饿、口渴、寒冷，以及拥有其他人性的软弱。从这些证据中，我们要挑选一些能造就我们的证据。例如，圣经说他并没有取天使的样式（来2：16），反而取了人自己的样式，以"血肉之体，特要借着死败坏那掌死权的，就是魔鬼"（来2：14 p.）。另外，我们与他的关系被称为弟兄（来2：11）。还有"他凡事该与他的弟兄相同，为要在神的事上，成为慈悲忠信的大祭司"（来2：17 p.）、"我们的大祭司并非不能体恤我们的软弱"（来4：15a.）等等相似的经文。我们刚才所谈的与此有关，③保罗明确地宣告：人的罪必须由人的肉体付出罪的代价来除去这罪（罗8：3）。因这缘故，父神所赏赐基督的一切都与我们有关，因他是我们的元首，"全身都靠他联络"，越来越合而为一（弗4：16），否则以下的经文就无法理解："神赐圣灵给他，是没有限量的"（约3：34 p.），使我们"从他丰满的恩典里，都领

---

③ Ⅱ. 12. 3.

受"(约1：16 p.)。神的本质因某种偶然的恩赐而变得更丰富，没有什么比这想法更荒谬的了！为此，基督在另一处说："我为他们的缘故，自己分别为圣。"(约17：19)

2. 反驳抵挡基督真人性的人

ᵇ他们严重扭曲圣经的经文来支持他们的谬论，且他们肤浅的机巧也无法反驳我以上的观点。马吉安根据保罗在另一处所说基督"成为人的样式……有人的样子"(腓2：7—8，KJV/RV)，就推论基督所取的是幽灵而不是人的肉体。然而他完全误会了保罗的本意，保罗在此并无意教导基督所取的是何种形体。虽然基督可以彰显他的神性，但他却以卑贱、受人藐视之人的形象彰显自己。为了劝人随从他虚己，他教导我们，虽然他是神并且能直接向世人彰显他的荣耀，但他却放弃这特权而甘愿"虚己"。ᵉ⁽ᶜ⁾他取了奴仆的形象，并因满足于这样的卑微，让他的神性隐藏在肉体的幔子之下（参阅腓2：5—11）。ᶜ保罗并不是要教导基督的本质如何，而是要教导基督是如何行事为人的。从上下文中，我们可以轻而易举地推断，基督以真人的本性虚己。因为"有人的样子"(腓2：8)，难道不就是指他神性的荣耀暂时没有被照耀出来，而人所看到的只是卑贱的人性？除非神的儿子因取人性而软弱，否则彼得的这段话"按着肉体说，他被治死；按着灵性说，他复活了"(彼前3：18 p.)就毫无意义了。保罗更进一步地解释这一点，宣告基督按着肉体的软弱受苦（林后13：4）。圣经明确教导，基督在虚己之后获得新的荣耀，他被高举就在于此。因此除非他有人的形体和灵魂，否则这样说就毫无意义。

ᵇ摩尼为基督捏造了属天的形体——"第二个出于天的亚当"(林前15：47)。ᵉ然而，在这经文中，保罗并没有教导基督的身体拥有属天的本质，ᵇ他所教导的是基督赐给人某种属灵的力量使人重生。根据我们以上的论述，彼得和保罗将这力量与基督的肉身分开。其实，这经文大大支持基督取肉身这正统的教义。除非基督与人拥有同样肉体的本性，否则保罗在这经文中激烈的辩论就失去了意义：若基督复活，我们也必从死里复活；若我们不复活，基督也没有复活（林前 15：12—20 p.，经文要义）。无论古时的摩尼教徒或他们现今的门徒企图以何种诡计逃避（这事实），都无法得逞。

他们说基督之所以被称为"人子"，是因神应许将基督赐给人，④这是卑劣的回避。在希伯来文中，"人子"的意思毫无疑问是指真人。所以，基督是以自己的语言（希伯来文）使用这一词。而且，众人所接受的"亚当之子"的含义应当毫无争议。我们无须离题太远，只要引用使徒们习惯运用在基督身上的《诗篇》第 8 篇就够了："人算什么，你竟顾念他？人子算什么，你竟眷顾他？"（诗 8：4；来 2：6）"人子"这一词在此清楚地表达基督的真人性，因为尽管他不是直接借肉身的父亲所生，他仍是出于亚当的后裔。否则，我以上所引用的这经文就落空了："儿女既同有血肉之体，他也照样亲自成了血肉之体。"（来 2：14 p.）这经文明确地宣告基督在与我们同样的本性上作我们的朋友和同伴。使徒也以同样的意义说："那使人成圣的和那些得以成圣的，都是出于一。"（来 2：11a）上下文证明这经文是指基督与人在本性上的交通，因他立即又说："所以，他称他们为弟兄，也不以为耻。"（来 2：11b）假若他之前说信徒出于神，那么，在如此高的尊荣之下，何谈为耻呢？然而，既因基督出于他测不透的恩典居然与卑贱的罪人联合，这经文就告诉我们："他不以为耻。"（来 2：11）

此外，他们也毫无根据地反驳说，若是这样，那连不敬虔的人也是基督的弟兄了。然而，我们知道神的儿女不是从血肉生的（参阅约 1：13），而是借信心从圣灵生的。因此，肉体本身并不能使人拥有弟兄的关系。虽然保罗说唯有信徒才拥有与基督联合的尊荣，但这并不表示就肉

---

④　参阅 Augustine, *Against Faustus* 2.4；5.4 (MPL 42.211, 222；tr. NPNF IV.157, 168 f.)。

体而论，非信徒与信徒的祖先不同。例如，当我们说基督成为人是为要使我们成为神的儿女，这并不是指所有的人说的。因为信心使我们以属灵的方式接到基督身上。

他们也拙劣地在"长子"这一词的意义上掀起纷争。他们宣称基督应当从一开始就从亚当而生，好做"许多弟兄中的长子"（罗 8：29 p.）。然而，"长子"在此并不是指年龄，而是指尊荣的程度和高贵的权能！更不合理的是他们多嘴多舌地谈论说，基督取了人的而不是天使的本性（来 2：16），意思是他使全人类都蒙恩典。其实，保罗为了将基督喜悦赏赐我们的尊荣显为大，就将我们与天使做比较，因我们的地位在这方面比天使更高。我们若仔细思考摩西的记载——女人的后裔要伤蛇的头（创 3：15）——这争论就不复存在了，因摩西的这话不仅是指基督，也是指全人类。既然我们必定在基督里得胜，神就以泛指的方式宣告女人的后裔将胜过魔鬼。这就证明基督是从人生的。神这样对夏娃说的目的是要使她心中存有盼望，免得她彻底绝望。

基督既是人的后裔，也拥有真人性（3—4）

3. 基督为童贞女马利亚所生；反驳对其荒谬的解释

ᵉ我们的论敌既愚昧又邪恶地取比喻的意义来解释基督被称为亚伯拉罕后裔和大卫子孙的那些经文。若保罗使用"后裔"这一词是指比喻意义，那他在《加拉太书》3 章中就会明确解释这一点。保罗在那里的意思就是字面的意义，他说在亚伯拉罕的后裔中并没有众多的救赎者，而是只有一位，那就是基督（加 3：16）。他们也同样荒谬地说：基督被称为"大卫的子孙"只是因为基督的降临是在大卫的时代被预言的，且到最后在他的时代这预言得以应验（罗 1：3）。但当保罗称他为"大卫的子孙"时，立刻又说"按肉体……"所以显然他是指基督的人性。在第九章中，当保罗称基督为"可称颂的神"之后，他在同一节经文中也宣告基督"按肉体"是从犹太人出来的（罗 9：5）。如果他不是真的从大卫的子孙所生，那么"你所怀的胎"这句话是什么意思呢(路1：42)？而且，"我要使你所生的，坐在你的宝座上"（参阅诗132：11 p.；撒下7：12；徒2：30）这应许是指什么呢？

他们似是而非地玩弄《马太福音》所列举的基督家谱。马太并没有列举马利亚的家谱，而是列举了约瑟的家谱（太1：16）。虽然他所提的是当时众所熟知的，所以他认为证明约瑟是大卫的子孙就足够了，因为，显然马利亚也是同一家族的人。路加更为详细地强调这一点，他说，基督所成就的救恩是全人类所共有的，因救恩的根源——基督，是全人类的始祖亚当所生（路3：38）。我承认从这家谱中可以得知，基督被看作是大卫的子孙只是因为他是从童贞女马利亚所生。然而，他们为了掩饰自己的谬误——证明基督的身体出于虚无——（现代的马吉安派）就狂傲地争辩女人"没有精子"。⑤然而，他们的这说法完全不符合大自然的原则。这并不是神学上的问题，而且他们的推理没有说服力，我们很容易就能驳倒他们。

我并无意讨论涉及哲学和医学范畴的问题，我们只要用圣经反驳他们的异议就够了，即亚伦和耶何耶大在犹太支派中娶妻（出6：23；代下22：11)，若"子孙"是来自女人，那各个支派间的区分就会被搅乱了。然而，众所周知，就政治性的地位而论，犹太人是以男人为主，但男人的地位并不能证明女人的卵子没有一同参与生育。

这解释也适用于所有的家谱。当圣经列举某一些人名时，它常常只提到男人。难道我们就可以因此推论女人不算什么吗？连小孩子都知道"女人"这一词也被包括在人的范围内！圣经说女人为她们的丈夫生子，因家族的姓氏总是以男人的为准！既然儿女们在社会上地位的高低

---

⑤ "*Mulieres contendunt esse ἀσπόρους*."门诺进一步地发展这观点，特别在他的 *Reply to Gellius Faber* (1554) 中。葛利留士·费伯（Gellius Faber）本来是神甫，但后来成为牧师，并在埃姆登（Emden）牧会。门诺相信在怀孕中女人的参与只是被动的，所以"只有父亲才是孩子的祖先"（但这种说法并没有科学根据），*Reply to Gellius Faber*, p. 768；参阅他的 *Reply to Martin Micron*; tr. Verduin, op. cit., pp. 849 f., 886-890, 906。

是以其父亲地位的高低来衡量的,这就证明男性地位的优越性,相反地,就如律师们常说的,奴仆之人的家谱通常追溯其母亲一方。⑥据此我们得知,儿女也是母亲所生的。很早以前,许多的国家习惯称母亲为"生育者"⑦,且这与神的律法一致,否则圣经因血缘的关系禁止舅舅与甥女通婚就不合理了。此外,那哥哥娶同母异父的妹妹也就没有什么不妥了。然而,虽然我承认就家谱而言,女人常居次要的地位,但我要提醒的一点是,女人和男人一样在生育上都有参与。因为圣经并不是说基督是透过女子所生,而是为女子所生(加4:4)。我们的论敌当中有些人恶意地问:我们的意思是不是指基督是由童贞女的卵子所生。⑧然而,我也要反问他们:基督是否与他母亲有血缘关系?这是他们不得不承认的。

因此,我们可以从马太的记载中合理地推知,既然基督是由马利亚所生,所以他就是她的儿子,就如圣经记载:波阿斯由喇合所生(太1:5),所以就是她的儿子。马太在此没有描述基督是通过童贞女所生,他反而说基督是大卫的子孙,将这奇妙的诞生方式与一般的诞生方式区分开来。就如圣经记载亚伯拉罕生以撒、大卫生所罗门、雅各生约瑟,同样地,圣经也记载基督是由他的母亲所生。马太以这次序记载是为了证明,既然基督是马利亚所生,那么他就是大卫的子孙。由此可知,他认为马利亚是约瑟的亲戚,这是众所周知的。⑨

4. 真人,却无罪!真人,却是永恒的神!

ᵉ他们妄想用来驳倒我们的谬论充满幼稚的毁谤。他们认为,若基督

---

⑥ 这句话来自 *Institutes* of Justinian I. 3, 4 and in his *Digest* I. 5. 5, 2 (*Corpus iuris civilis*; *Institutiones et Digesta*, ed. p. Krueger [*Inst.*, p. 2; *Dig.*, p. 35]; tr. J. B. Moyle, *The Institutes of Justinian* [5th ed., pp. 6 f.]; tr. C. H. Monro, *The Digest of Justinian* I, 24 f.)。

⑦ "*Genitrices.*"

⑧ 参阅 Menno, *Reply to Martin Micron*; tr. Verduin, *op. cit.*, pp. 896, 908。加尔文下面有关门诺的话也是指这作品说的。

⑨ VG adds: "*et par conséquent de la race de David.*"

由人所生，这是羞辱他，因这样他就与众人毫无分别，即他就与亚当一切的后裔一样，都处于罪下。然而保罗做的比较足以解决这难题："就如罪是从一人入了世界，死又是从罪来的……照样，因一次的义行，众人也就被称义得生命了。"（罗5：12、18）保罗的另一处比较与此一致："头一个人是出于地，乃属土；第二个人是出于天。"（林前15：47 p.）使徒在另一处经文中也有同样的教导，即基督被差派"成了罪身的形状"是为要满足律法（罗8：3—4）。如此，保罗就巧妙地将基督与众人做了区分，即他是真人却毫无瑕疵和玷污。但他们却仍幼稚地争论说，若基督毫无瑕疵，并借圣灵隐秘地感孕，由马利亚所生，那么女人就不是不洁净的，而是只有男人才是不洁净的。然而，我们说基督纯洁无瑕并不只是因为他的母亲是在没有与男人同房生他的，还是因为圣灵圣化了他，就如这出生是在亚当堕落之前发生的，是纯洁和毫无玷污的。且对我们而言这是既定的事实：圣经每次提到基督的纯洁时，是指他真人性的部分，因为若说基督的神性是纯洁的，这是多余的。而且，《约翰福音》17章中谈到基督的成圣不可能是指他的神性（约17：19）。我们并不幻想亚当之子是双重性的，尽管基督不受此影响。因人的出生本身并非不洁和有害，而是因堕落的缘故才成为不洁和有害的。据此，那使人重新正直的基督没有受到亚当遗传下来的玷污并不足为怪！我们的论敌攻击我们说，若神的道成为肉身，这是荒唐的，因这样他就被囚于世俗的肉体之中。然而这只是证明他们的悖逆，即使道不可测度的本质与人性合而为一，我仍不会认为他因此会受到任何肉体的限制。这是奇妙无比的：神的儿子从天降临，却没有离开天堂，甘愿为童贞女所生、生活在世上、悬挂在十字架上；然而，他却仍如起初一般，继续充满天地！

ᵉ第十四章　中保的神性和人性如何成为一个位格

对于基督人性和神性的解释（1—3）

1. 两种本质却合而为一

ᵇ⁽ᵃ⁾另一方面，我们不应当将"道成肉身"（约1：14）解释为道成为肉体或与肉体混合。其意思是：既然他选择童贞女的子宫作为他居住的殿，那么那从前是神儿子的如今成为人子，这并不是本质的混合，而是两种本质在一个位格里的合一。我们相信他的神性和人性联合，却在本质上各未受损并保持原样，然而这两种本性联合为一位基督。①

ᵇ⁽ᵃ⁾我们若能将这奥秘与任何世上的事物比较，那最好、最恰当的或许就是，人，由两部分构成，即灵魂和身体。ᵃ然而人的灵魂和身体在这联合中并不互相混合，灵魂不是身体，身体也不是灵魂。灵魂有一些与身体无关的特点，身体也有一些与灵魂无关的特点；也有一些特点专指

---

① 在这章中，就如在这卷的头几句一样，加尔文的教导完全根据正统卡尔西顿神学。参阅 J. S. Witte, "Die Christologie Calvins" in *Das Konzil von Chalkedon*, ed. A. Grillmeier, III. 487-529, and W. Niesel, *The Theology of Calvin*, pp. 115 ff., should be consulted。参阅 S. Cave, *The Doctrine of the Person of Christ*, pp. 151 f.。

整个人，而不能恰当地专指灵魂或身体。但有时灵魂②的一些特点是用来指身体，且身体上的一些特点也是用来指灵魂。然而，这些不同的部分组成一人，而非好几个人。这段话表示人是一位却由两个部分联合组成，且由两种不同的本性组成这人。③圣经也是如此描述基督：一些特点是专指他的人性，也有时记载一些专指他神性的特点，又有时记载一些同指基督神性和人性的特点，而不是专指其中之一。圣经有时强调基督两种本性之间的联合，甚至有时将两者互相交替，古时的神学家称这互相的交替为"属性的交通"④。

2. 神性和人性彼此间的关系

e(b/a) 对于基督神性和人性的描述，若无圣经多处经文的支持，就毫无说服力。ª基督指着自己所说的这句话："还没有亚伯拉罕就有了我"（约8：58），与他的人性并不相干。ᵉ我十分清楚对手用来扭曲这经文之吹毛求疵的争论：他在万代以前就存在，是因圣父预定他做救赎者，也预定众信徒认识他。⑤然而，既然基督将他降临之日与他永恒的

---

② 加尔文在这里用 "animus" 取代1536年版本中的 "anima"。
③ Augustine, *Sermons* 186 (MPL 38.999); *Enchiridion* 11.36 (MPL 40.250; tr. LCC VII. 361 f.). 奥古斯丁说就像人是灵魂与肉体的联合，同样地，基督是道与人的联合。
④ "ἰδιωμάτων κοινωνία" 这是 communicatio idiomatum 教义（基督的神性与人性彼此交替）。这教义在聂斯托利的争议中几次被提出（ca. 428-452）。在这之前此教义是德尔图良、奥利金、尼撒的格列高利（Gregory of Nyssa）、伊比芬尼（Ephiphanius）和其他早期的神学家所主张的，但从聂斯托利时代开始，这教义更为普及。参阅 C. J. Hefele 的 *Concilengeschichte* II (1856). 127 f.; Hefele-Leclercq II. 1. 231 f., tr. from the German text, *History of the Councils* III. 8, 9. 参阅 Tertullian, *Of the Flesh of Christ* v (CG II. 880, tr. ANF III. 525); Cyril of Alexandria, "ἀλλήλοις ἀνακρινάς τὰτῶν φύσεων ἰδιώματα" (citing John 3：13), *De incarnatione Unigeniti* (MPG 75. 1244); Leo the Great, *Letters* 28. 5 (MPL 54. 771 f., tr. NPNF 2 ser. XII. 41 and note 7); Athanasius, *Discourses Against the Arians* 3. 31 (tr. NPNF 2 ser. IV. 410 f.); John of Damascus, *Exposition of the Orthodox Faith* III. 3-4 (MPG 94. 993 f., tr. NPNF 2 ser. IX. 43-49); There is a statement based on Hefele in NPNF 2 set. XIV. 208 f.。加尔文相信并解释这教义（第二节），但他不接受路德派对此教义的解释，因他们主张基督复活后的身体无所不在。参阅 IV. 17. 29, 30, and Luther, *Werke* WA XXV. 309。

塞尔维特再三地攻击这教义，参阅 *De Trinitatis erroribus* I. 15, fo. 20b; III. 12 to 761b, tr. Wilbur, op. cit., pp. 18, 118。这教义包括在第二瑞士信条中 XI. 10 (Schaff, *Creeds* III. 256; tr. p. 852; Kidd, *Documents*, pp. 113 f.)。

⑤ 参阅塞尔维特, *Christianismi restitutio*, *De Trinitate* III, p. 96。

本质做区分，并强调他的权威在古时就远超过亚伯拉罕，他无疑是在宣告关于他神性的部分。ᵇ保罗宣告他是"首生的，在一切被造的以先……他在万有之先；万有也靠他而立"（西1∶15，17）。ᵉ基督自己也亲口说他是"未有世界以先，与父同有荣耀的"（约17∶5 p.），并与父一同作工（约5∶17）。ᵇ这些属性是无人拥有的。因此，这些属性和相似的属性是专指基督的神性。

然而，他同样也被称为"耶和华的仆人"（赛42∶1，以及其他的经文），圣经也记载："基督的智慧和身量……都一起增长"（路2∶52），他也不"求自己的荣耀"（约8∶50）；ᵇ他也不知道世界末日是何时（可13∶32；参阅太24∶36）、"不凭自己说话"（约14∶10）、"不按自己的意思行事"（约6∶38）；圣经还记载使徒们看到并摸到他的身体（路24∶39）。ᵃ这一切都专指基督的人性。就他的神性而论，他不可能在任何方面有长进，并为自己的缘故行任何事；他无所不知；他照自己的意旨行做万事，也是人无法看见和摸到的。ᵉ然而，基督并不将这些属性专指他的人性，而是视这些属性与他中保的职分相称。

ᵃ保罗的这些话表明基督神、人两性彼此的交通："……教会，就是他用自己血所买来的"（徒20∶28 p.），以及"荣耀的主钉在十字架上"（林前2∶8 p.）。使徒约翰也说："……生命之道，就是我们……亲手摸过的"（约一1∶1 p.）。其实，神没有血，不会受苦，人手也无法触及。然而，那真人和真神的基督既因被钉十字架而为我们流血，那他在人性中所行的也当被归于他的神性，虽然这说法不妥当，却非毫无道理。

ᵇ还有一个相似的例子：使徒约翰教导说："主为我们舍命"（约一3∶16 p.），这里的神性也必定包含人性。ᵃ再者，基督仍在世时说："除了从天降下，仍旧在天的人子，没有人升过天"（约3∶13 p.）。的确，以基督所取的肉身而言，他并没有在天上。但因同一位基督既是人又是神，为了证明两性彼此的联合，他将他的人性归在神性之内。

3. 在中保职分上神人两性的合一

^{b(a)} 同时指出基督拥有双重本性的经文，大多被记载在《约翰福音》中，这卷书也最明确地教导基督的真本质。因这些经文都不是专指基督的神性或人性，而是同指二者：他从父那里领受赦罪的权柄（约1：29）、随己意叫人复活、赐人公义、圣洁和救恩；他受差派为活人死人的审判官，^b为的是与父同得尊荣（约5：21—23）。最后，他也被称为"世界的光"（约9：5，8：12）、"好牧人"、"唯一的门"（约10：11、9）、"真葡萄树"（约15：1）。^a当基督降世为人时，这些称号是父早已赏赐他的。虽然基督在创立世界以先与父一同拥有这些称号，但却在方式或意义上不同，而且父神不可能将这些称号赏赐给没有神性的人。

^{b(a)} 我们也应当在同样的意义上理解保罗的话。在审判之后"基督将把国交与父神"（林前15：24 p.）。显然，神儿子的国无始无终。然而，既然他的神性隐藏于卑贱的肉体之中，又"虚己"取了奴仆的样式（腓2：7，参阅 Vg.），暂时撇下他威严的荣光，就证明他对父神的顺服（参阅腓2：8）。^a在他结束这卑微后，至终"得了尊贵荣耀为冠冕"（来2：9 p.），^{e(b/a)}并被高举为至高的主，使万膝在他面前跪拜（腓2：10）。^a他将把自己的称号和荣耀的冠冕，以及从父那里所领受的一切交与父，"叫神在万物之上"（林前15：28）。^e父神将权柄和主权交付基督，难道不就是要借他的手治理我们吗？因此，圣经说基督坐在父神的右边（参阅可16：19；罗8：34），然而这只是暂时的，直到我们亲眼看见神。

在此，我们也不能替古时神学家的谬误辩解，他们毫不留意中保的职分，也几乎强解《约翰福音》中的教导，使自己落入网罗中。⑥正确理解中保职分的关键在于，一切关于中保职分的描述，并不是专指神性或

---

⑥ 他指的大概是一些接近欧迪奇主义（Eutychianism）或基督一性论（Monophysite）的早期神学家，参阅 Cyril of Alexandria, *Expositio in Evangelium Johannis*, on John 5：19；5：30；8：28（MPG 73.757, 386 ff., 832 ff.）。参阅 OS III. 517。

人性。⑦直到基督再次降临审判世界，他要做王，在受人肉体软弱限制的程度上使我们与父联合。但当我们在天上的荣耀中得见神的真体时，那时基督既已完成中保的职分，便不再做父神的使者，而再次享受他在创立世界以先所享有的荣耀。

我们也只能在这意义上用"主"这称号专指基督，即当他代表神与人之间的桥梁时。保罗的论述与此同义："只有一位神……万物都本于他……并有一位主……万物都是借着他有的……"（林前 8：6）也就是说，父将主的权利交付他，直到我们面对面得见他神性的威严。那时，他要将主的权利交还给父神，如此他的威严不但没有减少，反而更为灿烂。于是，父神也不再作基督的头，因基督的神性将独立照耀，虽然如今被帕子蒙住。

反驳聂斯托利、欧迪奇，以及塞尔维特等人的谬误（4—8）

4. 神性和人性既不是混合的，也不是分开的

ᵇ若读者智慧地运用以上关键的原则，就能解决许多难题。但令人惊讶的是，ᵉ⁽ᵇ⁾有许多没有读过神学之人——甚至在某种程度上研究神学的人——对上述提及基督时的用语没有专指他的神性或人性而感到困扰。ᵇ这是因为他们不明白这些说法与他显为神、人两性的位格，或中保的职分并无冲突。然而，当一位有智慧的解经家以敬虔的心态查考这些经文时，这些大奥秘彼此间的ᵃ美妙、和谐就不难被看出。⑧但这些狂躁分子总是在搅扰！他们抓住基督人性的属性否定他的神性，也抓住他神性

---

⑦ 从此处到这段的结束，加尔文所说的反映出他与乔治·布兰德拉塔（George Blandrata）和其他当时在波兰反对三位一体之神学家的冲突（1558）。参阅 *Responsio ad nobiles Polonos et Franciscum Stancarum Mantuarum* (CR IX. 354 ff.); *Ad quaestiones Georgii Blandratae responsum* (CR IX. 332); the second confession of Valentine Gentile (CR IX. 392)。

⑧ Augustine, *Enchiridion* 11. 36 (MPL 40. 250; tr. LCC VII. 361 f.).

的属性否定他的人性；⑨有时又抓住两种本性共同的属性，并不专指神性或人性的属性否定基督的双重本性。然而，难道这不就是在断定，基督既然是神就不可能是人，或因他是人就不可能是神吗？这也是在争论，既然他同时是神和人，所以他就不可能是人或神吗？

^{b(a)}所以我们坚信，基督既然是神和人，^b拥有^{b(a)}两性的联合却不是混合，^b是我们的主也是真神的儿子，这是根据他的人性而不是因为他的人性。我们必须远离聂斯托利（Nestorius）的谬论，他分裂基督神、人的本性而不是对此做区分，以致捏造了两位基督！然而圣经的教导彻底地驳倒这异端：圣经用"神的儿子"这称呼指由童女马利亚所生的那位（路1：32 p.），马利亚本身也被称为"主的母亲"（路1：43 p.）。我们也当防备欧迪奇（Eutyches）的异端，免得在证明基督两性的联合时，反而否定他的神性或人性。我们已引用过许多分辨基督神性和人性的经文，也有许多其他类似的经文足以塞住好争议之人的口。^e稍后⑩我将附加另一些经文更有效地粉碎他们的捏造。现在只要引用这节经文就足够了：除非神性居住在基督的身体之内，否则基督不可能称这身体为圣殿（约2：19）。因此，就如聂斯托利在以弗所教会的会议上被公义地咒诅，^e同样地，欧迪奇后来也在君士坦丁堡和卡尔西顿会议上被公义地咒诅。⑪因为将基督的两种本性混合或分裂都同样是错误的。

5. 基督从永远就是神的儿子

^e然而在我们的时代，也出现了一位同样致命的怪物——塞尔维特，他认为神的儿子是由神的本质、神的灵、肉体，和三个非被造的事物所

---

⑨ Servetus, *De Trinitatis erroribus* I, fo. 2b ff.；II, fo. 58ab (tr. Wilbur, *op. cit.*, pp. 6-11, 90 ff.)；*Dialogues on the Trinity* I, fo. A 6b-7b (tr. Wilbur, op cit., pp. 195 ff.).
⑩ 下面的第六至第八节。
⑪ 聂斯托利否定了基督神性和人性的联合，并因此在以弗所教会会议中受西里尔（Cyril）的影响而被咒诅。欧迪奇效法西里尔的教导，却极端否定基督的人性。他在君士坦丁堡教会会议被咒诅（448）。这两个人的教义在卡尔西顿会议所拟定的信经中被判定为异端（451）。参阅 IV. 5. 6；IV. 7. 1, 9。并参阅以下文献资料 Ayer, *Source Book*, pp. 504-521。

组成的。⑫首先，他主张基督是神儿子的唯一解释是，他是在童贞女马利亚的子宫里受圣灵的感孕而出生的。他诡诈的思路是：在他推翻基督神、人两性的区分后，他教导基督是某些属神和属人因素的混合体，而非同时是神又是人。他的整个逻辑是，基督降世为人之前只是神的一些影像，而这些影像的实底，只有在道真正开始做神的儿子时才显明。

我们相信那由童贞女所生的中保就是神的儿子。除非神将这尊荣赏赐给人子基督，否则他就不能反映神测不透的恩典，这尊荣就是他是神的独生子又被如此称呼。教会对神的儿子所下的定义是正确的：我们之所以相信基督是神的儿子，是因为那在万代以先⑬为父所生的道，以"位格"(hypostatic) 的联合方式取了人性。古时的神学家将"位格的联合"定义为，以两种本性组成一个位格的联合。这定义是专门用来反驳聂斯托利等人的谬论，因为他幻想神的儿子居住在肉体中却不是人。当我们说永恒之道在披上肉身之前就已经是神的儿子⑭时，塞尔维特指控我们编造两个神的儿子，就如我们的意思不纯粹是他在肉身显现。若他在成肉身之前就是神，他并未因此改变而重新做神。当我们说神的儿子以肉身显现，却因在万世之前为父所生，就永远有儿子的名分，也并不荒谬。天使对马利亚所说的话也有这样的含义："因此所要生的圣子必称为神的儿子"（路 1∶35 p.），就如说"儿子"这称号虽然在律法之下并不十分清楚，之后却成为荣耀和众所周知的。保罗也教导说，我们现在既借基督成为神的儿子，就坦然无惧地呼叫："阿爸！父！"（罗 8∶14—15；加 4∶6）那么难道古时的族长不是神的儿子吗？他们也是神的儿子，凭着这权柄，他们以神为父求告他。然而在神的独生子降世后，我们就更明白天父这称呼。据此，保罗教导说，唯有属基督国度的

---

⑫ 参阅 Servetus, *Christianismi restitutio*, *De Trinitate*, *dial.* II, pp. 250 f.。
⑬ "*Ante saecula.*" In the Niceno-Constantinopolitan Creed the phrase is *ante omnia saecula*, "before all ages."
⑭ Servetus, *De Trinitatis erroribus* I. 54 ff., fo. 38a ff. (tr. Wilbur, op. cit., pp. 59 ff.)

人才有这特权,我们应当坚信,除了借他的独生子,神从不做天使或人的父,尤其是人因自己的罪孽落在神的愤怒之下,因此,唯有因为基督从永远就是神的儿子,神才白白地赏赐人儿子的名分,使人成为神的儿女。塞尔维特毫无根据且激烈地攻击这一点,他说,神之所以有父亲的职分,是因他从永远所命定的。因神父亲的职分在旧约中并不是借物质预表,就如公牛和山羊的血预表基督的救赎一般。人儿子的名分若非建立在元首基督身上,人就不能做神的儿女。因此,说元首没有各肢体所拥有儿子的名分是不合理的。进一步说,圣经称众天使为"至高者的儿子"(诗82:6),虽然他们这高贵的身份并不依靠基督的救赎,但是,除非基督的地位在他们之上,否则就无法赏赐他们这高贵的身份。我也要简要地将同样的原则运用在人身上。在天使和人受造时,神是他们共同的父。所以,若保罗的这段话是真实的——基督从创世以来就是元首,在一切被造的以先,好在凡事上居首位(参阅西1:15及以下)——那么基督在创立世界之前就是神的儿子是合理的推论。

6. 基督既是神子也是人子

^e但如果基督儿子的名分始于基督取肉身时,那么他是神的儿子也是就他的人性而论。塞尔维特和与他同类的狂人想象,因基督降世为人,所以是神的儿子,他若没有取肉体就不可能有这称呼。⑮那么我要请他们回答我,基督是不是根据他的神、人两性而有神儿子的名分。这是他们胡诌的,保罗的教导与他们的截然不同。^{b(a)}我们承认基督的确按着肉身被称为"儿子",并不像信徒唯有借收养和恩典才能得儿子的名分。基督

---

⑮ 加尔文在这里指的是塞尔维特、反对三位一体的意大利人乔治·布兰德拉塔(George Blandrata)、瓦伦廷·真蒂莱(Valentine Gentile)和约翰·保罗·阿尔恰蒂(John Paul [Gianpaulo] Alciati)。参阅 I. 13. 20-25 and notes appended; also CR VIII. 651 f. (second letter of Servetus to Calvin from *Christianismi restitutio*, p. 580); IX. 392 f. (Gentile's second confession); XVII. 169 ff. (letter of Blandrata to Calvin)。若欲进一步了解这些作者的立场和观点,请参阅 E. M. Wilbur, *A History of Unitarianism; Socinianism and Its Antecedents*, pp. 302 ff., 308-321。

因从永远就是神的儿子,所以是独一无二的神子,据此,我们得知他与其他神的儿女有别。^b因神以儿子的称号尊荣一切重生之人,却将"真实独一的儿子"这名号只归给基督。然而,若非基督从永远就拥有我们借神的恩赐所领受之儿子的名分,他怎能在众弟兄中做神"唯一的"儿子呢?^{e(b)}

而且中保的整个位格都拥有这尊荣,所以,那为童贞女所生,并将自己在十字架上向父神献为祭的那位,千真万确是神的儿子。^{e(b/a)}就他的神性而论也是神的儿子,如同保罗所说,基督"特派传神的福音。这福音是神从前借众先知,在圣经上所应许的,论到他儿子我主耶稣基督,按肉体说,是从大卫后裔生的……以大能显明是神的儿子"(罗1:1—4,参阅 Vg.)。保罗既一方面清楚地称他为按肉体说是从大卫后裔生的,为何又说他以大能显明是神的儿子呢?除非他的意思是这儿子的名分不仅仅是根据他的肉体。保罗在另一处以同样的含义说:"他因软弱被钉在十字架上,却因神的大能仍然活着。"(林后13:4 p.)在此他对神、人两性做了区分。我们的对手不得不承认,就如基督被称为"大卫的子孙"是因生他的母亲,同样地,因生他的天父,他被称为"神的儿子",且这儿子的名分不是指着他的人性说的。

他在圣经上有两种称号:有时被称为神的儿子,有时又被称为人的儿子。我们的对手无法就后者制造纷争,因希伯来文通常称他为"人子",因他是亚当的后裔。另一方面,我确定他按着神性和永恒的本质被称为神的儿子,因为根据他的神性称他为"神的儿子"与根据他的人性称他为"人子"是一样合理的。

综上所述,在我已引用过的这段经文中——按肉体说,是从大卫后裔生的……以大能显明是神的儿子——保罗的意思与他另一处的经文相同:"按肉体说,基督是从犹太人出来的。他是……永远可称颂的神。"(罗9:5)既然这两处经文都强调他神、人两性的区别,那么我们的对手凭什么否认那按着肉体做人儿子的,也按着神性做神的儿子呢?

7. 塞尔维特浅薄的反驳

ᵃ他们不顾一切地为自己的谬论辩护说：圣经记载神不爱惜自己的儿子（罗 8∶32），又说天使吩咐那将为童贞女所生的要称他为"至高者的儿子"（路 1∶32）。⑯ ᵇ⁽ᵃ⁾然而，为了避免他们在这浅薄的异议上自夸，我要请他们思考他们的推论是否合理。如果称已被生出之人为"儿子"，ᵇ那么就可以合理地推出基督在出生时才开始做神的儿子，同样地，我们也可以由此推出基督在降世为人时才开始是神的道。因约翰称他是生命之道，"是他们亲手所摸过的"（约一 1∶1）。ᵃ先知弥迦的预言与约翰的论述相似："伯利恒以法他啊，你在犹大诸城中为小，将来必有一位从你那里出来，在以色列中为我作掌权的；他的根源从亘古，从太初就有。"（弥 5∶2；太 2∶6，与 Vg. 合并）ᵇ⁽ᵃ⁾根据他们的立场，他们要如何解释这经文呢？ᵉ我已表明我们绝不同意聂斯托利捏造两个不同的基督。然而根据我们的立场，我们因基督与我们弟兄般的关系而与他一同做神的儿女，因基督在他从我们而取的肉身上就是神的独生子。奥古斯丁智慧地教导我们：基督就是神奇妙和独特恩典的明镜，因基督已获得的尊荣就他的人性而言是不配得的。⑰因此，基督按肉体说，从出生就是神的儿子。然而，在他位格的联合上，我们不可妄想某种窃取基督神性的混合。而且神和基督的永恒之道既在两种本性上联合成一个位格，所以在不同的意义上有时被称为"神的儿子"，有时被称为人的儿子，一点也不荒谬！⑱

塞尔维特的另一个毁谤也不难反驳：在基督成肉身之前，他在比喻的意义上都被称为"神的儿子"。尽管当时对基督的描述并不十分明确，却仍清楚地证明他是永恒之神，因为他是永恒之父所生的道，且他在中

---

⑯ Servetus, *De Trinitatis erroribus* I. 9. fo. 6a; tr. Wilbur, *op. cit.*, pp. 11 f.
⑰ Augustine, *City of God* X. 29. 1 (MPL 4I. 308; tr. NPNF II. 199).
⑱ Servetus, *Christianismi restitutio*, pp. 577 ff. (first letter of Servetus to Calvin, also in CR VIII. 649 ff.), 580 (second letter; CR VIII. 580).

保的职分上被称为神的儿子，完全是因为他是取肉身显现的神。同样清楚的是：神之所以从一开始被称为"父"，是因为他在那时已经有儿子："天上地上的各家，都是从他得名"（弗3：15 p.）。以上的证据充分证明，基督在律法和先知的时代中也是神的儿子，尽管他在当时教会中的名没有现在荣耀。所罗门宣告神的儿子和神自己一样，都是无法测度的——"他名叫什么？他儿子名叫什么？"（箴30：4 p.）我们的对手要在这称呼上与我们争辩。我知道这见证不足以充分说服喜爱争辩的人，但我用这经文只是要证明，宣称基督成为人后才开始做神儿子的人是邪恶的毁谤者。此外，最古老的神学家也明确见证基督从永远就是神的儿子，所以，公然无耻地利用爱任纽和德尔图良攻击我们是荒谬而可憎的。因这两位作者所主张的是，神的儿子原是不可见的，然而之后却以可见的方式显现。[19]

8. 对塞尔维特教义的详细解释和反驳

[e]塞尔维特主张许多连一般人都不会认同的可怕教义。[a]然而你若进一步质问[e(b/a)]那些相信基督取肉身时才开始做神儿子的人，你会发现他们唯一的根据是：他是圣灵在童贞女的子宫里所感孕的。古时的摩尼教徒也相信同样的谬论：人的灵魂出于神的灵魂，[20]因圣经记载："耶和华将生气吹在亚当鼻孔里。"（创2：7 p.）他们强调"儿子"这称号到了混合基督的神、人两性的地步；[e]他们混乱地胡诌取肉身的基督之所以是神的儿子，是因为他的人性由神而生。如此，他们就否定了所罗门所记载

---

[19] Servetus, *De Trinitatis erroribus* II. 5, fo. 48ab; tr. Wilbur, *op. cit.*, pp. 76 ff.; Tertullian, *Against Praxeas* 2, 3, 15 (MPL 2. 156-159; CCL II. 1178 ff.; E. Evans, *Tertullian's Treatise Against Praxeas*, text, p. 207; tr. p. 151; tr. ANF III. 598, 610 f.); Irenaeus, *Against Heresies* III. 16. 6; III. 21. 10 (MPG 7. 925, 954 f.; tr. ANF I. 442, 454). See CR VIII. 507 ff., 522, 535, 574; IX. 394 ff. Augustine, *On True Religion* 16. 30 (MPL 34. 134 f. LCC VI. 239); John's Gospel 3. 18 (MPL 35. 1403; tr. NPNF VII. 24); *Against the Letter of Manichaeus Called Fundamental* 37. 42 (MPL 42. 202; tr. NPNF IV. 198); *On the Trinity* II. 9. 15 (MPL 42. 854 f.; tr. NPNF III. 44).

[20] "*Ex traduce Dei.*" 参阅 I. 15. 5; II. 1, 注释 10, 以及以下的参考文献：OS III. 181, 469; Smits, II. 29, 37。

神从太初而生的智慧（《便西拉智训》24∶14，Vg.；24∶9，EV；参阅箴言 8∶22 及以下），并因此否定中保的神性，或否定他的人性。

虽然在此反驳塞尔维特用来自欺和欺骗别人之最严重的诡计是极有帮助的，如此，敬虔的读者就能谨守并继续持守真道；然而，我无须在此反驳，因为我已在一本书中专门反驳他。[21]总之，对塞尔维特而言，神的儿子从开始就是某种意念，甚至从那时起神就预定他做人，故他将成为神的形象。塞尔维特相信神的道只是某种外在的荣光，他如此解释基督的出生：神生子的意念从永恒中就已酝酿，之后付诸实施，生出他的儿子。他也将圣灵与道混为一谈，因他教导，神将眼不能见的道和圣灵分配成肉体和灵魂。简言之，塞尔维特以基督的象征代替他的出生，但他接着说，那位当时是影儿的儿子后来借真道出生、显现，因此他将生殖的能力归于道。以此类推，那么猪和狗也是神的儿子，因它们也是借神的道受造。他说，基督是借三种非受造的物质使他由神的本质而生。然而，他幻想基督是众受造物中首生的，而因此相信连石头在某种程度上也拥有神的本质。然而，为了避免被视为是他在夺去基督的神性，他就宣告基督的肉体与神的本质相同，[22]且道成为人时，其肉体就转变为神。除非基督的肉体来自于神的本质，又转化成神性，否则他想象不到基督是神的儿子，然而，如此就会将道永恒的 hypostasis（本体）贬低至虚无，并否定了圣经对那将救赎我们之大卫之子的应许。事实上，塞尔维特常常强调这种思想：神以知识和预定生子，但他最终成人是出于创世以前在神面前之三种非受造的物，即世界最初的光（创 1∶3）、云柱、火柱（出 13∶21）。此外，若逐一列举塞尔维特无耻地自相矛盾的话，是冗长而乏味的。理智的读者可以从以上的解释中推知，这污秽之犬诡诈的回避完全除掉人对救恩的盼望，因若肉体是神性本身，那它就不是神的殿。唯有

---

[21] 这是加尔文的 *Defensio orthodoxae fidei de sacra Trinitate*（1554）（CR VIII. 457-644；tr. H. Cole, *Calvin's Calvinism*, pp. 25-206）。

[22] "ὁμοουσίον"。

那生于亚伯拉罕和大卫之后裔,并按着肉体成为人的,才能作我们的救赎主。塞尔维特邪恶地利用使徒约翰的话支持他的立场:"道成了肉身"(约1:14)。㉓其实,这话不但反驳了聂斯托利的谬论,也不支持欧迪奇恶毒的捏造,约翰在这里唯一的目的乃是要教导基督神、人两性在一个位格上的合一。

㉓ 加尔文在这段中斥责塞尔维特在他 *Christianismi restitutio* 中的教导。巴特和尼塞尔在他们的 OS III. 470 f. 中引述加尔文对塞尔维特这作品的斥责。根据加尔文在这里的次序,页数如下:578, 92 f., 679 f., 205 f., 591 f., 683, 164, 202 f., 355, 145, 159, 162, 269, 263, 590, 150, 680, 683, 205, 250, 159, 119 f., 265 f.。On *homoousios and hypostasis*, see especially p. 269 (*De Trinitate* II)。

^e 第十五章　为了明白父神差遣基督的
　　　　　目的和基督赐予我们的恩惠，
　　　　　最主要的是必须查考基督的
　　　　　三种职分:先知、君王、祭司

基督救赎之工的三种职分：第一是先知的职分 (1—2)

1. 明白这教义的必要性：指向基督先知职分的经文*

^e奥古斯丁正确地指出：尽管异端分子也传扬基督的名，却与信徒没有共同的信仰，这信仰唯属于基督的教会。我们若认真思考有关基督的教义，就会发现这些异端分子是有名无实的基督徒。[1]虽然如今天主教徒常说:"神的儿子，世人的救赎主"，然而因他们只满足于这外在的称号，也就夺去了基督的大能和尊荣，保罗的这句话正适合他们：他们"不持定元首"(西2∶19 p.)。

所以为了使我们的信心在基督的救恩上有根有基并专靠他，必须立

---

① Augustine, *Enchiridion* 1.5 (MPL 40.233; tr. LCC Ⅶ.339).

定这个原则：父神赋予基督三种职分——先知、君王、祭司。②然而，我们若只知道这些称号而不明白它们的目的和用途，这对我们而言几乎没有什么益处。天主教徒也使用这些称号，③却是形式化和毫无效果地使用，因他们对于这些头衔的意义全然无知。

我们说过，④尽管神不断赐给以色列人先知，使他们从不缺乏足以获得救恩的教义，然而，当时的敬虔人总是深信，唯有在弥赛亚降临时，他们才能获得全备的知识。甚至连撒玛利亚人对此也笃信不疑，虽然他们从未明白何谓真敬虔，就如撒玛利亚妇人所说："他来了，必将一切的事都告诉我们。"（约 4∶25 p.）犹太人却不轻率地相信这点，而是在受到圣经清楚的教导之后，他们才开始相信。先知以赛亚的这段话是众所周知的："我已立他作万民的见证，为万民的君王和司令。"（赛 55∶4）以赛亚在另一处称他为"谋略奇妙的使者"（赛 9∶6，28∶29；耶 32∶19）⑤。因此，使徒赞美福音教义的完美说："神既在古时借着众先知多次多方晓谕列祖"（来 1∶1），又说："就在这末世，借着他儿子晓谕我们"（来 1∶2 p.）。然而，因众先知的职分是要让教会持守盼望，同时扶持她直到中保的降临，所以，在旧约时代，当信徒被放逐时，他们抱怨他们丧失了这最基本的福分："我们不见我们的标帜，不再有先知；我们内中也没有人知道这灾祸要到几时呢!"（诗 74∶9）虽然如此，然而到了基督即将降临前

---

② 若欲进一步了解加尔文对基督先知、祭司、君王这三种职分的教导，请参阅 J. F. Jansen，*Calvin's Doctrine of the Work of Christ*。詹森在这部作品中记载一些有关加尔文对基督三种职分教导的背景，很有参考价值（pp. 20-38）。他认为加尔文忽略基督先知的职分。然而在大多数改革宗信仰的作品中，就基督为中保的教义而论，这三种职分均占极重要的位置。参阅 Heppe RD，pp. 452-487；C. Hodge，*Systematic Theology* pp. 459-609；W. Cunningham，*Historical Theology* II. pp. 238 ff.；E. D. Morris，*Theology of the Westminster Symbols*，pp. 322-343；Westminster Confession VIII；Larger Catechism pp. 43-45；Shorter Catechism 24-26；T. F. Torrance，*The School of Faith*，Introduction，pp. 77-95，103 f.。
③ 参阅 Aquinas，*Summa Theol*. III. 22. 2："就人而论，这人是立法者，那人是祭司，另一人是君王，然而，基督却同时担任这三种职分，因他是众恩典的源头。"
④ II. 6. 2-4.
⑤ 法文版本作："*Ange ou ambassadeur du haut conseill*."在 Comm. Isa. 9∶6 中，加尔文说正确的翻译是："奇妙、谋士、全能的神、永在的父……"

夕，神命令但以理"封住异象和预言"⑥（但9：24），不但是为了确立但以理当时所宣告之预言的权威，也是为了使众信徒耐心度过一段没有先知的时期，因旧约中所有的预言即将应验。

2. 对我们而言，何为先知职分的含义？

^{e(b)} 我们应当留意"基督"这称号包含三种职分，⑦因为我们晓得在律法之下，先知、祭司、君王都是以圣油受膏。°所以，"弥赛亚"（受膏者）这光荣的称号也赐给旧约所应许的中保。就如我在另一处已讨论过的，⑧我承认基督根据他君王的职分被称为弥赛亚。然而，他受膏做先知和祭司的职分，我们也不可忽视。以赛亚在经文中特别提及基督先知的职分："主耶和华的灵在我身上，因为耶和华用膏膏我，叫我传好信息给谦卑的人，差遣我医好伤心的人，报告被掳的得释放，被囚的出监牢；报告耶和华的恩年。"（赛61：1—2；参阅路4：18）由此可见，圣灵膏他是要他宣扬父神的恩典并为之作见证。这并不是普通的宣扬，因先知的职分使他有别于其他教师。另一方面我们必须留意，他受膏不仅是为了使自己担任教导的职分，也是为了他所有的肢体，好使圣灵的大能伴随着福音的不断传讲。我们可以确定的是，基督所传扬的完美的教义终止了一切的预言。所以，一切因不满足于福音而在其上添加信息的人，便是藐视基督的权威。那如雷的声音从天宣告："这是我的爱子，我所喜悦的。你们要听他。"（太17：5，参阅3：17）这声音赐下特别的权柄，使他超乎一切先知。就如先知约珥的预言，这恩膏从元首基督遍及他的肢体："你们的儿女要说预言……少年人要见异象"（珥2：28 p.）。然而，当保罗说神使基督成为我们的智慧（林前1：30），以及在另一处

---

⑥ "Prophetam." VG 作 "prophetie"（预言），但拉丁文与希伯来文含义相同。

⑦ 参阅 Bucer；"Rex regum Christus est, summus sacerdos, et prophetarum caput." *Enarrationes in Evangelia* (1536), p. 607。伯努瓦（Benoit）认为加尔文的这观念可能是来自布塞的这句话（Benoit, *Institution* II. 267, note 8）。

⑧ II. 6. 3.

说:"所积蓄的一切智慧知识,都在他里面藏着"(西2∶3 p.)时,他的含义稍有不同。也就是说,在基督之外没有什么值得明白的事,所有借信心参透基督的人,就拥有天国一切丰盛的福分。因这缘故,保罗在另一处记载道:"我曾定了主意,在你们中间不知道别的,只知道耶稣基督并他钉十字架。"(林前2∶2 p.)这是真实的,因神不允许我们越过福音单纯的信息。而且,基督至高先知职分的威严告诉我们,他所教导的教义使人获得全备的完美智慧。

君王的职分是属灵的(3—5)

3. 基督统治的永恒性

°我现在要讨论君王的职分。读者们若不明白这职分是属灵的,那我所谈论的一切就都是徒然的,这就告诉我们,这职分对我们而言是有功效和有益的;也告诉我们,他的大能和永恒性。在《但以理书》中,天使将这永恒性归给基督的位格(但2∶44);在《路加福音》中,天使则将之归在百姓的救恩上(路1∶33)。然而这永恒性是双重的,或必须从两方面来思考:第一方面是在乎整个教会;第二方面是在乎教会中的每一个肢体。以下这段经文是指前者说的:"我一次指着自己的圣洁起誓,我绝不向大卫说谎!他的后裔要存到永远,他的宝座在我面前,如日之恒一般,又如月亮永远坚立,如天上确实的见证。"(诗89∶35—37 p.)神确实在此应许借他儿子的膀臂永远保护他的教会。唯有基督才能使这预言应验,因为在所罗门离世之后,以色列国就丧失了大半的主权,这主权就转移到大卫家族以外的人身上,使大卫家族蒙羞(王上12)。⑨之后这主权就越来越削弱,直到最终可悲的结局(王下24)。

---

⑨ 加尔文所指的大概是以色列的十个支派归向耶罗波安(王上12),以及《列王纪下》24章所记载的灾难。参阅 CR XXXVIII. 401, 409。

以赛亚的宣告也有同样的含义:"至于他同世的人……从活人之地被剪除。"(赛53:8 p.)他在此宣告:基督将复活,使他所有的肢体与自己联合。所以,当我们读到基督握有永恒的权能时,就提醒我们教会的永恒性⑩在基督的护卫下。因此,虽然教会不断遭受暴力的攻击,以及无数的患难,却仍旧平安。大卫嗤笑仇敌的胆量,因他们企图甩掉神和他受膏者的轭并说:"世上的君王一齐起来,臣宰一同商议……那坐在天上的必发笑,主必嗤笑他们。"(诗2:2、4 p.)于是,他使敬虔之人确信神必永远保守教会,并鼓励他们在教会受逼迫时仍存有盼望。大卫在另一处代替神说道:"你坐在我的右边,等我使你仇敌作你的脚凳。"(诗110:1)他在此宣告:不论多么强大的仇敌阴谋毁灭教会,他们的力量仍不足以胜过神永不更改的预旨,神借此预旨差遣他的儿子做永恒的君王。这一切证明,魔鬼即使利用世上一切的资源,仍不能毁灭教会,因教会是建立在基督永恒的宝座上。

这教义如何应用在每位信徒身上呢?其实,同样的"永恒性"应当激励我们盼望永生的福分。由此我们得知地上的一切都是属世的,也是暂时的,甚至是转瞬即逝的。因此,基督为了使我们盼望天堂便说:"我的国不属这世界。"(约18:36)总之,当我们听到基督的王权是属灵的,就当受到激励去寻求永生的盼望;这盼望既受基督的保守,我们就当耐心等候这来世必定成就的恩典。

4. 基督君王的职分使我们得福

ᵉ我们说过,只有当我们确信基督君王的职分是属灵的,我们才能领会这职分的权能和宝贵。且我们一生必须背负十字架、遭受众多患难,

---

⑩ 真教会将坚忍到底是改革宗信仰不可或缺的教义。参阅 Heppe RD, p.664; McNeill, "The Church in Post-Reformation Reformed Theology", *Journal of Religion* XXIV (1944), 102 f。K. 巴特在他的 *Kirchliche Dogmatik* I. 2. 771-774 中公开表明:教会蒙保守是出于真道不断更新教会的力量,而这是神的 *creatio continua*。巴特说:"若没有圣经,教会就不可能坚忍到底。"(Tr. G. T. Thomson, *Doctrine of the Word of God*. I. 2. 688-691.)

就证明这一点。⑪那么，我们被召聚在天国君王的统治下有何益处呢？就在于我们确信在来世能享受这国度的福分。因此，我们应当确信：基督所应许我们的快乐并不在乎外在的利益，譬如，过快乐平安的生活、拥有众多财富、脱离一切危难，以及享受一切肉体所渴慕的乐趣。基督所应许我们的快乐反而是属天的！世上任何民族的兴旺和幸福，部分依赖众多的财富和国家的安定，部分则依赖强大的军事力量，可以抵御外来的侵略。同样，基督丰盛地赏赐他百姓灵魂永恒救恩的需要，并赐他们力量抵挡属灵仇敌的攻击。e(b) 因此我们知道，基督对我们 内在和外在的统治，e(b) 多半是为了我们而不是为他自己。e因此，神照我们的需要，为我们装备属灵的恩赐，是我们生来所没有的。从这些属灵恩赐初熟的果子上，我们就能领悟我们已经与神联合并拥有完全的福乐。我们也当依靠圣灵的力量，坚信我们必要战胜魔鬼、世界，以及一切的患难。这就是基督答复法利赛人的含义：因为神的国就在我们心里，神的国来到不是眼所能见的（路17：20—21）。大概是因为基督宣称自己是赏赐神至高福分的君王，所以，法利赛人对基督冷嘲热讽，要求他证明给他们看。然而，基督却吩咐他们省察自己的良心，"因为神的国……只在乎公义、和平，并圣灵中的喜乐"（罗14：17）。基督如此行是要拦阻那些过于体贴属世之事的人渴望世俗的荣耀。这经文简洁地教导我们基督的国度赏赐给我们的是什么。e(b) 因这国既不属世也不属肉体，因此必不衰残，反而是属灵的，使我们得以仰望永生。

  e如此我们就能忍耐地度过今生的痛苦、饥饿、寒冷、被人藐视和辱骂，以及其他的困苦。因为我们深信：我们的君王永不离弃我们，也必看顾我们一切的需要，直到战争结束，我们与他一同得胜。在这统治之

---

⑪ 这是典型的加尔文所说的话。参阅 Comm. Matthew 25：34；"敬虔之人的生活如同被放逐之人的生活，充满忧伤、痛苦"，然而神赐给他"力量和喜乐的心，使他能在一切的争战中得胜有余"。加尔文的作品充满这类的话。麦克尼尔（McNeill）在他的 *The History and Character of Calvinism*, pp. 222 f. 中列举了一些这类加尔文的话。

下，基督与我们分享父神所赐给他的一切。他如今以他的大能装备我们，以他的美善和荣耀装扮我们，以他的财富充实我们。[12]e(b) 在这些祝福之下，基督徒有很多欢喜快乐的理由，并有完备的信心，无畏地与魔鬼、罪恶，以及死亡作战。最后，我们因穿上基督的义，就能勇敢面对世人一切的羞辱。既然基督用厚恩待我们，我们就当多结果子回报他并因此荣耀他。

5. 基督君王职分的属灵性：基督和父神的主权

e(b) 因此，这君王的受膏并不用油或香物。反而，他被称为神的"受膏者"（Christus），因为"智慧和聪明的灵，谋略和能力的灵，知识和敬畏耶和华的灵住在他身上"（赛11：2 p.）。这就是《诗篇》所说"喜乐的油"，神用这油膏他胜过膏他的同伴（诗45：7），因若基督不是如此优越，我们就都是贫乏和饥饿的。以上谈过，[13]基督的富足并不是为了他自己，而是因他要将这富足赏赐给饥渴的人。圣经说："父赐圣灵给他，是没有限量的。"（约3：34 p.）其理由是：使我们从他丰盛的恩典里领受，而且恩上加恩（约1：16 p.）。从这泉源里涌出保罗所描述的那丰盛："我们各人蒙恩，都是照基督所量给各人的恩赐。"（弗4：7）这些经文确实证明了我的观点：基督的国在乎圣灵，并不在乎世俗的欢愉或浮华。因此，我们若想在基督的国度里有分，就必须弃绝世界。

这圣洁膏抹可见的象征是在基督受洗时，就是圣灵以鸽子的形象降临在他身上（约1：32；路3：22）。e(b/a) 圣经以"恩膏"这一词称呼圣灵和他的恩赐并不是新事，我们也不当视为荒谬（约一12：20、27），因为这是我们获得力量的唯一方式。尤其就属天的生命而言，一切的活力都是圣灵赏赐的。因圣灵选择基督做他的根基，使天上的富饶透过基督的

---

[12] 参阅"Spirituales eius divitiae"，第五节。
[13] 上文的第二节。

丰盛临到贫乏之人。众信徒凭着他们君王的力量，不至被击败，而且满有属灵的富饶。因此，他们被恰当地称为基督徒。

ᵉ保罗下述的话与我们所说的永恒并无分歧⑭："再后……基督……就把国交与父神"（林前15：24），以及"子也要自己服那叫万物服他的，叫神在万物之上，为万物之主"（林前15：28，参阅 Vg.）。他的意思是，在那完美的荣耀中，国度的治理不像现今。ᵉ⁽ᵇ/ᵃ⁾父神将一切的权柄交给子，并借子的手管理、滋养、扶持、眷顾，以及帮助我们。所以，虽然我们生来远离神，基督却站在我们中间，亲自引领我们逐渐与神紧密联合。

ᵉ而且当我们说基督坐在父神的右边时，也就是在说他是父的代理人，基督握有神国度一切的权柄，神喜悦透过基督统治和保护教会。保罗在《以弗所书》第一章中解释说：神"叫他在天上坐在自己的右边……使他为教会作万有之首……教会是他的身体"（20—23 p.）。他也同样教导说："神……赐给他那超乎万名之上的名，叫一切在天上的、地上的，和地底下的，因耶稣的名，无不屈膝，无不口称耶稣基督为主，使荣耀归与父神。"（腓2：9—11 p.）保罗在此的意思是：因我们的软弱，基督现今的治理方式是必需的。因此，保罗正确地推论：那时父神将亲自成为教会唯一的元首，因基督保护教会的职分已完成。ᵉ⁽ᵇ/ᵃ⁾因着同样的缘故，圣经常常称基督为"主"，因父使基督作我们的元首，好借着他的儿子统治我们。尽管世上有许多被称为主的（参阅林前8：5），"然而我们只有一位神，就是父，万物都本于他；我们也归于他；并有一位主，就是耶稣基督，万物都是借着他有的，我们也是借着他有的"（林前8：6，参阅 Vg.）。我们当因此明白，他是同一位借以赛亚的口宣告自己是教会的元首和立法者的那位（赛33：22）。虽然子多次称他所握有的一切权柄是父神的赏赐，但他的意思只是指他以神的权柄作王。他为何

---

⑭ 上文的第三节。

担当中保的职分呢?他从父的怀中和测不透的荣耀中降世,接近我们。这事实使我们一切属他的人定意热心顺服神的旨意!基督担任甘心乐意顺服神之人的君王和牧者;另一方面,圣经也告诉我们:他将用铁杖打破他的仇敌;必将他们摔碎如同窑匠的瓦器(诗2:9 p.)。圣经还说:"他要在列邦中刑罚恶人,尸首就遍满各处;他要在许多国中打破仇敌的头。"(诗110:6 p.)我们如今也可以看到这事实的许多实例,然而,在审判之日它将被完全地证明,这也可被适当地视为基督为王的最后作为。

祭司的职分:使信徒与神和好并为信徒代求(6)

6.°现在我们要简要论及基督祭司职分的目的和意义

基督既因是纯洁、毫无玷污的中保,就以他的圣洁使我们与神和好。然而,神公义的咒诅拦阻我们亲近他,并因他审判官的职分向我们发怒。所以,人的罪必须被除掉,好让基督在祭司职分上获得神对我们的恩惠并平息他的烈怒。因此,基督为了担任这职分,必须向神献祭。在律法之下,祭司必须带着血进入至圣所(来9:7),使信徒确知,即使祭司在神面前替他们辩护,但若他们的罪未被除去,就不能平息神的愤怒(利16:2—3)。使徒在《希伯来书》中,用第七章至第十章的篇幅详尽讨论这教义。总论就是:祭司的职分唯属于基督,因基督借他的死涂抹我们的犯罪,使我们罪得赦免(来9:22)。神起誓绝不后悔,他庄重的誓言提醒我们这是极为重要的:"你是照着麦基洗德的等次永远为祭司。"(诗110:4;参阅来5:6,7:15)无疑地,神喜悦借这经文告诉我们,这是我们救恩的根基。因为,若非基督作我们的大祭司,洗净我们的罪、使我们成圣、为我们获得神的恩典,我们或我们的祷告就无法接近神,因为我们的过犯和罪恶使我们与这恩典隔绝。由此可见,若基督没有死,他祭司职分的功效和益处对我们而言是无用的。

我们由此得知基督永远为我们代求,而我们借他的代求蒙恩。于是这就成为敬虔之人祷告中的信心和良心的平安,他们坦然无惧依赖神父亲般的怜悯,也确信所有中保所分别为圣的人都蒙神悦纳。尽管在律法之下,神吩咐人向他献祭物,然而,基督祭司的职分是崭新和截然不同的,因基督既是祭司又是祭物。这是因为除了基督之外,没有另一个神所悦纳的祭物,也没有另一位配得上向神献神所悦纳的祭物(他的独生子)。$^{e(b/a)}$ 基督担任祭司的职分,不但借永恒和好的律平息神对我们的愤怒,也接纳我们一同参与这伟大的职分(启1:6)。我们本身虽然污秽,却在基督里做祭司、⑮将自己和所有的一切献给神,并坦然无惧地进入天上的会幕,使我们一切向神献上的祷告和赞美成为馨香之气,蒙神悦纳。$^{e(b)}$ 这就是基督在以下经文中的教导:"我为他们的缘故,自己分别为圣"(约17:19)。虽然我们生来是神所憎恶的,但因基督借他自己使我们分别为圣归向神,我们因此能做圣洁之人并讨神喜悦。^{e} 这就是为何《但以理书》提及至圣者受膏(但9:24)。我们应当注意基督的受膏与旧约当时预表的受膏之间的对照。这仿佛天使说:"当影儿被驱散,真实祭司的职分将在基督身上彰显出来。"这就更显出那些不满于基督祭司的职分而企图重复献上基督之人的可憎!天主教徒在弥撒中天天都行这恶,重复献基督为祭。

---

⑮ 加尔文专门对信徒皆祭司职分的教导不多,也比较没有系统,然而,他在讨论其他问题时大量提到路德提出的这教义。

ᵉ第十六章 基督如何担任救赎主的职分并为我们获得救恩。对基督的死、复活和升天的讨论

我们因罪与仍爱我们的神隔绝,却借基督与神和好（1—4）

1. 救赎主

ᵉ⁽ᵇ/ᵃ⁾我们以上所论及关于基督的一切,都是为这目的:人因被定罪、死亡和失丧,就应当在基督里寻求义、释放、生命和救恩,就如彼得的这名言:"除他以外,别无拯救;因为在天下人间,没有赐下别的名,我们可以靠着得救。"(徒4∶12)基督被取名为"耶稣"并非无故或是巧合,也不是出于人意,而是神借天使宣告的至高预旨。①圣经也告诉我们,神差派基督是为了要"将自己的百姓从罪恶里救出来"(太1∶21;参阅路1∶31)。我们应当留意这些经文中所包含的教导,这教导我们在其他地方提及过②:神将救赎主这职分交付基督,使他成为我们的救主。ᵉ然而,若基督没有引领我们到达救恩的最终目标,我们的救赎也

---

① 这是天使报给马利亚的信息中有关救恩的"预旨",《路加福音》1∶28—33。
② II.6.1.

必失败。既然我们的救恩建立在基督里，因此，一旦我们稍微偏离他，我们的救恩就会逐渐消失。所以，一切不专靠基督的人就是甘愿丧失一切的恩典。伯尔纳的劝勉值得留意："基督的名不但是光，也是粮食，更是油，没有这油，灵魂的一切粮食必干枯；也是盐，没有这盐，我们的食物将是乏味的；最后，它也是口中的蜜、耳中的音乐、心中的欢乐，以及医治我们的良药。总之，没有提到基督之名的言论是乏味的。"③在此我们当认真思考基督是如何为我们成就救恩的。如此做不但能使我们深信基督是救恩的源头，也能使我们的信心有根有基，并能拒绝引诱我们偏离基督的一切。人一旦在神面前真正省察自己，④就不可能不察觉到神对他的烈怒和憎恨。因此，人必须迫切寻求平息神愤怒的途径，这就少不了赎罪，而且人必须确定他的罪已被赎，因为除非他得赦免，否则神的烈怒和咒诅就常在他身上。既然神是公义的审判官，他必不容许人违背他的律法而不受罚，他必会施行报应。

2. 意识到神的烈怒，使人感激他在基督里的爱

°在我们继续讨论之前，我们必须略提预先就怜悯我们的神，若非基督使我们与他和好，他必是我们的仇敌。另一方面，若神不是已经以他白白的恩惠接纳我们，那他怎能在独生子里赏赐他爱我们的凭据呢？既然这听来似乎互相矛盾，我要解释一下。°圣灵在圣经上常常这样说："……我们作仇敌的时候，且借着神儿子的死，得与神和好。"（罗5：10 p.）直到基督赎我们脱离律法的咒诅，众人都在这咒诅之下（加3：10、13 p.）。"你们从前与神隔绝……但如今他借着基督的肉身受死，叫你们与自己和好。"（西1：21—22 p.）这类经文是为了屈就我们的软弱，使我们更清楚明白人在基督之外是何等悲惨和绝望。因若圣经没有

---

③ Bernard, *Sermons on the Song of Songs* 15.6 (MPL. 183.340 f.; tr. S. J. Eales, Life and Work of St. Bernard IV. 83 f.).
④ 参阅 I.1.2; I.5.3, 以及所有的注释。

清楚记载，神的烈怒、报应和永死将临到我们，我们就不会明白人在神的怜悯之外有多悲惨，也会轻看神释放我们的福分。

假设有人被告知："若神在你仍做罪人时恨恶你，并照你所应得的弃绝你，你必将遭遇可怕的灭亡。但因神乐意施恩给你，并出于自己白白的恩典不许你远离他，他便因此救你脱离这危险。"这种人必定会经历和感受到他对神怜悯的亏欠。另一方面，假设他从圣经的教导上学到，他因罪与神隔绝、是可怒之子、在永死的咒诅下、没有救恩的盼望和神任何的祝福、做撒旦的奴隶、被罪掳掠、即将遭遇可怕的灭亡并正在灭亡中。正当此时，基督为他的罪代求，并亲自担当神对众罪人公义的审判；基督以自己的宝血洗净他们一切激怒神的罪；基督借除罪祭满足了父神的公义；他以中保的职分平息了神的愤怒。神与人的和睦立在这根基之上，因这一切，基督成就了神对人的慈爱。难道这一切生动描述基督救人脱离重灾的证据不会使人更感动吗？⑤

总之，除非我们对神的愤怒深感畏惧，对永死的刑罚恐惧战兢，否则我们不会急切地抓住永生或心存感恩。因此圣经教导我们：在基督之外，神与我们为仇，并预备毁灭我们；也劝我们唯独在基督里接受神父亲般的爱。

3. 神对罪恶的震怒；他的爱先于我们在基督里与神和好*

ᶜ虽然这教导是屈就我们软弱的理解力，却完全是真实的。神既然是完美的公义，就无法爱他在我们里面所看到的不义，所有人的心里都有被神憎恶的事。根据人败坏的本性和所产生的邪恶生活，我们都毫无例外地激怒神，且都被定罪并生来当受地狱的咒诅。⑥但因主断不喜悦失去

---

⑤ 加尔文的这句话似乎与阿伯拉尔（Abailard）对挽回祭的观念一样，即基督的死彰显神对人的爱，而且救恩的功效倚靠人对这信息的反应。但其实加尔文的教导与阿伯拉尔截然不同。布龙纳（E. Brunner）强调加尔文对挽回祭的教导与安瑟伦之基督代替的死的教导一样：*The Mediator* (tr. O. Wyon), pp. 438 f., 458, 507。

⑥ "*Gehennae*."

在人里面属他的一切，所以，出于他的仁慈，仍可在人里面找到可爱之物。

虽然我们一切的过犯都出于自己，我们却仍旧是神的受造物；虽然我们所面临的死亡完全是自取的，然而，神却是为了生命创造我们。因此，神出于纯洁和白白的爱接纳我们，使我们蒙恩。既然义与不义是永远对立的，只要我们仍是罪人，神就不可能悦纳我们。所以，为了除掉一切导致神对我们产生敌意的罪，并使我们完全与他和好，他以基督的死这挽回祭除掉我们一切的罪，好让我们这些从前污秽、不洁的人在神面前成为毫无瑕疵的义人。因此，父神以慈爱预定我们在基督里与他和好。事实上，"因神先爱我们"（约一4:19），之后他也使我们与他自己和好。然而，直到基督以他的死救赎我们，那应得神对我们震怒的不义仍在我们心中以及神的咒诅之下。所以，只有基督才能使我们完全与神联合。我们若要确定自己在神的喜悦和恩待下，就必须唯独仰赖基督，因只有在基督里，神才不将我们的罪归给我们，而至终免受神的震怒。

4. 救赎之功乃出于神的爱，而非产生神的爱

ᶜ据此，保罗说，神在创立世界以前所接纳我们的爱是建立在基督里（弗1:4—5）。这是明确、合乎圣经的教导，并与一切宣告神在爱中差遣自己的独生子为我们死的经文一致（约3:16），也与其他教导神借基督的死悦纳我们这些之前做他仇敌之人的经文一致（罗5:10）。然而，为了使那些特别看重古时教会见证的人更确信这教导，我要引用奥古斯丁的教导，他说："神的爱是测不透和不改变的，因为神并不是在他借他儿子的血与我们和好后才开始爱我们，相反，他在创立世界以前就爱我们，在我们尚未受造时，就可以与他的独生子一同做他的儿女。基督的死之所以使我们与神和好，并不表示基督叫我们与父神和好是为了使神开始爱他从前所恨恶的人，而是表示我们已经与爱我们的神和好了，虽然我们从前因罪与神为仇。保罗能证明我所说的是否真实：'基督

在我们还做罪人的时候为我们死,神的爱就在此向我们显明了。'(罗5:8)所以,就连在我们敌对他和作恶时,他仍爱我们。因此,神以某种奇妙和属神的方式,在他恨恶我们时爱我们。因为他恨恶的是在我们身上他所没有创造的部分;然而,因我们的邪恶并没有完全败坏神的作品,神知道如何同时恨恶我们自己所捏造的邪恶,却爱他自己创造的部分。"⑦ ᵈ这是奥古斯丁亲口说的。

基督的顺服和死的果效（5—7）

5. 基督以一生的顺服救赎了我们

ᵉ⁽ᵇ/ᵃ⁾或许有人会问:基督如何除去人的罪、拆去人与神之间的隔墙,并为人获得义使神重新悦纳、恩待我们？我们的答复是:基督以他一生的顺服成就了这事。⑧这是保罗亲口证实的:"因一人的悖逆,众人也成为罪人;照样,因一人的顺从,众人也成为义了。"(罗5:19 p.)的确,保罗在另一处经文中证实:基督以其一生救我们脱离律法的咒诅:"及至时候满足,神就差遣他的儿子,为女子所生,且生在律法以下,要把律法以下的人赎出来"(加4:4—5)。因此,基督在他受洗时也宣告:他借洗礼顺服父的命令并满足了神的义(太3:15)。简言之,自从基督降世取了奴仆的样式,他便开始偿付释放人的代价,为要救赎我们。然而,为了要使人更精要地明白救恩之道,圣经特意将之归于基督的死。基督宣告:他"舍命,作多人的赎价"(太20:28 p.);保罗教导:基督为我们的罪受死(罗4:25);施洗约翰宣告:基督来是要"除去世人罪孽",因他是"神的羔羊"(约1:29 p.)。保罗在另一处经文中教导我们:"如今却蒙神的恩典,因基督耶稣的救赎,就白白地称义。神

---

⑦ Augustine, *John's Gospel* 60.6 (MPL 35.1923 f.; tr. NPNF VII.411).

⑧ 帕尼耶说使徒信经的"由童贞女马利亚所生",这句话虽然看起来是信经有关基督最超自然的教条,然而加尔文认为这信条主要教导的是基督的人性而不是他的神性,因为基督借此出生成为亚当的后裔(Pannier, *Institution* II.382, note *a* on p.98)。也参阅 T. F. Torrance, *The School of Faith*, Introduction, pp. lxxx f.。

设立耶稣做挽回祭,是凭着耶稣的血。"(罗 3:24—25 p.)以及"我们靠着他的血称义……借着神儿子的死,得与神和好"(罗 5:9—10)。再有,"神使那无罪的,替我们成为罪,好叫我们在他里面成为神的义"(林后 5:21)。我不打算引用所有相关的经文,因为不胜枚举,而且稍后我还将再列举一些。同理可证,使徒信经以最佳顺序叙述基督的生平,从他的诞生至他的复活,因为我们全备的救恩都在乎这一切。然而,圣经也没有忽略基督一生中其他的顺服。保罗的这段论述囊括了基督一生的顺服:"反倒虚己,取了奴仆的形象……存心顺服,以至于死,且死在十字架上。"(腓 2:7—8 p.)事实上,就连基督的"死"本身,他的甘愿顺服也很重要,因为勉强的献祭不能满足神的公义。因此,当主见证他"为羊舍命"(约 10:15 p.)时,他恰当地接着说:"没有人夺我的命去。"(约 10:18)在这意义上,以赛亚也说:"他像羊在剪毛的人手下无声。"(赛 53:7;徒 8:32)福音书叙述道,他走上前去迎接捉拿他的士兵(约 18:4),在彼拉多面前,他没有为自己辩护,而是顺从他的判决(太 27:12、14)。这并不是说他毫无挣扎,因他亲自担当了我们的软弱,并借此考验了他的顺服!这也充分证明基督对我们无比的爱。他在恐惧中挣扎,并在无数残忍的折磨下,为了我们,完全不顾自己的安危。我们必须持定这原则:除非基督不顾自己的安危并完全顺服父神的旨意,否则神必不悦纳他的献祭。在这原则下,使徒恰当地引用《诗篇》中的见证:"'我的事在经卷上已经记载了'(来 10:7)、'我来了为要照你的旨意行'(来 10:9)、'我乐意照你的旨意行;你的律法在我心里'(诗 39:9, Vg.)、那时我说:'神啊,我来了'(来 10:7)。"但不安的良心唯独借献祭和除罪的洁净才能得安息,这是圣经所强调的。圣经教导说,基督的死使我们获得生命。

彼拉多定基督的罪

e (b/a) 我们的罪所导致的咒诅在神的审判台前等候我们。因此,圣经首先叙述基督在犹大巡抚本丢·彼拉多面前被定罪，教导我们自己所当受的刑罚被归在这义人身上。ᵉ无人能逃脱神可怕的审判。为了救我们脱离这审判，基督容许自己被必死的人定罪——甚至在邪恶、亵渎神之人面前被定罪。ᵉ⁽ᵇ⁾"巡抚"⑨这头衔被提及，不但是要证明当时的史实，也是要我们明白以赛亚的预言："因他受的刑罚，我们得平安；因他受的鞭伤，我们得医治。"（赛53：5）为了免去我们的死罪，基督仅为我们受死是不够的，基督必须借某种受死的方式作为救赎我们的挽回祭，即他必须同时亲自担当我们的咒诅和刑罚，才能救我们。ᵇ他若被强盗或在暴动中被谋杀，这样的死无法作挽回祭。但基督作为罪犯被提到审判台前，被指控，法官宣判他有罪，将被处以死刑，这一切都证明他代替罪人受刑。我们在此必须留意先知所预言的两件事，这将极大地安慰和坚固我们的信心。圣经告诉我们，基督从审判台前被带去处决、悬挂在两个强盗中间，这就应验了马可所引用的预言："他被列在罪犯之中。"（可15：28，Vg.；参阅赛53：12）这有何意义呢？显然他是要代替罪人死，而不是义人或无辜之人。他受死不是因为无罪而是因为有罪。另一方面，圣经记载亲自定他罪的彼拉多同时也说他无罪［因彼拉多不止一次不得不公开宣称基督无罪（太27：23）］，这使我们想起另一位先知的预言："我没有抢夺的，要叫我偿还。"（诗69：4）如此看来，基督是代替罪人，然而他的纯洁无瑕告诉我们，他担当的是别人的而不是自己的罪。基督在巡抚彼拉多手下受难，也借巡抚的判决被列为罪犯。然而，他却非罪犯。彼拉多说："我查不出他有什么罪来"（约18：38），ᶜ这表明他的审判官同时宣告他是义的。这是我们被称义的根据：我们该受处罚的罪刑已经归在神儿子的身上（赛53：12），我们必须终生牢记基督的代死，免得我们一生战兢忧虑，就如神儿子所亲自担当的神公义的报应仍然笼罩我们。

---

⑨ "Nomen praefecti."参阅上文的"praeside Judaeae"。然而，彼拉多的称号却是"procurator Judaeae"。

6."钉十字架"

ᵇ基督之死的方式也是某种极大的奥秘。ᵇ⁽ᵃ⁾十字架不但被人看来是某种咒诅,神的律法也是如此规定的(申21∶23)。因此当基督被悬挂在十字架上时,他就在神的咒诅之下。这事必须如此,为了要使整个咒诅——就是我们的罪所应得的并即将临到我们的——能从我们身上归到基督身上。这也是律法上所预表的,旧约中的献祭和除罪祭被称为"Ashmoth"⑩,是希伯来文表示"罪"的单词。圣灵以比喻义使用这个词,意在表明这些献祭是除罪祭,⑪也就是担当我们的罪和承受罪所应得的咒诅。摩西的献祭所预表的在基督身上应验了,因为基督是一切预表的实体。所以,为了完全除掉罪,他献上自己的性命为"Asham"⑫,就是先知所称为除罪祭的(赛53∶10,参阅5节),借此我们的罪污和刑罚就得以抹去,不再归于我们了。使徒更明确地证明:"神使那无罪的,替我们成为罪,好叫我们在他里面成为神的义。"(林后5∶21)神的儿子虽然完全无罪,却亲自担当我们的罪所应受的羞耻,并以他的纯洁作我们的衣裳。保罗在谈到罪时似乎也有同样的教导:"他在肉体中定了罪案"(罗8∶3 p.)。当罪的咒诅转移到基督身上时,父神就摧毁了罪的权势。所以,在此这单词的意思就是:基督以死作为除罪祭献给神,以这献祭作挽回祭以除掉罪,使我们不再惧怕神的愤怒。如此,先知的这预言就很清楚了:"耶和华使我们众人的罪孽都归在他身上。"(赛53∶6)也就是说,那位即将除净一切罪孽、污秽的救赎主担当了众人归给他的罪,他被钉十字架也是这教义的象征,正如保罗的见证:"基督既为我们受了咒诅,就赎出我们脱离律法的咒诅;因为经上记着:'凡挂在木头上都是被咒诅的。'这便叫亚伯拉罕的福,因基督耶稣可以临到外邦人。"(加3∶13—14;申21∶23)ᵉ彼得也有同样的教导:"他被挂在木头上,亲身担

---

⑩ "אשמומ".
⑪ "καθαρμάτων".
⑫ "אשם".

当了我们的罪"（彼前2：24），这咒诅的象征使我们更清楚明白，那原先在我们身上的重担被归到基督身上了。然而，我们不可以为基督被这咒诅击垮了，他反而因亲自担当这咒诅，就毁坏和击碎了这咒诅的权势。信心因此在基督被定罪上看见自己被判无罪，也在基督受咒诅上看见神的祝福。所以，保罗有极好的根据宣告基督在十字架上所获得的胜利，就如充满羞耻的十字架最终成为得胜的战车！保罗说："基督涂抹了在律例上所写攻击我们、有碍于我们的字据……将一切执政的、掌权的掳来，明显给众人看，就仗着十字架夸胜。"（西2：14—15 p.）难怪！另一位使徒⑬说："基督借着永远的灵，将自己无瑕无疵献给神。"（来9：14）在此，十字架的咒诅成为祝福。我们当不断默想献祭和除罪，好让这真理根植于我们心中，因为，除非基督成为祭物，否则我们就不能确信他是我们的救赎、赎价，以及挽回祭。⑭所以，每逢圣经提到基督救赎的方式时，同时也提到他的血。基督所流的宝血不但成为挽回祭，也是洗濯盆（参阅弗5：26；多3：5；启1：5），为要洗净我们的污秽。

7."受死和埋葬"

使徒信经接着说："基督受死和埋葬了。"在此我们又看到基督在各方面代替我们付出救赎我们的赎价。死亡以它的轭紧紧捆绑我们，基督代替我们将自己交给死亡的权势，为要将我们从这权势中释放出来。使徒的这句话也包含同样的教导："他为人人尝了死味。"（来2：9 p.）他的死证明我们必不死，或基督借他的死救赎我们得生命。然而，基督在以下这方面与我们不同：他容许死亡吞灭他，并非使自己陷入无法自拔的死亡深渊，而是要除灭死亡（参阅彼前3：22，Vg.），免得死亡吞灭我

---

⑬ 加尔文在这里用"使徒"，似乎暗示他认为《希伯来书》的作者是保罗。但他在别处又再三强调《希伯来书》不是保罗的作品。参阅 Comm. Heb., "Argument", and ch. 13：23。

⑭ "$\dot{\alpha}\pi o\lambda \acute{u}\tau\rho\omega\sigma\iota\nu\ \kappa\alpha\grave{\iota}\ \dot{\alpha}\nu\tau\acute{\iota}\lambda\upsilon\tau\rho o\nu\ \kappa\alpha\grave{\iota}\ \acute{\iota}\lambda\alpha\sigma\tau\acute{\eta}\rho\iota o\nu.$"参阅 Luke 21：28；Romans 3：24；Colossians 1：14；1 Timothy 2：6；Hebrews 9：5；Hebrews 11：35。

们；他容许自己伏在死亡的权势之下，并不是要被它的权势吞没，而是在死亡威胁我们并因我们堕落的光景被夸耀时摧毁它。基督最终的目的是"要借着死败坏那掌死权的，就是魔鬼，并要释放那些一生因怕死而为奴仆的人"（来2：14—15）。^b 这是基督之死带给我们的第一个益处。

基督之死的第二个益处是：我们因与基督的死有分，他的死便治死我们地上的肢体，免得它们和从前一样；他的死也治死我们里面的老我，免得他发旺结恶果。^b(a) 基督的埋葬也有同样的果效：我们因与基督的埋葬有分，就与他一同被埋葬，向罪是死的。^b 使徒保罗教导说："我们在他死的形状上与他联合"（罗6：5，KJV），并且与他一同埋葬归入死（罗6：4）；他还教导我们，因基督的十字架，"就我们而论，世界已经钉在十字架上；就世界而论，我们已经钉在十字架上"（加2：19，6：14 p.）；又教导我们与他一同死了（西3：3）。保罗的这些陈述不但劝我们活出基督的死，也宣告他的死是有功效的，所以，也应当从所有基督徒身上表现出来，除非我们要叫基督的死落空。如此看来，基督受死和埋葬使我们享有双重的祝福：释放我们脱离从前捆绑我们的死亡，以及治死我们的肉体。

解释降在阴间的教义（8—12）

8."降在阴间"

^e 然而，我们不应当忽略降在阴间这教义，因这教义对基督的救赎而言并非无关紧要。^e(b/a) 古时神学家们的著作告诉我们：这教义从前在教会中不常被提到。[15]但在教导教义的总纲时，我们不可忽略这教义，因为

---

[15] 加尔文在这里是参考伊拉斯谟的 *Explanation of the Apostles' Creed* (1533)，该作品在他的巴塞尔版作品集中一并出版，*Omnia Opera D. Erasmi* (Basel, 1540). V. 967 f.。瓦康（A. Vacant）和曼格诺特（E. Mangenot）解释此教义不是教会早期的教义，也告诉我们这教义是在什么情况下被纳入使徒信经的，*Dictionnaire de théologie Catholique* 中的文章 "Descent de Jesus aux enfers," Vol. IV。此教义可能是在359年在色雷斯的尼斯（Nice in Thrace）教会会议中所拟定的非正统的"载明日期的信经"（Dated Creed）中第一次被提出的。这教会会议的内容记载在苏格拉底的 *Ecclesiastical History* 2. 37 (MPG 67. 280；tr. Ayer, *Source Book*, p. 318；H. Bettenson, *Documents of the Christian Church*, p. 61)。

它包括了人不可藐视的奥秘。[b]至少古时的某些神学家没有遗漏这教义。[⑯]据此我们推测,那时的教会虽然加入这教义,却没有马上开始教导,而是过了一段时期才开始逐渐地教导。可以确定的是,这教义是众敬虔之人共同的信念,因为所有的教父在他们的著作中都提及基督降在阴间的教义,尽管他们的解释有所不同。至于这教义何时被纳入使徒信经则无关紧要。然而,值得一提的是,使徒信经是我们信仰完整、详细的总纲,且其所教导的一切都是来自神圣洁的话语,[e]若有人对信经是否包括这教义有疑问,[⑰][e(b)]那么我就要证明这教义对于我们救赎的重要性:若遗漏这教义,基督受死的功效多半会落空。另一方面,有些人认为这教义并没有什么新的教导,只是以另一词重复埋葬的教义,因圣经常用"阴间"来代表坟墓。[⑱]我同意他们提出关于阴间这一词的含义是对的——"阴间"常指"坟墓"。然而有两个原因与他们的观点不符,所以我不同意他们的看法。原本并不深奥的教义已用明白易懂的言辞陈明,之后若再以模糊的言辞赘述是不智的!在同一上下文中,若以两种不同的词组指陈同一件事时,后者应当是对前者的解释。但若有人说:"基督被埋葬"的意思是"他降在阴间",这是什么样的解释呢?其次,这种毫无意义的复述怎可能被置入这总纲中呢?因为总纲的目的乃在于以最精简的言辞概括我们信仰的要点。我相信所有谨慎查考这问题之人都会赞同我的立场。

---

⑯ 奥古斯丁在他向要理问答班学员解释使徒信经的讲道中省略此教义 (*De symbolo ad catechumenos*) (MPL 40. 627-656; tr. NPNF III. 369-375)。在加尔文之前的一些大胆的神学家早就怀疑或否定降在阴间的教义。雷吉纳·皮科克 (Reginald Pecock) 在 1440 年所编辑的使徒信经中省略这教义。参阅 J. Lewis, *Life of the Learned and Right Reverend Reynold Pecock*, pp. 210, 221-225, 316, 325。

⑰ 这句话是在 1559 年版本中加上的。可能是因为当时这教义受到很大的攻击。在约翰·拉斯科 (John à Lasco) 写给布林格的一封信中 (1553 年 6 月 17 日),他说沃尔特·迪隆努斯 (Walter Deloenus) (当时伦敦之德国难民教会的牧师) 建议省略此教义,因为它并非主所栽种的植物 (参阅太 15:13)。迪隆努斯虽然受责备而承认他的谬误,但他的信引起对教会有害的争论 (à Lasco, *Opera*, ed. A. Kuyper, II. 677 f.)。参阅 OS III, *Addenda*, p. 517, and on Deloenus (Devlin or Delvin), 参阅 *Original Letters Relative to the English Reformation*, edited for The Parker Society II. 575, 588。

⑱ 这是布塞 (*Enarrationes in Evangelia*, 1536, pp. 511 f., 792 ff.) 显然也是贝扎的立场。

9. 基督在地狱里吗？

$^{e\,(b/a)}$ 另一些人对此有不同的解释：基督降至在律法下死亡之族长的灵魂中，为了宣告已成就的救赎，并将他们从阴间释放出来。⑲他们错误地引证《诗篇》的话作为这解释的根据："他打破了铜门，砍断了铁栓。"（诗 107：16）也引用了撒迦利亚的预言："我将你中间被掳而囚的人从无水的坑中释放出来。"（亚 9：11 p.）但这《诗篇》是预告神将释放那些被掳掠到遥远之地受奴役的人，而撒迦利亚是将以色列人被掳掠到巴比伦的大灾难比喻作深渊，并同时教导整个教会的得救乃是从阴间的深处得释放。因此，之后世人由于某种原因认为阴间是在地下的某处，故将之称为"Limbo"⑳。尽管一些伟大的神学家多次采用这种说法，甚至今日也有不少人为之热心地辩护，㉑ª却仍只是人的传说。死人的灵魂被关在监牢里是幼稚的说法，况且，何必要基督的灵魂下到那里释放他们呢？

$^{e\,(b/a)}$ 我承认基督以其圣灵的大能光照他们，使他们能明白他们在世上只是预尝现在已显明于世的恩典。㉒彼得以下的话大概就是此意："基督借这灵曾去传道给那些在监狱里的灵听"（彼前 3：19，参阅 Vg.）。根据上下文，此话的意思是：之前死去之信徒与我们享有同样的恩典。彼得在此乃颂赞基督受死的大能甚至扩及已死之人，同时也教导说，这些敬虔之人现在享受到他们一直在操心等待的那义者的降临所带来的福

---

⑲ 阿奎那在 *Summa Theol* 中说："基督降在阴间以他受难的大能释放众圣徒脱离被排除于荣耀生命的惩罚……"

⑳ 阿奎那在 *Summa Theol*. III. Supplementum 69. 4-7 中解释 *limbus patrum*，他将（Art. 6）与 *limbus puerorum* 做区分。他说成人信徒死后被关在 *limbo* 中等候基督的释放，并且有永生的盼望，也享有安息。但在 *limbo* 中的婴儿"没有永生的盼望"。参阅 A. Vacant and E. Mangenot, *Dictionnaire de théologie Catholique*, article "Limbes"。

㉑ 参阅 Irenaeus, *Against Heresies* IV. 2；V. 31（MPG 7. 976 ff., 1068 ff.；tr. ANF I. 463 f., 504 f.）。Servetus, *Christianismi restitutio*, pp. 621 f.（first letter of Servetus to Calvin, also in CR VIII. 682 f.）；Peter Martyr Vermigli, *Loci comunes* III. 16. 8.

㉒ 也许这是指茨温利之 *Exposition of the Faith* 中的 "Christ the Lord"（Zwingli, *Opera*, ed. M. Schuler and J. Schulthess, IV. 49；tr. LCC XXIV. 252）。参阅殉道者彼得（Peter Martyr）对基督在阴间的解释，*Loci communes* III；"Simple Exposition of the Articles of the Creed" 20 and III. 16. 8-25（1576 edition, pp. 476, 814-825）。

分。另一方面，已死的恶人也借此更清楚明白他们与救恩无分。虽然彼得没有明确地区分义人和恶人，我们却不能因此推断他所说的对象包括义人和恶人。他的意思只是指这两种人在死后都被启示有关基督的死。

10. "降在阴间"也解释为基督代替我们所受属灵上的折磨

ᵉ我们必须比信经更详细地解释ᵉ基督降在阴间这教义。圣经对此教义的解释不但是圣洁和敬虔的，也是众信徒极大的安慰。若基督只在肉体上死，ᵇ⁽ᵃ⁾这就没有什么功效。基督同时也必须承受神严厉的报应，为了平息他的烈怒和满足他公义的审判。因此，他必须与地狱的军队和永死的恐惧直接交锋。㉓以下㉔我们引用了先知的相关预言："他为我们的过犯受害，为我们的罪孽压伤。因他受的刑罚，我们得平安；因他受的鞭伤，我们得医治。"（赛 53：5 p.）以赛亚在这段经文中的意思是基督替罪人担保——伏在神的咒诅之下——担当一切他们所当受的刑罚。基督只在一方面与他们不同："他原不能被死拘禁"（徒 2：24 p.）。难怪圣经说基督降在阴间，因他承受了神对罪人的烈怒！ᵉ有人认为，若说基督在死后遭受他在死前所受的苦是荒谬的，也是颠倒事实，但这是肤浅和愚昧的异议。㉕我的重点是：圣经记载基督在人面前所受的苦，也接着提到

㉓ 参阅上文的第八、九节，以及注释 17 和 20。加尔文先在他的 *Psychopannychia*（1534，published 1542：CR V. 224；tr. Calvin，*Tracts* III. 628）如此解释基督降在阴间的教义。然而阿奎那对这教义的解释是当时最受欢迎的。在他之前，伦巴德和大阿尔伯特对此的教导太混乱，而阿奎那的教导比较清楚。参阅 *Summa Theol.* III. 52. 2，4-6，8。帕尼耶告诉我们加尔文的解释"不完全是独创性的"（Pannier，*Institution* II. 883，note *a* on p. 107）；Nicolas of Cusa（e.g., in Sermon on Ps. 30：11），及之后的 Pico della Mirandola，他们对这教义的解释与加尔文的相似，从基督受苦的角度来解释"降在"。路德反而相信基督以神人的职分真正地下到阴间去了。特兰托会议的要理问答在第四十九节中记载基督在阴间时拯救了旧约时代的先祖和其他圣徒脱离 *limbo*。这与阿奎那的教导一致。J. A. Dietelmeier，*Historia de descensu Christi ad inferos literaria*，pp. 160-191，解释教会对这教义复杂的历史（这作品也列举其他值得参考的书）。

㉔ 上文的第五节。

㉕ 加尔文在 1544 年（3 月）写信给维雷（Viret），说塞巴斯蒂安·卡斯泰利奥（Sebastian Castellio）耻笑他对基督降在阴间的解释，即基督降在阴间表示他在十字架上为了人的救赎所受的痛苦（CR XI. 688；tr. 加尔文，*Letters* I. 409）。这大概是因为卡斯泰利奥主张加尔文在这里所反驳的立场。参阅 CR XI. 675；Herminjard，*Correspondance* IX. 158，185。

基督在神面前所受那看不见、测不透的审判，使我们明白，基督不但为了救赎我们献上自己的身体，他的灵魂也遭受了神所咒诅和离弃之人所当受的可怕折磨，而这是更大的代价。

11. 圣经对这解释的支持*

ᵉ彼得说："神却将死的痛苦解释了，叫他复活，因为他原不能被死拘禁。"（徒2：24 p.）彼得不是只提到死本身，而是明确地表示：来自神咒诅和烈怒（叫人死的缘由）之死的痛苦拘禁了神的儿子。若基督所面对的只是肉体上的死，这对他而言没有什么可怕的！然而，基督既然甘愿遭受他所惧怕的死，就充分证明他无限的怜悯。无疑，使徒在《希伯来书》中也有同样的教导："基督因他的惧怕蒙了应允。"（来5：7 p.）（"惧怕"在其他译本中译作"敬畏"或"虔诚"，㉖然而，根据这教义本身和句子的文法，这是极不妥当的翻译。）因此，基督"既大声哀哭，流泪祷告……就因他的惧怕蒙了应允"（来5：7 p.），他并没有求神免去死亡，而是祈求不至于像罪人那样被死吞灭，虽然他代替罪人死。ᵇ的确，没有比被神离弃和祈求不被神垂听更可怕的了，就如神亲自策划了你的灭亡。ᵃ圣经记载基督被弃，不得不极度痛苦地呼求："我的神，我的神，为什么离弃我？"（诗22：1；太27：46）ᵇ有些人却将之解释为基督所表露的是别人的感受而不是自己的。㉗然而，这完全不可信，因他的确是出于内心极度的痛苦而说的。ᵇ⁽ᵃ⁾但我们也不是说神无时无刻恨恶基督或向他发怒。ᵃ他怎能向他"所喜悦的"爱子发怒呢（参阅太3：17）？若神恨恶基督，那么他怎能平息父对他人的烈怒呢？这是我们的重点：既然基督被神的手"鞭打和压伤"（赛53：5），并亲历神对罪人的一切震怒和报应，这就证明基督担当了神严厉的刑罚。因此希拉利推论，他降在阴间

㉖ Vulgate：*"Exauditus est pro sua reverentia."*
㉗ Cyril，*De recta fide*，Oratio 2. 18（MPG 76. 1555 ff.）.

使我们得以战胜死亡。他在另一处的论述也与我们的看法一致，他说：
"他的十字架、死亡、地狱——成为我们的生命。"又说："神的儿子降在
阴间，人却高升入天堂。"㉘ᵉ我也无须引用人的见证，因使徒在回想这胜
利的战果时，也同样宣告："基督释放那些一生因怕死而为奴仆的人。"
（来2：15 p.）基督必须战胜那生来不断折磨和压迫一切必死之人的恐
惧，他必须面对才能战胜。ᵇ由此可见，基督所表露的不是一般的忧伤，
也不是琐碎小事所造成的烦恼。基督与魔鬼的权势、死亡的恐惧，以及
地狱的痛苦面对面交战，并战胜它们，好让我们死后不至于惧怕一切已
被我们的王所吞灭的仇敌（参阅彼前3：22，Vg.）。

12. 反驳对这教义的误解和谬论

ᵉ在此，有些无知、可恶之人与其说是出于无知，不如说是出于他们
的恶意，他们喧嚷说：我的说法可怕地得罪基督。他们认为基督对自己
灵魂的救恩感到恐惧是不妥当的。他们甚至更难听地毁谤道：我说神的
儿子如此绝望与信心不相称。㉙首先，这些人在基督的恐惧上恶意地引发
争议，虽然福音书已载明这恐惧。在死亡临近时，基督"心里忧愁"（约
13：21）并充满痛苦，当死亡更临近时，他便更为战兢恐惧（参阅太
26：37）。若如我们的论敌所说，基督是在装模作样，这是邪恶的回避。
所以，正如安波罗斯的教导：我们当确信基督的忧伤是真实的，否则我

㉘ Hilary, *On the Trinity* IV. 42（*"mortem in inferno perimens"*）；III. 15（*"Dei filius in inferis est；sed homo refertur ad coelum"*）（MPL 10. 128，24；tr. NPNF 2 ser. IX. 84，66）.

㉙ 参阅上文的第八节注释17，以及第十节注释25。巴特和尼塞尔认为加尔文在这里不太可能是在反驳卡斯泰利奥对他的批评。他们虽然不知道除了卡斯泰利奥之外反对加尔文的解释，然而他们仍认为加尔文所反驳的对象也许是某种路德派的批评家（OS III. 497，注释1.）。这教义之所以在英国开始被热烈讨论，是由于剑桥大学的克里斯多夫·卡莱尔（Christopher Carlisle）在他的一篇文章中否定此教义，1552（Dietelmeier, *op. cit.*, pp. 205 ff.）。卡利尔的文章在1582年出版了：*Touching the Descension of Our Savior Christ Into Hell*。一年以后，我们以上所说的伦敦德国难民教会受同样观念之牧师的搅扰（上文的第八节注释17）。也请参阅 Herminjard, *Correspondance* IX. 158，note 3；CR XI. 675。之后罗伯特·帕克斯（Robert Parkes）从三十九条论纲中第三条的立场攻击这教义，他的攻击引发了一位加尔文主义者安得烈·威利（Andrew Willet）的反驳（*Limbomastix*, 1607）。

们就是以十字架为耻了。㉚显然，除非基督的灵魂一同受刑，否则他所救赎的就只是人的身体。然而，他必须为挽救那些死在罪中的人争战。他的良善——我们称颂不尽——在这世上显明，他毫不退缩地担当我们的软弱。这事实并不减损他在天上的荣耀。并且，我们的痛苦和忧伤也在此得以抚慰，这位中保亲历了我们的软弱，为要在我们的痛苦中更好地救助我们（来4：15a）。

他们声称将某种非善的东西归给基督是不妥当的。就好像他们比圣灵更有智慧，然而圣灵解释这二者并无冲突："他曾凡事受过试探，与我们一样，只是他没有犯罪。"（来4：15b）我们毫无理由对基督的软弱感到不安，因他不是为暴力所迫或是不得已，而是因对我们的爱和怜悯担当了我们的软弱，但他一切自愿为我们所受的苦丝毫未减损他的全能。然而那些吹毛求疵之人在这点上受骗上当了，他们没有明白基督的软弱是纯洁无瑕的，因他在这软弱中仍旧顺服神。我们堕落的本性是暴力和极端情绪化的，所以，我们的论敌也以人堕落的本性来衡量神的儿子。但因基督的本性是纯洁的，他能节制一切的情感，所以，他在忧伤和恐惧上如同我们（参阅来2：17），却因他的无罪而与我们不同。

当我们的论敌在这事上被反驳时，又立即抓住另一个谬论：虽然基督惧怕死亡，但他却没有惧怕神的咒诅和愤怒，因他知道他必将平安无事。然而，敬虔的读者应当思考，基督比一般人更懦弱更惧怕死亡难道是尊荣吗？强盗和其他的罪人都狂傲地直面死亡，许多人高傲地藐视死亡，又有人平静地接受死亡。若说神的儿子极其恐惧死亡，我们怎能说他是坚定和伟大的呢？一般人认为圣经对基督惧怕的描述是难以置信的，因他受凶残的折磨，面上汗珠如血点落下（路22：44）。他并非为了做给人看，而是暗自向他的父叹息。神必差遣天使从天降下安慰、鼓励基督，这就驱散了一切人对基督是否惧怕的疑惑（路22：43）。若基督惧怕肉体之死

㉚ Ambrose, *Exposition of Luke's Gospel* 10. 56-62 (MPL 15. 1910 ff.).

以致汗如血点滴下，甚至需要父差遣天使协助他，这是何等羞耻的懦弱呢！基督极其痛苦，三次重复祷告——父啊！倘若可行，求你叫这杯离开我（太 26：39）——岂不就证明基督的争战比面对肉体之死更激烈吗？

由此看来，那些与我争辩的吹毛求疵之人大胆地胡诌他们所不知道的事情，因他们从未真正思考：我们从神的审判下被赎出来是什么意思。然而，这才是我们的智慧——真切地感受神的儿子为我们所付出的赎价有多大。

假设现在有人问，当基督求告神使他避免死时，他是否已降在阴间。㉛我要回答，这是基督遭受残忍、可怕折磨的开始，因他当时知道他为我们的缘故站在神的审判台前被定罪。虽然当时在他身上，圣灵的大能暂时被隐藏，为要显露他肉体的软弱，但我们必须明白，他所遭受的痛苦和惧怕的试炼与信心并无冲突。这就应验了彼得的宣告："他原不能被死拘禁。"（徒 2：24 p.）当他感觉到被神离弃时，他对神良善的确信并没有因此而动摇。他在极度痛苦中的呼求也证明这一点："我的神，我的神，你为什么离弃我？"（太 27：46）虽然基督遭受无限痛苦，但就连在父离弃他时，他仍没有停止称父为他的神。这就反驳了阿波利拿里（Apollinaris）和所谓基督一志论派（Monothelite）的谬论。阿波利拿里宣称基督有永恒的灵而非灵魂，所以他只能算是一半的人，㉜仿佛为我们的罪做挽回祭，除了顺服父神之外还有另外的途径！然而，顺服神的意愿或意志若不是出于灵魂，那是来自哪里呢？我们知道这是他灵魂忧愁的原因，为要驱除我们的惧怕并带给我们的灵魂平安和安息。为了反驳基督一志论派，㉝

㉛ 这大概指的是卡斯泰利奥的观点：参阅第十节注释 25。
㉜ 老底嘉的阿波利拿里教导（ca. 360）神的道"以灵魂的形式住在童贞女马利亚身上"（Lietzmann）。参阅 C. E. Raven, *Apollinarianism*, and H. Lietzmann, *From Constantine to Julian* (*A History of the Early Church*, Volume III), pp. 209 f.。
㉝ 基督一志论派在第 7 世纪兴起，他们企图解决基督一性论派所造成的分裂。基督一性论派教导基督只有一种本性（他们拒绝卡尔西顿议会 [451] 的决定），但基督一性论派受皇帝赫拉克留（Heraclius）妥协之《厄克德西斯》（Ecthesis, 638）的影响，虽然相信基督的两种本性，却主张他只有一个意志（θέλημα）。第三次君士坦丁堡会议咒诅他们的教义，681，session 13（Mansi XI. 1054；Ayer, Source Book, pp. 671 f.；Bettenson, *Documents of the Christian Church*, p. 130.）。

我们只需提出：基督人性的意愿和神性的意愿是不同的。我略过这事实不谈，即基督以相反的情感胜过我们以上所提到的惧怕。这看来显然是极大的悖论："父啊，救我脱离这时候，但我原是为这时候来的。"（约12：27—28）然而，在这人性与神性的争战中，他并没有表现任何激烈的挣扎，不像我们在极力抑制自己时所表现的那样。

基督的复活、升天，以及天上的团聚（13—16）

13. "第三天复活了"

ᵃ以下我们要谈基督的复活。若略过这一点，我们以上所谈的一切就不完整。ᵇ因基督的十字架、死亡，以及埋葬只表现了他的软弱，而我们的信心必须越过这一切才得以完全。基督的死完成了救恩，因他的死使我们与神和好、满足了神公义的审判、除去了神的咒诅，以及付清了罪的代价。然而，圣经说：父神"重生了我们，叫我们有活泼的盼望"，并不是指借基督的死，而是借"基督从死里复活"（彼前1：3 p.）。既然基督复活时胜过了死亡，同样，我们的信心能胜过死亡也完全在乎基督的复活。㉞

保罗更清楚地描述复活的性质："耶稣被交给人，是为我们的过犯；复活，是为叫我们称义。"（罗4：25）他的意思就是："基督以他的死除掉罪，又以他的复活使人重新称义。"若他自己被死战胜，他怎能将我们从死里释放出来呢？若他在这场争战中失败了，他怎能使我们获胜呢？因此，我们分别将救恩的功效归于基督的死和复活：基督的死除灭了罪和死亡，他的复活使我们重新称义并获得生命，如此看来，基督的复活使他的死在我们身上发挥功效。因此保罗陈述道：基督"因从死里复活，以大能显明是神的儿子"（罗1：4 p.），因他当时在复活上彰显他属

㉞ 帕尼耶在此从加尔文主义复活观的角度指出加尔文主义信仰所具有的得胜特征。为了证明这点，他引用加尔文的 *Instruction et confession de foy*（1537）。参阅 OS I. 402；Fuhrmann, *Instruction in Faith*, p. 50；Pannier, *Institution* III. 383, notes b and c on p. 108。

天的大能，这既是反映他神性的明镜，又是我们信心坚固的支柱。保罗在另一处也有类似的教导："他因软弱被钉在十字架上，却因神的大能仍然活着。"（林后13：4 p.）保罗在另一处论述完美的经文中表达了同样的意思，"使我认识基督，晓得他复活的大能"。他立刻接着补充说，"并且晓得和他一同受苦，效法他的死"（腓3：10 p.）。彼得的这些话也与此相近："神叫他从死里复活，又给他荣耀，叫我们的信心和盼望都在于神。"（参阅彼前1：21 p.）这并不是说基督的死所扶持的信心会动摇，而是说复活特别彰显那保守我们信心之神的大能。

因此，我们要留意，当圣经只提到基督的死时，我们同时要明白它包含与他的复活相关的一切。而且，当圣经只提到基督的复活时，我们要明白，它包括与他的死相关的一切。然而，基督因从死里复活而赢得胜利的冠冕，使得一切属他的人与他一同复活和得生命。保罗力辩：我们若不深信基督的复活，我们的信和福音本身便是徒然的（林前15：17 p.）。同样地，保罗在另一处因基督的死胜过死亡的恐惧而夸耀之后，继而他强调说，的确，"基督耶稣已经死了，而且从死里复活，现今在神的右边，也替我们祈求"（罗8：34 p.）。

ᵇ此外，就如我们以上所说，基督徒之所以能治死肉体，完全仗着与他的十字架有分，㉟同样地，基督的复活也使我们获得相应的益处。使徒说："所以我们借着洗礼归入死，和他一同埋葬，原是叫我们一举一动有新生的样式，像基督借着父的荣耀从死里复活一样。"（罗6：4 p.）ᵇ同样地，在另一处，保罗推论基督徒既因与基督一同受死（西3：3），就必须治死他在地上的肢体（西3：5）。他也从我们与基督一同复活上推论，我们必须思念上面的事，不要思念地上的事（西3：1—2）。据此，保罗不但劝勉我们效法基督的复活，叫我们一举一动都有新生的样式，ᵇ⁽ᵃ⁾也教导靠着基督的大能，我们得以重生并行义。

㉟ 上文的第七节。

我们从基督的复活又获得第三个益处：基督的复活给我们某种凭据，确信自己将会复活。ᵉ保罗在《哥林多前书》15：12—26 中有更详细的讨论。

ᵇ⁽ᵃ⁾我们必须特别留意圣经上的记载：基督"从死里复活"。这句话证明基督之死和复活的真实性，就如同他受了一般人所受的死亡，并在他同样所取必死的肉体上获得永生。

14. "升天"

ᵉ接着，圣经顺理成章地教导基督的升天。ᵇ基督以他的死脱离了卑贱必死的生命以及十字架的羞辱，又以复活更进一步地彰显他的荣耀和全能。但基督在他升天之后才真正开启他天上的国度。使徒见证基督是"远升诸天之上，要充满万有的"（弗 4：10，参阅 Vg.）。ᵉ尽管这看来似乎矛盾，保罗却证明二者有奇妙的一致性。基督离开是要使我们比他在肉身上与我们同在时更有益。因此在使徒约翰记载那著名的呼召"人若渴了，可以到我这里来喝"（约 7：37）后，接着说："那时还没有赐下圣灵"给信徒，"因为耶稣尚未得着荣耀"（约 7：39）。基督也亲口对他的门徒说："我去是于你们有益的；我若不去，保惠师就不到你们这里来。"（约 16：7 p.）基督在他的身体即将离开他们时，安慰门徒说他必不撇下他们为孤儿，反而必会以看不见却更美好的方式再来（参阅约 14：18—19；16：14）。因当圣灵降临时，他们将更确实体验到：基督的权威和大能足以使信徒快乐地行事为人以及安然离世。ᵇ事实上，显然在基督升天之后，他就更丰盛地浇灌他的圣灵，他的国也更广泛地扩展，在帮助他的百姓和驱散仇敌上，他施展了更大的权能。ᵇ⁽ᵃ⁾所以，基督升天之后，虽然我们无法再看到他的形体（徒 1：9），但这并不表示基督不再与信徒在世上的历程中同在，而是要以更大的能力统治天地。他的升天也应验了他从前的应许：他将与我们同在，直到世界的末了。ᵇ就如他的身体被高举超乎诸天之上，同样地，他的能力也扩及天地的边界。我宁愿引用奥古斯丁的解释："基督的死使他升到父神的右边，之后他将降临审判活人、死人。按正统教义和圣经真道：他将以可见的形体施行审判，因他与信徒属灵的同在，将在他升天之后才开始。"[36]他在另一处更清楚、详细地解释说："他将以测不透、不可见的恩典应验这句话：'我就常与你们同在，直到世界的末了'（太28：20）。根据道所取的肉身、根据他是童贞女所生，又根据他被犹太人捉拿、挂在树上、从十字架上被取下、被麻布包裹、摆在坟墓中、在复活上显明自己，就应验了这句话：'你们不常有我。'（太26：11）为何呢？因他在复活后以肉身与门徒们一同生活四十日，并在他们与他同在一处时，他离开他们升到天上（徒1：3，9），并不在世上：因他已到天上坐在父神的右边（可16：19），但他却仍然与我们同在，因他的神能并没有离开我们（参阅来1：3）。因此，就他威严的临在而论，我们常有基督，但就他的肉身而言，他对门徒所说的这句话是真实的：'你们不常有我。'（太26：11）因基督在肉身上与教会同在不过几日，而如今教会虽肉眼不能看见基督，却凭信心常有基督。"[37]

15. "坐在父神的右边"

[b]奥古斯丁接着解释"坐在父神的右边"。这形容出自在君王两侧辅佐君王的大臣，君王交付他们管理和统治国家事务的权柄。[b(a)] 圣经以同样的意义说：父神因喜悦在基督身上高举自己，并借基督的手做王，就接纳基督坐在他右边。也就是说，父交付基督统管天地的主权，且基督庄严地行使父所交付他统治的权柄，他将握有这权柄直到审判之日再次降临。保罗如此阐释基督的这权柄："神叫他在天上坐在自己的右边，远超过一切执政的、掌权的、有能的、主治的，和一切有名的；不但是今

---

[36] 在此加尔文将奥古斯丁同一作品中分开的两句话合并成一句。Augustine，*John's Gospel* 78. 1（MPL 35. 1835；tr. NPNF VII. 340 f.）.

[37] Augustine，*John's Gospel* 1. 13（MPL 35. 1763；tr. NPNF VII. 282）.

世的，连来世的也都超过了。"（弗1：20—21；腓2：9）$^{b(a)}$并说："万物都服在他的脚下"（林前15：27）、"使他为教会作万有之首"（弗1：22）。由此可见，"作"的目的是：使一切天上、地上的受造物都赞扬他的威严、受他统治、听从他的吩咐，以及服从他的权能。这就是使徒们常常提到基督坐在父神右边的意义所在——父神将万事交在他手中（徒2：30—36，3：21，4章；来1：8）。^{b}因此，如果认为基督坐在父神右边只是代表基督的蒙福，就是错误的。在《使徒行传》中，司提反宣称他看到基督站在父神的右边（徒7：55）。然而，关键不在于站或坐的姿势，而是在于他权柄的威严。因此，"坐"的含义只是指在天上的审判台前施行审判。[38]

16. 基督升天赏赐我们信心的益处[*]

$^{b(a)}$因基督的升天，我们的信心领受许多的益处。首先，我们明白，主已升天打开了从前被亚当关闭的天国之门（约14：3）。既然基督带着人的肉身升天，仿佛以我们的名升天，也如保罗所说：我们在某种意义上已经"与基督耶稣一同坐在天上"（弗2：6），使我们不至空盼天国，而是在我们的元首里已拥有天国。

其次，我们的信告诉我们，基督与父同住对我们益处极大。因在他进入非人手所造的帐幕后，他在父面前一直做我们的中保和代求者（来7：25，9：11—12；罗8：34）。如此，就使父转眼不看我们的罪而看基督的义。他如此使父的心与我们和好，甚至他的代求为我们预备使我们得以进到父的宝座前的道路。基督使可憎的罪人原先所惧怕之神的宝座成为施恩和怜悯的宝座。

再次，信中含着基督的大能，而这成为我们的力量、权能、财富，并使我们能向地狱夸胜："他升上高天的时候，掳掠了仇敌"（弗4：8，

---

[38] Augustine, *Faith and the Creed* 7.14 (MPL 40.188; tr. LCC VI.360 f.).

参阅 Vg.；参阅诗 68∶18），因击败仇敌就使他的百姓富裕，并天天厚赐他们属灵的福分。所以，他坐在天上将他的力量赐给我们，使我们得属灵的生命，以他的圣灵使我们成圣，以各样恩赐装扮教会，保护教会脱离一切危害，以他膀臂的力量制止十字架和我们救恩的仇敌，最终，基督拥有一切天上、地下的权柄。他如此行直到击败他一切的仇敌，也是我们的仇敌（林前 15∶25；参阅诗 110∶1），并完成建造教会的事工。㊴这是他国度真实的光景，也是父神交给他的权柄，直到基督再来审判活人和死人，完成他最后的事工。

基督将施行审判（17）

17. "他将要审判活人、死人"

ᵇ基督向他的百姓证实他所拥有的权柄。然而，现今因信徒仍在肉身之内，基督的国乃是隐藏的，因此，神要我们靠信心默想基督在世界末日将向我们显现肉眼能见的同在。ᵇ⁽ᵃ⁾因他怎样往天上去，还要怎样再来（徒 1∶11；太 24∶30）。基督将以他国度测不透的威严、不朽的光辉、神性无限的大能，以及天使的护卫，向众人显现。圣经盼咐我们等候我们的救赎主降临，在那日他将分别绵羊和山羊，选民和被遗弃的人（太 25∶31—33）。死人或活人都不能逃脱他的审判。主的号角声将从地的四极吹响，传讯所有人聚集到他的审判台前，包括当时活着的人和已死的人（帖前 4∶16—17）。

ᵇ有人将"活人和死人"另做解释。有些古时的神学家不知如何对此加以解释。㊵但既因我们以上的解释是清楚的，并与信经相近，且拟写使徒信经的目的就是要使一般的老百姓都能明白，所以我们应当相信以上的解释是正确的。这也与保罗所说的一致："按着定命人人都有一死"

㊴ 加尔文热切期待教会荣耀的得胜，却不相信这胜利会在今世发生。参阅 Pannier, *Institution* II. 384, note *a* on p. 114。

㊵ Augustine, *Faith and the Creed* 8. 15（MPL 40. 188；tr. LGC VI. 361）。

(来9∶27)。因在最后的审判中，虽然当时活着的人不会以自然的方式死亡，但因他们将遭受的变化与死无异，也就被称为"死亡"。"我们不是都要睡觉，乃是都要改变。"(林前15∶51) 这是什么意思呢？他们必死的生命将结束，并"刹那间"化为全新的生命（林前15∶52）。没有人能否认这肉体的结束就是死亡；然而，神仍将传讯活人和死人到审判台前。"那在基督里死了的人必先复活。以后我们这活着还存留的人，必和他们一同被提到云里，在空中与主相遇。"(帖前4∶16—17) 这话极可能出自路加所记载的彼得的讲道中（徒10∶42），或保罗写给提摩太严厉的劝勉里（提后4∶1）。

使徒信经的总结以及基督的充足性（18—19）

18. 审判官就是救赎主！

^{b}这就成为我们极大的安慰：审判在那预定我们与他一同享有审判世界这尊荣之基督的手中（参阅太19∶28）。他必不登上审判台定我们的罪，我们慈爱的君王怎会毁灭他的百姓呢？头怎会驱散他的肢体呢？我们的辩护律师怎会定他当事人的罪呢？既然使徒敢宣称有基督为我们代求，就无人能定我们的罪（罗8∶33,34），那么我们的代求者基督就更不可能定父交托他保护之人的罪。这是极大的确据——我们将被带到我们救赎主的审判台前，就是将使我们蒙救恩的基督！[41] 而且，如今他在福音上所应许的永恒福分，将来必在审判中得应验。所以，父神将一切审判的权利交给子（约5∶22），尊荣他，为了使他关心他百姓的良心，因他们惧怕受审。

^{e}至此，我已按照使徒信经的秩序阐释了我们的救赎，因这信经以寥寥数语总结了救赎的要点，因此这信经可作为我们的碑，使我们能逐条清楚了解我们所应当留意关于基督的事。$^{b(a)}$我将之称为使徒信经，也不

---

[41] Ambrose, *De Jacobo et Vita beata* I. vi（MPL 14. 637 f.）.

在乎作者是谁。古时的神学家多数相信这是众使徒的作品,或是众使徒一同撰写和颁布的,或是他人忠实收集使徒们教导的总纲而因此得名。我不怀疑在教会初期,即使徒时代,这是众信徒所公认的信条——ᵇ不管它出自何处。此信经不太可能是由一个人所写的,因从仍可考证的时代起,一切敬虔之人都视之拥有圣洁的权威。我们唯一当在乎的是,这是我们信仰整个历史详细和有序的总纲,且它所有的教导都确实有圣经的根据。由此看来,怀疑或争论作者是谁是毫无意义的,除非我们说拥有圣灵确实的教导仍不够,我们还需要知道是借谁的口说的或借谁的手写的。㊷

19. 信经上所有的信条都在乎基督

ᵃ因此,我们的整个救恩和其各部分都在基督里(徒4:12)。所以,我们不应在基督之外解释其中的任何部分。ᵇ我们若寻求救恩,基督之名本身教导我们:这救恩出于他(林前1:30);若我们寻求圣灵任何的恩赐,它们也都来自基督的膏抹;我们若寻求力量,这力量乃在基督的管辖中;若求纯洁,这在他的感孕中;若寻求温柔,这在他的诞生中。基督在出生上凡事与我们相似(来2:17),为的是体会我们的痛苦(参阅来5:2)。我们若寻求救赎,这在他的受难中;若寻求释放,这在他的定罪中;若求免除神的咒诅,这在于他的十字架(加3:13);若寻求赎罪,这在于他的献祭;若求洁净,这在于他的宝血;若求和好,这在于他降在阴间;若求治死肉体,这在于他的坟墓;若求新生命,这在于他的复活;若求永生,也在于他的复活;若求天国的基业,这在于他的升天;若求庇护、平安,及一切丰盛的福分,这在于他的国度;若求在审

㊷ 在文艺复兴前,所有的人都相信使徒信经是基督的使徒所写的。然而罗伦佐·瓦拉(Lorenzo Valla, ca. 1440, *Contra calumniators apologia*, *Opera* 1540, p. 800)和伊拉斯谟(*Ratio verac theologiae*, 1518, *Opera* 1540, V. 377)否定这传统的立场。参阅 Schaff, *Creeds* I. 23; F. Kattenbusch, *Das Aposto Usche Symbol* I. 1-15; OS III. 506 f.。

判中坦然无惧，这在于父交给他和我们共同审判的权柄。[b(a)] 总之，既然在他里面充满各式各样的美善，我们就当唯独饮这泉源以得饱足。[b] 有些人因拒绝只满足于基督，就在各式各样的私欲中飘摇，即使他们主要在乎基督，却因在基督之外另有渴望，就偏离了正路。然而，只要人曾尝过基督丰盛的福分，就断不会让疑惑趁虚而入。

ᵉ第十七章　说基督的功劳使我们获得神的恩典和救恩,是妥当和正确的

1. 基督的功劳并没有排除神白白的恩典,而是先于这恩典

ᵉ我们也要顺便解释这一点。有些邪恶诡诈的人①——虽然他们承认我们靠基督得救恩——无法忍受听到"功劳"这一词,因他们以为这就抹去了神的恩典。如此,他们就视基督仅是神的器具或使者,而不是如彼得所说生命的主和王（徒3：15）。其实我承认,我们若单从神的公义思考基督的人性,他就不可能有任何的功劳,因人之中没有任何东西配得神的恩宠。事实上,奥古斯丁说得很对:"人子基督耶稣——我们的救主,就是神的预定和恩典最明显的证据。因他出于他的人性,并在他原有的信心和功劳之外,成就了神所预定的恩典。就基督的人性而论,他怎配称为神的独生子,又怎配得和那与父共永恒的道在位格上联合呢？

---

① 他指的大概是勒留·苏西尼（Laelius Socinus, d. 1562）。参阅加尔文的 *Responsio adaliquot Laelii Socini quaestiones* (1555) (CRX. 1. 160-165)。苏西尼的作品已经绝版了,然而我们借着加尔文的答复就能知道他的问题。加尔文的第一个答复是:"原则上,一个东西与它所依赖的东西不会互相矛盾。所以,基督的功劳与神出于自己的怜悯,白白称罪人为义,毫无冲突。"

我们必须承认我们的元首就是恩典的根基，这恩典照着各肢体的程度分给他们。人从开始相信就是基督徒，且他的信心是出于那同样使人子从一开始成为基督之恩典。"②他在另一处的论述也与此相似："没有比中保更能证明神的预定。因那使大卫的这子孙在无先在意志功劳的情况下成为义的，断不至于使他再成为不义，并使所有这元首不义的肢体也成为义。"③在我们谈到基督的功劳时，我们并不以为功劳的起始在于他，而应追溯到神的预旨。因唯有神出于他自己的美意，预定他做中保，才能成就我们的救恩。

因此，我们若使基督的功劳与神的怜悯互相敌对是荒唐的。这是普遍的原则，即位低的不能与位高的有冲突。据此，没有任何理由可以拦阻我们宣称：人唯有借神的怜悯白白地称义，同时基督的功劳，次于神的怜悯，也参与我们的救恩。神白白的恩典和基督的顺服都与我们的功劳无关。基督在神的美意之外不可能有任何功劳，但他的确有功劳，因他被预定以献祭平息神的烈怒，并以他的顺服涂抹我们一切的过犯。综上所述，既然基督的功劳完全依赖父神的恩典，而且神也指定这救恩的方式，那么基督的功劳就如神的恩典一样，与一切人的义无关。

2. 圣经记载神的恩典和基督的功劳密不可分

°圣经中有许多经文都支持以上的区分。"神爱世人，甚至将他的独生子赐给他们，叫一切信他的不至灭亡。"（约3：16）由此可见，神的爱是我们救恩最初的起因，而信基督是次因。若有人反对说基督只是形式上的起因，这不但缺乏《约翰福音》3：16的支持，也贬低基督的大能。我们既因信他得以称义（这信在他里面），那么他就是我们救恩的根基。许多经文都清楚地证明这一点："不是我们爱神，乃是神爱我们，差他的

---

② Augustine, *On the Predestination of the Saints* 15.30, 31 (MPL 44.981 f.; tr. NPNF V.512).
③ Augustine, *On the Gift of Perseverance* 24.67 (MPL 45.1034; tr. NPNF V.552).

儿子为我们的罪作了挽回祭。"（约一4：10）④这段经文清楚说明了这样的事实：神差遣基督叫我们与他自己和好，以便避免任何事物拦阻他对我们的爱。"平息"⑤这一词是极为重要的，因神以某种奇妙的方式同时爱我们和向我们发怒，直到他在基督里使我们与他自己和好。这就是以下经文的教导："他为我们的罪作了挽回祭"（约一2：2）、"父……借着他在十字架上所流的血成就了和平，便借着他叫万有，无论是地上的，天上的，都与自己和好了"（西1：19—20）、"神在基督里叫世人与自己和好，不将他们的过犯归到他们身上"（林后5：19，参阅Comm. 和 Vg.）、"这恩典是他在爱子里所赐给我们的"（弗1：6）、"……便借十字架使两下归为一体，与神和好了"（弗2：15—16，参阅Vg.）。《以弗所书》第一章就解释了这奥秘。在保罗教导神在基督里拣选了我们之后，又说神在同一位基督里悦纳我们（弗1：4—5）。怎么理解神开始喜悦他在创立世界之前所爱的人呢？唯一的解释是，使我们与神和好之基督的宝血显明神的爱。神是一切义的源头，因此，只要人仍是罪人，他必以神为仇敌和审判官。因此，爱的起始乃是义，正如保罗的描述："神使那无罪的，替我们成为罪，好叫我们在他里面成为神的义。"（林后5：21）意思是，我们生来是可怒之子（弗2：3，参阅Vg.），因罪与神疏远，但借基督的献祭得以白白地称义，平息神的愤怒。当圣经提到基督的恩典与神的爱之间的关系时也注意到了这一区分。这就证明基督将他已获得的赐给了我们。否则，将恩典这功劳归于基督（表示是他的，也是出于他）而不是归给父神，就是不妥当的。

3. 圣经见证基督的功劳

ᵉ基督的确以他的顺服这功劳在父面前为我们获得恩典。圣经中有许

---

④ "ἱλασμὸν".
⑤ "Placatio".

多经文都证实这一点。若基督为我们的罪做挽回祭、付我们所欠的代价、以他的顺服平息神的愤怒……总之,若基督作为义人代替不义的人受苦,那么他就是以自己的义为我们获得救恩,这就证明这救恩是他的功劳。然而保罗说,我们"借着神儿子的死,得与神和好"(罗 5:10—11 p.)。若之前没有过犯,和好就不存在。因此,这句话的含义是:我们虽然因罪在神面前是可恨的,然而,他儿子的死平息了他的怒气,使他悦纳我们。我们也必须认真留意保罗接下来所做的对比:"因一人的悖逆,众人成为罪人;照样,因一人的顺从,众人也成为义了。"(罗 5:19)意思是,我们因亚当的罪与神疏远并注定灭亡,同样地,因基督的顺服,我们⑥被称义并蒙神悦纳。虽然这动词的时态是未来式,然而根据上下文,这并不表示我们现在没有被称为义,因为保罗先前说过:"恩赐⑦乃是由许多过犯而称义"(罗 5:16)。

4. 基督的代赎

ᵉ当我们说基督的功劳使我们蒙恩时,我们的意思是,基督的宝血洗净了我们,且他的死除去我们一切的罪。"耶稣的血也洗净我们一切的罪"(约一 1:7)。"这是我立约的血,为多人流出来,使罪得赦"(太 26:28;参阅路 22:20)。若基督流血的结果是神不将我们的罪归在我们身上,这就证明这代价满足了神公义的审判。施洗约翰所说的与这相合:"看哪!神的羔羊,除去世人罪孽的。"(约 1:29)他将基督与律法之下一切的献祭互相对照,教导我们,那些象征所预表的唯有在基督里才得以应验。摩西的这话是我们熟知的:"一年一次赎罪……赦免罪孽、过犯,和罪恶。"(参阅出 34:7;利 16:34)总之,旧约的预表充分地教导我们,基督的死大有能力。在《希伯来书》中,使徒也巧妙地运用这

---

⑥ $\kappa\alpha\tau\alpha\sigma\tau\alpha\theta\acute{\eta}\sigma o\nu\tau\alpha\iota$ (罗 5:19)。

⑦ "$\chi\acute{\alpha}\rho\iota\sigma\mu\alpha$"。

原则解释这一点:"若不流血,罪就不得赦免了。"(来9:22)他以此总结说,基督"把自己献为祭,好除掉罪"(来9:26),以及"基督一次被献,担当了多人的罪"(来9:28)。他先前提过:"并且不用山羊和牛犊的血,乃用自己的血,只一次进入圣所,成了永远赎罪的事"(来9:12)。他如此推论,"若山羊和公牛的血,并母牛犊的灰,洒在不洁的人身上,尚且叫人成圣,身体洁净,何况基督……的血岂不更能洗净你们的心,除去你们的死刑"(来9:13—14 p.)。这就充分证明,我们若不承认基督的献祭拥有除罪、平息神的愤怒,以及做挽回祭的大能,就是贬低基督的恩典。使徒接着又说:"他做了新约的中保,既然受死赎了人在前约之时所犯的罪过,便叫蒙召之人得着所应许永远的产业。"(来9:15 p.)

保罗提出的类比特别值得我们思考:"基督既为我们受了咒诅。"(加3:13)若非基督担当人的咒诅又为人付清赎价并获得义,他担当人的咒诅就是多余的。以赛亚的预言也十分清楚:"因他受的刑罚我们得平安;因他受的鞭伤我们得医治。"(赛53:5)除非基督为罪做了挽回祭,否则圣经就不会说基督担当了我们所应受的刑罚而平息神的愤怒。以下的经文也与此相似:神因他百姓的过犯鞭打他(赛53:8 p.)。 彼得的解释能消除我们一切的疑惑,"他被挂在木头上,亲身担当了我们的罪"(彼前2:24)。他的意思是基督已担当我们所当受的咒诅并释放了我们。

5. 基督的死成为我们的赎价

ᵉ众使徒明确记载,基督付了赎价救我们脱离死刑:"如今却蒙神的恩典,因基督耶稣的救赎,就白白地称义。神设立耶稣做挽回祭,⑧是凭着耶稣的血,借着人的信。"(罗3:24—25 p.)保罗因基督的功劳称赞神的恩典:神以基督的死付出了赎价(罗3:24)。之后他也吩咐我们投靠基督的宝血以致称义,使我们在神审判台前坦然无惧(罗3:25)。彼

---

⑧ "ίλαστήριον".

得的这段话也有同样的含义:"你们得赎……不是凭着能坏的金银等物,乃是凭着基督的宝血,如同无瑕疵、无玷污的羔羊之血。"(彼前 1:18—19)若非基督以他的宝血做我们的挽回祭,以上的陈述就毫无意义。这就是保罗说"你们是重价买来的"(林前 6:20)之原因。除非我们将应受的刑罚归在基督身上,否则保罗所说的另一句也毫无意义:"只有一位中保……他舍自己做万人的赎价。"⑨(提前 2:5—6)因此,使徒将基督宝血的救赎称为"罪过得以赦免"(西 1:14)。就如他说:"我们在神面前得以称义,因基督的血成为我们的挽回祭。"这经文也有同样的含义:基督的十字架"涂抹了在律例上所写攻击我们、有碍于我们的字据"(西 2:14 p.)。这指的是那涂抹我们罪行的赎价。保罗的这句话也极有说服力:"义若是借着律法得的,基督就是徒然死了。"(加 2:21 p.)我们由此得知,我们必须从基督那里寻求人遵守律法所必得的义;或从另一个角度来看,基督的恩典赐给我们父神在律法上向遵守之人所应许的义:"人若遵行,就必因此活着。"(利 18:5,参阅 Comm.)保罗在安提阿的讲道也同样清楚地教导了这一点,他宣称,借着相信基督"靠摩西的律法,在一切不得称义的事上……就都得称义了"(徒 13:39;参阅 Vg. 13:38)。若义在乎遵守律法,我们就应明白,当基督替我们遵守律法而因此叫我们与神和好,就如我们自己遵守律法一样。这就是基督为我们所赢得的功劳!他之后对加拉太信徒的教导也有同样的目的,"神就差遣他的儿子,为女子所生,且生在律法以下,要把律法以下的人赎出来"(加 4:4—5 p.)。难道基督遵守律法的目的不是为我们赢得义,付清我们不能付的代价吗?这就是保罗所说在行为之外被神算为义(罗 4:6)。因为神将唯有基督所拥有的义归给我们。

　　的确,基督称自己的肉身为我们的食物(约 6:55),是因我们的生命在于他。生命的力量只能来自于神的儿子被钉十字架,作为我们称义

---

⑨ "ἀντίλυτρον".

的代价。就如保罗所说:"基督……为我们舍了自己,当作馨香的供物和祭物,献与神。"(弗5:2)他还在另一处说:"耶稣被交给人,是为我们的过犯;复活,是为叫我们称义。"(罗4:25)我们因而得知,父神不但借基督赏赐我们救恩,也借基督的恩典悦纳我们。

无疑地,基督应验了神借以赛亚的口所宣告的预言,"因我为自己的缘故,又为我仆人大卫的缘故"必成就这事(赛37:35 p.)。使徒约翰最清楚地见证这一点:"你们的罪借着主名得了赦免。"(约一2:12)虽然他没有提到"基督"的名,但约翰按照他的习惯用代名词 αὐτός 指他。主自己也这样说:"我又因父活着;同样,吃我肉的人也要因我活着。"(约6:57 p.)保罗的陈述也与此一致:"你们蒙恩,不但得以信服基督⑩,并要为他受苦。"(腓1:29)

6. 基督的功劳不是为了自己

ᵉ然而,我们若像伦巴德和其他经院神学家⑪一样问基督是否为自己赢得功劳,就是和他们一样表现愚昧的好奇心。他们肯定的回答也是冒失的。难道神的独生子需要从天降下为了获得什么新的名吗?神向我们启示他的计划驱除了我们一切的疑惑。因圣经并没有说父借他儿子的功劳满足儿子的需要,而是将他交给死亡,并没有爱惜他(罗8:32),因神"爱世人"(约3:16 p.;参阅罗8:35、37)。我们也应当留意众先知的描述,"因有一婴孩为我们而生"(赛9:6),"锡安的民啊,应当大大喜乐! ……看啊,你的王来到你这里"(亚9:9,参阅 Comm.)。而且若非如此,保罗对基督之爱的颂赞也归于徒然:基督为他的仇敌受死(参阅罗5:10)。因此我们知道基督并没有在乎他自己,就如他清楚地宣告:

---

⑩ "ὑπὲρ χριστοῦ".

⑪ Lombard, *Sentences* III. 18. 1 (MPL 192. 792 ff.); Aquina, *Summa Theol.* III. 59. 3 (tr. English Dominican Fathers, *Summa Theol.* III. second number, pp. 455 f.). Bonaventura, *In sententias* III. 18, 1, 2 (*Opera omnia*, ed. College of St. Bonaventura, III. 379 f.). See Augustine, *John's Gospel* 104. 3 (MPL 35. 1903; tr. NPNF VII. 395).

"我为他们的缘故,自己分别为圣"(约17:19)。基督将圣洁的果实赏赐他人,就证明他在这事上并没有获益。这确实值得一提:为了专事于救赎我们,基督在某些方面完全不顾自己。然而,他们却荒谬地将保罗以下的见证运用于此:"所以,神将他升为至高,又赐给他那超乎万名之上的名。"(腓2:9 p.)⑫他们的问题是,基督是靠什么功劳使他成为世界的审判官和天使的元首,获得神至高的权柄,并有神至高的威严居住在他里面呢?因人和天使所有的力量和美德都不足以获得这一切的千分之一。然而,我们有一个圆满的解释:保罗在这经文中并非在讨论神高举基督的理由,而是表明基督在自卑后被高举,劝我们效法这榜样。这与另一处经文的意思并无二致:"基督这样受害,又进入他的荣耀,岂不是应当的吗?"(路24:26 p.)

---

⑫ 法文版中的误植,被当作对索邦神学家的攻击。